2022年产业链竞争力评价报告

刘 兵 著

浙江省工业和信息化研究院 编

ZHEJIANG UNIVERSITY PRESS
浙江大学出版社
·杭州·

图书在版编目(CIP)数据

2022年产业链竞争力评价报告 / 刘兵著；浙江省工业和信息化研究院编. -- 杭州：浙江大学出版社，2024.2

ISBN 978-7-308-24395-7

Ⅰ. ①2… Ⅱ. ①刘… ②浙… Ⅲ. ①工业产业—产业链—竞争力—研究报告—浙江—2022 Ⅳ. ①F427.55

中国国家版本馆CIP数据核字(2023)第220065号

2022年产业链竞争力评价报告

刘 兵 著

浙江省工业和信息化研究院 编

责任编辑 石国华

责任校对 杜希武

封面设计 鸿合图文

出版发行 浙江大学出版社

(杭州市天目山路148号邮政编码310007)

(网址: http://www.zjupress.com)

排 版 杭州鸿合图文设计制作有限公司

印 刷 杭州嘉业印务有限公司

开 本 889mm×1194mm 1/16

印 张 24.5

字 数 560千

版 印 次 2024年2月第1版 2024年2月第1次印刷

书 号 ISBN 978-7-308-24395-7

定 价 150.00元

《2022年产业链竞争力评价报告》编撰委员会

前 言

当今世界正经历百年未有之大变局。新一轮科技革命和产业变革孕育兴起，经济发展格局发生深刻变化，新兴经济体和发展中国家呈现出群体性崛起态势。随着全球产业分工持续深化，经济发展不再单纯是产品和企业的竞争，更是产业链和产业体系的竞争。近些年来，受多重因素影响，全球产业链供应链出现一定的区域化、本土化、分散化的现象，产业链供应链安全稳定受到一定挑战，经济发展需要更加注重对产业链供应链的全面分析、动态掌握和精准治理。

我国高度关注产业链供应链的健康可持续发展。《中共中央关于制定国民经济和社会发展第十四个五年规划和二〇三五年远景目标的建议》对提升产业链供应链现代化水平作了全面部署，提出坚持自主可控、安全高效，分行业做好供应链战略设计和精准施策，推动全产业链优化升级。这对我国加快发展现代产业体系、推动经济体系优化升级、形成新发展格局具有重要意义。

浙江深入贯彻落实国家关于产业链治理的重大决策部署，结合发展实际，加快探索产业链治理的有效路径，初步形成了一批标志性实践成果。特别是围绕加快构建强链、补链、畅链、固链数字化协同机制、畅通产业链循环，以数字化改革为动力，统筹运用数字化理念、数字化认知、数字化手段，开发建设“产业一链通”重大应用，让看不见摸不着的产业链从无形变为有形，探索重塑经济治理体系，积极推动产业管理向产业链治理转变，实现整体智治高效协同。

产业链竞争力是衡量经济高质量发展水平的重要内容，是推动资源要素高效配置利用的重要依据。持续深入开展产业链竞争力评价，是打好产业基础高级化、产业链现代化攻坚战的内在需要，是推动产业链数字化治理和支撑产业链区域协同治理的重要基础，近些年来得到了全社会的广泛关注。2019年以来，在浙江省经济和信息化厅的指导下，浙江省工业和信息化研究院联合浙江大学人工智能省部共建协同创新中心，积极探索运用大数据人工智能技术，开展产业链竞争力研究，并取得了初步成果。一是构建了一套产业链节点标准体系。通过大数据分析，梳理确定生产原料、生产配件、生产设备等9个维度的产品节点生产关系，并参与制定了全国首个《基于人机协同的全产业链图谱构建方法》地方标准。二是构建了一套全产业链知识图谱。通过“人工+智能”的方式，梳理全产业链产品主节点5000多个，形成产品主节点之间的生产关系6万多项，并在此基础上梳理完成浙江12条核心产业链知识图谱。三是构建了一套核心企业产业链节点标签体系。利用产业知识计算引擎和底层训练语料，通过机器学习算法为全国250多万家重点企业构建了一套产业链节点标签体系。

本书根据产业链网状结构特点、产业链竞争力内涵等构建出产业链竞争力评价指标体系，聚焦汽车、集成电路、智能装备等12条重点产业链，利用大数据和人工智能方法，对全国各省、自治区、直辖市产业链发展开展竞争力评价。该评价旨在聚焦产业链高质量发展，对标国际先进，针对未来产业链的重要环节、新兴产业链的薄弱环节、传统产业链的核心环节，为各地发挥优势、加强协同、优化布局、提升产业链安全稳定、加快构建现代化经济体系提供研究参考。

本书为年度系列研究报告，在浙江省经济和信息化厅的全程指导下，以浙江省工业和信息化研究院为主，由浙江大学人工智能省部共建协同创新中心配合完成。其间，潘云鹤院士对本课题组的研究提供了大量指导，浙江大学计算机学院的多位领导专家也为本书的出版付出了诸多努力，在此深表诚挚谢意。

希望本书的研究成果能为我国产业链高质量发展提供些许研究支撑，同时为广大专家学者的进一步创新性研究提供思路借鉴。运用大数据和人工智能技术开展产业链竞争力评价在全国为数不多，由于技术、数据和研究水平有限，难免存在错漏和不足之处，希望广大读者多为我们提出宝贵的意见和建议，帮助我们在日后的研究工作中持续完善，并积极参与到这一有意义的研究中来，共同为我国产业链竞争力的提升添砖加瓦。

本书编撰委员会
2023年7月1日

目录

数字安防产业链竞争力评价

集成电路产业链竞争力评价

网络通信（含5G）产业链竞争力评价

智能计算产业链竞争力评价

生物医药(化学药品)产业链竞争力评价

乙烯产业链竞争力指数评价

电子化学材料产业链竞争力评价

节能与新能源汽车产业链竞争力评价

智能装备(数控机床)产业链竞争力评价

智能装备(机器人)产业链竞争力评价

智能家居产业链竞争力评价

现代纺织产业链竞争力评价

01

数字安防产业链竞争力评价

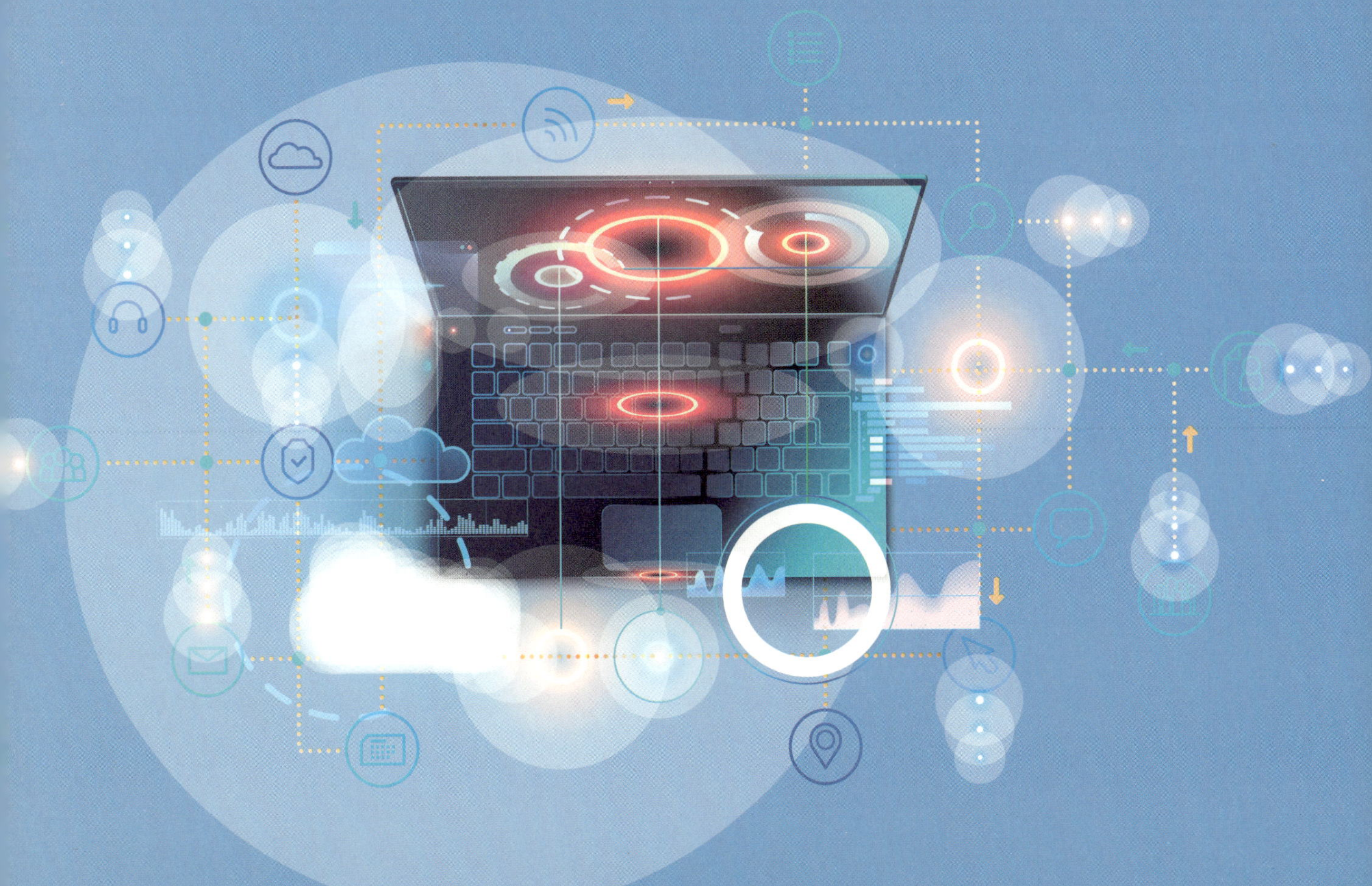

一、数字安防产业链全景概览

(一) 数字安防产业链节点体系

数字安防是安防产业在传统制造业基础上，融合人工智能、第五代移动通信、物联网、大数据、云计算等数字化技术转型而成的新发展领域。数字安防以音视频（图像）等数据资源为核心，以数字化技术为手段，通过提供数字化安防产品和技术服务来满足社会需要，是产业数字化转型的排头兵。本研究使用的数字安防全产业链节点体系是依托浙江大学人工智能省部共建协同创新中心的算法，联合产业专家，基于上市公司公告、官网产品、招投标等信息，利用人工智能算法自动抽取加人工校准的方式构建出的包含6个维度生产关系（即生产原料、生产配件、辅助原料、辅助设备、生产设备和技术服务）的全产业链网状图谱产品体系。在全产业链网状图谱产品体系中，以数字安防的下游产品为起点，沿着其多种生产关系向上游追溯相关的其他产品节点，遍历到以原材料和设备为终止产品节点结束，从而形成一套有边界的数字安防产品关系图谱。

如图1-1所示，数字安防产业链分为上中下游。上游包括数字安防关键原材料、技术服务和应用软件；中游包括数字安防零配件和设备；下游包括智能门禁系统、安防报警系统、视频安防监控系统、智能安检系统等。在数字安防产业链中，节点之间不存在生产关系，是平行的分类关系，以灰蓝色为底色。

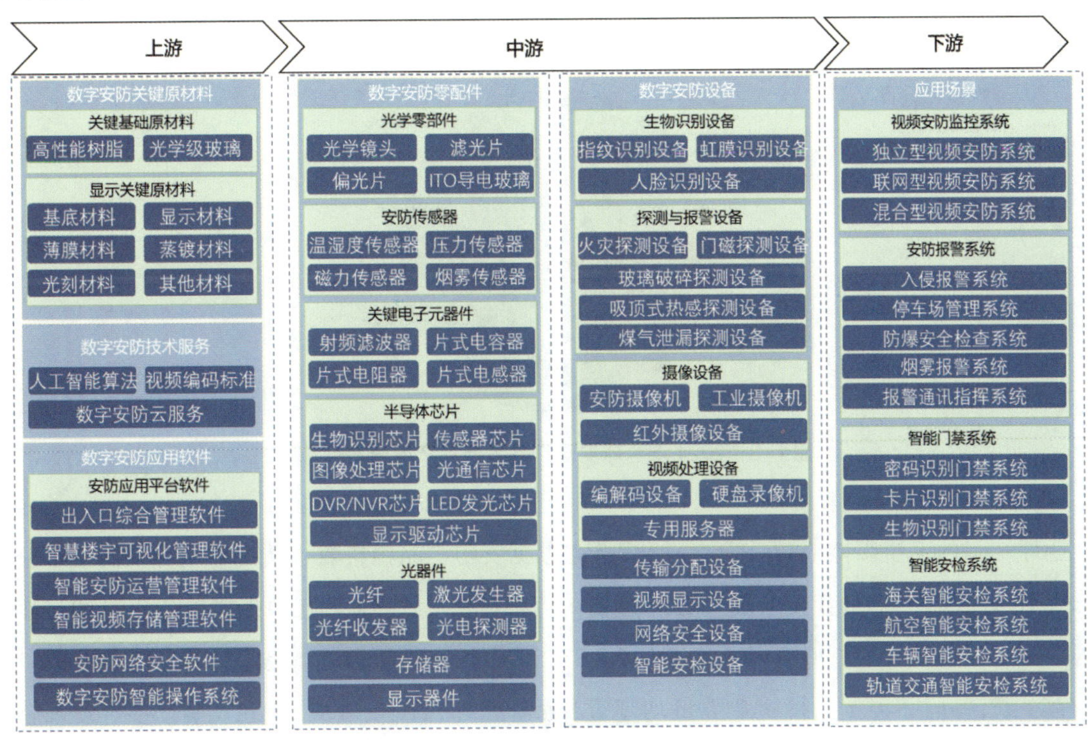

图1-1 数字安防产业链节点体系

（二）国内外数字安防产业链现状

1. 市场规模

（1）全球市场情况

根据调研机构Memoori估计，2021年按出厂价格计算的全球安防产品总产值为379亿美元①，较2020年增长19.6%，结束了新冠疫情以来的下跌趋势（见图1-2）。根据相关预测，截至2026年底，复合年均增长率将达到7.2%。

图1-2　全球安防产品总产值变化情况

据统计，2021年全球安防产品中视频监控、访问控制和防盗报警的产值分别为217亿美元、88亿美元和74亿美元，各自占比为57.2%、23.2%和19.6%（见图1-3）。

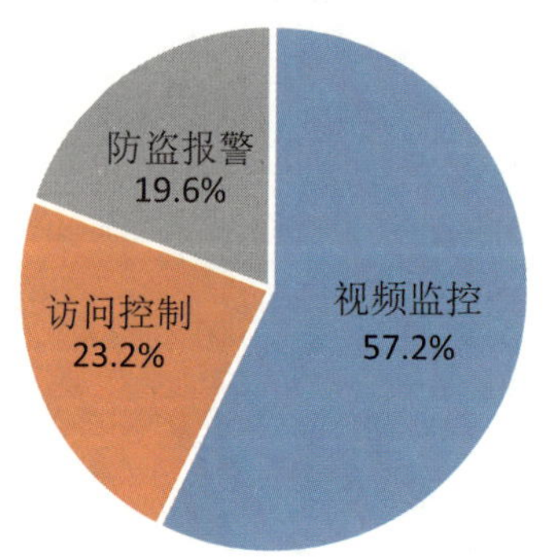

图1-3　2021年全球安防产品各产品产值分布情况

（2）全球安防50强

全球知名的工业媒体a&s《安全自动化》杂志根据安防产品销售收入情况对全球安防上市公司进行排名，并发布了2021年度全球安防50强榜单。根据榜单，全球安防50强榜单企业的2020年总收入为251.16亿美元，比2019年平均增长9.3%。50家企业来自14个国家，中国上榜企业数量最多，有21家，韩国和美国上榜企业数量均超过5家。此外，日本、瑞典、荷兰均有不少于2家企业

①数据来源：Memoori，"The Physical Security Business 2021 to 2026"。

上榜。

据a&s统计，全球安防排行榜前10位分别为海康威视、大华股份、亚萨合莱、安讯士、摩托罗拉解决方案、宇视科技、天地伟业、安朗杰、TKH集团、韩华科技（见表1-1）。除了新上榜的摩托罗拉解决方案（Motorola Solutions）异军突起外，其他10强公司排位变化不大。摩托罗拉解决方案近年来通过对Vass、Avigilon、IndigoVision、Callyo、Pelco、Envysion等公司的并购，产品线得到极大拓展，现已拥有成熟的视频监控解决方案与门禁系统解决方案两条产品线，随着市场的不断开拓，其品牌影响力正不断提升。

中国安防企业处全球领先地位，21家上榜企业销售收入共计159.73亿美元，占50强企业总销售收入的63.6%。海康威视和大华股份两家公司继续占据榜单第一位和第二位，宇视科技和天地伟业依然排名前10，思特威、福特科和蓝色星际为新上榜企业，如表1-2所示。

表1-1　2021年a&s全球安防排行榜前10名企业

2021年排名	2020年排名	公司	所在国家（地区）	产品	营收/百万美元	增长率/%
1	1	海康威视	中国	综合	8309.4	7.7
2	2	大华股份	中国	综合	3835.7	1.2
3	3	亚萨合莱	瑞典	门禁	2951.8	-6.8
4	5	安讯士	瑞典	综合	1256.2	-2.0
5	未上榜	摩托罗拉解决方案	美国	综合	927	30.7
6	7	宇视科技	中国	视频监控	765.2	6.9
7	6	天地伟业	中国	视频监控	688.9	10.9
8	8	安朗杰	美国	门禁	571.2	-4.7
9	10	TKH集团	荷兰	综合	459.3	-1.9
10	9	韩华科技	韩国	视频监控	448.6	-8.8

表1-2　2021年a&s全球安防排行榜上榜的中国企业（不含港澳台）

2021年排名	2020年排名	公司	所在城市	产品	营收/百万美元	增长率/%
1	1	海康威视	杭州	综合	8309.4	7.7
2	2	大华股份	杭州	综合	3835.7	1.2
6	7	宇视科技	杭州	视频监控	765.2	6.9
7	6	天地伟业	天津	视频监控	688.9	10.9
12	12	英飞拓	深圳	视频监控	423.4	7.3
13	14	熵基科技	东莞	视频监控	261.1	2.9
14	15	锐明技术	深圳	视频监控	233.2	2.9
15	未上榜	思特威	上海	传感器	221.3	124.9
17	18	宇瞳光学	东莞	光学镜头	213.3	19.5
19	17	科达科技	苏州	视频监控	161.3	-19.8
23	25	安联锐视	珠海	视频监控	136.1	12.3

续表

2021年排名	2020年排名	公司	所在城市	产品	营收/百万美元	增长率/%
26	27	万佳安	深圳	视频监控	114.3	1.4
27	30	同为股份	深圳	视频监控	114.3	24.0
34	34	福光股份	福州	光学镜头	84.7	1.3
41	未上榜	福特科	福州	光学镜头	52.9	-8.7
42	未上榜	蓝色星际	北京	视频监控	47.8	25.0

（3）中国市场情况

根据深圳市安全防范行业协会、CPS中安网及乾坤公共安全研究院的调查统计，2021年全国安防行业总产值为9020亿元（见图1-4），其中安防产品产值2750亿元（见图1-5），年增长率均达到6.0%，较上一年度提升3.1个百分点，呈现反弹态势。截至2021年底，我国安防企业数量约为2.1万家，从业人员超过170万人。

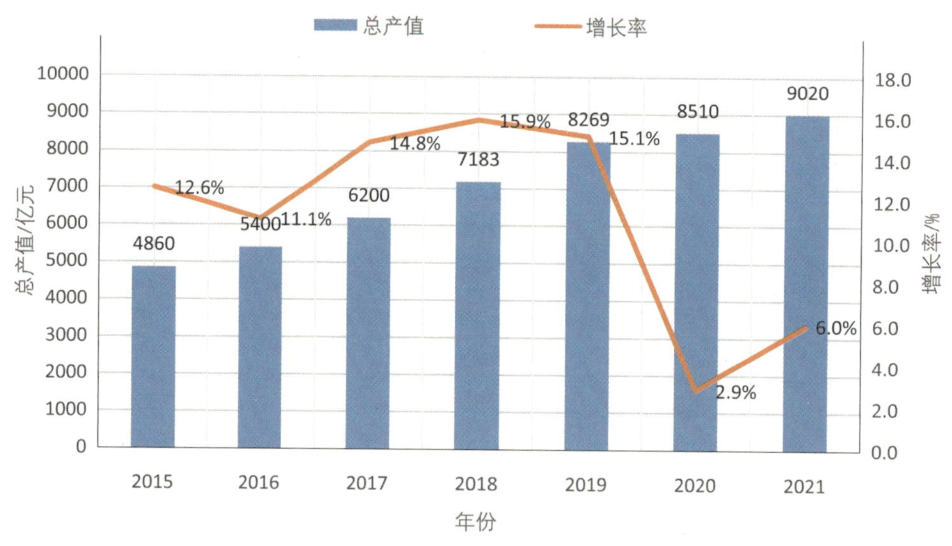

图1-4 中国安防产业总产值变化情况

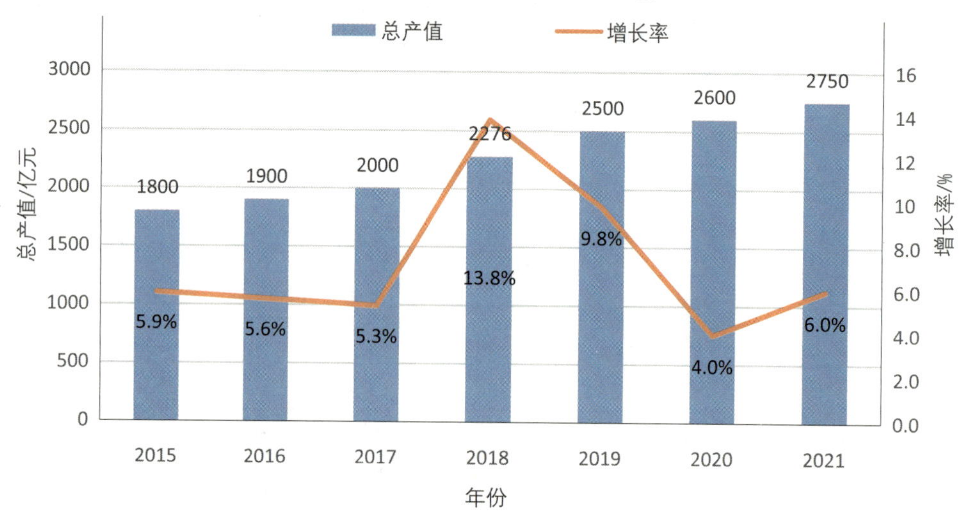

图1-5 中国安防产品总产值变化情况

根据中国安全防范产品行业协会发布的《中国安防行业"十四五"发展规划(2021-2025年)》，我国安防产品中，视频监控类产品或相关产品产值最大，占总产值的一半以上，实体防护(18%)和出入口控制(15%)次之，详见图1-6。

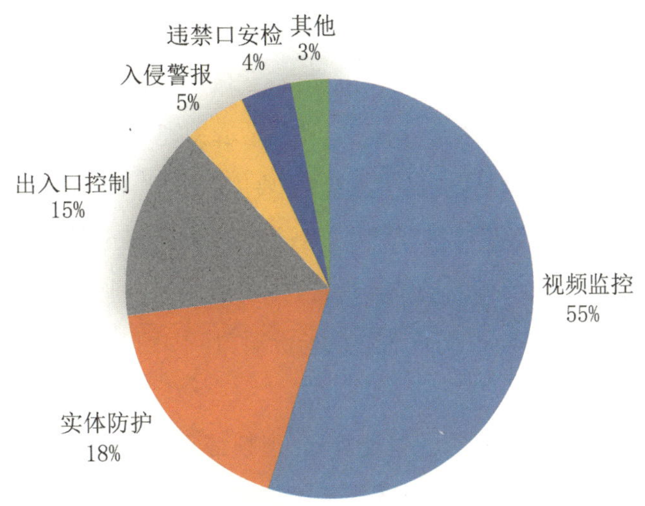

图1-6　中国安防产品产值分布情况

（资料来源：安防行业"十四五"发展规划）

中国的数字安防产业在平安城市、智慧城市建设方面起步远早于海外其他国家，技术变革、政策配套和规范制定等都有着极强的借鉴意义。对于大多数已经出海多年的中国安防头部厂商，目前在海外许多国家和地区的市场拓展都已经进入深耕阶段，比如，海康威视和大华股份的营销和服务网络覆盖全球，为全球客户提供快速、优质的服务。

(4)浙江市场情况

数字安防作为浙江的特色优势产业，是全省着力打造的标志性产业链之一，也是浙江正在重点推进的"415X"产业集群的重要组成部分和人工智能应用的主要领域。浙江数字安防产业保持"良好发展、领跑全球"的态势，塑造了强劲的经济发展优势，已具备建设全球数字安防产业中心的基础。2021年，浙江数字安防产业营业收入达到2775.1亿元，同比增长20.1%，预计到2025年产值将达到4000亿元。

截至2021年底，浙江拥有规模以上数字安防企业1562家，其中上市企业210家，涌现出海康威视、大华技术、宇视科技、雄迈技术等一大批具有较强引领带动作用的龙头企业和高成长性企业，形成以杭州为核心，宁波、温州、嘉兴、绍兴等地协同发展的产业布局。

2. 产业链环节

(1) 产业链上游环节

数字安防产业链上游环节包含关键原材料、关键技术服务和应用软件等部分，是数字安防产业链的最基础环节。

在关键原材料领域，高性能树脂、光学级玻璃和显示关键原材料是核心关键基础。高性能光学树脂制造商主要集中在日本，如三菱瓦斯、大阪瓦斯、本州化学等，他们生产的产品被广泛应用于精密光学镜头、液晶屏及触摸屏等；全球高档光学玻璃产品由日本、德国、英国等国的几家大公司生产，如日本的HOYA公司、OHARA公司，德国的SCHOTT公司，美国的CONRING公司，英国的皮尔金顿等。与国外相比，我国目前整体技术处于中等水平，生产技术、产品质量稳定性，以及新产品开发等方面与国外还有一定差距，代表企业有南通晶鑫、北玻集团、广州奥固弘、南通国光和山东康友等；虽然我国信息显示产业规模已达全球首位，但在显示关键原材料领域短板问题突出，有超过60%的信息显示关键材料无法实现有效自主供给，主要依赖进口，甚至部分领域存在“卡脖子”重大风险。在基底材料、显示材料、薄膜材料、蒸镀材料、光刻材料等细分领域，龙头企业主要分布在日本、德国、韩国、美国等国家，占全球市场主导地位，排名前几的企业占据了绝大部分的市场份额。中国在偏光片领域具有竞争优势，占据较大的市场份额，其中中国杉金在光电市场的占比约25%，全球领先。

在关键技术服务领域，主要包括人工智能算法、视频编码标准、数字安防云服务等。算法作为人工智能技术的引擎，主要用于计算、数据分析和自动推理。目前美国是算法发展水平最高的国家，从算法研发来看，美国从高校科研到企业生产都占据着绝对优势，拥有谷歌、微软、Meta、亚马逊、IBM等一批顶尖人工智能算法公司。中国的算法产业发展相对更加依赖开源代码和现有数学模型，仅有华为、阿里巴巴、腾讯、百度等少数几家科技巨头拥有针对算法的开放平台，国内人工智能基础及技术层企业中，基础算法及平台公司数量仅占4%，与美国差距较大。视频编解码技术是视频监控的实现基础和关键技术，随着数字安防技术高清化发展，对视频编解码技术的需求持续攀升，推动数字安防产业走到了编解码技术发展的最前沿。视频编码标准化组织有ONVIF、PSIA、ITU-T等，主流的视频编码标准主要有H.261，H.262，H.263，H.264，H.265，H.266，VP9，VP10，QUICKTim，WMV，AVS，AVS2等，其中AVS2已成为我国4K超高清制定的编码标准，2020年视频编解码行业的市场规模达到86亿元，同比增长34%。

在安防应用平台软件领域，主要由各大安防厂商自行开发，海康威视、大华股份、华为等企业的应用平台软件处于领先地位，如表1-3所示。

表1-3　国内外数字安防上游代表性企业

领域	代表性企业
关键原材料	HOYA、OHARA，SCHOTT、CONRING、皮尔金顿、晶鑫、北玻、奥固弘、国光、JNC、乐金化学、康宁、杜邦、住友化学、三星化学、三菱化学、杉金光电等
关键技术服务	谷歌、微软、Meta、亚马逊、IBM、华为、阿里巴巴、腾讯、百度、海康威视、商汤科技、云从科技、旷视科技、依图等
应用平台软件	海康威视、大华股份、天地伟业、宇视科技等

（2）产业链中游环节

中游包括数字安防零配件、数字安防设备，如表1-4所示。

表 1-4　国内外数字安防中游代表性企业

领域	代表性企业
数字安防零配件	索尼、三星、豪威、思特威、思比科、格科微、富瀚微、星宸科技、爱芯元、瑞芯微、舜宇光学、宇瞳光学、福光、西部数据、希捷等
数字安防设备	海康威视、大华股份、天地伟业、宇视科技、熵基科技、神思电子、科密智能、西门子、霍尼韦尔、能美、Basler、基恩士、FLIR、大恒图像、凌云光、奥普特、宝视纳、华睿科技等

① 数字安防零配件领域

半导体芯片是安防设备的核心部件，广泛应用于安防系统的前端、后端、中心系统等各处，主要包括CMOS图像传感器芯片、IP摄像头的SoC芯片、后端NVR芯片、模拟摄像机的ISP图像处理芯片、后端DVR芯片等，虽然美国、日本等国家的相关技术处于领先地位，但近年来我国半导体芯片的国产化率呈逐步提升态势。CMOS图像传感器因在成像效果方面明显优于CCD图像传感器，在安防监控中得到了广泛的应用，虽然索尼、三星和豪威等三巨头的CMOS占市场主导地位，但国产CMOS图像传感器也正逐渐崛起，如思特威、思比科、格科微等。其中，思特威的CMOS图像传感器连续多年全球市场占有率处于领先地位，据 Frost & Sullivan 统计，在安防监控领域，2020年思特威CMOS图像传感器出货量达到1.46亿颗，位居全球第一；安防监控主控芯片是摄像机的核心器件，国内海思、富瀚微、国科微、北京君正等厂商占据市场的主要份额；NVR/DVR芯片主要负责监控视频的解码和存储，国内富瀚微、星宸科技、爱芯元、瑞芯微等厂商均有布局NVR芯片并投入市场；深度学习芯片方案GPU，基本被英伟达掌控，国内的GPU芯片方案尚无较大进展；在高端服务器的CPU、桥片、高性能芯片等方面，国产化替代基础也相对薄弱。随着智能计算的不断前移，不少安防产业链企业近年来也开始着重开发FPGA/ASIC智能芯片，如深鉴科技的DPU芯片（FPGA）、北京君正的NPU协处理器（ASIC）、寒武纪的AI服务器芯片（ASIC）等，不同程度上解决了行业痛点，应用前景广阔。

在光学零部件领域，光学镜头是安防视频监控的核心部件，对成像质量起着关键性作用。根据TSR发布的数据显示，全球安防视频监控镜头市场销量从2017年的1.86亿件增长至2021年的2.46亿件，复合增速为7.2%。安防产业光学镜头已基本实现了国产化，舜宇光学、宇瞳光学和福光股份等3家中国企业在全球安防监控镜头市占率高达66.7%。

存储器主要依赖国外进口，存储主要有前端存储、后端集中式存储和云存储三种，主要的存储技术和解决方案领导厂商为国外的西部数据和希捷科技。

在安防传感器领域，主流传感器产品技术壁垒深厚，北美、欧洲和日本等国家和地区占据主要市场份额，中国主要产品仍集中在中低端，目前已形成完整产业体系，中低端传感器基本能满足市场需求，高端领域与世界领先水平仍存在一定差距。

在关键电子元器件领域，射频滤波器、片式电容器等元器件因专利和技术上的领先优势，被日本、美国、德国等国企业寡头垄断，国内企业在元器件设计、生产制造等环节比较薄弱，关键领域的电子元器件国产化率不高。

② 数字安防设备领域

生物识别设备是利用指纹、人脸、虹膜、静脉和声纹等人体固有的生理特征及行为特征，通过生物传感器采集数据，利用计算机、光学及声学分析等科技手段对个体身份进行鉴定的识别设备。近年来，生物识别设备市场规模年均复合增长率近20%，发展前景广阔，国内涌现了熵基科技、神思电子、科密智能等一批领军企业，部分自主产品已经可以与国际先进产品相抗衡，且部分企业已在全球范围内具有较高的知名度。

探测与报警设备主要包括火灾探测、门磁探测、玻璃破碎探测、吸顶式热感探测、煤气泄漏探测等，是报警系统乃至整个安防系统运行的关键，有关设备能高效保证报警信息及时传递，使灾情得到及时处理，以保障生命财产安全。国际上，江森自控、联合技术公司、西门子、博世、霍尼韦尔、能美、报知机等企业具备很强的市场竞争力，国内拥有美安科技、豪恩安全、精华隆、创高等一批领先企业，逐渐具备一定的国际竞争力。

摄像设备主要包括安防摄像机、工业摄像机、红外摄像设备等。在安防摄像机领域，国内企业在全球范围内具有非常强的竞争力和市场地位，海康威视、大华股份等国内安防巨头占据了全球大部分市场份额。在工业摄像机领域，Basler、基恩士、FLIR、JAI、Cognex、Vieworks、Baumer、Omron等企业占据了国际市场主流。随着国产化进程加速，国产厂商加速追赶，自主产品销售占比持续提升，大恒图像、凌云光、奥普特、宝视纳、华睿科技等已逐步挤进国内前列，海康威视、大华股份、华为机器视觉等也不断加码机器视觉，形成国内竞争格局相对分散、集中度下降的局面。

视频处理设备主要包括编解码设备、硬盘录像机、专用服务器、传输分配设备、视频显示设备、网络安全设备、智能安检设备等。中国视频处理设备行业经过多年积累，取得了巨大的发展，规模及技术水平不断提高，与国外产品差距不断缩小，部分公司的产品和技术已排名国际领先。

(3) 产业链下游环节

下游主要为各应用场景下的系统集成，包括视频安防监控系统、安防报警系统、智能门禁系统、智能安检系统等，主要厂商为具有地方资源且技术壁垒较低的安防工程建设商、系统集成商、渠道销售商和运营服务商。由于安防系统所需要的专业集成性工作较多，如线路架设、设备配套、安装调试、后续专业运维等，一般需系统集成商来实施，而中游的设备商拥有技术、资源、规模优势，部分安防设备厂商正不断抢占下游市场，安防产业链中下游呈融合发展态势。

二、数字安防产业链竞争力指数分析

基于产业链竞争力评价模型，课题组对数字安防产业链整体的竞争力指数进行分析，范围包括上中下游各大模块及细分领域和产品。

（一）数字安防产业链整体竞争力指数排名

1. 竞争力指数排名

如图1-7所示，截至2021年底，国内数字安防产业链竞争力指数排名第一的是广东，指数为76.4；北京第二，指数为68.9；江苏、浙江、上海分别为41.6、41.0和39.5。从整体上看，广东、北京显著领先其他省份。

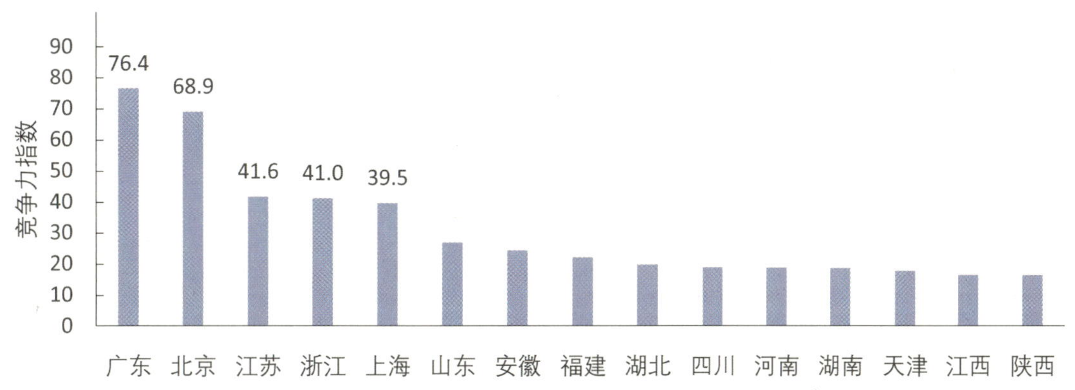

图1-7　数字安防产业链竞争力指数排名

我国31个省份的排名如表1-5所示。

表1-5　2021年国内数字安防产业链整体竞争力指数排名

排名	省份	指数	排名	省份	指数
1	广东	76.4	17	辽宁	15.4
2	北京	68.9	18	河北	14.9
3	江苏	41.6	19	贵州	12.5
4	浙江	41.0	20	广西	11.5
5	上海	39.5	21	云南	11.0
6	山东	26.7	22	吉林	10.5
7	安徽	24.1	23	山西	9.9
8	福建	21.9	24	黑龙江	9.8
9	湖北	19.6	25	新疆	9.7
10	四川	18.7	26	内蒙古	9.2
11	河南	18.6	27	甘肃	8.5
12	湖南	18.5	28	青海	4.2
13	天津	17.6	29	宁夏	3.6
14	江西	16.3	30	海南	2.5
15	陕西	16.2	31	西藏	0.9
16	重庆	16.2			

2. 竞争力指数变动趋势

如表1-6所示，2015—2021年，TOP5省份的数字安防产业链竞争力均有一定增长。其中广东增长率最快，年复合增长率(Compound Average Growth Rate，CAGR)为6.9%，其次为江苏，年复合增长率为5.1%。北京、浙江、上海的年复合增长率分别为4.5%、3.6%和3.9%。

表1-6　2015—2021年数字安防产业链竞争力指数TOP10

省份	2015年	2016年	2017年	2018年	2019年	2020年	2021年	CAGR
广东	51.2	54.8	61.8	65.5	69.3	73.4	76.4	6.9%
北京	52.8	52.7	55.1	58.7	62.1	65.8	68.9	4.5%
江苏	30.9	33.1	35.2	37.2	38.6	41.2	41.6	5.1%
浙江	33.1	34.4	36.6	37.6	38.9	40.2	41.0	3.6%
上海	31.4	32.6	33.9	35.3	36.1	37.6	39.5	3.9%
山东	21.2	22.4	23.6	24.4	25.2	25.8	26.7	3.9%
安徽	19.1	20.3	21.6	23.2	23.4	24.0	24.1	4.0%
福建	19.0	19.6	20.5	20.7	20.9	21.2	21.9	2.4%
湖北	18.4	19.0	19.4	20.2	19.9	19.8	19.6	1.0%
四川	17.4	18.1	18.7	18.9	18.7	19.4	18.7	1.2%

如图1-8所示，2015—2021年，广东、北京、浙江、江苏、上海的竞争力指数均在上涨，其中广东复合增长率最快。

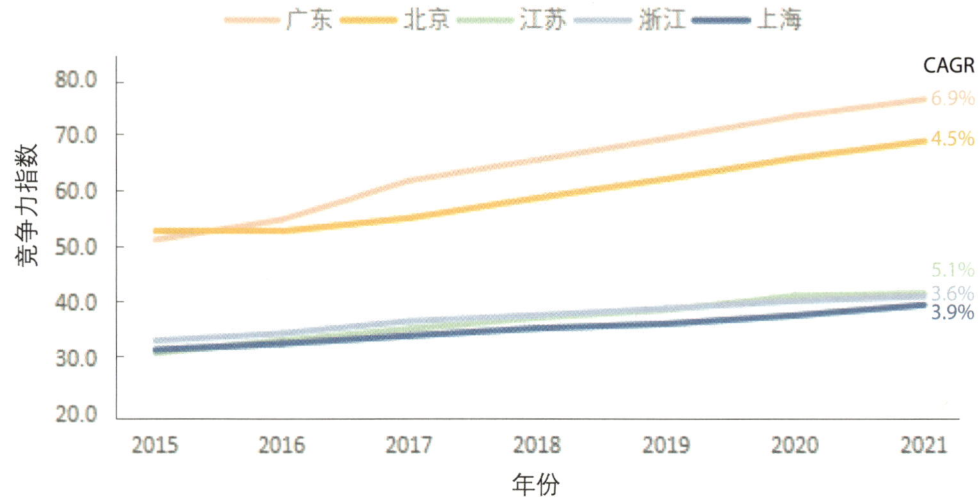

图1-8　数字安防产业链竞争力指数TOP5增长趋势

如图1-9所示，2015—2021年，各省数字安防产业链竞争力指数增长的来源主要来自技术竞争力，其次来自产业链充分性的增长。

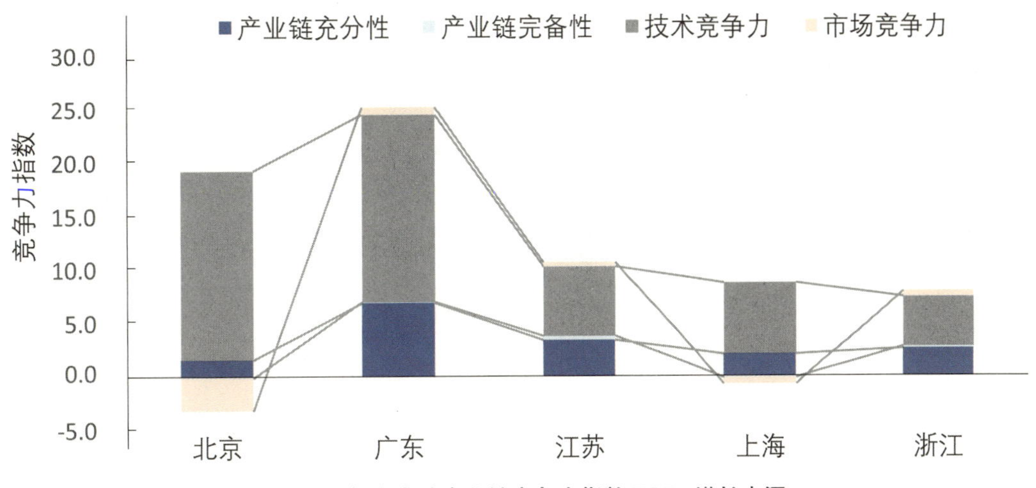

图 1-9 数字安防产业链竞争力指数 TOP5 增长来源

（二）各评价指标维度分析

1. TOP5 省份各评价指标维度分析

对 2021 年数字安防产业链竞争力指数的 TOP5 省份做各指标的雷达图，如图 1-10 所示。

广东的技术竞争力、产业链充分性均排名第一。北京的市场竞争力排名第一，技术竞争力排名第二。

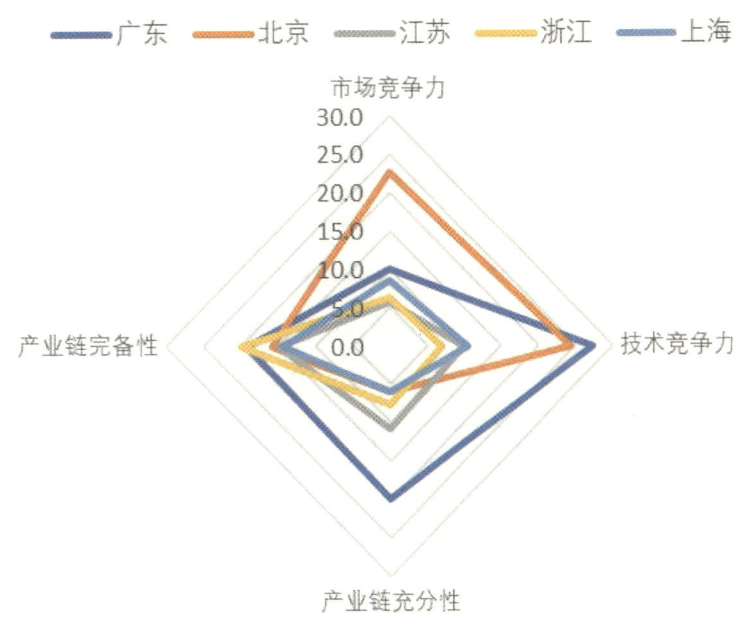

图 1-10 数字安防产业链竞争力 TOP5 各维度指标对比

2. 市场竞争力分析

市场竞争力的本质表现在于获取更多的市场份额和更高的利润率。

如图 1-11 所示，北京的市场竞争力指数得分最高，为 22.7，优势明显。广东、上海、山东、浙江分别为 10.0、8.6、6.9 和 6.2。

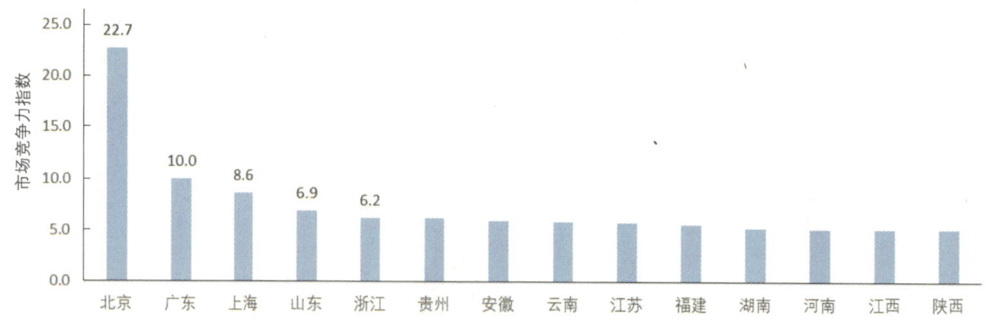

图 1-11　数字安防产业链市场竞争力排名

3. 技术竞争力分析

技术竞争力是一个反映产业链竞争力来源的间接因素，在现代经济社会，科学技术能力越强，产业竞争力就越强。反映技术竞争力的指标包括专利数、研发投入、研发人员数等。

如图 1-12 所示，广东的技术竞争力指数得分最高，为 27.3；其次为北京，得分 24.4；上海、江苏、浙江分别为 10.6、10.0 和 7.1。

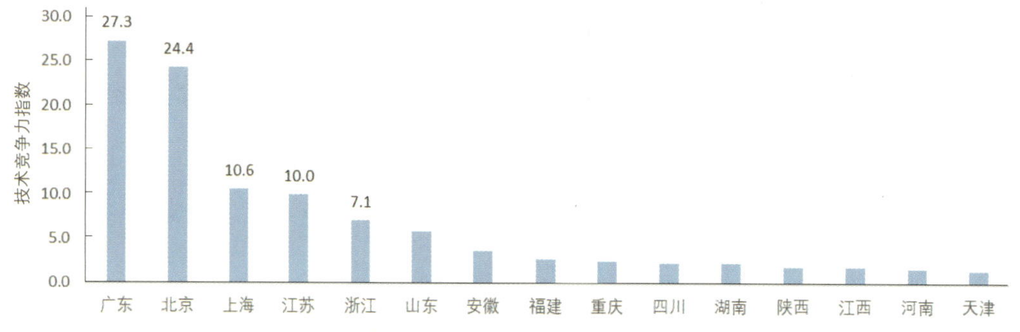

图 1-12　数字安防产业链技术竞争力排名

4. 产业链充分性分析

产业链充分性是反映产业链当前拥有的市场主体竞争行为充分程度的指标集合。产业链拥有的企业数量越多，产业链的稳定性越高，产业链的竞争力就越强；产业链拥有的高质量企业（上市企业）数量越多，产业链的充分性越高，产业链的竞争力就越强。

如图 1-13 所示，广东的产业链充分性指数得分最高，为 20.0。江苏、浙江、北京、上海分别为 10.8、7.7、6.0 和 5.9。

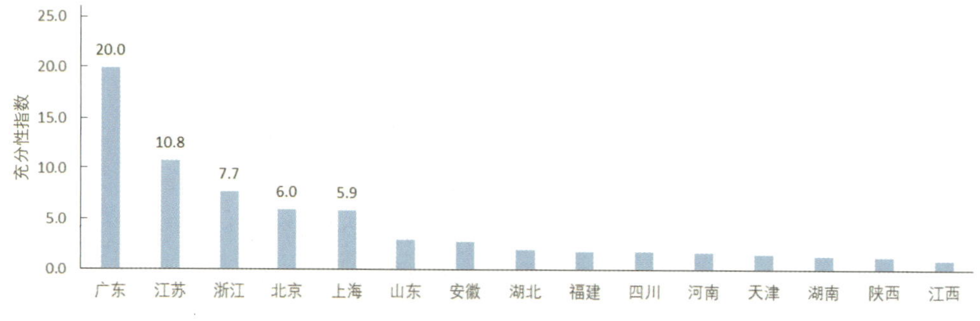

图 1-13　数字安防产业链充分性排名

5. 产业链完备性分析

产业链完备性是反映本地产业链布局、配套完备程度的指标。产业链节点越多，节点的质量越好，本地的产业链竞争力就越强。

如图1-14所示，浙江的产业链完备性指数得分最高，为20.0。广东、北京、江苏、上海分别为19.1、15.8、15.0和14.4。

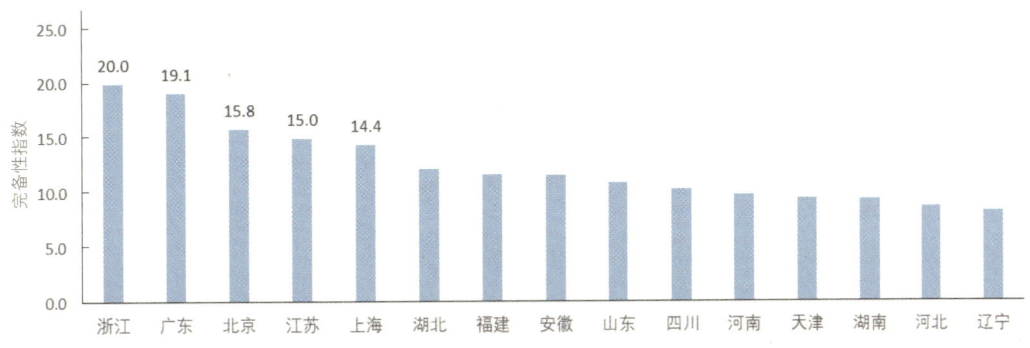

图1-14　数字安防产业链完备性排名

三、数字安防产业链节点竞争力分析

数字安防产业链作为一个由很多节点构成的链条结构，其竞争力本质上是由各个产业链节点的竞争力共同形成的。每个大的节点下又有各自的配套，这些配套与节点共同构成了一个以该节点为核心的节点产业链，接下去分析产业链节点的竞争力指数。

（一）数字安防关键原材料

数字安防关键原材料包括光学级树脂、光学级玻璃、基底材料、显示材料、薄膜材料、蒸镀材料和光刻材料等。

如图1-15所示，在数字安防关键原材料的竞争力指数评价中，北京排名第一，得分73.2。广东、浙江、上海、江苏分别为70.0、45.5、40.6和40.5。

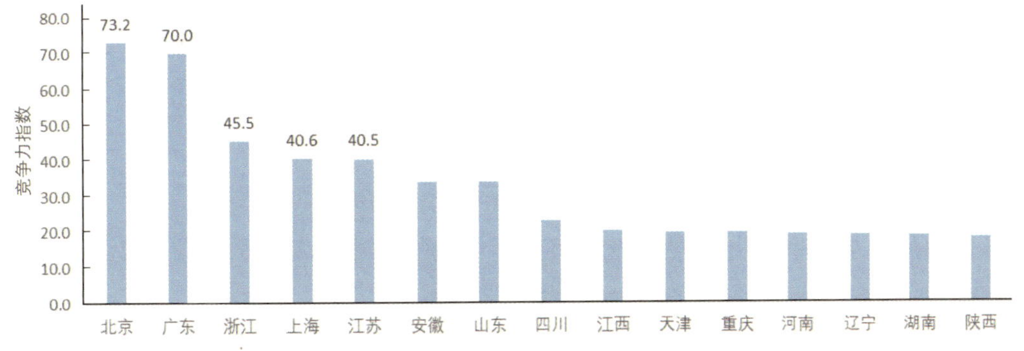

图1-15　数字安防关键原材料竞争力排名

如图1-16所示，在各维度指标对比中，北京的市场竞争力、技术竞争力均排名第一。广东的产业链充分性、产业链完备性均排名第一，技术竞争力排名第二。

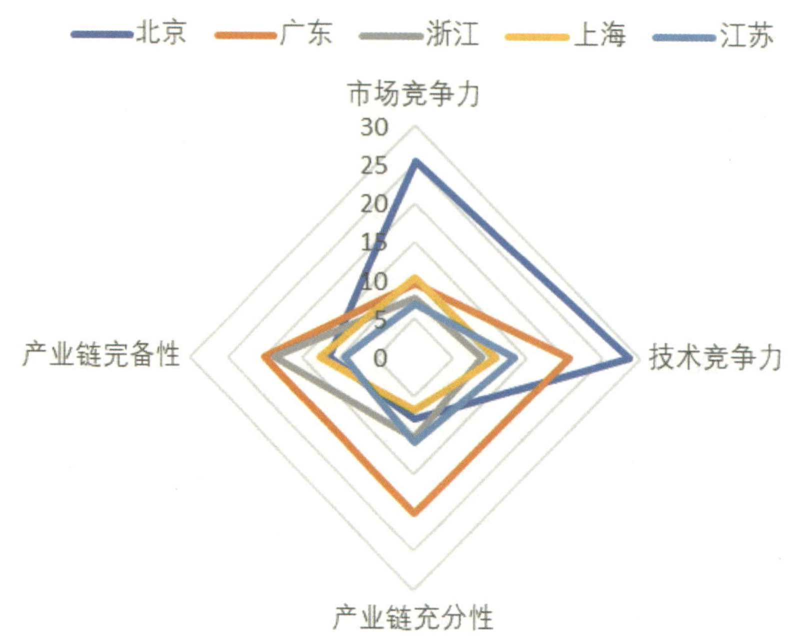

图1-16 数字安防关键原材料竞争力TOP5各维度指标对比

（二）数字安防技术服务

数字安防技术服务包括人工智能算法、数字安防云服务和视频编码标准。

如图1-17所示，数字安防技术服务整体竞争力指数北京排名第一，得分75.1；广东、江苏、上海、浙江分别为71.1、45.5、41.6和38.5。

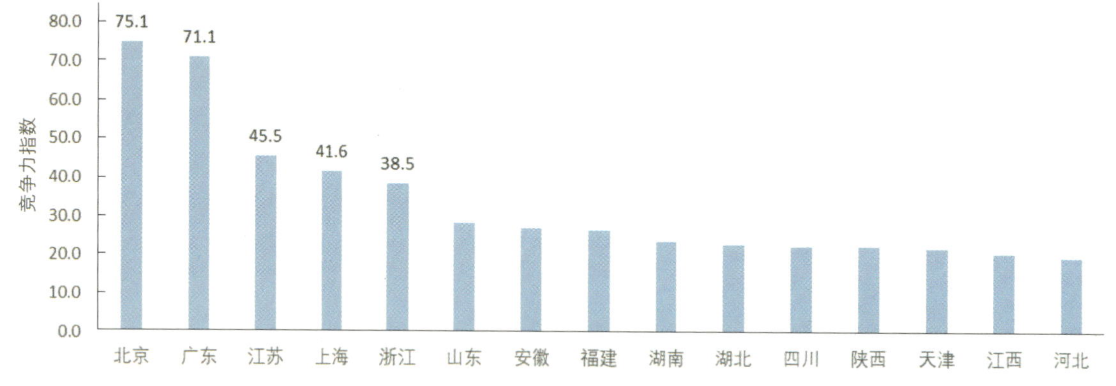

图1-17 数字安防技术服务竞争力排名

如图1-18所示，在各维度指标对比中，北京的市场竞争力、技术竞争力均排名第一。广东的产业链充分性、产业链完备性均排名第一，技术竞争力排名第二。

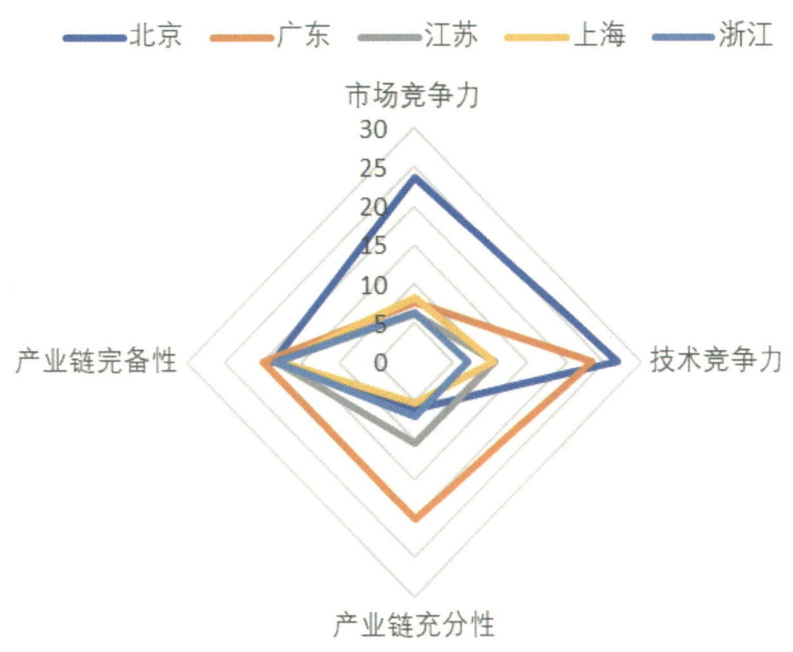

图 1-18　数字安防技术服务竞争力 TOP5 各维度指标对比

人工智能算法

如图 1-19 所示，人工智能算法主要包括图像处理、视频压缩、内容识别和缺陷检测。人工智能算法整体的竞争力中，北京排名第一，指数 88.0。广东、浙江、上海、江苏分别为 70.9、43.6、42.1 和 40.3。

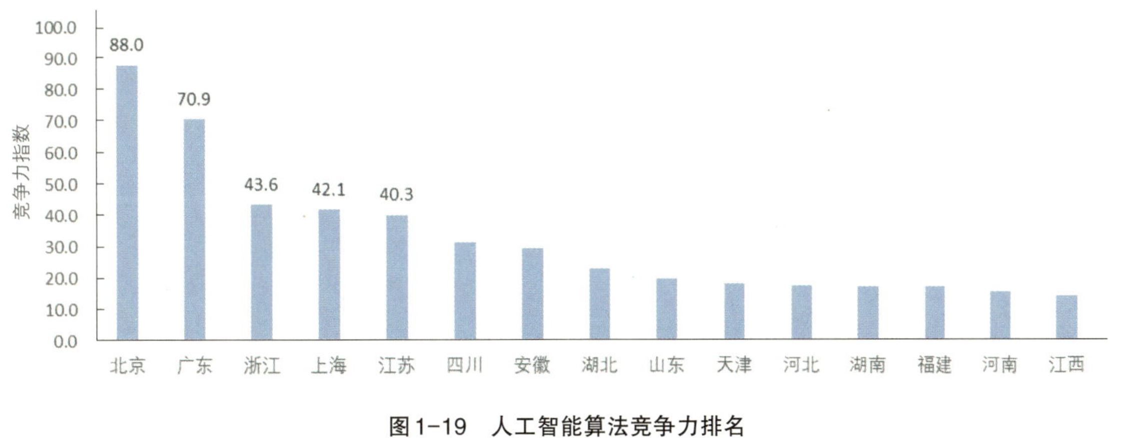

图 1-19　人工智能算法竞争力排名

如图 1-20 所示，在各维度指标对比中，北京的市场竞争力、技术竞争力、产业链完备性均排名第一。广东的产业链充分性排名第一、产业链完备性同列第一、技术竞争力排名第二。

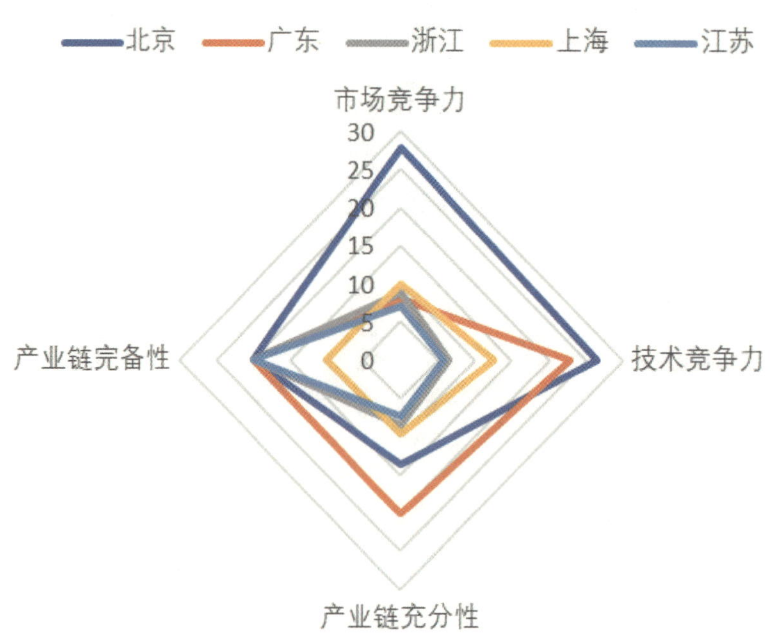

图1-20　人工智能算法竞争力TOP5各维度指标对比

（三）数字安防零配件

数字安防零配件包括光学零部件、安防传感器、关键电子元器件、半导体芯片、光器件、存储器和显示器件。

如图1-21所示，数字安防零配件整体竞争力指数广东排名第一，得分81.2。北京、浙江、上海、江苏分别为70.5、50.1、45.9和44.8。

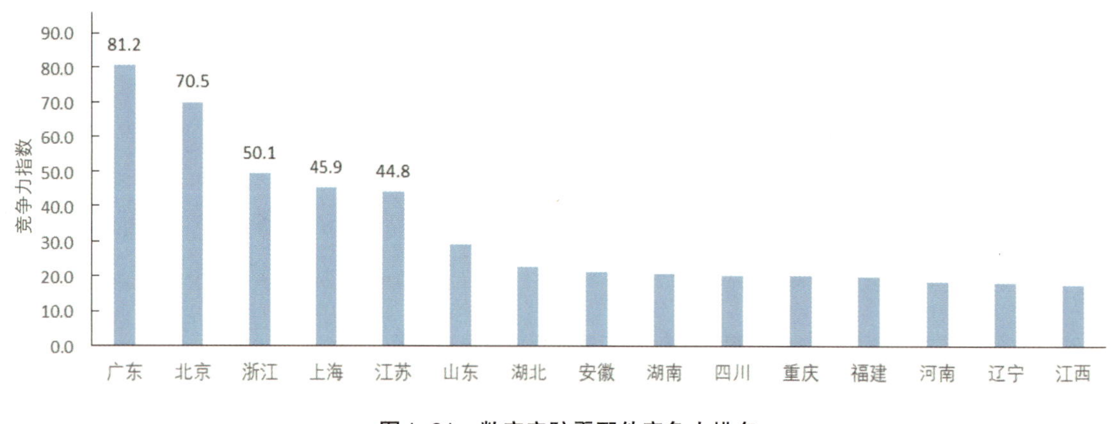

图1-21　数字安防零配件竞争力排名

如图1-22所示，在各维度指标对比中，广东的技术竞争力、产业链充分性排名第一。北京的市场竞争力排名第一，技术竞争力排名第二。

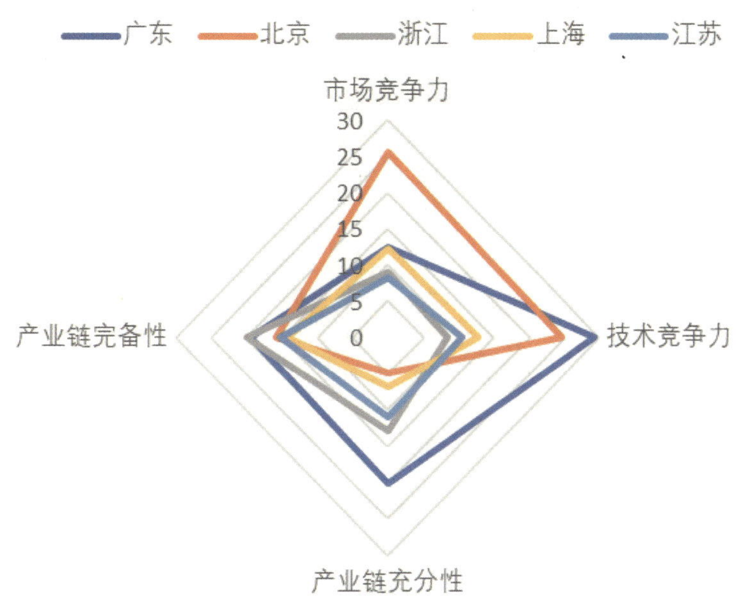

图1-22 数字安防零配件竞争力TOP5各维度指标对比

1. 光学零部件

如图1-23所示，光学零部件包括光学镜头、滤光片、偏光片和ITO导电玻璃。光学零部件整体的竞争力中，广东排名第一，指数87.0。浙江、江苏、北京、福建分别为65.6、32.9、27.1和25.7。

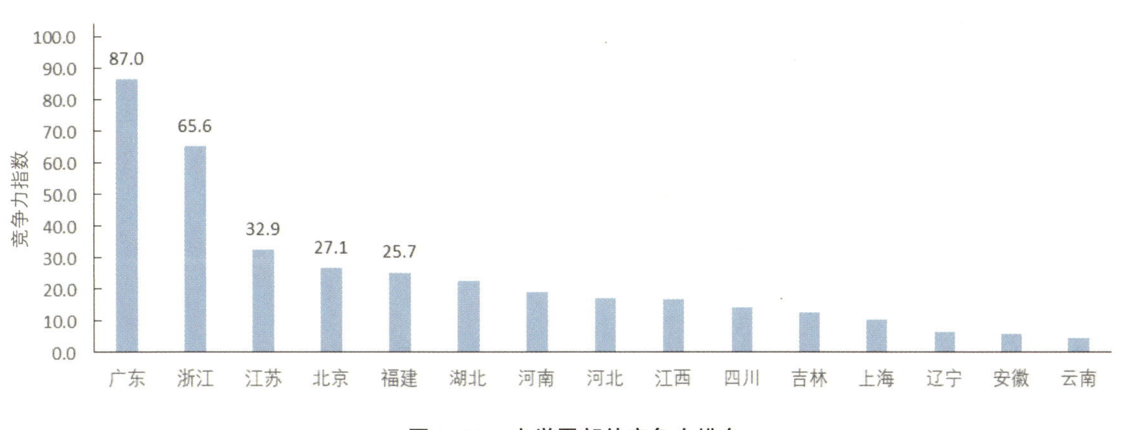

图1-23 光学零部件竞争力排名

如图1-24所示，在各维度指标对比中，广东的市场竞争力、技术竞争力、产业链完备性均排名第一。浙江的产业链充分性排名第一，技术竞争力和市场竞争力均排名第二。

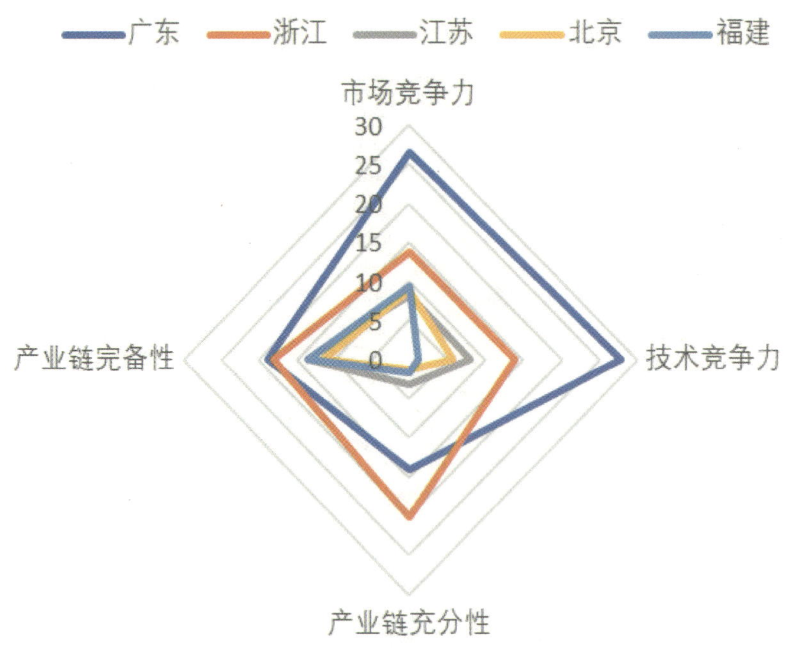

图1-24 光学零部件竞争力TOP5各维度指标对比

2. 安防传感器

如图1-25所示，安防传感器包括温湿度传感器、压力传感器、磁力传感器和烟雾传感器。安防传感器的整体竞争力中，北京排名第一，指数78.0。广东、上海、江苏、浙江分别为72.5、55.6、52.1和47.1。

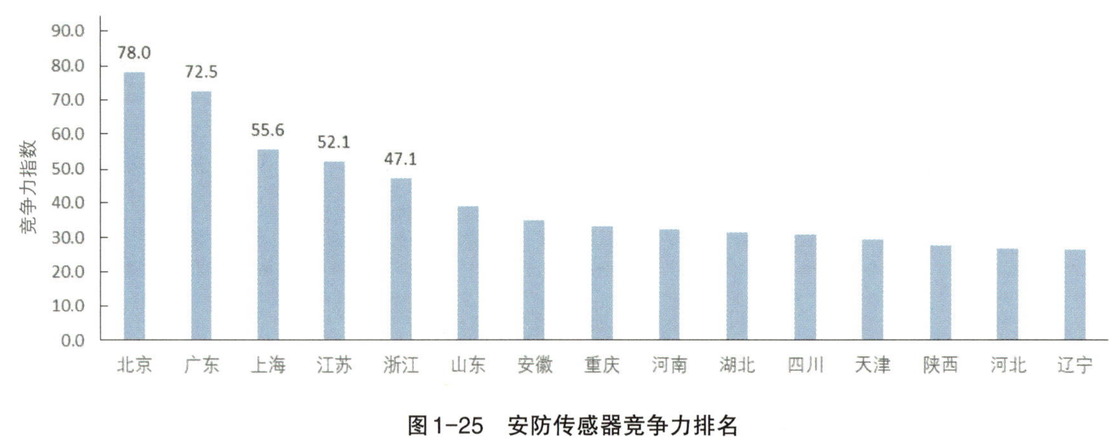

图1-25 安防传感器竞争力排名

如图1-26所示，在各维度指标对比中，北京的技术竞争力和市场竞争力均排名第一。广东的产业链充分性排名第一，技术竞争力排名第二。

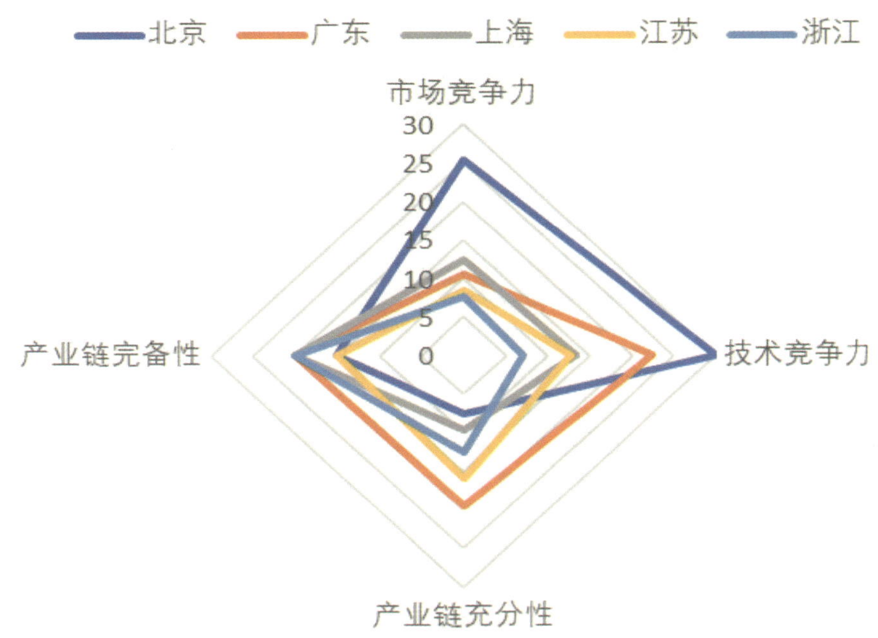

图1-26　安防传感器竞争力TOP5各维度指标对比

3. 半导体芯片

如图1-27所示，半导体芯片包括生物识别芯片、传感器芯片、图像处理芯片、光通信芯片、DVR/NVR芯片、LED发光芯片。在半导体芯片的整体竞争力中，广东排名第一，指数为70.8。北京、浙江、上海、江苏分别为66.5、42.8、34.9和32.3。

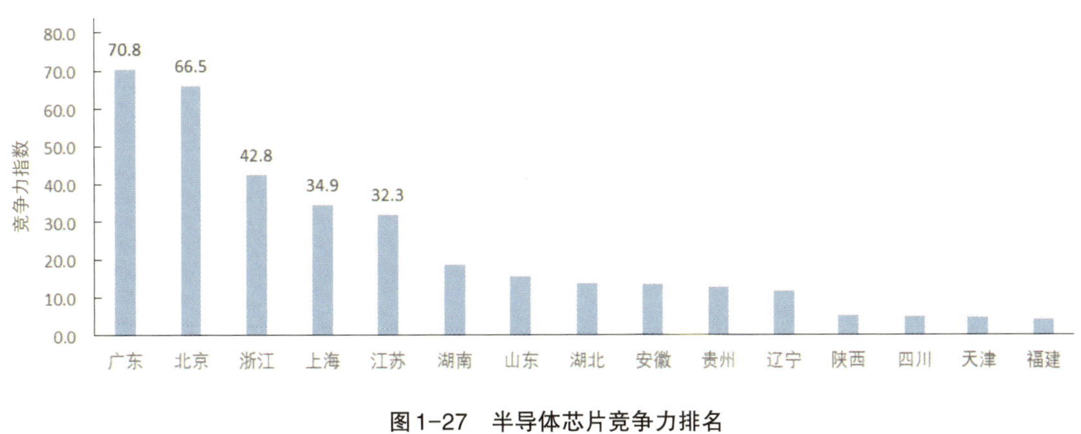

图1-27　半导体芯片竞争力排名

如图1-28所示，在各维度指标对比中，广东的技术竞争力、产业链充分性排名第一。北京的市场竞争力排名第一，技术竞争力排名第二。浙江的产业链充分性排名第二。

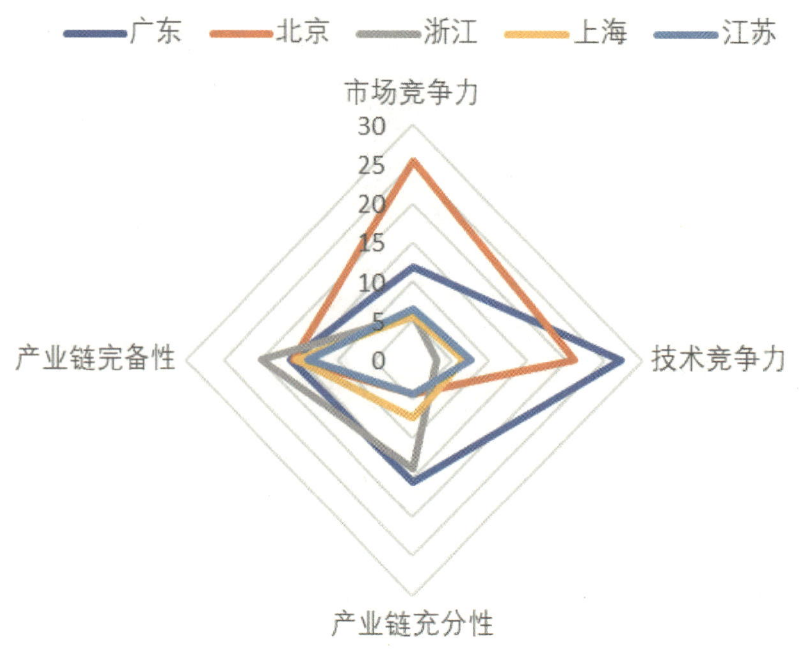

图1-28　半导体芯片竞争力TOP5各维度指标对比

（四）数字安防应用软件

如图1-29所示，数字安防应用软件包括数字安防云服务、安防应用平台软件和安防网络安全软件。数字安防应用软件整体竞争力指数北京排名第一，得分86.2。广东、浙江、江苏、上海分别为66.5、49.3、31.8和27.2。

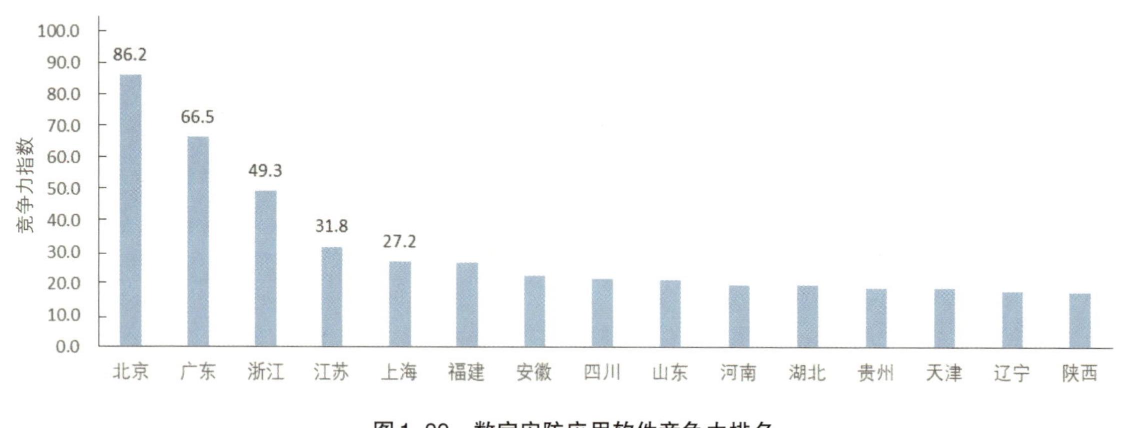

图1-29　数字安防应用软件竞争力排名

如图1-30所示，在各维度指标对比中，北京的市场竞争力、技术竞争力均排名第一，产业链充分性排名第二。广东的产业链充分性排名第一，技术竞争力排名第二。

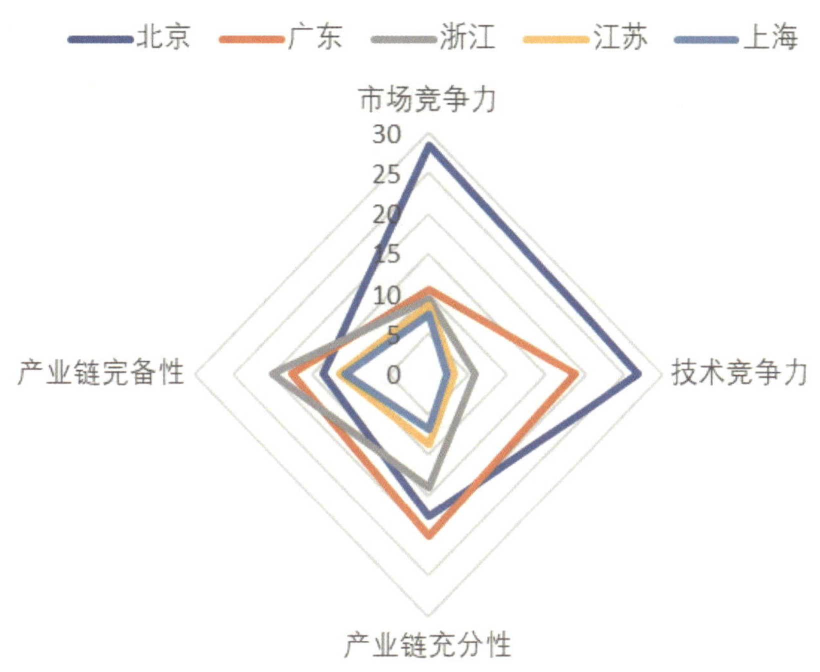

图1-30　数字安防应用软件竞争力TOP5各维度指标对比

（五）数字安防设备

如图1-31所示，数字安防设备包括生物识别设备，探测与报警设备、摄像设备、视频处理设备、智能安检设备等。数字安防设备整体竞争力指数广东排名第一，得分81.7。北京、上海、浙江、江苏分别为68.4、46.8、46.0和36.5。

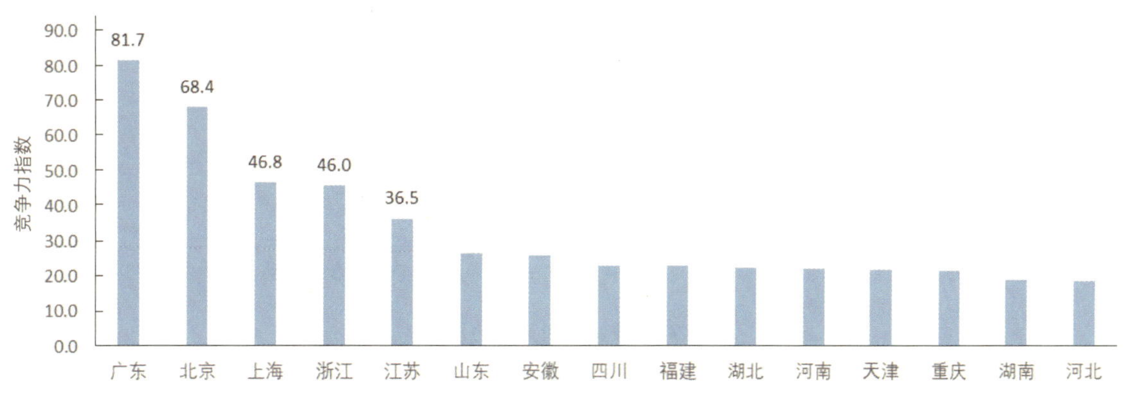

图1-31　数字安防设备竞争力排名

如图1-32所示，在各维度指标对比中，广东的技术竞争力、产业链充分性均排名第一。北京的市场竞争力排名第一，技术竞争力排名第二。

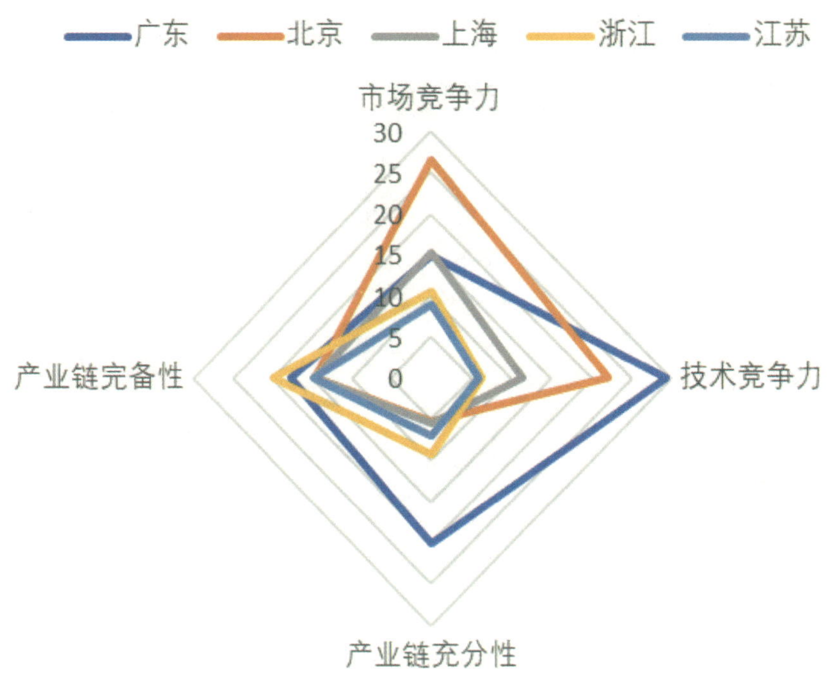

图1-32　数字安防设备竞争力TOP5各维度指标对比

1. 摄像设备

如图1-33所示，摄像设备包括可见光摄像设备和红外摄像设备。摄像设备整体的竞争力中，浙江排名第一，指数85.7。广东、上海、福建、河南分别为63.1、42.1、31.4和26.8。

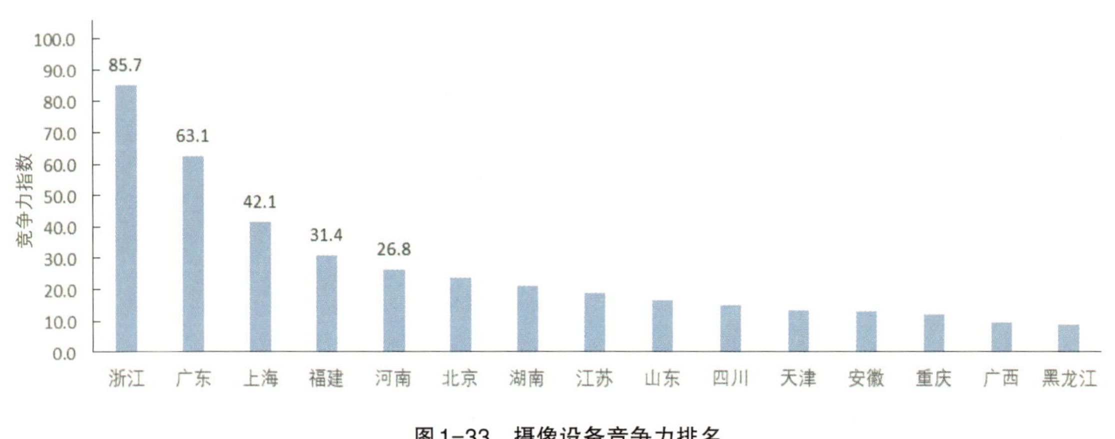

图1-33　摄像设备竞争力排名

如图1-34所示，在各维度指标对比中，浙江的市场竞争力、技术竞争力、产业链完备性均排名第一。广东的产业链充分性排名第一。

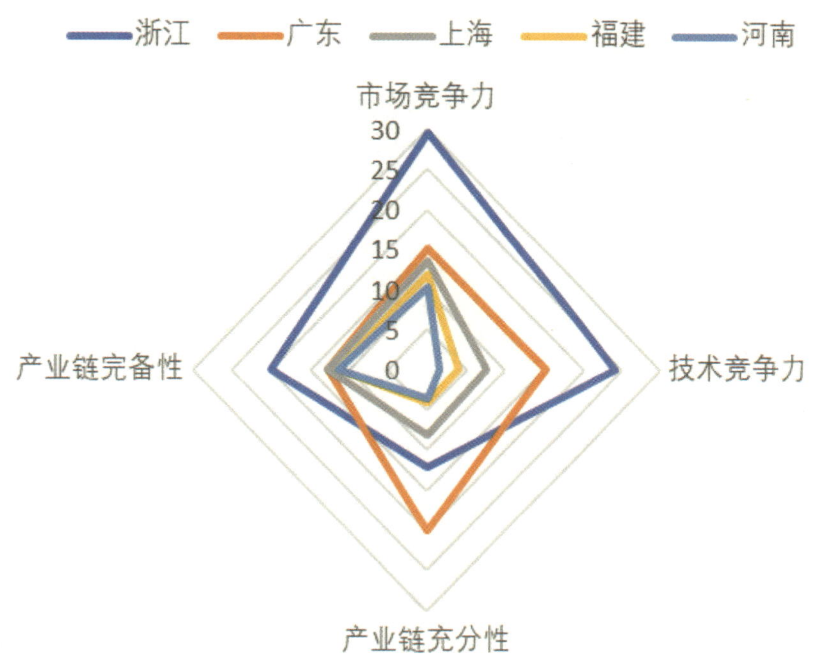

图1-34　摄像设备竞争力TOP5各维度指标对比

2. 生物识别设备

如图1-35所示，生物识别设备包括指纹识别设备、虹膜识别设备、人脸识别设备。生物识别设备整体的竞争力中，北京排名第一，指数71.8。广东、浙江、江苏、湖北分别为53.2、53.0、25.6和20.3。

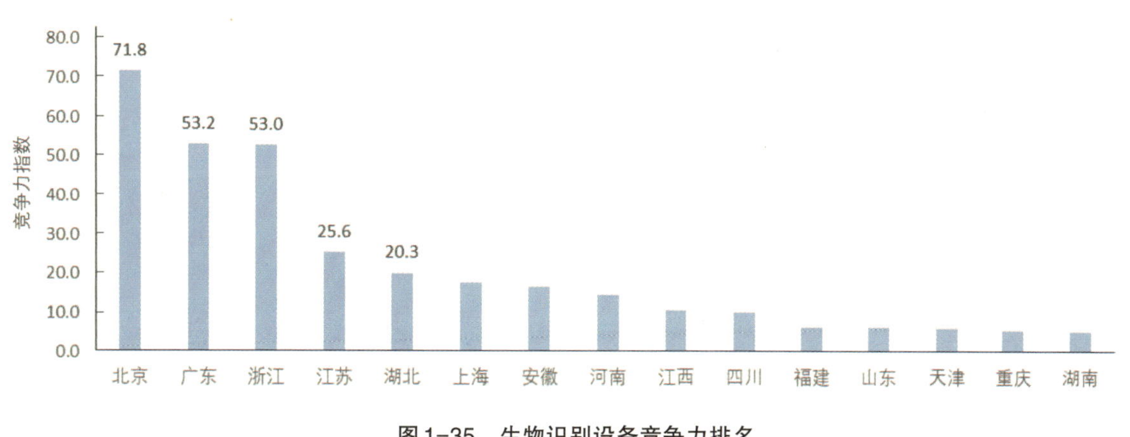

图1-35　生物识别设备竞争力排名

如图1-36所示，在各维度指标对比中，北京的市场竞争力、技术竞争力均排名第一。浙江的产业链充分性排名第一。

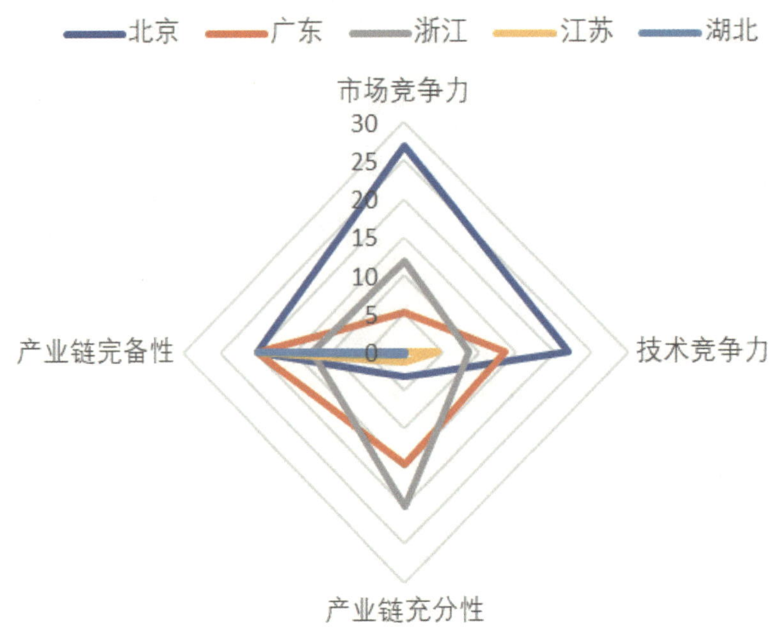

图1-36　生物识别设备竞争力TOP5各维度指标对比

3. 报警与探测设备

如图1-37所示，报警与探测设备包括火灾探测设备、门磁探测设备、玻璃破碎探测设备、吸顶式热感探测设备、煤气泄漏探测设备。报警与探测设备整体的竞争力中，广东排名第一，指数为91.2。浙江、江苏、北京、上海分别为64.1、36.8、36.2和32.4。

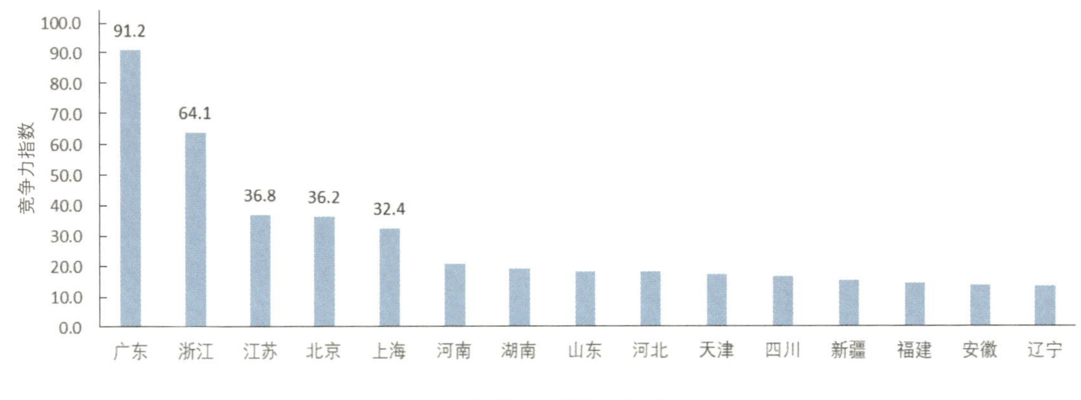

图1-37　报警与探测设备竞争力排名

如图1-38所示，在各维度指标对比中，广东的市场竞争力、技术竞争力、产业链充分性均排名第一。浙江的产业链完备性排名第一。

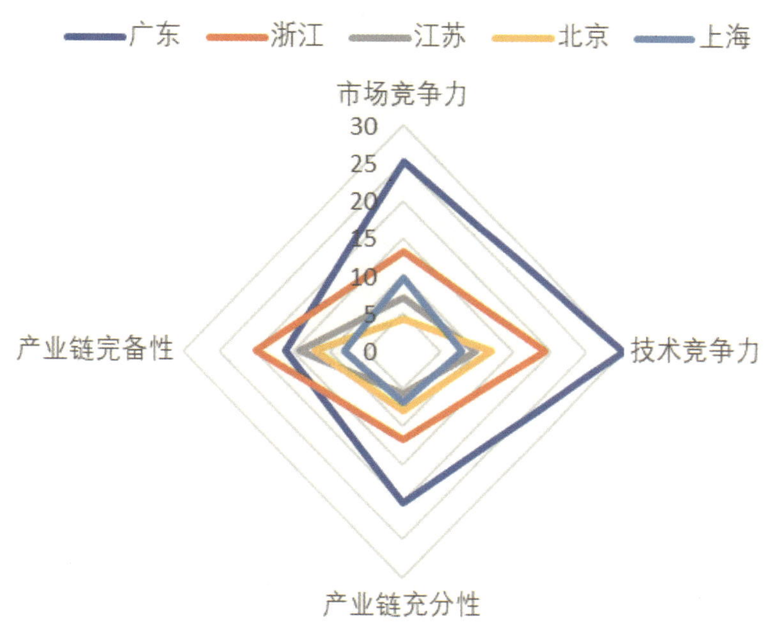

图 1-38 报警与探测设备竞争力TOP5各维度指标对比

4. 智能安检设备

如图 1-39 所示，智能安检设备包括智能安检门、智能安检机、人车一体安检机、智能安检分析仪。智能安检设备整体的竞争力中，北京排名第一，指数为 80.3。广东、浙江、安徽、上海分别为 62.1、44.6、35.7 和 30.3。

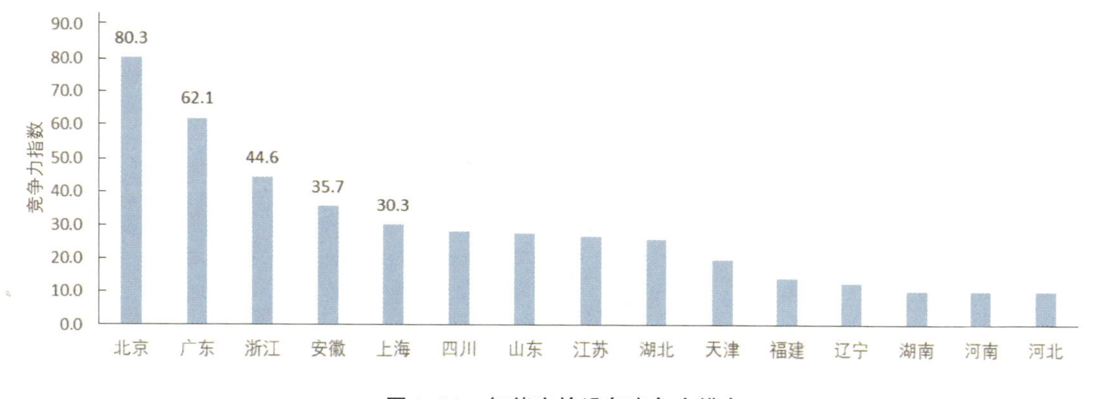

图 1-39 智能安检设备竞争力排名

如图 1-40 所示，在各维度指标对比中，北京的市场竞争力、技术竞争力均排名第一。广东的产业链充分性排名第一，技术竞争力排名第二。

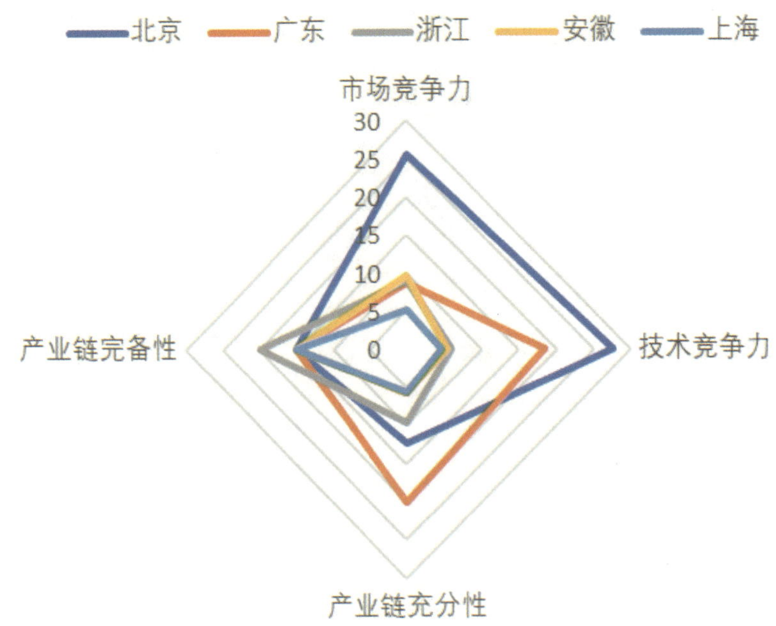

图1-40　智能安检设备竞争力TOP5各维度指标对比

（六）智能门禁系统

如图1-41所示，智能门禁系统整体竞争力指数浙江排名第一，得分71.2。其次广东第二，得分69.2。北京、江苏、重庆分别为14.5、10.7和7.4。

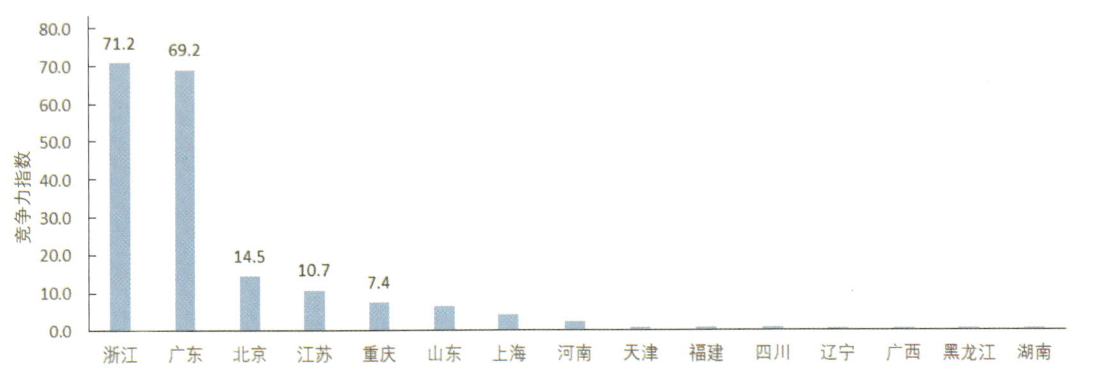

图1-41　智能门禁系统竞争力排名

如图1-42所示，在各维度指标对比中，浙江的产业链充分性、产业链完备性均排名第一。广东的市场竞争力、技术竞争力均排名第一。

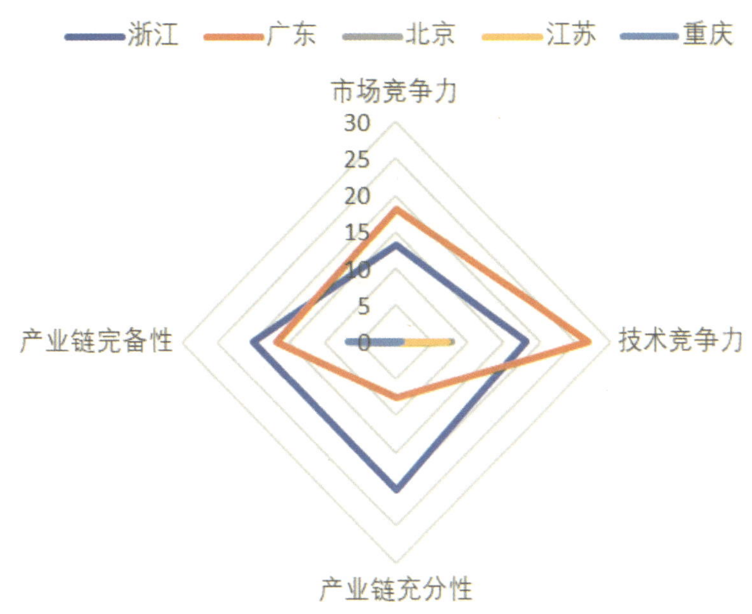

图 1-42　智能门禁系统竞争力 TOP5 各维度指标对比

（七）安防报警系统

如图 1-43 所示，安防报警系统整体竞争力指数北京排名第一，得分 70.6。浙江、广东、山东、江苏分别为 63.4、60.4、33.1 和 32.9。

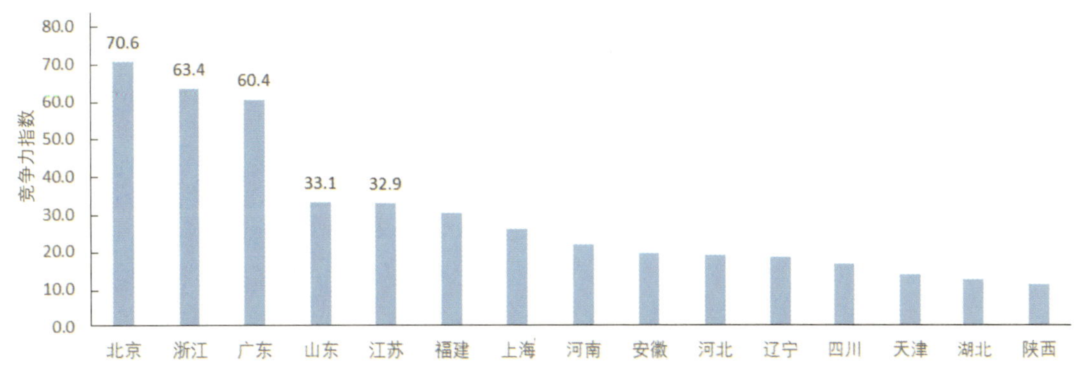

图 1-43　安防报警系统竞争力排名

如图 1-44 所示，在各维度指标对比中，北京的市场竞争力、技术竞争力均排名第一。浙江的产业链充分性、产业链完备性排名第一。广东的技术竞争力排名第二。

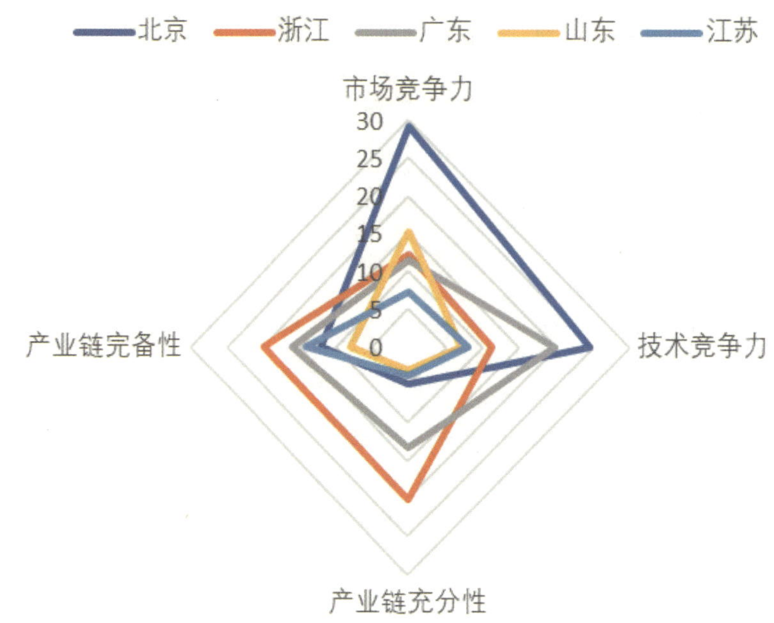

图1-44　安防报警系统竞争力TOP5各维度指标对比

（八）视频安防监控系统

如图1-45所示，视频安防监控系统整体竞争力指数浙江排名第一，得分89.3。北京、江苏、广东、上海分别为52.3、39.3、30.4和29.7。

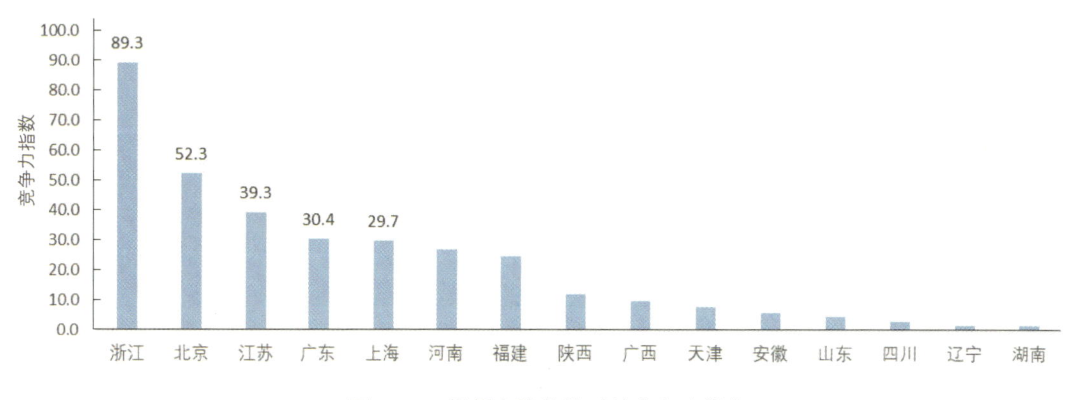

图1-45　视频安防监控系统竞争力排名

如图1-46所示，在各维度指标对比中，浙江在各维度均排名第一。

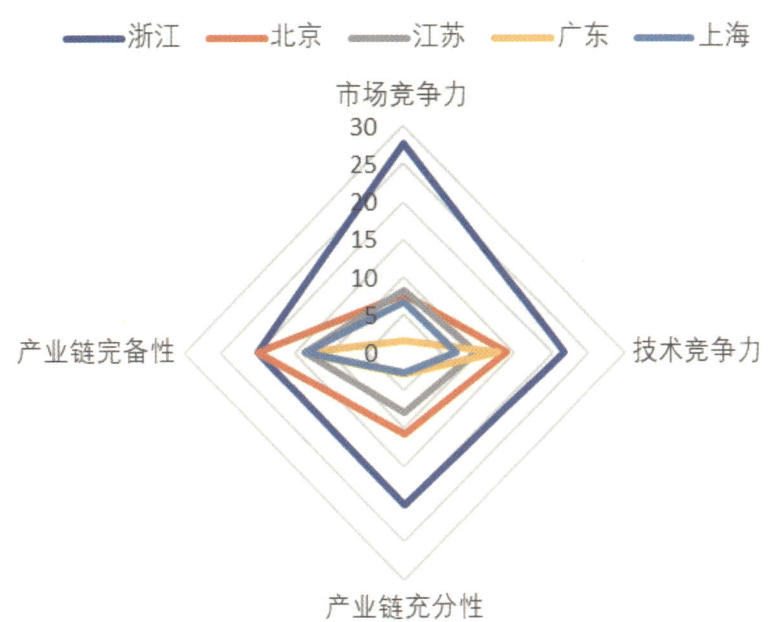

图 1-46　视频安防监控系统竞争力TOP5各维度指标对比

(九)数字消防系统

如图1-47所示,数字消防系统整体竞争力指数浙江排名第一,得分91.7。江苏、北京、广东、上海分别为41.6、28.5、23.1和21.5。

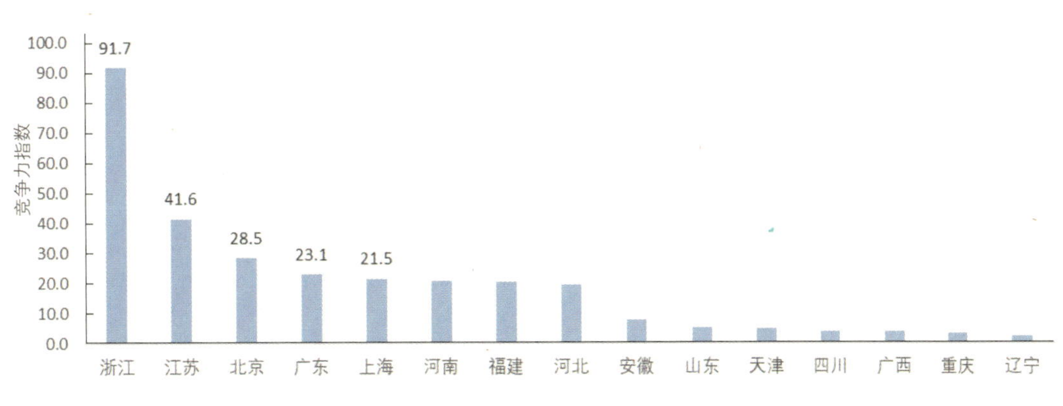

图 1-47　数字消防系统竞争力排名

如图1-48所示,在各维度指标对比中,浙江均排名第一。

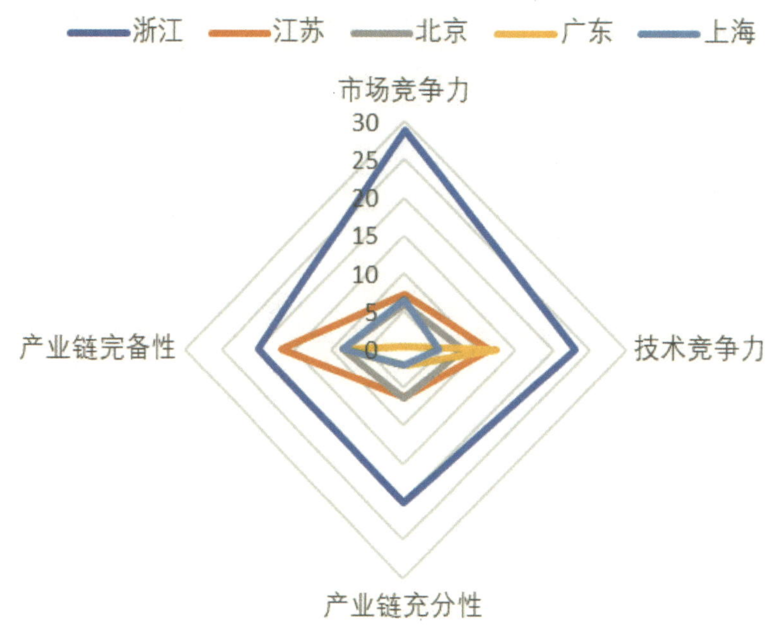

图1-48　数字消防系统竞争力TOP5各维度指标对比

（十）智能安检系统

如图1-49所示，智能安检系统整体竞争力指数浙江排名第一，得分72.7。广东、北京、山东、河北分别为35.5、30.3、17.7和13.8。

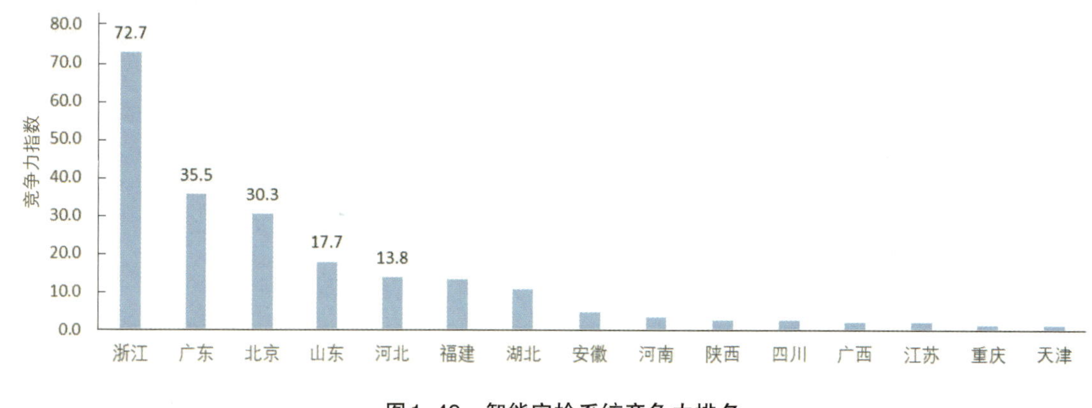

图1-49　智能安检系统竞争力排名

如图1-50所示，在各维度指标对比中，浙江的市场竞争力、技术竞争力、产业链充分性均排名第一。广东的产业链完备性排名第一，产业链充分性排名第二。

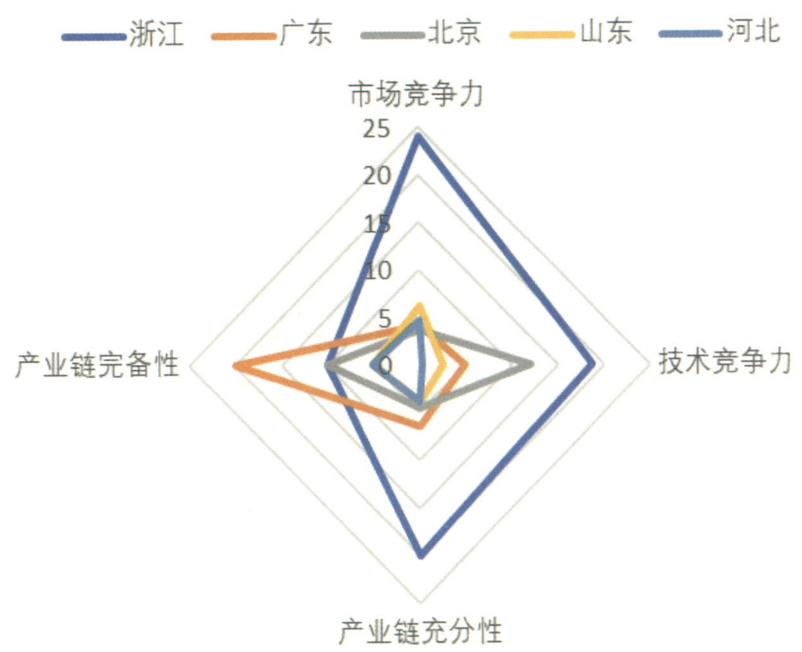

图1-50　智能安检系统竞争力TOP5各维度指标对比

（十一）机器视觉检测系统

如图1-51所示，机器视觉检测系统整体竞争力指数浙江排名第一，得分78.4。广东、北京、湖北、河南分别为61.5、48.2、27.5和22.6。

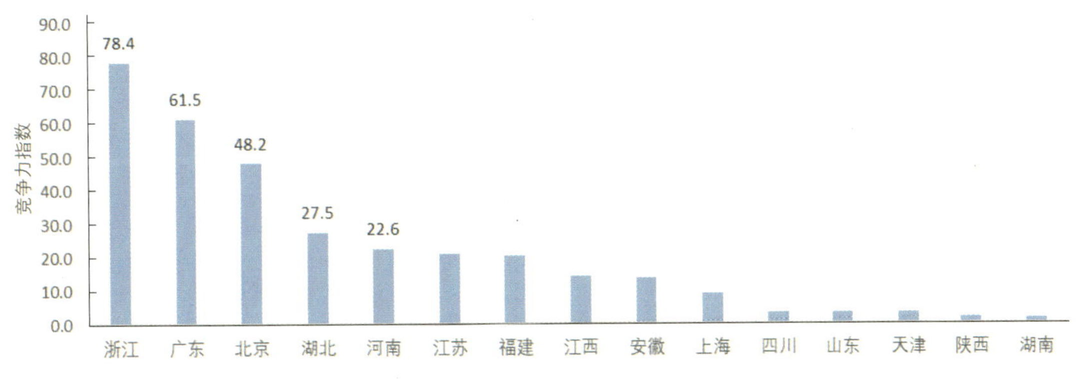

图1-51　机器视觉检测系统竞争力排名

如图1-52所示，在各维度指标对比中，浙江的技术竞争力、产业链充分性排名第一。广东的市场竞争力排名第一，技术竞争力排名第二。

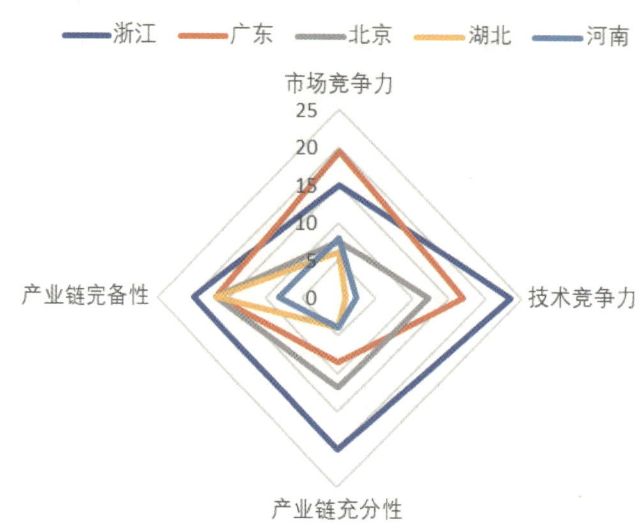

图1-52 机器视觉检测系统竞争力TOP5各维度指标对比

四、主要省份数字安防产业链布局分析

从产业链布局的视角分析各省市在数字安防产业链各个节点上竞争力的分布及其优劣势。

(一) 广东

如图1-53所示，广东数字安防产业链竞争力指数排名第一，得分76.4。整体上，广东在产业链各环节布局完善、实力雄厚，特别是在数字安防零配件、数字安防设备排名第一，在智能门禁系统、安防报警系统也居前列。数字安防零配件中光学零部件、半导体芯片排名第一，安防传感器也占TOP1的93%。数字安防设备中探测与报警设备排名第一，其他设备也各自占TOP1的70%以上。珠三角-华南地区集聚了广州伟昊、安居宝、美电贝尔等一批行业龙头企业，在视频监控、一卡通、楼

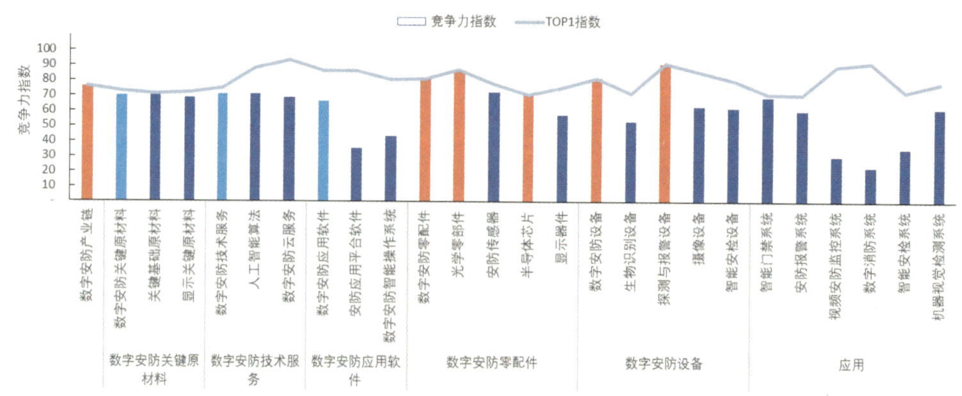

图1-53 广东数字安防产业链各节点竞争力指数对比

（备注：深蓝色代表普通节点的竞争力指数，浅蓝色代表单个小类整体的竞争力指数，橘色代表该节点竞争力指数排名第一。全书同。）

宇对讲、入侵报警、智能家居系统、大屏幕显示系统、监控系统、智能锁具等方面均有布局，是发展最全面的安防制造基地。

（二）北京

如图1-54所示，北京的产业链竞争力指数整体排名第二，得分68.9。北京的优势主要集中在上游，数字安防关键原材料、数字安防技术服务、数字安防应用软件均排名第一。此外，安防传感器、显示器件、生物识别设备、智能安检设备、安防报警系统均排名第一。北京以工程商和系统集成商为主，生产企业少而精，工程企业大又强。

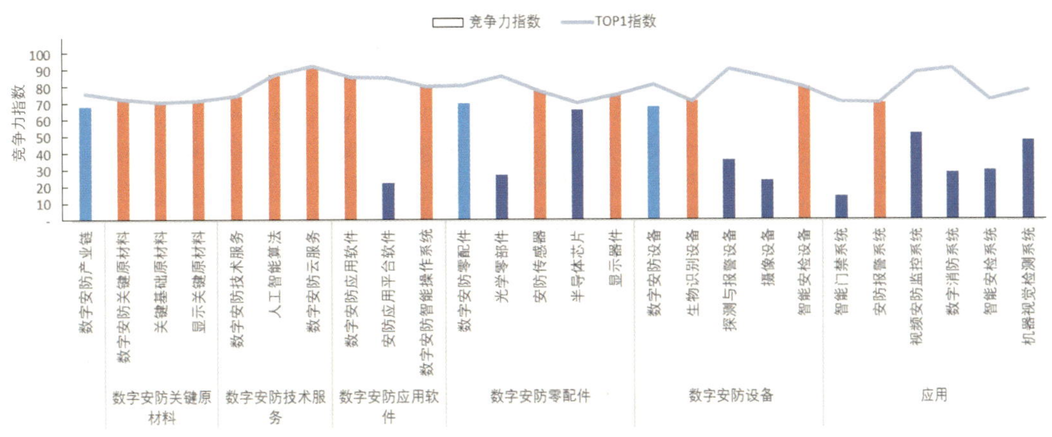

图1-54　北京数字安防产业链各节点竞争力指数对比

（三）江苏

如图1-55所示，江苏数字安防产业链竞争力指数整体排名第三，得分41.6。江苏的产业链各环节比较均衡，均具有较强的竞争力。常州以防爆（暴）摄像机为典型的产业特点，形成了颇具影响力的防爆（暴）摄像机产业链；苏州缺少大型安防企业，但其加工制造比较发达，吸引了松下、索尼、TVS等大型安防巨头投资设厂，生产安防产品。

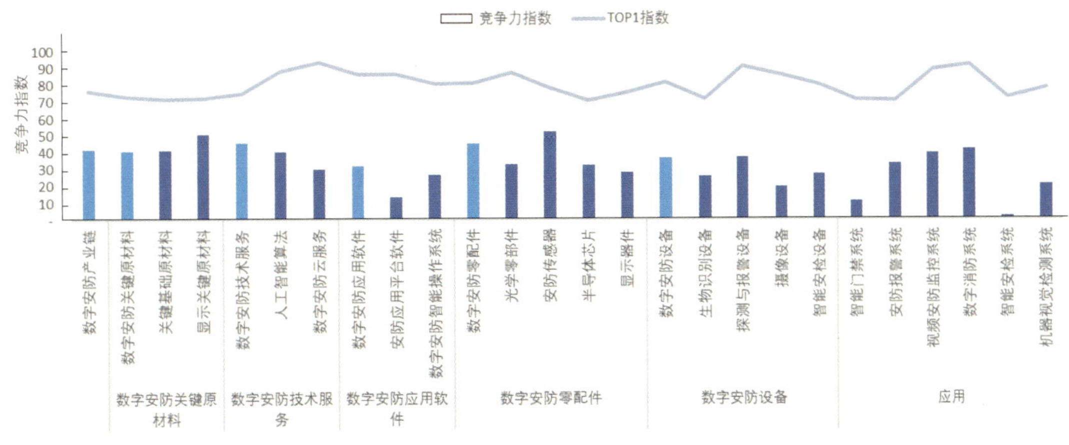

图1-55　江苏数字安防产业链各节点竞争力指数对比

（四）浙江

如图1-56所示，浙江数字安防产业链竞争力整体排名第四，得分41.0。浙江的优势主要集中在下游，摄像设备、安防应用平台软件、智能门禁系统、视频安防监控系统、数字消防系统、智能安检系统、机器视觉检测系统均排名第一。从整体上看，浙江的应用能力最强，其次为数字安防设备、零配件和应用软件，相对较为薄弱的是关键原材料和技术服务。杭州以视频监控产品见长，占有全国乃至全世界的大部分市场份额，其典型特点是产品质量可靠、性价比高，集中了行业最顶级的三家视频监控产品制造商。海康威视、大华股份、宇视科技在全球安防产业均排名前10。

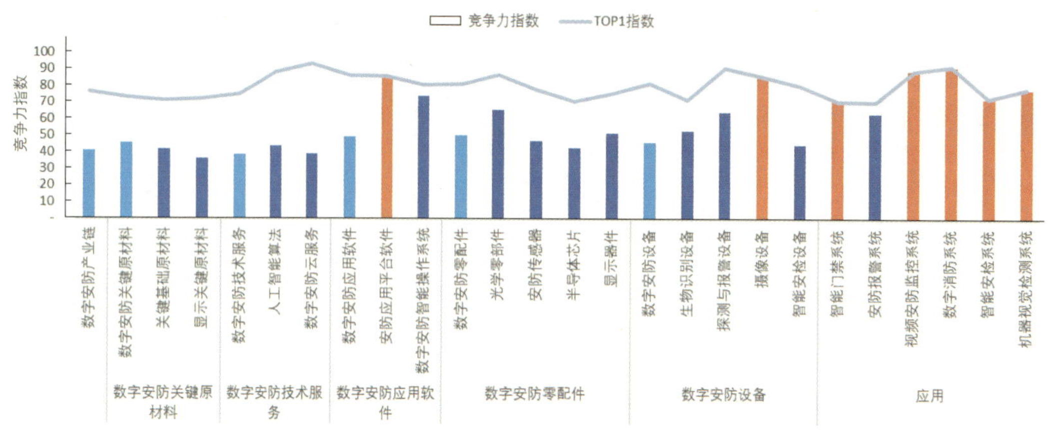

图1-56　浙江数字安防产业链各节点竞争力指数对比

（五）上海

如图1-57所示，上海数字安防产业链竞争力指数整体排名第五位，得分为39.5。上海在应用、数字安防应用软件领域较薄弱，在其他领域均有一定的竞争力。上海集聚了大多数世界级的安防企业中国区总部，如泰科、博世、西门子、霍尼韦尔、集宝、GE等，这些企业的产品具有较强的知名度以及市场竞争力。

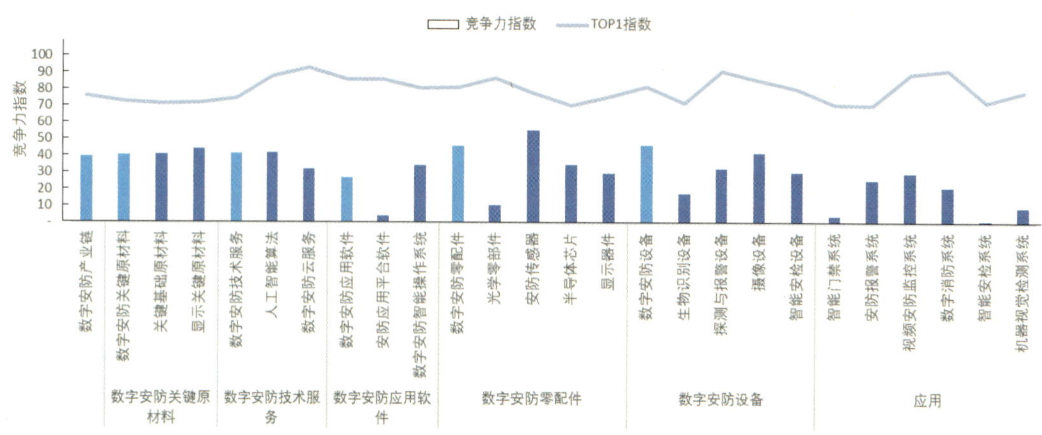

图1-57　上海数字安防产业链各节点竞争力指数对比

五、对策建议

（一）加强联合攻关，突破核心技术

突破关键核心技术。依托浙江大学、之江实验室、北京大学信息技术高等研究院、阿里达摩院等创新平台，实施技术攻关专项行动，开展图像处理、视频压缩和内容识别等核心算法攻关，在系统级芯片（SoC）、高端传感器、高端软件、专用存储等领域突破一批关键技术，实现核心领域的国产替代与自主可控。紧扣国家重大专项和产业链布局，研究编制数字安防产业关键核心技术清单，集中力量打造标志性全球化产业链，编制实施数字安防产业集群发展技术路线图。

加强集群协同创新。依托智慧视频安防制造业创新中心、产业创新服务综合体等平台机构，推进上下游关键配套企业联合开展技术攻关。支持数字安防企业创建国家和省级企业技术中心、国家和省级工程技术研究中心、省级（重点）企业研究院、高新技术研发中心、院士工作站、博士后工作站等，提升自主创新能力，开发具有自主知识产权的数字安防软硬件产品。

完善行业标准体系。筹建省级安防标准化技术委员会，积极对接数字安防产业相关领域国际标准化技术组织，加强与国际标准化技术组织秘书处的交流合作，积极参与国际标准制定。引导集群企业积极参与或主持国际标准、国家标准、行业标准、浙江制造标准制（修）订，掌握产业发展话语权。鼓励新兴领域细分行业龙头企业建立和实施适合企业需要的持续有效、协调统一的企业标准体系。

（二）引进培养结合，打造人才高地

集聚高端人才。围绕数字安防发展主导方向，系统构建“高精尖缺”人才开发目录库，加强与国家、省、市各类人才计划的对接，形成“引进人才—培育企业—带动产业”的链式效应。高质量实施青年人才培养计划，支持更多青年人才成为领军人才。实施博士后倍增计划，确保博士后支持政策落地见效。

培育数字工匠。进一步加强“名城工匠”培养生态建设，大力培养具有世界一流水平的青年技能人才，给予相应激励。提高国际化高技能人才培训水平，鼓励高技能人才开展国际交流合作。实施“企业工匠”成长计划，深化技能大师工作室，推行企业新型学徒制。加大高技能人才公共实训基地建设力度，建立“工匠学院”。

打造人才特区。建设一批人才管理改革试验区，充分赋予人才“引育留用管”自主权，以“一区一策”方式加强薪酬分配、科研经费等人才政策创新突破。优化市级人才计划遴选方式，探索高水平大学、一流科研院所、领军企业等人才引进推荐认定制。推进人才计划的市场化评价机制改革，把工作履历、薪酬待遇、获得投资额度等作为人才认定评价的重要标准。

（三）分类精准扶持，壮大企业梯队

培育国际知名领军企业。深入实施“鲲鹏计划”，瞄准产业链关键核心技术和薄弱环节，支持领军企业开展全球精准合作，积极获取海外技术、品牌、高端人才、营销网络等高端要素，加速全球产业链资源整合，提升企业国际化水平。引导领军企业布局上游算法、芯片、关键零组件等领域，加速布局人工智能、超高清视频、未来社区场景应用等新兴领域，积极向集成服务商、数据运营商及平台型企业转型，吸引更多细分领域龙头企业落户浙江，加快隐形冠军企业发展。

培育专精特新中小企业。围绕产业链，大力培育芯片、终端、软件、应用和服务各环节企业，推动领军企业做大做强，孵化培养大批创新型中小企业，形成完善的产业生态系统。实施“雏鹰计划”，面向机器视觉、人工智能、算法、知识图谱、大数据处理等前沿领域以及智能家居、智慧交通等应用领域，建设科技型中小企业双创孵化平台，吸引国内外数字安防领域创新创业人才及团队落地，培育引进一批细分领域科技型中小企业。

引进培育新型创业群体。围绕数字安防产业发展方向，多元主体搭建技术创新服务综合体，为入园及创业企业提供创新全过程服务，培育数字安防产业发展新业态新模式。大力发展具有专业增值服务能力的科技经纪、信息咨询、检验检测等第三方服务，支持专业化机构为中小企业提供创业辅导、工业设计、流程再造、智能生产等创新型服务，打造科技服务产业集群。

（四）打造三类平台，提升承载能级

打造技术研发平台。全力支持之江实验室融入国家实验室布局，创新优化“一体双核多点”体制，打造国家战略科技力量，重点为数字安防产业发展提供多领域支撑。支持浙江大学、西湖大学、阿里巴巴等共同建设若干省实验室。支持省重点实验室探索组建联合实验室和实验室联盟。加快推进重大科技基础设施（装置）建设，打造大科学装置集群。深化与中国科学院、中国工程院、北京大学等的战略合作，支持新型研发机构建设和发挥作用。

打造产业发展平台。提升滨江电子信息（物联网）产业示范基地建设，充分发挥滨江数字安防产业集群优势，整合资源，推动基地成为引领数字安防产业的新标杆。布局建设一批数字安防产业重要基地，重点推进海康威视桐庐基地、大华股份富阳基地等产业园建设。

打造特色活动平台。充分发挥世界互联网大会的红利，规划筹办数字安防产业分论坛，提升杭州数字安防产业的国际知名度和影响力。办好杭州（国际）安博会、中国人工智能安防峰会、智涌钱塘AI Cloud生态大会等，谋划举办数字安防产业全国性大会、技术博览会、院士论坛等特色高端活动，进一步提升杭州数字安防产业的全球影响力。

（五）推进多元融合，促进共生共荣

推进产网融合。以产业龙头支撑，集聚数字安防产业上下游产业资源，加快建设一批行业级、区域级、企业级工业互联网平台。支持建设数字安防产业大脑，以数据为核心，探索提供产、供、销全程无缝对接服务，推动行业企业整体能力提升。加快工业互联网安全平台建设步伐。

推进产融融合。探索建立数字安防产业基金，支持相关共性技术突破、品牌标准提升、公共服务平台建设等，并为新型创业创新群体提供便利融资支持。探索投贷联动项目模式，鼓励银行等金融机构优先对入库企业和入库项目创新金融服务。大力发展供应链金融，支持地方银行根据产业链、供应链、资金链和物流链特征为数字安防产业领域中小微企业提供金融服务，支撑中小微企业做大做强。

推进产教融合。深化安防职教联盟职能，打造产教融合共享平台，以企业需求为导向，以生产性实训基地建设为依托，推进人才培养模式改革，发挥企业在人才培养的主体作用，深化产教融合、校企合作，为产业培养专业技能人才，形成技术人才培养和产业发展协同的良好局面。

(六) 开展试点示范，拓展应用场景

拓展在城市管理领域的示范应用。推进"城市大脑"解决方案在平安、交通、城管、亚运等领域应用。深化"平安城市""雪亮工程"建设，实施一批智能超高清安防监控应用试点，推进安防监控系统的升级改造，支持开展基于超高清视频的特征识别、行为识别、目标分类等人工智能算法推广应用，提升监控范围、识别效率及准确率。推进智能亚运建设，在智能指挥、智能安防、智能场馆、智能观赛、智能出行等重点领域推广VR/AR、超高清赛事直播、无人驾驶等泛安防应用。

拓展在实体经济领域的示范应用。推进视觉智能技术和产品在智能识别、智能计量、智能检测、智能分拣等领域推广应用，打造一批可推广的典型方案。推广基于数字安防视觉技术的作物生长监测与诊断技术及搭载先进机器视觉系统的智能农业机械应用，提升农业数字化水平。

拓展在民生服务领域的示范应用。进一步开放道路应用场景，推动智慧视觉、超高清视频等技术在车联网(智能网联汽车)测试验证与试点示范应用。鼓励在医疗领域开展"5G+超高清视频"应用，推动超高清视频技术在远程医疗、手术培训、内窥镜手术、医疗影像检测等方面的广泛应用。结合未来社区建设，以社区为载体开展家庭智慧安防、老人及儿童看护、远程家电控制以及水电气智能计量等智能家居示范应用，支持集群企业依托硬件产品抢占家庭人口，发展智能家居运营服务。推广基于数字安防、RFID等技术的新零售发展，发展智慧门店。

(七) 创新体制机制，释放制度活力

推进审批管理服务创新。深入开展"三服务"等活动，建立服务长效机制，对企业生产经营中遇到的政策、信息、科技、人才、审批等方面的实际困难和发展瓶颈进行专题对接、专题研讨、专题协调，切实抓好"政府事务代办员"制度。深化"企业码"专区建设，加速企业码申领推广，加快实现"一码通查、一码通受、一码通办、一码通兑"，打造智能化、一站化、链条化的全生命周期企业服务生态。

深化资源要素配置改革。全面深化"亩均论英雄"改革，落实和完善差别化用地、用能、排污、信

贷和财政政策机制，全面实行“标准地”制度，强化新增项目用地全生命周期管理，加快资源要素向优质企业、优质项目倾斜。以数据产权界定和数据交易市场培育为重点，在数据要素市场化配置改革领域先行先试，对数据的所有权、使用权、收益权、处置权等进行规范，在市场定价机制、市场交易方式和市场监管上形成规范性制度和规则，加快培育数据交易市场。

试点新型园区运营机制。贯彻落实国家、省关于干部人事和薪酬管理制度改革精神，以开发区为试点，鼓励实行开发区（园区）探索全员聘用制、末位淘汰制改革。实行全员聘用制的开发区（园区）参照有关规定确定薪酬水平、分配办法。

02

集成电路产业链竞争力评价

一、集成电路产业链全景概览

当前，新一轮科技革命和产业变革孕育兴起，新兴经济体和发展中国家正在群体性崛起，全球重要生产网络区域内部循环更加强化，经济全球化遭遇逆流，世界进入动荡变革期，不稳定性明显增强，集成电路产业成为全球各国争夺新一轮科技竞赛主动权的焦点，在稳定国家经济和参与全球竞争中扮演更为重要的角色。虽然我国集成电路自主可控、国产替代势不可挡，但由于产业链环节多、核心关键技术攻关难度大，我国集成电路国产替代也将是一件长期复杂的工程。本研究基于此对我国集成电路产业链发展现状和竞争力情况展开分析，旨在明晰我国及各省份集成电路产业链关键环节及发展短板，为政府决策、资本投资、企业战略、产业研究提供支撑。

（一）集成电路产业链节点体系

本研究依托浙江人工智能省部共建协同创新中心的算法，联合产业专家，基于上市公司公告、官网产品、招投标等信息，利用人工智能算法构建网状图谱产品体系。在网状图谱产品体系中，以集成电路的下游产品为起点，沿着其多种生产关系向上游追溯相关的其他产品节点，遍历到以原材料和设备为终止产品节点结束，从而形成一套有边界的集成电路产品关系图谱，即本研究使用的集成电路产业链节点体系。如图2-1所示，集成电路产业链包括集成电路设计、集成电路制造、集成电路封装测试三大模块，这三个模块构成了集成电路产业链的上下游关系。在每一个模块中按照生产关系区分出生产设备、生产原料、辅助原料、辅助设备等，以橘黄色为底色。在集成电路设计、集成电路制造、集成电路封装测试模块，节点之间不存在生产关系，是平行的分类关系，以灰蓝色为底色。

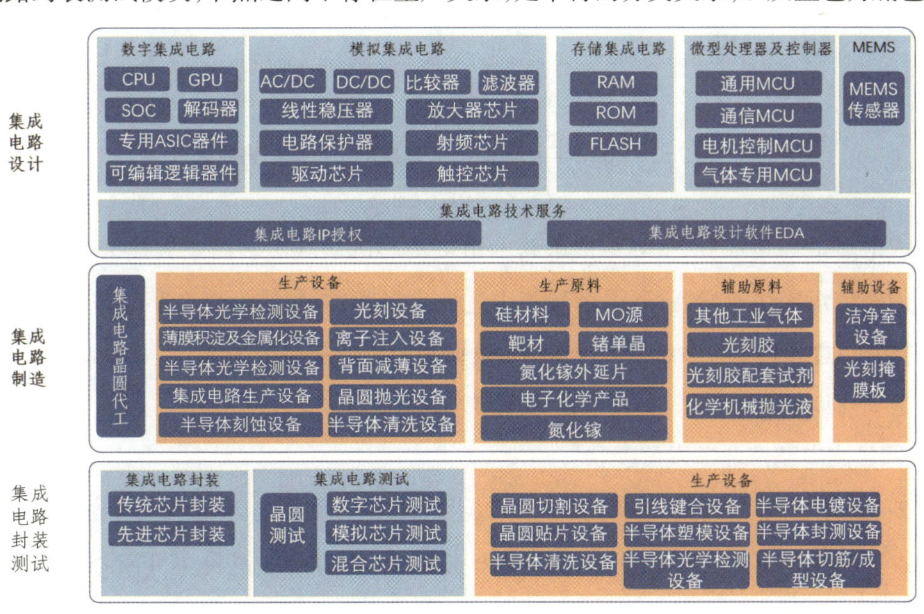

图2-1　集成电路产业链节点体系

（二）国内外集成电路产业链现状

1. 全球集成电路产业链发展现状

从全球竞争格局的角度看，集成电路产业链的头部效应较为明显，少数领军企业占据了市场的主导地位（见图2-2）。2021年全球集成电路产业链中，美国公司处于绝对主导地位，市场占有率达到55%，韩国占21%，欧洲占7%，日本占6%，中国占5%。从分领域看，在集成电路设计领域，美国在集成电路设计模块竞争力突出，在2021年全球集成电路设计公司前10强中，美国占七席，韩国占两席，中国台湾占一席；在晶圆代工领域，台积电居榜首，其7nm以下先进制程占比达到52%，且已实现了5nm量产，而英特尔、三星各占25%和23%；在硅晶圆领域，日本市场占有率超过52%，其中光掩膜、光刻胶、溅射靶材市场日本占有率分别达到60%、72%和50%；在半导体设备领域，美国、荷兰、日本垄断了全球90%以上份额，美国在薄膜、刻蚀、封测领域有接近一半的市场占有率。

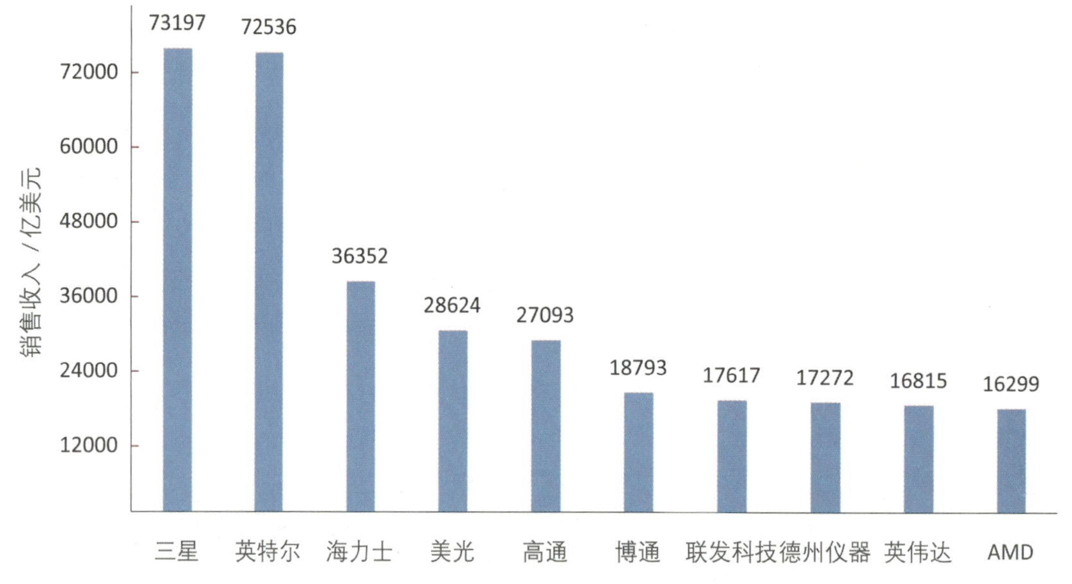

图2-2　2020年全球前10大集成电路厂商销售收入

（数据来源：Gartner）

从集成电路市场角度看，世界集成电路的市场重心已从欧美转向亚太地区。进入21世纪后，亚太地区的经济水平快速发展，居民消费能力进一步提升，对集成电路产品的需求增加，世界集成电路市场重心也逐步转移。2021年，根据SIA数据和前瞻产业研究所统计，亚太地区（除日本外）已成为全球最大的集成电路市场，销售额占全球市场的62.0%。

2. 我国集成电路产业链发展现状

如图2-3所示，中国集成电路产业诞生于20世纪60年代，共经历了三个发展阶段，从前期的国外引进为计算机和军工配套打造基础，到抢抓科技攻关，提升产业链自主可控力。当前，中国集成电路产业随着其元器件特征尺寸的不断缩小，各种产业结构融合度更高，并且更新速度更快，已形成一种全新的学科或者产业，对于整体社会发展有着关键作用。

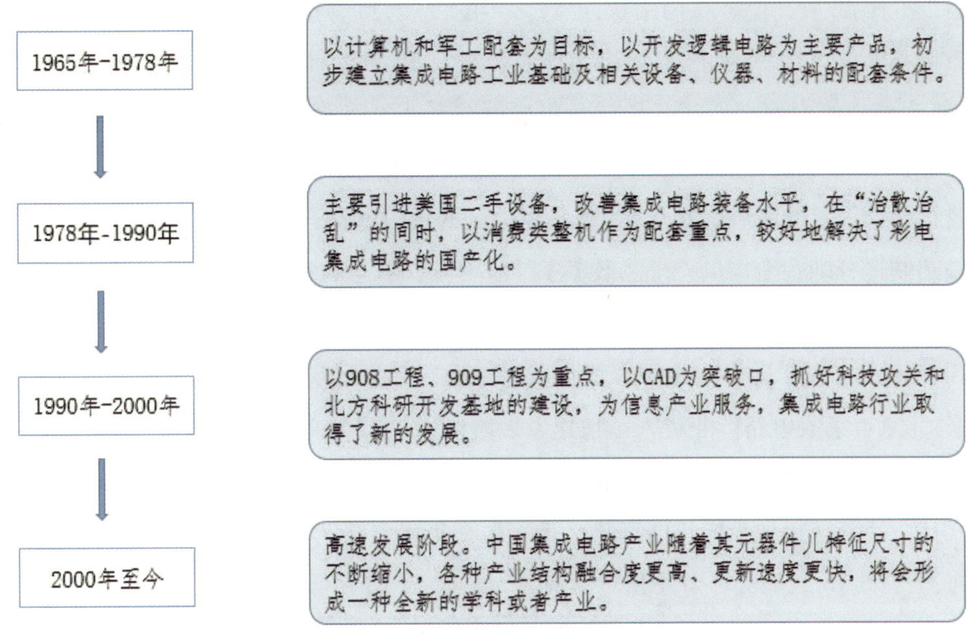

图2-3　中国集成电路发展历程

目前中国已成为全球最大的集成电路市场，成为带动全球集成电路市场的主要动力。2021年是中国“十四五”开局之年，在国内宏观经济运行良好的驱动下，国内集成电路产业继续保持快速、平稳增长态势，2021年中国集成电路产业规模首次突破万亿元。中国半导体行业协会统计，2021年中国集成电路产业销售额为10458.3亿元，同比增长18.2%(见图2-4)。其中，设计业销售额为4519亿元，同比增长19.6%；制造业销售额为3176.3亿元，同比增长24.1%；封装测试业销售额为2763亿元，同比增长10.1%。

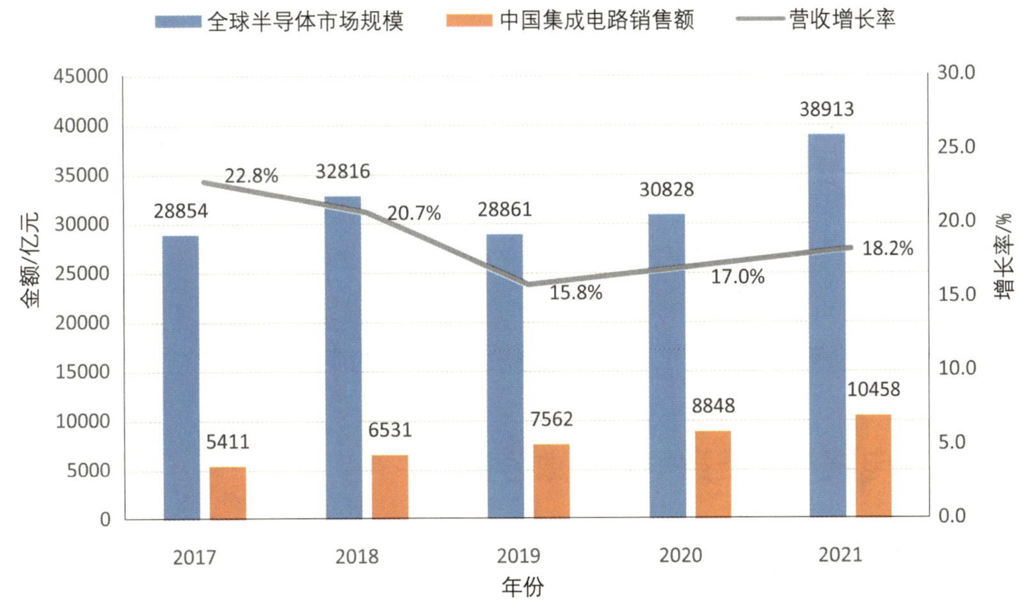

图2-4　中国集成电路产业营收规模

(数据来源：WSTS)

如表2-1所示，从产业链布局来看，经过多年的发展，目前我国集成电路产业链布局主要集中在以北京为核心的京津冀地区、以上海为核心的长三角、以深圳为核心的珠三角，以及以四川、湖北、安徽等为核心的中西部地区。长三角集成电路产业经过60多年的发展，已形成了集设计、制造、封测、材料、装备及其他配套、服务于一体的完整产业链，是国内集成电路产业链相对最为完整，也是产业结构最均衡的区域。2018年，长三角地区的集成电路产业规模占全国50%以上，IC设计、封测和晶圆制造分别在全国的产业占比达到32.6%、超60%、53.35%。京津冀集成电路产业以北京为核心，北京市是中国集成电路设计业的发祥地，曾经长期位居中国集成电路设计业的龙头老大地位，也是最早被科技部认定的七个国家级集成电路设计产业化基地之一。自2000年国务院18号文颁布以来，北京市集成电路产业进入了快速发展阶段，经过20年的谋划、布局、发展，初步建立起产业链相对完备的产业格局，形成"亦庄制造、海淀设计、顺义化合物"的空间发展格局，呈现出制造带动、设计引领、装备材料稳步增长的态势。珠三角在集成电路产业发展上，芯片设计总体水平位居全国前列，但在制造、封测等环节还相对薄弱。

表2-1　国内集成电路产业区域分布

地区	核心	产业布局
京津冀	北京	集成电路设计核心区
长三角	上海	集成电路设计、制造、封测全产业链
珠三角	深圳	集成电路设计、制造、封测全产业链
中西部	四川、湖北、安徽等	处于我国集成电路产业发展的第二梯队

由于巨大的市场需求、丰富的人口红利、稳定的经济增长以及有利的产业政策环境等众多优势条件，我国集成电路产业在全球第三次集成电路产业转移承接了大量封测、电子制造产能，为进一步全面推进国产替代奠定了坚实的基础。但由于我国集成电路产业市场化起步较晚，在整体产业链上下游，除封装之外，中国的其他环节均与世界先进水平差距较大：设计环节，国内起步较晚，目前处于追赶地位；材料环节，几乎被日本企业垄断；设备环节，供应商主要分布在荷兰、日本、美国企业；制造环节，中国落后于世界领先水平工艺5年，在制程工艺、核心技术等方面与海外龙头公司相比仍有较大差距。如相比英特尔的2nm，台积电的3nm制程工艺，目前中芯国际宣布进入量产的14nm工艺，是国内目前最先进的水平，与国际先进水平差距仍然很大。

二、集成电路产业链竞争力指数分析

对集成电路产业链整体的竞争力指数进行分析，范围包括了上游的集成电路设计、中游的集成电路制造（包括生产原料、生产设备和晶圆代工）和下游的集成电路封装测试。

(一)集成电路产业链整体竞争力指数排名

1. 竞争力指数排名

在半导体市场需求旺盛的引领下,2021年全球半导体市场高速增长。根据WSTS统计,2021年全球半导体销售达到5559亿美元,同比增长26.2%。中国仍然是最大的半导体市场,2021年的销售额总额为1925亿美元,同比增长27.1%。2021年是中国“十四五”开局之年,在国内宏观经济运行良好的驱动下,国内集成电路产业继续保持快速、平稳增长态势,未来我国集成电路产业结构将由“小设计-小制造-大封测”向“大设计-中制造-中封测”转型,产业链逐渐从低端向高端延伸,产业结构也将更趋于合理。

根据2021年各项维度总体评估,国内集成电路产业链竞争力水平可分为三大梯队(见表2-2):第一梯队是广东、浙江,产业链整体竞争力指数分别为71.6和67.8,显著领先;第二梯队江苏、上海和北京,产业链竞争力指数分别为50.0、48.7和39.3。对比看,处于第一梯队的广东、浙江作为我国长三角、珠三角经济较发达省份,凭借独特的地理位置、国家和地方的政策扶持,以及较为完整的产业链和较合理的集成电路产业结构、丰富的产业人才等优势,吸引国内外的投资,一直保持高速发展的势头,产业链竞争指数远远高于全国其他地区;第二梯队的江苏、上海和北京,创新资源要素集聚、市场消费需求较大,集成电路产业发展势头较好;而第三梯队山东、湖北、陕西等地区,大多集中在我国中西部,在资金、人才、技术等资源要素方面较匮乏,产业发展整体相对滞后。

表2-2　2021年国内集成电路产业链整体竞争力指数排名

排名	省份	指数	排名	省份	指数
1	广东	71.6	17	河南	11.3
2	浙江	67.8	18	江西	9.7
3	江苏	50.0	19	甘肃	9.4
4	上海	48.7	20	贵州	9.3
5	北京	39.3	21	云南	8.4
6	山东	21.2	22	吉林	8.1
7	湖北	20.3	23	重庆	3.6
8	陕西	20.1	24	宁夏	1.2
9	四川	17.9	25	黑龙江	1.1
10	天津	15.4	26	广西	1.0
11	安徽	14.1	27	山西	0.5
12	福建	13.5	28	内蒙古	0.2
13	河北	12.8	29	西藏	0.2
14	湖南	12.5	30	青海	0.1
15	辽宁	12.4	31	海南	0.0
16	新疆	11.9			

2. 竞争力指数变动趋势

“十三五”期间,我国集成电路产业在技术创新与市场化上取得显著突破,设计工具、制造工艺、封装技术、核心设备、关键材料等方面都有显著提升，TOP5省份的集成电路产业链竞争力均有一定增长。如表2-3所示，其中上海市增长率最快，年复合增长率为11.3%，从2015年的25.7增长到2021年的48.7。其次为江苏省，年复合增长率为7.8%。第三、四、五分别是浙江、广东和北京，年复合增长率分别是6.2%、5.3%和4.9%。

表2-3 2015—2021年集成电路产业链竞争力指数TOP10

省份	2015	2016	2017	2018	2019	2020	2021	CAGR
广东	52.6	53.4	52.5	57.0	61.7	66.7	71.6	5.3%
浙江	47.2	50.6	56.1	62.4	63.9	65.9	67.8	6.2%
江苏	31.8	35.5	39.1	41.1	43.6	47.7	50.0	7.8%
上海	25.7	27.2	32.8	34.5	39.8	43.7	48.7	11.3%
北京	29.5	29.8	30.5	32.8	33.7	37.0	39.3	4.9%
山东	15.4	15.7	16.7	16.9	17.9	20.6	21.2	5.5%
湖北	14.5	16.3	17.2	17.5	18.7	19.6	20.3	5.8%
陕西	14.6	15.2	16.7	16.1	18.0	19.6	20.1	5.4%
四川	12.6	12.2	12.9	13.5	14.2	15.1	17.9	6.0%
天津	11.4	11.7	12.0	12.2	13.1	13.3	15.4	5.1%

如图2-5所示，各省集成电路产业链竞争力指数增长主要来自产业链科创性、产业链稳定性的增长，产业链先进性和规模性也贡献了一部分。从上海来看，上海产业链相关节点企业营收增长强劲，研发成果增长同样显著，其产业链充分性和技术竞争力显著提升，带动竞争力指数增长，居全国首位。从江苏来看，江苏的企业发育态势良好，龙头企业数量和质量明显提升，带动江苏省技术竞争力迅速增强，同时产业链充分性、产业链完备性和市场竞争力均有一定增长。从浙江来看，浙江省近年来大力发展集成电路产业，引入和建设了一批重点项目和重点企业，技术竞争力和产业链充分性显著提升。从广东来看，广东省"十三五"期间竞争力指数增长主要靠技术竞争力的增长，市场竞争力的贡献反而下降明显，主要受其他省市增长挤压份额下降所致。从北京来看，北京市的增长贡献主要来自技术竞争力，产业链充分性也有一定贡献，但市场竞争力略有负增长。

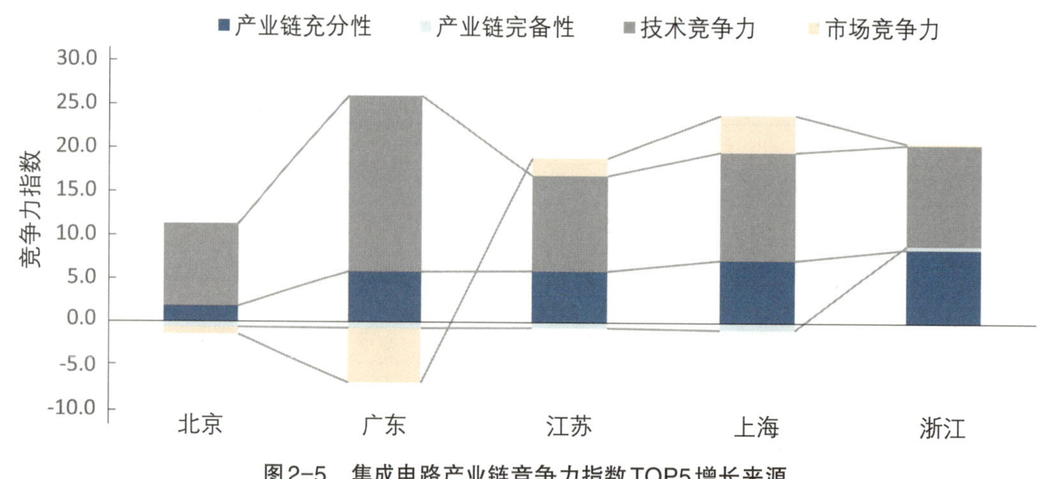

图2-5 集成电路产业链竞争力指数TOP5增长来源

（二）各评价指标维度分析

如图2-6所示，基于2021年节能与新能源汽车产业链竞争力指数的TOP5省份各指标的雷达图，广东省作为集成电路产业链竞争力全国最强的省市，在产业链的营收规模和龙头企业数量方面均全国领先，在市场竞争力和技术竞争力方面均排名第一，在产业链充分性方面排名第二。浙江省近年来大力引进重点项目和优质企业，在产业链布局和企业培育方面卓有成效，在产业链充分性和产业链完备性方面均居全国首位，实力强劲。江苏省大力开展关键核心节点技术攻关，专利数量全国前列，技术竞争力全国第二。上海市在四个维度上均较平均，发展均衡。

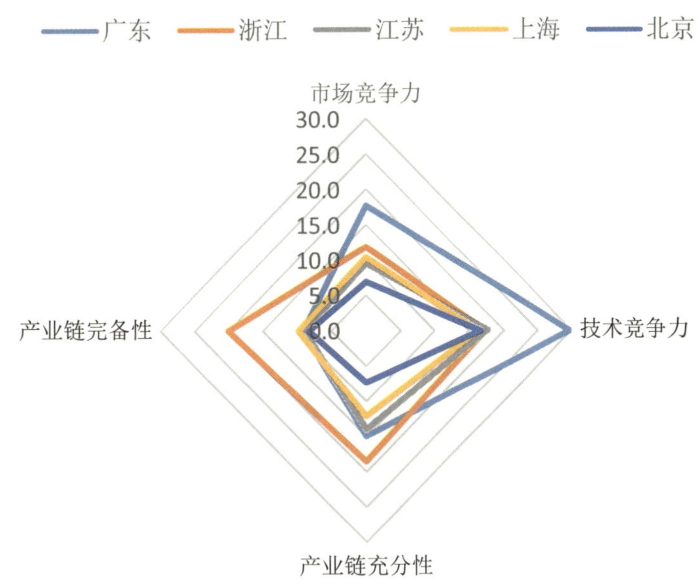

图2-6　集成电路产业链竞争力TOP5各维度指标对比

1.市场竞争力分析

市场竞争力的本质表现就在于获取更多的市场份额和更高的利润率。如图2-7所示，上海的产业链规模性得分最高，指数为17.8，浙江、广东分别为11.9、10.4。其中，上海集成电路领域的企业数量和上市公司较多且效益突出，由此带来市场占有率更大，2021年上海集成电路产业链占有指数为247.9，位居全国第一，且远高于国内其他省份。近年来，上海集成电路产业规模快速增长，销售收入从2017年的约1180亿元增长到2021年的约2500亿元，年均增长超20%。

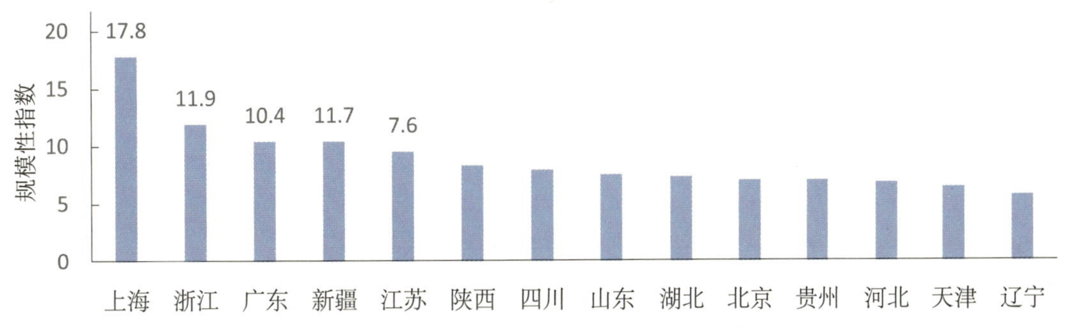

图2-7　集成电路产业链规模性排名

2. 技术竞争力分析

产业链科创性是一个反映产业链竞争力来源的间接因素，在现代经济社会，科学技术能力越强，产业竞争力就越强。反映产业链科创性的指标包括专利数、实验室等。如图2-8所示，广东省随着近年来大力推动“强芯工程”，半导体与集成电路产业后来居上，逐步成为国家产业发展布局中的第三极，产业链技术竞争力指数得分最高，为29.8。远高于第二梯队江苏(17.6)、浙江(17.4)、北京(16.7)、上海(16.4)。第二梯队中各省市集成电路科创性均较强，如江苏培养了大批IC骨干人才，无锡市更被称为中国集成电路产业人才的“黄埔军校”；浙江于2021年发布《浙江省全球先进制造业基地建设“十四五”规划》，提出重点发展新一代信息技术产业，聚焦数字安防、集成电路、网络通信、智能计算标志性产业链，构建较为完善的“芯片—软件—整机—系统—信息服务”产业链，集成电路产业链地位进一步提升。

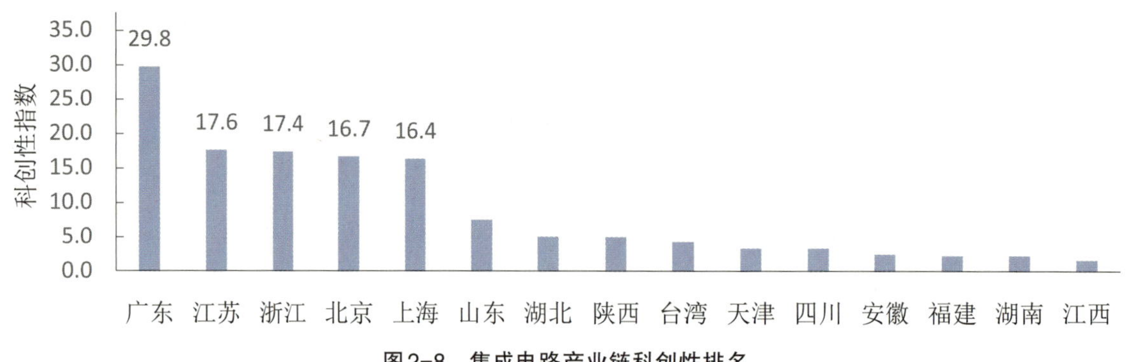

图2-8　集成电路产业链科创性排名

3. 产业链充分性分析

产业链充分性是反映产业链当前拥有的市场竞争行为主体充分程度的指标集合，产业链拥有的企业数量越多，产业链核心节点拥有的企业数量越多，产业链的充分性就越高，产业链的竞争力也就越强。如图2-9所示，截至2021年底，全省集成电路及相关产业企业670余家，位居全国第一，由此带来浙江省的产业链充分性指数为18.5，居全国首位，高于广东(14.9)、江苏(14.0)、上海(12.1)、北京(7.3)。在当前贸易保护主义抬头、全球供应链受阻的外部环境下，亟须补齐产业链供应链短板，加快我国集成电路产业链国产替代，增强韧性和稳定性。

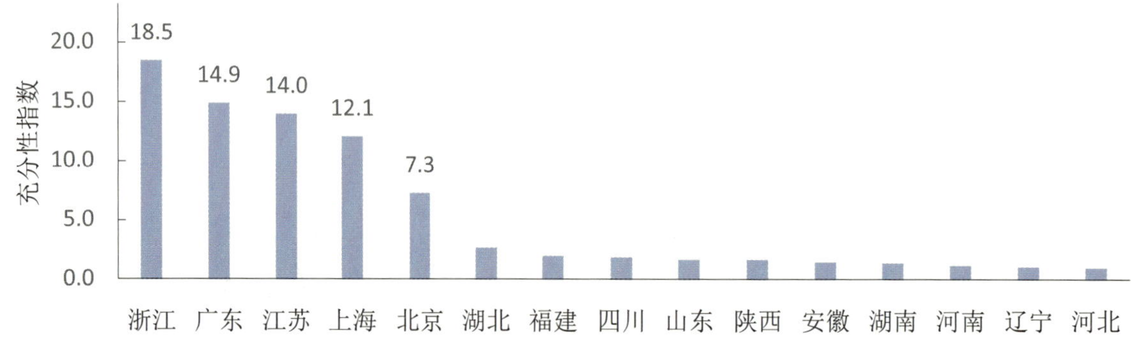

图2-9　集成电路产业链充分性排名

4. 产业链完备性分析

产业链完备性是反映本地产业链的布局、配套完备程度的指标，产业链节点越多，节点的质量越好，本地的产业链竞争力就越强。如图2-10所示，浙江省已形成涵盖芯片设计、晶圆制造、封装测试、产品应用、专用设备和材料等领域的较为完整的产业生态链，由此带来产业链完备性指数得分最高，为20.0。上海、广东、江苏、北京分别为9.8、9.1、8.9和8.3。除浙江外，TOP5省份的产业链完备性差距不是特别大，各省在产业链多数环节都有布局。

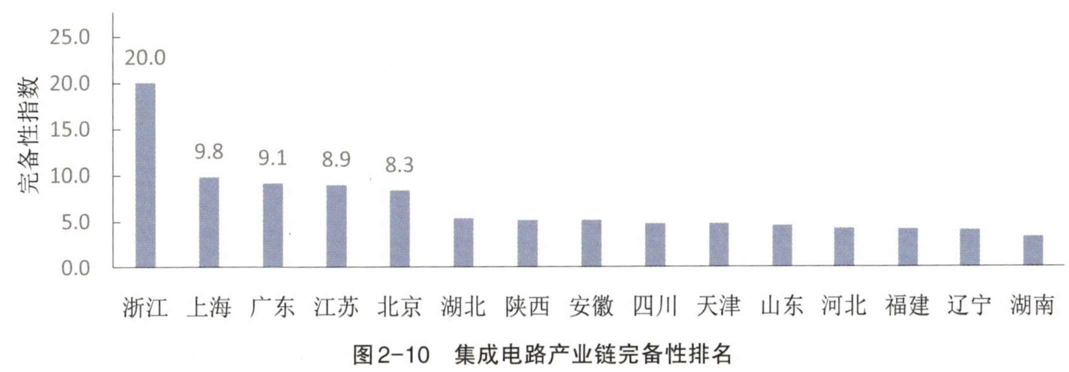

图2-10 集成电路产业链完备性排名

三、集成电路产业链节点竞争力分析

集成电路产业链作为一个由很多节点构成的链条结构，其竞争力本质上是由各个产业链节点的竞争力共同形成的。每个大的节点下又有各自的配套，这些配套与节点共同构成了一个以该节点为核心的节点产业链，接下来的分析主要围绕集成电路设计、制造和封装测试三大节点。

（一）集成电路设计

我国集成电路设计水平在过去十年中得到了很大的提升，我国设计企业不仅具备了设计5nm等先进工艺节点的数字集成电路芯片的能力，也具备了驾驭复杂模拟芯片设计的能力；不仅可以研发冯•诺依曼计算架构的中央处理器（CPU），也可以设计高性能图形处理器（GPU）；不仅能够研发世界领先的人工智能芯片，也能够攀登智能驾驶芯片的高峰；不仅在基础电路设计技术领域有了深厚的积累，也在软件定义芯片架构领域具备了引领创新的能力。

如图2-11所示，从区域发展来看，广东集成电路设计上市企业数量达24家，居全国首位；其专利数达818项，研发费用远超其他省份近3倍，技术竞争力名列前茅，带来其竞争力指数达到78.5，位全国第一。浙江和江苏的竞争力指数分别为64.4和54.6，位列第二梯队，上海（48.7）和北京（41.1）在设计领域竞争力稍弱。

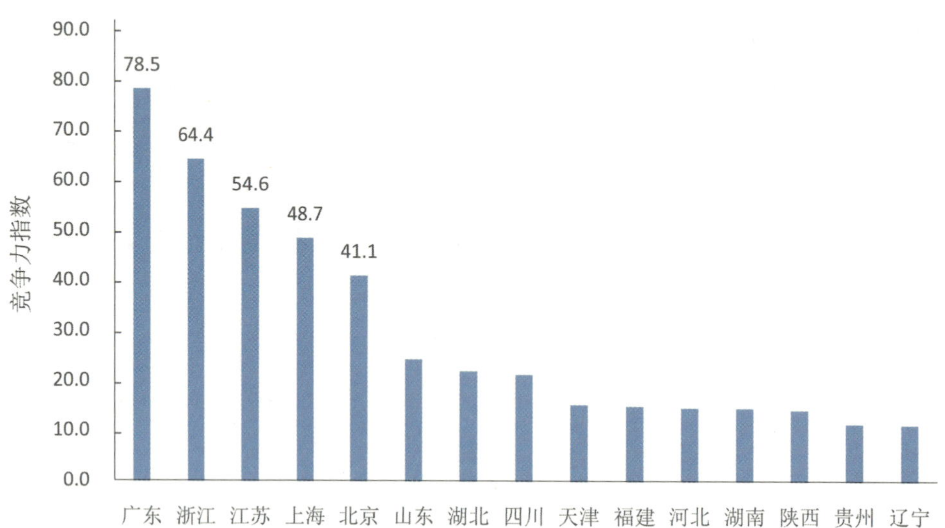

图2-11 集成电路设计服务竞争力排名

从细分领域看，集成电路技术服务主要包括集成电路IP授权和集成电路设计软件EDA。如图2-12所示，广东的市场竞争力、技术竞争力、产业链充分性均排名第一；浙江的产业链完备性排名第一。

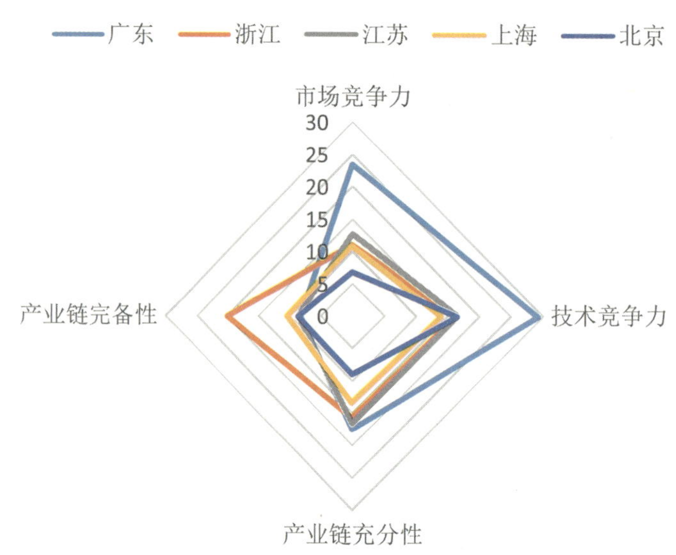

图2-12 集成电路设计竞争力TOP5各维度指标对比

（二）集成电路制造

集成电路制造领域属于集成电路产业链的中游，集成电路制造技术含量高，资本投入大，属于重资产。在国际上，我国台湾、美国、韩国的企业处于领先地位。过去十年，中国集成电路制造进入快速发展轨道，产业规模迅速扩大，产量提高了11倍，销售收入翻了三番，产业结构不断优化，技术创新取得实质性突破，一批优质企业脱颖而出。目前我国集成电路制造企业约有40余家，主要分布于北京、上海、江苏、沈阳等地。中国由于在集成电路制造行业起步较晚，技术工艺水平与国外先进企业有一定差距，在2021年10大集成电路制造企业榜单中，上海3家、江苏2家。其中，本土企业中芯国际、上海华虹、华润微电子、西安微电子、武汉新芯分别位列第三、第五、第七、第九和第十。

如图2-13和图2-14所示，从区域发展来看，浙江在集成电路制造节点进入全国前10大半导体制造企业3家，龙头企业数量较为集中，研发费用和企业营收规模也远超其他省份，产业链完备性和产业链充分性均较强，其竞争力指数达到67.3，位于全国第一。上海在制造领域竞争力指数为51.6，江苏(34.0)、四川(23.3)和北京(22.6)竞争力稍弱。

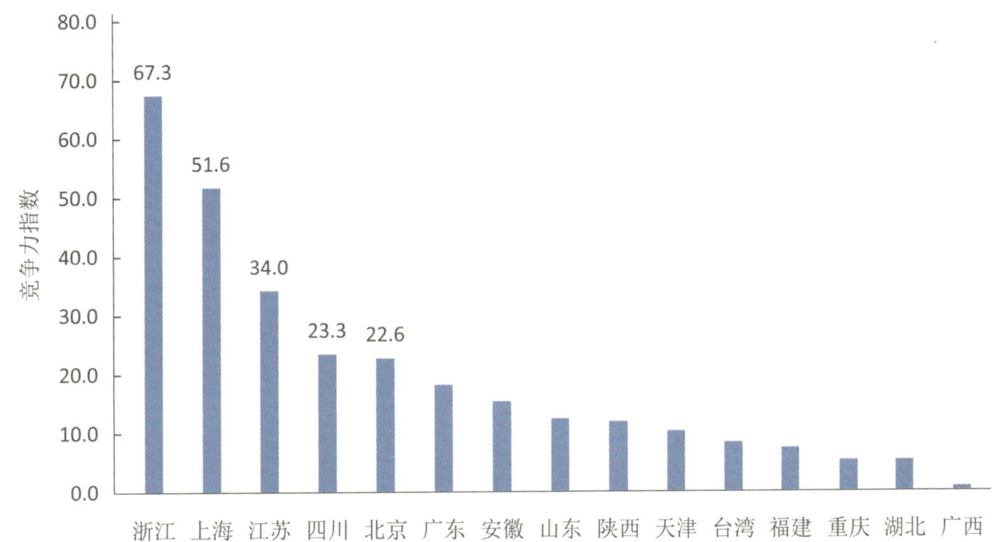

图2-13 集成电路制造竞争力排名

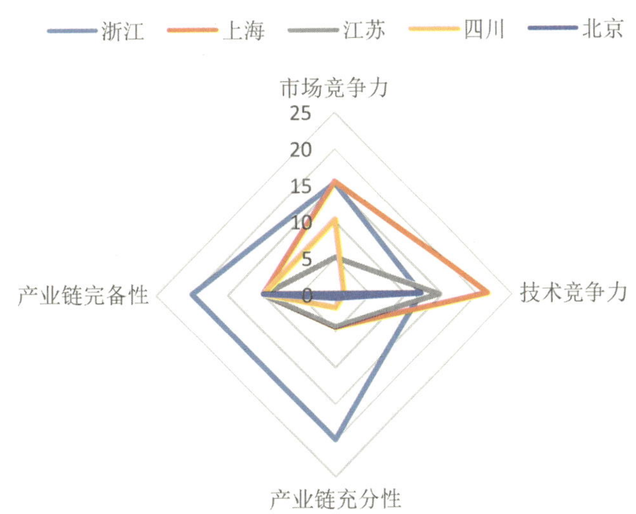

图2-14 集成电路制造竞争力TOP5各维度指标对比

接下来将针对集成电路制造具体分析其细分节点的竞争力，集成电路制造产业链包括一般原材料、集成电路晶圆代工、集成电路生产设备和集成电路关键原材料。

1. 集成电路晶圆代工

晶圆代工是集成电路产业链的中流砥柱，全球晶圆代工主要在中国和韩国。我国台湾占比达到66%左右，并在先进制程导入和新兴产业趋势下引领行业发展。韩国三星持续加大投资，因此韩国的份额也保持略有增长。而我国处于追赶角色，比重正在持续提升，预计将从2017年的9.0%提升至2023年的12.9%。

如图2-15所示，在集成电路晶圆代工产业链整体的竞争力中，上海市得益于企业数量多，规模大，晶圆代工节点整体竞争力指数为67.3，排名第一；江苏、四川、北京、广东分别为41.2、18.7、16.5和15.3。

如图2-16所示，在各维度指标对比中，上海在集成电路晶圆代工节点中的企业数量为11家，实现营收规模超全国一半，均居全国首位，市场竞争力、技术竞争力、产业链充分性均排名第一。江苏省在该节点的研发投入和研发人员均较多，技术竞争力、产业链充分性均排名第二。

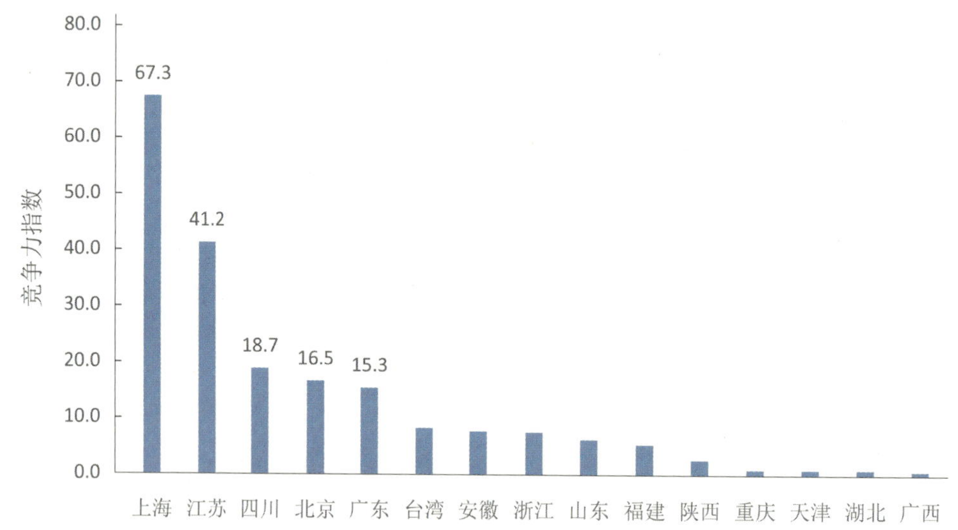

图2-15 集成电路晶圆代工竞争力排名

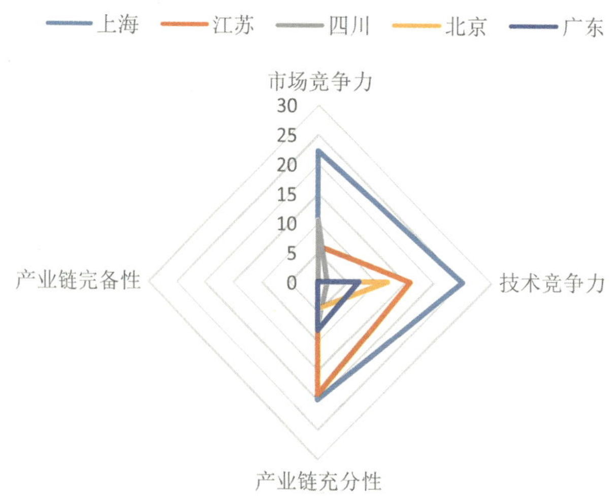

图2-16 集成电路晶圆代工竞争力TOP5各维度指标对比

2. 集成电路生产设备

集成电路生产设备是集成电路大规模制造的基础，设备制造在集成电路产业中处于举足轻重的地位。集成电路加工工艺繁杂，需要各种不同的设备，主要包括等半导体氧化扩散设备、光刻设备、薄膜积淀及金属化设备、离子注入设备、半导体光学检测设备、晶圆抛光设备等数十种。由于集成电路生产设备具备较高的技术壁垒、市场壁垒，目前国产半导体设备国产化率较低，不同环节的关键设备由美国应用材料公司和日本东京电子等企业垄断。而核心设备光刻机被誉为半导体产业皇冠上的明珠，光刻机技术含量极高，加上摩尔定律的作用，芯片升级换代很快，对于设备的精度要求也逐步提高。目前世界上能生产高端光刻机的厂商只有一家——荷兰的ASML，AMSL零件外包，专注核心技术研发的战略也使得其具备足够的灵活性。

如图2-17所示，从国内区域发展上看，浙江的集成电路生产设备整体竞争力指数为59.8，位居全国第一，主要得益于其良好的研发环境和科创能力。北京、上海、广东、江苏分别为57.9、57.8、50.3和28.3。

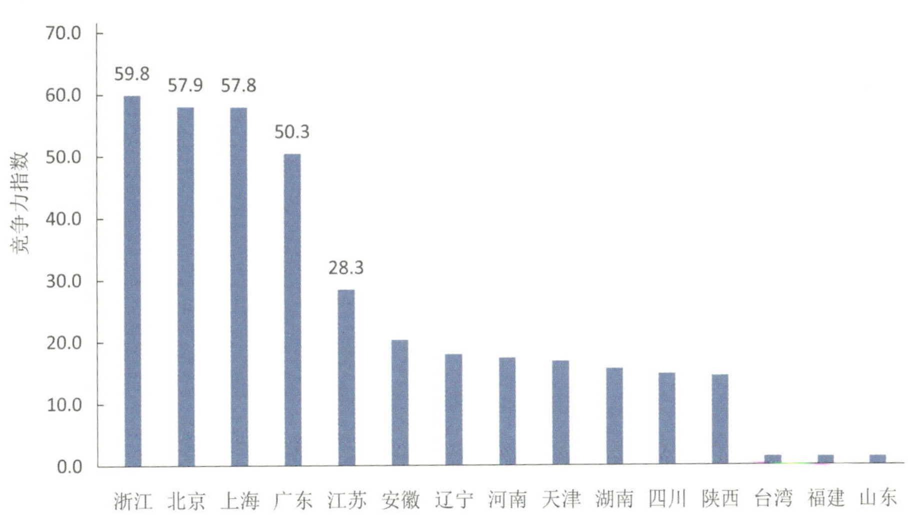

图2-17　集成电路生产设备竞争力排名

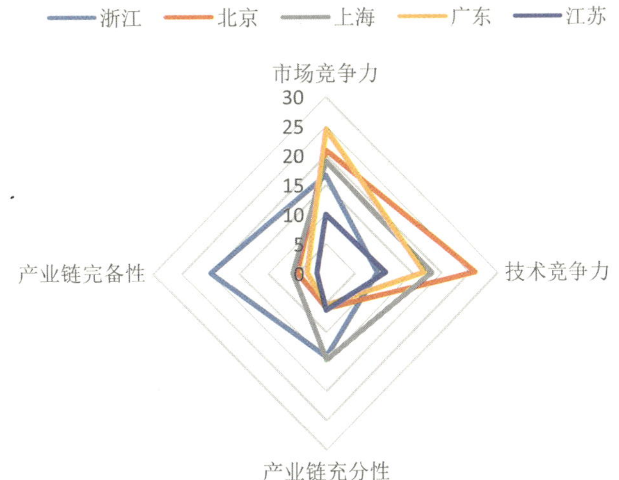

图2-18　集成电路生产设备竞争力TOP5各维度指标对比

如图2-18所示，在各维度指标对比中，浙江省产业链完备性排名第一，产业链充分性排名第二。北京该节点的营收和利润均表现抢眼，技术竞争力排名第一、市场竞争力排名第二。上海集成电路生产设备这一节点拥有上市企业数量5家，居全国首位，产业链充分性排名第一、技术竞争力排名第二。广东市场竞争力排名第一。

3.集成电路原材料

集成电路原材料包括硅材料、电子化学产品、光刻胶和光刻胶配套试剂等关键原材料和锗单晶、MO源、氮化镓外延片、电子材料、化学机械抛光液、其他工业气体、引线框架、键合丝、晶硅片切割刃料和化合物半导体材料等一般原材料。我国集成电路国产材料产业化应用已取得长足发展，2008年单厂采购比例超过50%的材料只有一种，但是到了2020年单厂采购比例超过50%的材料就达到95种。但是由于我国集成电路企业尚处于初期发展阶段，在高端原材料供应保障方面处于不利地位，主要原因在于抗风险能力不足，100家企业共计销售收入496亿元，其中，超过10亿元的不足10家，5亿~10亿元的有10家，80%的企业销售收入在5亿元以下。

如图2-19所示，从区域发展来看，集成电路原材料的竞争力指数浙江排名第一，得分75.0。上海和江苏的竞争力指数分别为54.3和53.1，位列第二梯队；湖北和广东分别为42.7和42.6。如图2-20所示，在各维度指标对比中，浙江的市场竞争力、产业链完备性和产业链充分性均排名第一。上海的技术竞争力排名第一。

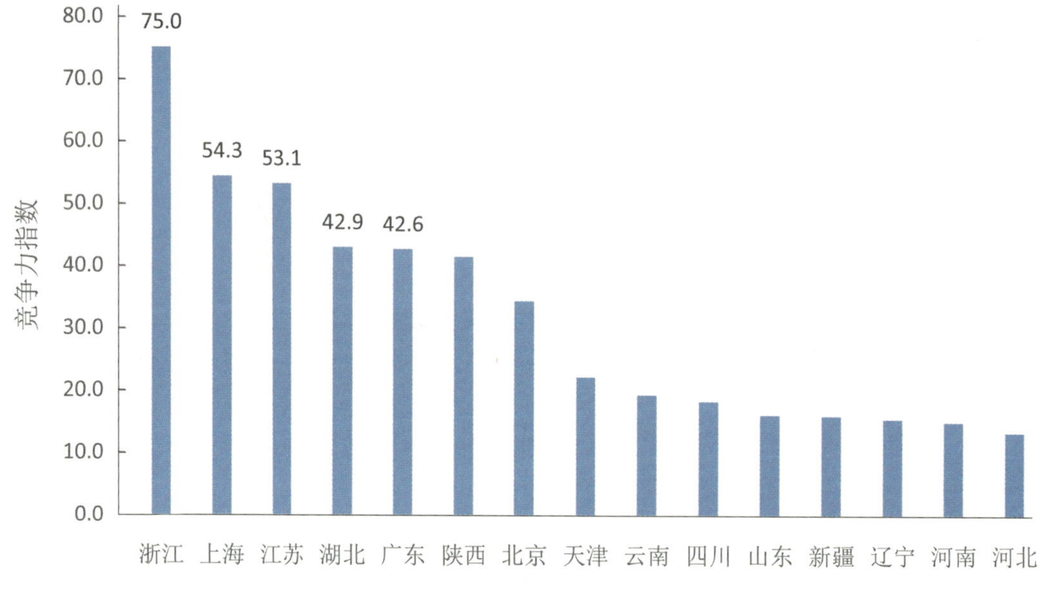

图2-19　集成电路原材料竞争力排名

从细分领域看，在硅材料领域，上海竞争力指数排名第一，得分63.6。江苏、浙江、陕西和湖北分别为58.0、56.7、42.6和32.7。其中，上海各方面比较均衡，在市场竞争力、技术竞争力、产业链充分性、产业链完备性方面均排名第二，其中技术竞争力非常接近第一。江苏的技术竞争力、产业链充分性排名第一。浙江的产业链完备性排名第一。陕西的市场竞争力排名第一。在化合物半导体材料领域，北京的竞争力指数排名第一，得分55.6。天津、江苏、浙江、广东分别为44.5、

36.9、34.0、33.3。其中,北京的技术竞争力、产业链充分性排名第一;天津的市场竞争力排名第一;浙江的产业链完备性排名第一。在光刻胶和光掩模材料领域,广东的竞争力指数排名第一,得分82.1。上海、江苏、浙江、北京分别为62.4、54.0、46.3和16.2。其中,广东的市场竞争力排名第一;上海的技术竞争力排名第一;江苏的产业充分性排名第一。在工艺辅助材料领域,浙江的竞争力指数排名第一,得分81.7。湖北、上海、江苏、广东分别为50.1、41.8、41.7和29.5。其中,浙江的在技术竞争力、产业链充分性、产业链完备性方面均排名第一;湖北的市场竞争力排名第一。在封装结构材料领域,浙江的竞争力指数排名第一,得分72.0。云南、江苏、广东、山东分别为48.5、28.1、14.8和12.8。其中,浙江的技术竞争力、产业链充分性、产业链完备性均排名第一。云南的市场竞争力排名第一。

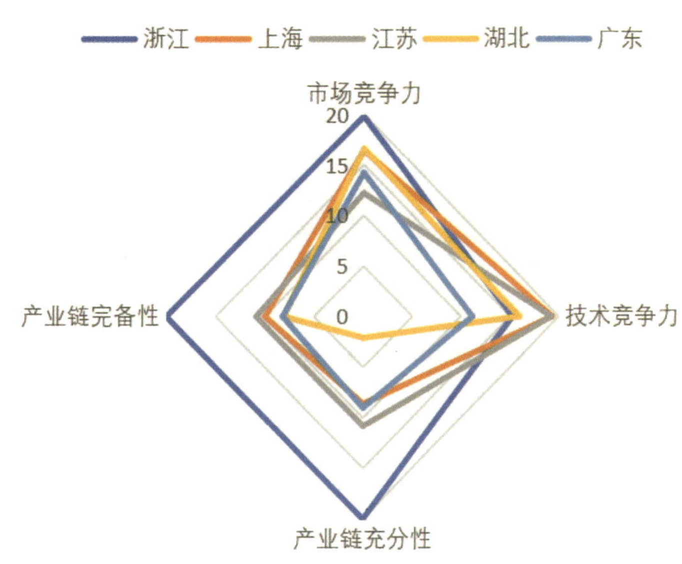

图2-20 集成电路原材料竞争力TOP5各维度指标对比

(三)集成电路封装测试

集成电路封装测试包括集成电路封装、集成电路测试。近年来,我国集成电路封测业发展势头良好,受益于新兴产业的发展与广阔市场的带动,已取得长足发展。在全球集成电路封测业回暖的大浪潮下,我国集成电路封测业紧抓机遇,实现了更大突破,以长电科技、通富微电、华天科技为代表的龙头企业连续成为全球前10大集成电路封测代工企业。中国集成电路封测业市场份额逐步扩大,并逐步加大对先进封测技术领域的研发力度、投资扩产力度,逐步实现从面积阵列封装时代到微电子封装技术堆叠封装时代的跨越。随着异质整合技术的发展,先进集成电路封测技术的重要性不断提升。我国在集成电路封测领域已率先突破,基本实现与国际领先企业的并跑。

如图2-21所示,从区域发展看,集成电路封装测试产业链的竞争力指数江苏排名第一,得分72.7,遥遥领先。广东、浙江、上海、湖北的指数分别为54.5、43.9、40.4和36.8。其中,江苏的市场竞争力、技术竞争力、产业链充分性均排名第一。广东的市场竞争力、技术竞争力均排名第二。

从细分领域看，在封装领域，江苏竞争力指数排名第一，得分75.7，遥遥领先。广东、浙江、上海、甘肃的指数分别为53.3、44.6、39.5和22.6。其中，江苏的市场竞争力、技术竞争力、产业链充分性均排名第一；广东的市场竞争力、技术竞争力、产业链充分性均排名第二。在测试领域，集成电路测试产业链的竞争力指数江苏排名第一，得分57.4。广东、云南、甘肃、四川分别为37.8、26.8、24.6和18.7。如图2-22所示，在各维度指标对比中，江苏的技术竞争力、产业链充分性均排名第一。

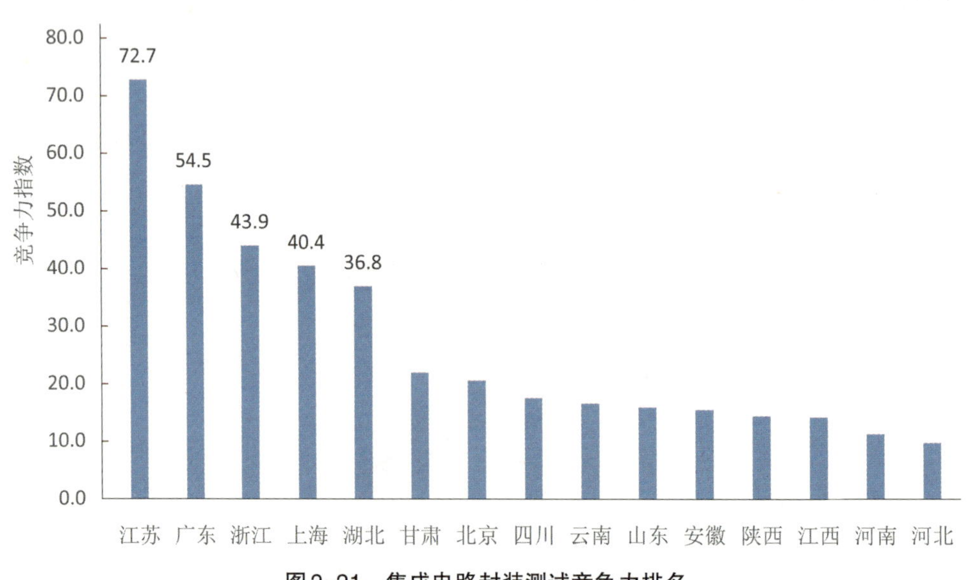

图2-21　集成电路封装测试竞争力排名

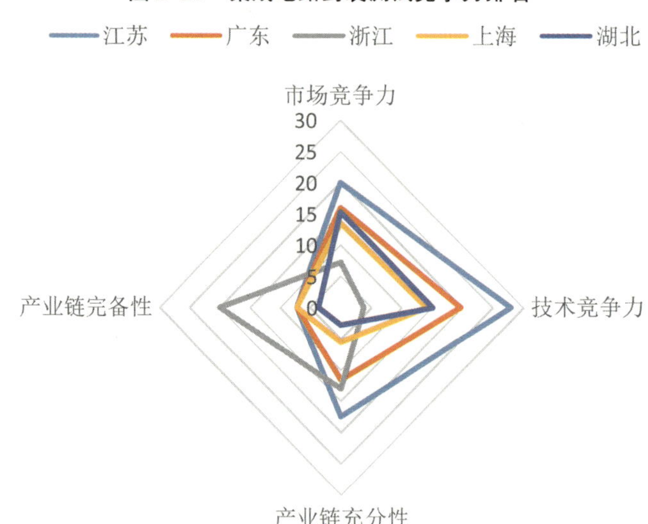

图2-22　集成电路封装测试竞争力TOP5各维度指标对比

四、主要省份集成电路产业链布局分析

（一）广东

广东省集成电路产业综合水平高、产业链完整、产业生态环境好，争当“集成电路产业发展第三

极”。广东是我国信息产业第一大省，集成电路产业链竞争力指数排名第一，得分71.6。2021年广东省电子信息产业营业收入约4.6万亿元，占到全国的32.3%，连续31年居全国第一，是全省最大的支柱行业。目前广东已经成为全球最大的电子信息生产基地和全球最重要的电子信息产业集聚地，其中以深圳市为主要集聚区。2021年深圳市集成电路产业主营业务收入超过1400亿元，位居全国前列，拥有国家级集成电路设计产业化基地、国家第三代半导体技术创新中心、国家示范性微电子学院等重大创新平台，产业生态不断完善，产业集聚已初具规模。同时，在消费电子、通信、人工智能、汽车电子等领域拥有国内最大的半导体及集成电路应用市场。广东集成电路产业整体对外依存度较高，亟须提升产业链、供应链的安全可控性，2021年广东集成电路进口总额达10898.2亿元，同比增长23.3%。我国集成电路企业主要分布在广东、福建、江苏、浙江和四川等，其中，广东省集成电路企业数量最多。

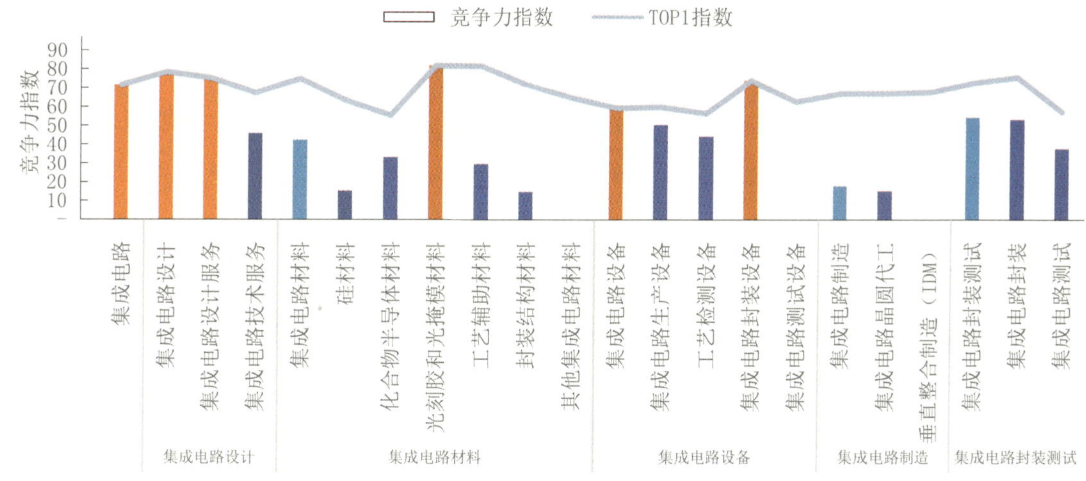

图2-23　广东省集成电路产业链各节点竞争力指数对比

如图2-23所示，从细分节点看，广东集成电路产业发展分布不均衡。在集成电路设计、集成电路设备、光刻胶和光掩模材料均排名第一，在封装测试环节也有较强的竞争力，具体从产业链的不同节点看，在集成电路产业链的上游节点，广东在集成电路材料与晶圆代工领域较薄弱。具体表现为硅材料、化合物半导体材料、工艺辅助材料以及封装结构材料的竞争力指数远远低于TOP5的其他省份；广东集成电路一直以来都存在“设计强、制造弱”的短板，近两年，广东为弥补晶圆制造的短板，落地多项12寸晶圆生产线项目，其中以2022年开始投产的中芯深圳项目为代表，广东正在全力补齐短板，提高整体竞争力。但广东在集成电路设计、集成电路设备方面实力强劲，竞争力排名第一。截至2021年底，我国现存关键词为“芯片设计”和“集成电路设计”的企业共有16.8万家，其中广东省以6.3万家位列第一，主要集聚了华为海思、中兴微电子、汇顶科技等设计龙头企业以及芯海科技、敦泰科技、德明利、中微半导体、明微电子等一批细分设计领域优质骨干企业。在集成电路产业链的下游节点，广东封测在存储封装、3D封装等高端封装领域以及封装设备制造方面具有一定的特色，但整体竞争力不强，截至2022年3月底，江苏封测企业数量达到了128家之多，广东仅有97家，相较于浙江、上海等第一梯队省份有一定优势，但其竞争力远远落后于江苏，仍需强化封测竞争力。

2021年11月2日，以“新开局、新挑战、芯生机、芯活力”为主题的第24届中国集成电路制造年会暨供应链创新发展大会（CICD 2021）在广州召开，会上正式发布广东省半导体及集成电路产业投资基金设计子基金、生态子基金、风险子基金、粤港澳大湾区科技创新产业投资基金，正式成立湾区半导体产业集团、广大融智产业集团、智能传感器产业集团。四支集成电路基金和三大半导体产业集团的成立，标志着广东省正在加速打造我国集成电路产业发展第三极。同时，2022年8月，《广东省制造业高质量发展“十四五”规划》提出打造全球重要的制造业创新聚集地，加快发展集成电路等产业关键核心技术，着力解决“卡脖子”问题。到2025年，广东省半导体及集成电路产业营业收入将突破4000亿元。

（二）浙江

浙江省集成电路产业链完备，已形成以杭州、宁波为引领，嘉兴、绍兴和丽水等地协同发展的“两极多点”的产业发展格局。这得益于国家政策的扶持和以新基建、5G手机等终端产品、测温仪等医疗电子设备为主的集成电路产品企业带来的市场需求，以及浙江省“415X”产业集群（4个世界级先进制造业集群和15个优势制造业集群）中对集成电路特色产业集群的重点培育。浙江集成电路产业保持高速增长。从产值规模看，继2020年浙江省集成电路产业销售额首次突破千亿大关，2021年产值增速迅猛，达到1402.8亿元，同比增长43.9%。从产能发挥看，2021年浙江省全年生产集成电路230亿块，同比增长约32%，约占全国同期产量的6.4%。据《2021年浙江省半导体行业发展报告》分析预测，未来5年，浙江省在集成电路产业领域投资总额将超过2000亿元。“十四五”末，浙江省集成电路产业规模将达到2500亿~3000亿元。

“两极多点”发展格局逐步形成。近年来，浙江省内各地级市集成电路产业均衡发展，产业格局正由过去杭州“一家独大”逐步变成了以杭州、宁波为引领，嘉兴、绍兴和衢州等地协同发展的“两极多点”产业发展格局。2021年，杭州、宁波、绍兴和嘉兴四市的集成电路产业产值合计规模占全省总产值的90%以上。其中，杭州集成电路产业实现主营业务收入413.5亿元，同比增长25.7%，占全省比重由2020年的29.1%小幅度上升至29.5%。2021年，绍兴集成电路产业平台产值突破400亿元，稳居浙江省集成电路第一梯队，同比增长46.5%，占全省的比重由23.4%大幅上升至28.5%。此外，从具体产业领域来看，杭甬嘉绍四市在集成电路设计和制造等环节，则几乎占据全省99%的产业比重，其中以杭州市为代表2021年集成电路设计业持续保持高速增长的态势，全年销售额达366.9亿元，较2020年增长72.5%，比全国同业增速高52.4个百分点。在封测领域，则以绍兴市为代表，于2022年1月15日，总投资80亿元的长电绍兴300mm集成电路中道先进封装生产线投料运行，这标志着该项目正式投产。该项目达产后将形成12英寸晶圆级先进封装48万片的年产能，全面促进全省封测竞争力的提升。

如图2-24所示，从细分领域看，浙江省集成电路产业链生态逐步完善，在集成电路材料、集成电路生产设备、集成电路测试设备、集成电路制造方面均排名第一。在集成电路设计、集成电路封装测试环节也有较强的竞争力。据对全省300余家重点企业进行统计，2021年，集成电路设计业、芯片制造业和封测业分别实现销售收入405.7亿元、128.9亿元和118.4亿元，同比分别增长32.8%、45.9%和45.9%；这也是浙江省集成电路设计、芯片制造、封测三大核心产业年销售收入规模首次均同时迈上百亿元级规模台阶。浙江省在集成电路专用制造装备和测试装备、集成电路系列材料、芯片设计、晶圆制造、封装测试、产品应用等方面建立起了比较完整的产业生态链。在集成电路设计领域，浙江省已聚集了士兰微电子、华澜微电子、中电海康、格科微等一批国内知名企业，在微波毫米波射频集成电路、嵌入式处理器、存储控制器等多个细分领域达到了国内领先的技术水平。在集成电路原材料领域，目前浙江省已聚集起包括晶华微电子、西风半导体、矽盛电子在内的一批重点企业。

值得注意的是，浙江省在集成电路设计领域虽已经具备较好的产业基础，形成一定产业优势，但从总体上看，浙江省在芯片制造领域的水平还相对较低。数据显示，2021年浙江省集成电路晶圆代工产业链整体竞争力位于全国第七名，晶圆制造劣势显著。

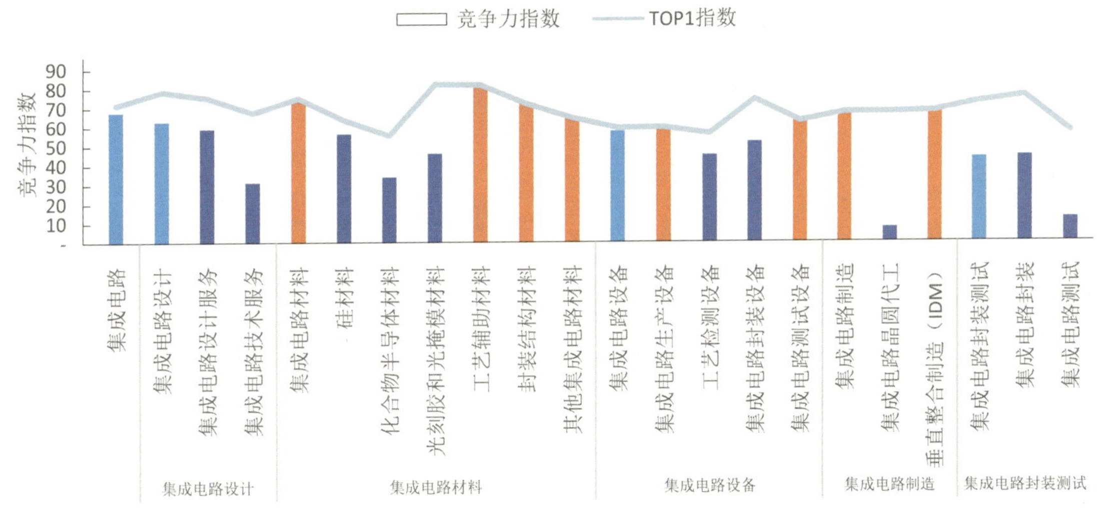

图2-24　浙江省集成电路产业链各节点竞争力指数对比

（三）江苏

江苏集成电路产业发展“一路高歌”，重点城市各放异彩。江苏省地处长江三角洲腹地，是我国集成电路产业起步早、基础好、发展快的地区之一，在我国集成电路产业中拥有举足轻重的地位，已形成涵盖EDA、设计、制造、封装、设备、材料等较为完整的集成电路产业链，汇集了众多知名集成电路企业。江苏集成电路产业最早可追溯至20世纪60年代，江苏省建立了一批如无锡国营742厂、苏州半导体厂等具代表性半导体生产企业。20世纪70年代初，苏州半导体厂等企业参与小规模集成电路的研发，在晶圆制造、封装等方面也有所涉猎，为江苏省集成电路产业发展打下基础。2021年江苏省集成电路销量占全国销量的26.4%，同比增长1.5%。2021年，江苏省集成电路销售额达到了2758.1亿元，同比增长25.3%。特别是芯片设计增长较快，增长率达到40.6%，芯片设计能力也有了明显提升。其中，江苏各重点城市集成电路产业链均有所布局，各放异彩。无锡作为全国集成电路产业链最齐全的地区之一，早在我国开始布局集成电路产业时就开始介入，也正是因为起步较早，无锡形成目前完整的集成电路产业链，从设计、制造到封测全流程贯通，2021年无锡集成电路产业规模实现1780亿元，产业规模位居全国城市排名第二，同比增长25.5%，高于全国17.5%的平均水平。除无锡以外，南京、苏州、南通等地集成电路产业也形成了自己的优势和特色，比如南京科教资源丰富，培育了大量的集成电路专业人才，在江北新区也进行了重磅产业布局；苏州集成电路产业布局也较早，芯片设计和后端封测是优势。

2021年江苏省集成电路产量为11861386.4万块，同比增长42.1%。2021年江苏省集成电路产量占全国产量的33.0%，同比2020年增加了0.06%，占据全国集成电路产量的近三分之一。2021年度，江苏省集成电路设计、制造、封测三业销售收入合计为2758.1亿元，同比增长25.3%。其中，集成电路设计业销售收入同比增长40.6%；集成电路晶圆业销售收入同比增长34.6%；集成电路封测业销售收入同比增长16.8%；分立器件销售收入同比增长26.1%。

如图2-25所示，从细分领域看，江苏省在集成电路封装测试领域排名第一，在集成电路设计、集成电路材料也具有很强的竞争力。

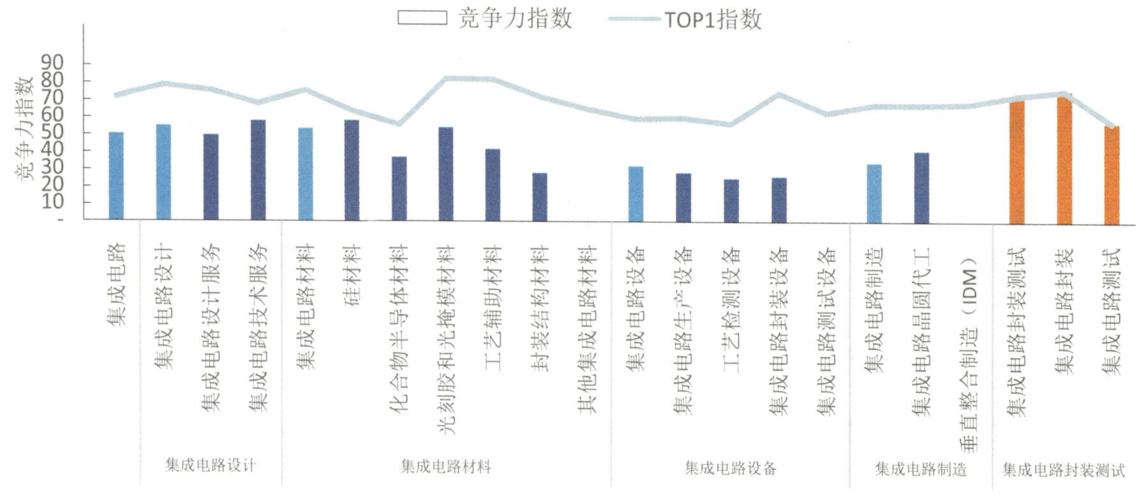

图2-25　江苏省集成电路产业链各节点竞争力指数对比

相对而言，江苏省在集成电路设备和制造领域比较薄弱。具体来看，在集成电路产业链上游节点，江苏省在集成电路设计领域拥有华润矽科、无锡友达、展讯、晶门科技、东微半导体、奇景光电等众多知名企业，设计业上游EDA企业如Cadence、华大九天等也均在江苏南京落户；在材料领域，江苏省拥有瑞红电子、江苏鑫华、康强电子、雅克科技、中环领先、南大光电、中鹏新材料等知名企业；在设备领域，江苏省虽然拥有华晶设备、吉姆西半导体等大型设备厂商，但在生产设备、工艺检测设备、集成电路封装设备整体竞争力仍然弱于TOP5其他省份，竞争力指数均排名第五位。在集成电路产业链中游节点，江苏省在集成电路晶圆代工产业链整体的竞争中稍显弱势，竞争力排名第二，得分41.2，远低于排名第一的上海市，但江苏省拥有华虹半导体、SK海力士、华润微电子、台积电、紫光存储、和舰科技、江苏时代芯存、扬杰科技等企业，其中华虹半导体、紫光集团等承担的项目均为国内集成电路发展的重大项目，拥有巨大的群聚效应，在集成电路制造领域的潜力巨大。在集成电路产业链下游节点，江苏省集成电路封测产业全国领先的地位难以撼动，拥有全球排名第三、国内排名第一的封测大厂江苏长电，以及全球排名第七、国内排名第三的封测厂商通富微电，还包括苏州固锝、晶方科技、矽品（苏州）、英飞凌（无锡）等知名封测厂商，连全国排名第二的华天科技也在昆山设立了子公司。

2021年3月1日，《江苏省国民经济和社会发展第十四个五年规划和二〇三五年远景目标纲要》提出，要全面增强芯片、关键材料、核心部件、工业软件等中间品创新能力，大力培育集成电路省级先进制造业集群，到2025年，省级先进制造业集群产业规模突破6万亿元，未来江苏集成电路产业链竞争力将进一步增强。

（四）上海

上海集成电路产业的基础雄厚，在全国具有举足轻重地位，目前已经成为国内集成电路产业综合水平高、产业链完整、产业生态环境好的集聚地之一。从1958年起，上海元件五厂、上海电子管厂和上海无线电十四厂等先后成立，上海集成电路行业发展从无到有起步发展。经过60多年的发展，上海集成电路产业已形成了集设计、制造、封测、材料、装备及其他配套、服务于一体的完整集成电路产业链，是国内集成电路产业链相对最为完整，也是产业结构最均衡的城市。2021年上海集成电路产业规模达2579亿元，增幅为20%，约占全国25%。2022年上半年，上海集成电路产业继续保持超过17%的增速，全年有望突破3000亿元。根据半导体协会初步预测，到2025年，浦东集成电路全产业链销售规模将达4000亿元，集成电路企业科创板上市数量实现倍增。其中，集成电路设计行业全年规模预计达3690亿元，同比增长20.5%；制造行业全年规模预计达2547亿元，同比增长18.5%；封测行业全年规模预计达2529亿元，同比增长7.6%。

如图2-26所示，从细分领域看，上海市在硅材料、工艺检测设备、集成电路晶圆代工排名第一。集成电路生产设备也占TOP1的97%。上海市在集成电路设计也具有较强的竞争力。相对而言，上海在封装测试环节较为薄弱。具体来看，上海在集成电路产业链上中游节点具有较强的竞争力，而这一竞争力主要源于上海集成电路产业链吸引的大量行业尖端企业。当前，上海集聚了中芯国际、华虹宏力、华力微电子、中微公司、华大半导体、紫光展锐、上海微电子装备、盛美半导体等多家知名企业。其中，在设计领域，上海的研发能力已达到7nm，其中紫光展锐在全球手机芯片市场份额位列第三；在制造领域，中芯国际、华虹集团的年销售额在国内位居前两位，28nm先进工艺已量产，14nm工艺研发基本完成。同时，国际企业也纷纷在沪设立分公司，如设计业的高通、博通、AMD、Nvidia、联发科，EDA提供商Cadence和Synopsys，装备巨头AMAT、LAMresearch、ASML、TEL、KT，晶圆代工台积电、联电，存储器制造商海力士，为上海集成电路产业发展作出了巨大的贡献。上海在上、中游具有一定竞争力，但在下游较薄弱。尤其是在封测环节，竞争力指数排名第四，得分40.4，但封测龙头日月光、安靠等都在上海设立研发中心或者分公司，为上海补齐封测短板提供了坚实基础。

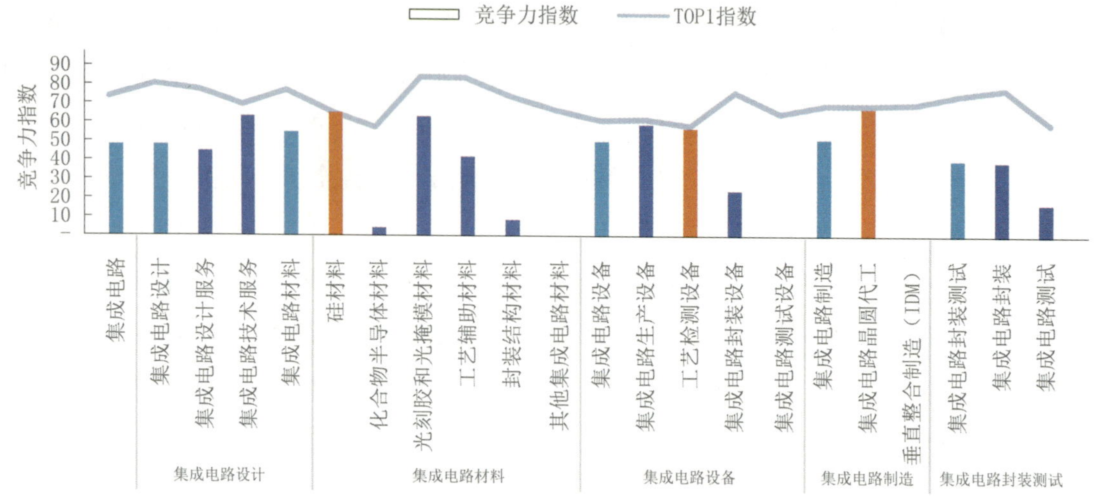

图2-26　上海市集成电路产业链各节点竞争力指数对比

（五）北京

北京集成电路企业平均产值规模较大，已形成“三足鼎立”产业空间布局。北京一直是我国集成电路技术创新、科技资源集聚、产业发展枢纽的中心城市。从产业规模来看，“十三五”时期，北京集成电路产业规模从2015年的606.4亿元增加到2020年超过900亿元，年均复合增长率为8.4%，2021年北京集成电路产业链实现收入1381亿，同比增长52%。2021年北京市集成电路产业规模占全国集成电路产业总规模的13%。从企业数量规模来看，目前北京市集成电路产业相关的企业数量仅占全国的1%，数量规模与广东、福建、江苏等省份差距较大，但是结合北京市10%的产业规模占比来看，反映出北京市的集成电路企业平均产值规模较大，例如中芯国际、北方华创等大型上市公司在全国市场均处于领先地位。近年来已逐渐确立了海淀、大兴亦庄、顺义三大集成电路产业空间布局，集成电路设计业是在以中关村集成电路设计园为核心的海淀北部形成集聚效应，集成电路制造业是在以北京大兴经济技术开发区、顺义区为核心的亦庄地区形成集聚效应，另外平谷、朝阳、通州、昌平等辖区也在积极培育集成电路产业集群。

如图2-27所示，从细分领域看，北京市在集成电路技术服务、化合物半导体材料领域竞争力均排名第一。在集成电路生产设备环节占TOP1的97%。北京市在集成电路设计领域也有一定的竞争力。整体上，北京市在集成电路设计等产业链上游节点的竞争优势突出。2021年，中国集成电路设计行业在北京的收入为839亿元，而2020年的数字为494.3亿元，同比增长69.8%。此外，北京集成电路产业的相关企业数量仅占全国的1%，但设计规模居全国第二，IC PARK已经入驻100余家集成电路设计企业，其中资产过亿的企业有近20家，是国家芯片自主创新的重要阵地之一。以海淀区中关村为代表的集成电路设计领域的技术水平在国内处于领先地区。这为北京集成电路产业的发展提供了强大的技术基础。但北京市在集成电路制造、封装测试、部分材料等中下游节点较薄弱，产业竞争力指数排名靠后。为弥补缺陷，提高集成电路全产业链的竞争力，目前北京市已经形成了完整的集成电路产业链布局，以北京经济技术开发区为代表的产业集聚区是北京乃至全国集成电路产业聚集度较高、技术水平先进的区域，现已聚集了中芯国际、紫光股份、北方华创等行业龙头企业，构建包括设计、晶圆制造、封装测试、装备、零部件及材料等完备的集成电路产业链和“芯片-软件-整机-系统-信息服务”大集成电路生态系统，相关企业约100家。另外，北京经济技术开发区拥有国内首条12英寸集成电路晶圆生产线，一批代表企业及研究机构承接了系列国家重大科技专项任务，在关键装备及材料、先进工艺的开发及产业化等方面取得一批代表国家最高水平的成果。

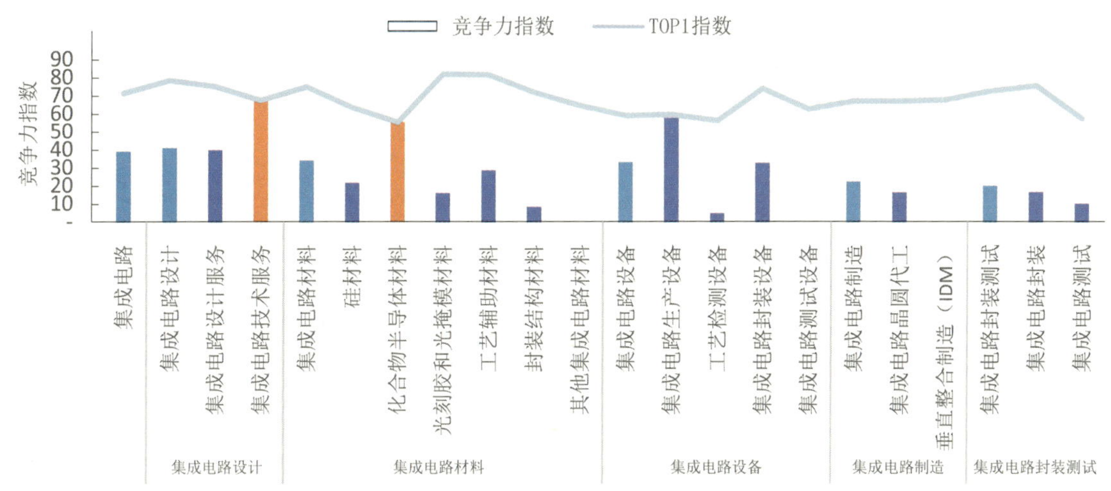

图2-27　北京市集成电路产业链各节点竞争力指数对比

政策层面的大力支持。2021年8月18日，北京市人民政府发布《北京市“十四五”时期高精尖产业发展规划》(京政发〔2021〕21号)。该发展规划指出以自主突破、协同发展为重点，构建集设计、制造、装备和材料于一体的集成电路产业创新高地，打造具有国际竞争力的产业集群。重点布局北京经济技术开发区、海淀区、顺义区，力争到2025年集成电路产业实现营业收入3000亿元。作为我国集成电路产业发源地之一，北京产业规模和技术水平在我国有着举足轻重的地位，致力打造“北设计、南制造，京津冀协同发展”，设计、制造齐头并进的产业空间布局。集成电路产业已成为北京构建首都“高精尖”经济结构、全面实现科技创新中心的龙头产业，北京在资金、税收等各方面给予集成电路产业扶持，力图通过“好的政策”推进产业“好的发展”。

03

网络通信(含5G)产业链竞争力评价

一、网络通信(含5G)产业链全景概览

网络通信是通过网络将各个孤立的设备进行连接,从而进行信息交互的技术。经历了数十年的技术创新与迭代升级,网络通信取得了一系列的辉煌成就。1G、2G率先开启了语音通信时代,3G、4G引领了革命性智能手机时代,当前全球正加速迈向基于5G的万物互联时代。5G是当代网络通信技术的制高点,具有高速率、低时延、大带宽等特征,是新一代信息技术的重要组成部分,也是支撑经济社会数字化、网络化、智能化转型的关键新型基础设施。本报告将以5G产业链为切入口介绍网络通信产业链的基本情况,基于人工智能算法模型,并结合实际对国内主要省份网络通信(含5G)产业链的竞争力水平进行多个维度的对比研究,最后提出浙江省布局发展网络通信(含5G)产业链的对策建议。

(一)网络通信(含5G)产业链的节点体系

移动通信网络一般可分为三层,即RAN(Radio Access Network,接入网)、CN(Core Network,核心网)、BN(Bearer Network,承载网)。其中,接入网主要由基站和终端设备组成,主要是依托各类空中接口技术实现基站和终端设备之间数据的无线传输。核心网主要由多种设备网元构成,主要功能是对基站搜集的各类数据进行处理并发送至外网。承载网主要负责网元间的数据传输,包括接入网、核心网内部网元之间,以及接入网和核心网之间的数据传输。

网络通信产业链不是单链结构,而是多链结构。以5G产业链为例,从网络架构的角度上进行划分,5G产业链可以分为接入网产业链、核心网产业链、承载网产业链。其中,投资规模更大的主要是接入网产业链与承载网产业链,因为建立5G公网需要庞大体量的基站和光纤通信网络作为支撑。其中,接入网产业链中投入最大、最关键的环节是基站的建设,主要包括天线厂商和主设备(CU、DU)厂商。从网络通信技术的发展趋势来看,大规模天线阵列(Massive MIMO)在5G中得到广泛应用,使得天线与基站主设备间关系更为紧密,因此基站主设备厂商在市场竞争中将处于有利地位,传统天线厂商的市场份额将逐渐被主设备厂商挤压。承载网产业链基本等同于光通信产业链,因为光纤是当前用于有线数据传输的最佳选择。光通信产业链中主要产品包括光纤光缆、光模块、光通信主设备。其中,光模块更为关键,包括光芯片、光组件PCB等,主要价值还是集中在光芯片上,高端光芯片将成为国内外各大厂商重点关注和竞争的领域。核心网产业链在整个通信网络投资建设中占比相对较低,设备需求量较少、单价较高。5G时代由于网络架构的调整,核心网平台面临更替需求,在国内巨大市场驱动下,核心网产业链仍有较大的吸引力。5G核心网采用虚拟化技术,硬件方面主要使用通用服务器,软件方面部分企业已开发了核心网软件(开源核心网),为运营商提供核心网解决方案。

网络通信产业链除了围绕网络架构延伸出的三大产业链,还有另一大产业链板块,也就是终端

领域。从服务的对象和应用场景来看，当前的5G网络服务于消费互联网，也用于工业互联网领域。消费互联网依托手机、可穿戴设备等实现人联网，其中具有核心价值的环节主要是手机产业链上的5GSoC芯片和5G基带芯片，此外射频模块和天线也有一定的价值空间。工业互联网则依托5G模组实现物联网，其面向各个行业领域提供服务，赋能车联网、智能制造、智慧城市、智慧农业、智慧医疗、智慧能源、智慧物流等各个垂直行业。以5G为例，其产业链的构成体系如图3-1所示。

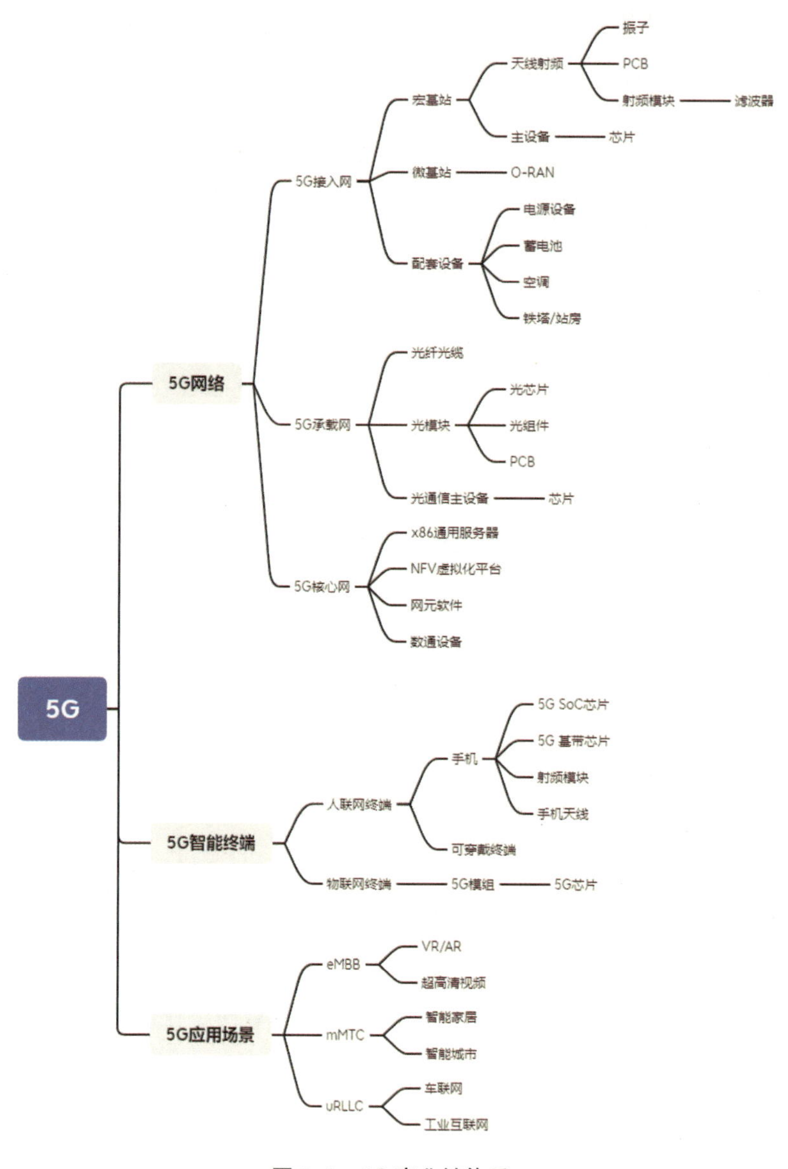

图3-1　5G产业链体系

（资料来源：周圣君.鲜枣课堂：5G通识讲义[M].北京：人民邮电出版社，2021）

（二）全球网络通信（含5G）产业链现状

如图3-2所示，全球网络通信产业经过漫长的蓄力，经历了由1G到5G的跨越发展。我国也从1G、2G时代的跟随与布局，到3G、4G时代积极参与全球标准的制定。在第四次工业革命浪潮下，

5G与各产业领域持续渗透融合,表现为与其他新技术、新模式的协同赋能,正逐渐成为推动生产力变革的重要驱动力,未来必将开启一个万物互联全新智能时代。从目前的发展形势来看,5G有望拉动行业进入新一轮成长周期,成为全球各国各大厂商争先布局的重点领域,我国抢先布局5G网络、拓展5G应用,力争在全新的赛道上实现引领与超越。

专栏1　从1G到4G的移动通信演进过程
1G时代——模拟语音。技术标准方面,采用基于FDMA(频分多址)的AMPS(美国主导)。拥有行业话语权地位的公司主要有美国的摩托罗拉公司和AT&T公司。 2G时代——数字语音。技术标准方面,采用基于TDMA(时分多址)的GSM(3GPP,欧洲主导)、CDMA(码分多址)(美国主导)两大通信标准,形成了欧洲GSM、美国CDMA两大阵营竞争格局。 3G时代——移动宽带。技术标准方面,采用基于CDMA(码分多址)发展出WCDMA(3GPP,欧洲主导)、CDMA2000(CDMA EVDO)(美国主导)和TD-SCDMA(中国主导)三大国际标准。 4G时代——更好更快。技术标准方面,采用基于OFDM(正交频分复用)的LTE(3GPP,欧洲主导)国际标准。

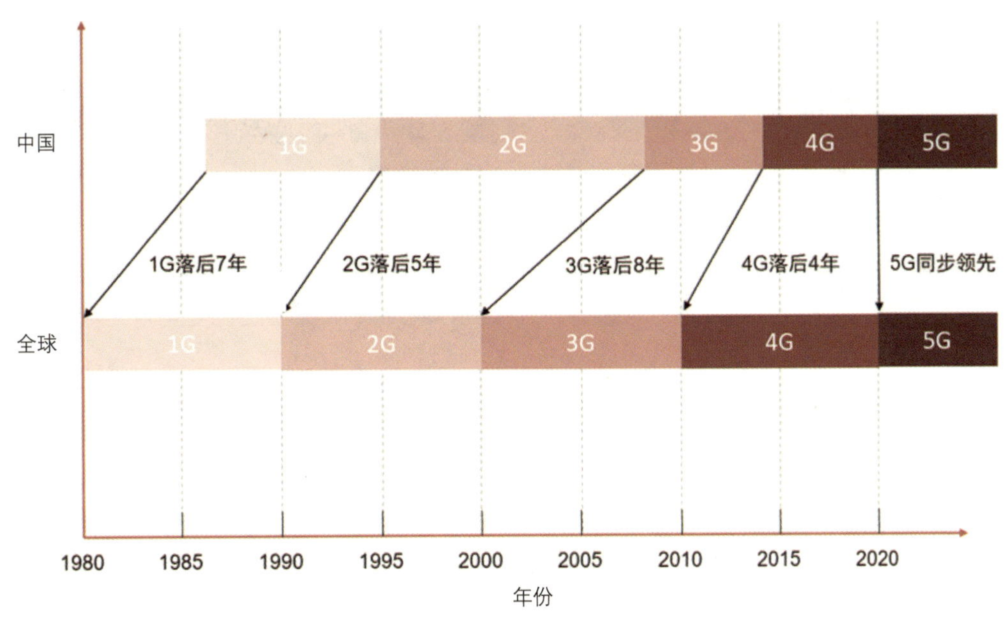

图3-2　中国与全球网络通信产业发展历程

(资料来源:中信证券官网)

1. 5G基础设施:中国实现领跑,各国加快布局

市场调研机构Grand View Research发布了一项全球5G市场发展报告,报告数据显示,到2030年,全球5G基础设施市场规模预计将达到958.8亿美元,从2022年到2030年的复合年增长率为34.2%。

5G网络基础设施包括了上一节介绍的接入网(RAN)产业链、核心网(CN)产业链、承载网(BN)产业链。市场价值上,RAN在5G基础设施市场中占据主导地位。根据Grand View Research的报告数据：预计到2027年，RAN细分市场的规模将达到2147亿美元，复合年增长率为112.3%。区域分布上，亚太地区市场份额迅速提升，主要得益于主要通信服务提供商（例如中国移动）牵头积极主动部署5G新型基础设施。同时，中国、日本和韩国等国家及地区政府也高度关注该领域建设，释放了多个Sub-6GHz和毫米波频率，以满足高速海量数据连接传输的需求，这些地区的5G基础设施市场预计将保持强劲增长态势。随着大型服务提供商（例如AT&T、Sprint、T-Mobile和Verizon）的入局，预计美国市场也将维持较高的增长率。技术方案上，对于接入网（RAN），网络服务提供商积极部署虚拟和集中式RAN，以降低总体基础架构成本和网络复杂性，其中，使用软件定义网络（SDN）技术来提高虚拟RAN的运营效率将对整个细分市场增长发挥关键作用。对于核心网（CN），目前全球领先的网络提供商正在迁移到安装基于云的5G核心网，以降低总体部署成本，并提供流畅的连接。

2. 5G智能终端：人联网趋于饱和，物联网势头正盛

随着互联网普及率的提升，以个人应用为主的消费互联网发展已接近于饱和状态，而工业互联网却是一片广阔的蓝海市场，要实现工业互联网最关键的技术就是物联网。过去几年间，国内三大运营商的人联网和物联网终端连接数可以很好地观测并预判这一趋势，如表3-1所示。

表3-1　2016—2021年三大运营商人联网和物联网连接数

（单位：亿个）

公司	项目	2016年	2017年	2018年	2019年	2020年	2021年
中国移动	人联网	8.49	8.87	9.25	9.5	—	—
	物联网	1	2.29	5.51	8.84	8.73	10.49
中国电信	人联网	2.15	2.5	3.03	3.25	—	—
	物联网	0.14	0.44	1.07	1.57	2.37	2.98
中国联通	人联网	2.64	2.84	3.15	3.2	—	—
	物联网	0.43	0.7	1.1	1.9	2.4	3.08

资料来源：《中国移动有限公司2021年年度报告》。

消费互联网方面，中低端芯片发布将加快在5G手机的推广应用。当前，中低端市场对5G的需求不断扩大，各大厂商通过提供更为廉价的芯片解决方案，规模化加速5G在全球范围内的商用进程。

工业互联网方面，物联网行业将爆发增长，将拥有广阔应用场景。如图3-3所示，据Statista数据统计，预计到2025年市场规模将会达到15670亿美元，CAGR高达39%。在区域分布上，据IDC调查报告显示，中国物联网市场规模增长潜力广阔，2022年将超越美国成为最大的物联网市场，占全球总规模的四分之一以上，2025年中国物联网市场规模至少为3918亿美元。在技术方案上，低功耗广域网络（LPWAN）是物联网产业的重要热点，IoT Analytics监测数据显示，2021年，在LPWAN市场中，NB-IoT以47%的份额领先；其次是LoRa，市场份额为36%；此外，LTE-M为10%，Sigfox为3%。

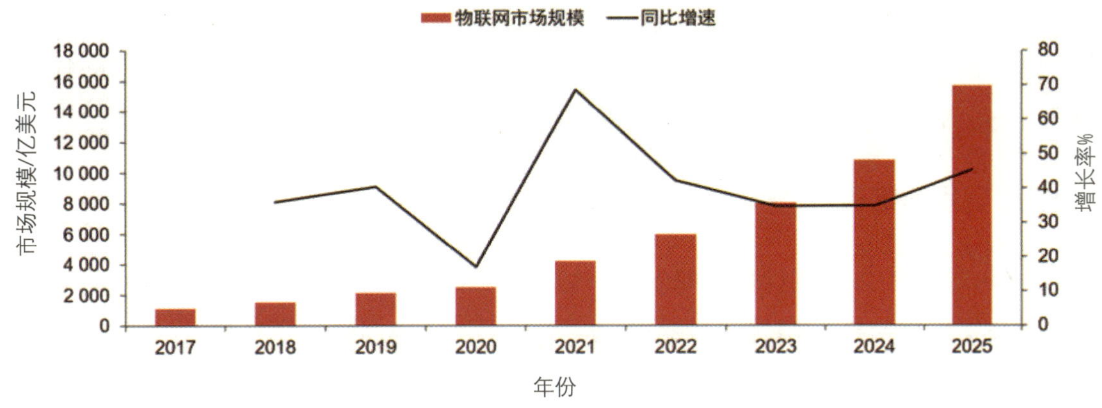

图3-3 2017—2025年全球物联网市场规模及预测

（资料来源：Statista）

3. 5G应用场景：R16发布拉开5G应用帷幕

2015年9月，国际电信联盟(ITU)正式确认了5G的三大应用场景，分别是eMBB(enhanced Mobile Broadband，增强型移动宽带)、uRLLC(ultra-Reliable & Low-Latency Communication，低时延高可靠通信)和mMTC(massive Machine-Type Communication，海量机器类通信)，如图3-4所示。针对不同的应用场景，5G标准先后发布。2019年上半年，发布的3GPP R15版本，重点确定eMBB场景的相关技术标准。2020年7月，发布的3GPP R16版本，包括了与uRLLC和mMTC场景相关的技术规范。随着5G标准的制定工作基本完成，2B端的应用将得到快速发展。

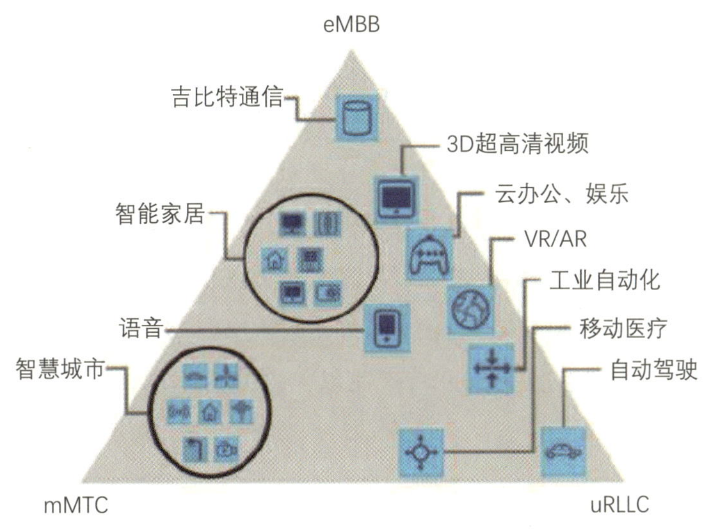

图3-4 5G的三大应用场景

（资料来源：周圣君．鲜枣课堂：5G通识讲义[M].北京：人民邮电出版社，2021）

5G网络低时延、高通量、大带宽的特点保证海量数据的实时回传与采集，为各类物联网应用场景提供基础保障，其融合应用领域包括工业互联网、车联网、智能家居、智慧城市等。工业互联网是全面打通设备资产、生产系统、管理系统和供应链条的关键技术。根据中国报告大厅预测，2021年，中国工业互联网市场规模将达到7960.4亿元，2022年，中国工业互联网市场规模将达到8893.5

亿元，未来平台数量将得到快速增长。车联网将借助新一代信息和通信技术，实现车内、车与车、车与路、车与人、车与服务平台的全方位网络连接。根据中信证券预测，2022年，全球车联网市场规模将超过1500亿美元，中国车联网市场规模将超过500亿美元。

（三）我国网络通信（含5G）产业链现状分析

现阶段，我国5G网络建设已全面兴起。2021年，我国5G领域投资额达到1849亿元，5G基础设施建设赋能社会数字化转型的供给能力不断提升。工信部数据显示，截至2021年底，我国累计建成并开通5G基站142.5万个，建成全球最大5G网，实现覆盖全国所有地级市城区、超过98%的县城城区和80%的乡镇镇区，并逐步向有条件、有需求的农村地区逐步推进。2021年，我国5G基站总量占全球60%以上；每万人拥有5G基站数达到10.1个，比上年末提高近1倍。预计到2030年底，据赛迪顾问预测，我国5G基站数量将达到1500万个，由5G基础设施建设累计带动的GDP将达到1.7万亿元。5G产业总投入将达到13.9万亿元，带动GDP将达到5万亿元。

（四）浙江省网络通信（含5G）产业链现状分析

浙江省5G产业链发展持续走在全国前列，基础设施建设加快推进，产业链整体呈现高质量发展态势。信息通信基础设施创新发展。截至2022年4月底，浙江已建成5G基站12.16万个，全国排名第三，率先实现乡镇全覆盖和行政村基本覆盖，每万人拥有5G基站数达18.8个。2600万户家庭具备千兆光纤接入能力，互联网省际出口带宽达103T。杭州、宁波获评全国首批千兆城市。全国首个国家（杭州）新型互联网交换中心接入企业达96家，总带宽达5T，关键指标超试点预期目标，达到国际中等交换中心水平。建成并开通5个城市的16条国际互联网数据专用通道，通道数居全国第一。累计建成北斗地基增强站400余座。赋能作用日益凸显。浙江已在15个重点行业形成5G应用项目超800个，形成"5G+工业互联网"项目275项，推荐5G示范标杆应用76个。在20个重点工业制造业领域参与建成"未来工厂"32家，全力支撑数字化改革127个项目承接落地。网络服务能力不断提升。截至2022年4月底，5G移动电话用户2523.7万户，占移动电话用户总数的比例达到了28.0%，5G用户普及率53.9%；千兆以上接入速率用户快速增长，规模达到335.1万户。

（五）网络通信（含5G）产业链发展趋势分析

未来一段时期内，5G通信设备和终端制造仍是产业链的焦点，包括但不限于各类芯片、光纤光缆、光模块、天线等器件，以及交换机、路由器、铁塔、IDC服务器等板块。根据网络通信产业链的基础现状与发展趋势，以下几个重点领域或将成为5G产业链的布局关键。

一是基站射频模块。射频模块是5G宏基站的核心功能单元。我国基站射频行业发展较为迅速，根据赛迪顾问预测，2025年，5G射频投资占基站投资的比例将达到23%。但目前我国在天线、滤波器、PA等高端环节的核心器件领域仍相对落后于国际先进水平。

二是光通信产品。基站通信所需的承载网络依赖于大量光通信产品。光通信主要包括光纤光缆、光模块、光通信主设备等产品以及相关的网络服务。从发展规模来看,光纤光缆是中国光通信产业的传统优势领域,中国光纤企业出货量可占据一半以上全球市场;光模块正吸纳越来越多的公司开发新技术、布局新产线,随着数据中心加快建设,数通市场对光模块、光器件的需求显著提升,100G以上的光模块将迎来发展高潮。从投融资角度来看,光通信领域的光模块成为近年来的投融资热点。

三是5G应用。在多个领域加快渗透将成为5G发展的必然趋势。从赋能作用来看,5G对制造业直接贡献最大,预计2030年可实现超过5000亿的贡献规模,此外对交通运输、金融、教育、医疗等领域也将有显著的贡献。从投融资角度来看,智能驾驶、媒体娱乐、智慧医疗是近三年内的热点投资领域,未来5G在各领域的商业模式创新将吸纳各方资本入局。

二、网络通信(含5G)产业链竞争力指数分析

本节使用的网络通信(含5G)全产业链节点体系是依托浙江人工智能省部共建协同创新中心的算法,联合产业专家,基于上市公司公告、官网产品、招投标等信息,利用人工智能算法自动抽取加人工校准的方式构建出的包含6个维度的生产关系(即生产原料、生产配件、辅助原料、辅助设备、生产设备和技术服务)的全产业链的网状图谱产品体系。在全产业链网状图谱产品体系中,以网络通信(含5G)的下游产品作为起点,沿着其多种生产关系向上游追溯相关的其他产品节点,遍历到以原材料和设备为终止产品节点结束,从而形成一套有边界的网络通信(含5G)产品关系图谱,即本研究使用的节点体系如图3-5所示。

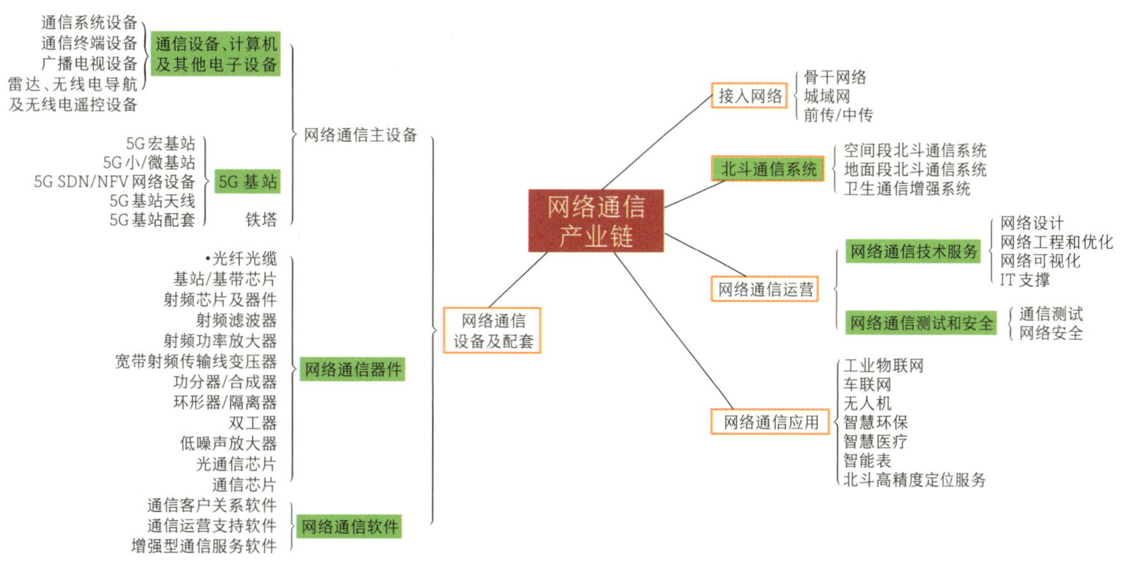

图3-5 网络通信(含5G)产业链节点体系

基于该节点体系，本节将对网络通信（含5G）产业链整体以及产业链市场竞争力、技术竞争力、产业链充分性、产业链完备性等四个维度的指标体系进行分析研究，指标体系设置如表3-2所示。

表3-2 网络通信（含5G）产业链竞争力指标体系

维度	指标	权重	计算方法
市场竞争力	市场占有率	20%	本地上市公司营收总和/全国营收总和
	利润率	10%	本地上市公司加权利润率（权重为营业收入）
技术竞争力	专利数	12%	本地专利数量
	研发人员数	8%	上市公司研发人员数
	研发投入	10%	上市公司研发投入
产业链充分性	产业链企业数量	10%	产业链企业数量
	上市企业数量	10%	上市企业数量
产业链完备性	产业链完整率	10%	本地产业链节点数量加权/中节点数量加权（通过上市公司利润率给权重）
	高新节点占有率	10%	本地高新技术节点数量/中节点数量

（一）网络通信（含5G）产业链整体竞争力情况

1. 竞争力指数基本现状

截至2021年底，国内网络通信（含5G）产业链竞争力指数排名前五的分别是广东（77.4）、北京（74.6）、浙江（41.4）、上海（40.9）、江苏（38.5），如图3-6所示。我国31个省份的排名如表3-3所示。从整体上看，广东省因包含深圳、广州两大5G产业集聚地，在所有省份中处于领先地位。

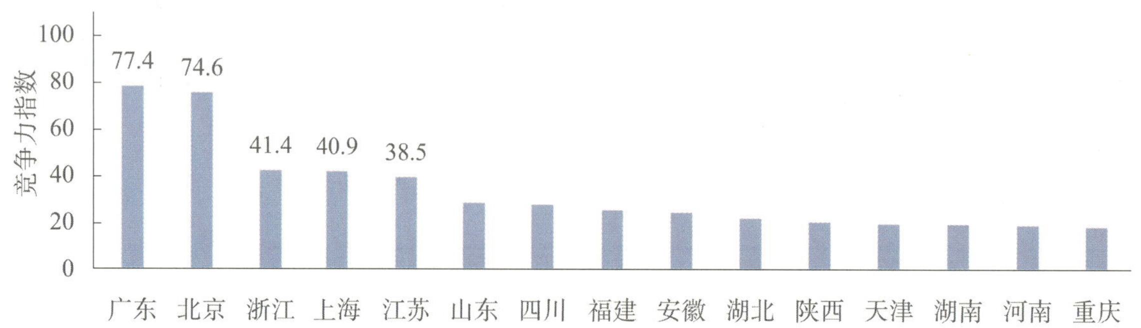

图3-6 网络通信（含5G）产业链竞争力指数排名

表3-3　2021年国内网络通信(含5G)产业链整体竞争力指数排名

序号	省份	指数	序号	省份	指数
1	广东	77.4	17	辽宁	16.5
2	北京	74.6	18	江西	16.3
3	浙江	41.4	19	广西	14.1
4	上海	40.9	20	云南	12.5
5	江苏	38.5	21	贵州	12.4
6	山东	27.7	22	山西	12.3
7	四川	27.0	23	黑龙江	11.4
8	福建	24.7	24	内蒙古	10.7
9	安徽	23.6	25	新疆	10.2
10	湖北	21.2	26	甘肃	9.7
11	陕西	19.7	27	吉林	3.0
12	天津	18.9	28	宁夏	2.1
13	湖南	18.7	29	海南	1.5
14	河南	18.3	30	青海	0.9
15	重庆	17.6	31	西藏	0.7
16	河北	17.0			

2. 竞争力指数变动趋势

2015—2021年,TOP5省份的网络通信(含5G)产业链竞争力均有一定增长。其中广东增长率最快,年复合增长率为5.8%,从2015年的55.1增长到2021年的77.4。其次为北京、江苏,年复合增长率分别为4.5%、4.2%。全国TOP5省市的产业链竞争力指数如表3-4所示。

表3-4　2015—2021网络通信(含5G)产业链竞争力指数TOP5

省份	2015年	2016年	2017年	2018年	2019年	2020年	2021年	CAGR
广东	55.1	58.8	64.9	68.3	72.1	75.3	77.4	5.8%
北京	57.3	58.8	60.5	64.3	67.2	71.1	74.6	4.5%
浙江	33.6	35.1	36.9	38.3	39.2	40.6	41.4	3.5%
上海	34.3	35.4	36.9	37.6	38.6	39.7	40.9	3.0%
江苏	30.1	31.6	33.6	34.8	36.0	38.3	38.5	4.2%

(二)网络通信(含5G)产业链各评价指标维度分析

对2021年网络通信(含5G)产业链竞争力指数的TOP5省份做各指标的雷达图,如图3-7所示。广东、北京综合竞争力指数领跑全国,其中,广东的技术竞争力、产业链充分性、产业链完备性等三个维度均处于全国第一位置,而北京的市场竞争力、技术竞争力等维度具备引领优势。

1. 市场竞争力

市场竞争力体现在市场占有率和利润率等方面。如图3-8所示,TOP5省份中,北京的市场竞争力指数最高,为27.5,5G企业市场占有率和利润率水平处于全国领先地位。广东、上海、浙江和江苏分别为12.4、11.7、10.2和9.4。

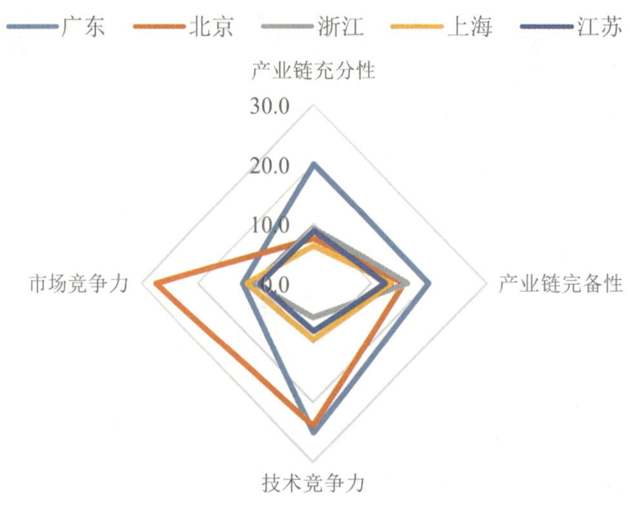

图3-7　网络通信(含5G)产业链竞争力TOP5各维度得分情况

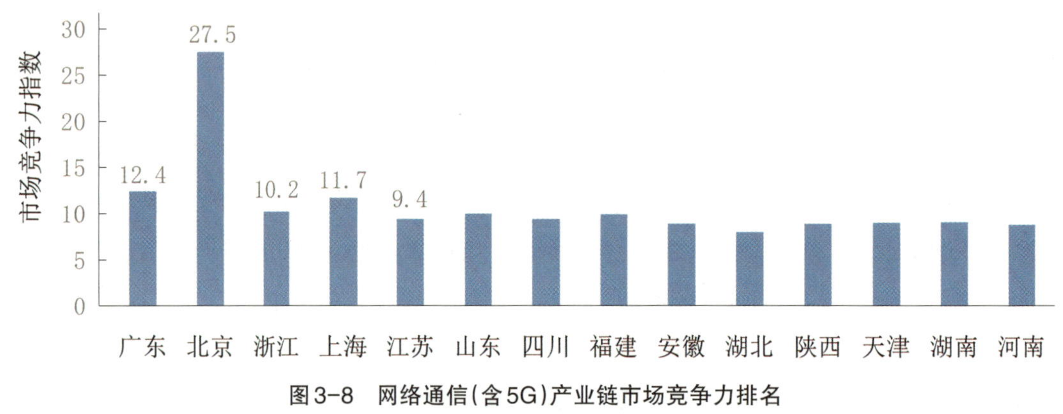

图3-8　网络通信(含5G)产业链市场竞争力排名

2. 技术竞争力

华为位居全球第一,占比14%,超过高通(9.8%)、三星(9.1%)等国际头部企业,此外,中兴和OPPO也分别处于全球排名第五和第九的位置,体现了广东省在5G科技创新赛道的领先实力。此外,北京的大唐集团处于全球第八位位次,具备技术领先优势。各省(市)网络通信(5G)技术竞争力排名如图3-9所示。

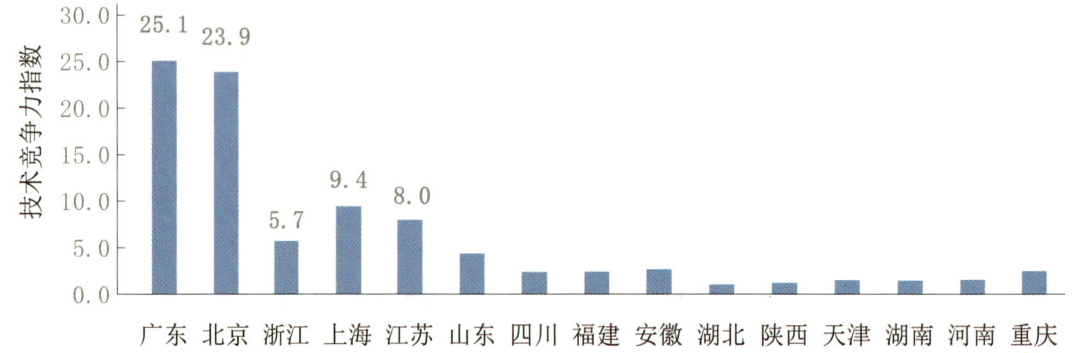

图3-9　网络通信(含5G)产业链技术竞争力排名

3. 产业链充分性

产业链充分性是反映本地产业链的布局、配套完备程度的指标,产业链节点越多,节点的质量越好,本地的产业链竞争力就越强。如图3-10所示,TOP5省份中,广东省的产业链充分性指数最高,得分20.0。北京、浙江、上海、江苏分别为7.5、9.2、6.3和8.8。从市场主体数量来看,截至2021年底,广东省5G企业数量已超过1.5万家,覆盖通信设备及配套到终端应用等全产业链。从上市企业数量来看,截至2022年7月底,广东省共有105家5G上市企业,遥遥领先于其他省份。

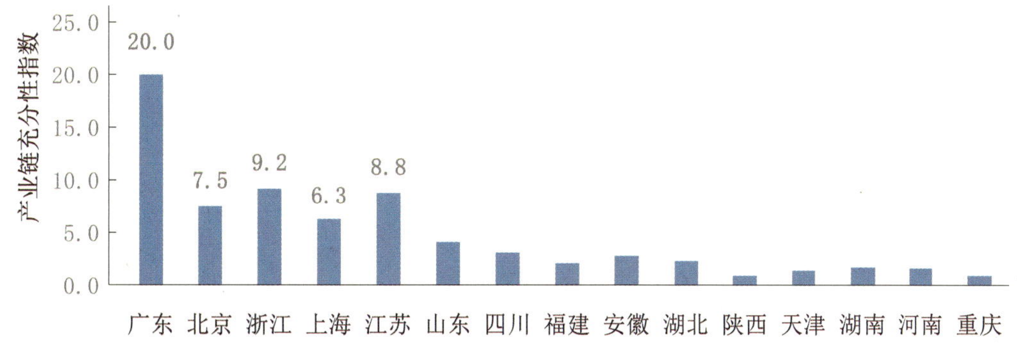

图3-10 网络通信(含5G)产业链充分性排名

4. 产业链完备性

产业链完备性是产业链完整率与高新节点占有率的反映。如图3-11所示,TOP5省份中,广东省的产业链完备性指数最高,得分19.9。北京、浙江、上海、江苏分别为15.7、16.3、13.5、12.3。从产业链的覆盖范围来看,珠三角是我国5G产业链最为完整的区域,其中,广东省在产业链各环节均分布有大量5G上市企业,覆盖了终端、基站系统、网络架构、应用场景等在内的各个环节,从完整性来看广东具有明显的竞争优势。广东与浙江头部企业掌握5G核心技术的能力较为突出,在5G配套设备及元器件等产品的布局上更趋于高端化,相关企业生产模式更趋于智能化。

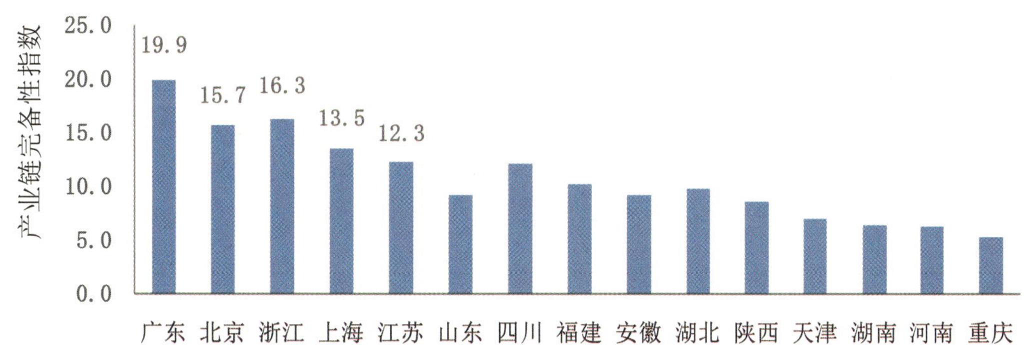

图3-11 网络通信(含5G)产业链完备性排名

(三) 主要省份网络通信(含5G)产业链竞争力水平分析

广东省产业链综合竞争力指数处于全国首位,主要依赖于深圳、广州在发展环境、龙头引领、场景创新等方面领跑全国。一是头部企业集聚引领突出。深圳拥有华为、中兴、中国长城、立讯精密、大疆、欣天科技、飞荣达、东创精密、深南电路、麦捷科技、太辰光等众多5G领军企业。在头部企业带动下，深圳在5G标准制定、频谱研究、技术创新、产品验证等方面都率先展开布局，在全国5G赛道中取得了领先优势。二是营造产业发展良好环境。在5G技术研发和标准制定期间，深圳、广州抢先出台支持5G发展、基础设施建设、5G与车联网、人工智能等领域融合应用的系列政策，为行业发展提供较好的政策、经济和产业环境。三是应用场景示范效应显著。以深圳移动联合南方电网合作开展的"5G+智能电网"示范项目、以深圳移动与招商港口、华为等11家单位计划共建的"5G+智慧港口"项目获得工信部组织的"绽放杯"5G应用大赛总决赛一等奖，因此在5G技术应用落地方面也处于全国领先位置。

北京、上海综合竞争力指数分列第二、第四，主要得益于资金支持、创新能力等方面。资金支持力度方面，北京、上海私募股权投资机构大量集聚，私募股权投资在5G领域的投资活跃度胜于其他城市，此外，政府层面的产业引导金和专项基金对相关产业提供有力扶持。创新能力方面，北京、上海集聚了大量高校与科研院所，专业人才储备具有明显优势。北京聚集了90余所高等院校、400余家科研院所，拥有120多个国家重点实验室、90多个国家工程技术中心和300多家跨国公司研发中心，在移动通信领域具备多年发展经验，5G技术研究和专利成果名列前茅。同时，大量领军企业坐落于两地将有效推进科技成果的转移转化。

江苏省竞争力指数排名处于全国各省份第五，增速处于全国各省份第三，得益于产业政策引导、创新生态营造、两化融合驱动等。首先，发布系列政策文件率先布局5G产业。江苏出台《关于加快推进第五代移动通信网络建设发展若干政策的通知》(苏政办发〔2019〕49号)，在5G网络的布局规划、建设审批、资源开放、设施保护、产业发展等方面出台一系列政策举措。其次，创新支撑体系加快构建，为5G产业发展提供"新动能"。江苏省成立5G产业联盟，依托联盟主体打造开放创新平台，加快整合行业资源，完善产业链供需对接。同时，依托5G联合创新中心、重点实验室、重点企业研究院等各类研发创新机构不断强化5G产业创新发展支撑能力。最后，产业数字化进程加速，推动5G网络系统化部署。2021年江苏省两化融合水平指数为63.2，连续六年全国第一，工业生产领域的5G网络部署进一步加速。

（四）浙江省网络通信（含5G）产业链竞争力水平分析

浙江网络通信（含5G）产业链整体竞争力水平处于全国前列，竞争力水平位列全国各省份第三，竞争力增长态势处于全国第四位次。这主要得益于政策赋能、产业生态、产业数字化转型等有利因素的助推。

政策法规前瞻部署。浙江出台《关于推进5G网络规模试验和应用示范的指导意见》《浙江省人民政府关于加快推进5G产业发展的实施意见》(浙政发〔2019〕11号)、《浙江省新型基础设施建设三年行动计划(2020—2022年)》(浙政办发〔2020〕32号)、《浙江省信息通信业发展"十四五"规划》(浙发改规划〔2021〕251号)等系列政策法规，从网络建设、产业发展、融合应用等方面提出全面提升5G

产业发展优势的重要举措。此外,几乎每个地级市均有5G政策出台,为推动一批高质量项目落地提供要素支撑,为5G产业发展营造了良好的政策环境。

5G产业生态持续优化。2018年,浙江移动牵头成立浙江省5G产业联盟,着力构建合作共赢的5G生态圈,联盟包含设备制造商、通信运营商、终端供应商、系统集成商、科研院所五大类产业链成员,涵盖智慧城市、智慧交通、智慧医疗、智慧教育等十大应用领域。2019年,浙江杭州打造中国(杭州)5G创新谷,通过一系列创新补助政策激发5G技术演进及应用创新活力。2020年,浙江移动发起成立DICT生态合作联盟,吸纳1200余家知名企业单位,面向政务、交通、教育、医疗、互联网等九大垂直行业深化“5G+AICDE”技术服务。

产业数字化转型进程加速。浙江拥有大量的传统行业企业,冶金、化学原料及化学制品、纺织品、建筑业、元器件制造业等传统行业仍是浙江经济的发展支柱。一方面,行业龙头积极探索以5G为代表的新一代信息技术在工业领域融合应用。根据“2021福布斯中国工业互联网系列评选”榜单,浙江蓝卓入选“2021年度中国十大工业互联网企业”,位列行业第二;蓝卓supOS平台的标杆客户京博石化,同步荣获“2021年度中国十大工业数字化转型企业”。另一方面,众多中小企业则表现出数字化转型的巨大潜力,使得各类工业云平台在浙江得到广泛推广。

三、网络通信(含5G)产业链布局分析

本节从地方产业链布局的视角分析各省在网络通信(含5G)产业链各个环节竞争力的分布,说明各地在5G配套设备及元器件、5G基础设施、终端设备、应用场景方面的布局及其优劣势。全国范围内,5G产业链的配套设备及元器件企业主要集中在广东、湖北和江苏等地;通信主设备企业主要集中在广东等地;终端设备企业主要集中在广东和北京等地。其中,广东和北京是5G产业链布局相对完整的区域。目前各省市重点布局5G应用的开发,已成为推动5G产业发展的主战场。

(一) 主要省份网络通信(含5G)产业链布局分析

1. 广东

广东省网络通信(含5G)产业链的各环节布局完善、实力雄厚。基于上一节使用节点体系的数据分析结果,广东在网络通信设备、网络通信技术领域多个节点都排名第一,包括通信设备/计算机及其他电子设备、5G基站、网络通信器件、网络通信应用软件和网络通信技术服务。此外,在网络通信测试和安全领域,也具有很强的竞争力(见图3-12)。

配套设备及元器件方面,广东深圳已具备全球领先优势。广东省在基站设备、服务器、路由器、光纤、通讯产品零部件及光电器件等领域的产业规模和研发水平在全国乃至全球具有举足轻重的地位。5G基础设施方面,广东基站建设节奏全国领先。截至2021年底,全省累计建设5G基站17.1万个(占全国12%),5G移动电话用户4096万户(占全国12%),规模均为全国第一。预计到2025年,

5G基站数达到25万个。智能终端方面,广东深圳的5G终端出货量处于全球第一。广东在电子制造业及互联网等领域独具优势,更聚集了包括华为、中兴、OPPO、vivo、一加等在内的头部手机厂商,在芯片设计及制造领域,华为海思、中芯国际等在智能手机产业链上已占据了核心竞争优势,推动产业集聚度不断提升,在5G时代下广东有望继续领衔智能手机行业发展。应用场景方面,广东是5G应用最具活力的省份。在交通领域,深圳地铁部署"5G+AI"体验区,运用无感乘车、智能机器人等技术,力争打造智慧交通枢纽,同时加快推进地铁运行5G无线通信,实现5G信号高速传输。在电力领域,南方电网深圳供电局与华为合作,将5G技术应用于电网实时控制系统,显著提升故障处理效率,大幅缩短系统故障修复时间。在超高清直播领域,2019年广东移动联合华为、广东体育频道,依托5G实现中超广州德比足球赛4K高清直播。

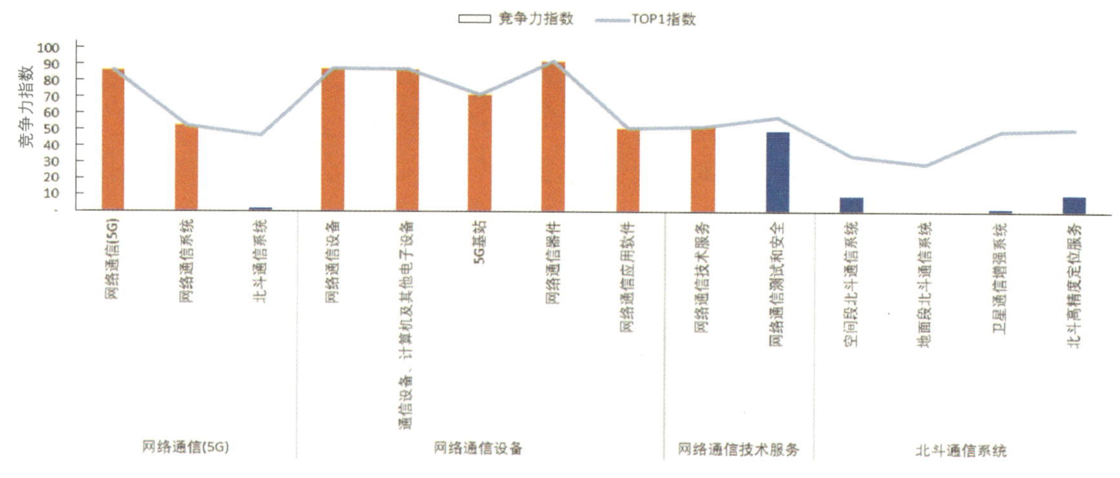

图3-12 广东省网络通信(含5G)产业链各节点竞争力指数对比

2. 北京

北京市在产业链布局上覆盖面广,集聚效应较为突出,属于国内5G产业最具发展潜力的城市。基于上一节使用节点体系的数据分析结果,北京在北斗通信系统、网络通信测试和安全领域排名第一,特别是在卫星通信增强系统、北斗高精度定位服务两个细分领域具有明显优势,此外,在网络通信技术服务、网络通信应用软件领域也具有较强的竞争力(见图3-13)。

配套设备及元器件方面,无线设备、测试仪表、核心网等环节具有较强领先优势。在无线设备环节,中关村以佰才邦、中科晶上为代表,成为小基站领域的主力军;在测试仪表领域,星河亮点、大唐联仪、为准电子、同光科技均进入华为、中兴等主设备商供应链;在核心网环节,联想集团在面向5G的前端计算、云计算与边缘计算整体解决能力,在光传输、数据交换及数据中心业务方面处于业界领先水平。5G基础设施方面,实现规模建设、广泛覆盖。截至2022年7月底,北京已建成5G基站5.6万个,基本实现全市5G网络覆盖。智能终端方面,芯片与整机皆有一定优势。中关村拥有紫光展锐、昂瑞微、燕东微电子等芯片企业,产品实现高中低端覆盖,市场份额名列前茅。此外,还拥有小米、鼎桥、中兴高达和联想等终端整机企业,具备较好的市场发展基础。应用场景方面,在智慧医疗、工业互联网、文化旅游、融合媒体等多个领域推动5G应用先行先试。北京医疗机器人产业创新中心在积水潭医院建立了临床数据管理平台和数据网，已实现运用“5G+机器人”进行远程手术。亦庄小米等“黑灯工厂”利用5G、AI打造实时处理海量数据的“最强大脑”，实现生产制造全程高度自动化。国家博物馆、故宫、环球度假区等重要旅游景点正在逐步开展5G智能客服、智慧导览、文创商城等公众服务。此外，北京市还在5G超高清视频、5G车联网等领域开展示范应用。

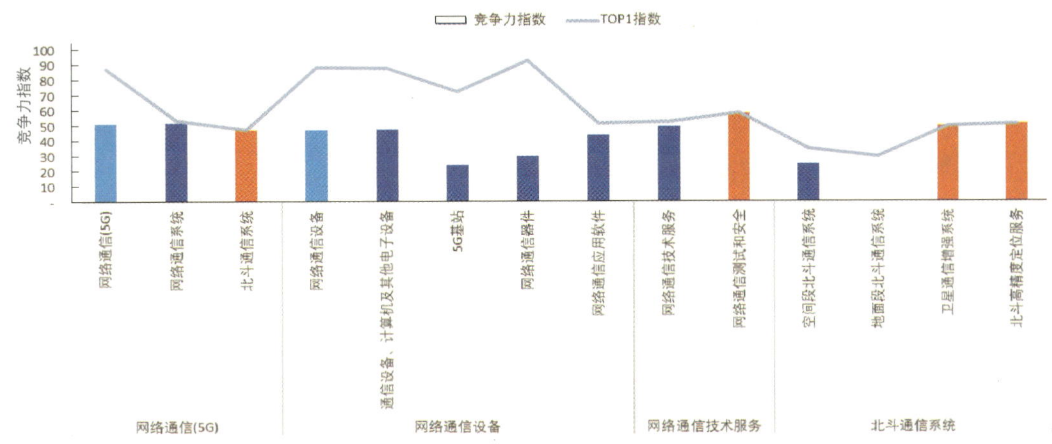

图3-13　北京市网络通信(含5G)产业链各节点竞争力指数对比

3. 上海

上海的产业链布局集中在中下游及应用场景领域，配套设备及元器件的产业链部署相较广东和北京存在一定差距。基于上一节使用节点体系的数据分析结果，上海在通信设备、计算机及其他电子设备、5G基站、网络通信器件、网络通信测试和安全和空间段北斗通信系统等领域都具有较强的竞争力(见图3-14)。

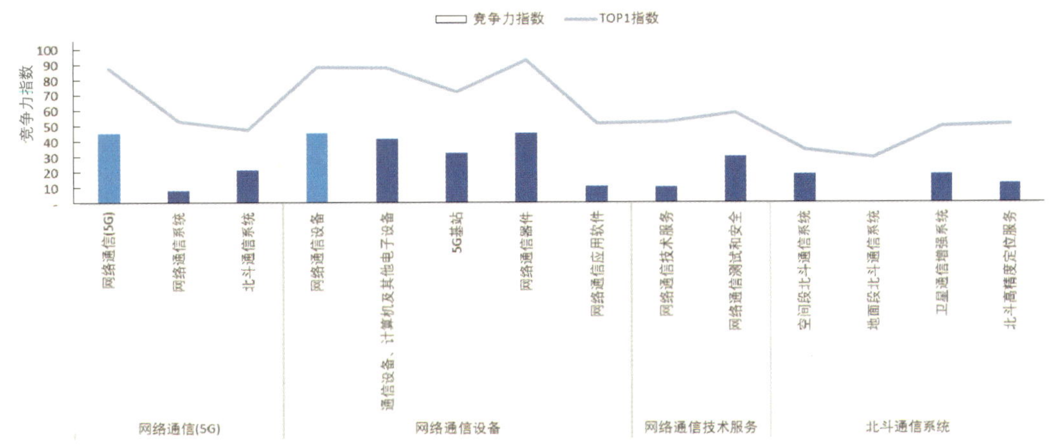

图3-14　上海市网络通信(含5G)产业链各节点竞争力指数对比

5G基础设施方面，截至2022年7月底，上海累计建设5G室外基站5.7万个，5G室内小站20万个，处于全国领先。2020年，“双千兆宽带城市”加速度计划启动，计划2023年底，实现本市重点区域5G网络平均下载速率达到1000M，5G用户渗透率达到70%，千兆用户达到百万级。基础设施建设加快部署，对5G应用产业发展的支持作用加快凸显。应用场景方面，除了通信产业的基础优势，汽车也是上海的主导产业之一，因此上海发挥各方优势将车联网和自动驾驶作为5G试点的主要应用场景。2019年,上海启动5GAA(5G汽车通信技术联盟)5G智慧交通示范项目,依托华为、移动、上汽等多家企业联合推进5G车联网示范应用。此外,上海启动建设若干应用示范区,形成10项左右重点示范应用,推动“5G+4K/8K+AI”应用示范,包括推进5G与智能制造、工业互联网、大数据、人工智能、超高清视频等深度融合,打造若干5G建设和应用先行示范区等。

4. 江苏

江苏省5G产业链整体相对较为完整,但整体呈现出U型分布,即“两头强、中间弱”,在通信主设备环节存在一定缺失。基于上一节使用节点体系的数据分析结果,江苏省在网络通信器件、北斗高精度定位服务领域相对具有较强竞争力,具有一定的产业基础(见图3-15)。

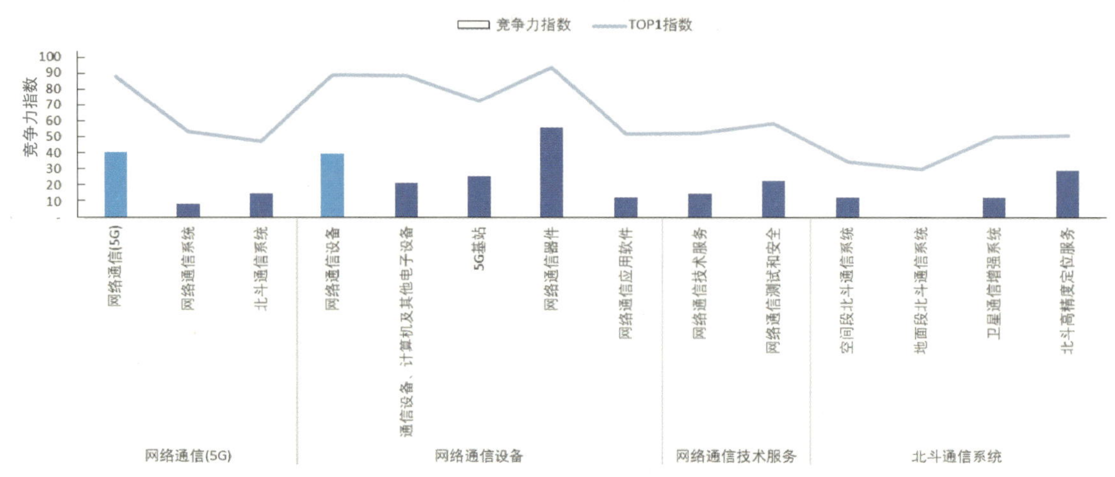

图3-15 江苏省网络通信(含5G)产业链各节点竞争力指数对比

配套设备及元器件领域,江苏已集聚了一批国内领先的元器件厂商。在芯片及模组领域国内领先,行业龙头有中际旭创、中科芯(58所)、国博电子等,其中中科芯已研发成功70多种5G相关产品,有望实现国产化替代。射频器件、封测产业规模居全国第一,龙头企业有晶方科技、东山精密、卓胜微等;在光器件和模块领域,龙头企业为中际旭创、亨通光电等,均在国内处于领先地位。在传输介质领域,江苏企业占据全国50%的光纤线缆市场。5G基础设施方面,江苏基站建设进程居于全国第二。截至2022年5月底,全省5G基站总数达到13.8万个。智能终端领域,江苏在工业领域智能终端方面有一定优势。江苏拥有中科创达、埃斯顿机器人等在智能终端、工业设备方面处于国内领先地位的企业。在手机终端方面,有一些代工制造企业,如落户在昆山和淮安的富士康等,但缺乏自主品牌。应用场景领域,江苏重点推进智慧城市、超高清视频、物联网等5G应用。南京重点推动智慧城市、超高清视频等领域试点应用,无锡形成以物联网尤其是车联网为核心的5G示范应用,徐州主推的工业互联网也培育了以徐工集团等为代表的典型企业,苏州重点推进智能制造领域试点应用并取得明显成效,南通在基于5G的智慧城市建设方面也取得了较大进展。

(二)浙江省网络通信(含5G)产业链布局分析

对于浙江而言,在TOP5省市中处于跟随地位。基于上一节使用节点体系的数据分析结果,浙江在5G产业链上游基础产业仍存在企业量偏少甚至是企业缺失的情况，相较而言下游应用产业相对发展迅速，在各垂直领域持续加快应用探索与扩展(见图3-16)。

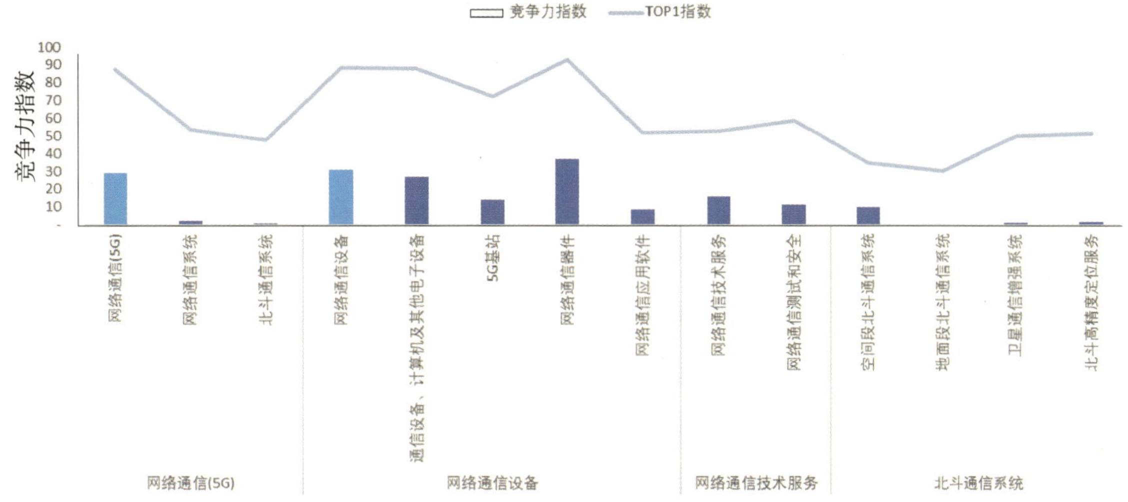

图3-16 浙江省网络通信(含5G)产业链各节点竞争力指数对比

5G基础设施方面，网络通信能力持续增强，截至2020年底，光缆线路总长度居全国第三，建成全国领先的光纤和移动宽带网络，共建成5G基站6.26万个，实现全省县城以上地区和部分重点乡镇覆盖。网间互联互通和国际通信服务能力持续增强，率先建成国家(杭州)新型互联网交换中心，开通杭州国家级互联网骨干直联点，国际互联网数据专用通道数居全国第二。完成全省LTE网络和固定网络的IPv6升级改造。

应用领域方面，5G应用创新能力有效提升，在工业、医疗、教育等领域形成一批试点示范项目，在历届工业和信息化部“绽放杯”5G应用征集大赛中获奖数居全国前列。工业互联网标识解析体系有序推进，建设省内10个工业互联网标识解析节点，节点数量居全国前列，累计标识注册量超3亿个。智能制造领域加速落地，5G在产品质量检测、工厂管理、智慧运输、生产监控、设备管理等场景得到广泛应用。智慧医疗方面，5G为抗击疫情提供科学的防控手段，同时疫情也加速了5G在智慧医疗领域的大规模落地。此外，浙江省当前在城市智慧安防、智慧政务、智慧城市基础设施、智慧物流等智慧城市场景中也展开了广泛探索。

四、全面提升网络通信(含5G)产业链竞争力的对策建议

(一) 推动5G产业创新发展

鼓励核心技术与关键产品创新。支持企业、高校、科研院所聚焦5G新材料、关键芯片、射频器件、模组及智能终端、软件、网络架构等领域研发关键核心技术。重点发展射频芯片及器件、光芯片与模块、全制式多通道射频单元、小微基站、有源阵列天线、前传交换机、基带单元、分布式系统等产

品，支持企业将研发的5G产品申报装备首台套、材料首批次、软件首版次。

建设高能级创新载体。开展各类5G创新载体建设，推动高校、科研院所加强在5G领域的科研布局，打造5G前沿科研基地。推动研究机构与垂直行业龙头企业、基础电信企业、通信设备企业联合建设一批实验室，解决制约行业应用复制推广的技术瓶颈。培育5G产业孵化载体，积极组织申报国家级和省级科技企业孵化器，推动5G创新和产业要素集聚。

推动产业链联动发展。培育一批应用解决方案供应商，在智能制造、智慧医疗、智慧物流等领域形成一批具有规模推广价值的解决方案，建成5G应用解决方案案例库，持续开展案例征集和推广。引导头部企业开展5G应用试点项目，形成关键能力后向产业链中小企业开放能力和共享资源，带动中小企业开展5G应用创新。鼓励产业联盟、行业协会、第三方研究机构等拓宽上下游企业沟通合作渠道，定期组织召开产业对接交流会，加强5G产业链上下游信息共享和交流对接。

鼓励区域协同发展。发挥政府、行业协会的协调作用，加强与“一带一路”沿线国家或地区、长三角城市群的交流合作。发挥省5G产业联盟作用，推动省内、长三角5G应用及产业链协同发展。鼓励积极开展5G应用对外交流活动，拓展5G应用推广渠道，深化5G应用区域协同。

优化公共服务配套。鼓励“链主”企业及第三方机构建设一批公共服务平台，面向产业链上下游提供测试与验证、应用成果转化、安全评测、知识产权咨询等服务。围绕产业链布局创新链，建设一批5G领域科技成果转化基地，发挥科技成果转化专项资金引导作用，围绕5G芯片、新材料、元器件等关键技术领域，促进各类创新主体转化5G创新成果，加快5G商用进程。

抢占5G标准制高点。鼓励高校、研究机构、龙头企业参与确定性网络、增强上行速率、高精度定位、抗电磁干扰等5G关键技术的国家、行业或地方标准制定。鼓励行业协会、应用解决方案供应商、行业龙头企业、基础电信运营企业加强合作，围绕汽车、超高清视频等优势领域，推动5G重点行业融合应用标准的制定与落地。

（二）加快拓展5G融合应用

推动5G在重点行业中的全面赋能。开展“5G+工业互联网”示范应用，在重点企业打造人、机、物全面互联的工厂互联网体系，引导生产企业打造5G智能工厂示范项目。开展“5G+车联网”示范应用，推动5G纳入智慧城市、智能交通的重要通信标准和协议，建成基于5G的智能网联车测试基地，探索形成“5G+智能网联汽车”成熟方案，推动长三角智能网联汽车测试互认合作。开展“5G+智慧物流”示范应用，利用5G推进立体化全自动仓储系统建设，引导无人机、无人车等新应用的发展，加快集公路、铁路、港口和航空四位一体的多式联运物流信息综合服务平台建设。

专栏2 重点行业中典型的5G应用场景

1.“5G+工业互联网”。推进5G在工业视觉检测、工业AR/VR、无线自动化控制、数字孪生机器人、云化机器人群、物流追踪等领域的应用，打造精准远程操控、远程检修维护、机器视觉检测、协同设计等典型应用场景。

2.“5G+车联网”。强化车用无线通信、自动驾驶、环境感知与决策控制领域的技术攻关，布局发展智能网联汽车整车、智能化驾驶辅助系统等。

3."5G+智慧物流"。大力发展5G智慧物流,在仓储、分拣、运输、装卸、配送等物流核心环节引入5G,打造基于5G的物流车无人驾驶、货物自动分拣、资源智能分配等应用场景。

4."5G+智慧农业"。推动5G与大数据、云计算等信息技术在农机装备领域的融合应用,在农业生产环节推广5G农业机器人等智能装备,推动农业生产、管理精准化。

推动5G在消费领域中的业态创新。在消费领域,瞄准与本地文化结合紧密、有广泛群众基础的领域,在超高清视频领域,加大优质内容供给,打造虚拟采访、虚拟演唱会等创新场景。在智慧商圈领域,发展5G智能导购、无人零售等应用场景,推动形成智慧零售新生态。在智慧文旅领域,打造一批智慧景区、智慧文化场,推动5G与文旅产业紧密结合。在智慧家居领域,加快开发基于5G的智慧家居产品,深掘5G智慧家居新消费点。把握杭州亚运会的建设契机,推动5G智慧场馆建设,围绕体育赛事打造一系列5G智慧化应用。

专栏3　重点行业中典型的5G应用场景

1."5G+超高清视频"。开展"5G+4K/8K"直播和点播、"5G+多屏互动"等应用,打造基于5G的融媒体平台,建立视频摄录、节目制作、网络传输、视频终端等产业体系。

2."5G+智慧商圈"。鼓励引导在重点商圈推广安防巡逻车、扫地机器人等智慧应用,建设5G智能导购、无人零售等应用场景。

3."5G+智慧文旅"。推动"5G+4K/8K"和"5G+VR/AR"技术在公共文化服务与文艺演出中的应用,推动"5G+物联网"和"5G+VR/AR"技术在旅游领域自助导览中的应用,打造"5G+智慧景区"和"5G+智慧文化场"等。

4."5G+智慧家居"。推进5G与智慧家居融合,发展基于5G技术的智能家电、智能照明、智能音箱、服务机器人等产品,深掘5G智慧家居新消费点。

5."5G+智能亚运"。深化"智能亚运"5G应用解决方案,推动5G技术在智能指挥、智能场馆、智能生活、运动保障、智能观赛、智能安防等领域全面应用。

推动5G在民生领域中的渗透融合。在智慧城市领域,探索推动超高清摄像头、巡逻机器人、智慧警务终端等利用5G实现协同作战,构建网格化、智能化的社会治安防控体系。在智慧医疗领域,开展5G远程医疗、5G应急救援等应用示范,加快5G向诊前、诊中、诊后等诊疗环节渗透。在智慧教育领域,推广高清大屏、移动终端、VR眼镜等智慧化教育设备,探索更多场景化、体验式的教学项目,增强教育的普惠性与公平性。

专栏4　民生领域中典型的5G应用场景

1."5G+智慧城市"。推动5G在社会治安、安全生产、自然灾害风险监测、应急指挥等领域的应用,加强救援无人机等5G应急智能装备的推广。

2."5G+智慧医疗"。在重点骨干医院建设多维度5G急救协同指挥平台,开展4K超高清远程手术示教、院前急救、远程辅助诊疗、远程会诊等"5G+智慧医疗"应用。

3."5G+智慧教育"。利用5G创新教学手段和模式,推动"5G+4K/8K""5G+AR/VR""5G+多视角""5G+远程触感"等技术在教育领域的应用,丰富在线教育产品。

4."5G+智慧安防"。推动5G在视频监控中的应用,构建5G网络环境下的移动警务系统,推进5G技术在"智安小区""智安单位"的试点示范。

（三）全面部署5G网络建设

全域构建网络基础设施。加快部署基于IPv6的下一代互联网，降低制造业企业互联网专线成本。深化国家（杭州）新型互联网交换中心建设，扩容杭州国家级互联网骨干直联点。加快推动5G网络规模化部署，推进5G独立组网建设。加快建设卫星互联网基础设施。

完善5G基站布局规划。加强5G基站站址统筹规划，统筹5G通信网络部署需求，充分利用现有各类基站站址资源，在新建、改扩建公共交通、公共场所、园区、建筑物等工程时，严格按照标准预留5G网络配套机房、电源、管道和屋面站址等，将5G网络建设所需配套设施用地纳入各地国土空间规划。

保障频谱资源有效利用。加强对5G专用频谱资源的保护力度，积极做好5G基站与卫星地球站、广播电视同频段、邻频段相关无线电台（站）的干扰协调工作，促进无线电频谱资源有效利用。加强无线电管理技术设施建设，为各级无线电监测机构配备相应的无线电监测设备和无线电检测设备，升级改造和扩容无线电监测网络。

（四）推动5G建设降本增效

推进5G基站建设“一件事”集成改革。依托浙江政务服务网投资项目在线审批监管平台3.0开发5G基站建设“一件事”审批服务系统，实行全流程线上管理服务。将5G基站作为各类新建、改建、扩建建筑物或构筑物的配套设施，确保与主体工程“同步规划、同步设计、同步施工、同步验收”。

推动公共资源开放共享。推进社会公共资源与信息通信网络资源双向开放综合利用。政府机关、国有企事业单位所属公共设施资源以及城市道路、绿化带、公共绿地、公园广场、公交站、校园、机场、客运站等公共设施和场所无偿向5G基站开放，支持5G基站及机房等配套设施建设。

开放共享杆塔和管道资源。开放共享具备条件的路灯杆、交通信号杆、视频监控杆、电力杆、通信杆等杆塔资源，以及各类相关管道资源。加快开展集智慧照明、视频监控、交通管理、环境监测、5G通信、电力供应、信息交互、应急广播、应急求助等功能于一体的智能塔杆建设和推广应用，加快制定相关标准规范。

降低5G基站用电成本。继续深入清理转供电不合理加价行为，规范转供电环节电价秩序。积极推进5G基站“转改直”工作，减少中间环节，其中公用变压器区域基站应配合完成直供电改造；推进由专用变压器供电的5G基站改接到公用变压器供电。积极推动5G基站用电参与电力市场化交易。

（五）加强5G发展要素保障

加强资金保障。积极向国家对口部门争取5G领域相关专项资金支持，用好省工业和信息化专项、省重点研发计划等财政专项资金，加大对5G技术研发、产业化和应用的支持力度。发挥省数字经济产业投资基金引领作用,用好5G领域相关非定向基金,吸引社会资本参与5G产业发展。实施“凤凰行动”计划,推进5G企业上市,支持企业通过境内外上市、并购重组、发行债券等方式扩大直接融资。针对不同类别、不同层次的企业,细化编制5G应用培育专项扶持政策,对符合扶持条件的5G企业及重大项目给予资金支持。

加强人才保障。加快招引跨专业复合型5G融合应用人才,将5G核心技术人才列入省高层次和急需紧缺人才引进培养目录,落实相应人才待遇。强化校企合作,围绕5G产业发展探索科研合作、人才培养和5G创新应用等领域合作。鼓励5G应用产教融合,支持重点高校加强5G相关学科建设,鼓励职业院校开设5G技术课程,积极开展相关技术培训,构建全方位、全过程、深度融合的协同育人机制。建立浙江省5G专家库,为浙江5G建设、应用和产业发展提供智力支持。

加强安全保障。鼓励基础电信企业、网络安全企业等在医疗、教育、工业等重点行业领域加强5G应用安全工作协同,构建技术保障体系,完善安全防护指南和标准。支持打造5G应用安全创新示范中心,研发可复制推广的5G应用安全解决方案。建立5G典型场景数据安全风险动态评估评测机制,开展5G应用与基础设施安全评测和能力认证。加强宣传引导,普及电磁辐射知识,开展电磁辐射监测,确保符合国家有关标准。

04

智能计算产业链竞争力评价

一、智能计算产业链全景概览

(一)智能计算产业链节点体系

本研究使用的智能计算全产业链节点体系是依托浙江人工智能省部共建协同创新中心的算法,联合产业专家,基于上市公司公告、官网产品、招投标等信息,利用人工智能算法自动抽取加人工校准的方式构建出的包含6个维度的生产关系(即生产原料、生产配件、辅助原料、辅助设备、生产设备和技术服务)的全产业链的网状图谱产品体系。在全产业链网状图谱产品体系中,以智能计算的下游产品为起点,沿着其多种生产关系向上游追溯相关的其他产品节点,遍历到以原材料和设备为终止产品节点结束,从而形成一套有边界的智能计算产品关系图谱,即本研究使用的智能计算产业链节点体系。

如图4-1所示,智能计算产业链分析主要聚焦智能计算设备、产业和业务两部分,涵盖了电子计算机及其部件、计算机数字式处理部件、IDC、生产配件和智能计算应用的产品/业务等。

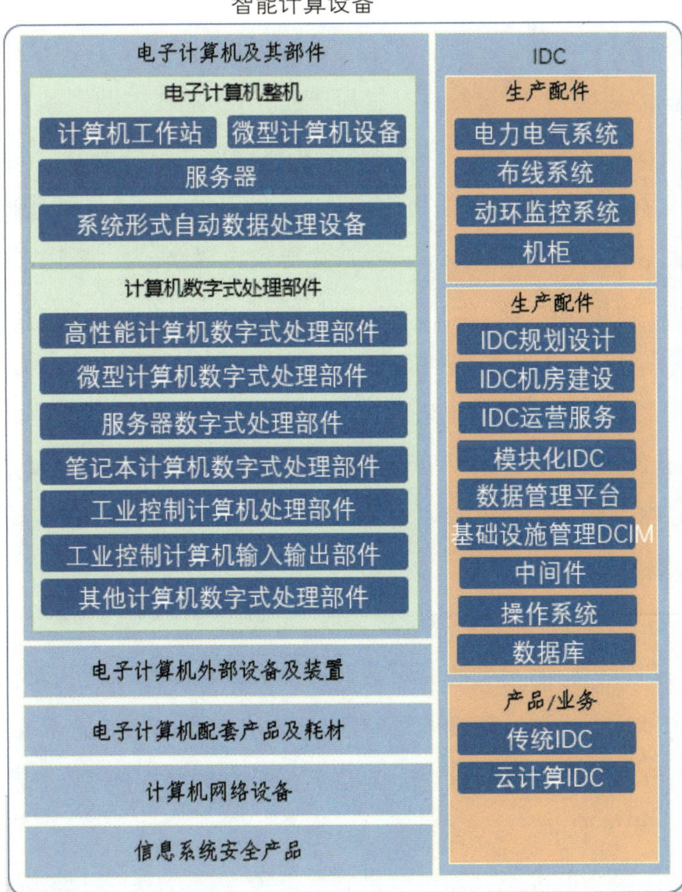

图4-1　智能计算产业链节点体系

(二)国内外智能计算产业链现状

智能计算主要由算料、算力、算法三大模块构成,对于促进数字产业能级跃升、提高经济社会发展质量和效益具有至关重要的意义。一般意义上,智能计算产业链涵盖了芯片、板卡、计算机整机(服务器)、存储系统、智能终端等产品及相关的系统软件、云服务、行业应用及服务等。总体而言,国外智能计算产业相较领先、产业链比较健全;国内通过近些年的加快布局,已经具备打造智能计算产业链的基础。

1. 国外智能计算产业发展情况

由于起步早、基础实,以美国、欧洲为代表的智能计算产业发展领先全球,产业链发展成熟,基本掌握了计算领域绝大多数的基础知识产权,包括软硬件基础设施、计算机的操作系统以及行业应用软件等。同时还把持着CAD、PhotoShop、Matlab、人工智能算法等基础软件和荷兰阿斯麦等计算机关键设备企业。尤其是美国,目前拥有并集聚了CPU研发领域英特尔和AMD两家世界巨头、操作系统领域的微软Windows、云计算服务领域的亚马逊等企业,拥有硬盘、内存等计算机相关硬件的研发生产话语权。

在大数据、云计算、人工智能、边缘计算、区块链等新一代数字技术迭代发展背景下,以美国为首的西方国家争相加大投入,各计算机科技巨头持续加大以算力、算法、算据为核心的智能计算领域研发投入与前瞻布局。在提升计算能力层面,各国纷纷通过制程迭代、AI加速技术助推算力崛起,如英特尔宣布将推出Tiger Lake-H处理器支撑高性能计算需求;AMD宣布明年将推出下一代基于RDNA的高端手机GPU,产品将拥有更高的带宽内存设计和计算能力。针对量子计算发展,国外的量子通信、量子随机数发生器、量子产率、量子比特数等量子科技集群式涌现,成为创新探索焦点,谷歌宣布将在明年实现200个量子比特;IBM宣布扩张Q Network以推进量子计算,计划安装首批IBM Q System One商业通用量子计算机,以推动量子计算在多领域的应用,计划突破100个量子比特。在产业应用层面,科技巨头、设备制造商等纷纷推出边缘计算解决方案,英特尔宣称将加大布局从云、网络到边缘的智能技术;BlackBerry和AWS联手创建边缘到云平台,将重点布局自动驾驶汽车领域的边缘计算功能;高通首发Snapdragon Ride,该平台通过云端AI计算,实现车道保持、交通标志识别、高速公路自动驾驶等云端控制功能。

2. 国内智能计算产业发展情况

我国智能计算产业起步晚,长期以来,国内一直沿着美欧计算产业发展轨迹前行,一度形成了智能计算机行业的被动局面。而随着智能化、云端化、移动化的趋势演进,尤其是应用端的需求牵引,我国智能计算产业迎来发展窗口,积极开展自主创新,着力打造各领域技术标准,构建新的应用模式,逐步形成了具备自身优势的智能计算产业的生态圈。

在计算机整机方面:目前,中国是全球最大的电子计算机整机制造市场,占有70%以上的市场份额。根据国家统计局数据显示,我国计算机整机生产主要集中在西南、华东、华南地区,其中西南地区产量最高，2021上半年重庆产量达到5154.65万台、四川地区产量达到4309.13万台。同时，多年来，我国培育了一批以华为、中兴、浪潮、中国长城等为代表的计算机整机企业，以中芯国际、长江存储为代表的底层硬件企业，市场竞争力逐渐凸显。

在基础软件及操作系统方面：目前，我国操作系统多为以Linux为基础二次开发的操作系统，经过多年发展，已经培育出安超OS(国产通用型云操作系统)、优麒麟(由中国CCN联合实验室支持和主导的开源项目)、中标麒麟等主要产品。同时，2021年，华为发布了鸿蒙操作系统，面向全场景的分布式操作系统，将努力打破美国对操作系统的垄断，构建自主可控的系统生态体系。作为操作系统的基础，国产CPU格局日益稳定，市场上主流的芯片架构有x86、ARM、RISC-V和MIPS等，中科龙芯（MIPS）、天津飞腾（ARM）、海光信息（X86）、上海申威（Alpha）、上海兆芯（X86）、华为鲲鹏（ARM），上述厂商部分产品性能已达行业领先水平，自研了CPU核、IP核、整机等系列产品，构建了相应技术标准。

在行业应用平台开发方面：截至目前，我国先后在天津、长沙、广州等地建成8家国家级超算中心，积极打造超级计算驱动发展新模式，"天河""神威"等一系列超级计算机品牌形成，我国装备的超级计算机数量不断增长，超算技术处于全球领先。在云数据中心领域，阿里巴巴、腾讯、华为、百度以及移动、电信、联通等运营商纷纷发力，积极投入建设云数据中心，阿里巴巴华东云计算数据中心、华为云数据中心一期、百度云计算(西安)中心、中国电信(芜湖) 云计算中心等建设成效突出。

在智能终端应用方面：智能计算领域的智能终端产业体量大、产业链长、辐射范围广，据统计2021年全国物联网行业市场规模超1.6万亿元，全国可穿戴设备市场规模为698.5亿元。这充分显示了我国具有全球体量最大、用户最活跃的数据市场，尤其当下以自动驾驶、物联网、人工智能、智能制造等为代表的庞大的应用市场的出现，更能带来巨大市场需求。同时，国内拥有以阿里巴巴、腾讯、字节跳动、百度等为代表的应用开发及服务企业，在新基建、"内外双循环"等政策引领下，智能计算领域的智能终端应用端规模将持续增长。

二、智能计算产业链竞争力指数分析

我们对智能计算产业链整体的竞争力指数进行分析，范围包括了智能计算设备、IDC和智能计算应用的产品/业务。

（一）智能计算产业链整体竞争力指数排名

1. 竞争力指数排名

如图4-2所示，截至2021年底，国内智能计算产业链竞争力指数排名第一的是北京市，指数为83.2。第二名为广东省，指数68.3。浙江、江苏、上海分别为46.7、39.7和33.5。从整体上看，北京市一枝独秀，遥遥领先。近年来，北京聚焦计算机整机、软件与信息服务业等，全面提速发展智能计算；还专门成立智能计算产业研究院，依托中科睿芯、中国科学院在高通量智能计算领域的技术和产业优势，积极培育智能计算产业核心技术和关键应用，瞄准智慧医疗、智能环保、智能汽车、智能制造、智慧金融方面开发了多款技术产品。广东省在计算机架构、智能终端等领域逐渐形成竞争态势。上海、山东、浙江、四川等地培育了一大批智能计算领域企业，产业生态日渐丰富。

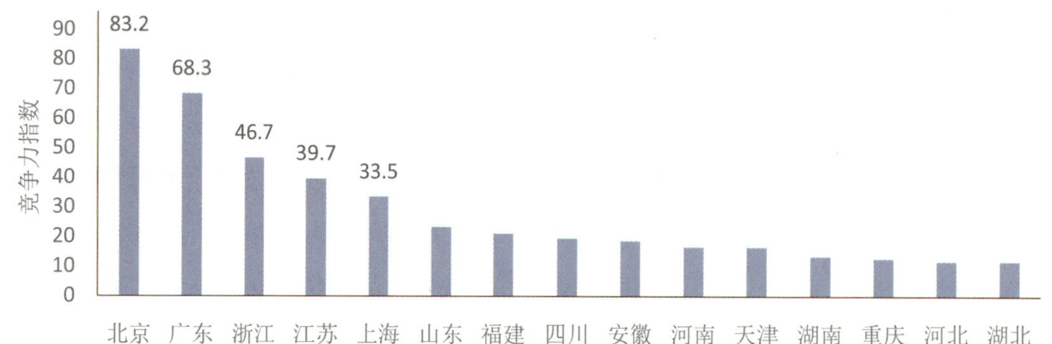

图4-2 智能计算产业链竞争力指数排名

根据模型测算，当前我国31个省份的智能计算产业链竞争力排名如表4-1所示。

表4-1 2021年国内智能计算产业链整体竞争力指数排名

序号	省份	指数	序号	省份	指数
1	北京	83.2	18	江西	9.9
2	广东	68.3	19	吉林	9.4
3	浙江	46.7	20	贵州	9.3
4	江苏	39.7	21	新疆	8.7
5	上海	33.5	22	山西	8.5
6	山东	23.3	23	内蒙古	8.4
7	福建	21.1	24	黑龙江	7.6
8	四川	19.5	25	甘肃	7.6
9	安徽	18.7	26	青海	7.6
10	河南	16.6	27	海南	7.4
11	天津	16.6	28	西藏	6.6
12	湖南	13.5	29	广西	2.8
13	重庆	12.7	30	云南	2.5
14	河北	11.9	31	台湾	1.8
15	湖北	11.8	32	宁夏	1.42
16	陕西	11.3	33	香港	0
17	辽宁	11.1	34	澳门	0

2. 竞争力指数变动趋势

2015—2021年，TOP5省份的智能计算产业链竞争力均有一定增长。其中广东省增长率最快，年复合增长率为5.5%，从2015年的49.6增长到2021年的68.3，如表4-2所示。山东近年来聚焦国家智能计算未来产业发展进行布局，重点突破物端人工智能芯片、边缘人工智能计算设备和高通量人工智能服务器三个卡脖子技术，在浪潮等龙头企业引领下，积极搭建智能计算产业园，产业集群不断形成。北京、广东、浙江、江苏、上海的年复合增长率为4.8%、5.5%、3.9%、4.6%和3.4%，均实现稳步增长。

表4-2　2015—2021年智能计算产业链竞争力指数TOP5

省份	2015年	2016年	2017年	2018年	2019年	2021年	2021年	CAGR
北京	62.9	65.1	67.9	72.1	75.8	79.9	83.2	4.8%
广东	49.6	53.4	57.7	61.1	64.4	67.2	68.3	5.5%
浙江	37.0	39.1	41.0	42.8	44.4	46.2	46.7	3.9%
江苏	30.3	31.7	33.8	35.8	37.4	39.4	39.7	4.6%
上海	27.4	28.6	29.7	30.8	31.3	32.5	33.5	3.4%

如图4-3所示，2015—2021年，北京、广东、浙江、江苏、上海的竞争力指数均在上涨，其中广东增长最快。

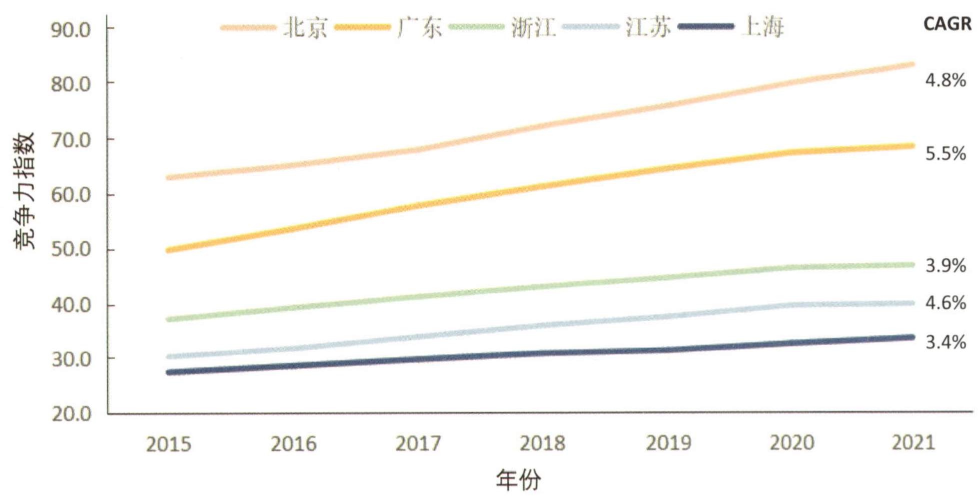

图4-3　智能计算产业链竞争力指数TOP5增长趋势

如图4-4所示，2015—2021年，各省智能计算产业链竞争力指数增长的来源主要来自产业链科创性，产业链稳定性、产业链完整性、产业链先进性也有一定贡献。

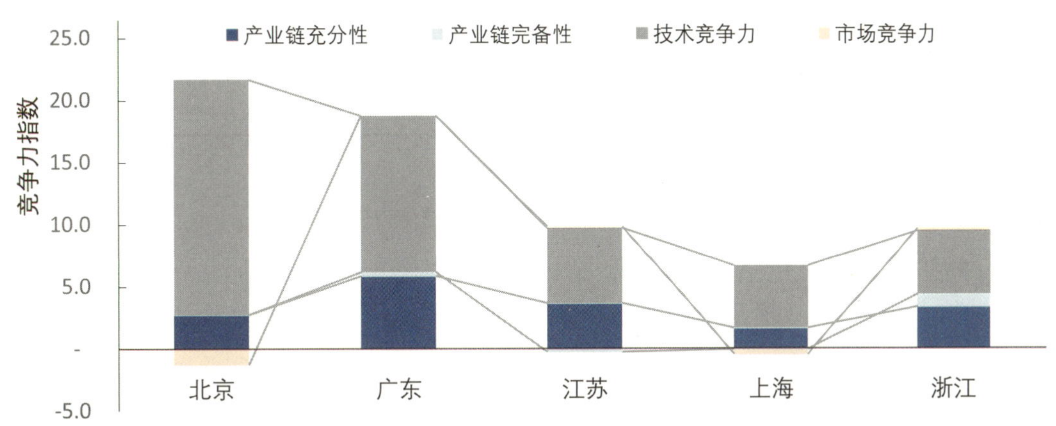

图4-4　智能计算产业链竞争力指数TOP5增长来源

（二）各评价指标维度分析

1. TOP5省份各评价指标维度分析

对2021年智能计算产业链竞争力指数的TOP5省份做各指标的雷达图，代表各地区智能产业综合竞争实力，如图4-5所示。其中，北京在市场竞争力、技术竞争力两个维度中排名第一。广东在产业链充分性维度中排名第一。浙江在产业链完备性维度中排名第一。

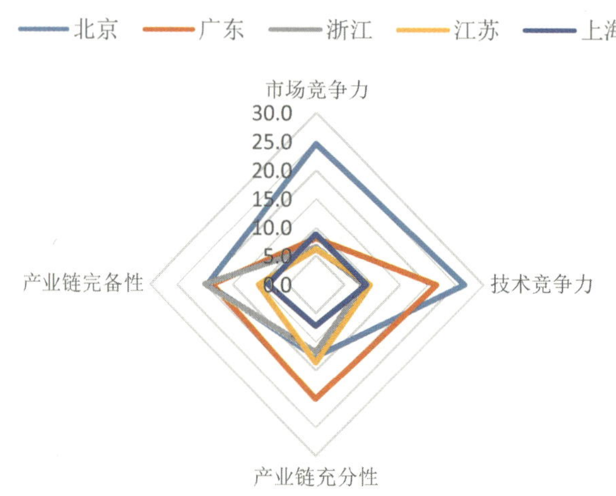

图4-5　智能计算产业链竞争力TOP5各维度指标对比

2. 产业链市场竞争力分析

产业链市场竞争力的本质表现就在于获取更多的市场份额的能力和更高的利润率的潜力。如图4-6所示，从该维度看，北京市的产业链市场竞争力指数最高，得分24.6，大大领先于其他地区。上海、广东、浙江和山东分别为8.8、8.1、6.5和6.4，处于第二梯队。江苏、福建、四川等地处于第三梯队。

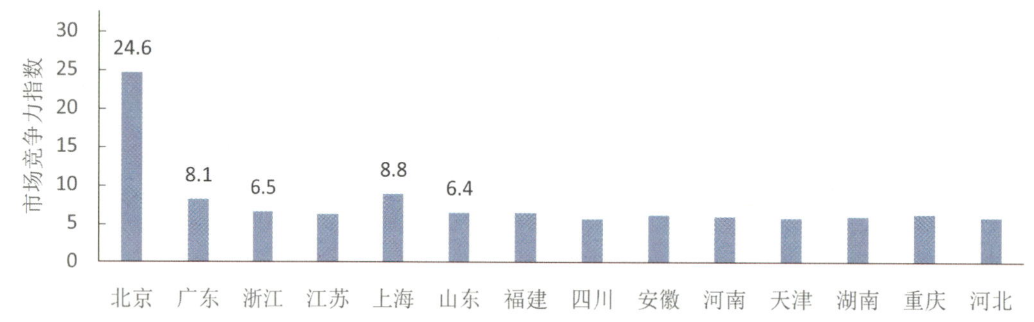

图4-6　智能计算产业链市场竞争力排名

3. 产业链技术竞争力分析

产业链技术竞争力是一个反映产业链竞争力来源的间接因素。在现代经济社会，科学技术能力越强，产业竞争力就越强。反映产业链技术竞争力的指标包括专利数、实验室等，代表了各地区产业创新水平。如图4-7所示，北京市的产业链技术竞争力指数最高，得分26.6，其次广东得分21.6，处于第一梯队，江苏、上海、浙江分别得分9.6、9.0、8.4，处于第二梯队，山东、福建、四川等地处于第三梯队。

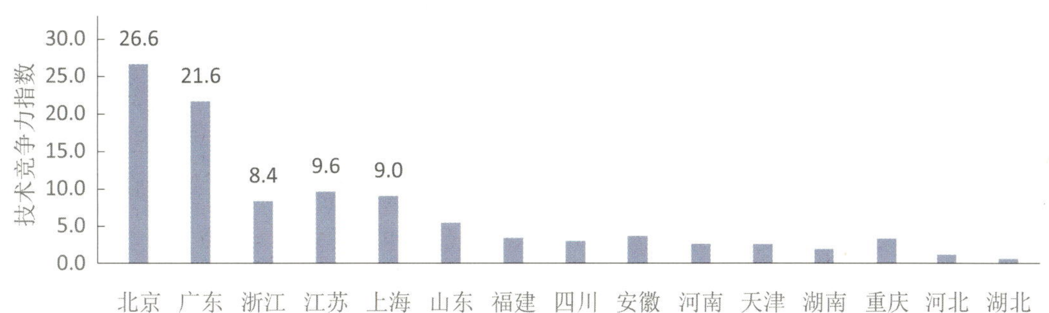

图 4-7 智能计算产业链技术竞争力排名

4. 产业链充分性分析

产业链充分性是反映产业链当前拥有的市场竞争行为主体充分程度的指标集合。产业链拥有的企业数量越多，产业链的稳定性越高，产业链的竞争力就越强；产业链核心节点拥有的企业数量越多，产业链的充分性越高，产业链的竞争力就越强。如图 4-8 所示，广东的产业链充分性指数最高，得分 20.0，处于第一梯队。江苏、北京、浙江分别得分为 13.6、12.6、11.8，处于第二梯队。上海、山东、福建等处于第三梯队。

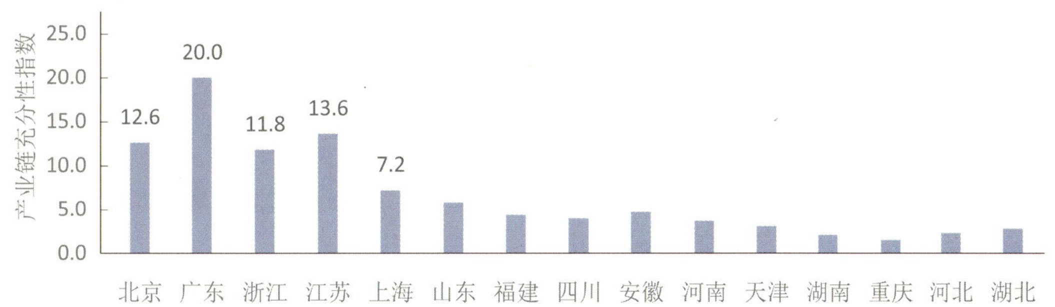

图 4-8 智能计算产业链充分性排名

5. 产业链完备性分析

产业链完备性是反映本地产业链的布局、配套完备程度的指标。产业链节点越多，节点的质量越好，本地的产业链竞争力就越强。如图 4-9 所示，浙江省的产业链完备性指数最高，得分 20.0，其次北京得分 19.4，广东得分 18.6，处于第一梯队。江苏、上海分别得分为 10.3 和 8.5，处于第二梯队。其他地区处于第三梯队。

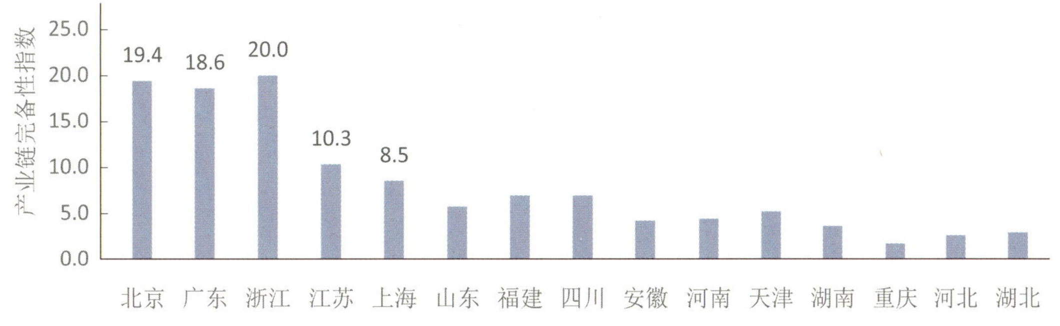

图 4-9 智能计算产业链完备性排名

三、智能计算产业链节点竞争力分析

智能计算产业链作为一个由很多节点构成的链条结构，其竞争力本质上是由各个产业链节点的竞争力共同形成的。每个大的节点下又有各自的配套，这些配套与节点共同构成了一个以该节点为核心的节点产业链。因此，本报告重点分析这些节点产业链的竞争力指数。

（一）智能计算设备

1. 智能计算设备

智能计算设备包括电子计算机及其部件、电子计算机外部设备及装置、电子计算机配套产品及耗材、计算机网络设备和信息系统安全产品。

如图4-10所示，在智能计算设备的竞争力指数评价中，北京市排名第一，得分87.1。广东、浙江、江苏、上海分别为54.5、46.1、28.4和23.4，排名第二至第五名。

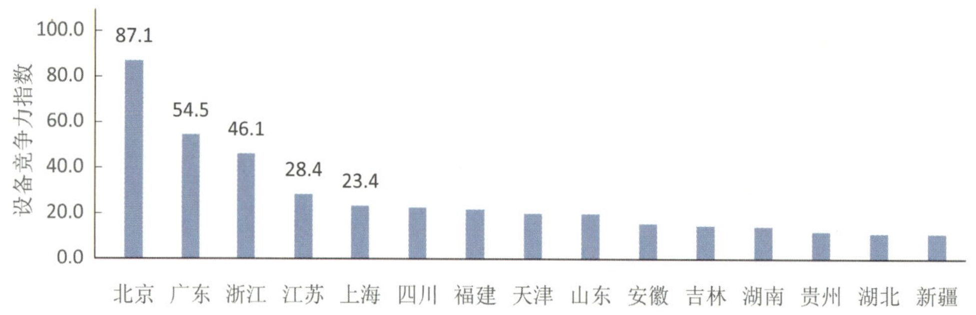

图4-10 智能计算设备竞争力排名

如图4-11所示，在各维度指标对比中，北京在产业链市场竞争力领域的得分为30、在产业链技术竞争力领域的得分为23.88、在产业链完备性领域的得分为19.8，均排名全国第一；浙江省在产业链充分性领域的得分为16.7，排名紧随其后。

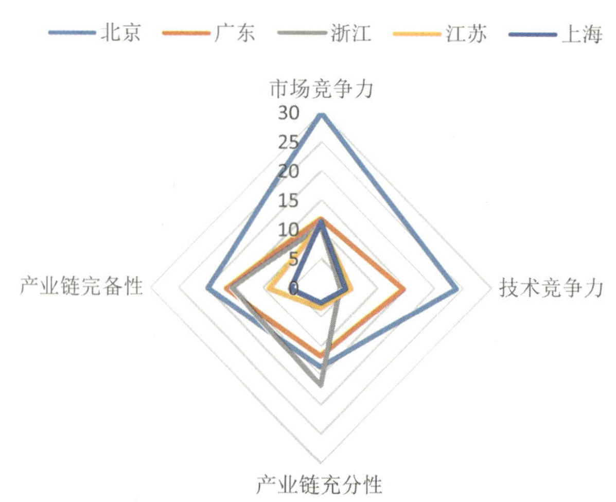

图4-11 智能计算设备竞争力TOP5各维度指标对比

2. 电子计算机及其部件

电子计算机及其部件包括计算机工作站、微型计算机设备、服务器、系统形式自动数据处理设备和计算机数字式处理部件。系统形式自动数据处理设备包括工业控制计算机、系统形式高性能计算机、系统形式微型机、系统形式服务器等。

如图4-12所示，在电子计算机及其部件整体的竞争力中，北京市排名第一，得分84.0。广东、上海、福建、山东分别为58.7、58.3、44.5和41.2。北京是全国重要的电子信息技术研究基地和电子信息产品生产基地，有很强的集成电路、计算机及其部件生产能力，在建国内规模最大的12英寸集成电路生产线、8英寸集成电路国产装备应用示范线，产业发展优势明显。山东省依托浪潮等龙头企业引领，积极发展电子计算机产业，同时各地区纷纷发力，济南积极开展高性能计算机研发、大规模集成电路设计、操作系统和应用软件研发，以及计算服务等一系列相关信息产业的发展；威海形成了以惠普打印机、联想图像等头部企业为主，诸多配套企业相辅的产业布局，并由此发展出一个计算机外设及智能终端产业集群，实现了从产业龙头到产业链、再从产业链到产业集群的新突破。上海将电子计算机产业作为支柱产业发展，加快计算机应用与产业发展步伐，中芯、紫光集团、兆易创新、韦尔半导体等企业开展重大项目研究，收获显著。

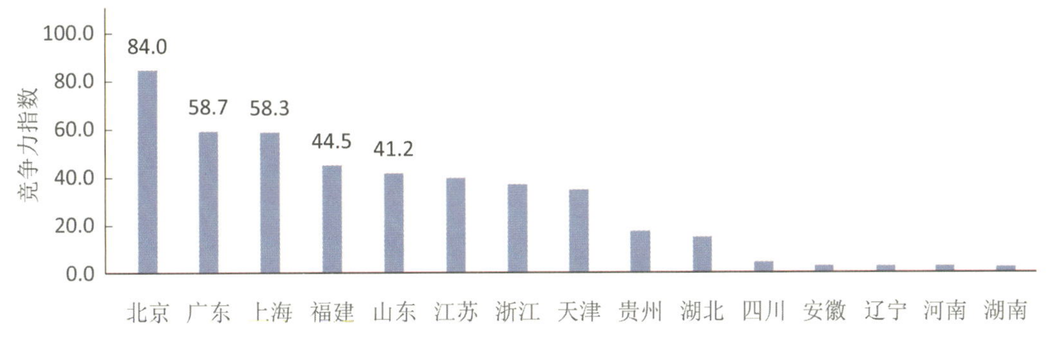

图4-12　电子计算机及其部件竞争力排名

如图4-13所示，在各维度指标对比中，北京的产业链市场竞争力、产业链技术竞争力和产业链充分性三项指标都排名第一，指数分别为24.74、20.0、20.0。山东的产业链市场竞争力排名第一，指数为22.1。

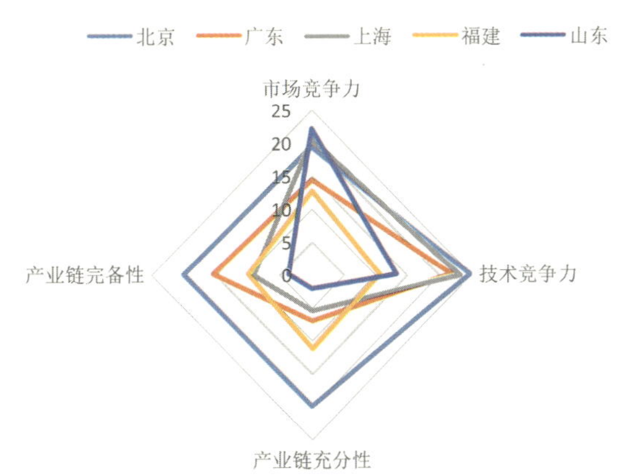

图4-13　电子计算机及其部件竞争力TOP5各维度指标对比

（二）IDC

1. IDC

IDC是为有互联网需求的用户，提供了集中存放计算、存储以及网络设备的场所。IDC除提供最基本的场地之外，还需要提供互联网基础服务，如稳定高速的互联网接入带宽、稳定充足的电力供应、恒温恒湿的机房环境、实时有效的集中监控等。IDC按生产关系包括IDC生产配件、技术服务和产品/业务。IDC生产配件包括电力电气系统、布线系统、动环监控系统和机柜。IDC技术服务包括IDC规划设计、IDC机房建设、IDC运营服务、模块化IDC、基础设施管理DCIM等。IDC产品/业务包括传统IDC和云计算IDC。

IDC整体的竞争力中，北京排名第一，得分82.8。北京长期以来都凭借机架规模、资本吸引力、绿色等级数据中心数量和头部企业数量等优势，领跑我国IDC行业的发展。广东、江苏、浙江、上海分别为67.7、51.4、48.6和41.3。其中，广东IDC产业也十分突出，广深地区数据中心产业稳步发展，机架规模和市场规模均呈上升趋势，培育了世纪互联(VNET)、万国数据(GDS)、鹏博士等行业龙头企业。另外，山东积极发展大数据中心建设，形成鲁东青岛、鲁中济南、鲁南枣庄三大数据中心的格局。

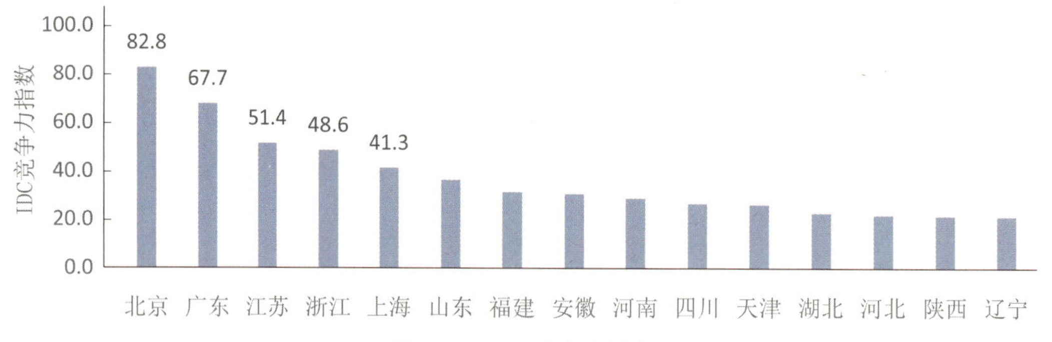

图4-14　IDC竞争力排名

如图4-15所示，在各维度指标对比中，北京在产业链技术竞争力领域得分为28.7、在产业链市场竞争力领域得分为24.6，均排名全国第一。浙江在产业链完备性领域得分为20.0，排名全国第一。江苏在产业链充分性领域得分为13.7，排名全国第一。

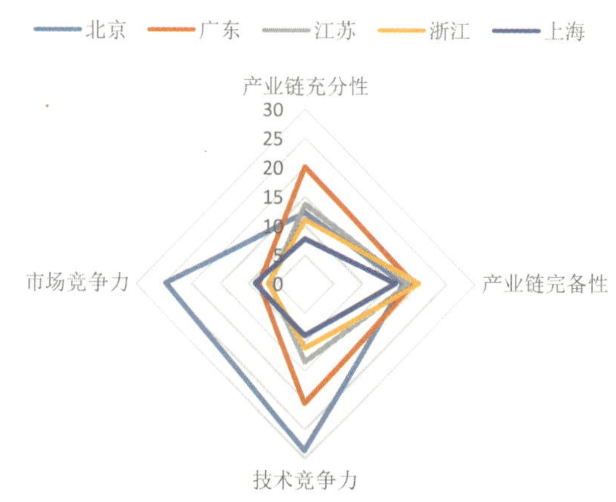

图4-15　IDC竞争力TOP5各维度指标对比

2. 云计算IDC

云计算IDC包括IaaS、PaaS和SaaS。近年来随着中国物联网产业发展迅速，云计算客户也逐渐成为了IDC需求的主导，中国新增服务器规模中来自互联网和云计算企业的需求量不断增加，新增IDC机柜中有超过58%的需求来源于云计算企业。据最新发布的《中国云运营服务市场(2021上半年)跟踪》报告显示，2021上半年，中国整体云运营服务市场规模为129.8亿元，同比增长28.8%。

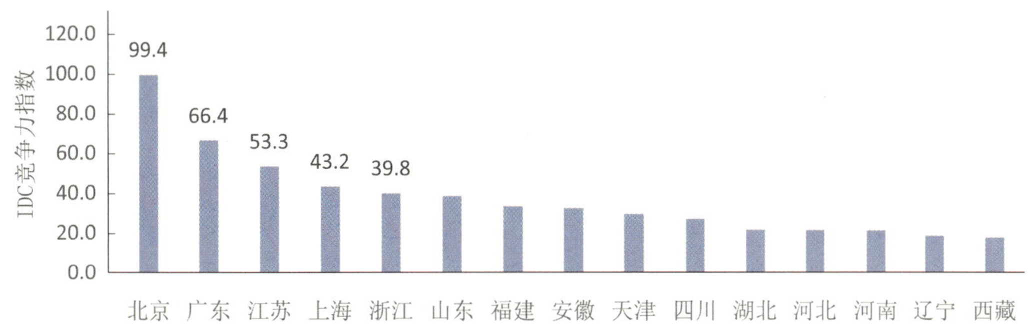

图4-16　云计算IDC竞争力排名

如图4-16所示，在云计算IDC整体的竞争力中，北京排名第一，得分99.4。广东、江苏、上海、浙江分别为66.4、53.3、43.2和39.8。据相关统计显示，2021年，我国云计算企业注册地较为集中，主要分布在北京、广东、上海等地，均为经济及互联网产业相对较为发达地区。其中北京地区排名第一，企业数量占比达29%；其次为广东省，企业数量占比21%；上海排名第三，企业数量占比15%。广东依托腾讯、华为等企业，云计算IDC整体的竞争力显著增强，同时京东集团(09618.HK)依托电商基因的云能力，为政府、金融、交通、制造业、医疗等多个行业打造上云以及云的持续运营解决方案，赋能业务创新和发展。浙江IaaS和PaaS整体市场份额占比大，依托阿里巴巴等企业，应用市场份额接近50%。山东浪潮持续巩固推进电子政务业务发展，加快平台型产品研发，打造了“1+4+2+N”的产品方案体系。

另外，中国移动加速渗透云代运营市场，抓住政务云深化发展契机的同时，在金融、医疗、教育、农商上也有强势突破；中国联通凭借“场景化解决方案”在政府以及政企上云市场持续发力，提供上云全生命周期服务的同时注重运营服务的深化。

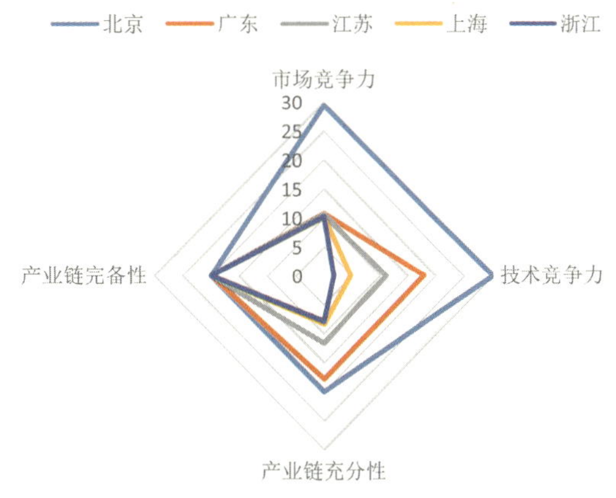

图4-17　云计算IDC竞争力TOP5各维度指标对比

如图4-17所示，在各维度指标对比中，北京在产业链市场竞争力、产业链技术竞争力和产业链充分性三项指标中均排名第一，分别为29.4、30.0、20.0。

（三）产品与服务

智能计算产品/业务包括工业机器人、可穿戴设备、智能车载设备、电工仪器仪表制造、计算器及货币专用设备制造、工业互联网设备、电子工业专用设备、医疗仪器设备及器械、环境监测专用仪器仪表、导航、测绘、气象及海洋专用仪器制造、地质勘探和地震专用仪器制造、仪器仪表及文化、办公用机械等。

1. 工业机器人

工业机器人是广泛用于工业领域的多关节机械手或多自由度的机器装置，具有一定的自动性，可依靠自身的动力能源和控制能力实现各种工业加工制造功能。一般来说，工业机器人由三大部分六个子系统组成:三大部分是机械部分、传感部分和控制部分；六个子系统可分为机械结构系统、驱动系统、感知系统、机器人-环境交互系统、人机交互系统和控制系统。

如图4-18所示，工业机器人整体竞争力指数上海排名第一，得分73.5。北京、广东、江苏、浙江分别为64.4、59.6、39.1和23.3。上海市近年来以场景引领、核心突破为重点，推动智能机器人产业快速发展，工业机器人产量超过8万台，全面覆盖汽车、航空航天、船舶海工、消费电子、集成电路等行业应用，积极发展应用于清洁、教育、养老、娱乐、商业服务、公共服务等场景的服务机器人产品，推动骨科、腔镜、神经外科手术机器人与康复机器人产业化发展。北京将机器人产业作为"明珠产业"，充分发挥创新、市场、政策的综合比较优势，构建国内领先的机器人产业基地。广东省工业机器人产业发展一直走在全国前列，产品占全国市场的33.9%、产量连续两年位居全国第一，拥有库卡、大族、川崎、明珞等一批国内外知名企业，也培育了一批正在崛起的本土"新秀"，如深龙、嘉腾、利迅达、海川智能等。

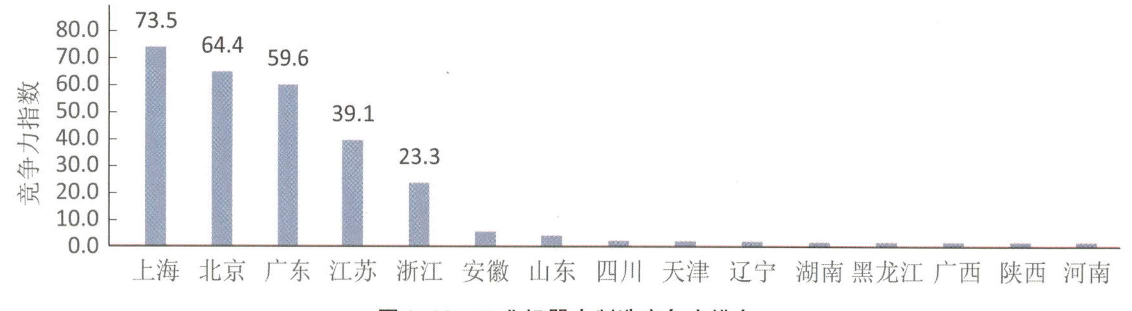

图4-18　工业机器人制造竞争力排名

如图4-19所示，在各维度指标对比中，广东和北京的产业链完备性并列排名第一，指数为20.0。上海的产业链市场竞争力、产业链技术竞争力排名第一，指数分别为28.3、21.92。北京的产业链充分性排名第一，指数为20.0。

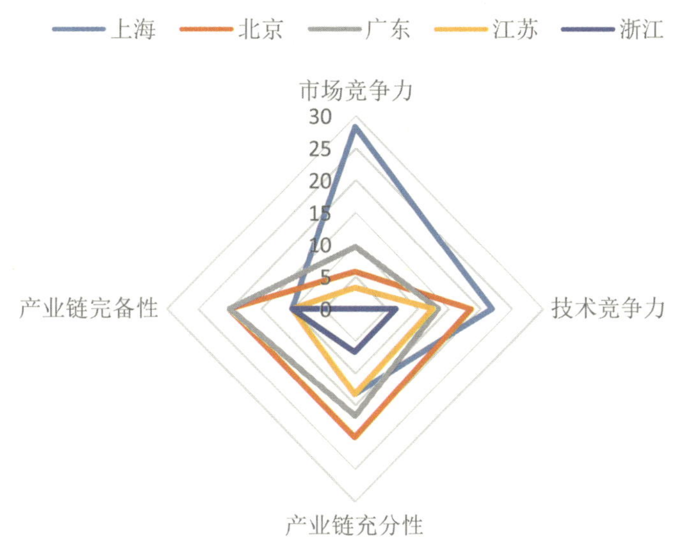

图4-19 工业机器人制造竞争力TOP5各维度指标对比

2. 可穿戴智能设备制造

可穿戴智能设备是应用穿戴式技术对日常穿戴进行智能化设计、开发出可以穿戴的设备的总称，最为常见的即为两大应用细分领域，一是运动健身户外领域，另一个即是医疗保健领域。生产产品涉及的领域十分广泛，从眼镜、娱乐、儿童监护、健康、智能家居、智能服饰到通信等领域，可以加入拍照、语音识别、镜片导航、体重监测等各种功能。

如图4-20所示，国内可穿戴设备行业主要集中于长三角、珠三角、环渤海湾等区域，地域性集中分布的特点明显。广东省是可穿戴设备制造大省，积极发展以智能家电、智能手机、可穿戴电子等为代表的生活类智能终端，其中深圳市是我国最大的可穿戴设备企业集聚地，可穿戴设备相关生产商达500余家。长三角地区可穿戴设备企业数量仅次于珠三角地区，环渤海区域可穿戴设备有很大的市场发展潜力。

图4-20 可穿戴智能设备制造竞争力排名

如图4-21所示，在各维度指标对比中，北京和浙江在产业链市场竞争力、产业链技术竞争力和产业链充分性和产业链完备性四项指标中具备发展优势。

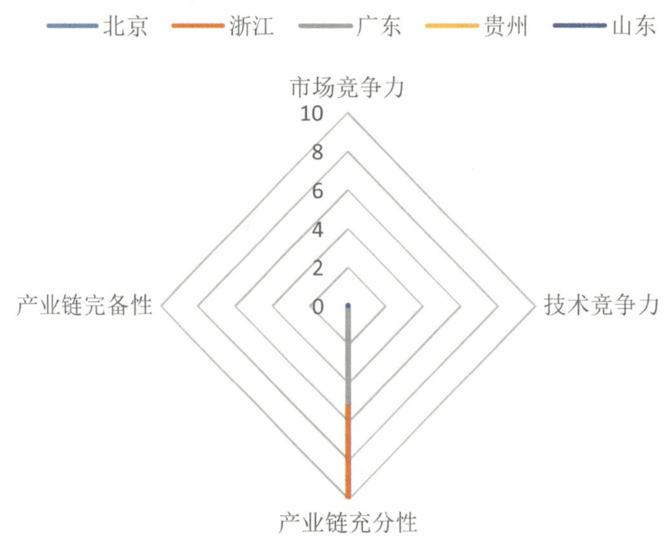

图4-21　可穿戴智能设备制造竞争力TOP5各维度指标对比

3. 智能车载设备制造

智能车载设备与车联网（智能网联汽车）息息相关，包括行车安全监控管理、运营管理、服务质量管理、智能集中调度管理、电子站牌控制管理等，广泛用于对运输车辆的现代化管理。

如图4-22所示，智能车载设备制造整体竞争力指数广东排名第一，得分44.6。浙江、北京分别为10.0、2.9。广东省提出发展汽车战略性支柱产业集群行动计划，依托深厚的汽车制造业基础和电子信息产业，尤其是智能终端产业基础，全面布局智能车载设备制造产业。浙江汽车产业体系比较完备，近年来在互联网、人工智能、大数据、地理信息等领域都涌现出一批领军企业，阿里开发的AliOS斑马智行系统已在多款车型装配，激光雷达、毫米波雷达、高清摄像头等关键传感器制造水平国内领先。

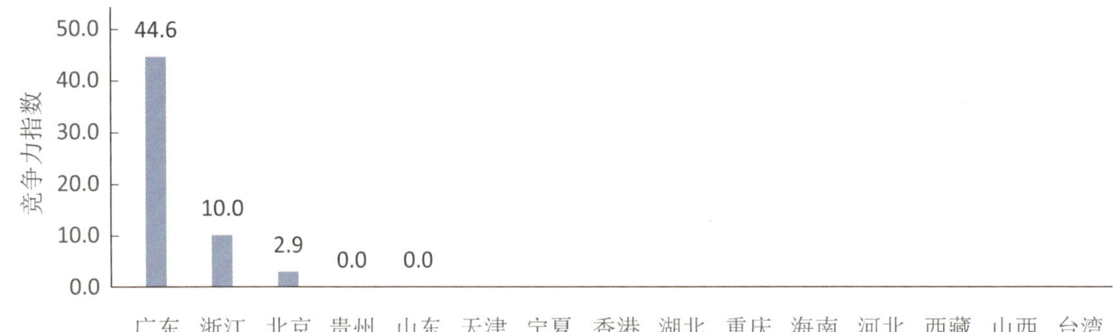

图4-22　智能车载设备制造竞争力排名

如图4-23所示，在各维度指标对比中，广东在产业链市场竞争力、产业链技术竞争力和产业链充分性三项指标中均排名第一，分别为20.0、13.16、11.4。

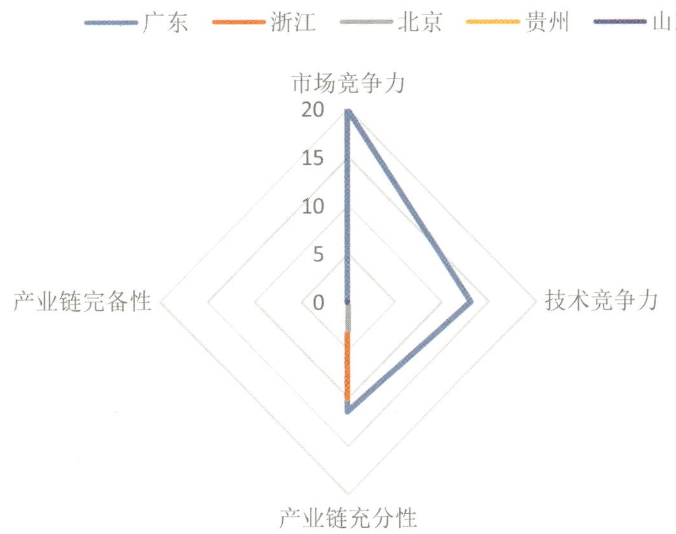

图4-23　智能车载设备制造竞争力TOP5各维度指标对比

4. 电工仪器仪表制造

电工仪器仪表包括电能表、自动抄表系统、电力负荷控制系统、电磁参数测量仪器仪表、电磁参量分析与记录装置、电力自动化仪表及系统、自动测试系统与虚拟仪器、电工仪器仪表零部件等。

如图4-24所示，电工仪器仪表制造整体竞争力指数广东排名第一，得分80.2。浙江、河南、江苏、四川分别为36.2、32.2、27.1和12.7。其中，广东是我国仪器仪表集聚了深圳朗特智能控制股份有限公司、易事特集团股份有限公司、广东风华高新科技股份有限公司、万泽实业股份有限公司等一批国内外知名的电工仪器仪表制造企业。浙江是全国仪器仪表大省之一，近年来形成了一批国家级龙头骨干企业，开发生产了一批国内领先的高新技术产品，创造了多个全国第一，温州乐清更是形成了涵盖电工仪表、工业主动化仪表、汽车仪表、教学专用仪器仪表和医用仪器仪表等门类主导产品的研发、消费和营销系统。

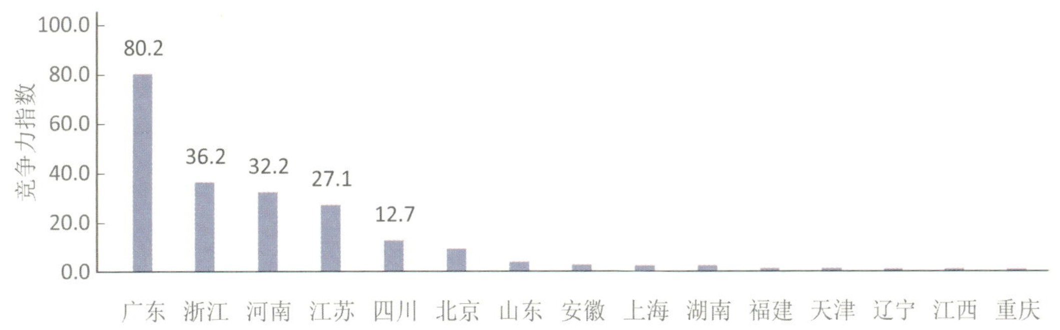

图4-24　电工仪器仪表制造竞争力排名

如图4-25所示，在各维度指标对比中，广东在产业链市场竞争力、产业链技术竞争力和产业链充分性和产业链完备性四项指标中均排名第一，分别为21.5、28.0、12.9和17.8。

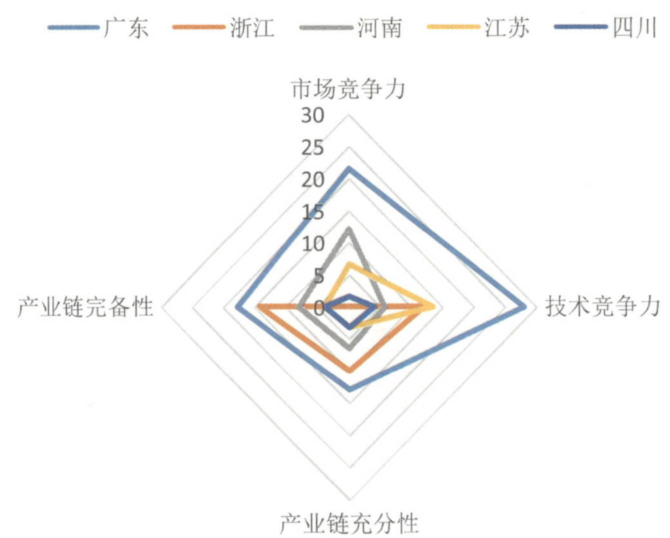

图4-25　电工仪器仪表制造竞争力TOP5各维度指标对比

5. 医疗仪器设备及器械

医疗仪器设备及器械包括医用X射线设备、医用α、β、γ射线应用设备、医用超声诊断/治疗仪器及设备、医用电气诊断仪器及装置、医用激光诊断/治疗仪器及设备、微波、射频、高频诊断治疗设备等。随着我国医疗器械产业的发展,全国已形成了几个医疗器械产业聚集区和制造业发展带,珠江三角洲、长江三角洲、京津环渤海和华中地区成为我国四大医疗器械产业聚集区。

如图4-26所示,在医疗仪器设备及器械整体的竞争力中,北京市排名第一,得分90.2。广东、浙江、湖南、江苏分别为63.4、30.8、28.7和12.0。其中,北京积极将医疗器械产业作为战略性新兴产业之一重点培育,各类医疗器械企业在中关村科技园区海淀园和北京经济技术开发区实现产业集聚,联东U谷永乐产业园、好景象科技园和北中关村医疗器械园等全面打造医疗器械聚集生产的主题园区,北京市商汤科技开发有限公司、北京布科思科技有限公司等企业加速发展。广东已在广州、深圳、珠海、佛山、东莞、中山等珠三角核心地区形成多个医疗器械产业集群,全省拥有医疗器械生产企业超4千家,企业数量质量全国领先全国,生产的示波器、监护仪、血细胞分析仪、功率分析仪、基因测序仪、质谱仪等产品都具备一定的市场优势。

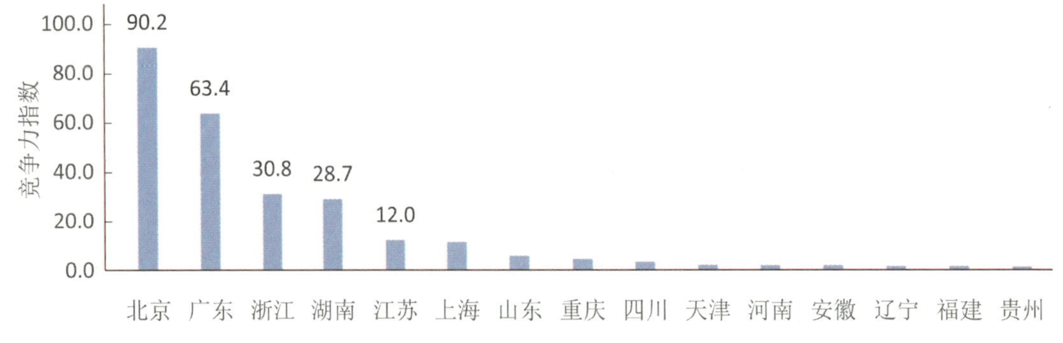

图4-26　医疗仪器设备及器械竞争力排名

如图4-27所示,在各维度指标对比中,北京在产业链市场竞争力、产业链技术竞争力、产业链充分性和产业链完备性四项指标中均排名第一，分别为25.6、24.6、20.0和20.0。

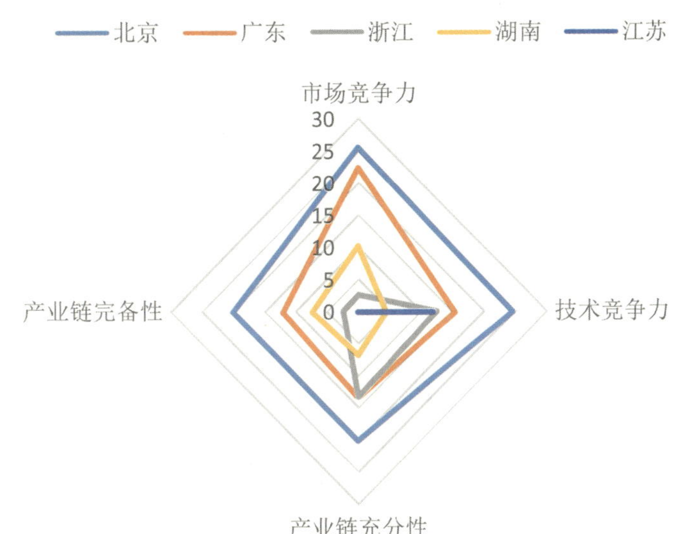

图4-27　医疗仪器设备及器械竞争力TOP5各维度指标对比

6. 仪器仪表及文化、办公用机械

仪器仪表及文化、办公用机械包括汽车仪表、相关计数仪表、工业自动调节仪表、工业仪表、光学测量仪器、分析仪器及装置、试验机械、相关检测仪器等，也包括电影机械制造、幻灯及投影设备制造、照相机及器材制造等。仪器仪表在国民经济中正发挥着越来越重要的作用，仪器仪表是实现装备制造业升级改造和智能化升级等重大战略部署的基础和支撑，是资源综合利用和环境保护的重要保证，是科技产业和前沿科学研究不可缺少的工具。

如图4-28所示，在仪器仪表及文化、办公用机械整体的竞争力中，浙江省排名第一，指数71.7。江苏、广东、北京、山东分别为64.4、56.2、54.0和48.4。浙江一直以来都重视仪器仪表产业壮大发展，形成了以乐清、上虞等产业集群，根据《2021年度浙江省科技活动相关数据》显示，浙江仪器仪表制造业产值达1395.10亿元，同比增长15.5%。应对新发展，浙江在新型体外诊断检测设备、高性能专用气相色谱仪、大气污染多参数连续监测与预警、车载/机载/星载环境监测装备等细分领域积极布局。江苏关注超声成像、重大疾病诊断检测、数字PCR检测、工业自动化控制仪表等领域的仪器仪表设备发展和突破。广东在提升示波器、监护仪、血细胞分析仪、功率分析仪、基因测序仪、质谱仪等领域有明显的优势。

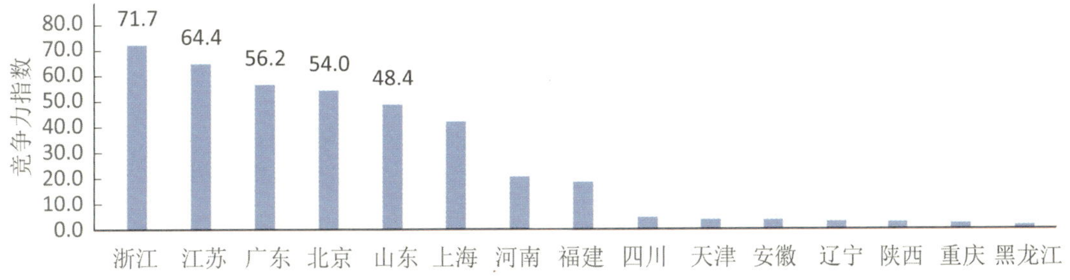

图4-28　仪器仪表及文化、办公用机械竞争力排名

如图4-29所示，在各维度指标对比中，浙江的产业链完备性排名第一，指数为20.0。北京的产业链充分性排名第一，指数为20.0。江苏的产业链技术竞争力排名第一，指数为27.3。山东的产业链市场竞争力排名第一，指数为23.2。

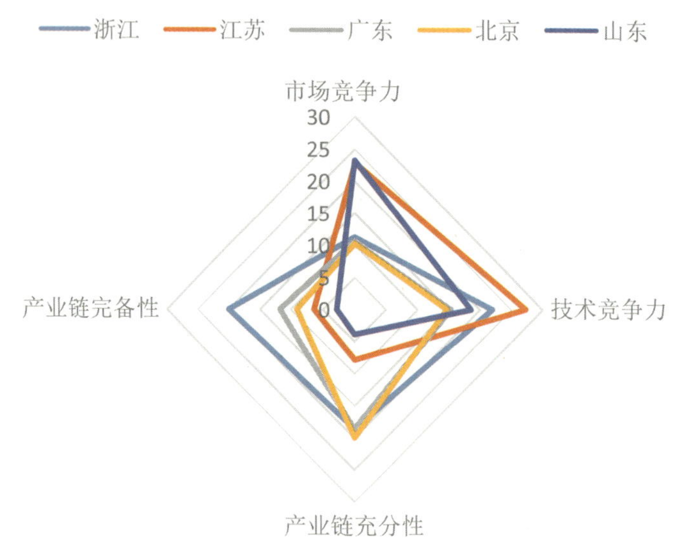

图4-29　仪器仪表及文化、办公用机械竞争力TOP5各维度指标对比

7. 导航、测绘、气象及海洋专用仪器制造

导航、测绘、气象及海洋专用仪器制造包括导航仪器及装置、测绘仪器及装置和气象/海洋仪器及装置。导航仪器及装置包括定向罗盘及定位系统、航空或航天导航仪器及装置、船舶导航系统、导航仪器及装置零件/附件。气象、海洋仪器及装置包括气象观测仪器、水文仪器、气象、水文仪器及装置零件/附件和其他气象、水文仪器及装置。

如图4-30所示，导航、测绘、气象及海洋专用仪器制造整体的竞争力指数中，广东省排名第一，得分78.1。北京、江苏、浙江、四川分别为78.0、55.8、44.4和28.4。

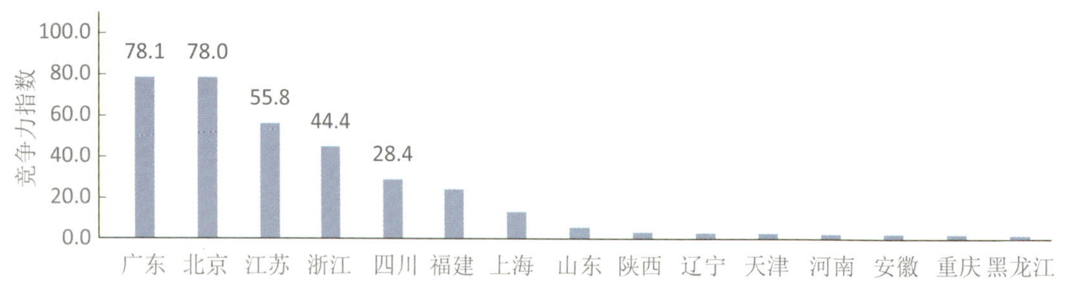

图4-30　导航、测绘、气象及海洋专用仪器制造竞争力排名

如图4-31所示，在各维度指标对比中，广东的产业链市场竞争力排名第一，指数为26.6。同时其产业链完备性与北京市并列第一，指数为19.1。江苏的产业链技术竞争力排名第一，指数为28.44。北京的产业链充分性排名第一，指数为20.0。

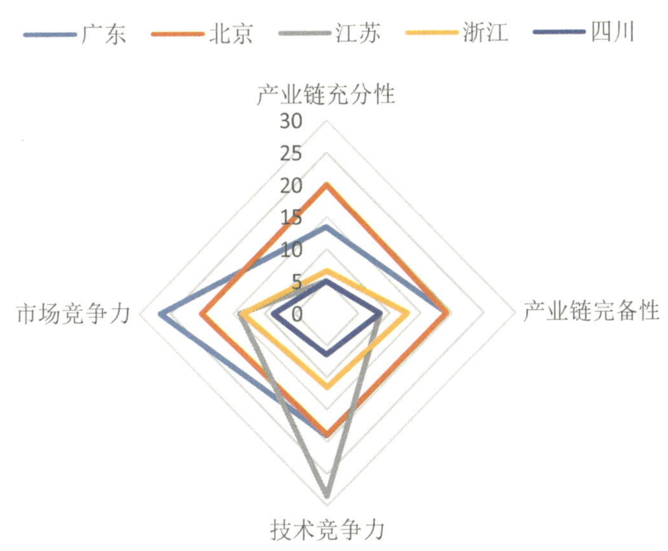

图 4-31　导航、测绘、气象及海洋专用仪器制造竞争力 TOP5 各维度指标对比

8. 电子测量仪器制造

电子测量仪器制造包括通信测量仪器、通用电子测量仪器、集成电路测试仪器、印制电路板测量仪器、电子测量仪器/附件和新型显示器件测量仪器。近几年，随着电子产品市场需求重新呈现增长趋势，主要消费类电子产品如电子计算机行业的需求促进电子测量仪器行业的市场规模的增长。目前，我国电子测量仪器按照使用途径的不同，大致可划分为光学检测仪器、通信测量仪器以及通用电子测量仪器等三大类。

如图 4-32 所示，在电子测量仪器制造整体的竞争力指数中，浙江排名第一，得分 74.0。山东、广东、北京、湖北分别为 65.7、59.8、54.9 和 25.4。其中，浙江多年来深耕电子测量仪器制造，培育了浙江中控技术股份有限公司、东方通信股份有限公司等行业龙头企业，产业集聚效应明显，相关产品广泛应用于 3C 消费电子、5G 通信、半导体封测、新能源汽车、电力电子、家用电器等领域。

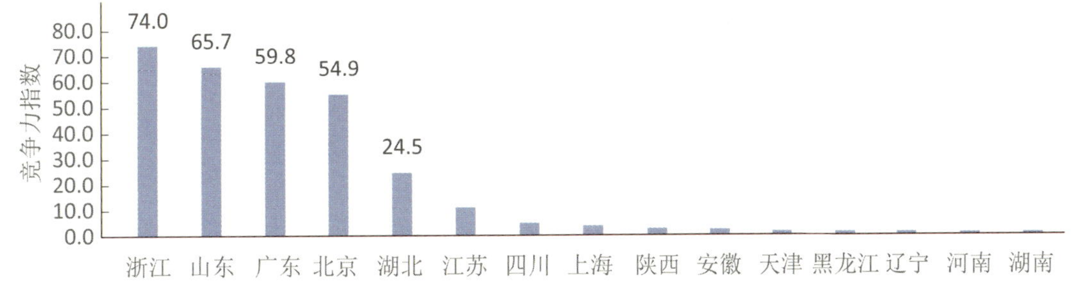

图 4-32　电子测量仪器制造竞争力排名

如图 4-33 所示，在各维度指标对比中，浙江的产业链充分性排名第一，指数为 20.0；同时其产业链完备性与广东排名并列第一，指数为 20.0。山东的产业链技术竞争力排名第一，指数为 19.76。广东的产业链市场竞争力排名第一，指数为 27.6。

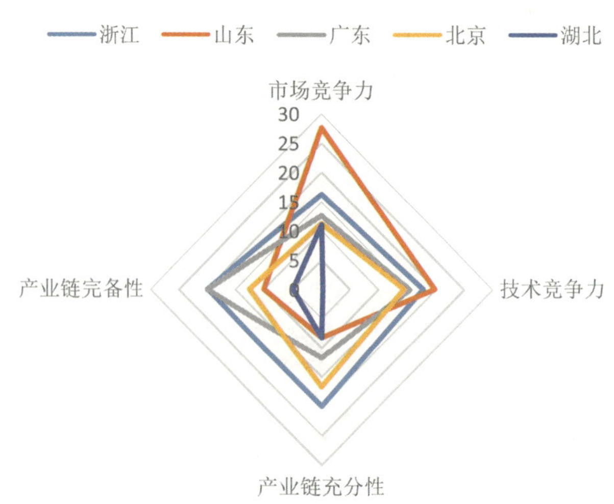

图4-33　电子测量仪器制造竞争力TOP5各维度指标对比

四、主要省份智能计算产业链布局分析

从地方产业链布局的视角，重点分析北京、广东、上海、江苏和浙江等智能计算优势地区在智能计算产业链各个节点上竞争力的分布及其优劣势。

（一）北京

如图4-34所示，北京市智能计算产业链竞争力指数排名第一，得分83.24。整体上北京市在智能计算多个领域排名第一，实力强劲。北京市在智能计算设备领域整体排名第一，其中电子计算机机器部件、电子计算机外部设备及装置和信息系统安全产品等细分环节均排名第一。

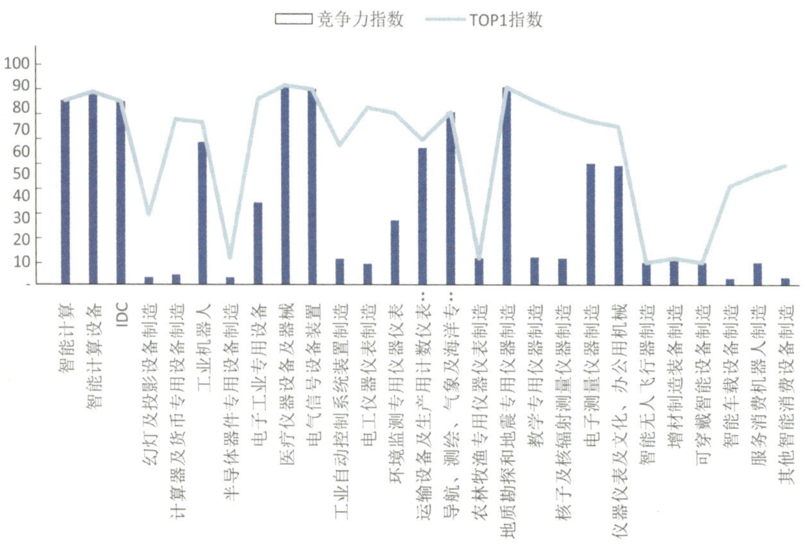

图4-34　北京市智能计算产业链各节点竞争力指数对比

北京积极推动产业"换核、强芯、赋智、融合",做优创新链接的北京服务产业,以国家网络安全产业园为载体,以海淀区、北京经济技术开发区、通州区为重点,加快企业集聚和龙头企业培育,加快突破基础软件、工业软件核心技术,提升国产软硬件集成适配和测评能力,发展自主安全芯片以及国家可信技术创新与应用平台。在智能产品领域,北京市人工智能技术产品遍地开花,被广泛应用于金融、电商、医疗、安防、教育等领域,为北京经济高质量发展赋能;在电气信号设备装置、医疗仪器设备及器械、地质勘探和地震专用仪器制造等细分环节排名第一。

(二)广东

如图4-35所示,广东省整体的产业链竞争力指数排名第二,得分68.34。广东省在计算机整机及配套产品、电工仪器仪表制造、导航、测绘、气象及海洋专用仪器制造、运输设备及生产用计数仪表制造等细分环节排名第一。其中,广东软件行业从无到有、从弱到强,实现万亿突破。截至2021年底,广东全省软件企业超6000家,广州、深圳已建成国家软件名城,形成了以珠三角地区带动粤东西北协同发展的格局,全面助力智能产业发展。全省智能产业链条相对完整,产业基础扎实,一批具有较强竞争力和自主创新能力的本土企业已成为国内智能产业链上的领军明星。另外,与航天科工二院七〇六所协同,推出了广东省首台"天玥"国产计算机在广州下线,并全面推进其余23款自主创新产品研发,涵盖信创整机、应用、网络安全、密码、物联网等自主体系。

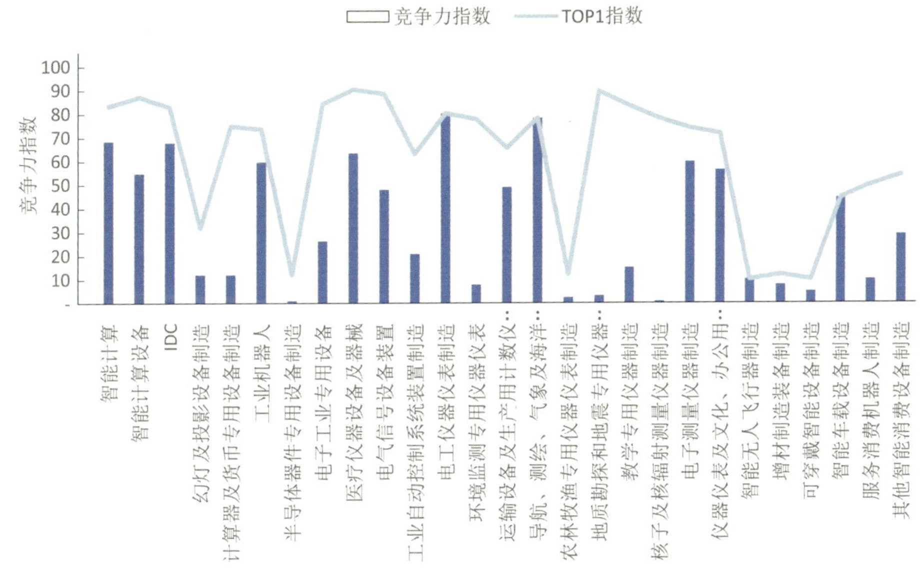

图4-35 广东省智能计算产业链各节点竞争力指数对比

(三)浙江

如图4-36所示,浙江省智能计算产业链竞争力指数排名第三位,得分为46.66。浙江省在基础设施管理DCIM、电子测量仪器制造、计算器及货币专用设备制造、仪器仪表及文化、办公用机械、环境监测专用仪器仪表等细分环节均排名第一。近年来,浙江加强智能产业发展,明确提出要做强芯片、存储设备、服务器等关键产品，补齐操作系统短板，推动高性能智能计算架构体系、智能算力等取得突破，构建智能计算产业生态。目前已经初步形成以杭州为核心，宁波、温州、湖州、嘉兴、金华等地协同发展的产业发展格局。企业层面，拥有阿里巴巴、新华三等一批国内外知名的行业应用企业，形成了鲲鹏、信创两大智能计算产业联盟。

杭州萧山成立“AI+高性能智能计算平台”，搭建了人工智能、大数据、区块链等前沿技术与传统科学计算深度融合的高性能计算公共服务平台，将向大规模科学与工程、创新创业项目计算需求提供解决方案和算力服务。桐乡市以“乌镇之光”超算中心落地为契机，积极谋划在乌镇打造浙江首个智能计算产业基地，争将智能计算产业基地升级为全国一体化大数据中心协同创新体系算力枢纽。之江实验室正式启动建设智能计算数字反应堆，旨在以算力设施与智能平台为底座，以数据、算法、模型与知识为基础，打造公共知识库、领域知识库，构建运行管理、协同计算、知识构建、模拟推演、数据处理、人机交互等六大引擎。

2021年，以supET为代表的跨行业跨领域高水平工业互联网平台世界领先，以平台化驱动数字产业化、服务产业数字化，深度赋能制造业。阿里云飞天操作系统正在全面兼容X86、ARM、RISC-V等多种芯片架构，实现“一云多芯”。根据国际权威机构Gartner报告，阿里云IaaS基础设施能力拿下全球第一，在计算、存储、网络、安全四项核心评比中均斩获最高分，这也是中国云首次超越亚马逊、微软、谷歌等国际厂商。湖畔实验室发布了含有270亿参数、1TB+训练数据的全球最大中文预训练语言模型PLUG，刷新了中文语言理解评测历史记录；研发具有自主知识产权的优化求解器套件MindOpt，可快速处理上亿变量的数学模型，计算出复杂场景决策问题的最优解，被专家誉为中国近年来计算软件领域获得重大突破之一。

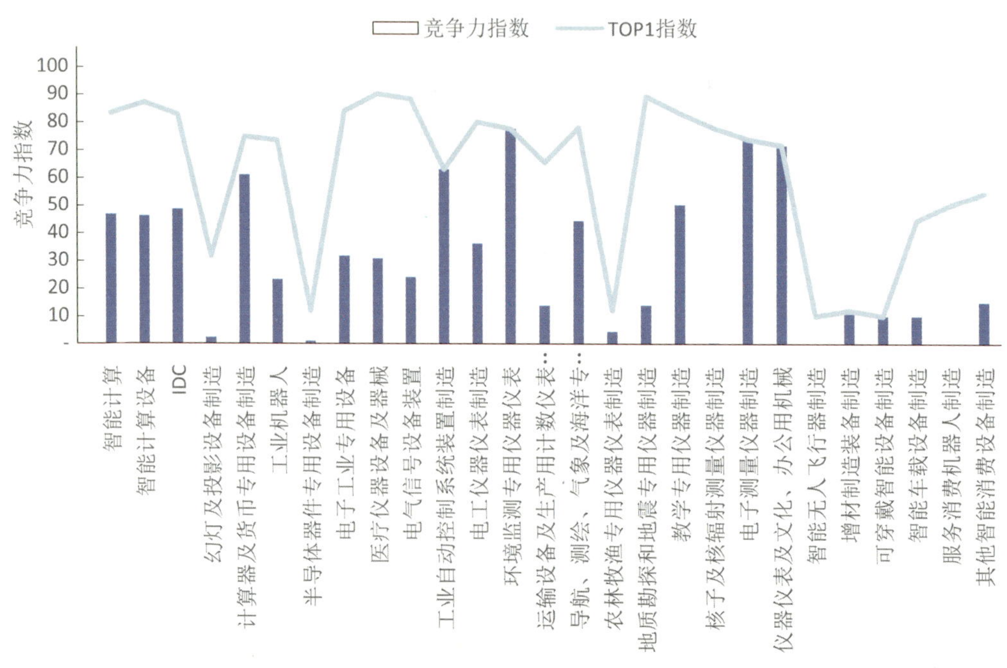

图4-36 浙江省智能计算产业链各节点竞争力指数对比

(四) 江苏

如图4-37所示,江苏省智能计算产业链竞争力指数排名第四位,得分为39.72。江苏省一直深耕智能计算产业,目前已成为全国人工智能产业创新发展的重要基地,基本形成了以苏南城市群为重点、以南京和苏州为核心的"一带两核"发展格局,并在南京、苏州、无锡、常州等地形成了具有一定规模的产业集聚。江苏注重科创生态培育,拥有南京人工智能计算中心等科创载体,加快以算力集群携手新区主导产业集群共同发展,推动产业升级和生态集聚。同时拥有在国内外有着重要学术影响的专家学者,在机器学习、模式识别、数据挖掘等前沿理论研究达到国际领先水平,人工智能及相关领域重点研发机构有100多家,其中国家级研发机构超过20家。

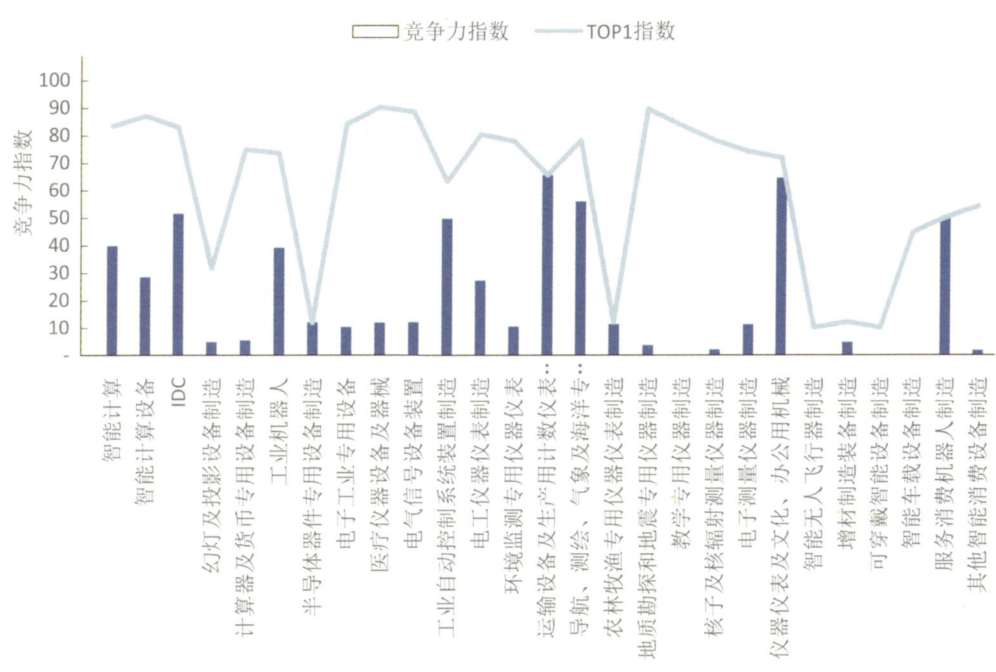

图4-37　江苏省智能计算产业链各节点竞争力指数对比

(五) 上海

如图4-38所示,上海市智能计算产业链竞争力指数整体排名第五,得分33.54。上海是全国智能计算产业创新活力最强的城市之一,近年来市场主体活跃度不断增强,企业数量不断增加,拥有核心竞争力的企业群体逐步形成。在基础软件和操作系统方面,上海已拥有国内最完善的基础软件产业链,集聚了一批国产基础软件龙头企业,涵盖了从服务器、桌面、嵌入式和网络操作系统,到数据库、中间件、办公软件的全系列产品。同时,上海在电子工业专用设备领域排名第一,在仪器仪表及文化、办公用机械领域也具有很强的竞争力。

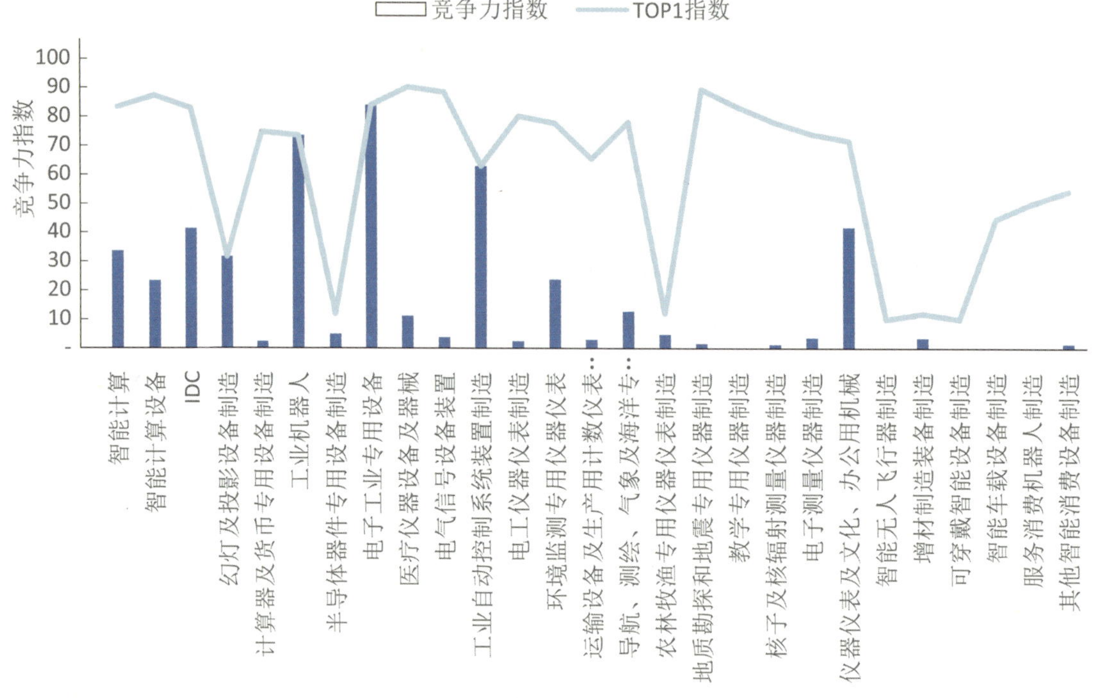

图4-38　上海市智能计算产业链各节点竞争力指数对比

另外，山东省智能计算产业链竞争力整体排名也十分靠前。山东省在电子计算机及其部件领域也具有很强的竞争力。山东是我国软件产业强省，拥有齐鲁软件园、青岛软件园两个国家级产业园区，培育了19个省级软件园区，为智能产业发展提供了有力支撑。同时，浪潮、海信、中车四方、中创软件、东软载波等企业引领作用明显，纷纷入选中国软件和信息技术服务综合竞争力百强企业名单，浪潮ERP、中创中间件、瀚高数据库、华天CAD、概伦EDA等高端软件产品性能优良，在业内享有较高知名度。

五、对策建议

（一）夯实智能计算产业发展基础

1. 提升自主可控技术供给能力

智能计算是技术密集型产业，实现自主可控发展离不开关键核心技术攻坚突破。因此，浙江应加快建立智能计算产业共性技术的研发体系，重点瞄准计算架构与芯片、器件、算法软件等难点、堵点集中力量攻关。尤其要结合自身实际发展需求，努力做强芯片、存储、服务器等关键产品及服务，突破高性能智能计算架构、国产操作系统、系统软件（数据库、中间件）、基础应用软件，推动容器、微内核、超融合等新型虚拟化技术以及分布式系统软件、虚拟化软件等产品开发，研制适应重大应用需求的新型计算架构系统。同时，需要做好智能计算关键技术产品备份，支持智能计算相关企业联合实施一批产业链协同创新项目计划，形成一批进口替代的关键技术产品。

2. 壮大培育一批计算产业企业

充分发挥浙江省现有的智能计算产业基础，做大做强阿里巴巴及平头哥、士兰微等龙头优势企业，并将智能计算产业列入"雄鹰行动"重点领域，遴选一批智能计算产业优势骨干企业，纳入"凤凰行动"股改清单和上市后备资源库，实施"一企一策""一事一议"重点培育，形成一批智能计算行业标杆企业。同时，浙江省应以重点领域和环节为突破口，尤其围绕智能计算专用领域产品等，大力度对接引进创新性、引领性、标志性智能计算项目和企业，着力壮大省域智能计算企业实力，提升产业链安全可靠水平。

3. 积极打造计算产业链生态圈

浙江应聚焦智能计算加快完善产业链上下游，积极推进智能计算整机生产基地建设布局，持续推动鲲鹏（杭州、宁波）、龙芯（金华）、长城（温州）和浪潮（湖州）等整机和服务器生产基地建设，打造集产品研发、系统测试、成果展示、人才培养、标准制定、评测评估等功能性平台于一体的浙江省智能计算产业中心。同时，应探索建立解决方案实验室、开放实验室和公共云等服务载体，做大做强之江实验室天枢平台，支持实验室开展智能计算数字反应堆项目，部署广域协同算力平台和超算互联网算力平台。充分发挥阿里云开发者社区开源开放平台作用，加快产品创新迭代。

（二）推动智能计算产品体系化和市场化

1. 打通供需两侧完善计算产品体系

放眼市场，聚焦创新链和产业链协同，把握智能计算发展由技术驱动加速向市场驱动转变的趋势，引导互联网企业瞄准明确产业技术、产品、服务和产业化方向，人工智能、自动驾驶、智慧城市、物联网、边缘计算、量子计算等巨量市场；着力推动计算系统架构创新，重点发展与市场适配、具有优势的嵌入式软件、行业解决方案、互联网与物联网软件、云计算等产品；逐步拓展浙江省智能计算产品体系的宽度和深度，提升产品的综合竞争力。

2. 推进计算产品率先示范应用

加大应用推广是扩大智能计算产业及产品影响力的必要手段，浙江应积极推进自身智能计算产品市场化和规模化应用。一方面，依托相关产业联盟、行业协会，推动符合市场要求的智能计算产品在党政机关、金融、石油、电力、电信、交通、航空航天、医院、教育等重点行业优先使用；另一方面，积极探索相关产品与国内自研的操作系统、基础软件、行业软件产品的对接与适配，引导省内智慧园区、智慧交通、智能制造等部分信息化应用项目在鲲鹏、龙芯等计算架构体系上先行示范，总结成熟的建设模式、方案、流程方法，形成标杆型案例进行推广，持续优化形成产业核心支撑能力。

3. 提升智能计算技术标准话语权

技术标准在智能计算全产业链中重要性日益凸显，参与各领域、各环节技术标准规范的制定将成为浙江省乃至我国智能计算产业核心竞争力打造的重要途径和方向。因此，浙江应主动作为，支持和鼓励广大互联网企业积极参与全球新一代计算机软硬件研发过程中的技术标准制定，力求从人工智能技术、IoT领域细分领域入手加快创新形成事实标准，形成技术的储备与积累，力争打破美欧计算领域的基础知识产权控制权，增加国内在智能计算发展过程中的话语权。

（三）强化智能计算产业链要素支撑

1. 完善制度和政策体系

在《智能计算产业链提升方案》指导下，浙江省应坚持系统理念，以提升先进计算系统能力为着力点，抓紧谋划出台产业发展政策、产业建设指南等，编制先进计算未来突破路线图，实时更新智能计算产业链风险清单化，引导目标市场预期。同时，结合应用开发的试点工作，鼓励有条件的省区市开展智能计算新技术、新产品、新模式应用示范，打造一批有市场竞争力的智能计算产业基地、创新中心和示范工程。

2. 推进产业链产学研合作

浙江应推进智能计算产业的“产学研用”协同，积极推动有条件的企业开展联合实验室、院士专家工作站建设，集聚一批智能计算领域院士、首席科学家等顶尖人才，实施一批高层次人才创新创业项目。由政府牵头，支持企业、研究机构联合浙江大学等优势创新力量开展协同创新，努力实现从计算理论、计算架构，到计算装备、计算系统、计算服务的全面创新。另外，充分发挥阿里达摩院、华为杭州研究所等新型研发机构的体制机制优势，创新智能计算的理论方法、架构体系和标准规范。

3. 积极开展跨区域合作交流

浙江省智能计算产业发展并不突出，与欧美国家甚至北京、上海、重庆等国内地区还存在一定差距，因此需要加强与国内外先进地区合作与交流，重点加强智能计算整机与服务器、国产操作系统、系统软件等领域重大项目谋划与推介。需要推动引资和引技、引智有机结合，广泛开展培训、技术合作等形式的合作，利用国内外市场、技术、资本和人才资源，实施新技术、新产品的“联合创新”，共同夯实浙江省智能计算产业内在能力，助推产业链的健康发展。

05

生物医药(化学药品)产业链竞争力评价

一、生物医药(化学药品)产业链全景概览

(一) 生物医药(化学药品)产业链节点体系

生物医药产业是关系国计民生、经济发展和国家安全的战略性产业,是满足人民健康生活需求、保障民族健康安全、构建强大公共卫生体系的重要支撑。根据医药细分子行业,药品可分为化学药、生物药、中药三大类,其中化学药品是通过人工的工艺路线设计,在反应釜中加入基础化合物进行化学反应合成出来的药物,是我国医药市场份额最大的细分领域,其营业收入占医药行业的44%,利润总额占39.5%①。经过多年的发展,化学药品从医药中间体、原料药、药用辅料、制药设备到制剂形成了完整的产业链。本研究使用的生物医药产业链(化学药品)全产业链节点体系是依托浙江人工智能省部共建协同创新中心的算法,联合产业专家,基于上市公司公告、官网产品、招投标等信息,利用人工智能算法构建的网状图谱产品体系。在网状图谱产品体系中,以生物医药的下游产品为起点,沿着其多种生产关系向上游追溯相关的其他产品节点,遍历到以原辅材料和制药设备为终止产品节点结束,从而形成一套有边界的生物医药产业链(化学药品)产品关系图谱,即本研究使用的生物医药产业链(化学药品)产业链节点体系。

图5-1 生物医药产业链(化学药品)产业链全景

如图5-1所示,生物医药产业链(化学药品)产业链上游包括医药中间体、化学药品原料药、药用

① 根据国家统计局2020年度医药行业各子行业营业收入占比和利润占比统计。

辅料及包装材料和化学制药专用设备，中游为化学制剂，下游为医药流通和使用。

随着市场经营的需要及产业模式变革，更多的制药企业既生产化学原料药也生产化学药品制剂，开展“原料药+制剂”一体化发展，同时一些大型药企开展药品流通经营，因此，产业链各节点上的企业存在一定交叉。

（二）国内外生物医药(化学药品)产业链现状

在全球人口总量增长、老龄化、社会医疗卫生支出和医药行业研发投入等因素的共同影响下，全球医药市场保持稳定增长；新冠疫情将全世界对健康的认知提升至新高度，“双循环”新格局下庞大的市场需求将得到进一步激活。当前，技术革命、市场需求等推动产业跨界融合，“互联网+”“大数据+”“人工智能+”等信息技术与生物医药、医疗健康领域快速融合，为生物医药产业带来强劲的聚变力。在化学药品领域，靶点筛选、结构优化、药物递送及AI技术等药物研发新技术为新药研发打开了新局面，成为制剂创新的热门方向。从产业主体竞争格局来看，全球生物医药仍是以跨国药企为主导的创新格局，随着CRO、C(D)MO的快速发展，越来越多的中小创新型企业活跃于创新环节，正在成为影响格局变化的重要因素。根据弗若斯特沙利文数据，预计2025年全球化学药品市场规模将达到11,813亿美元，2020—2025年复合增长率为3.37%。

1. 生物医药(化学药品)产业链上游环节

化学药品产业链上游包含医药中间体、原料药、药用辅料、药包材料、制药设备、药物检验分析设备。

(1)医药中间体

医药中间体是医药化工原料至原料药或药品生产过程中的一种精细化工产品，是医药行业产业链中的重要环节，化学药品的合成依赖于高质量的医药中间体。医药中间体产品目前约有数百种，并且不断推陈出新，形成医药中间体行业内众多细分子行业。主要包括头孢类中间体、氨基酸保护剂系列、维生素类中间体、喹诺酮类药物中间体以及其他类型中间体，如医用消毒剂中间体、抗癫痫药物中间体、含氟吡啶类中间体、甾类医药中间体等。我国医药中间体行业经过多年的长足发展已基本满足国内医药生产需求，但仍有小部分合成技术复杂的高端中间体需要通过进口来满足。随着全球生产力的不断发展和国际分工的日益深化，欧美发达国家的制药企业专注于创新药的研发和市场开拓，使医药中间体产业正加快转移到包括中国、印度在内的亚洲国家。以我国为例，凭借成熟的石化产业链、丰富的基础资源，使生产医药中间体所需的各类主要原辅材料在国内都能获得，提高了生产效率，降低了运输成本；同时依托国内完善的工业体系，加之我国的企业、科研院所已在医药、精细化工领域具有多年的技术积累，形成了具有核心竞争力的知识产权体系，培养了大量一流的研发人员和产业工人，确保医药中间体生产工艺不断进步。我国的医药中间体产业规模进一步扩大，不仅满足我国医药工业发展的需求，更为全球原料药、仿制药和创新药等厂商提供关键医药中间体，促进世界医药工业的发展。

(2)化学原料药

原料药是用于生产各类制剂的原料药物,是制剂中的有效成分,是医药产业链不可或缺的重要组成部分。根据产品价值和产品特征的不同,化学药品原料药又可分为大宗原料药、特色原料药和专利原料药。大宗原料药是已上市多年不涉及专利问题的传统化学药品原料药,主要包括维生素、抗生素、解热镇痛类、激素等品种,特点是产量大,生产企业多,市场竞争激烈,产品价格及附加值偏低。该类产品较早完成全球产业转移,我国优势明显;特色原料药是将过或刚过专利期的品种,主要供给仿制药企业,开发难度较大,附加值较大宗原料药高,利润也较丰厚,是我国近十年内发展较为活跃的原料药板块,代表品种有慢病用药、中枢神经类、抗肿瘤类、肝素类、造影剂类等;专利原料药是在专利期内的品种,主要供给原研药企业,开发难度极大,附加值最高,根据下游客户需求定制。原料药分类及特点如表5-1所示。

表5-1　化学药原料药分类及特点

特点	大宗原料药	特色原料药	专利原料药
专利期	无专利问题	将过或刚过专利期	在专利期内
使用量	大,千吨到万吨级	十吨到千吨级	仅原研
需求	基本稳定	整体需求增长较快,取决于对应制剂生命周期	需求弹性大
技术壁垒	低	高	极高
产品附加值	低	较高	高
业务模式	自产自销	自产自销	自产/合同外包
代表品类	维生素、抗感染类、激素类	抗高血压、抗肿瘤、中枢神经、降血糖等	无特定品类

从世界范围分析,化学原料药主要集中在西欧、北美、日本、中国和印度五大生产区域,原料药市场格局如图5-2所示。从20世纪90年代起,美国等发达国家选择将大部分传统的原料药、医药中间体市场让出,将这部分产业转移到国外生产,对后续专利产业制造所需的化学原料药通过外购或合同契约生产,以专利开发优势占据医药市场价值链的附加值高端,对原料药的需求以进口为主。欧盟从事高端原料药、高仿药和专利药生产;中国、印度从事大宗传统原料药加工,处于医用产业市场价值链的附加值低端。印度国情和中国相似,原料药产值和出口值略低于中国,并成为中国在国际市场中最大的竞争对手。相关资料统计表明,印度在布洛芬、卡托普利、新诺明、羟氨苄、环丙沙星、乙胺丁醇等特色原料药品种方面处于领先地位,在未来相当长的时间内将继续和我国原料药展开激烈竞争。

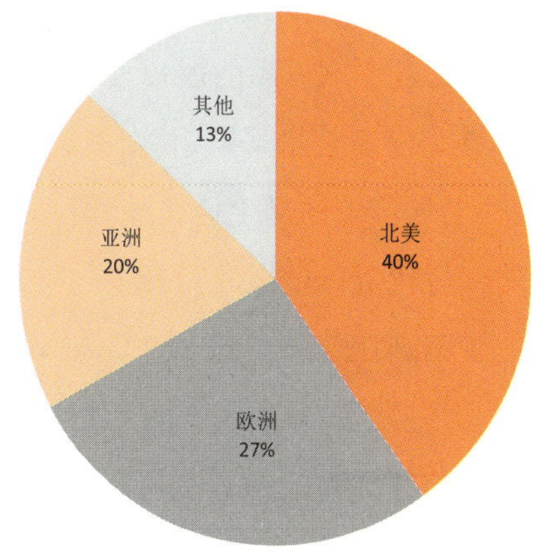

图5-2　全球原料药市场格局

经过长期不断的发展,我国已成为全球最大的原料药生产与出口国,化学原料药出口量占全球的1/2以上,在国际市场上占据着重要地位。我国现有原料药生产资质的企业共有1400多家,主要分布在江苏、浙江、山东等省份,形成两个比较集中的区域:一是以浙江台州为中心的区域，具有较强的出口优势；二是江苏武进、金坛和常州一带，其特点是以中小企业为主，产品品种多，部分企业与国外制药企业建立了销售渠道。多年来我国化学原料药出口规模持续增长，产品类型主要以大宗原料药为主，在维生素C、青霉素钾盐、扑热息痛、阿司匹林等60多个产品方面具有较强的竞争力。随着国际化学制药的重心逐步向发展中国家转移，我国原料药市场近年来保持较快增长趋势。随着原辅包关联审评、仿制药一致性评价、集中带量采购等质控政策的推进，高质量标准的原料药对下游制剂的重要性日益凸显。尤其是疫情后为加强药品产业链供应链安全，原料药地位更加强化，行业逐渐回归高质量、高附加值、绿色发展等方向，集中度提升。

（3）药用辅料

药用辅料是药物制剂中除主药以外的一切成分的统称，是构成药物制剂的必需辅助物质，具有赋形、稳定、改善依从性、助溶、控缓释等重要功能，是可能影响药物的安全性、有效性、稳定性、依从性性的重要成分。在药物制剂成分中，药用辅料占比通常在80%以上。药用辅料的分类如表5-2所示。

表5-2 药用辅料产品分类

分类标准	产品分类
按制剂用途	制剂稳定性辅料、固体制剂辅料、半固体制剂辅料、液体制剂辅料和其他医药辅料。
按辅料作用	溶媒、抛射剂、增溶剂、助溶剂、乳化剂、着色剂、黏合剂、崩解剂、填充剂、润湿剂、渗透压调节剂、稳定剂、助流剂、矫味剂、防腐剂、助悬剂、芳香剂、抗黏着剂、抗氧剂、抗氧增效剂、螯合剂、渗透促进剂、pH调节剂、增塑剂、表面活性剂、发泡剂、消泡剂、增稠剂、包合剂、保湿剂、吸收剂、稀释剂、絮凝剂与反絮凝剂、助滤剂等。
按给药途径	口服、注射、黏膜、经皮或局部给药、经鼻或口腔吸入给药和眼部给药。

在制药行业发达的国家，药用辅料约占整个药品制剂产值的10%～15%，质量研究做得非常透彻。而我国药用辅料起步较晚，整体水平较低，国内药用辅料在整个药品制剂中占比较低，仅为2%～3%。国内的辅料领域产品与国外尚存在着一定的差距，海外的一些竞品公司，比如美国的陶氏、卡乐康以及日本的信越，不仅技术水平很高，并且产品与制药企业不断进行联系与合作，在辅料领域的类型细分更多、更贴近生产。我国的大宗药用辅料基本能满足国内需求，但质量标准与国外存在差距，复杂、新型药用辅料则具有较强的进口依赖性。从行业发展来看，药用辅料已经成为制约我国医药制剂发展的瓶颈因素之一，尤其是高端制剂的开发，药用辅料供应已成为制药企业的一个痛点。随着带量采购、仿制药一致性评价等一系列政策深入实施，给药品生产经营带来一定压力，并沿着产业链向上游供给端——药用辅料产业传递，原辅料成本对制剂企业来说更加关注，国产辅料替代进口也将成为趋势。

我国药用辅料生产企业约有470家，多分布在环渤海、长三角和珠三角地区，山东、江苏、广东和河北是药用辅料生产企业的聚集省份。目前，在新版《药品管理法》实行背景下，我国对辅料的监管审评将逐渐与欧美等发达国家接轨。从共同审评审批制度的细分规则来看，国内相关政策与美国DMF政策较为接近，更强调将药品视为由原料药、药包材、辅料组成的有机整体，而辅料的监管相对更为接近备案制，强调制剂企业的主体责任，有利于激活辅料企业的研发积极性。

(4)药用包装材料

药品以医药包装为载体才能进入流通市场,在药品的包装、贮藏、运输和使用过程中,包装材料应起到保护药品质量、安全、有效的作用。药品包装材料作为药品不可或缺的组成部分,其安全性、保护性和功能性等属性,对保障药品的质量具有重要意义。所用材料主要包括玻璃、塑料、橡胶、金属、陶瓷、纸及其他材料等,种类如表5-3所示。

表5-3 药用包装材料种类

种类	介绍
塑料包装材料	以合成或天然的高分子化合物为基本成分,在加工过程中塑制成型,而产品最后能保持形状不变的材料,如PVC、PVDC、PE、PP、PET等。
玻璃包装材料	通常为硅酸盐玻璃,性脆而透明,化学成分较为复杂,具有良好的光学特性和较好的化学稳定性。
橡胶包装材料	具有密封、高弹性的高分子材料,通常经过硫化,成为硫化橡胶制品;在通过与药品接触的表面涂、覆高分子胰材料,可提升橡胶包装材料更高的阻隔性。
金属包装材料	由金属元素组成的单质,一般仅用于非注射用的药品包装,主要包括药管、由箔片或泡眼包材制成的包装、药罐、气雾剂和气罐等。
组合包装材料	塑料、玻璃、金属或橡胶等组合的包装材料,如冷冲压成型复合硬片、复合膜、PTP、铝箔、铝塑组合盖等。

现阶段,全球医药包装行业市场规模近千亿美元,年增速在5.50%左右。北美仍是全球最主要的医药包装材料市场,其次是西欧地区,亚太地区是增长速度最快的地区,中国市场则是最主要的推动力。近几年,中国、印度、印度尼西亚等国的医药包装材料产值增长最为迅速。从企业方面来看,目前全球的医药包装产品较大规模生产企业约有2000多家,国际上医药包装行业集中度较高,澳大利亚Amcor(安姆科集团)、奥地利ConstantiaFlexibles等大型企业占据了行业主要市场份额,其产品种类、技术水平、研发实力均处于行业领先水平,在软包装领域具有较强的竞争力,占据了欧美等发达国家的主要中高端市场。

我国医药包装行业自药包材注册审批制度颁布实施10多年来,已逐步发展成为一个产品门类比较齐全、创新能力不断增强、市场需求十分旺盛的朝阳产业,在包装行业生产总值中的占比已经达到10%以上,行业规模持续扩大。随着我国医药消费持续增长以及医药行业政策鼓励,医药行业走向创新化、集中化趋势,对应上游医药包装行业也将迎来新一轮增长驱动。2021年,国内医药包装行业市场规模1,000亿元以上,2015—2021年的年均复合增长率约10.50%,行业整体增速快于全球水平。尤其是2015年以来,《关于改革药品医疗器械审评审批制度的意见》等规范性文件先后出台,将原有的药包材独立审批制度修改为共同审评审批制度。共同审评审批制度有助于全面把控各因素对药品安全性、有效性和质量可控性的影响,不仅提升了药用包装材料的重要性,也从根本上有助于提高药品质量。

(5)制药装备

制药装备是生物医药产业链中的重要一部分,在制药作业开展过程中会应用到大量制药设备,这些制药设备的性能会对药物质量、经济效益产生直接影响。从医药制造业固定资产投资构成来看，设备购置及安装费用通常占医药制造业固定资产投资的比例接近一半。按照一般分类，制药装备包括原料药机械设备、制剂机械、药品包装机械、药用粉碎机械、饮片机械、制药用水设备、粉碎设备、药物检测设备和其他制药装备等。

数据显示，目前全球制药装备行业规模超5000亿元，2025年将超7000亿元。目前中国市场近1000亿元，2025年将达2000亿元。由于制药装备行业高端市场存在进入门槛较高、品牌及技术积累需时较长等特点，高端市场主要被德国BOSCH、Siemens、GEA，意大利IMA，美国GE，日本Shimadzu、Shinwa等欧美日知名品牌占据。

从国内市场看，在带量采购、医保控费等政策影响下，高质量仿制药、创新药等成为发展方向，在成本不断攀升的背景下，制药企业越来越倾向于配置自动化水平更高、精确度更好、产品质量一致性更好的生产线，满足自动化、一体化和智能化的生产需求，以保持较高的生产效率、生产质量，为制药企业降低成本。在新冠疫情影响下，进口设备排单交付缓慢，国产制药厂商表现出优秀的交付能力，顺应市场需求，成功成为许多制药厂商的供应商。在设备发挥稳定的情况下，国产替代进程提速可期。从国际市场看，国内制药装备主要出口俄罗斯、印度及东南亚国家。印度制药行业发达，仿制药企业众多但缺少自身制药装备产能，设备基本依赖进口，尤其是在疫情期间对我国的制药装备企业需求旺盛。此外俄罗斯的医药尤其生物工程、疫苗发展受美国和欧洲封锁，疫情影响下全球具有制造和及时交货能力的只有中国，因此，向中国采购制药装备增多，带动国内相关企业出口业务的快速增长。因此，现阶段的国内制药装备竞争力在国内市场不断提升，开始进入国内高端市场及国际市场，并在部分领域具备了与国外知名制药装备制造企业相竞争的能力，涌现了东富龙、楚天科技、迦南科技等龙头企业，逐步变成中国高端制造的细分领域标杆。但是在特定膜材料等细分领域依然有待突破，主要原因在于关键工艺的稳定性还存在不足，国产设备与进口设备的差距主要体现在精密度、检测精度、合规性等方面。

（6）检测分析设备

药品质量关系到人们的身体健康，如何控制好药品的质量安全，做好药品生产管理过程中的质量风险管理工作，是药品生产企业面临的重要问题。因此，在制药行业中，药物质量检验检测过程尤为重要。为保证做好药品质量、安全方面的控制，很多药品生产企业配备有适当量程和精度，具有质量检验和检测功能的设备、衡器、量具、仪器和仪表。通过使用这些质量检验检测设备，以及结合制药人的经验，药品生产企业能够科学地把握药品质量、预测风险、规范生产。

用于制药行业中的质量检验检测设备品种多样，功能齐全，主要分类为核磁（美国Bruker）、质谱（美国赛默飞、安捷伦、Waters，日本岛津）、质控、分子影像（德国蔡司）、冷冻电镜（美国赛默飞）等技术。其中质控仪器包括X射线粉末衍射仪（美国Bruker）、差示量热扫描仪、液相色谱仪（美国Waters、Agilent、日本岛津）、气相色谱、红外光谱仪、热重分析仪等。目前高端分析仪器主要由欧美和日本企业占据，国内企业还存在较大差距，很大一部分是底层技术的缺失或者关键工艺的不稳定导致的。课题组在调研中了解到，目前国内大型药企大量在用的高端分析检测仪器以进口为主，如

Waters、Agilent等。因此,为保障我国生物医药产业上游供应链安全,国内的药物检验检测设备企业还需提高技术水平,研制具有先进技术含量的检验检测设备,力争实现进口替代。

2. 生物医药(化学药品)产业链中游环节

化学药产业链的中游为化学制剂,是原料药和辅料通过进一步加工处理而得到的可直接用于人体疾病防治、诊断的化学药品,其活性成分是化学合成药物,按剂型可分为片剂、胶囊、药水、软膏、粉剂和溶剂等;按功能可分为抗感染用药、神经系统用药、抗肿瘤药、心血管系统用药、血液和造血用药、呼吸系统用药、消化系统用药、免疫调节剂、内分泌及代谢调节用药等;制剂按创新程度可分为原研药、仿制药。根据美国《制药经理人》(Pharm Exec)杂志公布2022年度《全球制药企业50强》排行榜①,世界制药50强上榜企业中有16家企业总部位于美国,上榜数量全球第一,其次是日本有7家企业入围;中国和德国均有4家企业,法国和印度均有3家企业,瑞士、英国和爱尔兰均有2家企业。从销售规模看,全球制药50强中有3家企业销售额突破500亿美元,有20家企业销售额在100亿~500亿美元,其余10家企业销售额在50亿~100亿美元之间,其余17家企业销售额在20亿~50亿美元之间。榜单排名前10企业销售额和研发费用如表5-4所示。中国上榜的四家企业为排名32的恒瑞医药、排名40的中国生物制药、排名41的上海医药和排名43的石药集团,销售额分别是50.03亿美元、42.06亿美元、39.8亿美元和37.81亿美元。

表5-4　2022年《全球制药企业50强》排行榜前10名

序号	药企名称	总部所在地	2021年度销售额/亿美元	研发费用/美元
1	辉瑞	美国纽约	720.43	138.29
2	艾伯维	美国伊利诺伊州	550.41	65.18
3	诺华	瑞士巴塞尔	511.28	90.41
4	强生	美国新泽西州	498.21	117.81
5	罗氏	瑞士巴塞尔	492.93	130.8
6	BMS	美国纽约	456.69	96.31
7	默沙东	美国新泽西州	433.59	122.45
8	赛诺菲	法国巴黎	389.34	61.5
9	阿斯利康	英国伦敦	361.31	79.87
10	GSK	英国布伦特福德	334.43	65.73

相对于“原研药”和“仿制药”而言,“创新药”强调新颖的化学结构或新的治疗用途,并且能够打破“原研药”的专利壁垒,其研究对我国建设创新型国家具有重大的意义。当前,我国创新药研发处于起步阶段,大量新药尚处于临床前和临床阶段,创新体系仍存在很多薄弱环节。2022年全国批准上市的创新化学药为16件(10个品种),小分子药物仍是主流,主要涉及肿瘤、糖尿病、感染、自身免疫等领域。国内有代表的创新药企业有恒瑞、百济神州、和黄医药、豪森药业、贝达等。

3. 生物医药(化学药品)产业链下游环节

化学药产业链的下游为医药流通与应用,是医药经销商到医疗机构再到用药群体的过程,主要

①排名基于各大药厂2021财年的处方药销售数据,榜单数据来自全球医药市场研究机构Evaluate。

包括医疗机构、批发及零售药店、诊所等广大的社区医药终端和基层医疗机构。当前我国医药流通行业基本形成了“4+N”的竞争格局，其中“4”指国药集团、上海医药、华润医药和九州通四大全国性医药流通企业的市场占有率达43%;“N”指区域性龙头企业，以主打浙江市场的华东医药，主打华东、江苏等市场的南京医药，主打山东市场的瑞康医药，主打广东市场的广州医药等为代表。在一个地区内，行业竞争格局基本为2~3家全国龙头和3~5家区域龙头合计占据约50%的市场份额，其余50%市场份额由数百家中小流通商合计分割。同时受“两票制”、药品带量采购等医改政策的持续加力等影响，医药流通企业竞争压力不断加大，大中型药品流通企业发挥规模优势加速行业内的资源整合，并购重组现象频发。近年来行业集中度逐步提升，国内TOP10的药品批发企业占据国内50%左右的市场份额。但对比美国TOP3医药商业公司占据全美90%以上的市场份额，日本TOP5医药流通商占据日本70%以上的市场份额，目前国内医药流通行业的集中度一般，仍具备持续调整的空间。

二、生物医药(化学药品)产业链竞争力指数分析

基于产业链竞争力评价模型，课题组对生物医药(化学药品)产业链整体的竞争力指数进行多层级分析，主要包括上游的医药中间体、原料药、药用辅料、医包材料、制药设备，中游的化学制剂，下游的医药流通等各链条环节、各个节点、不同区域开展评价。基于该节点体系，课题组对生物医药(化学药品)产业链整体以及产业链市场竞争力、技术竞争力、产业链充分性、产业链完备性等四个维度的指标体系进行分析研究，指标体系设置如表5-5所示。

表5-5　生物医药(化学药品)产业链竞争力指标体系

维度	指标	权重	计算方法
市场竞争力	市场占有率	20%	本地上市公司营收总和/全国营收总和
	利润率	10%	本地上市公司加权利润率 (权重为营业收入)
技术竞争力	专利数	12%	本地专利数量
	研发人员数	8%	上市公司研发人员数
	研发投入	10%	上市公司研发投入
产业链充分性	产业链企业数量	10%	产业链企业数量
	上市企业数量	10%	上市企业数量
产业链完备性	产业链完整率	10%	本地产业链节点数量加权/中节点数量加权 (通过上市公司利润率给权重)
	高新节点占有率	10%	本地高新技术节点数量/中节点数量

(一) 生物医药(化学药品)产业链整体竞争力指数排名

1. 竞争力指数排名

从生物医药(化学药品)产业链竞争力指数整体排名看，化学药品产业相对集中在东部沿海地区，不同地区产业链基础实力存在较大差距。如图5-3所示，截至2021年底，国内生物医药(化学药

品)产业链竞争力指数排名(均不包含港澳台)第一的是江苏省,指数为77.5。山东、北京、上海、浙江分别是71.0、70.2、69.3和58.6。从整体上看,江苏、山东、北京三个地区竞争优势明显,实力较强,凭借多年生物医药产业发展基础和创新投入,已成为我国生物医药产业的重要研发和生产制造基地。尤其是江苏省,医药制药业规模以上工业总产值位居全国第一,产业链竞争指数远远高于全国其他地区。相比较,广东、河南在医疗器械、疫苗等医药其他领域较为突出,湖南、福建、安徽等省在化学药产业链上与先进省份仍有一定差距,存在着集聚化发展程度不高、创新能力不强、关键共性技术供给不足、高端人才团队缺乏等问题。近年来,当地政府也在完善相关产业政策,在政策、土地、资金上给予支持,积极扶持当地生物医药企业做大做强,产业整体发展势头较好。甘肃、新疆、宁夏、青海等省份缺乏发展生物医药产业的研究机构、关键技术、高端人才等,因此产业基础较为薄弱。

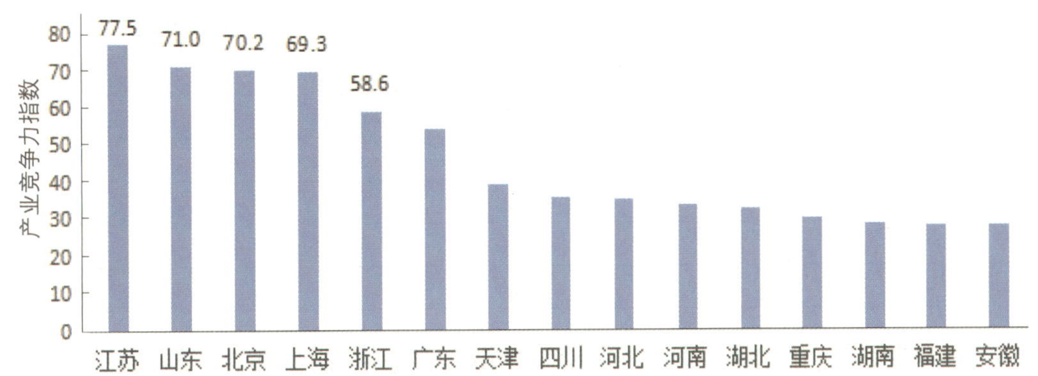

图5-3 生物医药(化学药品)产业链竞争力指数排名

我国31个省份的排名如表5-6所示。

表5-6 2021年国内生物医药(化学药品)产业链整体竞争力指数排名

序号	省份	指数	序号	省份	指数
1	江苏	77.5	17	江西	25.4
2	山东	71.0	18	山西	23.6
3	北京	70.2	19	黑龙江	23.5
4	上海	69.3	20	陕西	23.5
5	浙江	58.6	21	云南	22.7
6	广东	54.1	22	吉林	22.2
7	天津	39.3	23	广西	22.1
8	四川	35.7	24	贵州	21.6
9	河北	35.0	25	海南	19.1
10	河南	33.4	26	内蒙古	17.6
11	湖北	32.7	27	甘肃	14.7
12	重庆	30.1	28	西藏	8.2
13	湖南	28.3	29	新疆	7.6
14	福建	28.0	30	宁夏	7.0
15	安徽	27.7	31	青海	4.8
16	辽宁	26.2			

2. 竞争力指数变动趋势

从生物医药（化学药品）产业链竞争力指数增长趋势，2015—2021年，TOP5省份的生物医药（化学药品）竞争力均有一定增长。如表5-7和图5-4所示，其中江苏省增长最快，复合增长率为7.9%，远高于其他省份。山东、北京、上海、浙江的复合增长率为4.6%、4.3%、4.9%和3.3%。尤其是处于第一梯队的江苏、山东、北京、上海，竞争力指数均在4.0%以上，反映了江苏、山东、北京、上海作为我国生物医药（化学药品）产业集聚主要地区，生物医药（化学药品）产业链在整体实力保持全国领先的同时，又具备较强的市场增长潜力。浙江、广东、天津、河南、河北的产业链竞争指数的年复合增长率也均达到了2%以上，产业发展呈加快发展态势，是未来我国生物医药（化学药品）产业发展的中坚力量。

表5-7　2015—2021年TOP10省份生物医药（化学药品）产业链竞争力指数

省份	2015年	2016年	2017年	2018年	2019年	2020年	2021年	CAGR
江苏	49.2	51.7	57.4	62.0	67.2	73.0	77.5	7.9%
山东	54.3	56.2	57.3	60.5	63.8	67.4	71.0	4.6%
北京	54.5	55.8	59.3	61.8	64.1	64.4	70.2	4.3%
上海	51.9	54.4	59.1	61.8	63.0	66.1	69.3	4.9%
浙江	48.1	49.8	52.6	54.0	55.4	56.3	58.6	3.3%
广东	43.8	44.4	46.7	48.1	49.8	52.3	54.1	3.6%
天津	30.1	31.2	33.6	35.1	36.6	37.8	39.3	4.5%
四川	32.9	33.0	33.4	34.5	34.6	34.6	35.7	1.3%
河北	30.2	31.5	31.6	32.5	33.8	34.5	35.0	2.5%
河南	28.7	30.2	32.0	32.3	32.5	33.0	33.4	2.6%

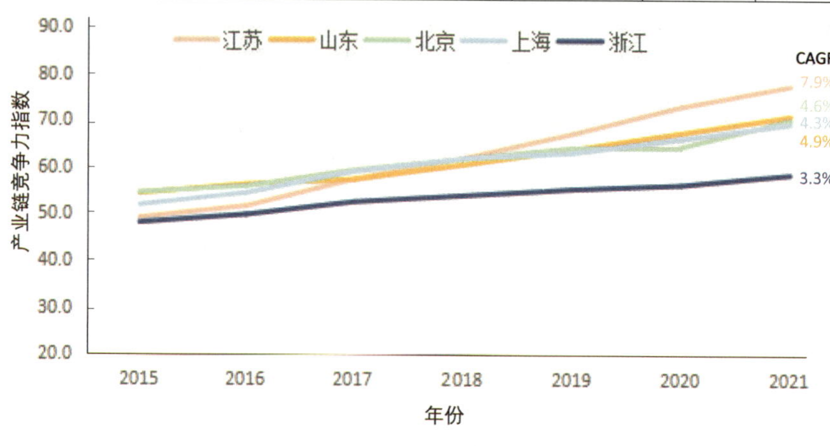

图5-4　生物医药(化学药品)产业链竞争力指数增长趋势

从生物医药(化学药品)产业链竞争指数增长的来源看，TOP5的江苏、山东、北京、上海、浙江2015—2021年产业链竞争指数的增长都是由产业链技术竞争力这一因素来拉动，其次是市场竞争力，相比较，产业链的充分性和完备性对整体产业链竞争指数拉动作用较小（见图5-5）。这表明，技术创新能力对生物医药（化学药品）产业链起到关键推动作用。近年来，国内创新药实现了爆发式增长，从生长期逐渐步入收获期，产业技术不断突破创新，产品结构更加完善和全面。江苏省在

“十三五”期间共有382个药品品规获批上市，占全国总数的17%，其中创新药19个，占全国总数的31%，获批数量连续5年位居全国第一。北京、上海、浙江、山东等省市的创新能力也不断提升，表现出强劲的竞争力。如北京拥有全国最多的国家级医学研究中心，临床研究能力强劲；上海集聚了国内外众多生物医药研发机构和顶尖人才，创新实力强劲、成果突出。随着国内国际形势和政策环境的改变，创新已经成为药企向上发展的必要手段，只有以原研药、创新药为中心，生物医药产业才能长远发展。

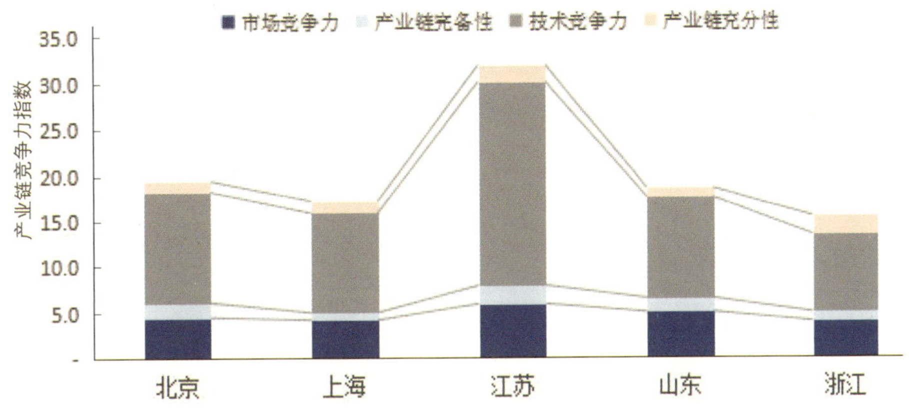

图5-5 生物医药(化学药品)产业链竞争力指数增长来源

(二)各评价指标维度分析

1. TOP5省份各评价指标维度分析

对2021年生物医药产业链(化学药品)竞争力指数TOP5省份做各指标的雷达图，如图5-6所示。江苏的产业链技术竞争力、市场竞争力和产业链完备性均排名第一，产业链充分性排名第二。浙江在化学药产业链拥有最多的上市公司，因此其产业链充分性排名第一，但产业链的技术竞争力、市场竞争力、产业链完备性落后于江苏、北京、上海。山东的市场竞争力排名第二，但在市场竞争力、产业链充分性方面较弱，有待进一步提升。

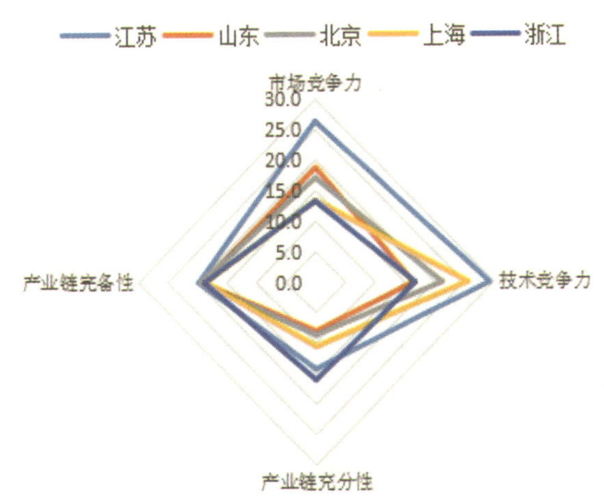

图5-6 生物医药(化学药品)产业链竞争力TOP5各维度指标对比

2. 市场竞争力分析

市场竞争力的本质表现就在于获取更多的市场份额和更高的利润率。市场占有率越高、企业盈利水平越高，产业链就越具有竞争力。如图5-7所示，从市场竞争力指数看，江苏的市场竞争力指数得分最高，为26.4，优势显著。在中国化学制药工业协会评选的“2020年中国化学制药行业工业企业综合实力百强”榜单中，江苏以21家企业位居全国数量第一，扬子江药业、恒瑞医药、正大天晴等知名药企在榜单前10强中占据了4席，展现了强劲的市场竞争力。山东的市场竞争力指数得分排名第二，为18.8分，在化药工业百强榜单中占据18家，拥有齐鲁制药、鲁南制药、罗欣药业等知名企业。北京、上海、浙江的市场竞争力指数分别为17.1、13.4和13.3。上海的百强榜单数量虽然不及江苏、山东、北京，但头部企业竞争力突出，上海医药、复星药业、上海现代制药均为榜单前20强。随着我国医疗体制改革的逐步推进，在“两票制”、药品集中带量采购等政策的影响下，药品生产企业的利润受到大力冲击，因此需要进一步优化产业链结构，实行“原料药+制剂”一体化发展，进一步提高药品市场占有率和竞争力。

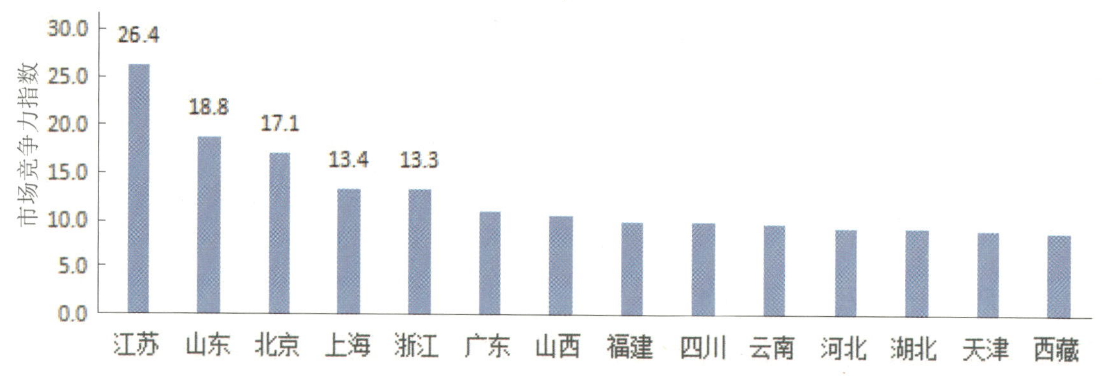

图5-7　生物医药(化学药品)产业链市场竞争力排名

3. 技术竞争力分析

技术竞争力是一个反映产业链竞争力来源的间接因素。在现代经济社会，科学技术能力越强，产业竞争力就越强。反映技术竞争力的指标包括专利数、研发投入、研发人员数等。从技术竞争力指数看，江苏得分最高，为29.3。上海、北京分别为25.5、21.3，位居第二、第三。江苏、上海、北京的技术竞争力指数都在20分以上，表明该三省(市)的生物医药(化学药)创新要素集聚，产业链在技术竞争力上优势明显，远高于其他省份。研发能力是制药企业最重要的核心竞争力之一。江苏省的技术竞争力强劲源于创新能力的持续增强，2020年该省规模以上医药企业研发费用占营业收入比重达5.8%，高于全省规模以上工业3.5个百分点，8家企业入选“中国医药研发产品线最佳工业企业”25强，创新药获批上市和获批临床的数量国内领先。上海跨国医药企业研发中心密集，融资环境良好，备受国际头部企业青睐，诺华、辉瑞、罗氏等全球顶尖药企在上海建立了研发中心或总部。上海拥有中国科学院药物所、国家基因组南方中心、上海医工所等高水平创新机构，以及复旦大学、同济大学、上海交大等国内知名高校，是我国重要的技术研发中心和成果转化中心。北京积极发挥首都资源优势，拥有众多知名三甲医院及国家级产、研、医平台和审批审批行政部门，在开展临床研究和新药审批方面具有天然优势，并且先行先试推动多项全国首创和示范性措施落地，极大地推动了生物医药产业的发展。广东、浙江的技术竞争力指数为17.9和16.8，较江苏、上海、北京弱，但近几年当地政府部门也非常重视生物药医药产业的发展并出台了相应的高质量发展行动方案，产业发展势头强劲。

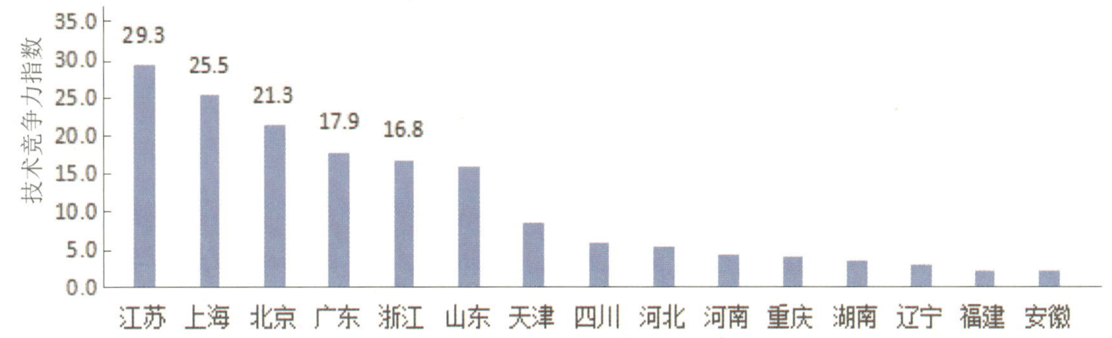

图5-8 生物医药(化学药品)产业链技术竞争力排名

4. 产业链充分性分析

产业链充分性是反映产业链当前拥有的市场竞争行为主体充分程度的指标集合，产业链拥有的企业数量越多，产业链的稳定性越高，产业链的竞争力就越强；产业链拥有的高质量企业(上市企业)数量越多，产业链的充分性越高，产业链的竞争力就越强。如图5-9所示，浙江在化学药品产业链上的上市企业最多，有27家，因此浙江的产业链充分性指数得分最高，为16.0；其次是江苏，有20家，指数为14.2；广东、上海和北京分别有11家、11家和9家，指数分别为12.5、10.6和8.7。

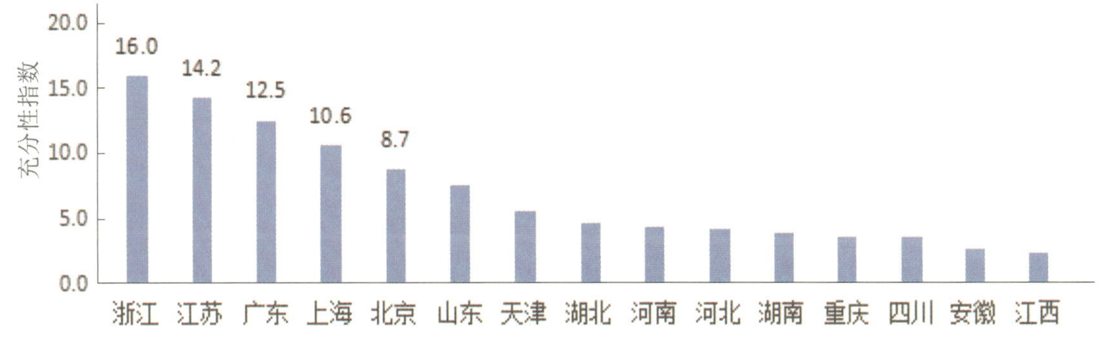

图5-9 生物医药(化学药品)产业链充分性排名

5. 产业链完备性分析

产业链完备性是反映本地产业链的布局、配套完备程度的指标。产业链节点越多，节点的质量越好，本地的产业链竞争力就越强。如图5-10所示，江苏的产业链完备性指数得分最高，为19.8。北京、山东、浙江、上海分别为19.4、19.1、18.8和18.7。TOP5的产业链完备性指数都比较高，且指数较为接近，表明江苏、北京、山东、浙江、上海等省份已形成了原料药、药用辅料、包装材料、制药设备、制剂生产等较为完整的产业发展体系。当前，各种不稳定不确定因素明显增加，新冠疫情的影响广泛深远，乌克兰危机、中美关系恶化等影响交织叠加，国家和地方必须坚持稳定可控、安全高效，加快补齐产业链供应链短板，提升产业链供应链竞争优势，进一步突破“卡脖子”关键技术和相关原辅料、检验检测设备依赖进口的瓶颈，做好医药产业链供应链战略的设计和精准施策，维护产业链供应链稳定畅通。

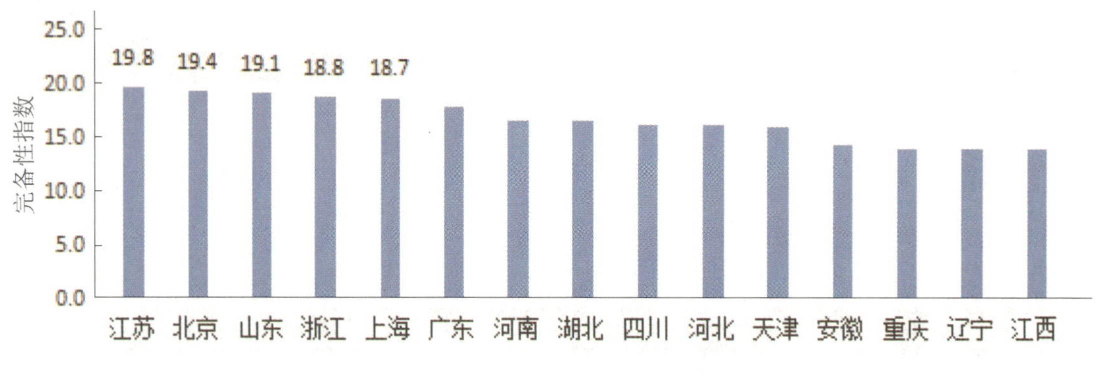

图5-10　生物医药(化学药品)产业链完备性排名

三、生物医药(化学药品)产业链节点竞争力分析

生物医药(化学药品)产业链作为一个由很多节点构成的链条结构，其竞争力本质上是由各个产业链节点的竞争力共同形成的。每个大的节点下又有各自的配套，这些配套与节点共同构成了一个以该节点为核心的节点产业链。结合评价指数看，生物医药（化学药）产业链关键节点竞争力指数如下。

（一）医药原材料

医药原材料包括医药中间体和化药原料药。如图5-11所示，通过对全国各地化学药原材料整体竞争力指数对比发现，江苏的竞争力指数排名第一，得分72.3；其次为浙江、山东、河北、四川，指数分别为70.4、62.9、61.9和49.3。江苏、浙江在第一梯队，山东、河北、四川、湖北、河南在第二梯队，其他省份构成第三梯队。从地域分布来看，我国原料药企业主要分布在中东部，尤其是东部沿海的江苏、浙江企业数量最多。

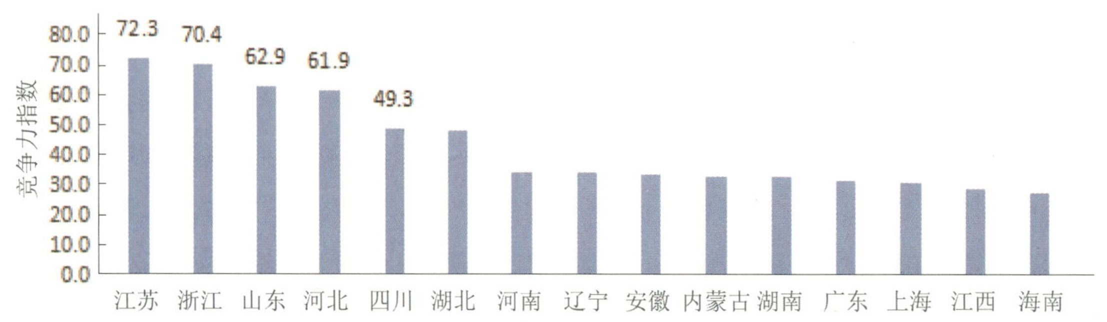

图5-11　医药原料药竞争力排名

此外,由于成本、环保、监管及竞争加剧等因素,原料药新建、扩建项目受到严格限制,一些大宗原料药生产企业开始向中西部地区转移,如浙江永太科技等沿海地区原料药企业将生产基地建在内蒙古。中西部三四线小城市在成本和用地方面具有较大优势,成为更适合形成原料药生产的地方,因此未来三四线城市有望成为我国新的原料药生产集中地。

如图5-12所示,在原材料药产业各维度指标对比中,江苏的技术竞争力、市场竞争力、产业链完备性均排名第一。浙江的产业链充分性排名第一,技术竞争力排名第二。化学原料药产量江苏最高,江苏的武进、金坛和常州一带聚集了较多的化学原料药企业为主,产品品种多,部分企业与国外制药企业建立了销售渠道。浙江在临海建立了国家级浙江省化学原料药基地,成为全国化学原料药和医药中间体产业规模最大的集聚区,在维生素A和E、沙坦、普利、磺胺、酮洛芬、奥卡西平、卡马西平、喹诺酮、头孢类、青霉素类、造影剂等品类具有较强竞争力。如天宇股份、华海药业是国内沙坦类原料药品种最丰富的企业;司太立是全球碘造影剂原料药龙头。浙江省为原料药出口强省,交货值约占全国原料药出份额的30%,从2008年以来一直位列全国第一,拥有华海药业、浙江医药、新和成、普洛药业、九洲药业、天宇药业等原料药和中间体知名企业,其中新和成、浙江医药、华海药业、海正药业占了全球大型原料药供应商前10中的4席。因此,浙江在我国乃至全球化学原料药行业将长期扮演重要角色。

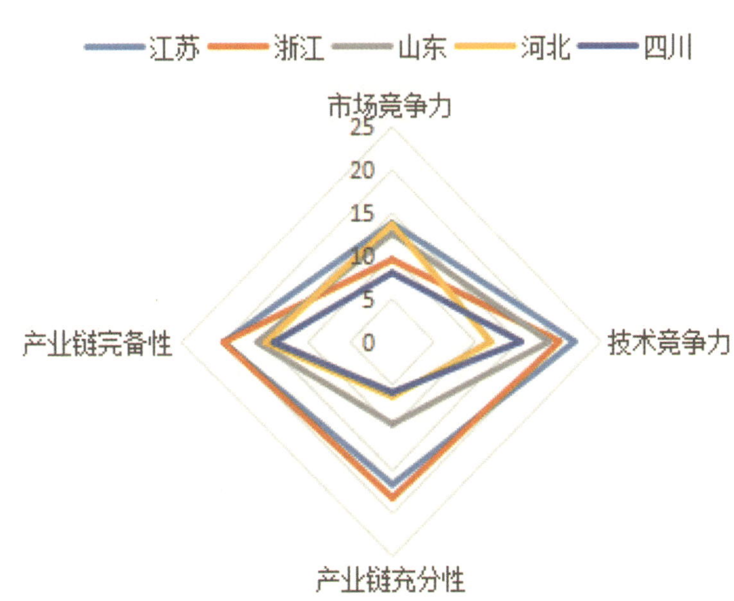

图5-12　医药原材料竞争力TOP5各维度指标对比

(二)药用辅料

如图5-13所示,在药用辅料产业链竞争力指数评价中,安徽排名第一,指数为82.1。山东、河南、浙江、湖南分别为78.2、67.5、59.1和55.5。

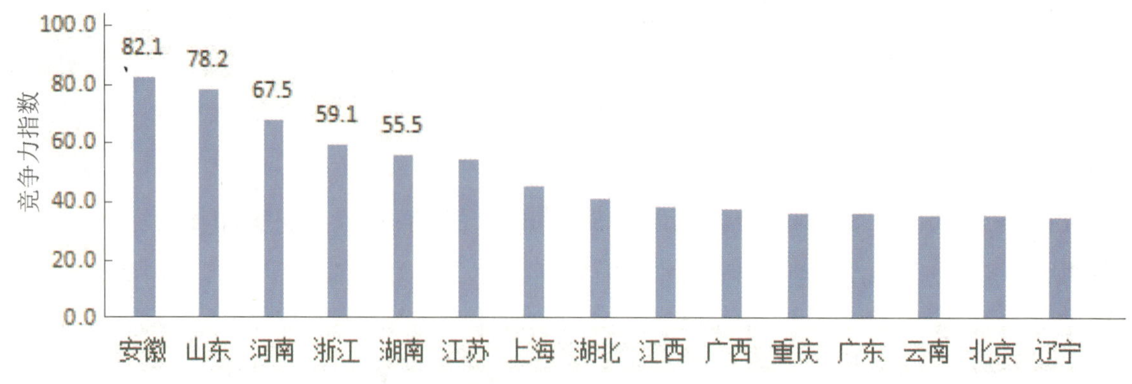

图5-13 药用辅料竞争力排名

如图5-14所示，在各维度指标对比中，安徽的技术竞争力、产业链完备性排名第一，山东的市场竞争力、产业链充分性排名第一。安徽的山河药用辅料股份有限公司是国内专业药用辅料生产企业、新型药用辅料研究开发基地、国家高新技术企业，目前在国内药用辅料(固体制剂)行业处于龙头地位，于2015年上市，建有省级博士后科研工作站、院士工作站。山东拥有赫达股份、泰安瑞泰、聊城阿华制药、曲阜药用辅料等多家辅料企业；湖南尔康制药股份有限公司是国内品种最全、规模最大的专业药用辅料生产企业之一，拥有127个药用辅料品种；此外还有浙江湖州展望药业有限公司、河南的博爱新开源制药股份有限公司、南京的威尔药业等国内知名辅料企业。

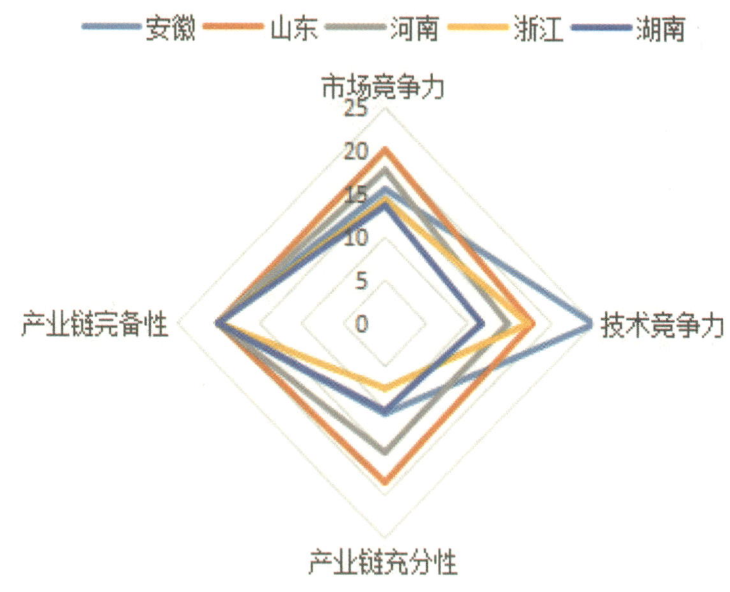

图5-14 药用辅料竞争力TOP5各维度指标对比

(三)药用包装材料

如图5-15所示，在药用包装材料产业链竞争力指数评价中，江苏排名第一，指数为75.9。浙江、山东、上海、四川分别为72.8、57.9、51.9和51.4。

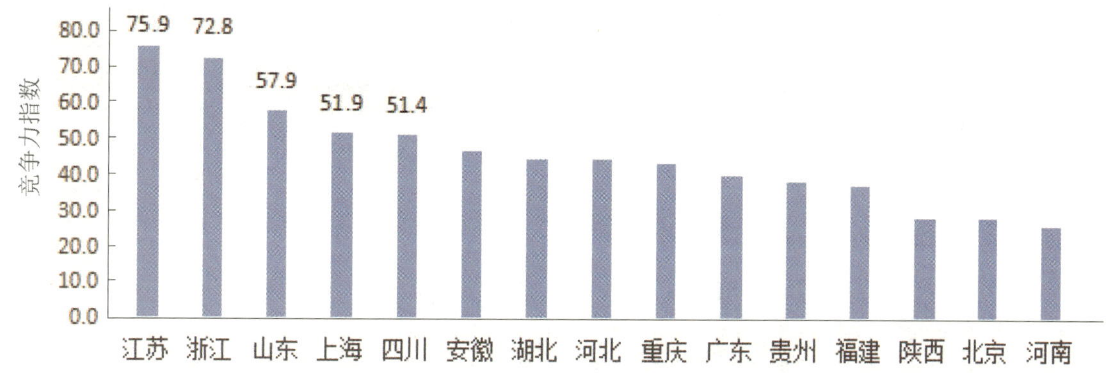

图5-15 药用包装材料竞争力排名

如图5-16所示,在各维度指标对比中,上海在药用包装材料的技术竞争力排名第一,江苏在药用包装材料的产业链充分性、完备性以及市场竞争力排名第一。目前国内药用包装材料的上市公司不多,主要有江苏申凯包装、上海海顺新材、山东药玻、华润双鹤、科伦药业、华仁药业等。由于药企对药包材和辅料的要求变得越来越严苛,一些既生产制剂又有药包材和辅料生产线的药企,对高风险的药包材和辅料宁愿重金自产,以保证质量,如华润双鹤、科伦药业。其中江苏申凯包装给国内葵花药业、云南白药、哈药六厂、哈药二厂、东北制药、华北制药、国风药业、中国国药、同仁堂、康仁堂、九芝堂、丽珠集团、羚锐制药、白云山制药等75家主板上市企业供货,占有较高的市场竞争力。浙江的宁波力正、金石包装、玉环康宁等企业也具有一定市场知名度。

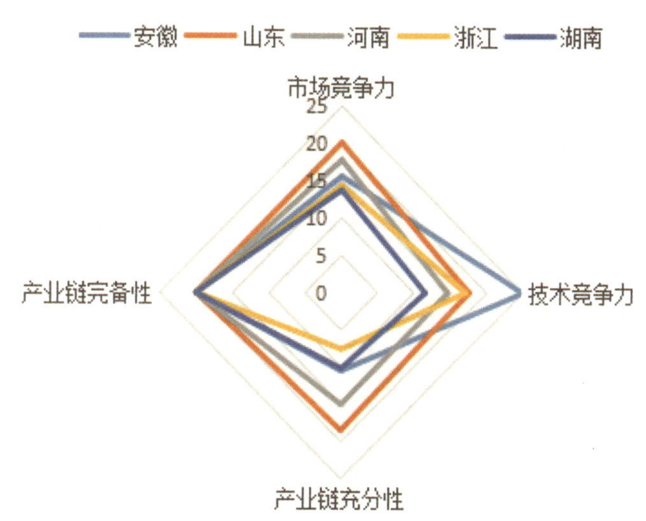

图5-16 药用包装材料竞争力TOP5各维度指标对比

(四)制药设备

制药设备包括化学药原料药生产设备、制药专用粉碎机械、制剂生产设备、药物检测设备及仪器等四大类。其中原料药设备与制剂设备是化学药生产过程中最为核心的两类制药装备,不同的产品和剂型要求对应的设备与生产线不尽相同。从制药装备发展趋势来看,自动化、智能化、数字化和连续生产化代表了行业未来的发展方向。如图5-17所示，在制药设备整体的竞争力中，上海排名第一，指数为73.6；紧随其后是湖南排名第二，指数65.3；浙江、北京、山东分别为58.7、56.4、41.1。

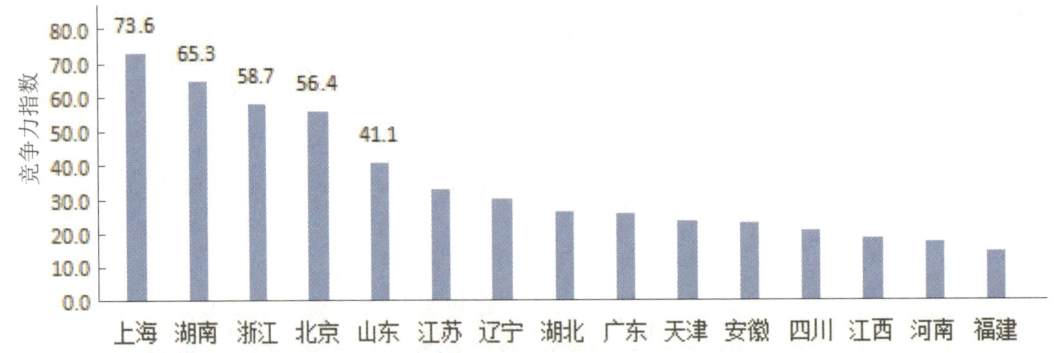

图5-17　制药设备竞争力排名

如图5-18所示，在各维度指标对比中，上海的市场竞争力、技术竞争力、产业链完备性第一。上海的东富龙和湖南的楚天科技是国内领先的制药装备制造商，是我国替代进口制药装备产品的代表企业。东富龙为国内最大的冻干机设备制造商，冻干机产销量居国内行业首位，在冻干系统领域拥有国内领先的研发、设计能力；楚天科技在水剂类制药装备产销量居国内行业前列。浙江制药设备企业以迦南科技为代表，为国内外制药企业提供固体制剂自动化整线解决方案，此外浙江还拥有小伦智能制造、温兄控股、台州诚信医化等众多中小企业，并在温州形成制药设备集聚区，因此浙江在制药设备竞争力充分性方面排名第一。

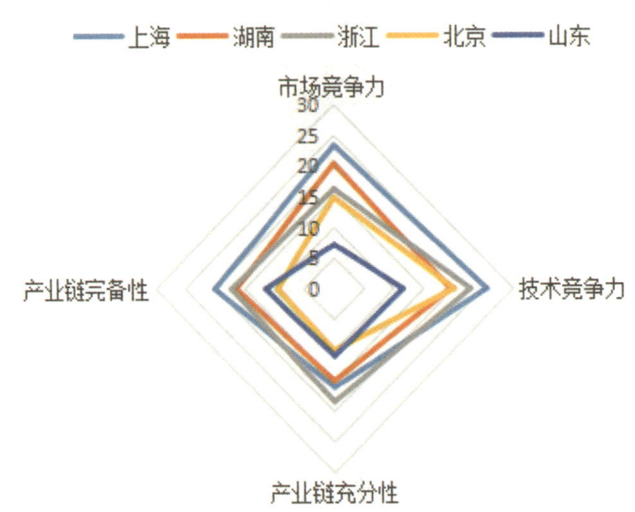

图5-18　制药设备竞争力TOP5各维度指标对比

（五）化学制剂

如图5-19所示，从化学药品制剂的竞争力指数看，江苏竞争力指数最高，为73.9；山东排名第二位为70.2；北京、河北、浙江分别为68.5、61.2、56.9。主要原因是我国技术创新体系尚未形成、研发投入不足,化学药品制剂仍以仿制药为主,是我国临床用药的主体,也是制药工业中规模最大的板块。虽然政府鼓励创新,但为了控制医疗保健总体费用,我国基本药品目录及国家药品报销清单收录的基本都是国内生产的仿制药。国内化学药品制剂行业领先企业有扬子江药业集团有限公司、哈药集团有限公司、华北制药股份有限公司、上海复星医药(集团)股份有限公司、华润双鹤药业股份有限公司、华润三九医药股份有限公司、山东瑞阳制药有限公司、珠海联邦制药股份有限公司等。

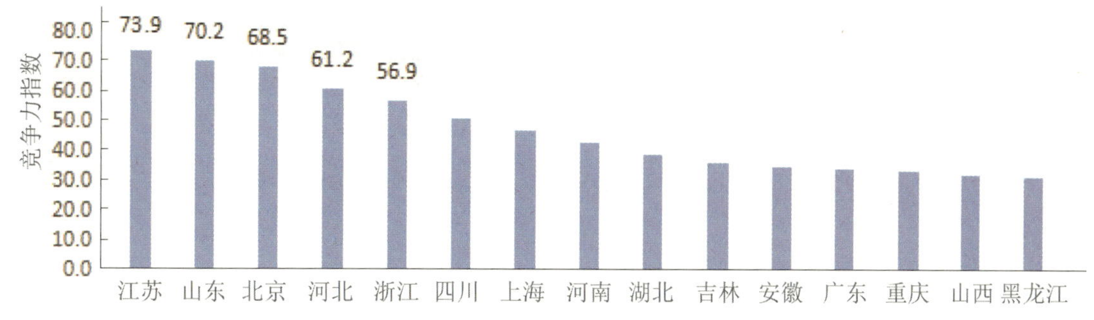

图5-19　化学制剂竞争力排名

如图5-20所示,从化学制剂的各维度指标对比看,江苏的技术竞争力和产业链完备性排名第一,山东的市场竞争力排名第一。江苏化学制剂产业规模全国领先,在抗肿瘤类药物、抗肝炎类药物、心血管类药物、消化系统类药物、抗精神病类药物等细分领域优势突出。在中国化学制药工业协会发布的"2020年中国化学制药行业工业综合实力百强"榜单中,江苏有21家企业上榜,并且扬子江药业、恒瑞医药、正大天晴等头部企业众多,位居榜单第一、第三和第五位,体现了江苏在化学制剂上的强劲实力。近年来,江苏省医药企业研发创新能力不断加强,研发费用占营业收入比重达5.8%,创新药获批上市数量连续5年位居全国第一,创新成果突出。山东省则在制剂产量上优势明显,根据中国化学制药工业协会统计的2020年化学制剂重点剂型产量生产情况分析,山东粉针剂、注射剂、片剂、输液、胶囊剂、滴剂和颗粒剂合计产量达到了6025802万瓶(支、片、粒、袋),远高于第二位北京的4208138万。

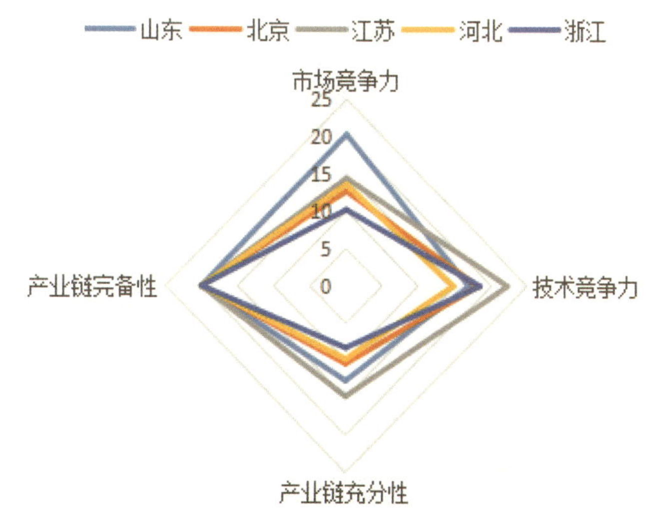

图5-20　制药设备竞争力TOP5各维度指标对比

（六）医药流通

根据商务部对外发布《2021药品流通行业运行统计分析报告》，2021年，全国药品流通市场销售规模稳步增长，增速逐渐恢复至疫情前水平。统计显示，全国七大类医药商品销售总额2.6万亿元，同比增长6.1%。2021年，全国六大区域销售额占全国销售总额的比重分别为：华东36.2%，中南27.1%，华北15.0%，西南13.3%，东北4.3%，西北4.1%。其中，华东、中南、华北三大区域销售额占到全国销售总额的78.3%，与上年基本持平。广东、江苏、上海、浙江、北京、山东、河南、四川、安徽、湖北是2021年化学药品流通市场销售额居前10位的省份，销售额占全国销售总额的65.2%。根据药品流通市场占有率各省排名情况如图5-21所示。因药品流通不涉及技术竞争力，故不再进行雷达图维度分析。

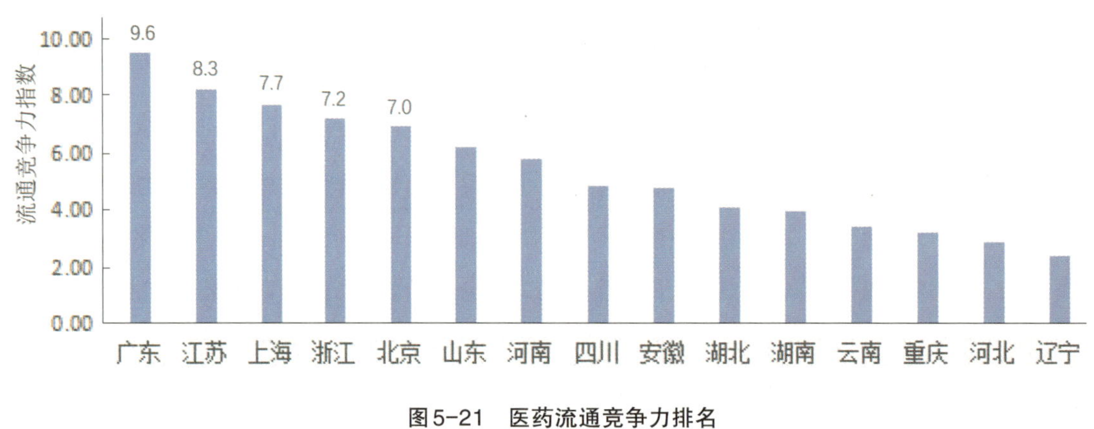

图5-21　医药流通竞争力排名

四、主要省份生物医药(化学药品)产业链布局分析

从地方产业链布局的视角来看，各省在生物医药产业链（化学药品）各个节点上竞争力的分布及其优劣势分析如下。

（一）江苏

如图5-22所示，江苏省的生物医药(化学药品)产业链竞争力指数整体排名第一，指数为77.5；其产业链技术竞争力、市场竞争力和产业链完备性均排名第一，产业链充分性排名第二。江苏在医药中间体和化药原料药、药用包装材料领域排名第一，在化学药品流通领域排名第二。近年来，江苏产业规模位居全国前列，形成了涵盖化学药、医用辅料和包装材料等较为完整的产业发展体系，呈现出价值链、产业链、空间链、创新链齐头并进的发展格局。企业竞争力不断增强，涌现出扬子江、恒瑞医药、正大天晴等一批在全国具有竞争优势的龙头企业，21家企业入选“中国化学制药行业工业综合实力百强”。江苏省医药企业智能制造水平全国领先，研发创新能力不断加强，研发费用占营业收入比重达5.8%，创新药获批上市数量连续5年位居全国第一，创新成果突出。但是江苏在药用辅料和制药设备领域相对薄弱。

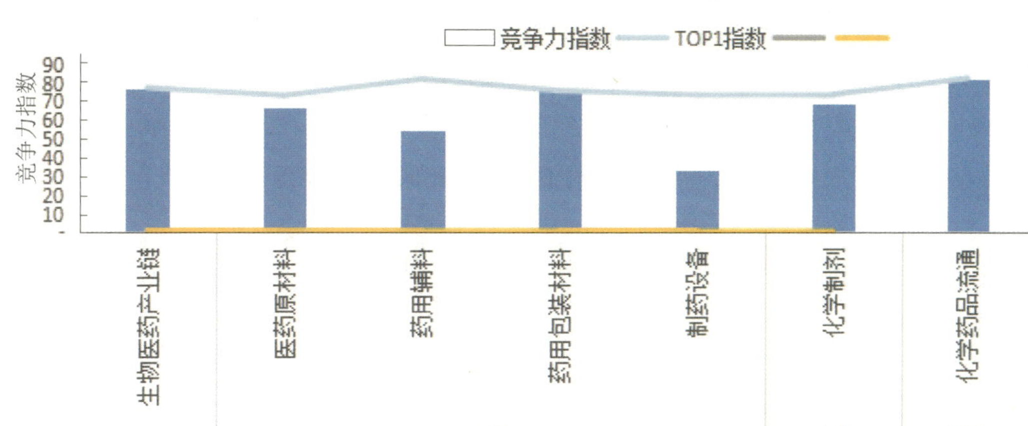

图5-22　江苏省生物医药(化学药品)产业链各节点竞争力指数对比

(二) 山东

如图5-23所示,广东省整体的产业链竞争力指数排名第二,指数71.0。山东省在药用辅料、化学制剂方面有较强的竞争力,在原料药、药用包装材料竞争力上排名第三,但在制药设备领域和化学药品流通领域相对较弱。山东是医药产业大省,形成了化学药、药用辅料、药包材和制药机械等完整的产业体系,产业规模约占全国的九分之一,药品产业规模居全国第二位,是全国重要的医药生产供应基地。近年来,山东制药行业保持了稳中有进的发展势头,药物创新能力也有一定提升。在政策的扶持、国家药监部门的助力和科研人员的努力下,山东的药物研发创新、聚集发展飞速,打造了齐鲁医药新高地。

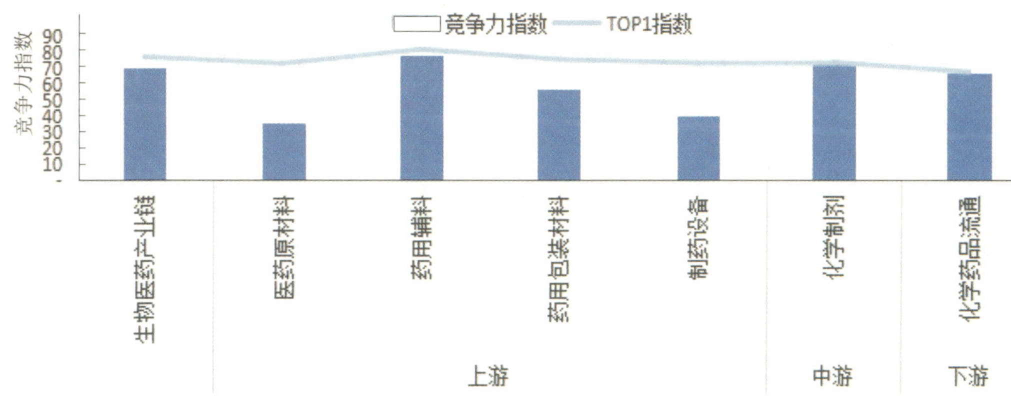

图5-23　山东省生物医药(化学药品)产业链各节点竞争力指数对比

(三) 北京

如图5-24所示,北京市的生物医药产业链(化学药品)产业链竞争力指数整体排名第三,指数70.2。北京市中游化学制剂、下游药品流通具有较强竞争力,在制药设备方面也有一定实力。生物医药是北京的支柱产业，拥有众多知名三甲医院和全国最多的国家级临床医学研究中心，在新药临床研究方面具有强大优势。北京，还拥有众多国家级产、研、医平台和审批审批行政部门，在新药审批方面具有天然优势，并且先行先试推动多项全国首创和示范性措施落地，极大地推动了生物医药产业的发展。作为全国政治经济文化中心，北京吸引了众多知名药企在北京落户成立合作公司，因此在化学制剂方面有强大的研发和生产能力，但是由于环保严格、用地紧张等因素，在原料药、辅料、药品包装等环节相对薄弱。

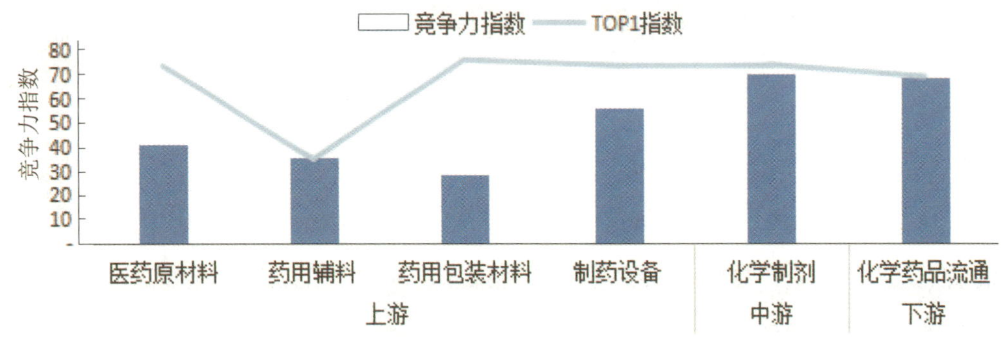

图5-24 北京市生物医药(化学药品)产业链各节点竞争力指数对比

（四）上海

如图5-25所示，上海的生物医药产业链(化学药品)产业链竞争力指数整体排名第四，指数69.3，在制药设备、药品流通方面具有优势。上海集聚了国内外众多生物医药研发机构和顶尖人才，创新实力强劲、成果突出。诺华、辉瑞、罗氏等全球顶尖药企在上海建立了研发中心或总部。拥有中国科学院药物所、国家基因组南方中心、上海医工所等高水平创新机构，以及复旦大学、同济大学、上海交大等国内知名高校，是我国重要的技术研发中心和成果转化中心。上海在创新研发能力上实力强劲，但在药品制造能力方面较为薄弱，不少药企把研发放在上海，把药品制造放在江苏、山东、浙江等地。

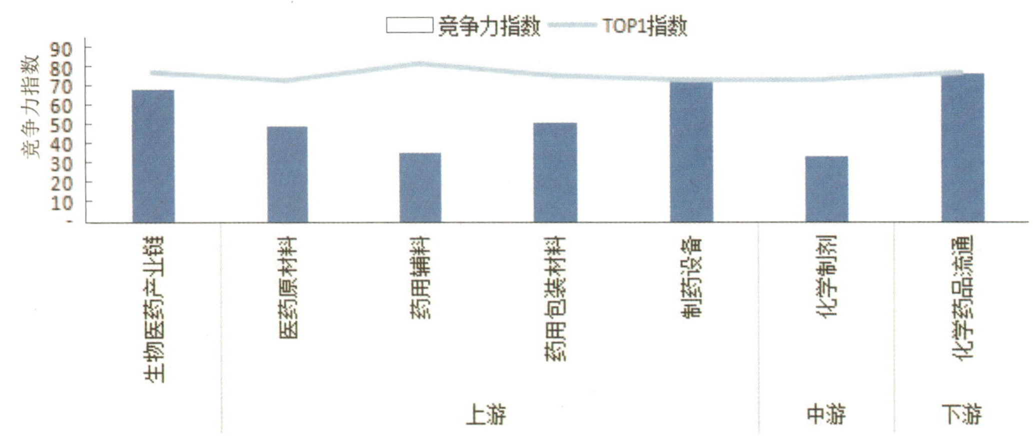

图5-25 上海市生物医药(化学药品)产业链各节点竞争力指数对比

(五) 浙江

如图5-26所示，浙江省的生物医药产业链(化学药品)产业链竞争力指数整体排名第五，指数58.6。浙江省在原料药与中间体等化学药用原材料、药用包装材料两大领域排名第二、在制药设备排名第三、药用辅料和药品流通排名第四、化学制剂排名第五。浙江的化学药产业链起步较早，在化学药领域形成了集医药中间体、原料药、辅料、制药设备、化学制剂、流通于一体的完备产业链，从细分领域看，化学药品领域集聚了华东医药、浙江医药、贝达药业、歌礼生物等一批上市企业和重点企业；医药中间体及原料药领域培育了美诺华、华海药业、天宇药业、新和成、京新药业、普洛药业等一批专注特色原料药的龙头企业；高端药用辅料领域拥有展望药业、华光胶囊、益立胶囊等一批重点企业。化学原料药出口规模位居全国第二，维生素、氨基酸、激素等大宗品类具有较强竞争力。台州、金华、绍兴等地具有较强的化学药生产制造能力，形成了化学药产业集聚区。

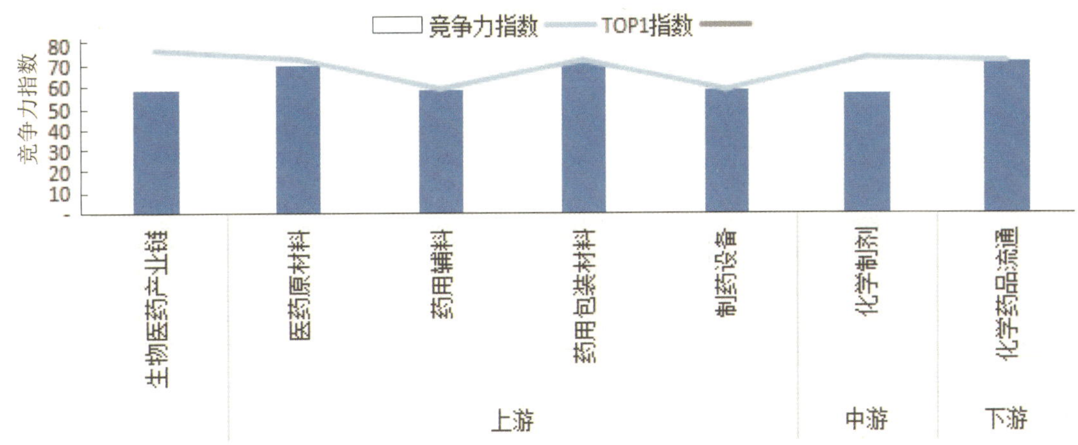

图5-26 浙江省生物医药(化学药品)产业链各节点竞争力指数对比

五、对策建议

当前生物医药产业产业链稳定性安全性主要存在以下五方面突出问题：

一是关键环节制药设备、高精密药物分析仪器及部分高端原料、特殊辅料高度依赖欧美日等发达国家，产业链存在一定风险，短期内国产替代难度较大。

二是部分中间体、原料药缺乏长期稳定的供应保障，尤其受到疫情反复、国际贸易形势变化、原产地经济社会稳定性等因素的影响。

三是由于行业特殊性，药物辅料、原料药等国产化替代需要重新审批或备案，重大变更还需开展研究验证、重新做一致性评价，存在耗时较长、投入较大并存在验证失败等不确定风险。

四是在环境、安全约束前提下，存在部分地方对化药项目、含有化学合成环节的项目“一刀切”，导致产业链优势环节、优质项目难以落地或者出现外迁的情况。

五是创新药整体研发水平对比发达国家还有待提高，产业链创新研发链条不完善，前端基础性研发相对薄弱，CRO、CDMO等本土专业服务机构梯队仍需建设。

针对上述共性问题，课题组提出以下建议。

（一）建立产业链安全清单

建立生物医药产业链核心技术环节风险清单库，全面排摸、整理、储备、挖掘和更新进口替代线索，健全产业链断链断供风险清单。根据风险清单，综合技术难易程度、技术依赖性等多种因素，实施风险分级、分类处置、分层管理，不断完善摸排、跟踪、推进工作机制，持续动态跟踪调整。

（二）健全产业链备份体系

针对突发疫情、贸易战和国际竞争等因素造成的单一依赖断供风险，健全进口替代机制，推动一批产业链强链补链项目，逐步构建以国产为主、两个国别以上备份为辅的产业链备份体系。重点支持开展原料药、重要辅料、生产工艺、生产设备等变更的预研及验证性研究，确保变更后药品一致性。

（三）加快产业链协同创新

针对依赖进口和国外授权的生物医药研发生产环节，组织实施一批行业示范带动性强的产业链协同创新项目，鼓励企业、研发机构、医疗临床机构合作，重点围绕行业广泛使用的高端药用辅料，依赖进口的主要原料药，重要制药工艺技术及装备、精密分析技术等开展联合攻关，补齐产业链创新短板。

（四）拓展产业链全球布局

围绕产业链薄弱环节开展全球精准合作，重点发挥资本市场和产业基金对医药产业的带动作用，综合运用股权投资、收购、兼并、技术买断、合资等方式，突出招引一批投资规模大、产业带动强、经济效益好、科技含量高的项目。鼓励龙头企业投资、并购境外CRO机构、制剂企业、原辅料生产基地、海外研发和孵化机构、海外临床中心等。

（五）攻关产业链核心技术

持续推动产业基础高级化，集中力量实施关键核心技术攻关，提升化学药产业链控制能力。推动实施一批基础与交叉领域的科技攻关项目，优先支持近期有望突破技术壁垒或取得全球领先原创成果的项目，推动人工智能、大数据、区块链等新技术在医药研发和临床中的应用，形成一批具有自主知识产权的领先药物技术与制药工艺。

06

乙烯产业链竞争力指数评价

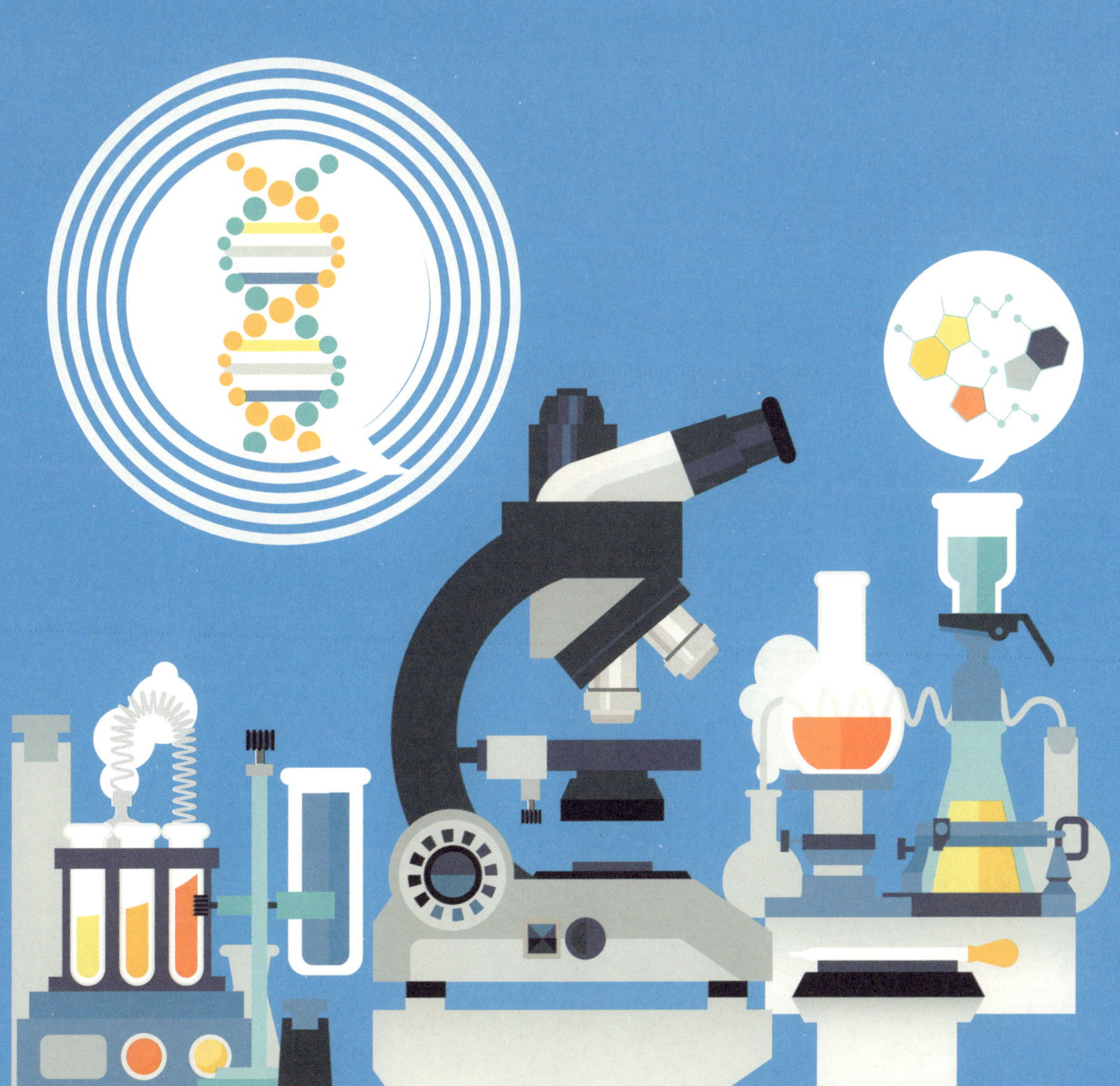

一、乙烯产业链全景概览

乙烯，英文全称Ethylene，是由两个碳原子和四个氢原子组成的化合物，两个碳原子之间以双键连接。乙烯是世界上产量最大的化学产品之一，乙烯工业是石油化工产业的核心，被誉为“石化工业之母”。其产品占石化产品的75%以上，在国民经济中占有重要的地位。世界上已将乙烯产量作为衡量一个国家石油化工发展水平的重要标志之一。国内乙烯消费和供应仍处于快速增长阶段，并且预计未来10年内塑料、橡胶及其下游制品需求仍将长期保持较高增长率。

（一）乙烯产业链节点体系

本研究使用的乙烯全产业链节点体系是依托浙江人工智能省部共建协同创新中心的算法，联合产业专家，基于上市公司公告、官网产品、招投标等信息，利用人工智能算法自动抽取加人工校准的方式构建出的包含6个维度的生产关系（即生产原料、生产配件、辅助原料、辅助设备、生产设备和技术服务）的全产业链的网状图谱产品体系。在全产业链网状图谱产品体系中，以乙烯的下游产品为起点，沿着其多种生产关系向上游追溯相关的其他产品节点，遍历到以原材料和设备为终止产品节点结束，从而形成一套有边界的乙烯产品关系图谱，即本研究使用的乙烯产业链节点体系。

如图6-1所示，乙烯产业链包括乙烯、聚乙烯、氯乙烯和苯乙烯、醋酸乙烯和醋酸、乙二醇、环氧乙烷。

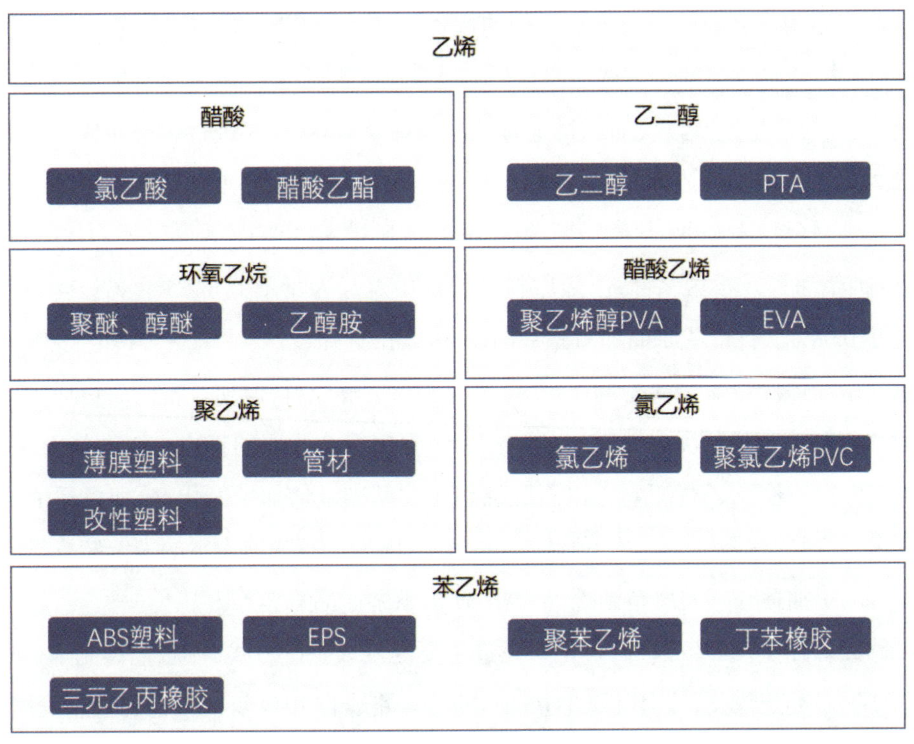

图6-1　乙烯产业链节点体系

(二)乙烯主要生产流程及各工艺路线评价

乙烯的生产除了煤化工的煤制烯烃CTO/甲醇制烯烃MTO外,全球绝大多数的乙烯生产均是通过裂解而成。生产规模化的核心在于裂解炉的规模与压缩机的功率。传统的乙烯生产多是外购石脑油通过裂解而成,一般情形下生产100万吨乙烯需要330万吨的石脑油原料,而同时副产近50吨丙烯、18万吨丁二烯、20万吨纯苯、以及其他芳烃混合物、异丁烯、丁烯、碳五碳十、乙烯焦油等。目前全球乙烯装置接近340套,共计产能2.1亿吨/年。美国在2010年以后由于页岩气革命,在开发过程中也带来了大量的副产乙烷,这些是裂解乙烯的优质原料。

轻烃裂解。一般特指乙烷为原料的裂解装置,但是实际操作多以乙烷为主,兼顾丙烷、丁烷的混合裂解。与传统石脑油裂解路线相比,乙烷裂解具有工艺流程短、装置投资少、乙烯收率高等优势。中东和美国因乙烷成本低,多以乙烷为原料。以中东为例,从1990年到2010年,中东的乙烯产量从250万吨增加到近2000万吨,约占2010年全球产量的16%,2014年增加到19%;主要由于配额制的乙烷供应。但是由于中东新开发油田较少与气相关,新增乙烷供应不足,中东地区的新的大型乙烯装置多是混合裂解LPG、凝析油、石脑油等。美国在页岩气革命带来大量乙烷供应后,对原有以石脑油路线为主的装置进行改造,均以乙烷加工为主。乙烷为原料会有一定的能耗节约,但是丙烯、丁二烯等收率也会减少。未来,东北亚地区外购乙烷进行裂解将会成为新的商业模式,需要考虑到乙烷的供应稳定,乙烷与丙烷、丁烷(或LPG)等轻烃之间的切换等因素;同时,丙烯、丁二烯的价格也会影响到装置的总体经济效益评价。

以石脑油为主的混合裂解。历史上传统的炼油厂和乙烯装置多是分开,乙烯厂以外购石脑油为原料,因此炼油、乙烯中间的很多产品难以做到优化和物料平衡。而炼化一体化对于乙烯原料来源进行优化,传统的乙烯生产路线的原料是通过饱和烷烃、石脑油等进行裂解而成。乙烯的原料大体上可以分为气体原料和液体原料;气体原料包括乙烷、丙烷、丁烷、饱和液化气和炼厂气等;液体原料包括凝析油、轻烃、石脑油、常压瓦斯油(AGO)、减压蜡油(VGO)、加氢尾油(HVGO)、加氢焦化石脑油、芳烃抽余油等。根据国标,乙烯原料石脑油中烷烃含量不低于65%,烯烃含量不大于1%,硫含量不大于0.08%。石蜡基原油和石蜡-中间基原油的直馏石脑油一般可以直接作为乙烯裂解原料。焦化石脑油烯烃和硫含量高,不能直接作为乙烯裂解原料,但加氢精制后可成为优质的乙烯裂解原料。以石脑油为主的混合原料的裂解乙烯装置更符合我国的特点。以浙江石化为例,由于炼油、乙烯装置一体化后,乙烯原料在以石脑油为主的基础上增加了液化气、加氢尾油、轻柴油、碳五等混合裂解,原料的保障性强。从下游产品的角度,因为以石脑油为主的裂解装置下游会副产碳四、碳五等产品,更加适合于发展精细化工、高附加值下游产品。

煤化工路线。除蒸汽裂解以外,煤化工是最主要的乙烯生产方式,一般把煤制烯烃(CTO)及甲醇制烯烃(MTO)归类于煤化工。我国CTO/MTO的乙烯路线自2014年以来得到快速发展,目前已经约占我国乙烯产能的22%。CTO一般多是重资产,建在煤炭的资源地。MTO以外购甲醇为主,多在沿海港口地区，需要考虑外购甲醇与下游烯烃的经济性之间平衡。

乙烯的商品量极少，由于乙烯难以运输，需要在-100℃以下存储，因此乙烯的生产商多是以配套聚乙烯、苯乙烯、乙二醇等下游产品。目前估算乙烯每年的贸易量约200万吨，而且贸易主要是由日本商社如丸红、三菱等公司控制。因为乙烯的运输船少，租金高，而且必须连续运行，因此乙烯船是贸易的核心。中国外购乙烯的公司主要是一些独立的苯乙烯、环氧乙烷、VCM等生产商，价格对应的商品成交量少，而且其中很多为合约货锁定。美国虽然是乙烯的生产大国，但至2018年底，美国仅有一个乙烯出口码头，而且码头被日本三菱商社长租。乙烯行业利润与原料、下游产品配置、工艺路线等相关度很高。

（三）我国乙烯行业发展现状与趋势

从世界范围来看，我国乙烯产能长期位居世界第二，仅次于美国。2021年，我国的乙烯产能和美国几乎持平，差距缩小至59万吨/年；从区域占比来看，2021年我国乙烯产量前10省市排名分别是辽宁、广东、山东、江苏、福建、上海、新疆、天津、浙江、黑龙江，而乙烯产量超400万吨/年有两个省市，分别是辽宁、广东，其中，辽宁累计产量为440.11万吨/年，位居全国榜首；从增长空间来看，2015—2021年，我国乙烯产能从2200.5万吨/年增长至4368万吨/年，年均复合增长率约为12%，预计“十四五”期间，国内累计新增乙烯产能将达到3832万吨/年，到2025年底国内乙烯产能将达到7350万吨/年。

截至2021年底，我国共有乙烯生产企业61家，投产乙烯装置79套，合计总产能4368万吨/年，约占全球总产能的18%。其中，蒸汽裂解制乙烯（含重油催化热裂解）装置41套，生产能力2948万吨/年；煤/甲醇制烯烃（CTO/MTO）装置27套，乙烯生产能力715万吨/年；乙烷裂解制乙烯（含混合烷烃裂解）装置6套，生产能力490万吨/年。蒸汽裂解生产乙烯是我国乙烯的最主要生产路线，约占我国乙烯总产能的84%。同时，我国能源禀赋“富煤、贫油、少气”，煤炭资源储量位居世界第三，煤炭产、销量世界第一；但原油、天然气对外依存度分别超70%、40%，且长期居高不下。在此背景下，我国走出了独具特色的煤/甲醇制乙烯路线，并成为现代煤化工的六大路线之一。

国内乙烯下游产品包括聚乙烯（PE）、乙二醇、环氧乙烯、苯乙烯、聚氯乙烯（PVC）等，这些衍生物的主要下游产品有塑料、纤维、橡胶等合成材料以及表面活性剂、黏合剂、涂料等，最终应用于包装、农业、建筑、电子电器、机械和汽车等行业。下游化工产品种类繁多，不同产品的产业发展均存在较大差异，市场化程度也不尽相同。在我国乙烯消费结构中，聚乙烯（PE）是国内乙烯最大的下游消费领域，2021年63.5%的乙烯用于生产PE。

据预测，2022年全球将新增乙烯产能1300万吨/年左右，新增产能主要来自中国、美国和印度。其中，美国将新增330万吨/年乙烯产能，包括埃克森美孚与SABIC将在得克萨斯州合建世界上最大的乙烷裂解装置，产能为180万吨/年，以及壳牌化工在Monaca PA的150万吨/年装置。未来2~5年，全球范围内乙烯的主要扩能地区仍是东北亚、美国、中东。在产能加速集中释放、表观需求量不断增加的背景下，我国乙烯行业仍处于总量不足和结构性短缺并存的阶段，一定周期内供需矛盾依然突出。东部地区石化产品产业链、贸易体系相对完善，部分企业已开展产业链延伸，向附加值高的环节进行拓展。而中西部地区新建、改扩建项目如何选择工艺及下游产品方案，需要在战略层面予以重视，高度重视品种、牌号差异化、高端化发展，保障企业、产品的竞争力（整个行业面临竞争从单一单品到产业链综合竞争的趋势），综合竞争力包括原料采购成本、生产管理、综合能耗物耗、下游产品配置及附加值等方面。

二、乙烯产业链竞争力指数分析

本研究运用产业链竞争力指数评价模型，依托浙江人工智能省部共建协同创新中心的算法，从市场竞争力、技术竞争力、产业链的充分性和完备性四个维度出发，对乙烯产业链整体的竞争力指数进行立体的、多层级分析，对各链条环节、各个节点、不同区域开展评价，范围包括乙烯、苯乙烯、氯乙烯、醋酸乙烯、醋酸、乙二醇、环氧乙烷、聚乙烯、聚氯乙烯及其他各种衍生物。

（一）乙烯产业链整体竞争力指数排名

1. 竞争力指数排名

如图6-2所示，截至2021年底，国内乙烯产业链竞争力指数排名第一的是浙江省，指数为89.4。江苏、广东、上海、山东分别为66.0、52.0、50.6和50.4。从整体上看，浙江省竞争优势明显，实力较强，浙江作为我国崛起的化工大省，凭借以炼化一体化为代表的产业链模式、以丙烷、乙烷及其他原料为主要原料加工方式的产业链模式和以橡胶塑料加工及精细化工生产为代表的三大产业模式，已成为我国化工产业的重要生产制造基地，乙烯产业链竞争指数远远高于全国其他地区。相比较，江苏处于追赶发展阶段，凭借多年的乙烯产业集聚发展和技术创新投入，已成为乙烯等化工原料的重要生产制造基地；广东、上海仍处于加快起步追赶阶段，创新资源要素集聚、乙烯迎来扩产高峰、市场终端消费需求较大，乙烯产业整体发展势头较好。

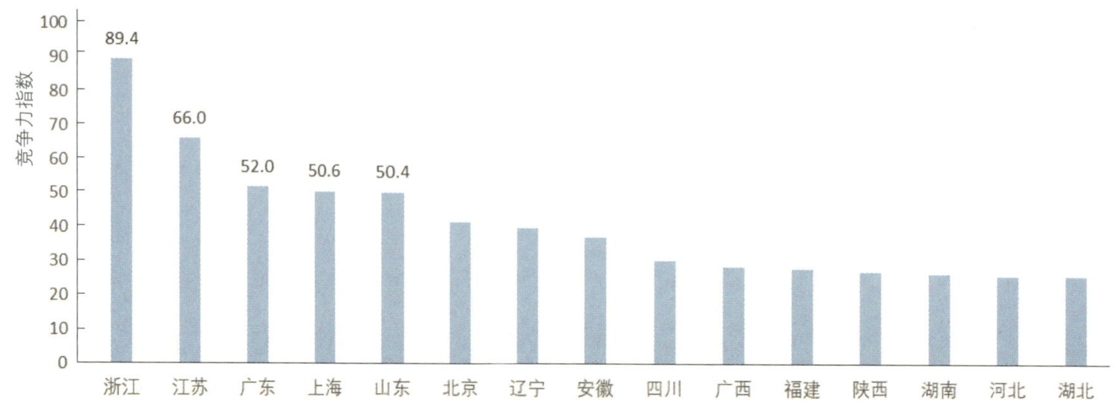

图6-2　乙烯产业链竞争力指数排名

我国31个省份的排名如表6-1所示。

表6-1　2021年国内乙烯产业链整体竞争力指数排名

序号	省份	指数	序号	省份	指数
1	浙江	89.4	17	云南	24.0
2	江苏	66.0	18	内蒙古	24.0
3	广东	52.0	19	山西	22.7
4	上海	50.6	20	吉林	22.5
5	山东	50.4	21	宁夏	22.0
6	北京	41.6	22	黑龙江	21.8
7	辽宁	40.1	23	天津	19.5
8	安徽	37.3	24	河南	18.1
9	四川	30.4	25	重庆	16.6
10	广西	28.7	26	江西	16.6
11	福建	28.1	27	甘肃	13.7
12	陕西	27.2	28	贵州	13.6
13	湖南	26.8	29	海南	10.2
14	河北	26.0	30	青海	7.2
15	湖北	26.0	31	西藏	3
16	新疆	25.6			

2. 竞争力指数变动趋势

如表6-2所示，2015—2021年，TOP5省份的乙烯产业链竞争力均有一定增长。其中浙江省增长率最快，年复合增长率为6.7%。江苏、广东、上海、山东分别为5.7%、3.5%、1.5%和3.7%。

表6-2　2015—2021年乙烯产业链竞争力指数TOP5

省份	2015年	2016年	2017年	2018年	2019年	2020年	2021年	CAGR
浙江	60.6	64.3	71.5	74.9	76.5	81.1	89.4	6.7%
江苏	47.3	49.4	52.6	56.4	58.4	61.2	66.0	5.7%
广东	42.2	43.4	46.1	47.4	49.2	51.3	52.0	3.5%
上海	46.3	44.8	43.5	43.2	42.7	46.5	50.6	1.5%
山东	40.6	42.7	44.7	45.4	47.1	47.6	50.4	3.7%
北京	31.6	32.7	31.5	27.3	29.8	39.0	41.6	4.7%
辽宁	32.2	34.1	33.7	36.0	38.5	40.5	40.1	3.7%
安徽	30.2	31.7	33.6	34.7	35.5	35.9	37.3	3.6%
四川	27.5	27.9	28.4	28.7	29.3	29.2	30.4	1.7%
广西	25.9	25.7	27.5	28.3	28.2	28.2	28.7	1.7%

如图6-3所示，2015—2021年，浙江、江苏、广东、上海和山东的竞争力指数均在上涨，其中浙江、江苏增长最为明显，复合增长率在5%以上，从一定程度反映，浙江、江苏作为我国乙烯产业集聚

的主要地区，在整体实力保持全国领先的同时，又具备较强的市场增长潜力。广东、山东、北京、辽宁和安徽等省份，2015—2021年乙烯产业链竞争指数的年复合增长率也均达到了3%以上，产业呈现加快发展态势，也是未来我国乙烯产业发展的中流砥柱。

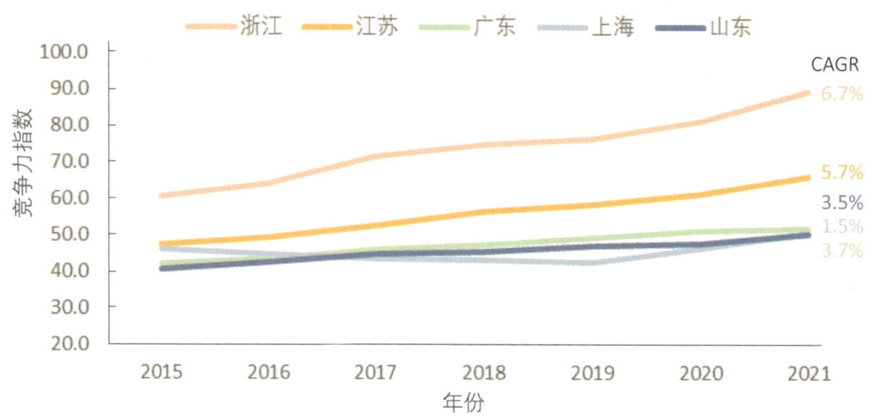

图6-3 乙烯产业链竞争力指数TOP5增长趋势

如图6-4所示，2015—2021年，各省乙烯产业链竞争力指数增长的来源主要来自技术竞争力和产业链充分性，部分省份市场竞争力也有一定的贡献。例如，国内千万吨级炼化项目中，目前浙石化的建设速度最快，如今二期的140万吨/年乙烯装置一次开车成功，成功提高了浙江省乙烯行业的市场竞争力、技术竞争力和产业链充分性；江苏省于2017年9月新增连云港石化综合加工利用项目，2021年连云港石化乙烯综合利用项目一阶段正式投产，该项目全部建成后，将成为中国最大的原料多元化烯烃产业示范基地，由此江苏乙烯技术竞争力和产业链充分性大幅提升；广东和山东近年来也积极推进石化乙烯产业布局，推动产业结构调整和转型升级，产业链充分性进一步增强。

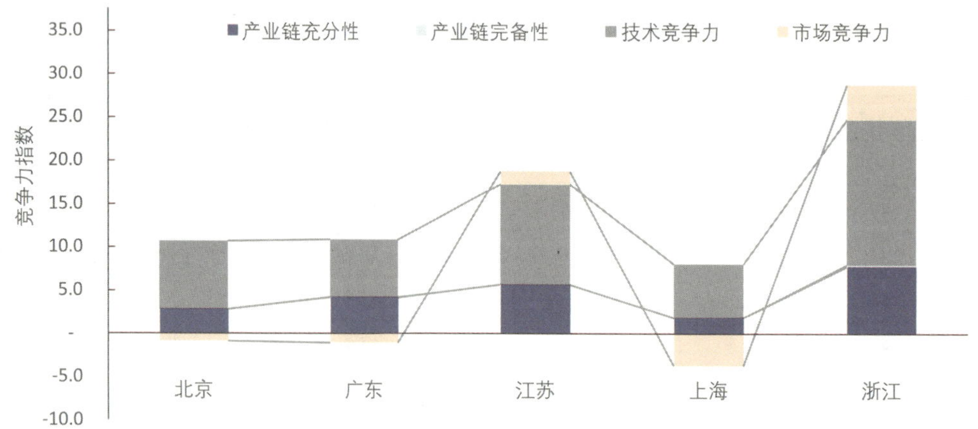

图6-4 乙烯产业链竞争力指数TOP5增长来源

（二）各评价指标维度分析

1. TOP5省份各评价指标维度分析

对2021年乙烯产业链竞争力指数的TOP5省份做各指标的雷达图，如图6-5所示。浙江省的市场竞争力、技术竞争力、产业链充分性和产业链完备性指标均排名第一，反映出浙江省乙烯产业链特色优势突出，尤其凭借乙烯产业炼化一体化的崛起和以镇海炼化、浙石化为代表的知名品牌企业创新引领带动，乙烯产业链细分企业数量优势凸显、产业链生态结构较好。

此外，在TOP5省份江苏、广东、上海和山东产业链完备性指数得分相近，江苏技术竞争力、产业链充分性排名第二，其中产业链充分性接近第一浙江，上海的市场竞争力中排名第二。相比较，山东虽为化工大省，多年快速发展的同时，也积累了一些"小、散、乱、差"等问题，产业链流程较短，带来了产品的精细化度不深，在产业链各维度指标上优势实力并不突出，处于相对较弱水平。

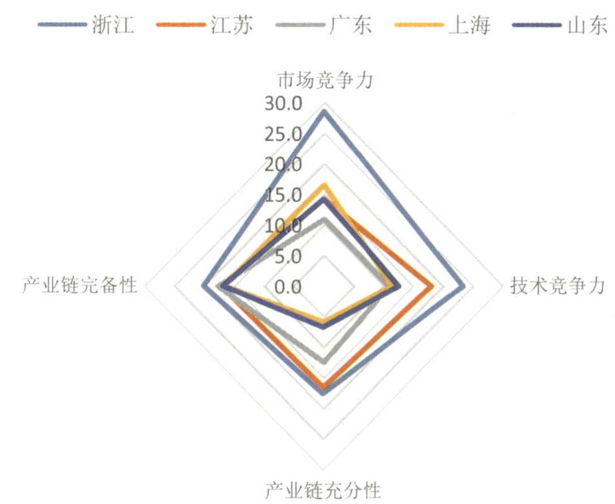

图6-5 乙烯产业链竞争力TOP5各维度指标对比

2. 市场竞争力分析

市场竞争力的本质表现就在于获取更多的市场份额和更高的利润率。一般地，市场占有率越高、企业盈利水平越高，产业链就越具有竞争力。

如图6-6所示，从市场竞争力指数结果来看，浙江的市场竞争力指数得分最高，为28.5。辽宁、上海、江苏、山东分别为17.6、16.5、14.2和14.2。浙江的市场竞争力遥遥领先，得益于其在乙烯产业链各个节点都有代表性企业，细分领域龙头型平台集聚带来的集群规模效应。辽宁、上海、江苏和山东较浙江得分存在明显差异，一定程度上反映出，这四个省份仍需要密切对标跟踪市场需求，扩大市场和提升盈利水平，以求获得更强的市场竞争力。

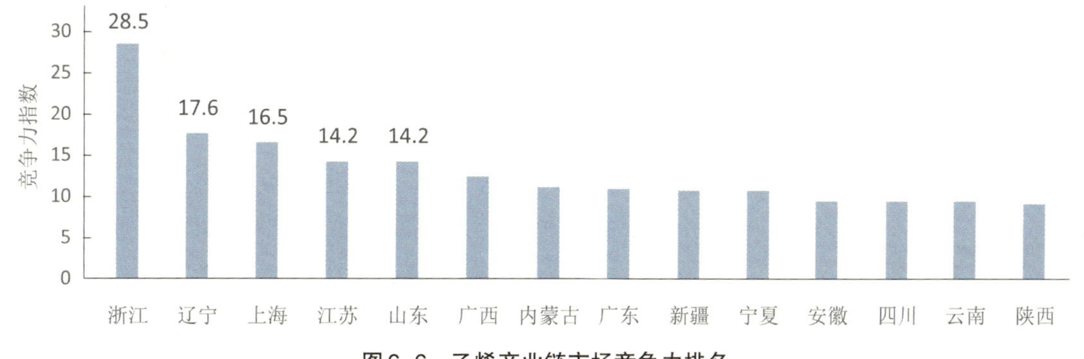

图6-6 乙烯产业链市场竞争力排名

3. 技术竞争力分析

技术竞争力是一个反映产业链竞争力来源的间接因素。在现代经济社会，科学技术能力越强，产业竞争力就越强。反映技术竞争力的指标包括专利数、研发投入、研发人员数等。

如图6-7所示，浙江的乙烯产业链技术竞争力指数得分最高，为23.4。江苏、北京、山东、上海分别为18.1、18.0、12.7和11.4。浙江省技术竞争力优势明显，由于产业集群带来规模效应的辐射，其企业专利数处于全国前列，且多以实用新型专利为主，专利市场价值较高，在行业内具有较强的影响力。江苏、北京、山东和上海作为乙烯产业主要集聚地区，未来亟须加快关键核心技术攻关，提升产业内生发展潜力。

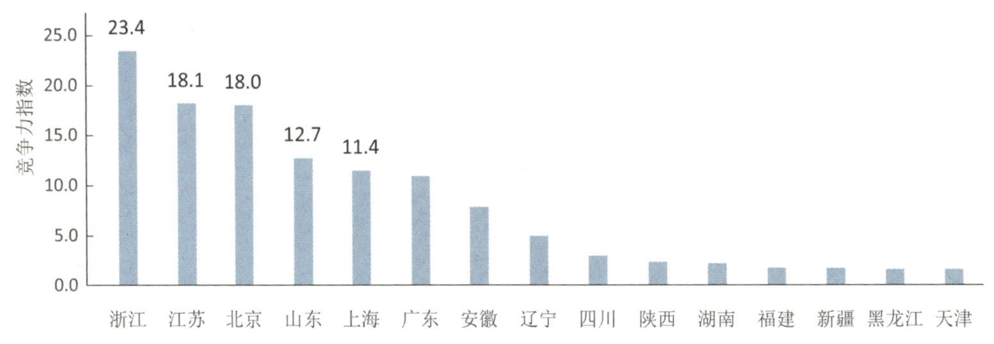

图6-7　乙烯产业链技术竞争力排名

4. 产业链充分性分析

产业链充分性是反映产业链当前拥有的市场竞争行为主体充分程度的指标集合。产业链拥有的企业数量越多，产业链的稳定性越高，产业链的竞争力就越强；产业链拥有的高质量企业（上市企业）数量越多，产业链的充分性越高，产业链的竞争力就越强。

如图6-8所示，浙江省的产业链充分性指数得分最高，为17.5。江苏、广东、山东和上海分别为16.5、12.4、6.7和5.9。从结果来看，浙江和江苏的产业链充分性相对较强，反映出在江浙区域乙烯产业链较紧密；而得分较低的山东和上海，在一定程度上折射出我国大部分省市的乙烯产业链的稳定性存在隐患，尤其在百年变局和世纪疫情交织，经济全球化遭遇逆流的情况下，亟须补齐短板，提升乙烯产业链供应链韧性与稳定性。

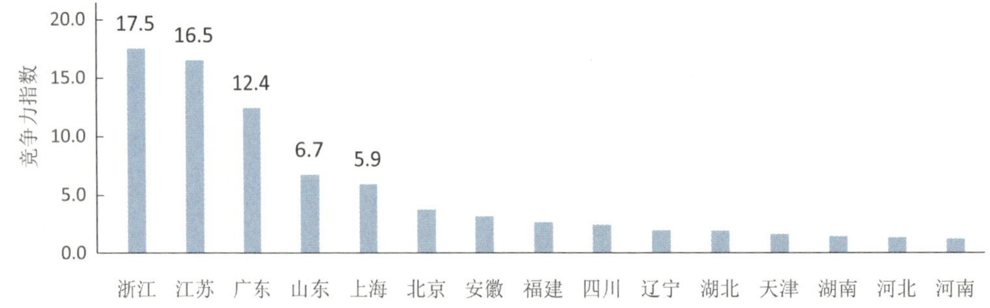

图6-8　乙烯产业链充分性排名

5. 产业链完备性分析

产业链完备性是反映本地产业链的布局、配套完备程度的指标。产业链节点越多，节点的质量越好，本地的产业链竞争力就越强。

如图6-9所示，浙江省的乙烯产业链完备性指数得分最高，为20.0。广东、江苏、安徽、上海分别为17.8、17.2、17.0和16.8。TOP5省份及其他省份的产业链完备性差距不是特别大，各省在产业链多数环节都有布局。

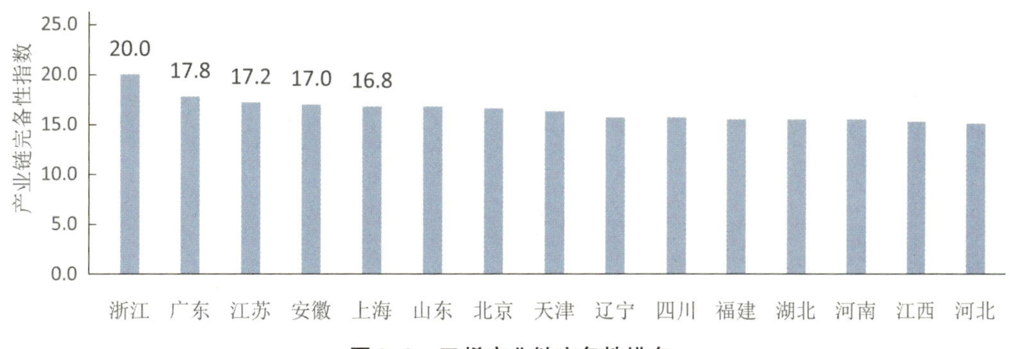

图6-9 乙烯产业链完备性排名

三、乙烯产业链节点竞争力分析

乙烯产业链作为一个由很多节点构成的链条结构，其竞争力本质上是由各个产业链节点的竞争力共同形成的。每个大的节点下又有各自的配套，这些配套与节点共同构成了一个以该节点为核心的节点产业链，接下来将逐一分析这些节点产业链的竞争力指数。

（一）乙烯

《浙江省石油和化学工业“十四五”发展规划》明确指出要稳中求进，有序推进乙烯项目。如图6-10所示，在乙烯节点的产业链竞争力指数评价中，浙江省凭借浙江石化、荣盛、恒逸等民营力量迅速崛起，大型炼化一体化项目相继投产，产业链竞争指数全国排名第一，得分75.2。江苏、广东、上海、安徽分别是43.1、42.8、36.0和34.9，较浙江相比仍有很大追赶空间。

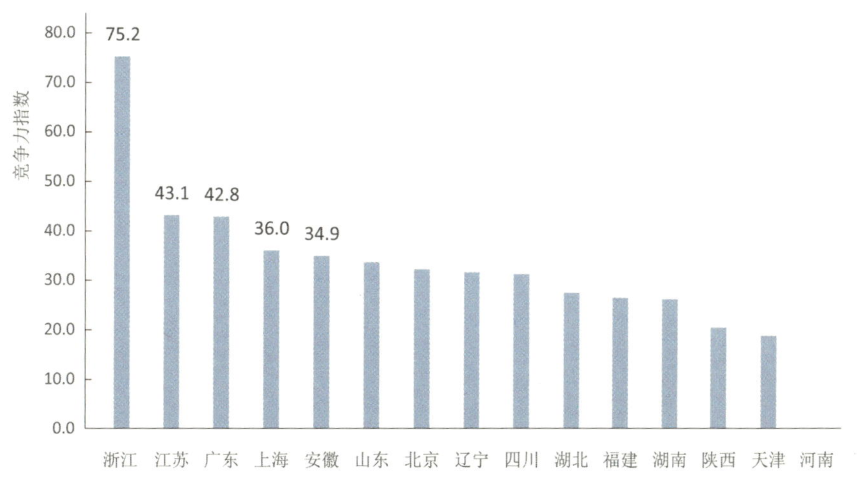

图6-10 乙烯竞争力排名

如图6-11所示，在各维度指标对比中，浙江的乙烯行业市场竞争力、技术竞争力均排名第一。江苏、广东产业链充分性分别排名第一、第二位。进一步结合各省市乙烯企业龙头来看，浙江的镇海炼化，其乙烯绩效已经连续5次在所罗门全球乙烯绩效评价中位列第一群组，这在国内同行中是独一无二的，也代表了我国科技在乙烯工业创新创造中的最高水平，是“中国创造”的一张金名片；从乙烯产业链充分性来看，相比较而言，江苏和广东要素资源禀赋，乙烯产业起步较早，产业区域根植性强，已基本形成较完整的产业链。

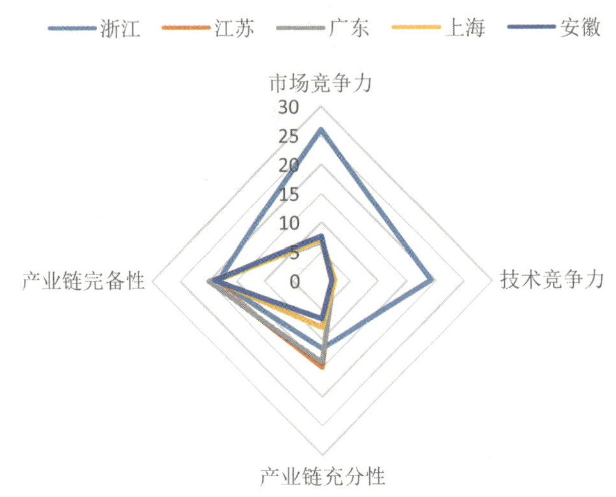

图6-11　乙烯竞争力TOP5各维度指标对比

(二) 苯乙烯

苯乙烯产品是一种重要的化工原料，它的上游产品为纯苯和乙烯，而下游和终端则牵扯ABS、EPS、聚苯乙烯、丁苯橡胶、三元乙丙橡胶、日常的塑料和橡胶产品等。

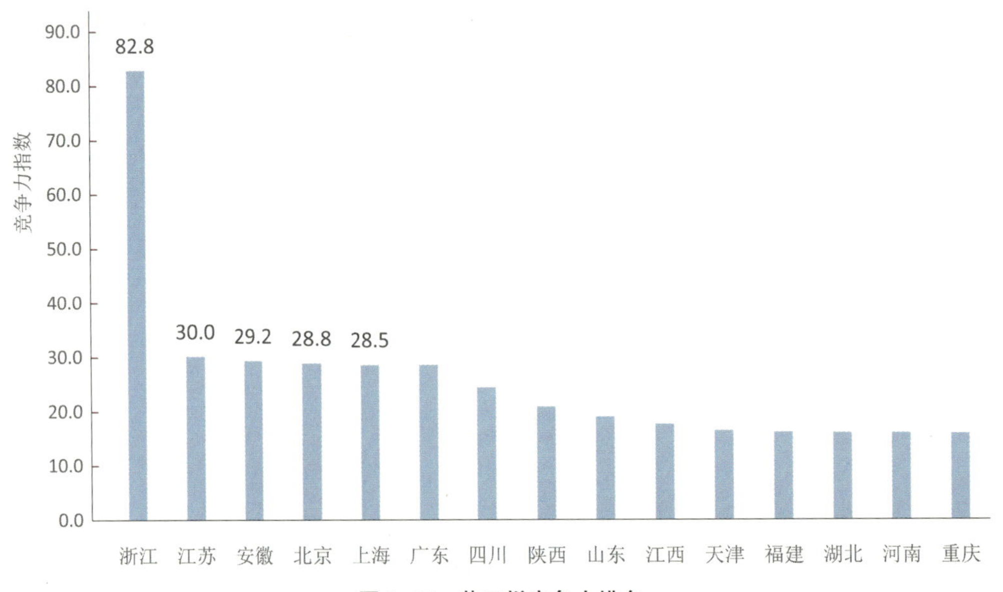

图6-12　苯乙烯竞争力排名

如图6-12所示，在苯乙烯产业链整体的竞争力中，浙江遥遥领先，排名第一，指数为82.8。江苏、安徽、北京、上海分别为30.0、29.2、28.8和28.5，苯乙烯产业链的竞争力指数可追赶空间较大。

如图6-13所示，在各维度指标对比中，浙江在市场竞争力、技术竞争力、产业链充分性和产业链完备性四个维度均排名第一。具体来看，在2021年国内苯乙烯代表性企业前10中，浙江拥有龙盛、卫星石化、闰土股份等8家头部苯乙烯企业，为浙江苯乙烯市场争取了巨大的市场份额，同时也吸引了大量的人才，为企业发展提供了强劲的创新要素支持。

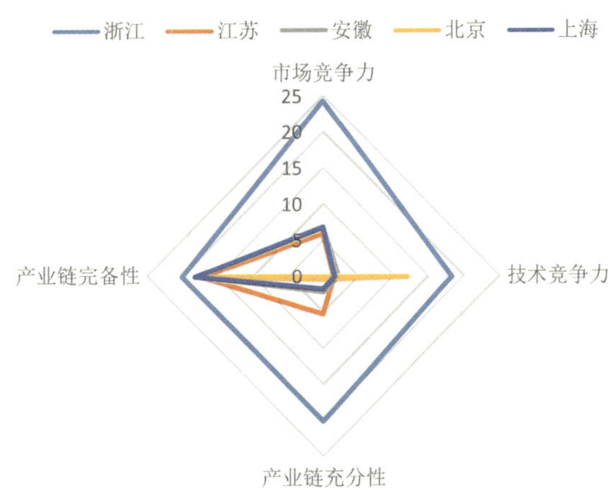

图6-13　苯乙烯竞争力TOP5各维度指标对比

（三）醋酸乙烯

醋酸乙烯主要用于生产聚乙烯醇（PVA）和醋酸乙烯-乙烯共聚物（EVA）等聚合物，在化工、纺织、轻工、造纸、建筑以及汽车等领域具有广泛的应用。

如图6-14所示，从各省竞争力指数看，醋酸乙烯区域分布集中性特征明显，各地区之间存在不小差距，安徽排名第一，指数为60.4，广东、浙江、上海、北京分别是42.1、37.0、36.1和32.9，与安徽省存在明显的差距。

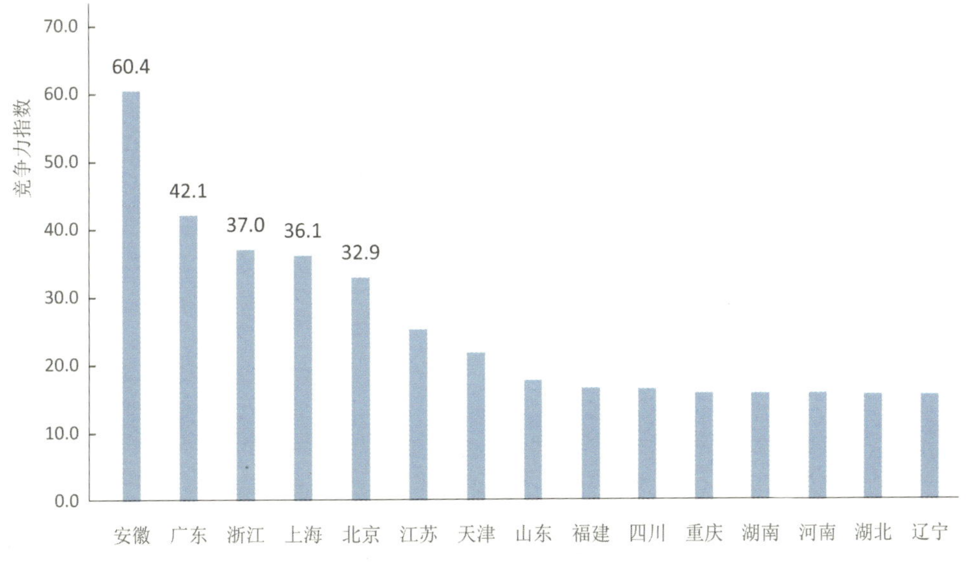

图6-14　醋酸乙烯竞争力排名

如图6-15所示，在各维度指标对比中，安徽的市场竞争力、技术竞争力均排名第一。广东的产业链充分性排名第一。具体看，安徽聚集了皖维集团和华塑股份等品牌力和技术实力强劲的上下游企业，且衔接紧密，帮助其在市场竞争力和技术竞争力方面处于领先地位；广东依托茂湛石化基地、广州石化基地、惠州大亚湾石化基地和汕潮揭石化基地自西而东连点成片，产业集聚优势突出，产业链企业数量多，推动其在产业链充分性方面表现突出。

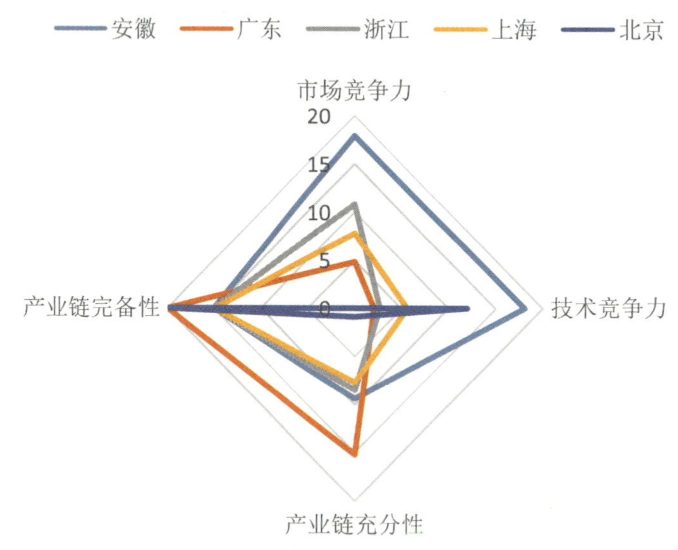

图6-15　醋酸乙烯竞争力TOP5各维度指标对比

（四）氯乙烯

氯乙烯主要用以制造聚氯乙烯的均聚物和共聚物。也可与乙酸乙烯酯、丁二烯等共聚，还可用作染料及香料的萃取剂，是塑料工业的重要原料，可用作冷冻剂等。

如图6-16所示，氯乙烯（包括氯乙烯、聚氯乙烯）的竞争力指数上海排名第一，得分84.7。山东、江苏、安徽、浙江分别是47.3、46.8、40.5和36.0。上海优势明显。

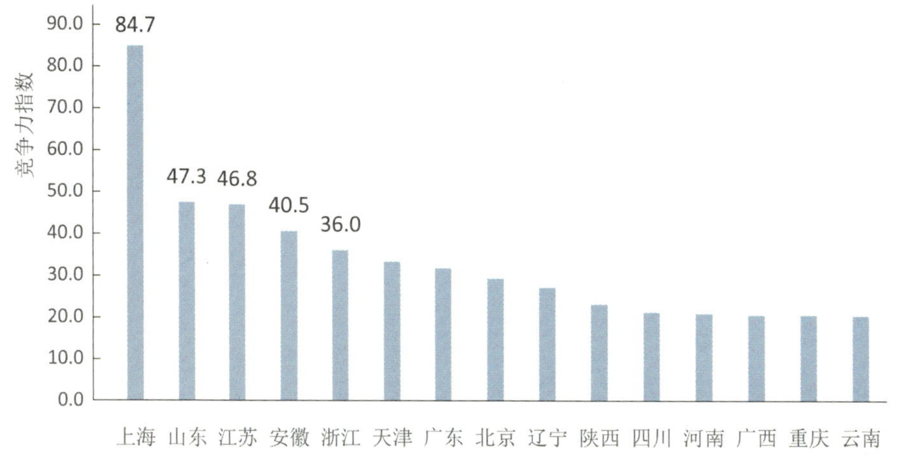

图6-16　氯乙烯竞争力排名

如图6-17所示，在各维度指标对比中，上海的技术竞争力、市场竞争力排名第一，产业链充分性排名第二。江苏的产业链充分性排名第一。具体来看，在2021年国内氯乙烯代表性企业前八中，上海有氯碱化工、艾为电子、盛剑环境和阿莱德实业四家企业入围，涵盖了氯乙烯的生产环节和吹塑制品、电线电缆、人造革、织物涂层、塑料鞋以及一些专用涂料和密封剂等下游环节，与新技术结合紧密，产品更新迭代较快，推动氯乙烯市场竞争力和技术竞争力高于全国其他地区。

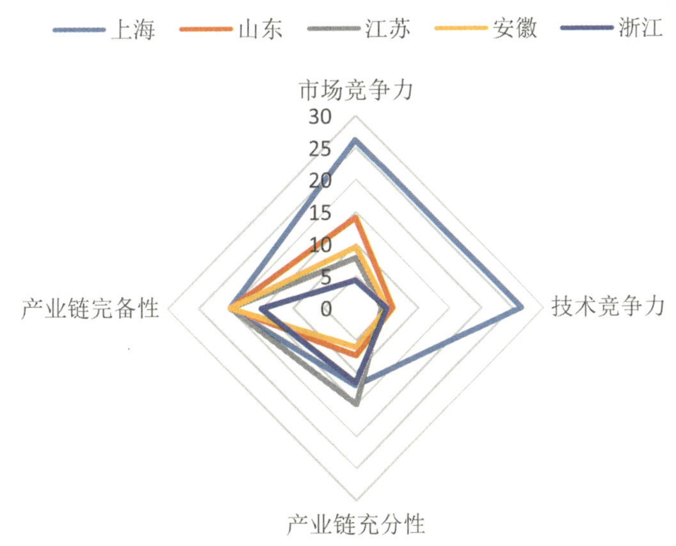

图6-17　氯乙烯竞争力TOP5各维度指标对比

（五）聚乙烯

聚乙烯是乙烯经聚合制得的一种热塑性树脂，化学稳定性好，耐寒、耐辐射，电绝缘性好，产业链包括聚乙烯、塑料薄膜、管材和改性塑料，其中塑料薄膜是主要的消费领域。

如图6-18所示，聚乙烯产业链的竞争力指数浙江排名第一，得分82.2。广东、江苏、安徽、北京分别为55.8、51.4、45.5和43.5。

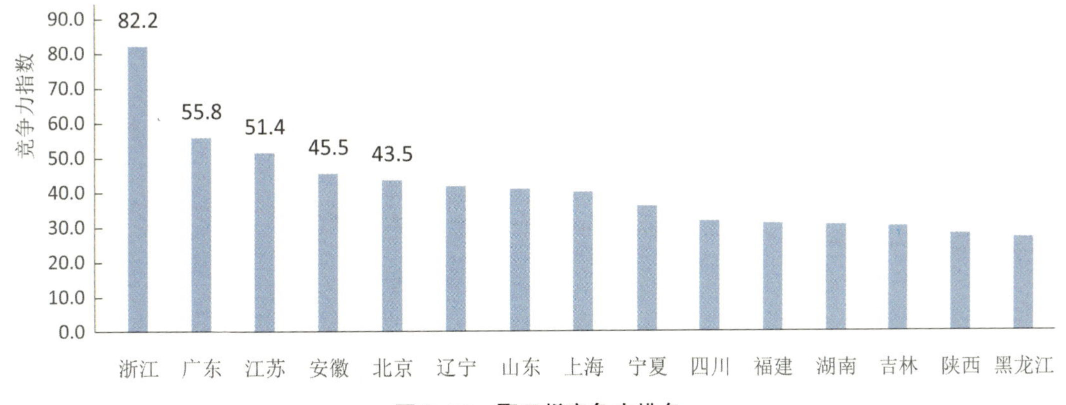

图6-18　聚乙烯竞争力排名

如图6-19所示，在各维度指标对比中，浙江的市场竞争力、技术竞争力均排名第一，产业链充分性排名第二。广东的产业链充分性排名第一。具体来看，浙江石化二期项目建成后，成为中国聚烯烃规模最大的生产基地，同时，浙江也是全国塑料制品最大生产省份，坐拥庞大的消费市场，舟山在国内外的仓储物流方面享尽最大便利，无疑为浙江聚乙烯市场争取了巨大的市场份额，同时也吸引了大量的人才，为企业发展提供了强劲的创新要素支持。从2022年全国在建和投产聚乙烯项目区域分布来看，按项目产能统计，主要分布在广东、山东、浙江、天津、海南、江苏等地，其中，广东在建和投产项目产能占比均超过30%，产业集聚优势突出，产业链企业数量多，推动其在产业链充分性方面表现突出。

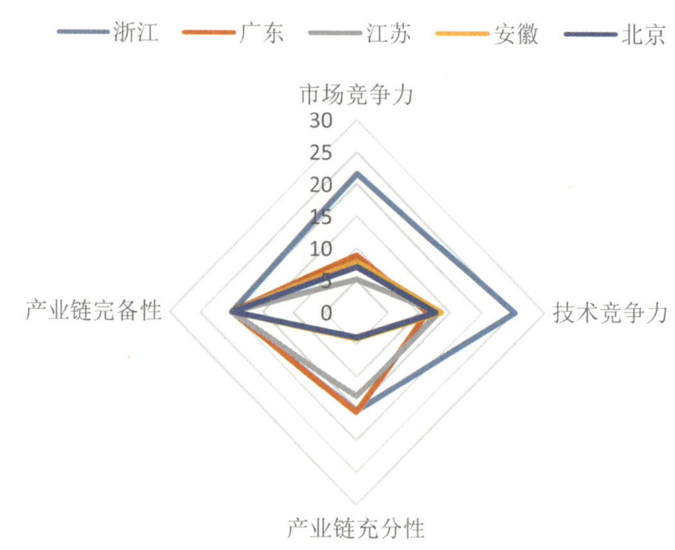

图6-19　聚乙烯竞争力TOP5各维度指标对比

（六）醋酸

醋酸产业链包括醋酸、氯乙酸和醋酸乙酯，广泛用于纺织、轻工、化工、医药、食品等领域。

如图6-20所示，醋酸产业链的竞争力指数浙江排名第一，得分71.4。紧随其后的是上海，得分67.7。江苏、山东、广东相对次之，得分分别为58.1、45.2和42.2。

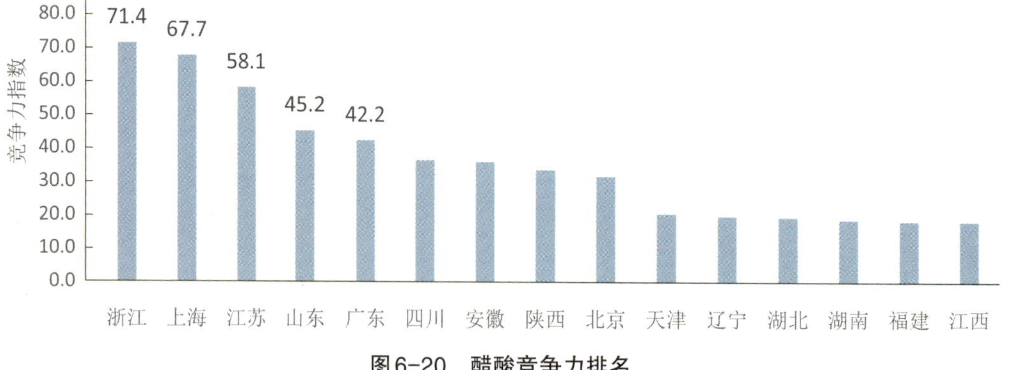

图6-20　醋酸竞争力排名

如图6-21所示，在各维度指标对比中，浙江产业链充分性排名第一，市场竞争力、技术竞争力排名第二。上海市场竞争力、技术竞争力均排名第一。具体来看，在2021年国内醋酸代表性企业前10中，浙江有新安化工、嘉化能源、永高股份和海象新材料等六家企业入围，涵盖了醋酸的生产环节和PTA、醋酸乙烯、和醋酸乙酯等下游环节，已形成了宁波石化等具有全国影响力的产业基地，具有产业规模集聚优势；上海华谊以产能70万吨/年，占比6.92%，进入2021年国内醋酸行业CR5，为上海醋酸市场争取了巨大的市场份额；同时，上海通过构建“政、产、学、研、用、资”协同创新生态系统，推动技术竞争力高于全国其他地区。

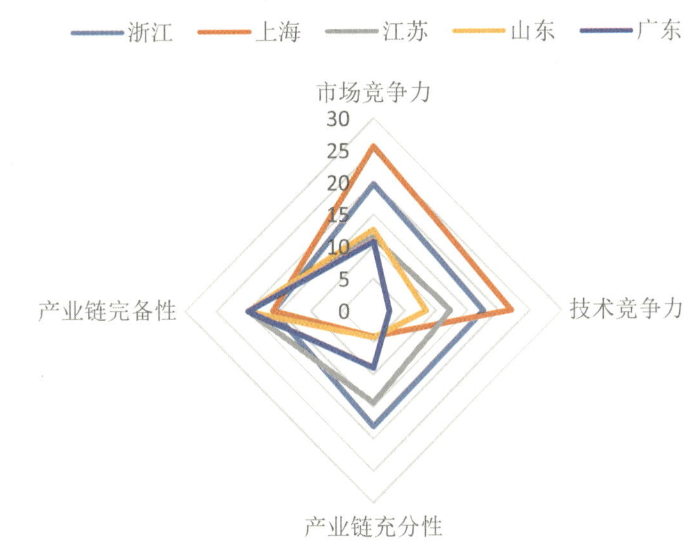

图6-21 醋酸竞争力TOP5各维度指标对比

（七）乙二醇

乙二醇产业链主要包括乙二醇和PTA精对苯二甲酸。乙二醇主要应用于聚酯的制造，聚酯行业主要为纤维和瓶片，终端运用领域主要为纺织服装、饮料和片材。

如图6-22所示，乙二醇产业链的竞争力指数浙江排名第一，得分80.6。北京、江苏、辽宁、山东分别为46.9、46.7、43.3和33.8。浙江乙二醇竞争力优势明显。

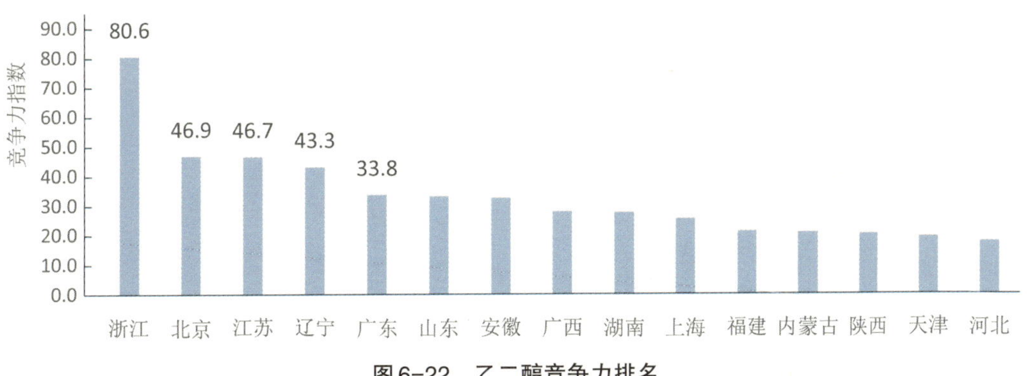

图6-22 乙二醇竞争力排名

如图6-23所示，在各维度指标对比中，浙江的市场竞争力、产业链充分性排名第一。北京的技术竞争力排名第一。具体来看，2021年中国乙二醇行业产能市场CR3情况为：浙江石化（225万吨/年，占比10.5%）、大连恒力（180万吨/年，占比8.4%）、卫星化学（160万吨/年，占比7.5%），其中浙江有两家企业上榜，为浙江乙二醇市场争取了巨大的市场份额；同时，在产业链下游即乙二醇制品领域，涤纶长丝的代表企业如桐昆股份、恒逸石化和新凤鸣等均是浙江企业，上下游企业衔接紧密，亮点突出，在产业链充分性指标上一马当先。

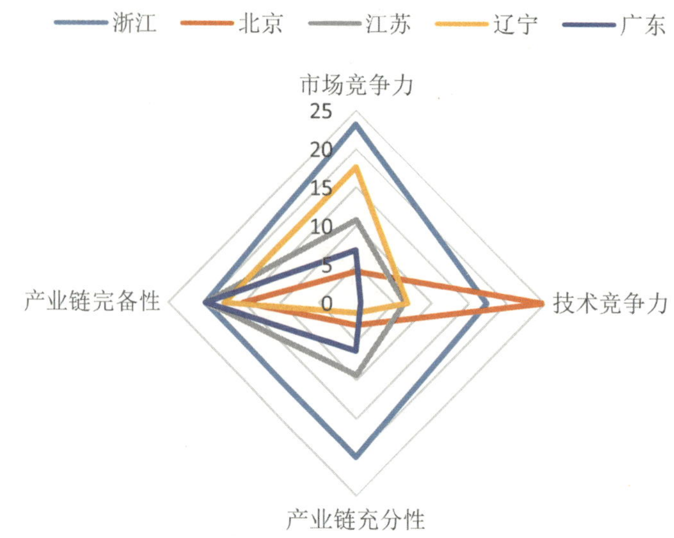

图6-23　乙二醇竞争力TOP5各维度指标对比

（八）环氧乙烷

环氧乙烷产业链主要包括聚醚、醇醚和乙醇胺，应用广泛，涉及建筑、日化、纺织、皮革、金属加工、涂料、电子、医药、农药、造纸、汽车、石油开采与炼制等多个领域。

如图6-24所示，环氧乙烷竞争力指数浙江排名第一，得分87.5。山东、北京、安徽、江苏分别为33.0、30.7、28.6和27.9。总体上，浙江省优势显著。

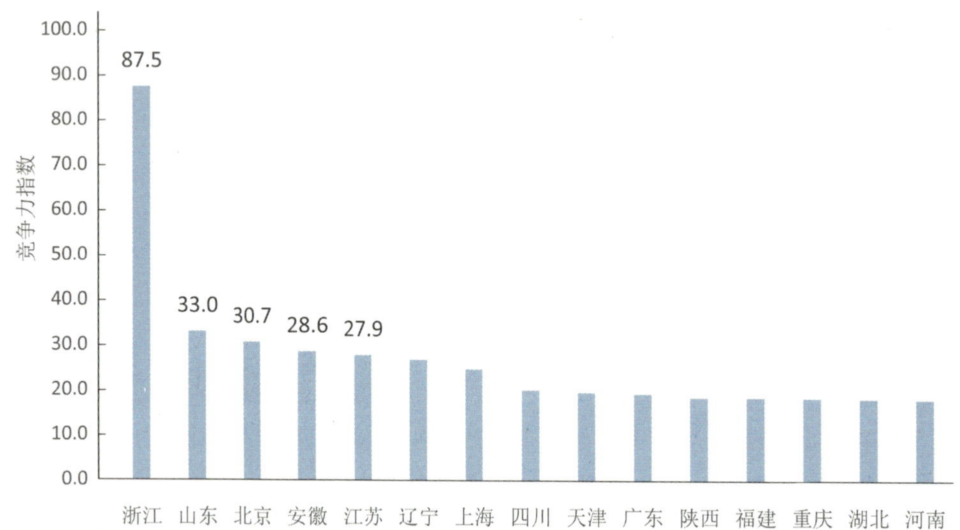

图6-24　环氧乙烷竞争力排名

如图6-25所示，在各维度指标对比中，浙江的环氧乙烷在市场竞争力、技术竞争力均排名第一。具体来看，在2021年国内氯乙烯代表性企业前10中，浙江有巨化股份、新化化工、卫星石化和联化科技等九家企业入围，为浙江环氧乙烷市场争取了巨大的市场份额推动，同时也吸引了大量的人才，为企业发展提供了强劲的创新要素支持。

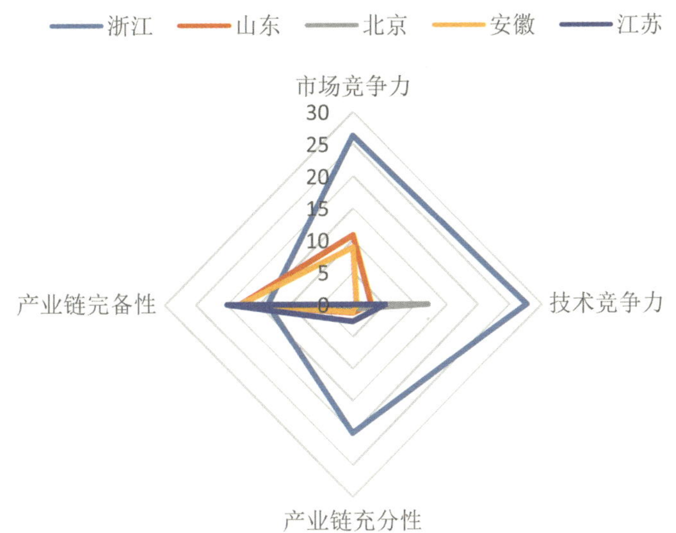

图6-25　环氧乙烷竞争力TOP5各维度指标对比

四、主要省份乙烯产业链布局分析

从地方产业链布局的视角分析各省在乙烯产业链各个节点上竞争力的分布及其优劣势。

(一)浙江

如图6-26所示，浙江乙烯产业链竞争力指数排名第一，得分89.4。浙江在乙烯、醋酸、苯乙烯、乙二醇、环氧乙烷和聚乙烯均排名第一。“十三五”期间，浙江乙烯产量的年均增长率为8.6%，2020年乙烯产量达到204.2万吨，国内最大规模的宁波石化基地及拓展区建设取得积极进展，以大炼油、大乙烯为龙头，有机化工原料、合成材料和下游专用化学品、化学制品协调发展的石化工业体系已基本建成。

现阶段浙江省乙烯产业结构仍需优化，基础原料化工、传统精细化工产品所占比重较大，化工新材料、高端化学品产业发展速度不快，对战略性新兴产业保障力度不大。从产品结构看，一些国内紧缺的特种工程塑料、特种橡胶、高性能聚烯烃树脂供给不足，仍依赖省外、国外进口。一些低水平、低附加值产品如传统的橡塑加工已经市场饱和过剩，并仍在盲目扩产。石化产业园区化、集聚化、一体化发展水平有待提升，行业关键核心技术突破力度不够，能引领行业发展、具有自主知识产权的核心技术数量不多，自主开发的高水平、高效益拳头产品较少。

为优化浙江乙烯产业结构，提升相关产业的综合竞争力，《浙江省石油和化学工业“十四五”发展规划》明确提出，要提升乙烯产业链的原料保障能力，重点发展环氧乙烷、苯乙烯及其下游产品、醋酸乙烯及其下游产品等，并将超高分子量聚乙烯树脂、双向拉伸聚乙烯薄膜树脂、氯化聚乙烯树脂等列入“化工新材料发展重点”。“十四五”期间，计划完成镇海炼化二期建设项目，形成220万吨/年乙烯的生产能力，炼油和乙烯生产技术和技术经济指标达到国内领先水平。"十四五"期末，舟山石化一期、二期工程计划全面建成，形成4000万吨/年炼油、280万吨/年乙烯、1000万吨/年芳烃生产能力的国内最大的基础化工原料产业基地。在国家《石化产业规划布局方案》中，浙江宁波石化产业基地是重点规划布局的七大石化产业基地之一。

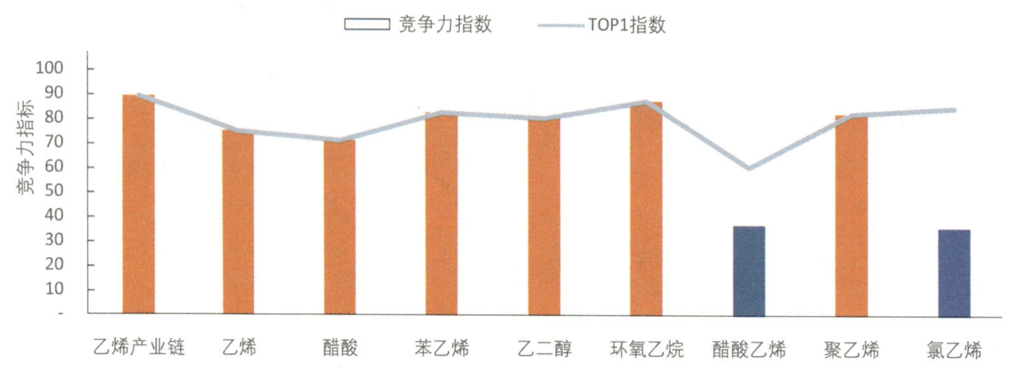

图6-26　浙江省乙烯产业链各节点竞争力指数对比

（二）江苏

如图6-27所示，江苏整体的乙烯产业链竞争力指数排名第二，得分66.0。江苏在各环节具有较强竞争力，作为我国化工大省（现已形成包含从炼油、乙烯生产到基础化学原料、合成材料、专用化学品制造等多门类的产业体系），化工产业规模位居全国前列，在地方工业体系中占有重要地位，乙烯产能占全国的比重为8.8%；醋酸约占全国总产能的38％。

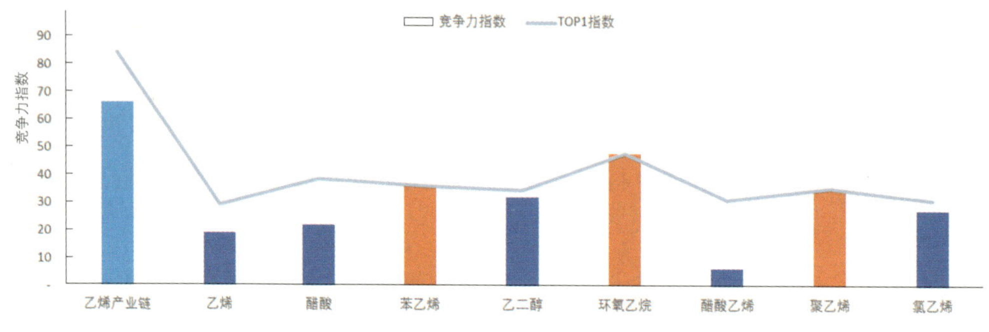

图6-27　江苏乙烯产业链各节点竞争力指数对比

沿江沿湖区域的南京、苏州、无锡、常州、镇江等市形成了较为完善的石油化工、化学原料、精细化工、化工新材料等生产体系，是产业链中下游聚集度最高的地区。沿海的连云港、盐城、南通依托便利的交通条件和临港条件，形成了以石油化工、有机原料、合成树脂为主的生产格局。中部的扬州、泰州依托大型石化企业，发展石油化工产业，并延伸发展精细化工、化工新材料产业。

江苏省形成了以精细化工为主导，石油化工、有机原料和合成材料广泛分布，化工新材料加速布局的化工产业体系，各市产业特点鲜明，产业链中下游产品占比逐步提升。但布局分散、产业集中度不高、高端应用品种不足的问题尚需在"十四五"期间进行优化。

《关于江苏省国民经济和社会发展第十四个五年规划和二〇三五年远景目标的建议》提出，要推动化工产业向精细化、高端化、专业化、安全化发展，开展化工产业进园行动，构建循环发展、绿色低碳、本质安全的现代产业链。在国家《石化产业规划布局方案》中，连云港石化产业基地是重点规划布局的七大石化产业基地之一，是国家新一轮石化产业布局调整和结构优化升级战略的重要承载地。

（三）广东

如图6-28所示，广东乙烯产业链竞争力指数整体排名第三，得分52.0。广东在各环节均有较强的竞争力，尤其在醋酸乙烯、聚乙烯这一细分领域，广东的产业链充分性指数排名均为全国第一。2021年，广东乙烯产量以417万吨排名全国第二。同时，中石油广东石化炼化项目（乙烯年产量为120万吨）预计2022年投产。

广东从被列入中国七大炼化基地以来，便受到了诸多国内外知名企业的青睐。相继有美孚、巴斯夫、中石化、中石油、中海油等企业，选择在广东投资炼化一体化项目。并且，外商在中国重化工行业成立独资企业，这在中国历史上是第一例。无论是对于国内还是国外的石化企业，广东已成为全球石化企业竞相投资的热土。

《广东省制造业高质量发展"十四五"规划》将绿色石化列为"战略性支柱产业"之一，并提出湛江以中科广东炼化一体化项目、巴斯夫新型一体化项目为龙头，加快石化产业园区建设，发展清洁油品、基础化工材料，形成较完整的炼油、乙烯、芳烃等石化产业链；惠州以中海油惠州石化炼油、中海壳牌乙烯和埃克森美孚惠州乙烯项目为龙头，以大亚湾石化园区为依托，建立上中下游紧密联系、科学合理的石化产业链。

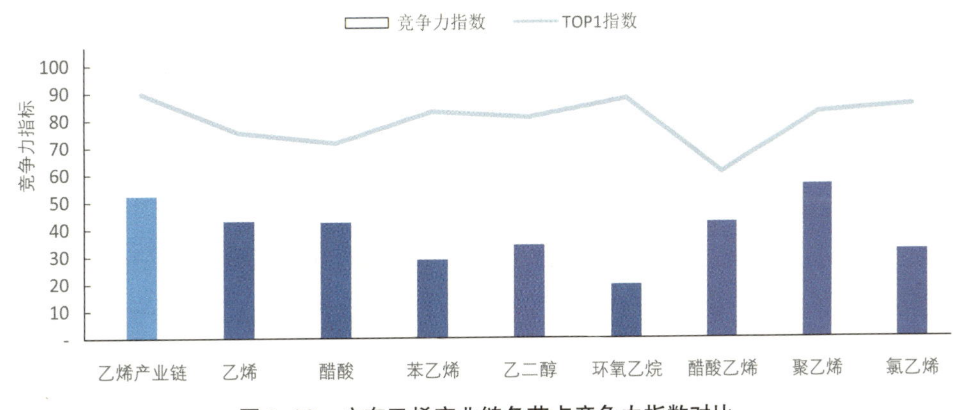

图6-28　广东乙烯产业链各节点竞争力指数对比

（四）上海

如图6-29所示，上海的乙烯产业链竞争力整体排名第四，得分50.6。上海在氯乙烯排名第一，醋酸方面也有很强竞争力，占TOP1的95%。

上海已形成以石油化工、精细化工、专用化学品、合成材料等为主的产业集群，约有2/3以上的化工巨头，如科思创等，都选择将研发中心落户上海，在细分产业领域，上海也有不少的龙头企业。

但上海化工产业的一体化程度较低，主要与园区规划缺乏有关。园区企业产品缺乏关联性，既不能发挥产业集聚效应，也不能形成循环经济和产业生态系统。

《上海化学工业区发展“十四五”规划》指出到“十四五”期末，上海化工区预期年销售收入达1700亿元，累计吸引项目投资400亿元，战略性新兴产业产值占园区比重超过50%，加快建设成为具有国际竞争力的“世界级石化产业基地”和“循环经济示范基地”，打造世界级高端化学品产业新高地。上海化工区响应国家和本市战略需求，坚持“一体化”发展模式，围绕“两个基地”的建设目标，对标国际，以炼化一体化项目为龙头，打造“1+4”产业组合，发展以烯烃和芳烃为原料的中下游石油化工装置以及精细化工深加工系列，形成乙烯、丙烯、碳四、芳烃为原料的产品链。

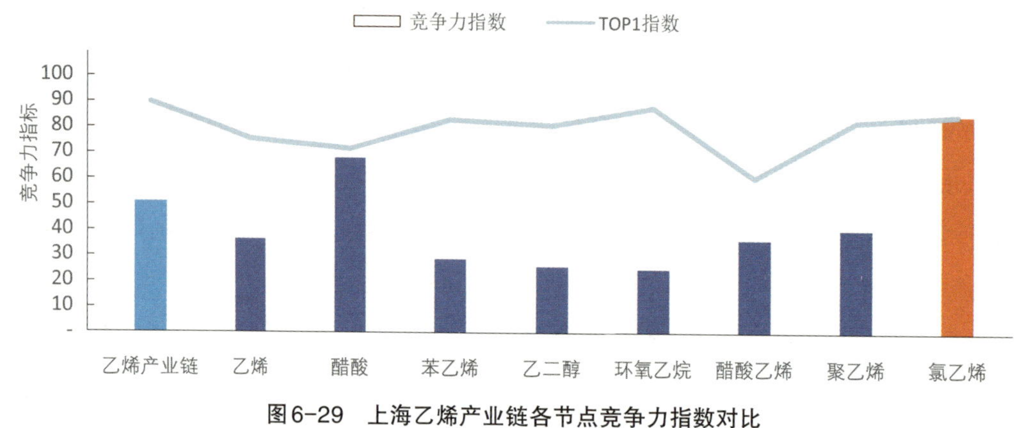

图6-29 上海乙烯产业链各节点竞争力指数对比

（五）山东

如图6-30所示，山东乙烯产业链竞争力指数排名第五位，得分为50.4。山东在各环节均有一定的竞争力，在苯乙烯、醋酸乙烯方面相对薄弱。

在全国各省市中，山东的乙烯产业链竞争力整体排名第四，得分56.4，乙烯、醋酸、聚乙烯产业链具有相对较强的竞争力。山东是我国石化大省，2020年度中国化工企业500强中，山东有105家企业入围，2021年石化行业民营百强中有36家入围，均位列全国第一。山东在乙烯产业核心节点上拥有万华化学、齐鲁石化等优质企业。2021年，山东的乙烯产量在全国省市中位列第三。

现阶段山东乙烯相关产业仍然存在一些问题。一是产业层次偏低。产品仍以中低端、大宗基础品种为主，精细化程度不高，高技术含量的化工新材料和高端专用化学品发展不足，产业链条短、关键环节较弱。二是产业布局不合理。企业入园率有待提高，产业集群协同配套效应不强。三是创新发展动力不足。企业研发投入少，原始创新能力弱，产业关键共性技术攻关能力不强，缺乏吸引高能级的研发机构和人才的软环境。

《山东省化工产业“十四五”发展规划》明确提出要重点发展石油化工产业的六条产业链，其中一条是“乙烯—聚烯烃/合成树脂—终端应用”。该发展规划同时指出，在化工新材料领域，需要突破乙烯-乙烯醇共聚物等高端聚烯烃材料生产技术，并规划着力培育千亿级化工园区，重点推动裕龙岛炼化一体化、天辰齐翔尼龙新材料、烟台万华高性能化工新材料、滨华碳三碳四综合利用等一批重点项目建设。

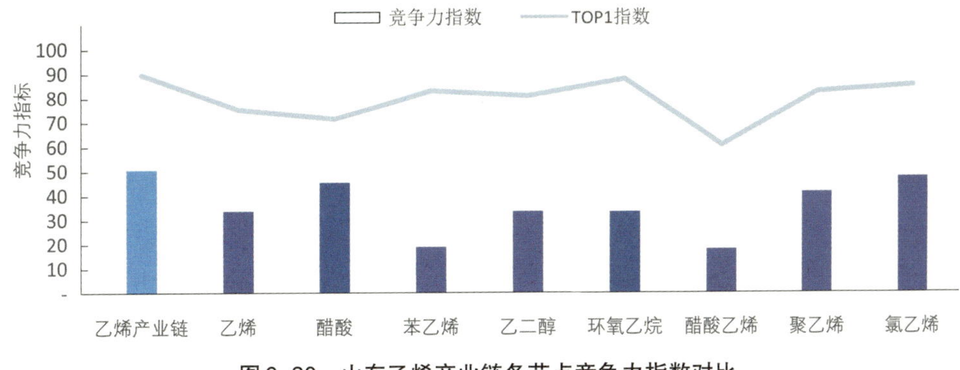

图6-30　山东乙烯产业链各节点竞争力指数对比

五、对策建议

坚持创新发展、绿色发展、集聚发展、高端化发展原则。

（一）打造高质量绿色石化上中游产业

提升产业链上游保障水平。顺应全球原料多元化的石化工业发展趋势，把握国家石化产业布局的机遇，依托浙江海岸线长、深水良港多的自然资源和宁波国际贸易开发区、原油期货交易中心等有利条件，以炼化一体化为核心，整合炼油产能，做强烯烃产业，提高PX竞争力。

做强产业链中游。提升乙烯产业链的原料保障能力。重点发展环氧乙烷、乙醇胺下游系列产品、苯乙烯及其下游产品、醋酸乙烯及其下游产品等。优先发展双峰聚乙烯、透明级聚乙烯、超高分子量聚乙烯等特种聚乙烯品种，支持发展专用型PP。

（二）提升化工新材料和专用化学品水平

围绕航空航天、电子信息、新能源、医疗健康以及国防军工等行业对高端化工新材料的需求，努力突破一批关键化工新材料以及关键配套原材料的供应瓶颈和国外封锁，提升浙江省化工新材料主体产业化水平。着力构建以企业为主体，以高校和科研机构为支撑、军民深度融合、产学研用协同发展且相互促进的化工新材料和专用化学品产业体系，在重点应用领域急需的新材料方向上取得突破，加强前沿材料研究，抢占技术制高点。

（三）打造万亿级绿色石化产业集群

做强宁波绿色石化产业基地。持续推进宁波石化经济技术开发区国家循环化改造示范园区建设，实施新型工业化产业示范基地提升计划，建设卓越产业示范基地。其中，宁波石化经济开发区以炼油、乙烯一体化项目为支撑，以烯烃、芳烃等主要原料生产为重点，积极发展高品质成品油、“三烯”“三苯”等主要化工基础原料，延伸发展三大合成材料和高端专用化学品。

推进舟山绿色石化基地建设。坚持以打造国际领先的绿色石化产业基地为目标，推进舟山绿色石化基地发展，建设大型炼油、芳烃、乙烯联合生产装置，着力构建超大型有机化工基础原料产业集群，为下游产业链延伸发展提供乙烯、丙烯、醋酸乙烯、环氧乙烷、苯酚、苯乙烯、丙烯酸、丙烯腈、碳四烯烃、碳五烯烃等主要基础化工原料，缓解浙江省重要原料供应不足的矛盾。

规范入园集聚发展。制定园区化工产业发展规划，建立与园区规模、发展方向相适应的管理团队，明确园区化工产业定位、发展方向和重点，因地制宜调整产业结构。推动现有化工企业入园搬迁，促进产业集中度提升，2025年底前危化品生产企业入园率达到80%。加强和完善园区基础和公用工程建设，配套建设工业用水、电力电网、天然气管道、污水处理厂、化学危险品废弃物处理装置；建立工业用气、危险品车辆停车场等公用工程，方便企业入驻发展。

（四）推进绿色低碳发展

建立绿色制造体系，推进碳达峰与碳中和行动。全面推广绿色化工制造技术，实现化工原料和反应介质、合成工艺和制造过程绿色化，从源头减少污染。积极开发和环境友好的原料、溶剂和催化剂的替代技术。加快淘汰石化领域产能利用率低、污染严重、能耗大的工艺与产品，深入开展能效对标，加强企业能源管理，开展能源审计和节能诊断，提高能源利用效率。追踪石化产品碳足迹，加强石化产品生产、利用和回收体系建设，实现资源的高效循环利用。开展碳中和相关技术研究及示范应用，积极参与碳排放权交易。

推广清洁生产工艺。指导企业采用先进适用的清洁生产工艺技术，推动工艺升级和绿色化改造。鼓励企业采用先进的危品输送、投料、反应、分离和干燥等设备以及DCS、SIS等先进智能控制手段，达到全生产过程的密闭化、管道化、自动化，实现生产过程智能化，生产环境清洁化。加强挥发性有机物排放控制，鼓励石化园区建设设备管线泄漏检测与修复管理平台，做好挥发性有机物物料储存、转移和输送、设备与管线组件泄漏、敞开液面逸散以及工艺过程等无组织排放环节的管理。

（五）推进数字化变革

加强数字化改造赋能，促进和不断完善信息化与工业化深度融合发展。加快构建政企协同、开放赋能、生态创新、持续成长的化工产业大脑一体化综合支撑系统，推动政府、企业、社会整体联动的生产关系重塑，建立政企数据安全共享等机制，推动“两侧”“两端”数据有效融通，促进石化产业链、供应链、资金链、创新链等数据综合集成，推动传统石化产业数字化转型的生产力再升级，支撑产业整体高质量发展。

推动智能制造建设。建立乙烯产业数字化车间、未来工厂以及智慧化工园区标准应用体系，开展数字化车间、未来工厂和智慧化工园区试点示范，引领浙江省乙烯产业数字化、智能化、绿色化转型升级。推动园区建立集日常管理、监测监控、预测预警、应急联动等功能于一体的应急指挥和综合信息监管平台，建立健全覆盖污染源和环境质量的大气自动监测监控体系。

（六）打造高附加值产业链

完善风险清单化管理。 面向产业链重点骨干企业，滚动开展产业链关键核心技术产品摸排，梳理形成产业链关键核心技术（产品）断链断供风险清单，并开展动态跟踪管理，精准实施强链补链。综合技术难易程度、技术依赖性等多种因素，根据企业诉求和专家意见，对风险清单实施分级、分类处置。建立完善产业链常态化风险监测评价机制，持续迭代更新断链断供风险清单。建立完善产业链统计监测体系，建设产业链数据库，加强运行监测。

精准实施强链补链。 落实国家石化产业规划布局方案，重点推动中石化镇海炼化扩建项目和浙江石化二期项目建设，加快嘉兴乍浦化工新材料基地建设，推进油品质量提升项目以及原料多元化供应项目建设，推动高性能聚烯烃、特种工程塑料、合成橡胶等先进材料项目建设。全面开展石化中下游产业链培育行动计划，以浙江石化、镇海炼化为龙头，梳理中下游产品，精准招商合作，促进产业链、创新链和供应链融合发展，培育具有国际竞争力的石化产业集群。

做大做强龙头企业。 强化龙头企业对核心产业链的引领 和带动作用，加快骨干企业的技术开发和创新能力建设，提升龙头企业的核心竞争力。发挥浙江省传统石化产业的比较优势，积极推动龙头骨干企业走出去和国际顶尖石化企业引进来。推进浙江省重点石化企业通过海外并购、建立战略联盟等形式，实现国际投资合作，鼓励国内外资本参与浙江省企业兼并重组，进一步发展壮大龙头骨干企业。

六、TOP企业清单

（一）醋酸代表性企业

2021年国内醋酸代表性企业如表6-3所示。

表6-3　2021年国内醋酸代表性企业

公司名称	节点名称	省份
上海华谊集团股份有限公司	醋酸	上海
山东华鲁恒升化工股份有限公司	醋酸	山东
浙江新安化工集团股份有限公司	醋酸	浙江
永高股份有限公司	醋酸	浙江
西陇科学股份有限公司	醋酸	广东
浙江嘉化能源化工股份有限公司	醋酸	浙江
浙江伟星新型建材股份有限公司	醋酸	浙江
江苏索普化工股份有限公司	醋酸	江苏
杭州聚合顺新材料股份有限公司	醋酸	浙江
浙江海象新材料股份有限公司	醋酸	浙江

（二）苯乙烯代表性企业

2021年国内苯乙烯代表性企业如表6-4所示。

表6-4　2021年国内苯乙烯代表性企业

公司名称	节点名称	省份
浙江龙盛集团股份有限公司	苯乙烯	浙江
浙江卫星石化股份有限公司	苯乙烯	浙江
合盛硅业股份有限公司	苯乙烯	浙江
浙江闰土股份有限公司	苯乙烯	浙江
浙江朗迪集团股份有限公司	苯乙烯	浙江
广州市聚赛龙工程塑料股份有限公司	苯乙烯	广东
徐州浩通新材料科技股份有限公司	苯乙烯	江苏
宁波天龙电子股份有限公司	苯乙烯	浙江
金华春光橡塑科技股份有限公司	苯乙烯	浙江
浙江拱东医疗器械股份有限公司	苯乙烯	浙江

（三）乙二醇代表性企业

2021年国内乙二醇代表性企业如表6-5所示。

表6-5　2021年国内乙二醇代表性企业

公司名称	节点名称	省份
浙江交通科技股份有限公司	乙二醇	浙江
浙江巨化股份有限公司	乙二醇	浙江
亿利洁能股份有限公司	乙二醇	内蒙古
浙江卫星石化股份有限公司	乙二醇	浙江
内蒙古远兴能源股份有限公司	乙二醇	内蒙古
金能科技股份有限公司	乙二醇	山东
西陇科学股份有限公司	乙二醇	广东
辽宁奥克化学股份有限公司	乙二醇	辽宁
联化科技股份有限公司	乙二醇	浙江
珀莱雅化妆品股份有限公司	乙二醇	浙江

（四）环氧乙烷代表性企业

2021年国内环氧乙烷代表性企业如表6-6所示。

表6-6　2021年国内环氧乙烷代表性企业

公司名称	节点名称	省份
浙江交通科技股份有限公司	环氧乙烷	浙江
浙江巨化股份有限公司	环氧乙烷	浙江
浙江卫星石化股份有限公司	环氧乙烷	浙江
辽宁奥克化学股份有限公司	环氧乙烷	辽宁
联化科技股份有限公司	环氧乙烷	浙江
珀莱雅化妆品股份有限公司	环氧乙烷	浙江
浙江三美化工股份有限公司	环氧乙烷	浙江
浙江新化化工股份有限公司	环氧乙烷	浙江
百合花集团股份有限公司	环氧乙烷	浙江
浙江大东南股份有限公司	环氧乙烷	浙江

（五）醋酸乙烯代表性企业

2021年国内醋酸乙烯代表性企业如表6-7所示。

表6-7　2021年国内醋酸乙烯代表性企业

公司名称	节点名称	省份
广东奇德新材料股份有限公司	醋酸乙烯	广东
浙江中晶科技股份有限公司	醋酸乙烯	浙江
安徽华塑股份有限公司	醋酸乙烯	安徽
广东德冠薄膜新材料股份有限公司	醋酸乙烯	广东

（六）聚乙烯代表性企业

2021年国内聚乙烯代表性企业如表6-8所示。

表6-8　2021年国内聚乙烯代表性企业

公司名称	节点名称	省份
北方华锦化学工业股份有限公司	聚乙烯	辽宁
浙江巨化股份有限公司	聚乙烯	浙江
宁夏宝丰能源集团股份有限公司	聚乙烯	宁夏
沈阳化工股份有限公司	聚乙烯	辽宁
永高股份有限公司	聚乙烯	浙江
西陇科学股份有限公司	聚乙烯	广东
浙江伟星新型建材股份有限公司	聚乙烯	浙江
上海普利特复合材料股份有限公司	聚乙烯	上海
大庆华科股份有限公司	聚乙烯	黑龙江
广东格林精密部件股份有限公司	聚乙烯	广东

（七）氯乙烯代表性企业

2021年国内氯乙烯代表性企业如表6-9所示。

表6-9 2021年国内氯乙烯代表性企业

公司名称	节点名称	省份
浙江巨化股份有限公司	氯乙烯	浙江
上海氯碱化工股份有限公司	氯乙烯	上海
滨化集团股份有限公司	氯乙烯	山东
上海艾为电子技术股份有限公司	氯乙烯	上海
上海盛剑环境系统科技股份有限公司	氯乙烯	上海
无锡洪汇新材料科技股份有限公司	氯乙烯	江苏
上海阿莱德实业股份有限公司	氯乙烯	上海
安徽华塑股份有限公司	氯乙烯	安徽

07

电子化学材料产业链竞争力评价

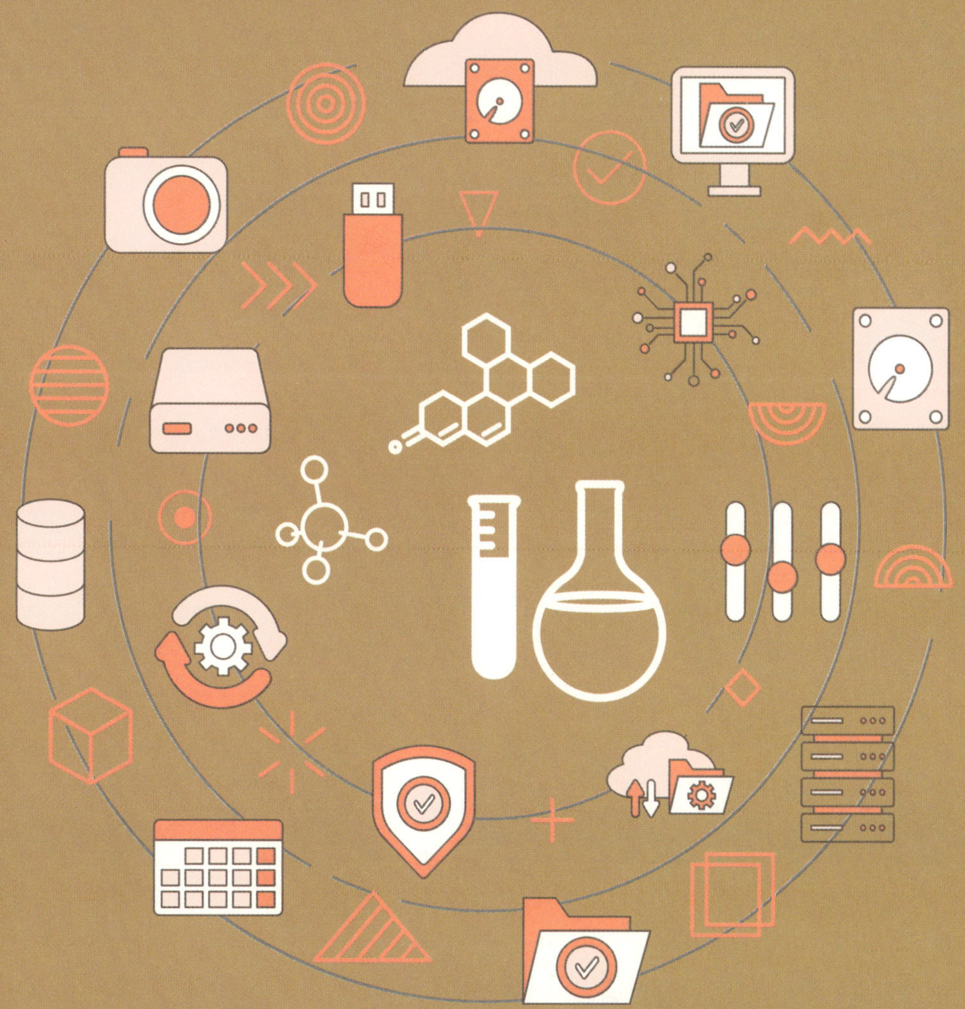

一、电子化学材料产业链全景概览

电子化学材料是国内自给率较低且需求变化较快的专用化学品之一，隶属于化工新材料范畴，可用于信息通讯、消费电子、家用电器、汽车电子、节能照明、工业控制、航空航天、军工等领域。随着应用领域的拓展，电子化学材料已渗透到国民经济和国防建设等多个领域。

近年来，由于全球半导体集成电路、显示面板、太阳能电池、锂电池和印制电路板(PCB)等下游产业向中国转移，国产化进程加速与国内技术逐步突破，如电子化学材料作为半导体工艺应用的重要支撑材料，新技术研发和产业化不断加快，带动我国相应细分领域电子化学材料市场规模持续扩大，且市场景气度增长。

在需求的带动下我国电子化学材料产业虽然得到了较大的进步，但一些高端小品种材料仍存在“卡脖子”风险，尚难以满足战略性新兴产业高质量发展需求。由于下游行业新能源汽车、工业自动化等的快速智能化，对芯片的需求持续增长，对上游电子化学材料供不应求的压力也随之加大。为解决卡脖子问题，目前国家层面正在大力扶持国内芯片发展。在政策支持和全球缺“芯”背景下，我国电子化学材料产业全面加速国产替代进程，产业前景广阔。

(一)电子化学材料产业链节点体系

1. 电子化学材料产业链节点体系研究方法

本研究使用的电子化学材料全产业链节点体系是依托浙江人工智能省部共建协同创新中心的算法，联合产业专家，基于上市公司公告、官网产品、招投标等信息，利用人工智能算法自动抽取加人工校准的方式构建出的生产关系，主要从生产原料、生产配件、生产设备、辅助原料、辅助设备、技术服务、加工工艺、产品/业务6个维度来形成全产业链的网状图谱产品体系。在全产业链网状图谱产品体系中，以电子化学材料的下游产品为起点，沿着其多种生产关系向上游追溯相关的其他产品节点，遍历到以原材料和设备为终止产品节点结束，从而形成一套有边界的电子化学材料产品关系图谱，即本研究使用的电子化学材料产业链节点体系。

2. 电子化学材料产业链节点体系构成

如图7-1所示，电子化学材料产业链按产业链上、中和下游划分节点：上游分为化工机械和化工原料，代表企业有中国石化、恒力集团、石大胜华、信创化工等。中游分为光刻胶、光刻胶配套试剂、化学机械抛光液、湿电子化学材料、电子气体(含前驱体)、PCB和高端功能膜材料等。下游分为LCD触摸屏、TFT-LCD触摸屏和硅片等。

国内光刻胶代表企业有南大广电、晶瑞股份、上海新阳、江阴江化微电子材料、强力新材等，湿电子化学材料代表企业有新宙邦、江化微、晶瑞股份、光华科技等，电子气体代表企业有巨化股份、南大光电、雅克科技、华特气体、金宏气体等公司。下游分为LCD触摸屏、TFT-LCD触摸屏、硅片、集成电路(90mm以下)、平板显示器、太阳能光伏器件、平板显示、芯片和晶体硅电池片，其中，半导体硅片代表企业有隆基股份、中环股份、立昂微、沪硅产业等。

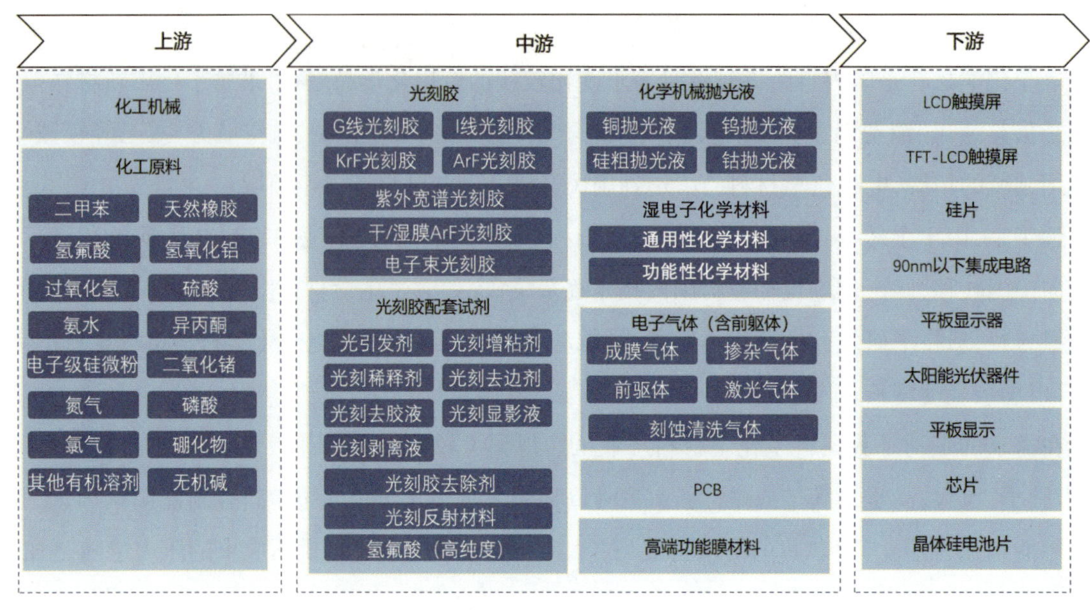

图7-1 电子化学材料产业链节点体系

光刻胶。光刻胶是一大类具有光敏化学作用的高分子聚合物材料，是转移紫外曝光或电子束曝照图案的媒介，主要由感光树脂、增感剂和溶剂三种主要成分组成，其广泛应用于集成电路、封装、微机电系统(MEMS)、光电子器件光子器件、平板显示器(LED、LCD、OLED)等领域。根据曝光光源波长的不同可以分为G线/I线光刻胶、KrF光刻胶、ArF光刻胶和EUV光刻胶。

光刻胶行业是我国重点鼓励发展的电子专用材料制造产业，是支撑经济社会发展和保障国家安全的战略性和基础性产业。2014年以来，《国家集成电路产业发展推进纲要》提出“要加快开发光刻胶、大尺硅片等关键材料，加快集成电路的产业化进程，增强产业配套能力”。2020年，《关于夸大战略性新兴产业投资培育壮大新增长点增长极的指导意见》提出“将聚焦重点产业投资领域，加快新材料产业强弱项：在加快光刻胶、高纯靶材等领域实现突破”。

光刻胶是电子化学材料行业国内外差距最为典型的产品。据Reportlinker的统计数据显示，2019年，中国光刻胶销售额达到人民币81.4亿元，占全球总量的15%。目前，光刻胶的国产自给率约为58%，在中低端市场已具备与国外产品竞争的能力，主要集中在PCB领域，但随着国内企业对光刻胶的积极布局，国产化进程在逐步加速：南大光电已建成25吨ArF光刻胶产品的生产能力，并已突破ArF光刻胶在逻辑芯片制造企业55nm技术节点的认证；彤程新材通过收购完成光刻胶的关键布局，已经开始批量供应KrF光刻胶给晶圆厂，公司年产1.1万吨的光刻胶有望于2022年开始投产；晶瑞电材I线光刻胶已向下游供货，KrF也已进入客户测试阶段，产线正在建设中；上海新阳自主研发的KrF已通过客户验证，并取得订单；徐州博康产品线覆盖G线/I线光刻胶、电子束光刻胶等产品，2021年6月，徐州博康新建年产1100吨光刻材料新工厂已正式投产。

湿电子化学材料。湿电子化学材料是电子行业湿法制程的关键材料，国内自给率约为23%，主要由欧美和日本企业垄断。超净、高纯及功能性是对“电子级试剂”“超纯高纯化学试剂”的专业表达，是湿电子化学材料的核心要素，在国际上是指主体成分纯度大于99.99%，杂质粒子和微粒数复合严格要求的化学试剂，其纯度对电子元器件的成品率、可靠性有十分重要的影响。

随着产量与需求量的增加，我国湿电子化学材料市场规模也逐年上升，2020年我国湿电子化学材料的市场规模约为100.62亿元，同比增长6.85%。根据晶瑞股份公告披露，2014—2020年我国湿电子化学材料产量和需求量均呈现增长趋势，2020年我国湿电子化学材料产量约为54.68万吨，需求量约为82.87万吨，国内湿电子化学材料供应量明显少于需求量。

目前主流国外湿电子化学材料生产企业已实现G5标准产品的量产，国内主流产能仍停留在G2、G3标准，高端产品仍有较大进口替代空间。但随着下游半导体、面板产业不断向国内转移，国内部分湿化学品企业凭借政策、成本、物流优势实现技术突破和高端市场攻克，其中，苏州晶瑞股份超高纯净双氧水和超纯氨水已达G5标准，其他产品均达到G3或G4标准；江阴江化微预计2年内具备G4/G5级生产能力。

化学机械抛光液。化学机械抛光液一般由超细固体粒子研磨剂（如纳米SiO_2、Al_2O_3粒子等）、表面活性剂、稳定剂、氧化剂等组成，是在利用化学机械抛光技术对半导体材料进行加工过程中的一种研磨液体，抛光工艺分为粗抛光和精抛光，由于抛光液是CMP的关键要素之一，它的性能直接影响抛光后表面的质量，因此它也成为半导体制造中必不可缺的辅助材料。

目前国内自给率约22%，国内抛光液的龙头上海安集科技成功打破了国外厂商对集成电路领域化学机械抛光液的垄断，完成了“90-65nm集成电路关键抛光材料研究与产业化”“45-28nm集成电路关键抛光材料研发与产业化”“高密度封装TSV抛光液和清洗液研发与产业化”和“CMP抛光液及配套材料技术平台和产品系列”，实现了进口替代，使中国在该领域拥有了自主供应能力。

半导体硅片。单晶硅片已渗透到国民经济和国防科技中各个领域，当今电子通信半导体市场中95%以上的半导体器件及99%以上的集成电路需要使用单晶硅片。纵观单晶硅片的发展，我国经历了从无到有，从落后到不断追赶再到接近，不断实现产业和技术上的双突破。根据SEMI统计，2015—2020年，中国半导体硅片销售额从4.3亿美元(折合人民币26.78亿元)上升至13.4亿美元(折合人民币92.45亿元)，年均复合增长率高达25%以上。据上海硅产业集团股票招股说明书及公司公报数据，随着中国各半导体制造生产线投产、中国半导体制造技术的不断进步与中国半导体终端产品市场的飞速发展，中国半导体硅片市场步入了飞跃式发展阶段。

（二）国内外电子化学材料现状分析

1. 国内电子化学材料发展现状

我国电子化学材料产业起步较晚，属于国家战略性新兴产业范围，是国内化工行业中发展速度最快，最具活力的行业之一。经过多年的发展，电子化学材料行业在内需市场的带动下，保持高速增长，产值、效益稳步上升，对国民经济增长贡献突出。“十三五”以来，电子化学材料行业平均年增长率为17.5%,远高于同期6.4%左右的工业增加值增速,在工业经济中的领先作用进一步凸显。

虽然我国已成为电子信息产业大国,市场规模也已达到世界一流水平,但我国电子化学材料产业层次较低,整体实力与国际巨头相比仍有较大差距,产业发展仍无法摆脱对发达国家的依赖。一是由于我国电子信息产业主要偏重产业链的中后端,产业链前端的设计、关键工艺、关键原材料及关键设备对外依存度高,仍主要由欧美发达国家掌控。二是我国电子化学材料企业规模总体偏小,国产化配套不足,上下游协同发展联接不紧,高层次人才匮乏。三是产业生态欠缺、产业链发展不完整,导致国内厂商无法形成自主知识、自主技术及自主专利的积淀,而且削弱了显示器、芯片等电子产业行业的溢价能力。

从我国电子化学材料发展历程来看,每个五年计划时期内我国都对电子化学材料行业发展进行了规划。具体来看,"十一五"时期,我国电子化学材料行业主要围绕半导体、平板显示器等领域配套材料进行发展;"十二五"时期,我国注重发展电子化学材料等新型专用化学品;"十三五"时期,国家集中发展集成电路用、印制电路用、平板显示用、新能源电池用电子化学材料;"十四五"时期,国家依旧围绕四个重点应用领域发展电子化学材料,并注重加快品种更替和质量升级,满足电子产品更新换代的需求。新一代信息技术产业发展面临重要的机遇期,新型智能终端、增强现实/虚拟现实、智能交通、物联网感知、5G无线通信等业态加速更替,电子化学材料行业也迎来更为广阔的发展空间。

2. 全球电子化学材料发展现状

全球电子化学材料产业发展快速,高度垄断,生产主要集中在美、日、欧等少数大企业手中,如美国的Univertical、日本三菱、日本日矿等公司。目前,高端电子化学材料的生产和研发,在国际上尚处于高度保密和高度垄断阶段,有关生产方法、工艺技术、产品质量指标体系,乃至设备包装材质等,国外技术拥有方为了保密,甚至不进行实质性专利申请,国内技术研发机构很难检索到有价值的技术文献信息,完全依靠自己研究与摸索。

(三)电子化学材料的发展特点和方向

1. 电子化学材料发展特点

电子化学材料系化学、化工、材料、电子工程等结合的综合学科领域,由于电子化学材料品种多、专业跨度大、专用性强等原因,单个企业很难掌握多个跨领域的知识储备和工艺技术,内部形成了多个子行业。细分行业市场集中度较高,龙头企业市场份额较大,是电子化学材料行业的普遍特点。近年来,国内电子化学材料不断取得长足进步。根据ChemAnalyst数据显示,2020年,中国电子化学材料需求量为125万吨,产业规模超过2900亿元。

一是随着市场需求的增长,电子化学材料的市场规模也变得越来越大。在近几年的时间内,电子化学材料各类产品的产出量不断提高,新产品层出不穷,这为我国的电子化学材料行业的发展提供了有力保障。二是我国不断引进与创新生产技术,提高了我国整体的技术水平。由于市场在需求亮点的同时也对产品的质量要求不断地变高，因此对于技术的要求也在变高，所以技术水平的整体提高为该行业的发展打下了牢固的基础，对于该行业之后的道路有着极其重要的意义。三是电子化学材料公司的实力也在稳步上升。我国已经成立了许多有自生技术水平和生产水平的公司，能够与国际化的公司一较高下，在该行业的专业领域上不输给发达国家的公司，特别是我国的集成电路中配套材料属于该行业的顶尖。

在高端电子化学材料领域，作为传统化工行业与电子制造业跨界结合的产品，成为电子工业配套的精细化工材料，也是半导体、印刷电路板、平板显示等产业制造过程不可或缺的关键性化工材料，但对高端电子化学材料的生产工艺属性划分，至今还未列入化工行业。由于高端电子化学材料项目审批列入了化工行业，环境要求高，项目审批难度大，一定程度上制约了产业整体的发展。

2. 电子化学材料发展瓶颈

我国高端电子化学材料的研究由于起步晚，技术人才的储备也很薄弱。高端电子化学材料的研发必须依靠自主创新，建立完整的研发、生产、检测及包装体系。目前，也是通过引进国际专家团队合作攻关，才实现了关键突破。但是，生产光刻胶的高端原材料仍无法突破，仍需依赖进口解决生产需求，也难以实施产业化应用。2021年来，随着台湾积体电路制造股份有限公司、SK海力士半导体(中国)有限公司等知名半导体企业新建项目的投产，高端电子化学材料的缺口正在进一步加大，中国高端电子化学材料亟待实现国产化。

3. 电子化学材料发展方向

未来，我国电子化学材料行业的发展将重点集中在技术、市场和企业三大部分，主要包含持续提高国产化制造技术、持续扩大电子化学材料需求市场、持续增强本土供应商竞争地位。此外，必须加快产业升级的步伐，实现整体竞争力的提升。

从电子化学材料的制造技术来看，电子化学材料行业为资金密集型、知识密集型产业，只有将电子材料产业链上的关键技术环节补上，才能摆脱受制于人的局面，实现自主可控。随着我国电子化学材料行业的不断发展，市场规模不断扩大，研发能力和技术水平也不断进步，如显示用OLED材料，集成电路用光刻胶、电子气体、湿化学品等都取得了突破。国内电子化学材料产品结构将逐渐从中低端产品为主向高端化学品市场突破。

从电子化学材料的市场需求来看，电子化学材料是电子信息产业的基础材料，也是新材料中的关键战略品种，在电子产品、电视、笔记本电脑、计算机、照明系统和其他产品中的需求不断增长。未来，5G、新材料研发等进程将进一步推动通信设备、手机和可穿戴设备等消费电子、汽车智能化、家电智能化领域的快速发展，带动电子产业进入新一轮增长周期，从而带动电子化学材料需求的快速增长。

从电子化学材料的企业实力来看，我国已初步建立起一批具有自主创新能力、具备国际竞争力的电子化学材料公司，在某些专业领域如集成电路部分配套材料、光电显示配套材料等，已经具有相当实力。

二、电子化学材料产业链竞争力指数分析

我们对电子化学材料产业链整体的竞争力指数进行分析，范围主要包括上游的化工原料、化工机械，中游的光刻胶、化学机械抛光液、光刻胶配套试剂、湿电子化学材料、电子气体（含前驱体）、PCB，以及高端功能膜材料。维度主要包括产业链的规模性、科创性、稳定性、完整性和先进性。

（一）电子化学材料产业链整体竞争力指数排名

1. 竞争力指数排名

目前中国电子化学材料产业主要聚集在长三角、珠三角地区，具体集中在江苏、山东、广东、浙江和福建等省份。从代表性企业分布情况来看，华东沿海地区是我国电子化学材料产业代表性企业的主要分布地区，其中江苏、上海、浙江和广东的电子化学品产业企业分布最为密集。从我国电子化学材料上市公司业务规划来看，重点工程主要集中在产线建设规划，其次是电子化学材料的研发投入，公司均寻求在技术研发上建设技术壁垒，从而提高市场份额，提高产品竞争力。

如图7-2所示，截至2021年底，国内电子化学材料产业链竞争力指数排名（本部分国内排名均不含港澳台）第一的是北京，指数为74.1。第二名是广东，指数为56.9。第三名是江苏，指数为56.9。第四名是浙江，指数为53.8。第五名是山东，指数为35.2。从整体上看，北京优势显著，领先第二名较多；广东、江苏、浙江在同一个层次上，构成第二梯队；其他省份构成第三梯队。

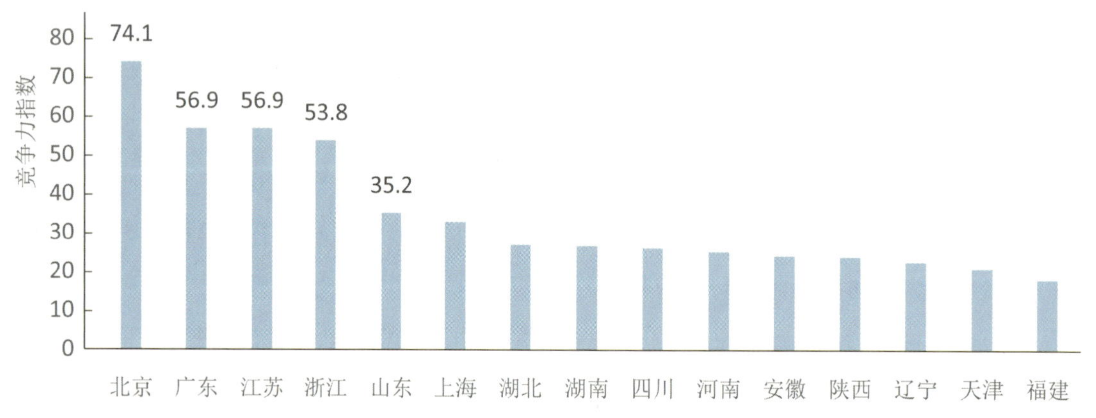

图7-2 电子化学材料产业链竞争力指数排名

我国31个省份的排名如表7-1所示。

2. 竞争力指数变动趋势

如表7-2所示，2015—2021年，TOP5省份的电子化学材料产业链竞争力均有一定增长。其中北京增长率最快，年复合增长率为10.1%，从2015年的41.6增长到2021年的74.1。其次为浙江，年复合增长率为4.5%。江苏、广东、山东的复合增长率分别为3.6%、2.8%和2.1%。

表7-1 2021年国内电子化学材料产业链整体竞争力指数排名

序号	省份	指数	序号	省份	指数
1	北京	74.1	17	宁夏	13.7
2	广东	56.9	18	江西	13.2
3	江苏	56.9	19	重庆	11.4
4	浙江	53.8	20	广西	10.6
5	山东	35.2	21	云南	10.2
6	上海	32.9	22	贵州	10.1
7	湖北	27.0	23	山西	8.3
8	湖南	26.8	24	甘肃	7.4
9	四川	26.2	25	内蒙古	7.3
10	河南	25.3	26	吉林	6.6
11	安徽	24.2	27	新疆	6.2
12	陕西	24.0	28	黑龙江	6.0
13	辽宁	22.7	29	青海	4.7
14	天津	21.0	30	海南	3.3
15	福建	18.1	31	西藏	0.5
16	河北	14.3			

表7-2 2015—2021年电子化学材料产业链竞争力指数TOP10

省份	2015年	2016年	2017年	2018年	2019年	2020年	2021年	CAGR
北京	41.6	44.0	51.3	50.5	51.7	67.8	74.1	10.1%
广东	48.4	49.4	51.8	54.4	56.6	57.3	56.9	2.8%
江苏	46.1	47.1	51.4	52.9	54.9	56.5	56.9	3.6%
浙江	41.3	42.8	47.7	51.0	50.8	51.2	53.8	4.5%
山东	31.0	31.3	32.5	32.6	31.4	33.8	35.2	2.1%
上海	32.8	32.9	30.8	33.7	32.7	34.4	32.94	0.1%
湖北	22.4	22.4	23.3	23.9	22.5	22.8	27.04	3.2%
湖南	14.6	18.6	23.3	24.9	24.8	24.5	26.82	10.7%
四川	24.1	24.4	23.5	25.2	26.5	26.0	26.24	1.4%
河南	19.3	24.9	22.0	21.2	17.8	21.0	25.26	4.6%

如图7-3所示，2015—2021年，北京、广东、江苏、浙江、山东的竞争力指数均在上涨，其中北京增长最快。

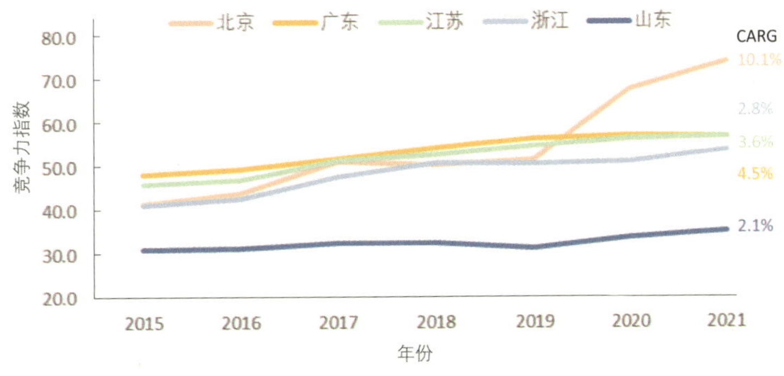

图7-3 电子化学材料产业链竞争力指数TOP5增长趋势

如图7-4所示,2015—2021年,各省电子化学材料产业链竞争力指数增长的来源主要来自产业链充分性和技术竞争力。

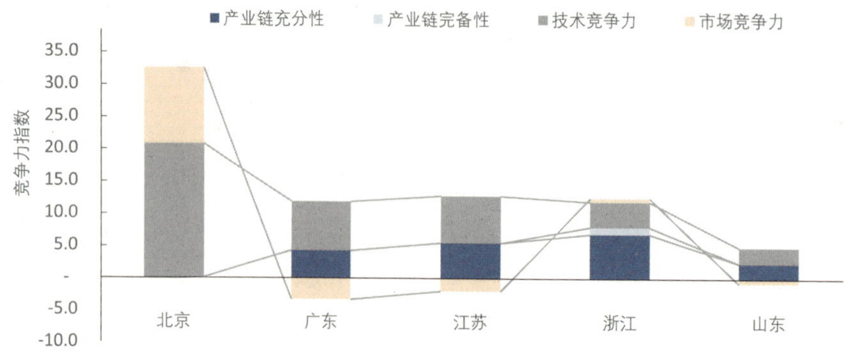

图7-4　电子化学材料产业链竞争力指数TOP5增长来源

北京、广东、江苏竞争力指数增长都主要来自技术竞争力;增长的第二来源,北京来自市场竞争力,广东、江苏来自产业链充分性。浙江指数增长主要来自产业链充分性,其次来自技术竞争力,说明浙江省在近年来的产业链布局和促进企业研发方面成效显著。

(二)各评价指标维度分析

1. TOP5省份各评价指标维度分析

对2020年电子化学材料产业链竞争力指数的TOP5省份做各指标的雷达图,如图7-5所示。

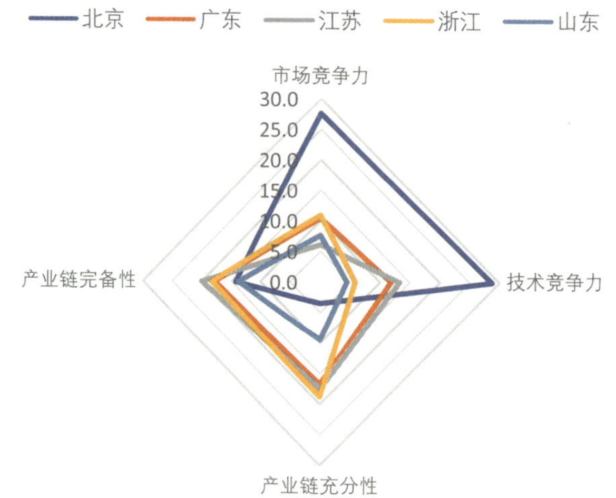

图7-5　电子化学材料产业链竞争力TOP5各维度指标对比

北京在市场竞争力和技术竞争力方面显著领先。江苏、广东的技术竞争力具有较强竞争力。浙江的产业链充分性和产业链完备性与其他省份相当,市场竞争力仅次于北京,但技术竞争力是显著的短板。

2. 市场竞争力分析

市场竞争力的本质表现就在于获取更多的市场份额和更高的利润率。

如图7-6所示,北京的市场竞争力指数得分最高,为27.6。浙江、广东、湖南、湖北分别为10.9、

10.4、10.0和9.6。北京优势显著。

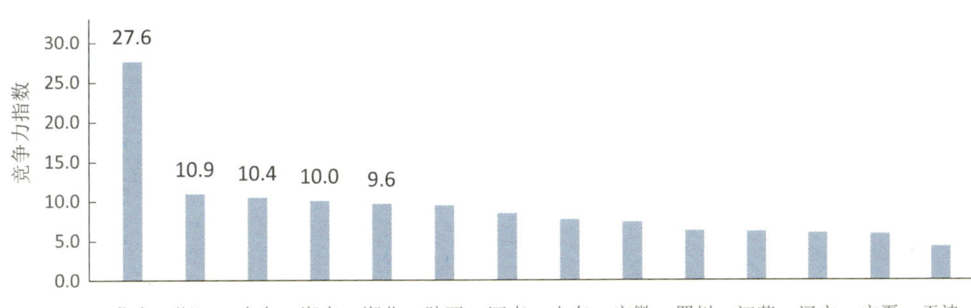

图7-6 电子化学材料产业链规模性排名

3. 技术竞争力分析

技术竞争力是一个反映产业链竞争力来源的间接因素。在现代经济社会,科学技术能力越强,产业竞争力就越强。反映技术竞争力的指标包括专利数、研发投入、研发人员数等。

如图7-7所示,北京的技术竞争力指数得分最高,为28.8。江苏、广东、上海、浙江分别为13.3、11.9、5.8和5.8。

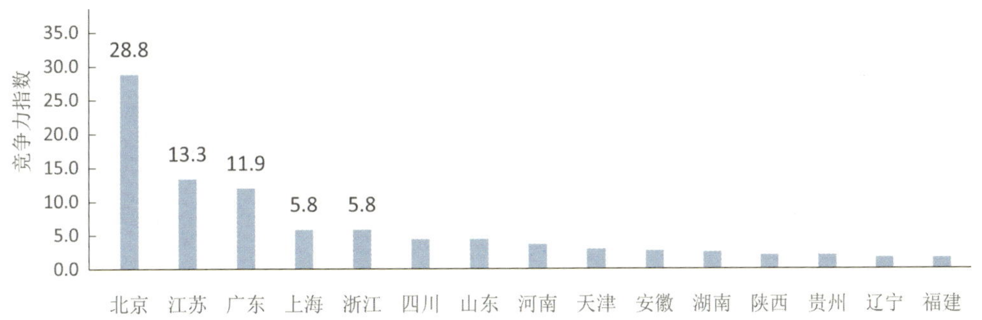

图7-7 电子化学材料产业链技术竞争力排名

4. 产业链充分性分析

产业链充分性是反映产业链当前拥有的市场竞争行为主体充分程度的指标集合。产业链拥有的企业数量越多,产业链的稳定性越高,产业链的竞争力就越强;产业链拥有的高质量企业(上市企业)数量越多,产业链的充分性越高,产业链的竞争力就越强。

如图7-8所示,浙江的产业链充分性指数得分最高,为18.8。江苏、广东、山东和上海分别为17.5、16.8、9.5和5.5。

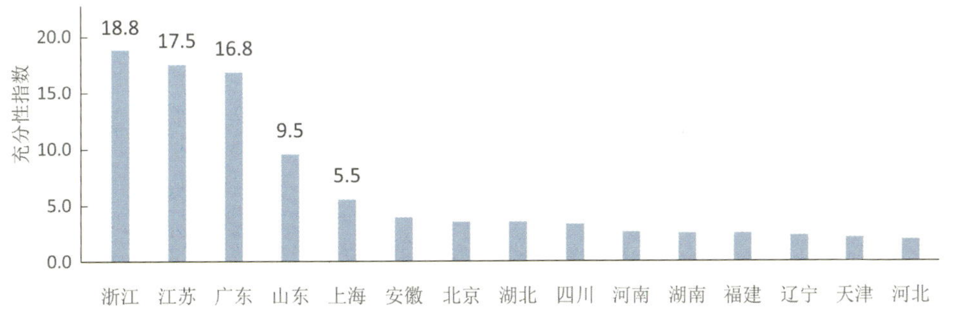

图7-8 电子化学材料产业链充分性排名

5. 产业链完备性分析

产业链完备性是反映本地产业链的布局、配套完备程度的指标。产业链节点越多，节点的质量越好，本地的产业链竞争力就越强。

如图7-9所示，江苏的产业链完备性指数得分最高，为20.0。浙江、上海、广东、北京分别为18.3、18.0、17.8和14.2。除北京外，TOP5省份的产业链完备性差距不是特别大，各省在产业链多数环节都有布局。

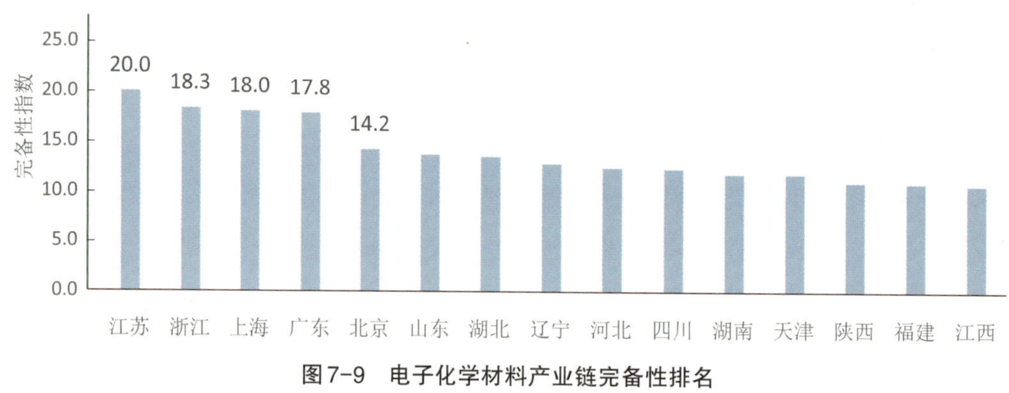

图7-9　电子化学材料产业链完备性排名

三、电子化学材料产业链节点竞争力分析

电子化学材料产业链作为一个由很多节点构成的链条结构，其竞争力本质上是由各个产业链节点的竞争力共同形成的。每个大的节点下又有各自的配套，这些配套与节点共同构成了一个以该节点为核心的节点产业链，下面分析这些节点产业链的竞争力指数。

（一）化工原料

如图7-10所示，在化工原料整体竞争力指数评价中，浙江排名第一，得分76.7。江苏、山东、广东和湖北分别为62.1、51.2、50.5和41.3。浙江省具有一定优势。

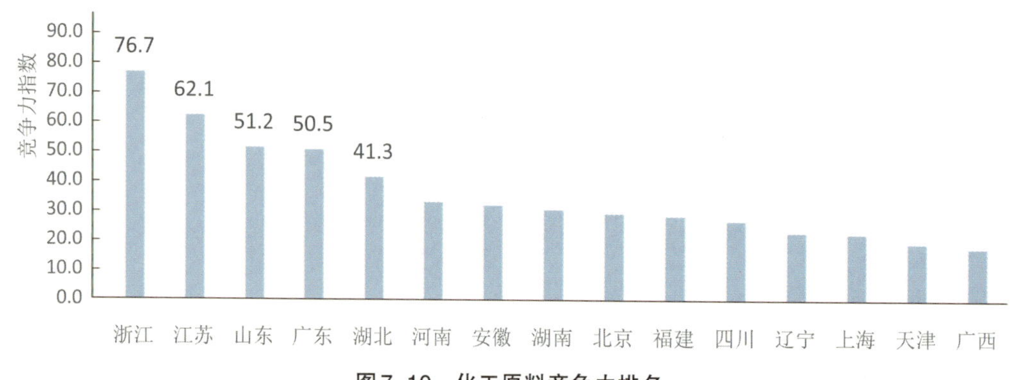

图7-10　化工原料竞争力排名

如图7-11所示，在各维度指标对比中，浙江的市场竞争力、技术竞争力均排名第一，产业链充

分排名第二。江苏的产业链充分性、产业链完备性排名第一。

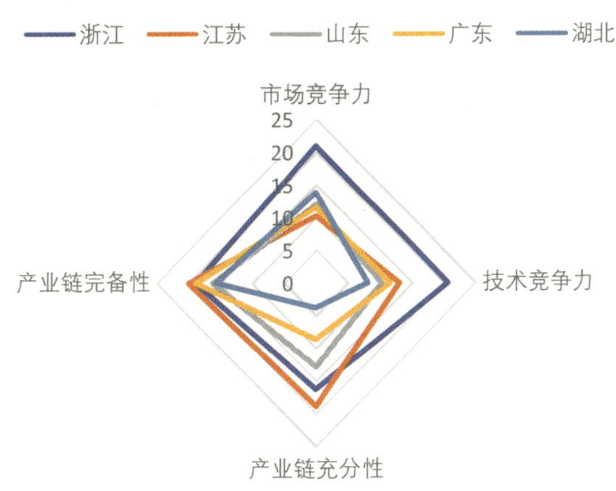

图7-11 化工原料竞争力TOP5各维度指标对比

(二)光刻胶

如图7-12所示，光刻胶整体的竞争力中，江苏排名第一，得分82.6。上海、浙江、广东、北京分别为64.7、46.6、27.9和19.2。总体上看，TOP5之间差距显著，江苏优势明显。

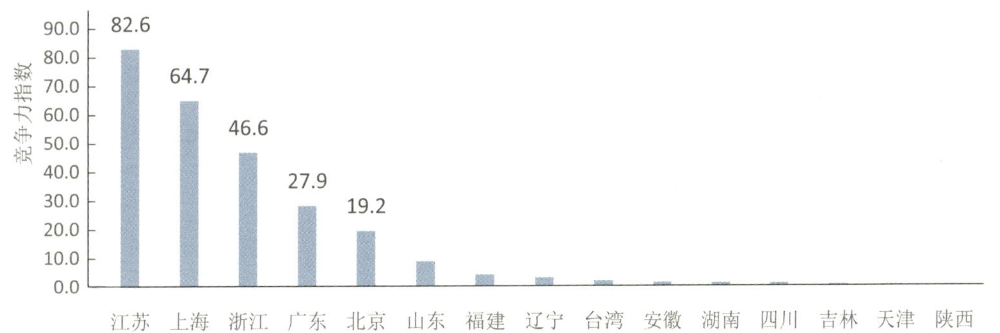

图7-12 光刻胶竞争力排名

如图7-13所示，在各维度指标对比中，江苏的市场竞争力、产业链完备性、产业链充分性均排名第一，技术竞争力排名第二。上海的技术竞争力排名第一，领先优势明显。

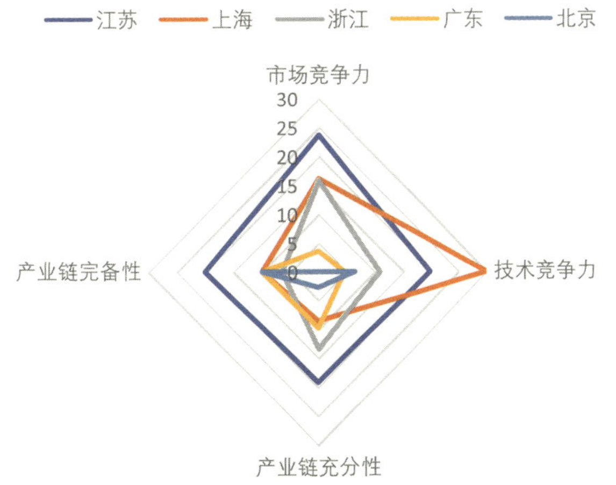

图7-13 光刻胶竞争力TOP5各维度指标对比

（三）化学机械抛光液

如图7-14所示，化学机械抛光液的竞争力指数浙江排名第一，得分69.9。上海排名第二，得分40.4，第一名和第二名拉开了较大差距。江苏、天津、广东分别是12.0、8.2和5.0，与前两名差距显著。

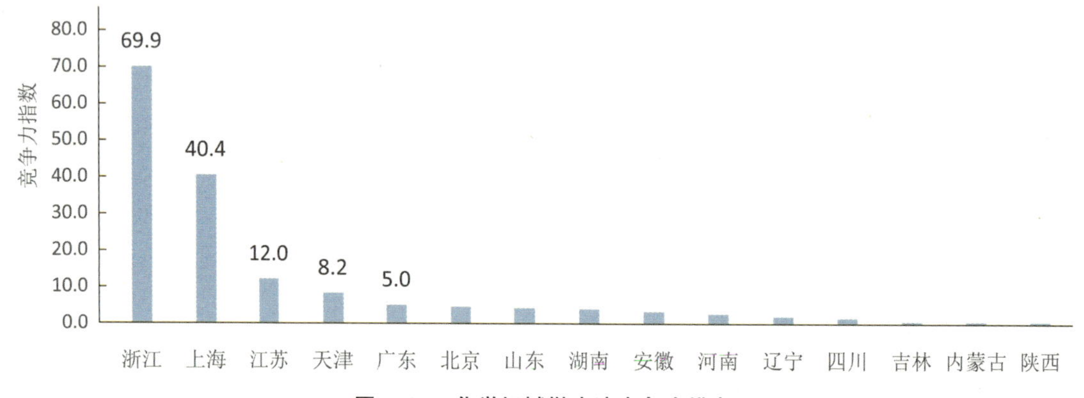

图7-14　化学机械抛光液竞争力排名

如图7-15所示，在各维度指标对比中，浙江的市场竞争力、技术竞争力、产业链充分性均排名第一。上海的产业链完备性排名第一。

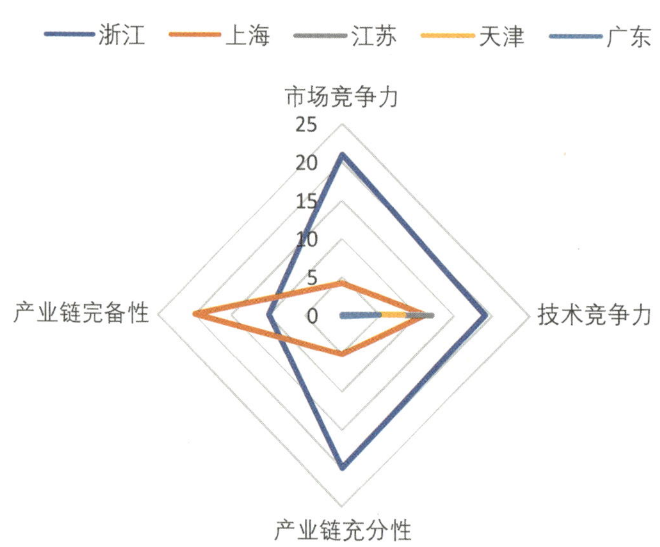

图7-15　化学机械抛光液竞争力TOP5各维度指标对比

（四）光刻胶配套试剂

如图7-16所示，光刻胶配套试剂整体竞争力指数江苏排名第一，得分64.9。广东、湖北、上海、浙江分别为63.6、53.0、46.8和26.9。

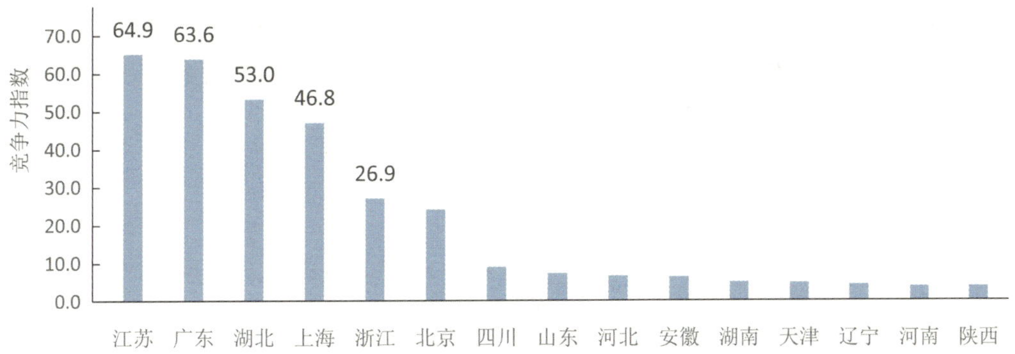

图7-16 光刻胶配套试剂竞争力排名

如图7-17所示，在各维度指标对比中，江苏的产业链充分性、产业链完备性排名第一。广东的市场竞争力排名第一，技术竞争力排名第三，接近江苏。浙江各方面均较弱势。

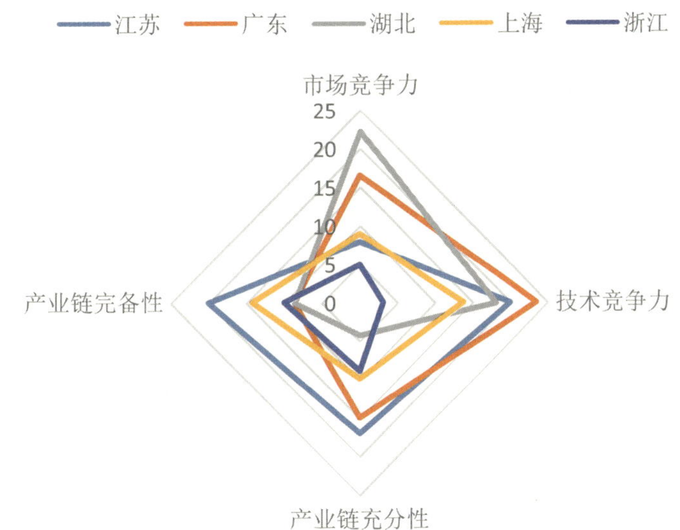

图7-17 光刻胶配套试剂竞争力TOP5各维度指标对比

（五）湿电子化学材料

如图7-18所示，浙江的湿电子化学品整体竞争力指数排名第一，得分73.9。广东、湖北、江苏、上海分别为73.6、58.3、44.3和37.7。

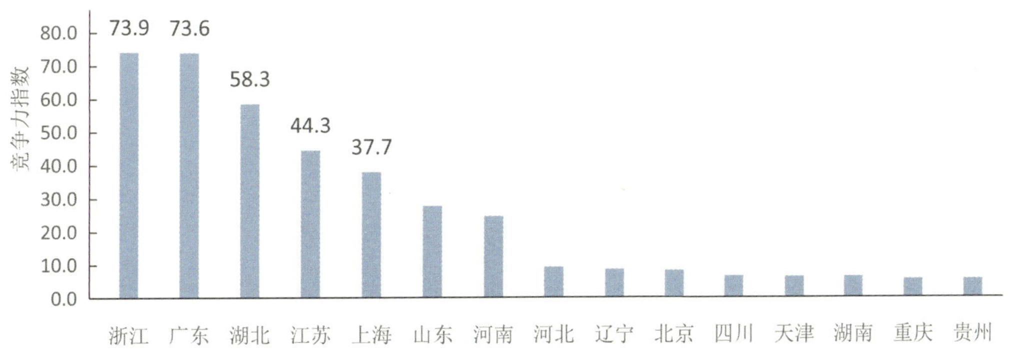

图7-18 湿电子化学材料竞争力排名

如图7-19所示，在各维度指标对比中，浙江的产业链充分性排名第一，市场竞争力、产业链完备性排名第二，技术竞争力排名第三。广东的技术竞争力、产业链完备性排名第一，市场竞争力排名第三，接近前二的湖北、浙江。

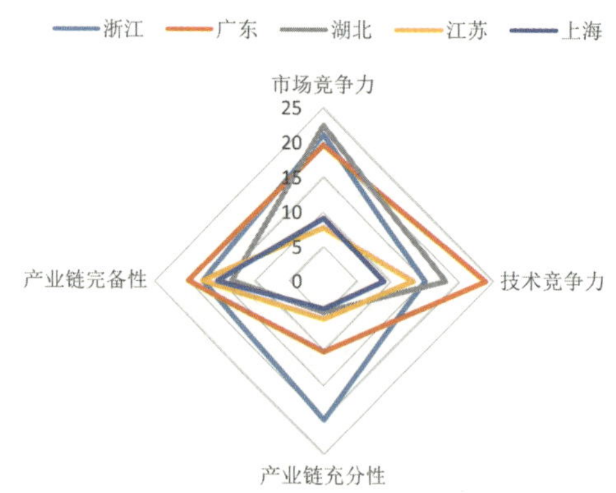

图7-19　湿电子化学材料竞争力TOP5各维度指标对比

（六）电子气体（含前驱体）

如图7-20所示，电子气体（含前驱体）整体竞争力指数浙江排名第一，得分78.4。江苏、山东、四川、广东分别为61.2、58.2、50.6和43.6。

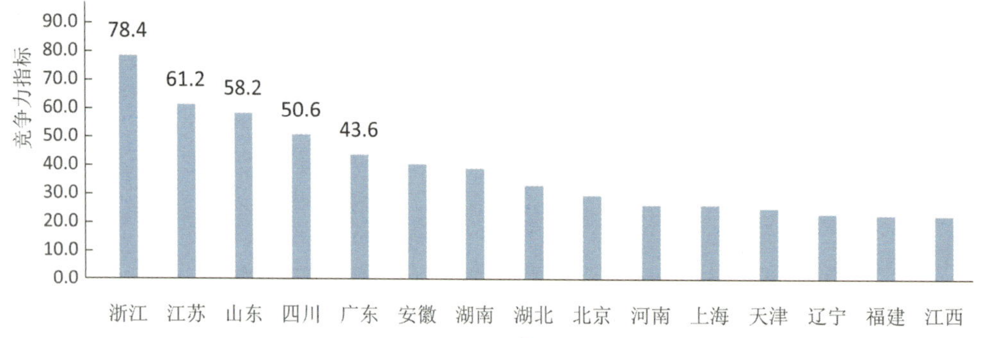

图7-20　电子气体（含前驱体）竞争力排名

如图7-21所示，在各维度指标对比中，浙江的市场竞争力、技术竞争力均排名第一，产业链充分性排名第二。四川的技术竞争力排名第二。山东的市场竞争力排名第二。

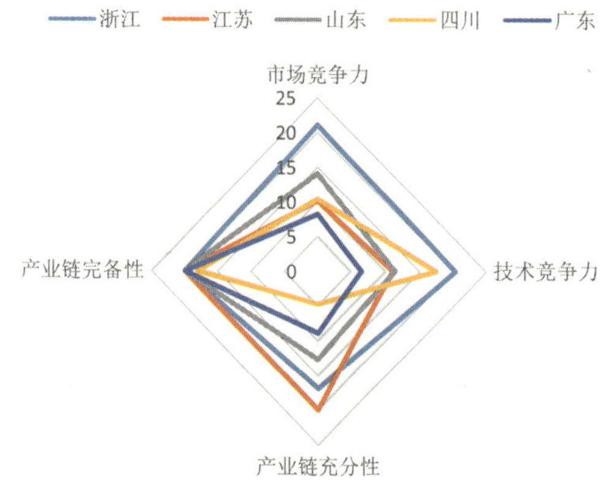

图7-21　电子气体（含前驱体）竞争力TOP5各维度指标对比

（七）高端功能膜材料

如图7-22所示，高端功能膜材料整体竞争力指数浙江排名第一，得分64.4。江苏、广东、安徽、江西分别为26.9、25.0、14.7和8.3。

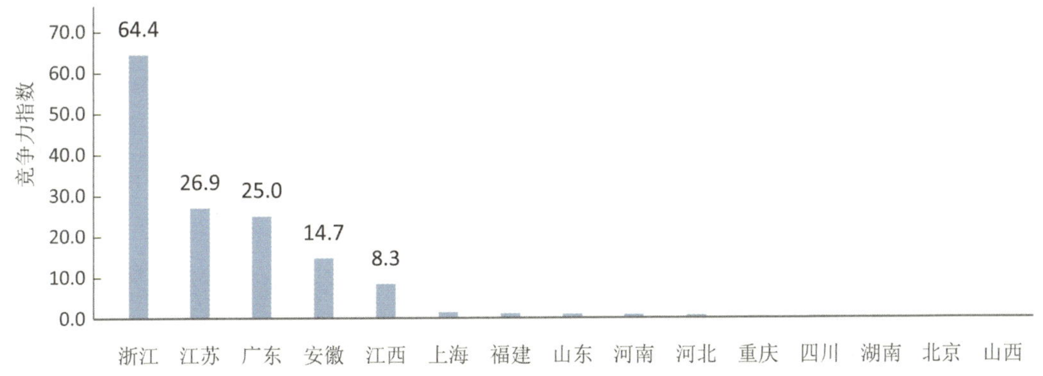

图7-22　高端功能膜材料竞争力排名

如图7-23所示，在各维度指标对比中，浙江省的市场竞争力、技术竞争力、产业链充分性均排名第一。广东的技术竞争力排名第二，江苏的产业链充分性、市场竞争力排名第二。

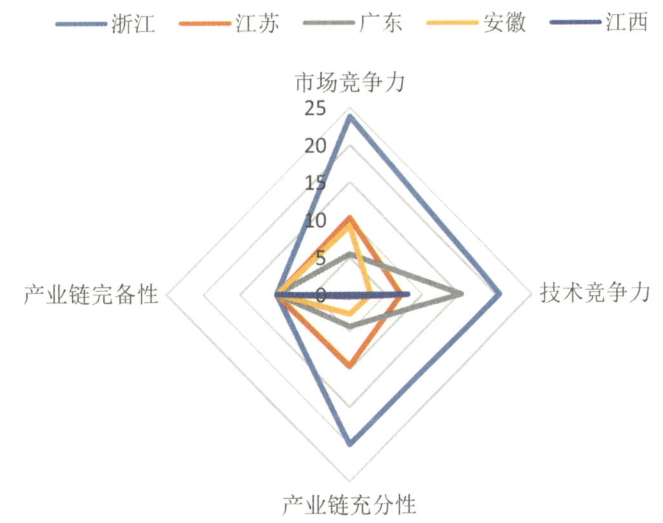

图7-23　高端功能膜材料竞争力TOP5各维度指标对比

四、主要省份电子化学材料产业链布局分析

从地方产业链布局的视角分析各省在电子化学材料产业链各个节点上竞争力的分布及其优劣势。

（一）北京

如图7-24所示，北京的电子化学材料产业链竞争力指数排名第一，得分74.1。产业链在市场竞争力和技术竞争力方面显著领先于其他省份。

北京市在化工原料领域拥有大红门北方化工等企业。在光刻胶及光刻胶配套试剂领域，拥有北京科华微电子材料等企业；在电子气体（含前驱体）领域，北京拥有华科微能等优势企业，此外，北京具有较强的专利优势，拥有国家电网公司、北京北方华创微电子装备有限公司以及清华大学等专业机构。

北京市6月发布的《北京市"十四五"时期制造业绿色低碳发展行动方案》提出，到2025年，制造业领域高精尖产业比重进一步提升，新能源和可再生能源持续扩大推广应用，化石能源占比稳步下降，能源资源利用效率进一步提升，一批前沿低碳负碳工艺技术得到示范应用。培育一批基于技术创新的绿色增长新引擎，健全推动制造业绿色低碳发展的管理服务体系，汽车、电子、生物医药等重点行业绿色供应链管理取得显著成效，制造业绿色低碳发展水平得到整体提升。其次，在《化工园区"十四五"规划指南及2035中长期发展展望》提到，到2025年，创建50家"绿色化工园区"，全面承诺践行责任关怀的重点化工园区超过百家，重点石化基地和化工园区成为"天蓝、水清、草绿"生态优美的产业集聚区；推进化工产业向绿色创新产业发展。

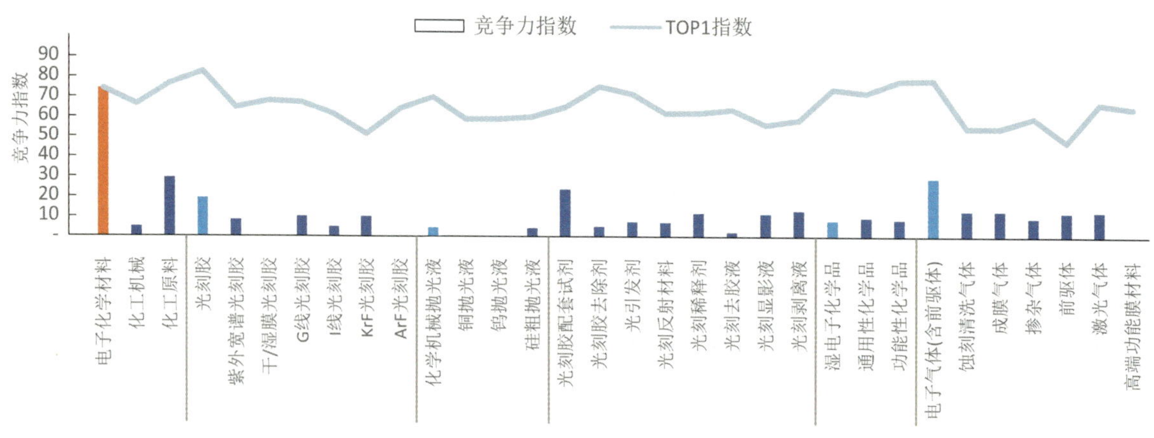

图7-24　北京市电子化学材料产业链各节点竞争力指数对比

（二）广东

如图7-25所示，广东省整体的产业链竞争力指数排名第二，得分56.9。在湿电子化学品排名第一，其中功能性化学品排名第一，通用性化学品排名第二。光刻胶配套试剂排名第二。

广东省在化工原料领域，拥有西陇科学等企业；在光刻胶领域，拥有容大感光等企业；在光刻胶配套试剂领域，拥有新宙邦（国家高新技术企业）、容大感光等企业；在湿电子化学材料领域，拥有西陇科学、光华科技（国家高新技术企业）等企业；在电子气体（含前驱体）领域，拥有华特气体等企业；在PCB领域，拥有深南电路、景旺电子、博敏电子、中京电子、超华科技等企业；在高端功能膜材料领域，拥有佛塑科技等企业。

2021年8月，广东省发布《广东省制造业高质量发展"十四五"规划》提出要以工程塑料、电子化学材料、功能性膜材料、日用化工材料、高性能纤维等为重点，加快石化产业链中下游高端精细化工

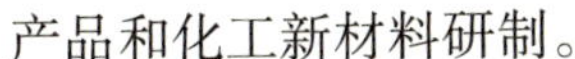

产品和化工新材料研制。

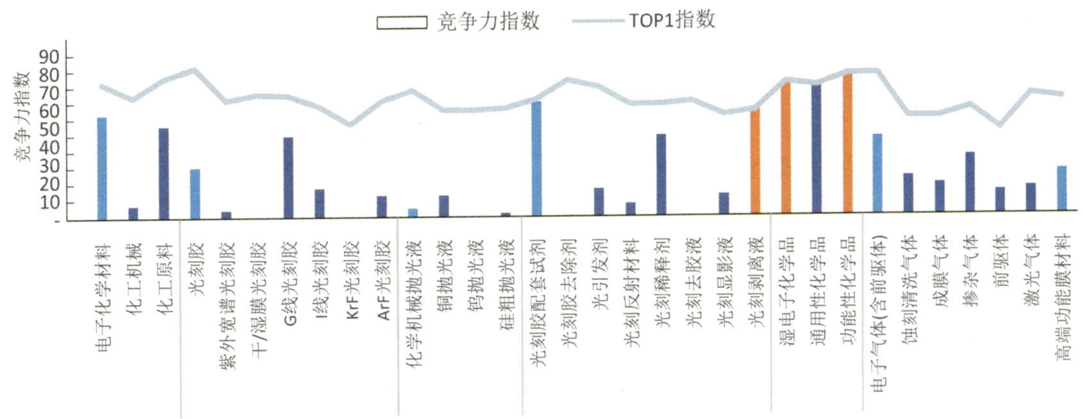

图7-25　广东省电子化学材料产业链各节点竞争力指数对比

(三)江苏

如图7-26所示，江苏省电子化学材料产业链竞争力指数整体排名第三，得分56.9。光刻胶、光刻胶配套试剂均排名第一。江苏省在湿电子化学品、电子气体(含前躯体)、化工原料领域均具有较强的竞争力。

江苏省在化工原料领域，拥有雅克科技等企业；在光刻胶领域，拥有雅克科技、晶瑞股份、南大光电等企业；在光刻胶配套试剂领域，拥有晶瑞股份、强力新材、南大光电、江化微等企业；在电子气体(含前驱体)领域，拥有雅克科技、金宏气体等企业；在PCB领域，拥有东山精密等企业；在高端功能膜材料领域，拥有赛伍技术股份、裕兴股份、日久光电等企业。

2021年8月，江苏省发布《江苏省"十四五"化工产业高端发展规划》，表示要发挥江苏省产业基础和市场条件，大力发展为集成电路、平板显示器、新能源电池等领域配套的电子化学材料，扩大产业规模，提升产品质量，填补技术空白，提高关键电子化学材料的自主生产能力，打造具有国际竞争力的电子化学材料产业集群。2021年8月，江苏省发布《关于印发江苏省"十四五"制造业高质量发展规划的通知》强调要重点提升高性能含氟聚合物及制品，低温室效应含氟ODS替代品、电子特气等高端氟材料自给率。

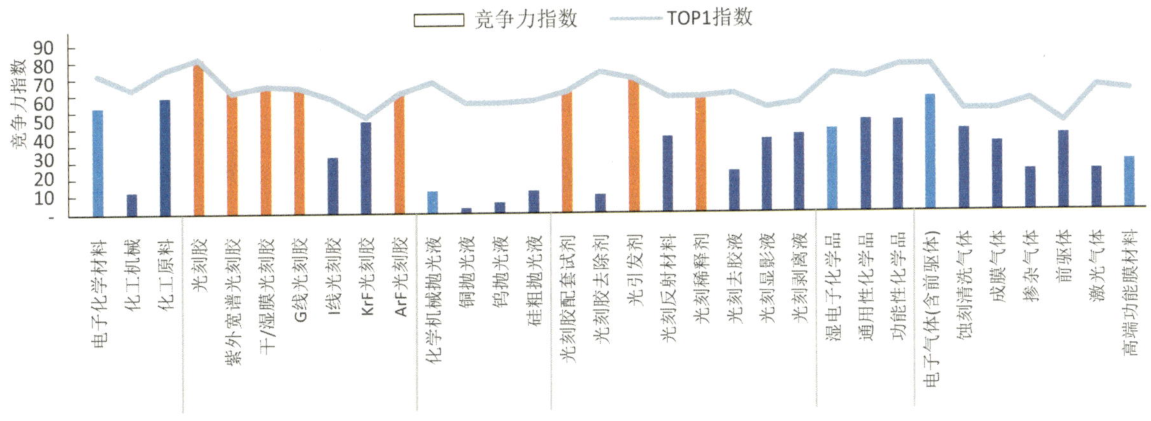

图7-26 江苏省电子化学材料产业链各节点竞争力指数对比

(四) 浙江

如图7-27所示，浙江省电子化学材料产业链竞争力整体排名第四，得分53.8。浙江省在多个领域都表现出色，在化学机械抛光液、湿电子化学品、电子气体(含前驱体)、高端功能膜材料、化工机械、化工原料领域均排名第一。

浙江省在化工原料领域，拥有巨化股份、新安化工、嘉化能源、三美股份、新化化工等企业；在光刻胶领域，拥有永太科技等企业；在化学机械抛光液领域，拥有巨化股份、嘉化能源等企业；在光刻胶配套试剂领域，拥有格林达、扬帆新材等企业；在湿电子化学材料领域，拥有巨化股份、三美股份、新化化工等企业；在电子气体(含前驱体)领域，拥有巨化股份、新安化工、润禾材料、本立科技等企业；在PCB领域，拥有晨丰科技这样的国家高新技术企业；在高端功能膜材料领域，拥有巨化股份、大东南、浙江众成(国家高新技术企业)、激智科技(国家技术创新示范企业)、京华激光等企业。

2021年4月，浙江省发布《浙江省石油和化学工业"十四五"发展规划》提出要依托中国化工新材料(嘉兴)园区，推动嘉兴乍滴化工新材料产业基地建设。依托衢州绿色产业集聚区、衢州氟硅钴新材料产业创新服务综合体，推进衢州氟硅新材料、电子化学材料、新能源电池材料产业基地建设，依托杭州湾上虞经济技术开发区，提升上虞精细化工产业基地的竞争力，推动嘉兴、衢州、绍兴上虞联动发展。

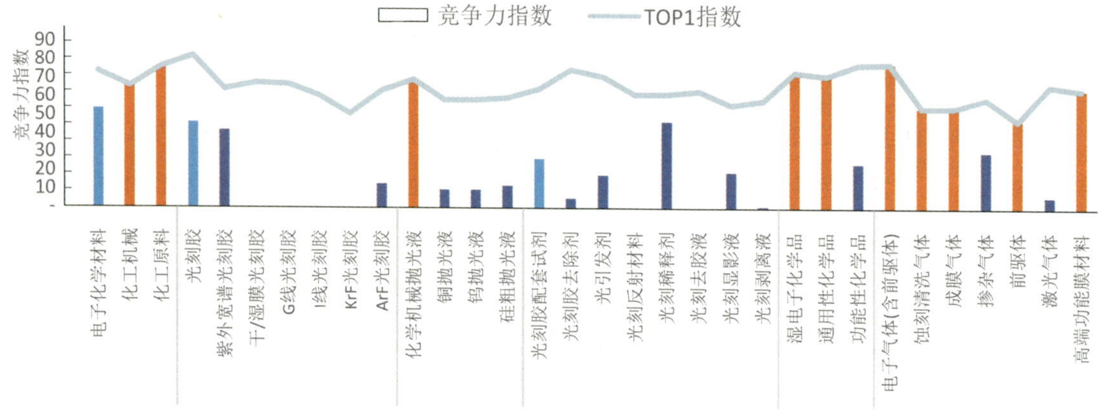

图7-27 浙江省电子化学材料产业链各节点竞争力指数对比

(五) 上海

如图7-28所示，上海市电子化学材料产业链竞争力指数得分为32.9。上海市在I线光刻胶、KrF光刻胶、铜抛光液、钨抛光液、硅粗抛光液、光刻胶去除剂、光刻反射材料、光刻去胶液均排名第一。在湿电子化学品也具有一定的竞争力。

上海市在光刻胶领域，拥有飞凯材料、上海新阳(第一批"专精特新"小巨人企业)等企业；在化学机械抛光液领域，拥有安集科技(上海市小巨人企业)等企业；在光刻胶配套试剂领域，拥有飞凯材料等企业；在湿电子化学材料领域，拥有飞凯材料等企业；在PCB领域，拥有方正科技等企业。

2021年7月，上海市发布的《上海市先进制造业发展“十四五”规划》表示要加快建设上海集成电路设计产业园、东方芯港、电子化学材料专区等特色产业园区，引进建设一批重大项目；重点突破高端表面活性剂、电子化学材料、高纯溶剂、催化剂、医药中间体等专用化学品。

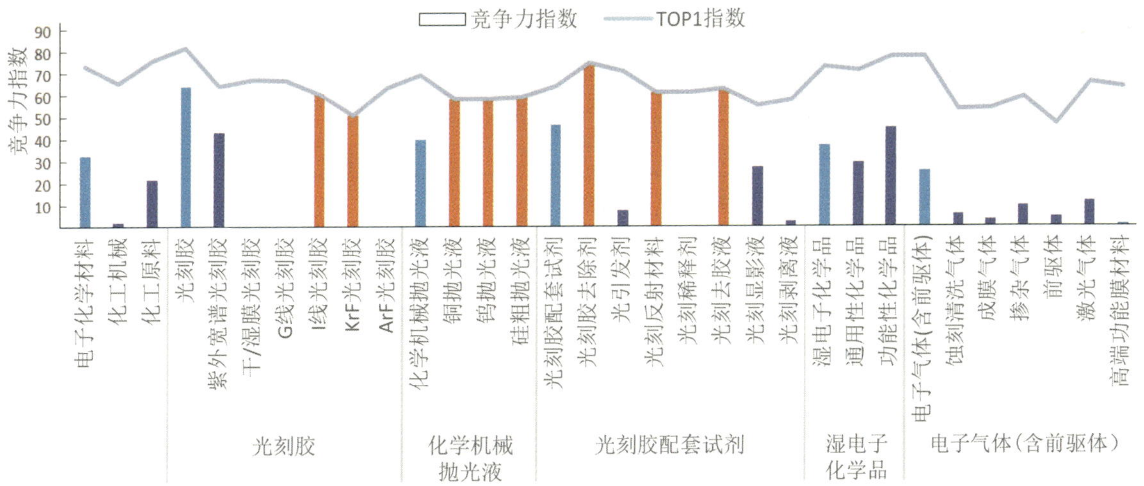

图7-28　上海市电子化学材料产业链各节点竞争力指数对比

五、TOP企业名单

（一）化工原料

化工原料TOP10企业名单如表7-3所示。

表7-3　化工原料TOP10企业名单

公司名称	节点名称	省份
湖北兴发化工集团股份有限公司	化工原料	湖北
浙江巨化股份有限公司	化工原料	浙江
浙江新安化工集团股份有限公司	化工原料	浙江
滨化集团股份有限公司	化工原料	山东
西陇科学股份有限公司	化工原料	广东
浙江嘉化能源化工股份有限公司	化工原料	浙江
多氟多化工股份有限公司	化工原料	河南
浙江三美化工股份有限公司	化工原料	浙江
浙江新化化工股份有限公司	化工原料	浙江
江苏雅克科技股份有限公司	化工原料	江苏

（二）光刻胶

光刻胶TOP7企业名单如表7-4所示。

表7-4　光刻胶TOP7企业名单

公司名称	节点名称	省份
浙江永太科技股份有限公司	光刻胶	浙江
江苏雅克科技股份有限公司	光刻胶	江苏
上海飞凯光电材料股份有限公司	光刻胶	上海
苏州晶瑞化学股份有限公司	光刻胶	江苏
上海新阳半导体材料股份有限公司	光刻胶	上海
江苏南大光电材料股份有限公司	光刻胶	江苏
深圳市容大感光科技股份有限公司	光刻胶	广东

（三）化学机械抛光液

化学机械抛光液TOP3企业名单如表7-5所示。

表7-5　化学机械抛光液TOP3企业名单

公司名称	节点名称	省份
浙江巨化股份有限公司	化学机械抛光液	浙江
浙江嘉化能源化工股份有限公司	化学机械抛光液	浙江
安集微电子科技(上海)股份有限公司	化学机械抛光液	上海

（四）光刻胶配套试剂

光刻胶配套试剂TOP10企业名单如表7-6所示。

表7-6　光刻胶配套试剂TOP10企业名单

公司名称	节点名称	省份
湖北兴发化工集团股份有限公司	光刻胶配套试剂	湖北
上海飞凯光电材料股份有限公司	光刻胶配套试剂	上海
苏州晶瑞化学股份有限公司	光刻胶配套试剂	江苏
常州强力电子新材料股份有限公司	光刻胶配套试剂	江苏
深圳新宙邦科技股份有限公司	光刻胶配套试剂	广东
江苏南大光电材料股份有限公司	光刻胶配套试剂	江苏
杭州格林达电子材料股份有限公司	光刻胶配套试剂	浙江
江阴江化微电子材料股份有限公司	光刻胶配套试剂	江苏
深圳市容大感光科技股份有限公司	光刻胶配套试剂	广东
浙江扬帆新材料股份有限公司	光刻胶配套试剂	浙江

（五）湿电子化学品

湿电子化学品TOP10企业名单如表7-7所示。

表7-7　湿电子化学品TOP10企业名单

公司名称	节点名称	省份
湖北兴发化工集团股份有限公司	湿电子化学品	湖北
浙江巨化股份有限公司	湿电子化学品	浙江
滨化集团股份有限公司	湿电子化学品	山东
西陇科学股份有限公司	湿电子化学品	广东
多氟多化工股份有限公司	湿电子化学品	河南
浙江三美化工股份有限公司	湿电子化学品	浙江
浙江新化化工股份有限公司	湿电子化学品	浙江
广东光华科技股份有限公司	湿电子化学品	广东
上海飞凯光电材料股份有限公司	湿电子化学品	上海
湖北鼎龙控股股份有限公司	湿电子化学品	湖北

（六）电子气体（含前驱体）

电子气体（含前驱体）TOP10企业名单如表7-8所示。

表7-8　电子气体（含前驱体）TOP10企业名单

公司名称	节点名称	省份
浙江巨化股份有限公司	电子气体(含前驱体)	浙江
浙江新安化工集团股份有限公司	电子气体(含前驱体)	浙江
昊华化工科技集团股份有限公司	电子气体(含前驱体)	四川
江苏雅克科技股份有限公司	电子气体(含前驱体)	江苏
苏州金宏气体股份有限公司	电子气体(含前驱体)	江苏
广东华特气体股份有限公司	电子气体(含前驱体)	广东
湖北和远气体股份有限公司	电子气体(含前驱体)	湖北
宁波润禾高新材料科技股份有限公司	电子气体(含前驱体)	浙江
浙江本立科技股份有限公司	电子气体(含前驱体)	浙江
山东凯盛新材料股份有限公司	电子气体(含前驱体)	山东

（七）PCB

PCB TOP8企业名单如表7-9所示。

表7-9　PCB TOP8企业名单

公司名称	节点名称	省份
苏州东山精密制造股份有限公司	PCB	江苏
深南电路股份有限公司	PCB	广东
深圳市景旺电子股份有限公司	PCB	广东
方正科技集团股份有限公司	PCB	上海
博敏电子股份有限公司	PCB	广东
惠州中京电子科技股份有限公司	PCB	广东
广东超华科技股份有限公司	PCB	广东
浙江晨丰科技股份有限公司	PCB	浙江

（八）高端功能膜材料

高端功能膜材料TOP10企业名单如表7-9所示。

表7-9　高端功能膜材料TOP10企业名单

公司名称	节点名称	省份
浙江巨化股份有限公司	高端功能膜材料	浙江
黄山永新股份有限公司	高端功能膜材料	安徽
佛山佛塑科技集团股份有限公司	高端功能膜材料	广东
苏州赛伍应用技术股份有限公司	高端功能膜材料	江苏
浙江大东南股份有限公司	高端功能膜材料	浙江
浙江众成包装材料股份有限公司	高端功能膜材料	浙江
宁波激智科技股份有限公司	高端功能膜材料	浙江
江苏裕兴薄膜科技股份有限公司	高端功能膜材料	江苏
浙江京华激光科技股份有限公司	高端功能膜材料	浙江
江苏日久光电股份有限公司	高端功能膜材料	江苏

03

节能与新能源汽车产业链竞争力评价

一、节能与新能源汽车产业链全景概览

随着社会进步与科技发展，汽车工业正逐步向汽车“新四化”方向发展，即电动化、智能化、网联化和共享化，我国作为全球重要的汽车和零部件生产与供应基地，已全面融入全球产业链。但是，当前我国在大量出口零部件的同时部分领域仍依赖进口，推动汽车产业“固链、强链、补链”工程，提高产业垂直整合程度，增强产业关联性、集成性，培育自主完整产业链，抢抓战略发展先机，具有重要战略意义。

(一)节能与新能源汽车产业链节点体系

节能与新能源汽车是长产业链、大协同、大制造的“集成化”产业。随着“新四化”的不断推进、智能网联化的不断发展，汽车产业涉及领域更为广泛。从产业链上游的原材料、零部件，到中游的系统总成，再到下游的整车销售和后市场服务，链条上的任何一环出现“脱节”和“断链”，都会对上游和下游生产商、供应商产生连锁反应。为了更好地梳理产业链以便开展后续研究，本研究将产业链分为整车制造、零部件、技术服务、生产设备和辅助设备五大模块(见图8-1)。

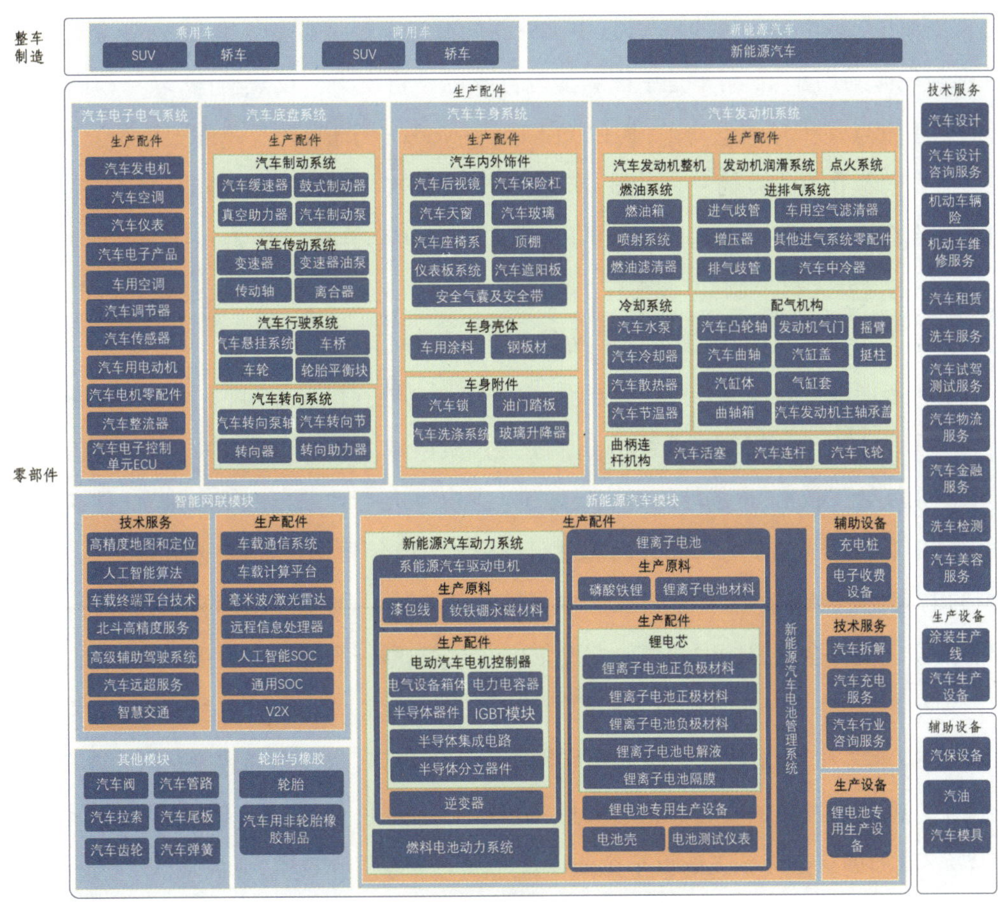

图8-1　节能与新能源汽车产业链全景

其中，零部件主要包括汽车电子电气系统、汽车底盘系统、汽车车身系统、汽车发动机系统、智能网联模块、新能源汽车模块等多个子模块。在每个模块中又按照生产关系进一步区分出生产设备、生产原料、辅助原料、辅助设备、技术服务(以橘黄色为底色)。如果节点之间不存在生产关系，是平行的分类关系，如汽车电子电气系统、汽车底盘系统等(以灰蓝色为底色)。

(二)国内外节能与新能源汽车产业链现状分析

1. 全球节能与新能源汽车产业链发展现状

当前，全球新一轮科技革命和产业变革蓬勃发展，汽车与能源、交通、信息通信等领域有关技术加速融合，电动化、智能化、网联化和共享化成为汽车产业的发展潮流和趋势。近年来，世界主要汽车大国纷纷加强战略谋划、强化政策支持，跨国汽车企业加大研发投入、完善产业布局，新能源汽车已成为全球汽车产业转型发展的主要方向和促进世界经济持续增长的重要引擎。从销量来看，2021年全球新能源车型累计销量近650万辆，较上年同期增长108%。其中，中国销量达到近330万辆，增长近2倍；欧洲的销量约为230万辆，美国约为63万辆。分产品来看，纯电动和插混动力汽车为新能源汽车主要产品，占比合计在99%以上。

在目前的节能与新能源汽车市场中，中国、美国和欧盟呈现三足鼎立的局面，三者所生产的新能源汽车大约占全球市场份额的88%，且中国的新能源汽车销量占全球第一，占到全球销售份额的34%，其中新能源乘用车、专用车是中国新能源汽车的销售主力。反观美国，联邦政府及国内新能源汽车的销售重点逐步转向电动车，其EV(Electron-Volt，电子伏特)呈爆发式增长。2017年，美国的新能源汽车销量在20.2万辆左右，增长率达38.72%，且这一增长势头2018年还在持续。目前，美国的ZEV正在向全美乃至欧盟地区宣传推广，例如2018年全美的ZEV(Zero-Emission Vehicle，无污染汽车)积分比例就大幅上调(上调5.5%)，美国国内包括克莱斯勒、福特、通用在内的十大汽车销售企业也被纳入ZEV考核中，间接实现了汽车产能的全面上升。

从节能与新能源产业链部分关键节点看，一是动力电池。目前德国、美国和中日韩所在的东亚地区是锂离子动力电池研发和产业化的三个主要聚集区域。长期以来，中日韩三国在消费类小型锂离子电池领域处于技术、市场的绝对主导地位。从技术与产业的角度综合来看，日本在技术方面依旧领先；2011年韩国在市场份额方面超越日本；但2013年中国进而超越韩国位居全球第一，同时，中国的电池企业数量最多，产能最大。中日韩几乎垄断了全球锂电池供应，市场份额高达95%。二是智能网联模块。全球智能网联模块主要集中在北美、欧洲和亚洲三大区域，其中北美地区形成了以美国为核心，加拿大等国家配套发展的智能网联汽车生态体系，美国凭借信息技术的全球领先优势，以车载智能芯片、车载操作系统和车联网平台为突破口，全面布局智能网联汽车各关键领域；欧洲形成了以德国为发展核心，法国、意大利、瑞典、荷兰、以色列、芬兰、瑞士、英国等国家协同发展的生态体系，欧洲拥有全球领先的汽车企业以及先进的智能驾驶技术；亚洲地区形成了中国、日本、韩国等国家协同发展的生态体系，中国具有巨大的市场优势以及集中力量办大事的体制优势，日本整车企业和一级供应商技术实力突出，交通基础设施完备，有利于智能网联的示范推广。

近年来，各国纷纷出台计划加快新能源和智能网联汽车发展。如美国在2021年3月公布的《基础设施计划》中提出将把1740亿美元投向电动汽车领域，包括：在消费端给予购车补贴，在基建方面到2030年建设50万座充电站，在政府采购方面推动校车、公交车电动化。另外在2021年11月份美国众议院通过了总额达1.75万亿美元的经济刺激法案，其中涉及新能源产业投资标的额达到5500亿美元。与此同时，欧洲对新能源汽车的重视程度也丝毫不示弱。欧盟委员会颁布的“欧洲绿色协议”，希望能够在2050年前实现欧洲地区的“碳中和”，另外在其颁布的公告中还要求到2035年乘用车、小型商用车和新车的二氧化碳排放量为零，混合动力汽车和插电式混合动力汽车以及仅靠发动机运行的车辆禁行。多国促进政策出台将进一步激发节能与新能源汽车发展动能，全球节能与新能源汽车产业链发展将更加完备。

2. 国内节能与新能源汽车产业链发展现状

自2012年国务院发布《节能与新能源汽车产业发展规划（2012—2020年）》以来，我国坚持“纯电驱动”的战略取向，节能与新能源汽车产业发展取得了巨大成就，成为世界汽车产业发展转型的重要力量之一。在传统的燃油车时代，中国虽然拥有庞大的汽车供应链体系，甚至全球50%以上的汽车零部件制造都与中国有关，但关键零部件的缺失，让这个庞大的产业链存在安全风险。新能源汽车产业的崛起和“新四化”趋势的出现，使中国汽车产业拥有了取得产业主导权的机会，中国汽车供应链开始加速向核心链强力突破，力图在未来汽车产业的新机遇中实现汽车强国梦。经过多年持续努力，我国新能源汽车产业技术水平显著提升、产业链条日趋完善、企业竞争力大幅增强，我国新能源汽车销量连续7年位居全球第一，已经具备较好的发展优势。如图8-2所示，2021年新能源汽车呈现出较强的增长态势，市场占有率提升至13.4%，销量超过350万辆，较2020年增长158%，创造了2016年以来的最快增速。在出口方面，2021年新能源汽车出口31万辆，较2020年增长3倍。据预测，2022年我国新能源汽车销量将达到近500万辆，2025年将超过1000万辆大关，中国市场将继续引

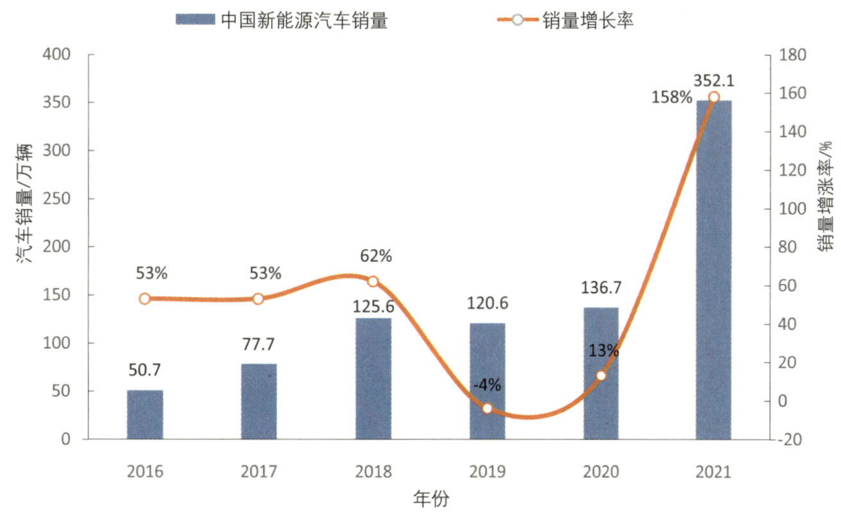

图8-2　2016—2021年中国新能源汽车销量及其增速

（数据来源：中国汽车工业协会）

领智能电动汽车的产销增长。2025年，随着自动驾驶、云计算、智能网联技术的发展以及中国智能电动汽车的产销量大幅增长，由中国智能电动汽车催生的智能网联市场规模将突破2万亿元。

从节能与新能源汽车产业链发展看，在节能汽车领域，我国节能技术在近几年取得了显著进步，乘用车平均油耗持续下降，自动变速器大规模、多品种应用；商用车领域在轻量化及柴油机能效方面提升明显，其中最具代表性的就是多挡位自动变速器的应用。在新能源汽车领域，我国整体技术处于国际第一阵营，特别是多家自主企业产品在市场上被广泛认可，也借此培育了有潜力的新能源汽车企业。在动力电池、驱动电机等方面，我国培育了几大具有较强竞争力的企业，如比亚迪、上汽、广汽、长城等；充电基础设施的发展也是全球领先，插电式混合动力技术也取得了明显进步；燃料电池技术近几年进步迅速，特别是一些原材料和零部件，本地化进展迅速，这为下一步大幅度降低成本和规模化商业推广奠定了较好的基础。在智能网联领域，智能网联技术的商业化应用在逐步普及，特别是辅助驾驶技术已经配备在了很多量产车上。车路协同技术在一些区域得到了小规模的示范应用；高精地图与定位、云控技术正在小范围内进行技术验证，高级自动驾驶技术也在一些特定的场景和区域(部分高速公路)上有小规模的应用。

如表8-1所示，从节能与新能源汽车市场看，我国造车新势力发展历程主要分为市场进入期(2014—2018年)、市场淘汰期(2019年)和市场蓬勃期(2020年以来)三大阶段，目前位于核心区域的头部中国智能电动汽车企业主要有四家，分别是特斯拉、大众、蔚来、上汽，分别代表国际车企科技公司、国际传统主机厂、中国造车新势力、中国传统主机厂。在中国市场上，四家车企的战略与价值观、产品与技术驱动、顾客与经营能力均有良好的表现，成为引领汽车产业变革的重要推动者。但仍要意识到，当前我国节能与新能源汽车的发展仍面临核心创新能力不强的突出短板，亟待加强研发力度，攻克燃料电池、IGBT功率模块、充电设施与系统等“卡脖子”关键技术。

表8-1　中国造车新势力发展历程

时期	年份	造车新势力入局者
市场进入期	2014	乐视汽车、奇点汽车、合众汽车注册成立
	2015	蔚来、理想汽车、天际汽车、领跑汽车注册成立
	2016	小鹏汽车、威马汽车、博郡汽车注册成立
	2017	游侠汽车、华人运通、拜腾汽车、爱驰汽车注册成立
	2018	赛麟汽车、合创汽车、赛力斯、极狐汽车、恒大汽车、创维汽车注册成立
市场淘汰期	2019	蔚来创始人李斌被戏称为年度最惨的人，造成新势力面临资金压力、崩盘在即；华为成立智能汽车解决方案BU
	2020	博郡汽车宣布全员待岗；拜腾汽车被曝出欠薪；赛麟汽车欠薪陷入官司；游侠汽车被曝工厂停摆；奇点汽车动态停止更新
市场蓬勃期	2020	岚图汽车、智己汽车、极氪汽车注册成立
	2021年至今	百度宣布以整车制造商的身份亮相，进入造车领域；小米推出造车计划，预计投资100亿美金；滴滴、货拉拉OPPO均透露出造车计划
		FF上市，蔚来汽车出海欧洲，小鹏汽车回港上市

总体来看，汽车制造行业在短期内的总体趋势仍在于包含氢燃料电池汽车在内的新能源汽车。从《新能源汽车产业发展规划(2021—2035年)》的展望来看，到2025年，中国新能源汽车市场竞争力

明显增强，且其核心零部件的关键技术取得重大突破，安全水平全面提高；新能源汽车新车销售量达到汽车新车销售总量的20%左右，高度自动驾驶汽车实现限定区域和特定场景商业化应用，充换电服务便利性显著提高。到2035年，纯电动汽车成为新销售车辆的主流，公共领域用车全面电动化，燃料电池汽车实现商业化应用，高度自动驾驶汽车实现规模化应用，充换电服务网络便捷高效，氢燃料供给体系建设稳步推进，有效促进节能减排水平和社会运行效率的提升。

二、节能与新能源汽车产业链竞争力指数分析

本研究运用产业链竞争力指数评价模型，依托浙江人工智能省部共建协同创新中心的算法，从产业链规模性、科创性、稳定性、完整性及先进性五个维度出发，对全国各省份节能与新能源产业链整体的竞争力指数进行分析。

（一）节能与新能源汽车产业链整体竞争力排名

1. 竞争力指数排名

如表8-2所示，根据2021年各项维度总体评估，国内节能与新能源汽车产业链竞争力水平可分为三大梯队：第一梯队是广东，作为新能源汽车龙头企业聚集地，国内新能源汽车企业产销前10名中广东企业占3家，分别是比亚迪、广汽埃安、小鹏汽车，竞争力排全国第一，指数为62.6；第二梯队是北京、浙江、江苏和上海，竞争力指数均在50左右，分别为59.7、57.3、55.1和48.4，产业链及配套体系较为完备，但部分核心节点仍然较为弱势；第三梯队为山东、安徽、重庆、福建、湖北、江西等省份，大多位于中西部地区，人才、资金等资源较为匮乏，产业发展较为滞后。

表8-2　节能与新能源汽车产业链竞争力指数排名

序号	省份	指数	序号	省份	指数
1	广东	62.6	17	天津	16.1
2	北京	59.7	18	吉林	14.3
3	浙江	57.3	19	广西	11.5
4	江苏	55.1	20	陕西	11.2
5	上海	48.4	21	黑龙江	8.4
6	山东	33.3	22	贵州	8.4
7	安徽	29.6	23	山西	7.8
8	重庆	24.7	24	新疆	6.4
9	福建	20.9	25	云南	5.6
10	湖北	20.2	26	内蒙古	2.8
11	江西	19.9	27	甘肃	2.7
12	河北	19.5	28	海南	2.4
13	河南	19.4	29	青海	1.7
14	湖南	19.3	30	宁夏	1.0
15	四川	17.4	31	西藏	0.6
16	辽宁	17.2			

2. 竞争力指数变动趋势

如表8-3和图8-3所示，“十三五”期间，我国节能与新能源汽车行业在全球价值链中的位置稳步提升，产业链整体竞争力进一步增强，TOP5省份的节能与新能源汽车产业链竞争力均有一定增长。其中在全球缺芯的大背景下，2021年广东已经开始大力实施“广东强芯”工程，构建集成电路产业发展“四梁八柱”，产业链竞争力指数6年年均增长7.2%，位居全国第一；江苏于2016年底新增2家获国家发改委批复的新建新能源乘用车生产项目，并在经开区成立节能与新能源汽车动力总成产业创新联盟，由此技术竞争力大幅提升，综合竞争力指数快速增长，6年复合增长率为6.8%，居全国第二；同时，北京和浙江近年来也积极进行节能与新能源汽车产业布局，大力开展创新研发，积极攻克产业链“卡脖子”核心节点，产业链充分性和技术竞争力进一步增强，6年复合增长率分别达到6.2%和6.1%。此外，上海节能与新能源汽车产业规模虽有所缩减，但由于其积极引进特斯拉等产业链龙头企业，带动其综合竞争力指数增长达3.9%。

表8-3　2015—2021年各省节能与新能源汽车产业链竞争力指数

省份	2015年	2016年	2017年	2018年	2019年	2020年	2021年	CAGR
广东	41.2	44.4	49.1	52.1	55.5	59.2	62.6	7.2%
北京	41.6	41.3	44.6	50.7	53.7	55.7	59.7	6.2%
浙江	40.2	42.9	47.9	50.6	53.5	55.7	57.3	6.1%
江苏	37.1	40.2	43.8	46.8	49.2	53.6	55.1	6.8%
上海	38.4	39.9	41.9	43.8	44.6	46.3	48.4	3.9%
山东	26.0	27.3	29.3	30.1	31.2	32.6	33.3	4.2%
安徽	23.3	24.8	26.1	27.1	27.9	28.8	29.6	4.1%
重庆	19.7	20.7	21.0	21.1	21.9	24.3	24.7	3.8%
福建	16.7	17.3	17.9	18.8	19.4	19.8	20.9	3.8%
湖北	17.4	17.8	18.2	18.3	19.4	19.6	20.2	2.5%

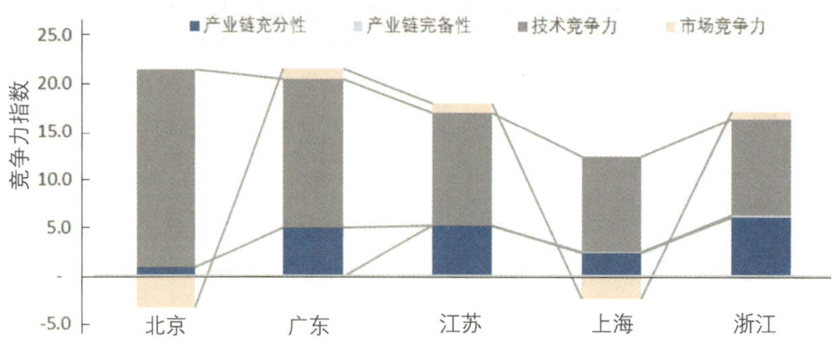

图8-3　节能与新能源汽车产业链竞争力指数TOP5增长来源

(二) 各评价指标维度分析

1. TOP5省份各评价指标维度分析

2021年，节能与新能源汽车产业链竞争力指数的TOP5省份各指标的雷达图如图8-4所示，广东作为综合竞争力排名第一的省份，其龙头企业位于全国前列，整体产业链较为完备，抗风险能力较强，其技术竞争力排名第二，产业链充分性和产业链完备性位居前列。北京的市场竞争力、技术竞争力均排名第一。浙江的产业链充分性排名第一。上海、江苏四维评价较为平均。

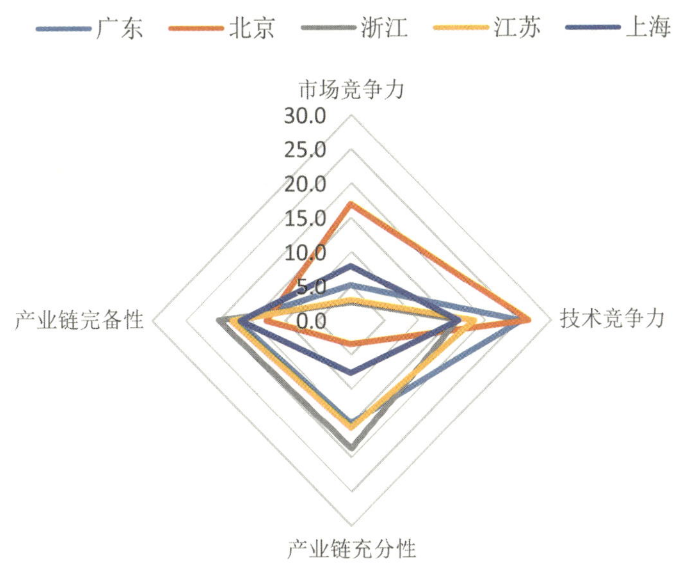

图8-4　节能与新能源汽车产业链竞争力TOP5各维度指标对比

2. 市场竞争力分析

市场竞争力的本质表现就在于获取更多的市场份额和更高的利润率。根据2021年全国乘用车市场信息联席会统计的全国新能源汽车零售数据显示，"北上广深"四大超一线城市是我国新能源汽车销量前四甲，其中北京的新能源汽车销量一直位于全国前列。从2008年北京奥运会开启新能源汽车示范应用，到2009年我国启动"十城千辆"工程，再到2013年以北京为代表的特大城市提出十万量级新能源汽车发展目标，在相关产业发展上，北京已取得显著成果。如图8-5所示，截至2021年底，北京新能源汽车保有量达50.7万辆，在全国处于领先水平，由此带来北京的市场竞争力得分最高，指数为17.8，位于第一梯队。上海、广东得分分别为8.0、5.2，高于5分，处于第二梯队。

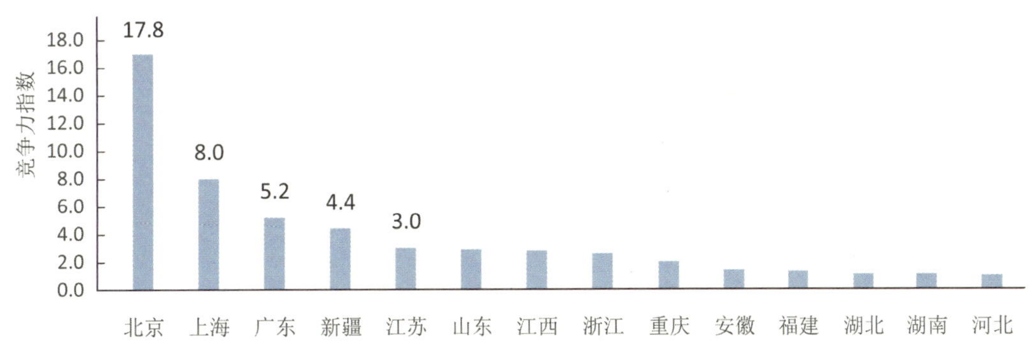

图8-5　节能与新能源汽车产业链市场竞争力排名

3. 技术竞争力分析

技术竞争力是依托专利数、实验平台等指标，反映产业链科学技术创新能力，是产业链竞争力来源的间接因素之一。在现代经济社会，科学技术能力越强，产业链竞争力就越强。如图8-6所示，从2021年技术竞争力指数来看，北京指数为26.6，得分居全国首位。广东为25.5，仅次于北京。

近些年，北京加强统筹谋划，以新能源核心技术突破为支撑，提高技术供给能力和产业发展能级；充分发挥重大项目带动作用，做强智能网联汽车产业链体系，培育具有国际竞争力的汽车品牌，建设世界级创新策源地和产业孵化基地。发挥先行先试政策优势，聚焦新能源、智能网联汽车未来发展需求，规划建设车、路、云、网、图五大支撑体系，营造支撑新能源汽车产业发展的一流生态环境。同时广东新能源汽车创新能力同样不断增强。2015—2021年，广东新能源汽车专利申请数量逐年增加，2021年专利申请数量为12217件，在全国各省市位列第二位。其次，江苏、上海、浙江技术竞争力指数分别为18.5、16.2和16.0，位列第二梯队。

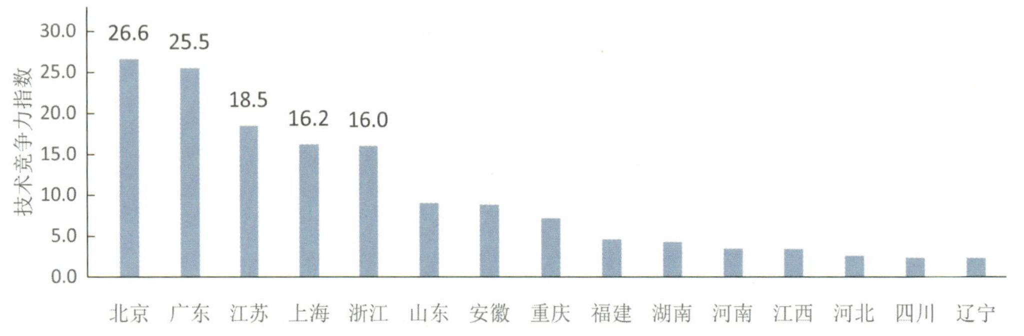

图8-6　节能与新能源汽车产业链技术竞争力排名

4. 产业链充分性分析

产业链充分性是反映产业链当前拥有的市场竞争行为主体充分程度的指标集合。产业链拥有的企业数量越多，尤其是产业链核心节点拥有的企业数量越多，产业链的充分性就越高，产业链的竞争力也就越强。节能与新能源汽车是浙江省重点打造的标志性产业链和四大万亿级产业集群之一。浙江现有21家整车制造企业、2276家汽车零部件规上企业，还有众多相关配套规下企业。如图8-7所示，2021年产业规模5431亿元，占全国的6%，有上市企业21家，国家单项冠军企业10家，国家“专精特新”小巨人企业33家，特色优势明显，产业链充分性指数18.7，居全国首位。江苏、广东分别为15.6、14.9，上海、山东分别为7.6和5.3，产业多以单个企业或某个领域发展为主，整体产业链充分性低于浙江，分别位于全国第二和第三梯队。在当前贸易保护主义抬头、全球供应链受阻的外部环境下，亟须补齐产业链供应链短板，加快我国节能与新能源汽车产业链国产替代，增强韧性和稳定性。

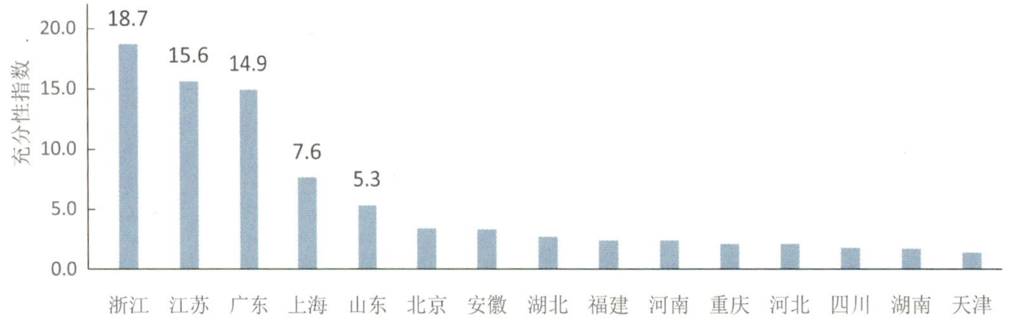

图8-7　节能与新能源汽车产业链充分性充分性排名

5. 产业链完备性分析

产业链完备性是反映本地产业链的布局、配套完备程度的指标，产业链节点越多，节点的质量越好，本地的产业链竞争力越强。如图8-8所示，浙江的产业链完备性最高，指数为20.0。江苏、广东、上海、山东分别为18.0、17.0、16.6和16.1。TOP5的产业链完备性相差不大。这从侧面反映了汽车产业在国内发展已经相当成熟，绝大部分的传统产业链节点，TOP5省份基本都有布局，尤其是浙江，汽车传统节点布局充分。而广东、上海更多布局在新能源汽车模块与智能网联模块，且广东在产业链上游的原材料节点也有较多布局。

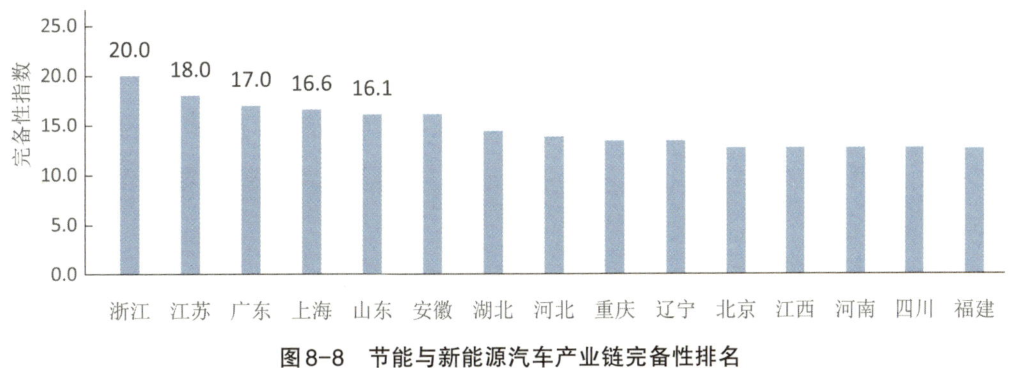

图8-8　节能与新能源汽车产业链完备性排名

三、节能与新能源汽车产业链节点竞争力分析

节能与新能源汽车产业链作为一个多节点的链条结构，其竞争力本质上是由各个产业链节点的竞争力共同形成的。每个大的节点下又有各自的配套，这些配套与节点共同构成了一个以该节点为核心的节点产业链，接下来我们将对这些细分节点的竞争力指数展开分析。范围包括了整车制造、新能源汽车模块、智能网联模块、汽车电子电气系统、传统汽车模块、技术服务、生产设备和辅助设备等。

（一）整车制造

自新中国成立以来，汽车工业就摆在国家层面政策上，汽车行业也被视为国家支柱性行业。1949—1989年，中国借助“外力”打造汽车整车制造行业的坚实基础，通过与苏联合作开启了中国汽车整车制造工业之旅，又与意图进入中国市场的外企通过合资的方式推动中国汽车工业迈向更高台阶。1990—2009年，自中外合资车企如火如荼开拓中国市场起，中国汽车整车制造进入快速发展的时期；与此同时，中国正式加入WTO，这意味着中国汽车市场对外开放，趋于国际化，愈发多的境外车企进入中国汽车市场；不仅如此，同期新能源汽车也被列入国家级“863”计划重大专项之一，自此中国占据新能源汽车发展先机。

2012—2021年，中日美德法五大汽车整车制造强国的汽车产量均呈波动态势，而中国的汽车产量遥遥领先其他四大汽车整车制造强国。不仅如此，中国的汽车产量甚至高于欧洲和美洲的汽车产量。2021年，中国汽车产量逾2600万辆，而欧洲和美洲的汽车产量仅在1600万辆左右，这表明从汽车产量来看，中国具有较强的产业竞争力。

从国内区域发展看，华南和华北地区竞争较激烈，东北地区具有竞争潜力。如图8-9和图8-10所示，在整车制造竞争力指数评价中，上海拥有5家整车制造的龙头企业，数量位居全国第一，其节点的竞争力指数为57，也位居全国第一，重庆排名第二，指数为50.1，两地处于全国整车制造的第一梯队。广东、安徽、浙江在整车制造方面较之于上海和重庆略显劣势，指数分别为49.3、45.1、44.9，处于第二梯队，但仍具有较强的后发动力。在各维度指标对比中，上海技术竞争力、市场竞争力均排名第一；安徽产业链完备性第一；浙江产业链充分性排名第一。

汽车整车行业将迎来巨大变革，格局重塑。下阶段，汽车整车制造行业将随着新能源和智能汽车的发展，以及车辆和零部件国产化，原有的汽车格局将会迎来巨大变革，重塑现有格局。

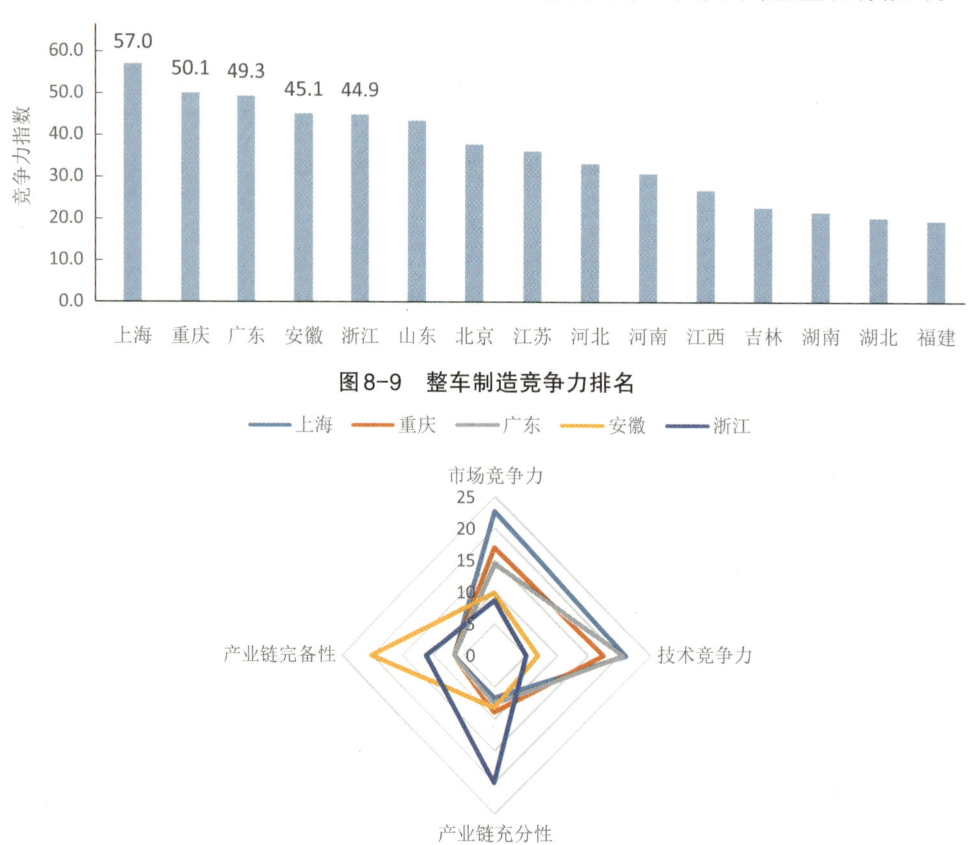

图8-9 整车制造竞争力排名

图8-10 整车制造竞争力TOP5各维度指标对比

（二）新能源汽车模块

近年来，我国汽车产业实现高质量发展，以新能源汽车为代表的新兴领域发展迅猛。新能源汽车的上游关键原材料及核心零部件、中游整车制造、下游充电服务及后市场服务等全产业链甚至是整个产业生态的发展，正在重塑能源和交通格局，也成为支撑经济增长、推动经济转型、引领技术创新的重要力量。

新能源汽车模块产业链包括新能源汽车部件、新能源汽车动力系统、新能源汽车驱动电机、燃料电池动力系统、锂离子电池和新能源汽车电池管理系统等。如图8-11和图8-12所示，在新能源汽车模块整体的竞争力中，广东排名第一，指数为94.1；浙江排名第二，指数为59.0。上海、江苏、福建分别为42.7、38.5和34.2。总体上看，广东的新能源汽车模块占据显著优势，在市场竞争力、技术竞争力、产业链充分性方面均排名第一，上市公司数量占比近全国20%，且布局大量新能源汽车关键原材料企业，为我国节能与新能源产业链关键节点国产替代提供了强大支撑。

从细分领域看，在电池领域，整体上广东、福建大幅领先于其他省份，其中广东锂电池上市企业较多，且分布在细分产业链各个环节；而福建的宁德时代在锂离子电池领域是当之无愧的龙头企业，其全国市场占有率高达48%，占据全国近半市场份额，竞争力强劲。离子电池整体的竞争力指数中，广东排名第一，得分91.6；福建排名第二，指数为61.7；江苏、浙江、上海分别是46.3、44.2和36.8。在充电设施领域，2021年我国充换电基础设施增长较为迅速，当前市场格局呈现出较为集中的局面。根据中国电动汽车充电基础设施促进联盟公布的数据，2021年我国充电基础设施增量达93.6万台；截至2021年底，全国充电基础设施保有量达261.7万台，同比增加70.1%。当前充电站在珠三角、长三角、京津冀等经济发达的地区规模较大。在充电设施与系统整体的竞争力中，广东排名第一，指数为86.2；江苏排名第二，得分74.2；上海、北京、河南分别为44.5、42.6和41.4。

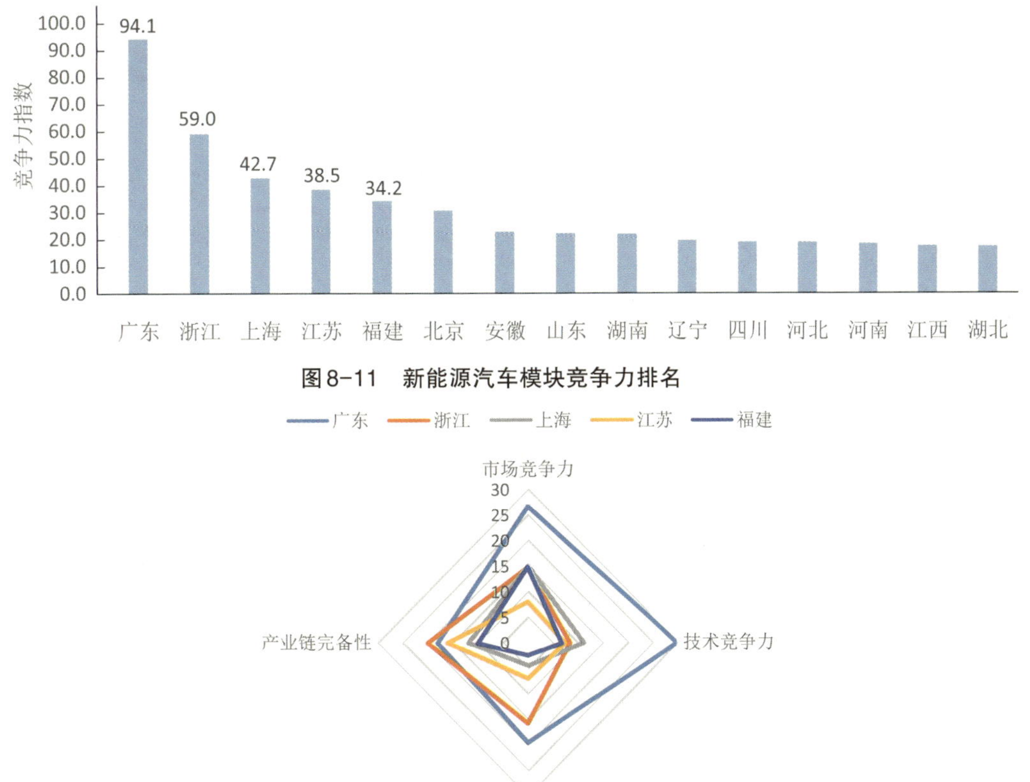

图8-11　新能源汽车模块竞争力排名

图8-12　新能源汽车模块竞争力TOP5各维度指标对比

（三）智能网联模块

智能网联是指车联网和新能源车的有机结合，是搭载先进的车载传感器、控制器、执行器等装置，并融合现代通信与网络技术，实现车与人、路、后台等智能信息交换共享，实现安全、舒适、节能、高效行驶，并最终可替代人来操作的新一代技术。

智能网联模块主要包括高精度地图和定位、高级辅助驾驶系统、毫米波/激光雷达、人工智能算法、车载通信系统等多个细分节点。如图8-13和图8-14所示，在智能网联模块整体的竞争力中，广东排名第一，指数92.6，其市场竞争力、技术竞争力、产业链充分性和产业链完备性均排名第一；上海、浙江、北京分别为57.3、51.5、50.9，位列第二梯队。其中浙江嘉兴桐乡在世界互联网大会的辐射下，大力发展智能网联汽车，其拥有博信智联、合众新能源等多家智能网联领域优质企业，浙江智能网联领域发展形势向好。TOP5中的江苏智能网联模块布局较少，竞争力指数为42.3，与上海、浙江仍有一定差距。

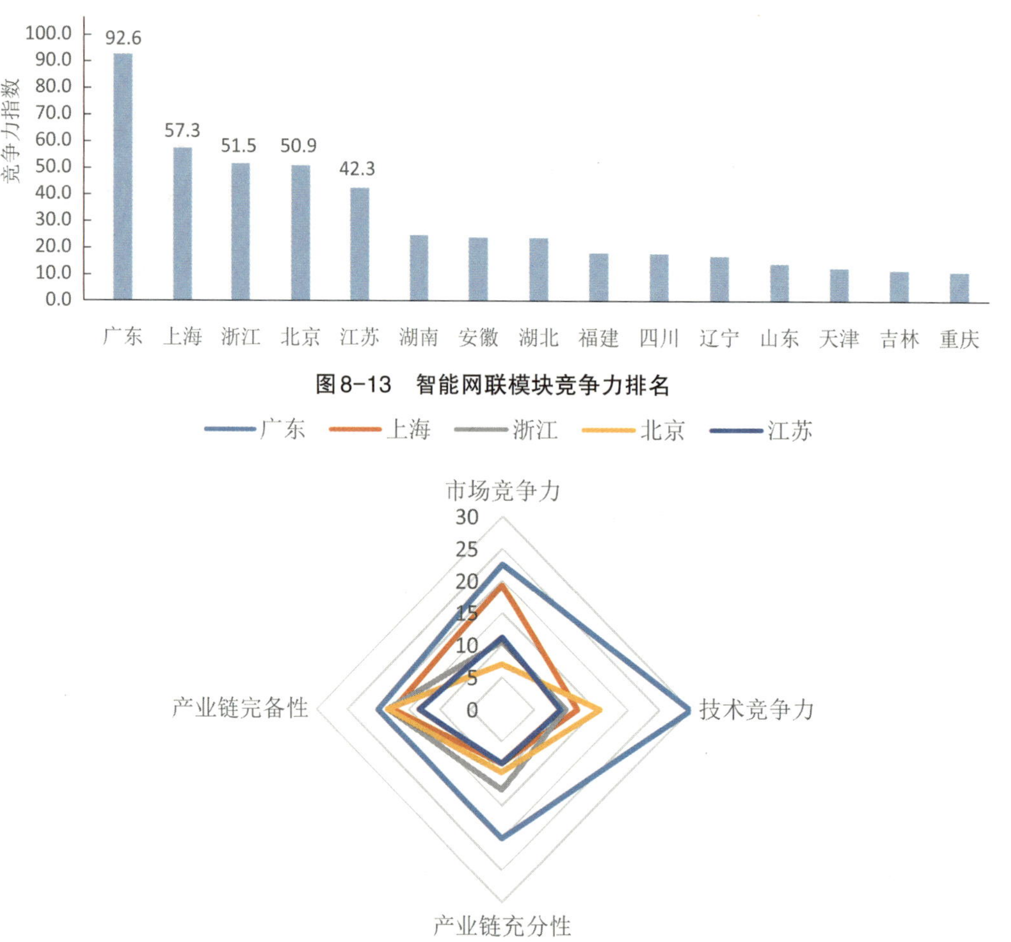

图8-13　智能网联模块竞争力排名

图8-14　智能网联模块竞争力TOP5各维度指标对比

从细分领域看，在高精地图与定位整体的竞争力中，北京排名第一，指数为58.6。广东、浙江、江苏、天津分别为43.7、35.8、4.6和3.6。其中，广东的产业链充分性排名第一；浙江的市场竞争力排名第一。高级辅助驾驶系统整体的竞争力中，江苏排名第一，指数为57.9；湖南、北京、辽宁、浙江分别是45.4、39.9、24.0和23.1。其中，江苏的市场竞争力、技术竞争力均排名第一；湖南市场竞争力、技术竞争力均排名第二。在毫米波/激光雷达整体的竞争力中，上海排名第一，指数为48.2；浙江、广东、江苏、安徽分别是27.4、24.1、2.5和2.5。其中，上海的市场竞争力、技术竞争力排名第一；浙江的产业链充分性排名第一。

（四）汽车电子电气系统

汽车电子电气系统主要包括汽车传感器和电子控制单元、汽车电子产品、汽车仪表、汽车用电动机等多个细分节点。如图8-15和图8-16所示，在汽车电子电气系统整体的竞争力中，广东排名第一，指数为71.3；江苏、上海、浙江分别为70.0、66.2、64.3，与广东差距不大；而山东为38.7，与前4省市存在一定差距。分维度看，广东技术竞争力排名第一；而江苏技术竞争力和市场竞争力均排名第二，技术竞争力接近第一广东；上海市场竞争力排名第一。浙江产业链充分性排名第一。其中，广东在2021年开始大力实施"广东强芯"工程，构建汽车芯片产业发展"四梁八柱"①，推动组建了规模均超百亿元的三大产业集团，设立总规模达千亿级的六大产业基金，支持广州、深圳、珠海等打造芯片产业发展集聚区，同时引进建设了先进制造生产线，技术竞争力大幅提升。

从细分领域看，在汽车传感器及电子控制单元整体的竞争力中，浙江排名第一，指数为79.2；江苏、广东、上海、河南分别为61.4、52.8、42.8和35.2。其中，浙江的市场竞争力、技术竞争力均排名第一；江苏产业链充分性排名第一。在汽车电子产品整体的竞争力中，江苏排名第一，指数为70.0；上海排名第二，指数为66.8；广东、山东、浙江分别为47.7、43.5和33.3。其中，江苏的技术竞争力排名第一；上海的市场竞争力、产业链完备性排名第一。在汽车仪表整体的竞争力中，广东排名第一，指数为66.4；山东、北京、浙江、上海分别为28.2、26.8、24.6和9.2。其中，广东在市场竞争力、技术竞争力、产业链完备性和产业链充分性各维度均排名第一。在汽车用电动机的竞争力中，浙江排名第一，指数为68.7；广东、江苏、河南和陕西分别为22.0、7.5、3.2和2.4。其中，浙江的市场竞争力、技术竞争力、产业链充分性均排名第一。

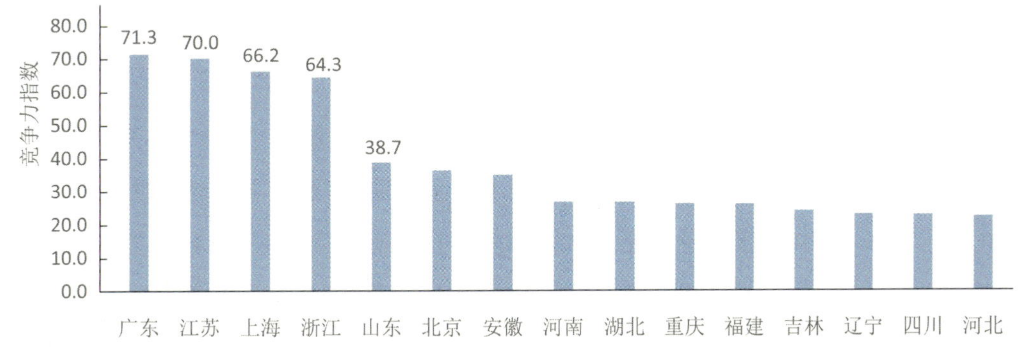

图8-15　汽车电子电气系统竞争力排名

①即在基金、平台、大学和园区等支撑性方面打造产业"四梁"，从制造、设计、封测、材料、装备、零部件、工具和应用等专业领域构建"八柱"。

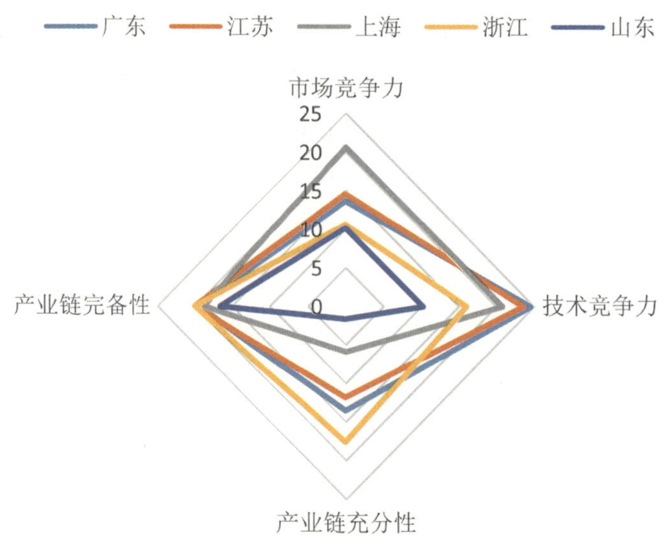

图8-16　汽车电子电气系统竞争力TOP5各维度指标对比

（五）传统汽车模块

在节能与新能源汽车产业链中，除了新能源汽车模块和智能网联汽车模块外，传统汽车系统也是不可或缺的一部分，对整体产业链的竞争力也有不可替代的作用。传统汽车系统主要包括汽车车身、制动、传动、行驶、转向、悬挂等细分系统。如图8-17和图8-18所示，从传统汽车模块整体来看，浙江是传统汽车制造的大省，综合实力全国领先，在传统汽车领域布局的企业共有超1700家，企业数量位居全国第一，占全国该领域汽车总数近20%，由此带来产业链竞争力指数全国第一，为61.7。上海、江苏、安徽分别为48.9、48.7、46.4，位列第二梯队。分维度看，浙江产业链完备性、产业链充分性排名第一，技术竞争力排名第二，略低于广东；广东技术竞争力、市场竞争力排名第一。

从区域分布看，传统零部件工厂群围绕主机厂布建，主要集中在六个地区，覆盖了全国主要的经济发展区域。第一梯队是长三角地区，尤其是江浙沪地区集中了全国49家整车厂，4454家零部件工厂，汽车产量占全国的23.4%（2021年的统计数据，下同）；第二梯队是珠三角，汽车产量占12.8%；第三梯队，包括河南、湖北、湖南、广西在内的中部地区，汽车产量占12.7%；第四梯队，东北地区，汽车产量占12.5%；第五个，京津冀地区，汽车产量占12.1%；最后一梯队是川渝地区，汽车产量占10.3%。

从细分领域看，在汽车发动机系统整体的竞争力中，江苏排名第一，指数为65.7；山东、浙江、北京、广东分别为57.3、56.1、50.7和47.0。其中，江苏技术竞争力指数、产业链充分性排名第一；北京市场竞争力排名第一。在汽车车身系统整体的竞争力中，北京排名第一，指数为73.4；江苏、浙江、上海、广东分别为60.7、58.3、52.3和49.7。其中，北京市场竞争力、技术竞争力均排名第一；江苏产业链充分性排名第一。在汽车制动系统整体的竞争力中，浙江排名第一，指数为66.6；上海排名第二，指数62.1。山东、江苏、安徽分别为43.1、39.9和37.0。其中，浙江的产业链充分性、产业链完备性排名第一；上海市场竞争力、技术竞争力排名第一。在汽车悬挂系统整体的竞争力中，浙江排名第一，指数为67.2；安徽、上海、江苏、江西分别为65.2、57.7、50.6和46.7。其中，浙江的产业链充分性、产业链完备性均排名第一；安徽技术竞争力排名第一；江西市场竞争力排名第一。

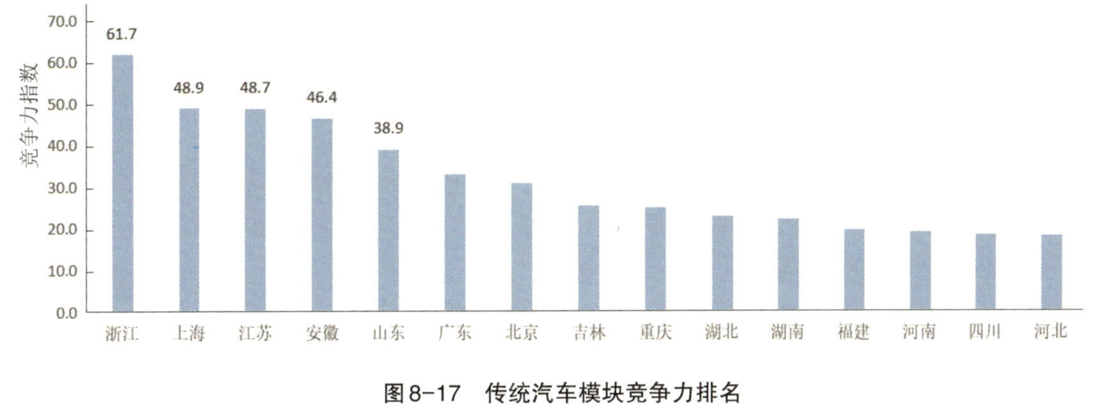

图8-17 传统汽车模块竞争力排名

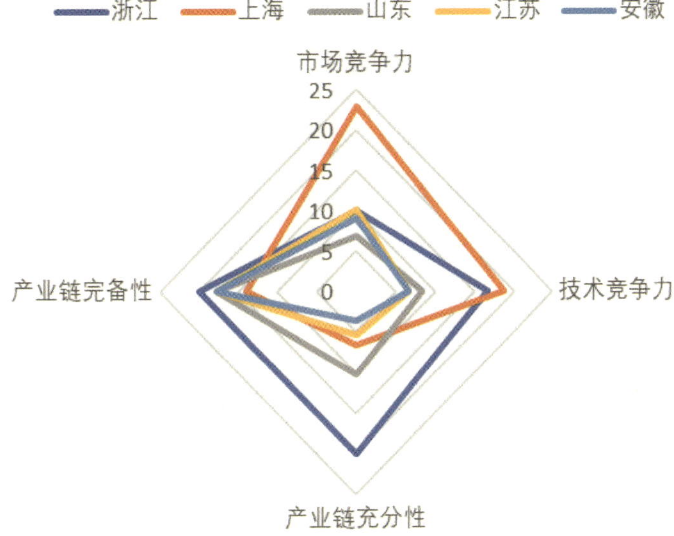

图8-18 传统汽车模块竞争力TOP5各维度指标对比

四、主要省份节能与新能源汽车产业链布局分析

(一)广东

广东省节能与新能源汽车产业链完整、基础设施良好，综合实力全国第一。作为连续5年全国汽车产量第一的省份，广东新能源汽车产业发展后劲十足。如图8-19所示，从整体竞争力看，广东省的节能与新能源汽车产业链竞争力指数62.6，位居全国第一。2021年，广东新能源汽车零售量42.6万辆，同比增长151.4%。同时，动力电池产业继续保持全国领先地位，全国动力电池装机前10位企业中，广东占4席。近年来，广东新能源汽车项目布局加快，发展后劲不断增强。2019年，广汽智能网联汽车产业园、小鹏智能网联新能源汽车产业园、恒大新能源汽车、宝能新能源汽车、中汽中

心华南基地、广汽丰田第四线、佛山南海"广东新能源汽车产业基地"、佛山高明"中车四方现代有轨电车车辆制造基地"等一批新能源智能汽车重大项目加快推进。

从细分领域看，广东省在新能源汽车关键原材料、汽车电子电气系统、新能源汽车模块、智能网联模块、充电设施与系统均排名第一。其中，在新能源汽车方面，2019年广汽新能源智能工厂建成投产，广汽传祺品牌先后推出纯电动汽车Aion S和Aion LX，订单已超5万辆；同年小鹏汽车肇庆基地10万辆纯电动汽车项目建成投产，汽车产量突破1.4万辆，其上市的新车型P7订单数量超过1万辆。东风日产、广汽丰田、广汽本田产销稳中有进，北汽（广州）工厂产量接近4000辆。此外，广汽乘用车、珠海鹏辉等8家新能源汽车整车及零部件企业实施技术改造项目，实现扩产增效、改造升级。在智能网联服务方面，广东依据《车联网（智能网联汽车）产业发展行动计划》要求，支持广州市创建国家级车联网先导区，指导广汽集团联合小马智行、腾讯等行业内部及上下游企业组建广东省智能网联汽车创新中心。2019年已向企业发放24张智能网联汽车道路测试通知书、67副智能网联汽车道路测试号牌，广东全省智能网联汽车测试主体自动驾驶距离总里程数超过13万公里。

在全力促产业链的同时，广东不忘着眼新能源汽车未来，积极布局和抢占下一代技术。根据《广东省重点领域研发计划"十四五"行动方案》，广东省持续开展新能源汽车及无人驾驶重大专项项目申报工作，超前部署研发下一代技术，加速推进新材料、新技术、专用芯片、高性能器件的产业化，力促产业链供应链自主可控，推动广东省汽车产业集群迈向全球价值链高端。

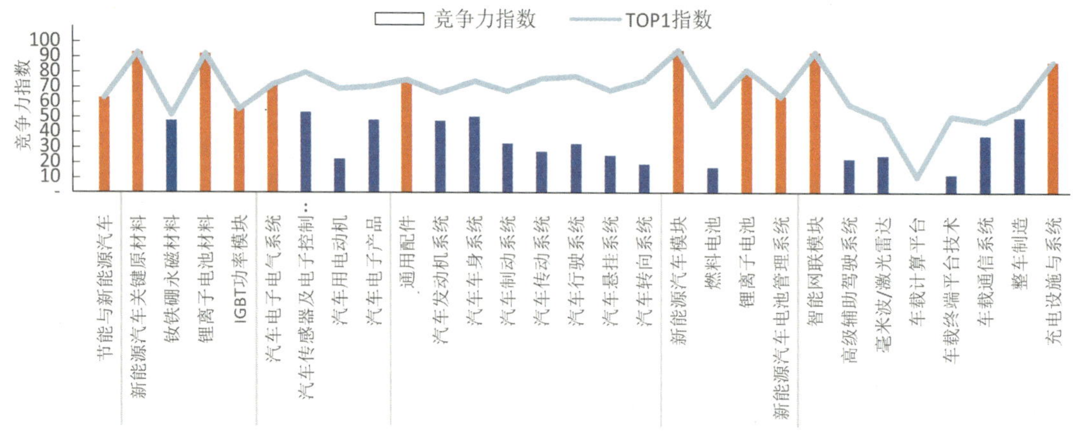

图8-19 广东省节能与新能源汽车产业链各节点竞争力指数对比

（二）北京

北京市节能与新能源汽车产业链发展具有一定的先发优势，各节点均具有较强竞争力。如图8-20所示，从整体竞争力看，北京市的节能与新能源汽车产业链竞争力指数59.7，整体位居全国第二。北京节能与新能源汽车产业链以北汽新能源汽车公司为龙头，具有一定的先发优势。2019年，《北京市智能网联汽车创新发展行动方案（2019—2022年）》指出，要以冬奥会实现智能网联汽车全面应用为目标，在2022年基本完成智能网联汽车技术体系构建，实现全市智能网联汽车及相关产业规模达到1000亿元；通过20年持续积累升级，形成世界一流的智能网联汽车产业集群，打造智能网联汽车与智能交通深度融合的智慧生活新模式。经过三年的发展，北京市智能网联汽车发展已处于全国前列，并形成了顺义区、昌平区、房山区、北京经济技术开发区的多点布局、集聚发展态势。

从细分领域看，在汽车车身系统排名第一，在汽车感知系统、执行系统、通信系统等其他领域也具有较强竞争力。在人工智能领域，北京聚集了商汤科技、地平线、寒武纪、旷视科技等一系列头部人工智能公司；在车联网方面，拥有大众旗下的逸驾智能、长安与腾讯合资企业梧桐车联；自动驾驶领域有百度、小马智行、滴滴、禾多科技、图森未来、新石器等多家头部企业。近年来也落地投产新能源整车产线，建成了全球首个网联云控式高级别自动驾驶示范区，在高精度地图和定位领域排名第一。其新能源汽车的先发优势也为发展上游汽车电子产业提供了契机，因此北京在汽车电子电气系统、车载通信系统和汽车电子产品环节也具有较强竞争力。

为积极推动新能源汽车发展，北京计划印发《"十四五"期间新能源车辆推广工作方案》，统筹相关部门出台新能源车辆推广激励政策，从车辆指标政策优化、道路通行政策创新、基础设施优化布局等方面多举措促进新能源汽车推广，全面支撑本市"十四五"末200万辆新能源车推广目标完成。

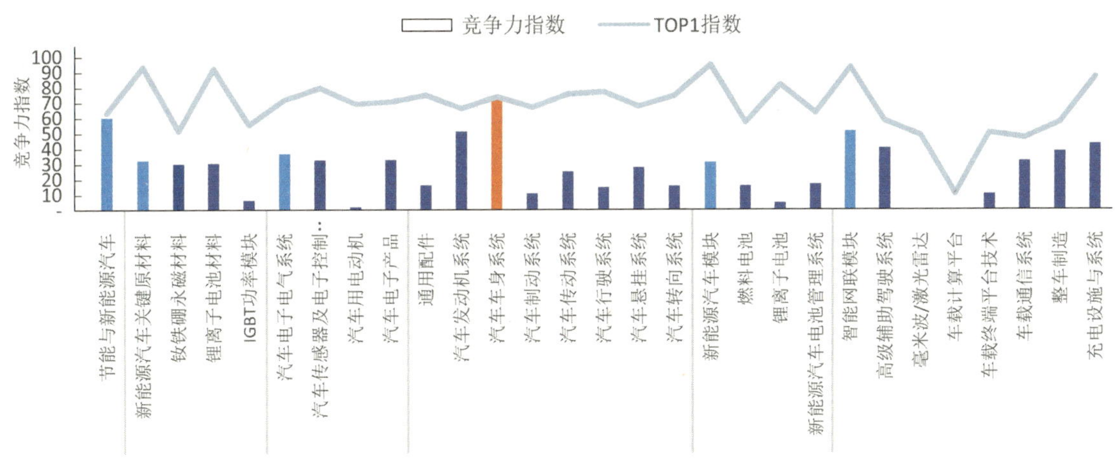

图8-20 北京市节能与新能源汽车产业链各节点竞争力指数对比

（三）浙江

浙江省节能与新能源汽车产业链竞争优势较强，传统汽车模块和部分关键原材料国内领先，关键核心零部件制造能力不断提升。如图8-21所示，从整体竞争力看，浙江省的节能与新能源汽车产业链竞争力指数为57.3，位居全国第三。2021年，浙江全省新能源汽车产量达20.5万辆，同比增长166%，占全国新能源汽车产量的6%。吉利集团连续九年入选世界五百强，威马、合众、零跑、天际等一批新势力造车项目相继投产；三花集团新能源汽车热管理产品市场占有率全球领先，华友钴业成为全球核心车企的电池材料供应商，旭升股份稳居新能源轻量化系统全国龙头地位。

从细分领域看，浙江省在钕铁硼永磁材料、汽车传感器及电子控制单元、汽车用电动机、汽车制动系统、汽车传动系统和汽车悬挂系统均排名第一，在整车制造也具有较强的竞争力。在传统汽车模块，浙江汽车产业发展起步较早，汽车发动机、车身系统等传统汽车模块基础扎实、优势突出。在智能网联模块，浙江数字经济优势凸显，在智能驾驶、人工智能、大数据、智慧交通等领域涌现出一批领军企业和领先产品。海康威视、舜宇光学的高清摄像头等关键传感器制造水平国内领先；均胜智行全球首个5G-V2X平台项目即将量产，可输出L3级以上自动驾驶基础技术；阿里AliOS车载操作系统成功应用于近200万辆智能汽车。同时，智慧交通建设全国领先，杭州、宁波等地依托"城市大脑"利用大数据优化城市交通，杭绍甬智慧高速公路建设不断推进，德清加快打造全省首个全域城市级自动驾驶与智慧出行示范区。在氢燃料电池节点，浙江氢燃料电池汽车加快布局。爱德曼成功开发了七种金属板燃料电池产品并全部实现量产；峰源氢能研发的100~150kW金属双极板电堆，体积比功率密度达到4.5kW/L；巨化集团自主研发生产的98MPa高压储氢罐技术全球领先，质子交换膜全氟磺酸树脂技术打破国际垄断。氢燃料电池汽车示范应用稳步推进，嘉善县开通全省第一条氢燃料电池公交车路线，建成加氢站2座，逐批投入运营氢燃料电池公交车100辆。

自中美"贸易战""科技战"打响以来，为了突破"卡脖子"技术难关和防范化解产业链断链断供风险，浙江节能与新能源汽车企业加大创新研发力度，积极采取国产替代措施。截至2020年底，已建成19个省级重点企业研究院、11家产业创新服务综合体、9家省级工程研究中心、7家省级制造业创新中心等新能源汽车产业创新载体，开发出一批标志性产品和战略性成果。吉利集团PMA整车平台技术达到国际领先水平，零跑汽车成功研发一体化电驱总成Heracles，均胜电子已具备ADAS、被动安全技术整合能力。

与此同时，浙江节能与新能源汽车产业链关键核心节点竞争力仍有待提升。如先进动力电池、燃料电池等关键核心零部件国产替代程度依然较弱；高附加值的电子化、智能化产品省内配套不足，亟须强化技术攻关；充换电、加氢等基础设施建设水平还有差距，应用环境和配套体系有待提升。

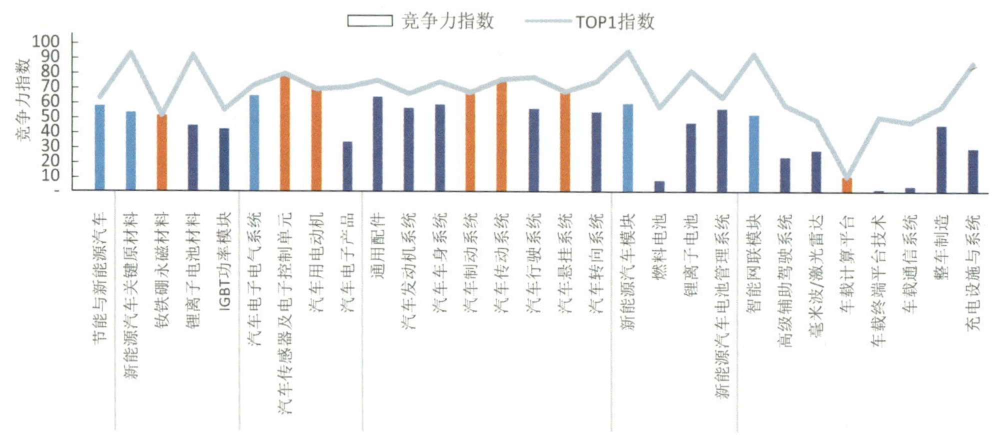

图8-21 浙江节能与新能源汽车产业链各节点竞争力指数

（四）江苏

江苏省节能与新能源汽车产业链大而不强，竞争力较上海、广东、浙江偏弱，但其大力加强关键节点科技攻关，产业链发展后劲十足。如图8-22所示，从整体竞争力看，江苏省的节能与新能源汽车产业链竞争力指数为55.1，整体位居全国第四。截至2021年底，江苏新能源汽车保有量为50.5万辆，占汽车总量的2.31%，比上年同期增加27.8万辆，增长122.2%。其中，纯电动汽车保有量为44.3万辆，占新能源汽车总量的87.8%。从2018年起，新能源汽车保有量分别为10万辆、15.2万辆、22.7万辆、50.5万辆，呈持续增长趋势。2020年建成充电基础设施监管运营平台和各类充电桩12.5万个，全省198个高速公路服务区和1073个乡镇实现充电桩全覆盖。各项支持政策有效落实，新能源汽车使用环境不断优化，汽车消费电动化转型步伐加快。

从细分领域来看，江苏省汽车电子产品、汽车发动机系统排名第一。江苏省整车产品特色明显，理想增程式SUV、海格纯电动大巴、开沃纯电动大巴、徐工重卡等销量位居细分市场前列。零部件产业配套齐全，2021年“三电”系统实现营收超700亿元，规模位居全国前列。中航锂电全气候高安全电芯单体能量密度达到国际领先水平，先导智能卷绕设备等实现批量海外出口，汇川技术客车电机控制系统、苏州绿控专用车电驱动系统市场占有率位居全国前列，星星充电率先建成国内领先的智慧充电网络。智能网联模块也快速发展，高级辅助驾驶系统这一细分节点竞争力位居全国首位。截至2021年底，江苏已集聚智能车辆、信息交互、基础设施等智能网联汽车企业超400家，获批国家首个车联网先导区，在无锡、苏州、南京、南通等城市推进车路协同和自动驾驶示范区建设，发布了全国首个省级智能网联汽车标准体系建设指南，涌现出中汽创智、中电莱斯、领行科技、苏州知行、智华电子等一批行业领军企业，在智能驾驶底盘、网络信息安全、车路协同、智能座舱、域控制器、高级辅助驾驶等领域推出了一批先进产品。同时，江苏传统在汽车电子电气系统、通用模块、充电设施与系统等环节也具有较强竞争力。

但同时，对标国内外先进，江苏新能源汽车大而不强的问题凸显，其产业链零部件企业单体规模偏小，缺乏系统类、总成类零部件企业集团和具有国际竞争力的知名品牌。

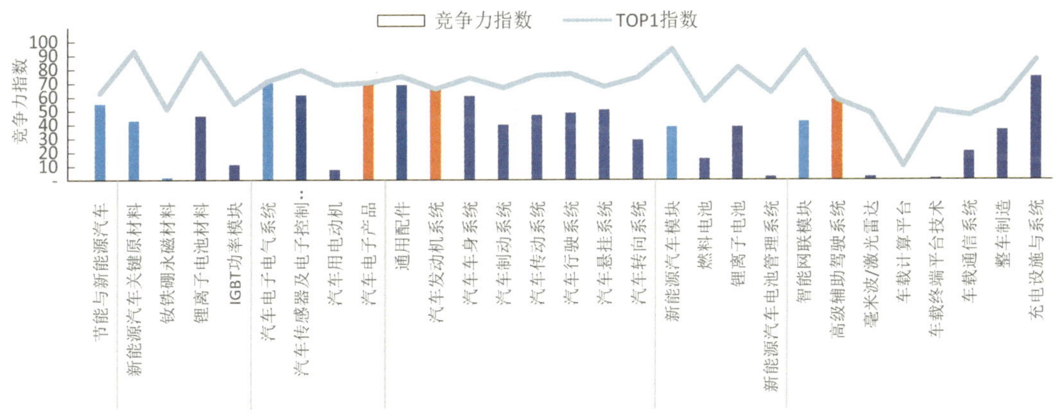

图8-22 江苏省节能与新能源汽车产业链各节点竞争力指数对比

（五）上海

上海市节能与新能源产业链的布局完善，尤其是新能源汽车模块优势凸显，但产业发展不够均衡，关键原料节点竞争力较弱。随着当前环保意识的提升和环保政策的加强，节能与新能源汽车发展愈发蓬勃，尤其是人口众多且经济发达的上海市，出台多项政策促进节能与新能源汽车的发展，外加上海市燃油车牌抽取较为困难和外地车牌限行政策加码，上海市已经成为了我国新能源汽车销量最多的城市。同时，上海市持续加大新能源汽车推广力度。如图8-23所示，2021年，上海新能源汽车推广量25.4万辆，同比增长110%，创历史新高，累计推广量已达68.7万辆。纯电动汽车逐渐成为主流，2021年度推广占比达到68%，纯电动汽车累计占比51%，插电式混合动力汽车累计占比49%。随着上海新能源汽车市场车型的不断丰富，私人用户比例逐年提高，累计占比达到71%。燃料电池汽车方面累计推广1601辆，其中物流车占比达90%。

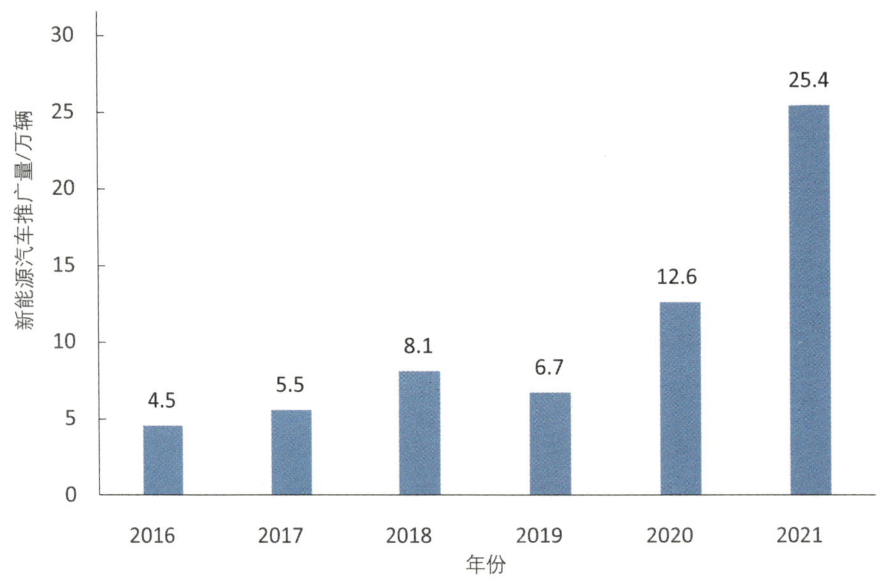

图8-23　2016—2021年上海市新能源汽车推广量

（数据来源：全国乘用车联合会）

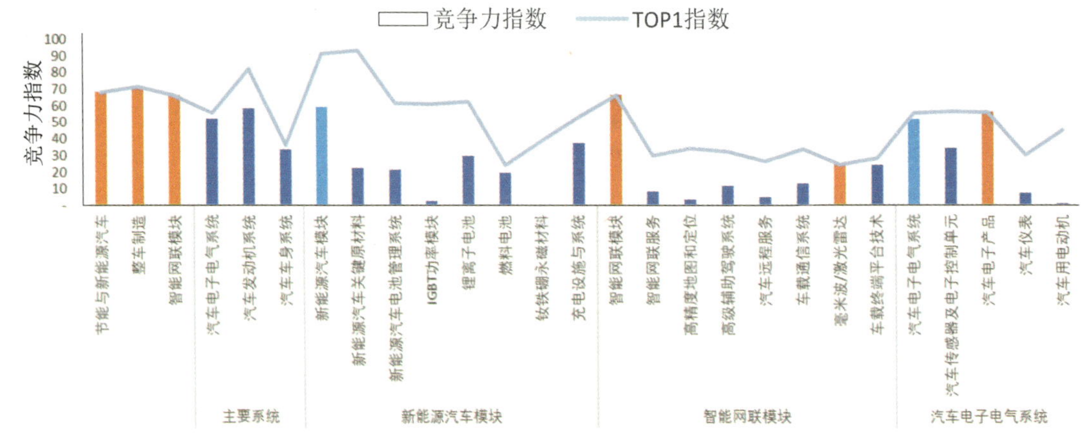

图8-24　上海市节能与新能源汽车产业链各节点竞争力指数对比

如图8-24所示，从整体竞争力指数来看，上海市的节能与新能源汽车产业链竞争力指数整体排名第五，指数为68.1。其中，上汽、申沃、特斯拉上海超级工厂、大众MEB工厂均实现蓬勃发展，华域汽车、捷氢、重塑等企业的关键零部件产业化能力不断提升，带动上海市整车制造、智能网联模块、毫米波/激光雷达和汽车电子产品竞争力均位居全国首位。另外，上海市在汽车车身系统、燃料电池两大模块也具有很强的竞争力。新能源汽车大数据平台、动力电池溯源管理平台等重要公共平台服务能力持续提升。但同时，上海市的新能源汽车关键原材料、IGBT功率模块、智能网联服务等产业链节点竞争力依然较弱。

为促进新能源汽车的发展，构建友好的生态环境，上海市出台多项政策促进本市新能源汽车的发展，包括清洁能源的发展、新能源汽车的规划以及新能源汽车配套设施的发展。《关于上海市国民经济和社会发展第十四个五年规划和二〇三五年远景目标的建议》提出，要以更大决心推广新能源汽车，推进充电桩、换电站、加氢站建设。同时，2021年2月，上海市发布了《上海市加快新能源汽车产业发展实施计划(2021—2025年)》，也明确了上海市新能源汽车的发展目标，此举将有利于促进上海市新能源汽车行业进一步发展，并带动全国节能与新能源汽车发展进入快车道。

09

智能装备（数控机床）产业链竞争力评价

一、智能装备(数控机床)产业链全景概览

(一) 智能装备(数控机床)产业链节点体系

本研究使用的智能装备(数控机床)全产业链节点体系是依托浙江人工智能省部共建协同创新中心的算法,联合产业专家,基于上市公司公告、官网产品、招投标等信息,利用人工智能算法自动抽取加人工校准的方式构建出的包含上中下游的全产业链的网状图谱产品体系。在全产业链网状图谱产品体系中,以智能装备(数控机床)的下游产品为起点,沿着其多种生产关系向上游追溯相关的其他产品节点,遍历到以原材料和设备为终止产品节点结束,从而形成一套有边界的智能装备(数控机床)产品关系图谱,即本研究使用的智能装备(数控机床)产业链节点体系。

如图9-1所示,智能装备(数控机床)产业链包括上游、中游、下游三个大的模块,构成了智能装备(数控机床)产业链。在智能装备(数控机床)产业链中,节点之间不存在生产关系,是平行的分类关系。

图9-1　智能装备(数控机床)产业链节点体系

(二) 全球数控机床市场情况

1. 全球机床市场规模

如图9-2所示,从全球机床供给市场来看,2021年,全球机床制造市场集中度明显,总产值为709亿欧元。其中中国以218亿欧元的产值位居全球第一,占据了全球市场中31%的份额;其次是德国、日本,产值分别为90亿欧元、89亿欧元,在全球市场中的份额分别为13%和13%;第四、第五分别是意大利和美国。

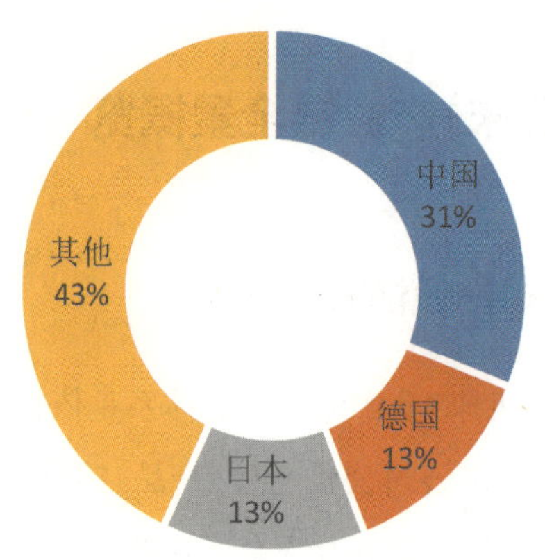

图9-2 2021年全球主要国家机床制造市场产值占比情况

（资料来源：德国机床制造商协会）

如图9-3所示，从全球机床需求市场来看，2021年全球机床行业总消费额为723.05亿欧元，中国、美国和德国三个国家占据全球机床消费一半以上的市场份额。其中，中国是世界最主要机床消费市场，2021年消费额达到241.7亿欧元，占比接近34%，远超第二名美国；其次是美国、德国，消费额分别为91亿欧元和45亿欧元，在全球需求市场中的份额分别为13%和6%。

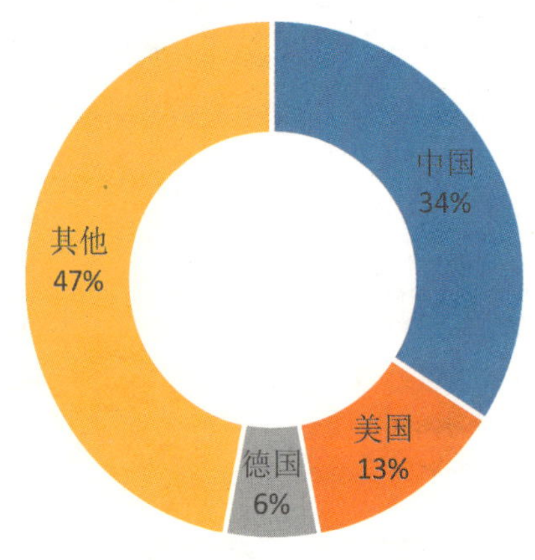

图9-3 2021年全球主要国家机床消费市场规模占比情况

（资料来源：德国机床制造商协会）

2. 国际数控机床行业发展历程

如图9-4所示，2000年以来，全球机床行业发展波动较大，可以总结为前段快速增长，后段波动下降。其中，爆发式增长出现在2003—2011年之间，在2011年前后，世界机床消费达到历史顶峰1080.13亿美元，其间在2009年出现过一次较大下降（当年全球机床消费骤降35%，主要受2008年金融危机迅速蔓延到实体经济的影响）。2011年之后，全球机床行业进入探底调整期，其间曾出现过1次持平、2次正增长，其中1次增长持续2年。2019年起再次明显下降，2020年降至668亿美元，较2011年降幅超过460亿美元。

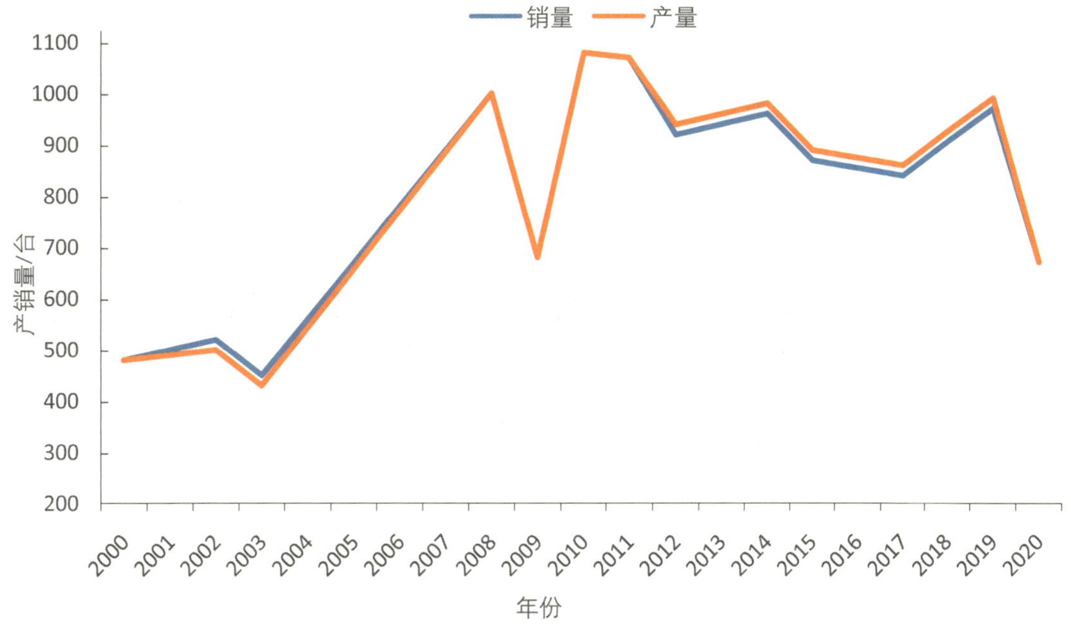

图 9-4　2000 年—2020 年全球数控机床产销量

（资料来源：Gardner、招商证券）

如表 9-1 所示，从国家层面角度看，全球机床市场表现出分化发展的态势。欧美日等工业先进国家在 21 世纪初将制造业向发展中国家转移，2008 年金融危机后，这些国家逐步认识到“去工业化”对经济社会带来的严重危害，开始实施“再工业化”策略，机床市场总体呈现先降后升的态势；中国在 2001 年加入 WTO，经济提速，数控机床也进入高速发展时期，但近年来随着人力、原材料等成本上涨，一些劳动密集型产业开始向成本更低的东南亚国家转移，呈现出先升后降的态势；而其他发展中国家一直处在承接发达国家的产业转移阶段，数控机床市场始终在增长。

表 9-1　2000、2010、2019 年不同国家机床消费占比情况

	国家	2000 年	2010 年	2019 年
“再工业化”国家	美国	17.62%	6.15%	11.85%
	英国	2.50%	0.60%	0.94%
	西班牙	2.30%	0.40%	0.96%
	法国	5.00%	1.21%	1.78%
	德国	12.50%	7.00%	9.80%
	日本	10.00%	7.00%	7.50%
	意大利	8.90%	3.80%	5.70%
发展中国家	中国	10.00%	40.62%	27.16%
	印度	0.60%	2.65%	3.10%
	墨西哥	2.50%	1.50%	3.05%
	巴西	1.90%	2.60%	2.50%
	越南	0.02%	0.55%	1.50%

资料来源：中国机床工具工业协会、招商证券。

（三）国内数控机床市场情况

1. 国内数控机床市场规模

如表9-2所示，2021年，我国数控机床市场规模为2687亿元，同比增长8.7%。其中，金属切削机床同比增长28.9%，金属成形机床同比增长20.6%，机床工具行业保持着良好的增长态势。

表9-2　2021年1-12月重点联系企业部分分行业营业收入同比情况

序号	分行业名称	同比增长 / %	增幅变动 / %
1	金属切削机床	28.9	18.5
2	金属成形机床	20.6	30.0

资料来源：国家统计局

由图9-5可见，2019年机床工具行业还处于下行区间，各月累计营业收入同比增速均为负值。2020年初新冠疫情暴发，在疫情防控迅速见效情况下，从年初同比大幅度下降变为降幅逐月缩小，10月以后的三个月已转为正增长。由于2020年特殊的基数效应，2021年各月累计同比增速则呈现前高后低特点，但至年底仍处于较高的同比增速，表明机床工具行业保持着良好的增长态势。

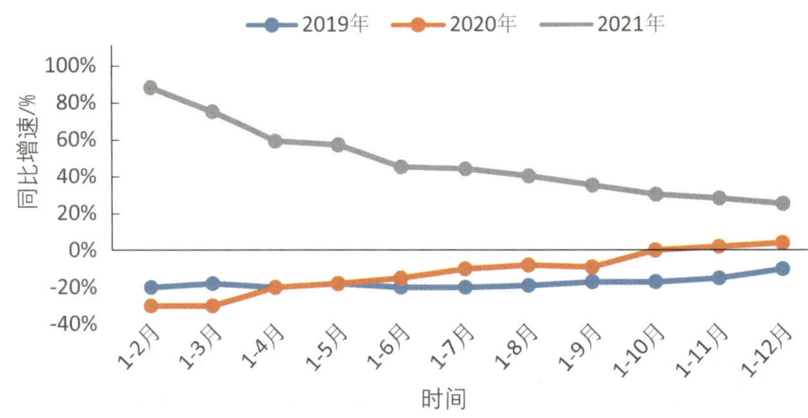

图9-5　重点联系企业营业收入同比增速情况

如表9-3和图9-6所示，从细分领域的产量看，2021年中国金属切削机床及金属成形机床的产量整体增加。2021年，中国金属切削机床产量为60.2万台，其中数控金属切削机床产量为27.0万台，同比增长29.2%；金属成形机床产量为21万台，其中数控金属成形机床产量为2.4万台，同比增长2.4%。

表9-3　2021年规上企业金属加工机床产量情况

序号	机床类别	产量 / 万台	同比增长 / %	增幅变动 / %
1	金属切削机床	60.2	29.2	23.2
	其中，数控金属切削机床	27.0	35.1	18.9
2	金属成形机床	21.0	0.7	9.4
	其中，数控金属成形机床	2.4	19.9	22.8

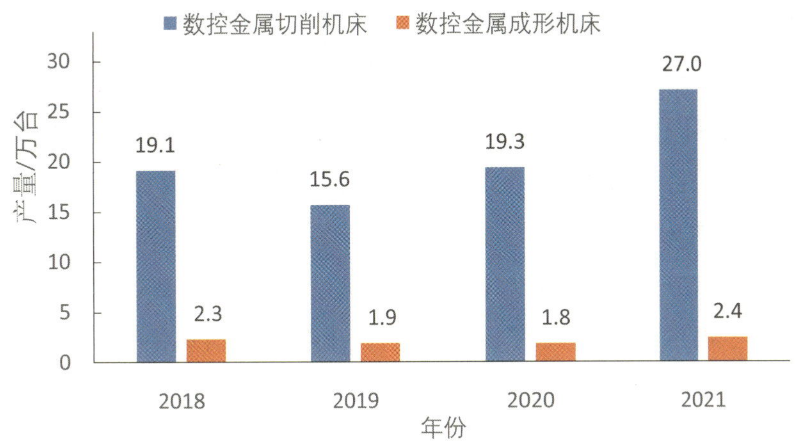

图 9-6　2018—2021 年中国数控机床主要产品产量情况

（资料来源：中国机床工具工业协会）

2. 国内数控机床市场格局

如图 9-7 所示，数控机床的需求量基本与地区制造业水平呈正相关关系，我国华东地区制造业发达，对数控机床的需求量大，市场广阔，数控机床规模为占全国比重 55%，为我国主要数控机床市场；中南地区数控机床规模占比 18%，仅次于华东地区；其次为东北、华北和西南地区，数控机床规模占比分别为 12%、7% 和 6%。

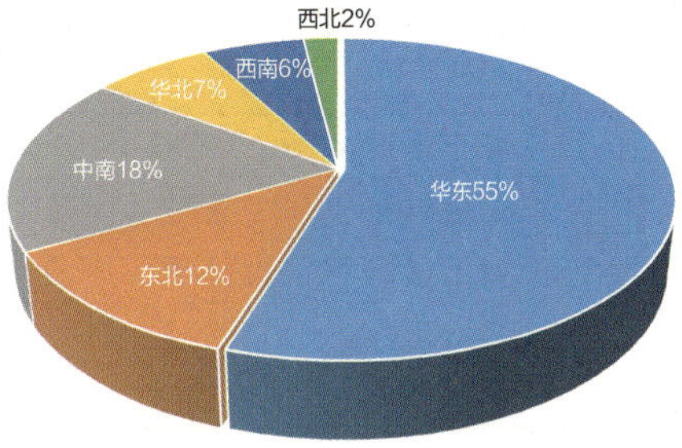

图 9-7　我国各地区数控机床市场规模占比情况

3. 我国数控机床产业集群分布

我国数控机床产业已初步形成六大产业集聚区，如图 9-8 所示。其中环渤海地区和长三角地区是装备制造的核心区。数控机床企业主要分布在环渤海地区、长三角地区及西北地区，其中以辽、苏、浙、鲁、陕、京、沪等地区最为集中。

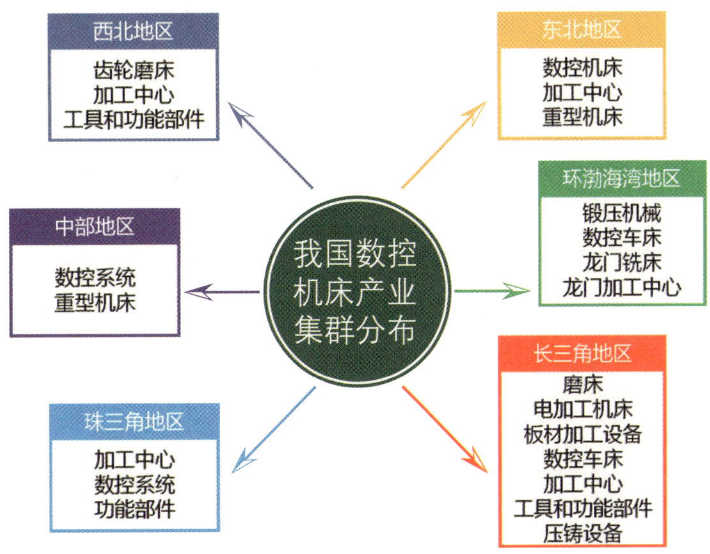

图 9-8　我国数控机床产业集群分布

4. 国内数控机床行业竞争格局

我国数控机床行业呈现跨国公司、外资企业、国有企业和民营企业相互竞争的格局，整个行业竞争格局分为三个层次。日本、德国、美国等先进国家的数控机床企业起步较早，目前在技术水平、品牌价值等方面仍居明显优势地位，位于第一梯队；第二梯队主要是近数十年来产生的一批发展迅速的优秀企业，如秦川机床、海天精工等，在自身优势产品领域内与领先企业乃至国际先进企业进行竞争；第三梯队是数量众多的低端数控机床生产企业，竞争激烈。目前，中国数控机床行业的上市公司主要有创世纪、秦川机床、海天精工、亚威股份、沈阳机床、合锻智能、日发精机、国盛智科、华东重机、浙海德曼、宇晶股份、宇环数控、科德数控、华明装备、华东数控、中航高科、山东威达和上机数控等，其中龙头企业是创世纪，如表9-4所示。

表9-4　2021年我国机床行业部分上市企业营收情况

机床类别	企业名称	性质	上市时间	主营机床产品	2021年机床业务营收/亿元
加工中心	创世纪	民营控股	2010	3C钻攻机及通用加工中心	52.6
	华东重机	民营控股	2012	3C钻孔机	70.6
	国盛智科	民营控股	2020	加工中心	11.4
	日发精机	民营控股	2010	立式/卧式/龙门加工中心、车床	21.9
	青海华鼎	民营控股	2000	卧式加工中心	6.8
	科德数控	民营控股	2021	五轴立式/卧式/龙门加工中心	2.5
	海天精工	民营控股	2016	立式/卧式/龙门加工中心、数控车削中心、大型卧式镗铣床、数控车床	27.3
	纽威数控	民营控股	2021	大型加工中心、立式、卧式数控机床	17.1
车床	浙海德曼	民营控股	2020	高端型数控车床、普及型数控车床	5.4
	沈阳机床	国有控股	1996	普通车床、钻床、镗床	17.0
磨床	华辰装备	民营控股	2019	全自动数控轧辊磨床	4.1
	秦川机床	国有控股	1998	磨齿机、磨床	50.5
	华东数控	民营控股	2008	数控龙门导轨磨床系列产品、平面磨床、数控龙门铣镗床	3.2
	宇晶股份	民营控股	2018	抛光研磨机	4.6
	宇环数控	民营控股	2017	抛光研磨机、数控磨床	4.4
成形机床	亚威股份	无实控人	2011	金属板材成形机床	20.0
	合锻智能	民营控股	2014	机械式压力机、液压式压力机	12.1
	宁波精达	民营控股	2014	定转子高速精密压力机、中大型机械压力机	5.3
零部件	华中数控	民营控股	2011	数控系统及散件	16.3
	昊志机电	民营控股	2016	主轴	11.4
刀具	中钨高新	国有控股	1996	刀具	120.9
	沃尔德	民营控股	2019	刀具	3.3
	华锐精密	民营控股	2021	刀具	4.9
	欧科亿	民营控股	2020	刀具	9.9
	恒锋工具	民营控股	2015	刀具	5.1

资料来源：Wind、招商证券（表中营收包括机床零部件、机床配套产品收入）。

2021年,中国数控机床行业市场份额前三名是创世纪、秦川机床和海天精工,市场份额分别为23.81%、13.47%和12.62%,如图9-9所示。

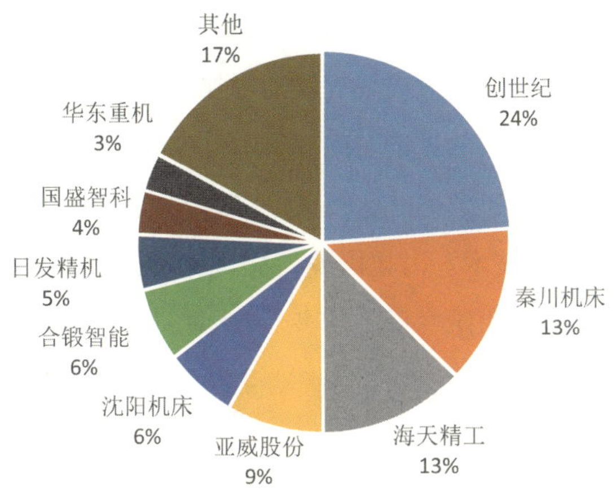

图9-9　2020年中国数控机床行业市场份额

(资料来源:前瞻产业研究院)

5. 国内数控机床行业市场集中度

总体来看,我国数控机床行业的市场集中度在逐步提升。根据上述市场份额计算得出CR3和CR5,2019—2020年,CR3由40.2%增加至49.9%,CR5由57.6%增加至64.7%,主要是因为数控机床行业具有技术和人才壁垒、资金壁垒、品牌壁垒和管理水平壁垒等,如图9-10所示。

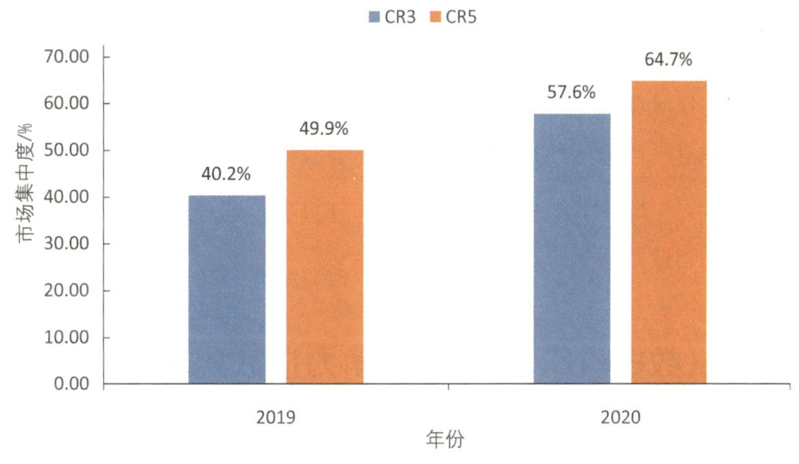

图9-10　2019—2020年中国数控机床行业市场集中度

(资料来源:前瞻产业研究院)

6. 数控机床未来发展趋势

(1)市场趋势

当前我国正处于由制造大国向制造强国转型的重要阶段,在新一轮的产业升级中,制造业也将从劳动密集型产业逐渐转变为技术密集型产业,智能制造将成为主流。随着精密模具、新能源、航空航天、轨道交通、3D打印、生物医药等新兴产业迅速崛起,其生产制造过程高度依赖数控机床等智能制造装备,这将成为数控机床行业新的增长点。据前瞻产业研究院预测,到2026年,中国数控机床市场规模将达到5148亿元。

(2)技术趋势

五轴联动加工技术的推广及普及是数控机床行业未来的发展方向。五轴加工可以实现一次装夹完成铣削、钻孔、攻丝等多面加工,通过五轴五联动可加工复杂零件的自由曲面,可以减少多次装夹造成的重复定位误差,缩短上下料的辅助时间,降低多序加工时的设备采购成本和工装夹具的使用成本,提高产品的加工精度和加工效率。它是航空、航天、汽车、船舶、精密仪器、发电机组等下游行业加工关键零部件的重要加工技术。对比国外,我国五轴数控机床渗透率还较低,目前多轴联动技术相关专利申请量快速增长,企业研发投入较多,预计会成为今后国内市场主流产品。

(3)业态趋势

完成多工序的柔性制造单元将逐渐成为主流。随着社会生产力和科技水平的不断提高以及互联网的普及,消费需求正日益呈现个性化和多元化的趋势,传统的标准化、大批量生产方式满足不了要求,柔性化制造将大规模兴起。支撑柔性化制造和个性化定制需要一系列相关技术的支撑,其中柔性制造单元是重要的一环。柔性制造单元是为满足多品种、小批量零件高效加工,由单台或多台五轴加工中心或复合化加工中心配合小型自动化物流装置(工业机器人、自动交换托盘库、桁架机械手等)”组成。

(4)模式趋势

集成式解决方案将成为主流发展方向。近年来,下游机床用户需求正在逐渐转变,原机床供应商的单一产品销售服务模式已无法满足,现更趋向于与具备成套的设备生产能力、提供全套解决方案或承担更为复杂的工程总承包项目能力、自动化系统改造能力的供应商合作。拥有自动化、柔性化、智能化生产线“交钥匙”工程能力的智能制造系统集成商,能够为客户提供“一站式”服务,将逐渐成为主流模式。此外,国家和地方政策对制造业进行自动化生产线建设的鼓励也必将推动智能制造装备供应商向智能制造系统集成方案提供商转变。

二、智能装备(数控机床)产业链竞争力指数分析

我们对智能装备(数控机床)产业链整体的竞争力指数进行分析,范围包括了产业链的上游、中游和下游。

(一)智能装备(数控机床)产业链整体竞争力排名

如图9-11所示,截至2021年底,国内智能装备(数控机床)产业链竞争力指数排名第一的是北京,指数为63.1。第二名是浙江,指数为60.5。第三名是江苏,指数为58.8。第四名是广东,指数为55.7。第五名是上海,指数为36.2。从整体上看,浙江、江苏竞争力相近,广东与前两者差距比较小,但与上海、北京差距明显。

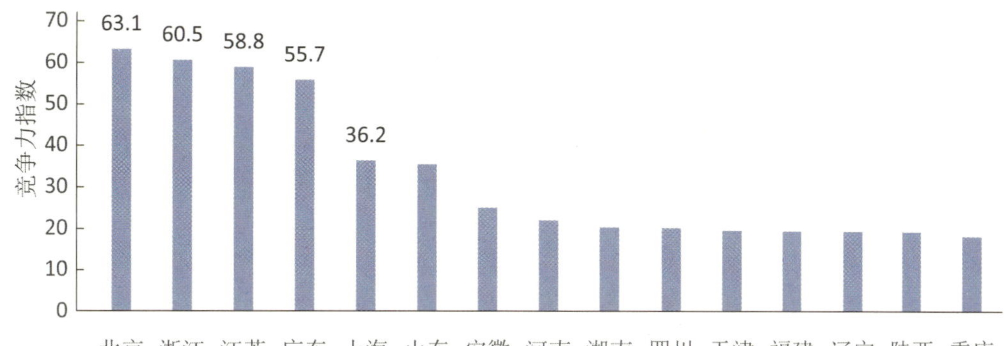

图9-11 智能装备(数控机床)产业链竞争力指数排名

我国31个省份智能装备(数控机床)产业链竞争力指数排名如表9-5所示。

表9-5 2021年国内智能装备(数控机床)产业链整体竞争力指数排名(不包含港澳台)

序号	省份	竞争力指数
1	北京	63.10
2	浙江	60.46
3	江苏	58.76
4	广东	55.66
5	上海	36.20
6	山东	35.30
7	安徽	24.90
8	河南	21.96
9	湖南	20.20
10	四川	20.10
11	天津	19.46
12	福建	19.32
13	辽宁	19.22
14	陕西	19.16
15	重庆	18.10
16	湖北	17.58
17	黑龙江	16.66
18	江西	16.00
19	河北	14.96
20	云南	13.32
21	山西	12.94
22	贵州	12.34
23	内蒙古	12.20
24	广西	11.96
25	新疆	11.48
26	吉林	11.38
27	青海	11.18
28	甘肃	10.80
29	宁夏	9.24
30	海南	8.10
31	西藏	0.50

（二）各评价指标维度分析

1. TOP5省份各评价指标维度分析

对2021年智能装备（数控机床）产业链竞争力指数的TOP5省份做各指标的雷达图，如图9-12所示。

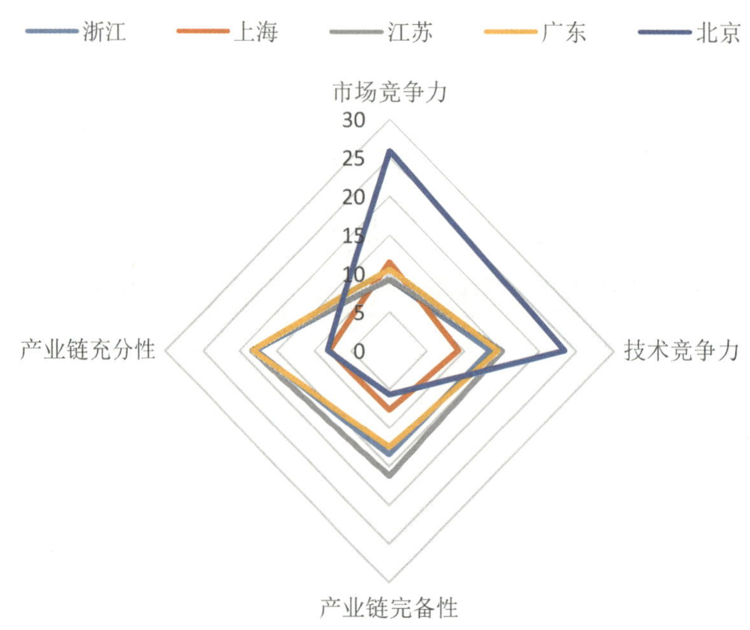

图9-12　智能装备（数控机床）产业链竞争力TOP5各维度指标对比

TOP5省份在各维度指标得分差异普遍较大，在产业链每个方面都有省份表现优秀，浙江省和江苏省产业链发展均比较均衡，各项得分都比较高，尤其在产业链完备性上；北京的市场竞争力和技术竞争力表现最佳，广东则在产业链充分性上比上海和北京表现得更好。

2. 技术竞争力分析

技术竞争力的本质表现就在于挖掘技术竞争潜力，为产品开发推广获得更多主动权。在现代经济社会，科学技术能力越强，产业竞争力就越强。

如图9-13所示，北京的技术竞争力指数最高，得分23.4。江苏、广东、浙江和上海的指数分别为15.1、14.5、13.5和9.2。

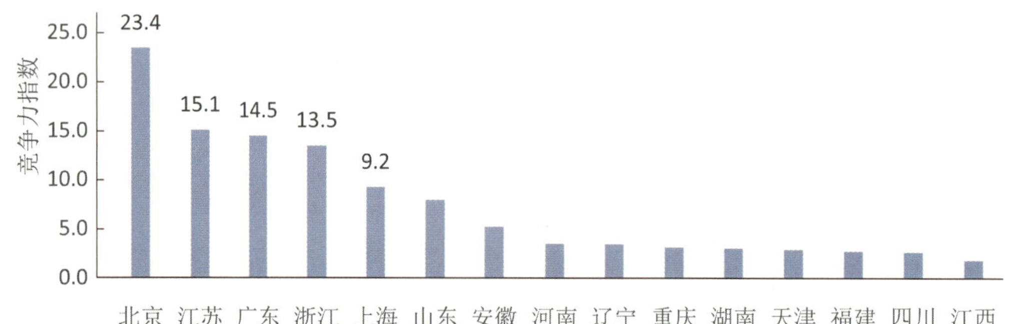

图9-13　智能装备（数控机床）产业链技术竞争力排名

3. 市场竞争力分析

市场竞争力是技术竞争力的外在表现,主要表现为获取更多的市场份额和更高的利润率。

如图9-14所示,北京的市场竞争力指数最高,得分25.8,上海次之为11.4,两者数值差距较大,而广东、山东和浙江市场竞争力指数差距不大,分别为10.5、9.9、9.2。

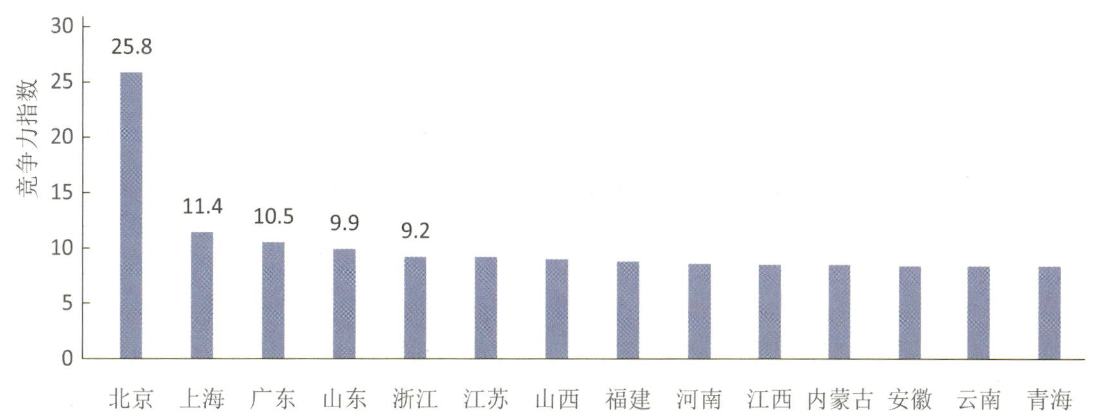

图9-14 智能装备(数控机床)产业链市场竞争力排名

4. 产业链充分性分析

产业链充分性是反映产业链当前拥有的市场竞争行为主体充分程度的指标集合。产业链拥有的企业数量越多,产业链的稳定性越高,产业链的竞争力就越强;产业链拥有的高质量企业(上市企业)数量越多,产业链的稳定性越高,产业链的竞争力就越强。

如图9-15所示,江苏的产业链充分性指数最高,得分18.3,广东为18.2、浙江为17.8,与前两者得分相近,北京和上海分别为8.2、7.9。

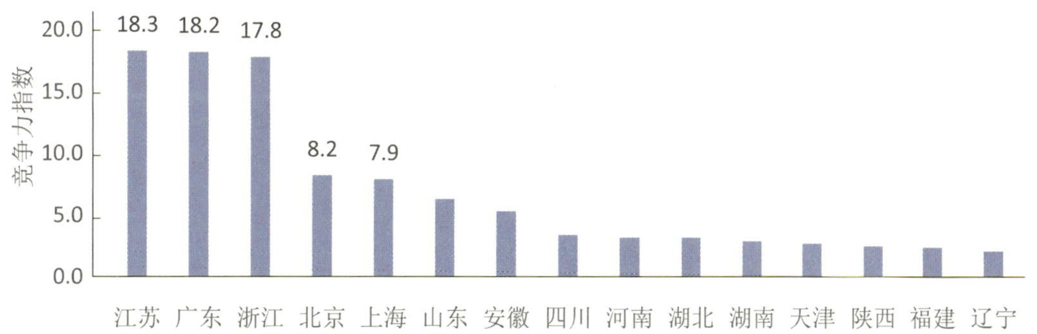

图9-15 智能装备(数控机床)产业链产业链充分性排名

5. 产业链完备性分析

产业链完备性是反映本地产业链的布局、配套完备程度的指标。产业链节点越多,节点的质量越好,本地的产业链竞争力就越强。

如图9-16所示,浙江的产业链完整性指数最高,得分20,江苏得分为16.2,广东、山东比较接近分别12.5、11.2，上海为7.7。

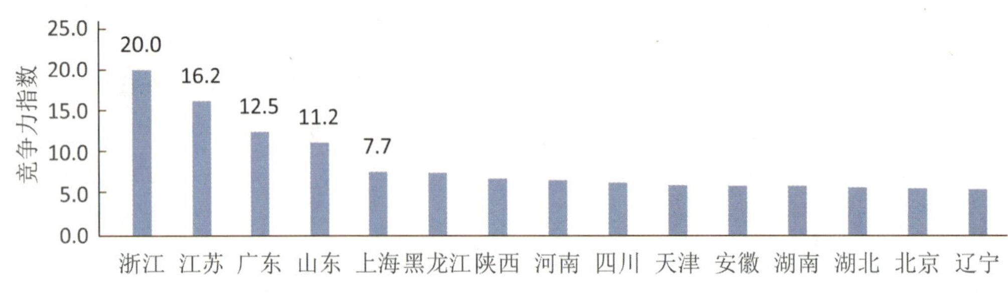

图9-16　智能装备(数控机床)产业链完备性排名

三、智能装备(数控机床)产业链节点竞争力分析

智能装备(数控机床)产业链作为一个由很多节点构成的链条结构，其竞争力本质上是由各个产业链节点的竞争力共同形成的。每个大的节点下又有各自的配套，这些配套与节点共同构成了一个以该节点为核心的节点产业链，我们将围绕这些节点，全面开展产业链的竞争力指数分析。

(一)上游

上游包括数控机床床身结构材料、数控机床功能部件陶瓷材料、数控机床刀具材料、钢铁铸件、新型复合材料、机床附件及辅助装置、液压元件、系统及装置、气动元件、系统及装置、滚动轴承、阀门和龙头、金属切削机床用切削刀具、敏感元件及传感器制造、伺服控制、编码器、光栅尺、数控机床系统、数控机床精密计测系统、数控机床工业软件。

如图9-17所示，在上游节点的竞争力指数评价中，北京得分64.04，排名第一；浙江、江苏排名第二、第三，得分分别为60.6、55.7；第四、第五分别为广东、上海，得分为51.3、35.4。

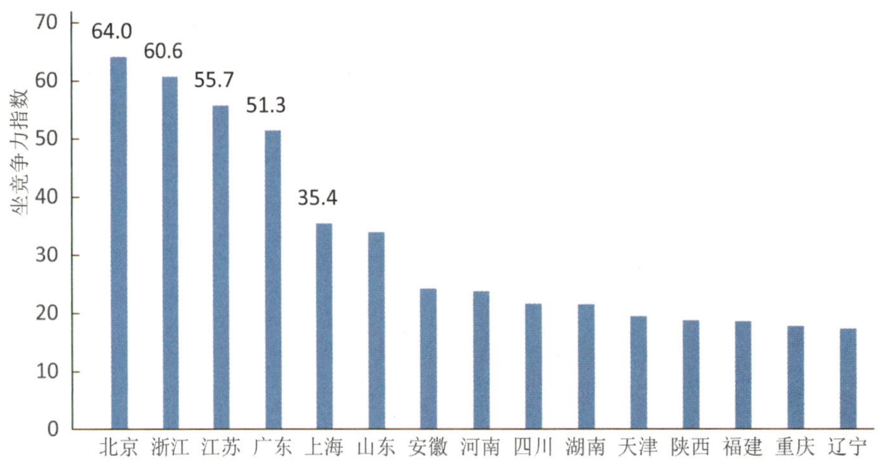

图9-17　上游整体竞争力排名

如图9-18所示，在各维度指标对比中，浙江的产业链完备性指标排名第一；北京的市场竞争力和技术竞争力排名第一，而广东的产业链充分性排名第一。

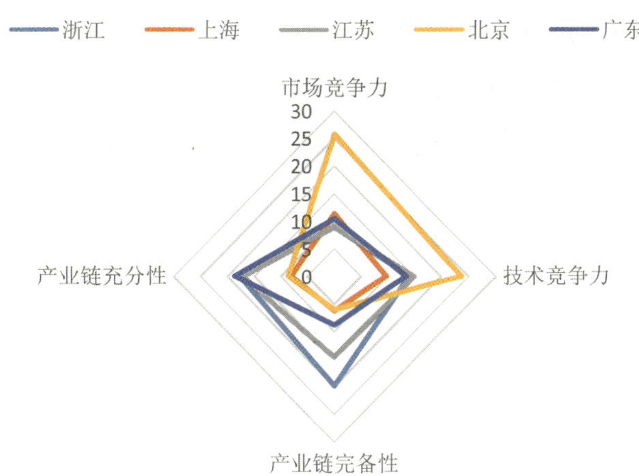

图9-18　上游整体竞争力TOP5各维度指标对比

1. 数控机床床身结构材料

如图9-19所示，在数控机床床身结构材料配套的竞争力指数评价中，北京排名第一，得分为66.6，广东、江苏、浙江和山东分别为65.2、51.6、47.4和43.9。

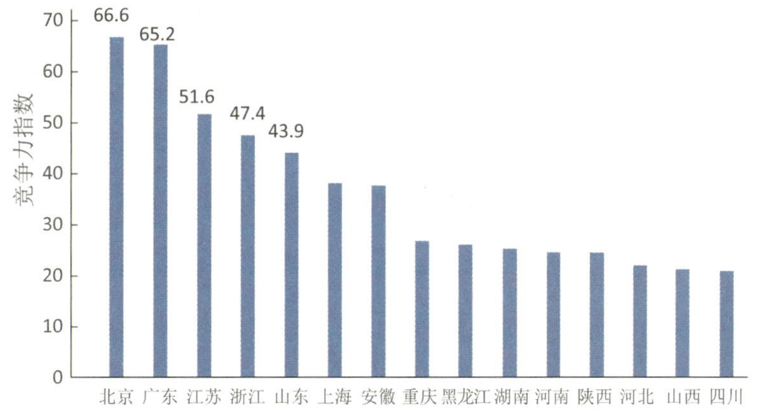

图9-19　数控机床床身结构材料竞争力排名

如图9-20所示，在各维度指标对比中，北京的市场竞争力和技术竞争力显著领先于其他省份，浙江则在产业链完备性上要明显优于其他省份，广东、江苏、浙江在产业链充分性上表现相近。

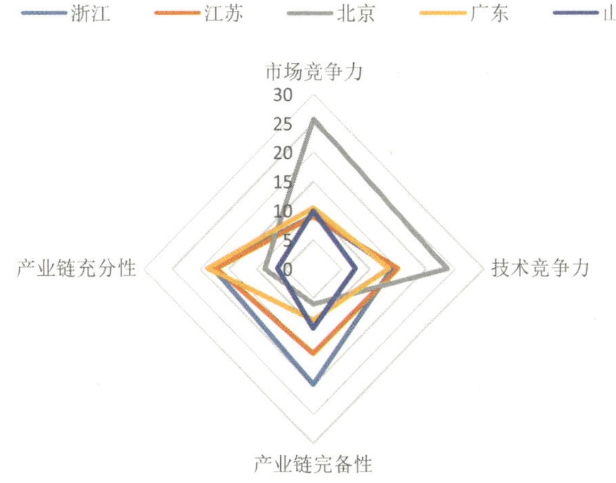

图9-20　数控机床床身结构材料竞争力TOP5各维度指标对比

2. 数控机床功能部件陶瓷材料

如图9-21所示，在数控机床功能部件陶瓷材料配套的竞争力指数评价中，北京排名第一，得分为79.1，与其他省份拉开较大差距，而其他四省得分比较相近，具体为广东、浙江、江苏和山东，得分分别为64.8、45.6、45.4和43.4。

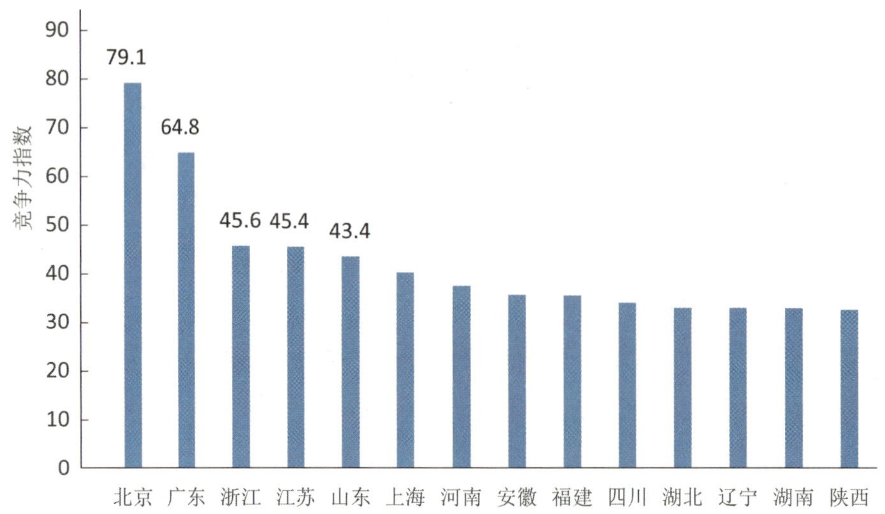

图9-21 数控机床功能部件陶瓷材料竞争力排名

如图9-22所示，在各维度指标对比中，北京的市场竞争力和技术竞争力均为第一，且与其他省份拉开差距，在产业链完备性上浙江表现最佳，浙江、江苏和广东三省在市场竞争力和技术竞争力上表现趋同，广东的产业链充分性得分第一。

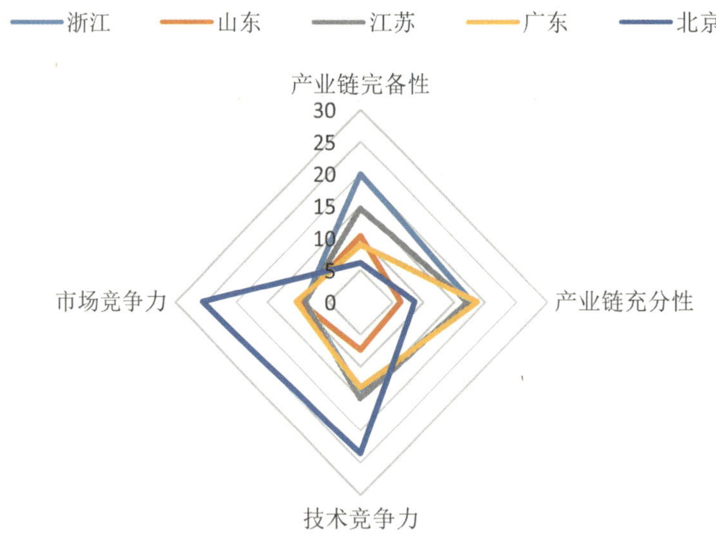

图9-22 数控机床功能部件陶瓷材料竞争力TOP5各维度指标对比

3. 数控机床刀具材料

如图9-23所示，在数控机床刀具材料配套的竞争力指数评价中，浙江排名第一，得分为73.6，江苏、四川、河南和湖南得分分别为55.4、41.2、35.6和33.8；另外因除图9-23中11个省份有得分外，其余省份均未得分，故未示出。

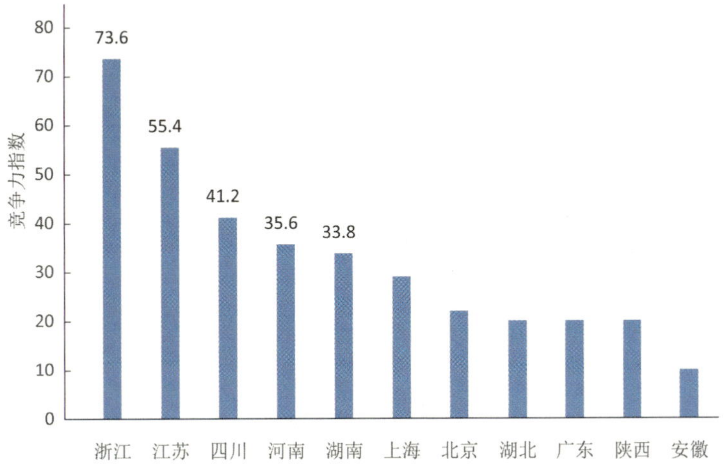

图9-23 数控机床刀具材料竞争力排名

如图9-24所示,浙江的产业链完备性上表现最佳,江苏的技术竞争性排名第一,五省在市场竞争力上表现趋同,浙江和江苏则在产业链充分性上领先其他省份。

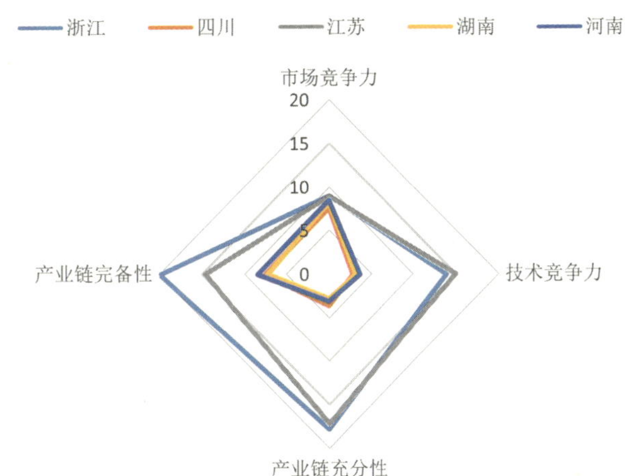

图9-24 数控机床刀具材料竞争力TOP5各维度指标对比

4. 钢材铸件

如图9-25所示,在钢材铸件配套的竞争力指数评价中,广东排名第一,得分为45.4,江苏紧跟其后,得分为39.0,浙江、山东和上海得分分别为36.7、35.0和34.6。

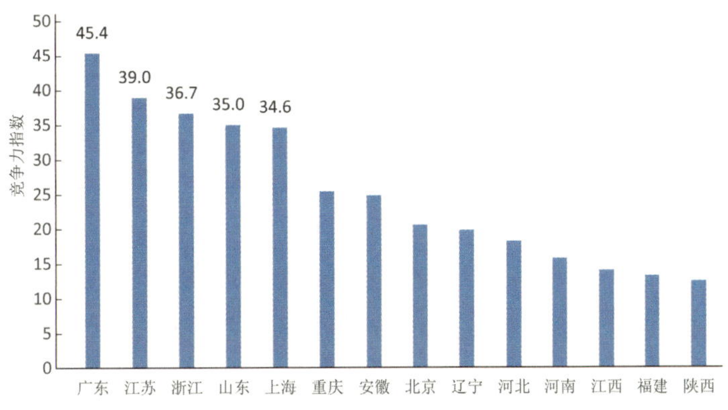

图9-25 钢材铸件竞争力排名

如图9-26所示，在各维度指标对比中，浙江的产业链完备性排名第一，与后面四省拉开较大距离，广东的产业链充分性排名第一，并与浙江和江苏相差不大；江苏的技术竞争力排名第一，上海的市场竞争力排名第一，但和其他四省相差不多。

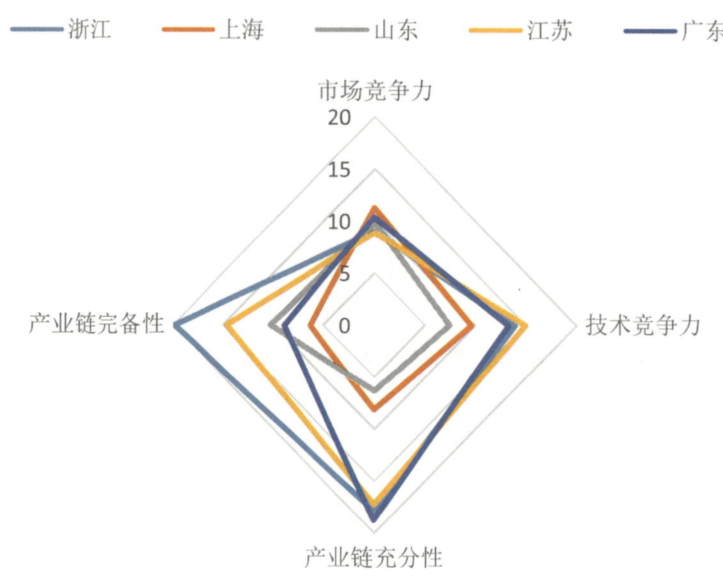

图9-26　钢材铸件竞争力TOP5各维度指标对比

5. 新型复合材料

如图9-27所示，在新型复合材料配套的竞争力指数评价中，江苏省排名第一，得分为44.5，浙江、湖南、辽宁和海南得分分别为41.3、24.6、21.2和19.8。

图9-27　新型复合材料竞争力排名

如图9-28所示，在各维度指标对比中，浙江的产业链完备性和充分性排名第一，且产业链完备性与后面四省有较大差距，江苏的技术竞争力排名第一，但与浙江差距不大。五省份在市场竞争力上表现趋同。

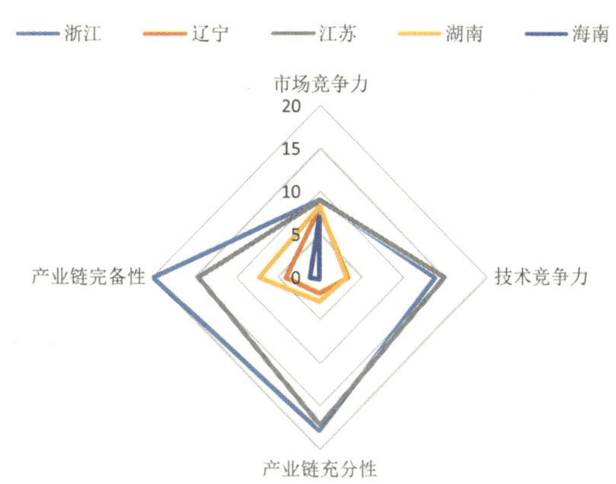

图 9-28　新兴复合材料竞争力 TOP5 各维度指标对比

6. 机床附件及辅助装置

如图 9-29 所示，在机床附件及辅助装置配套的竞争力指数评价中，浙江排名第一，得分为 82.4，江苏、广东、内蒙区和山东得分分别为 55.3、41.0、33.1 和 29.5。

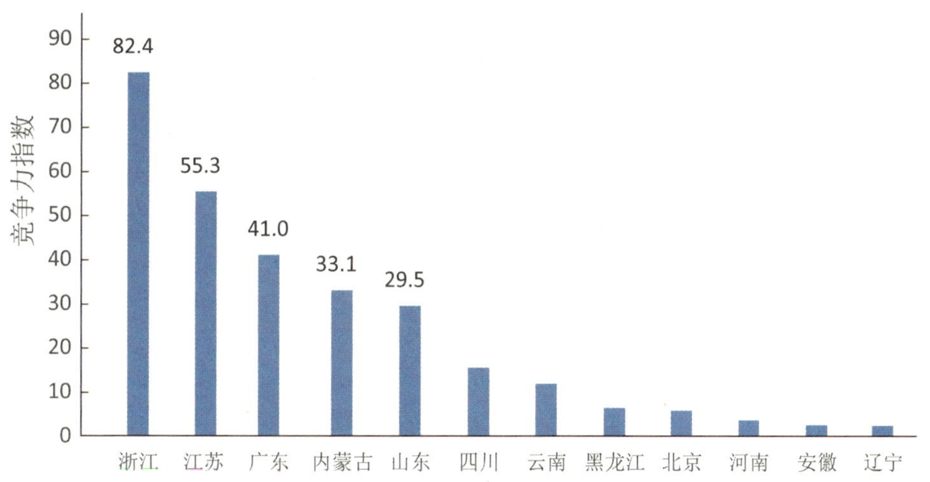

图 9-29　机床附件及辅助装置竞争力排名

如图 9-30 所示，在各维度指标对比中，浙江的产业链完备性和充分性、技术竞争性排名第一，且产业链充分性和技术竞争力与后面四省有较大差距，江苏的市场竞争力排名第一，但与广东差距不大。

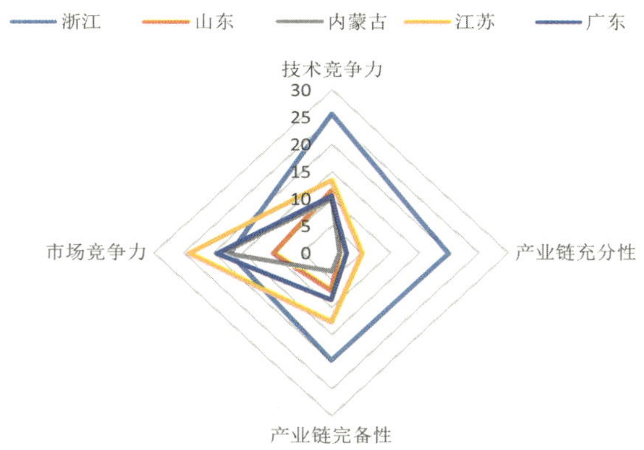

图 9-30　机床附件及辅助装置力 TOP5 各维度指标对比

7. 液压元件、系统及装置

如图9-31所示，在液压元件、系统及装置配套的竞争力指数评价中，山东排名第一，得分为75.0，浙江、江苏、四川和陕西得分分别为62.1、53.3、32.2和21.6。

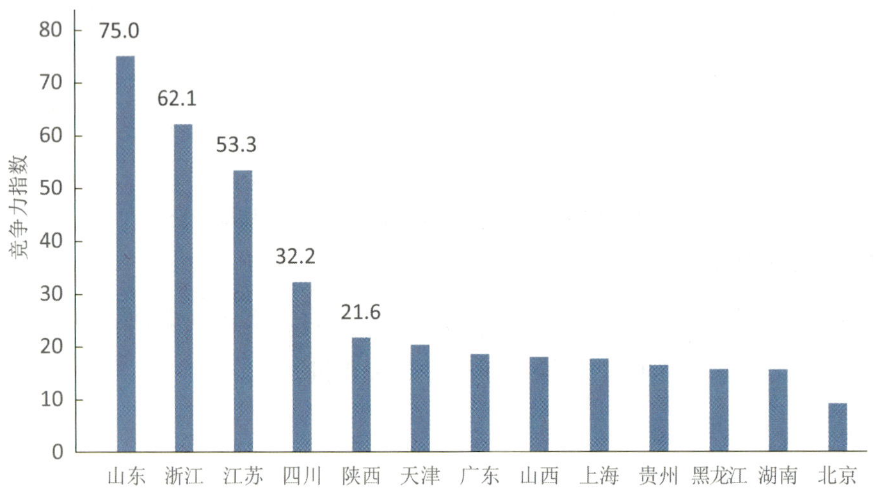

图9-31　液压元件、系统及装置竞争力排名

如图9-32所示，在各维度指标对比中，山东的市场竞争力和技术竞争力排名第一，且与后面四省有较大差距，浙江的产业链充分性和完备性排名第一，但产业链完备性与其他省差距不大。

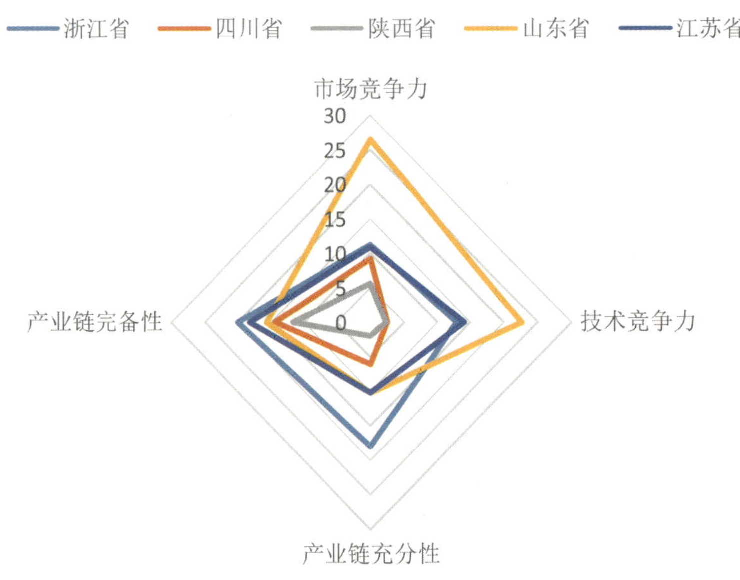

图9-32　液压元件、系统及装置竞争力TOP5各维度指标对比

8. 气动元件、系统及装置

如图9-33所示，在气动元件、系统及装置配套的竞争力指数评价中，浙江排名第一，得分为86.1，山东、北京、黑龙江和天津得分分别为29.4、28.3、25.7和14.0。

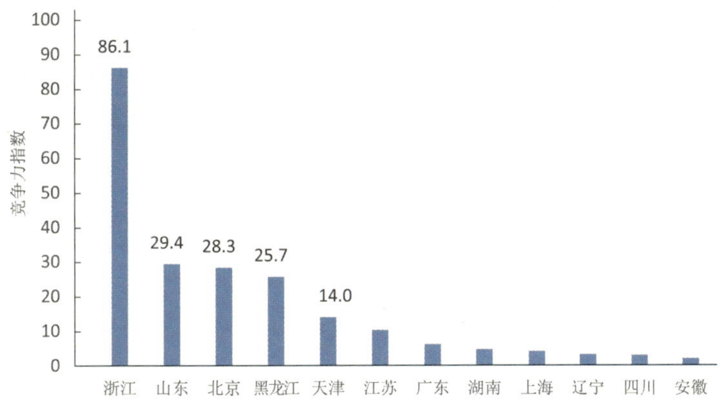

图9-33　气动元件、系统及装置竞争力排名

如图9-34所示,在各维度指标对比中,浙江的产业链完备性和充分性、技术竞争力和市场竞争力排均名第一,且与后面四省有较大差距,北京的技术竞争力得分10.3,领先优势较为明显。

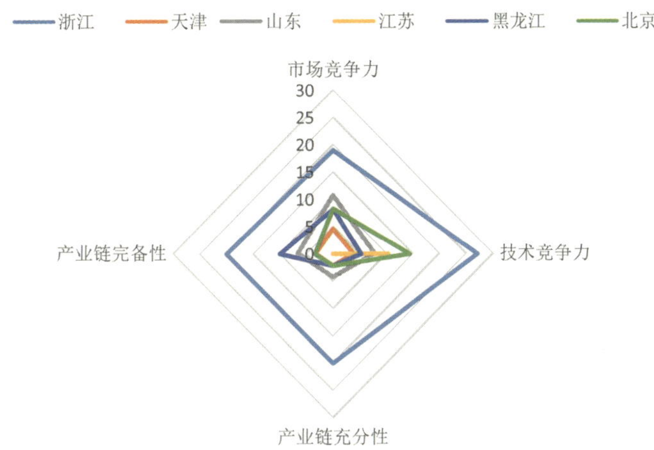

图9-34　气动元件、系统及装置竞争力TOP5各维度指标对比

9. 滚动轴承

如图9-35所示,在滚动轴承配套的竞争力指数评价中,浙江排名第一,得分为89.1,江苏、安徽、湖南和河南得分分别为50.0、27.4、18.2和17.7。

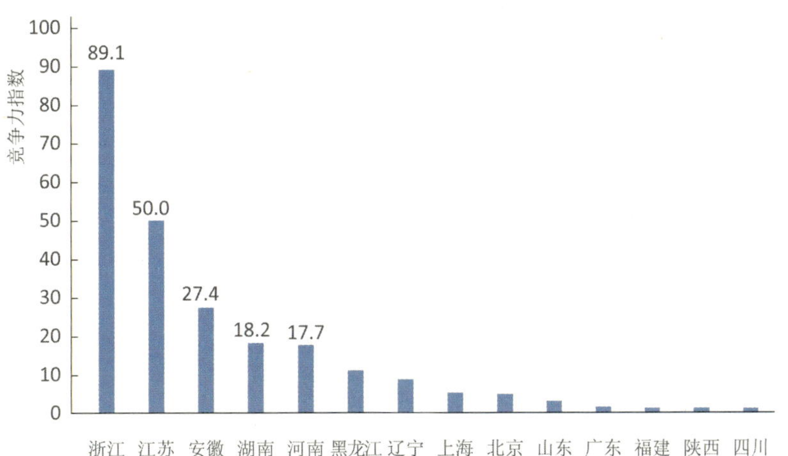

图9-35　滚动轴承竞争力排名

如图9-36所示，在各维度指标对比中，浙江在四个维度排名均第一，且产业链充分性和技术竞争性与后面四省有较大差距，江苏、湖南、河南和安徽在产业链充分性上表现趋同，均小于3分。

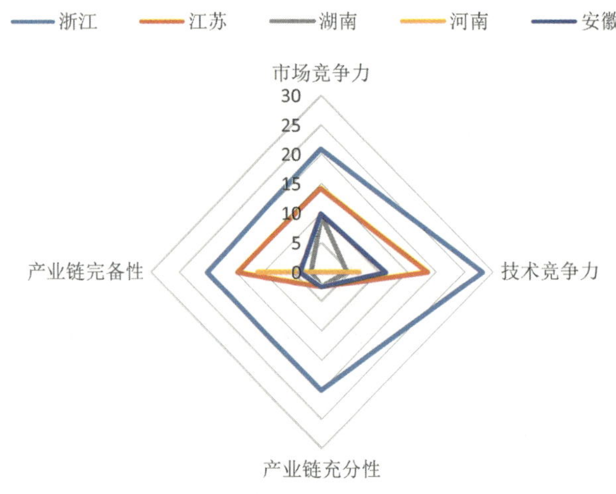

图9-36　新滚动轴承竞争力TOP5各维度指标对比

10. 阀门

如图9-37所示，在阀门配套的竞争力指数评价中，浙江排名第一，得分为63.96，江苏、天津、新疆和山东得分分别为43.3、43.2、37.0和26.0。

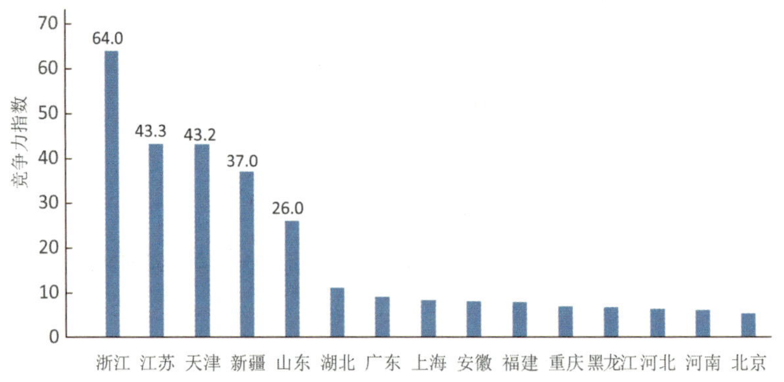

图9-37　阀门和龙头竞争力排名

如图9-38所示，在各维度指标对比中，浙江的产业链完备性和充分性排名第一，且产业链充分性与后面四省有较大差距，江苏的市场竞争力排名第一，但与浙江差距不大。

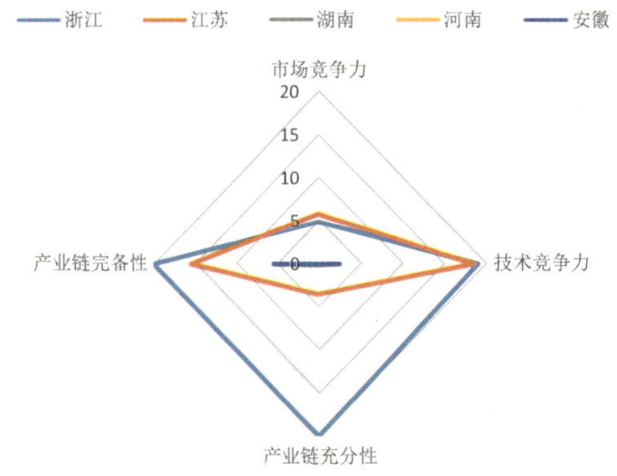

图9-38　阀门和龙头竞争力TOP5各维度指标对比

11. 金属切削机床用切削刀具

如图9-39所示,在金属切削机床用切削刀具配套的竞争力指数评价中,浙江排名第一,得分为78.4,江苏、湖南、云南和陕西得分分别为56.6、39.6、27.0和24.7。

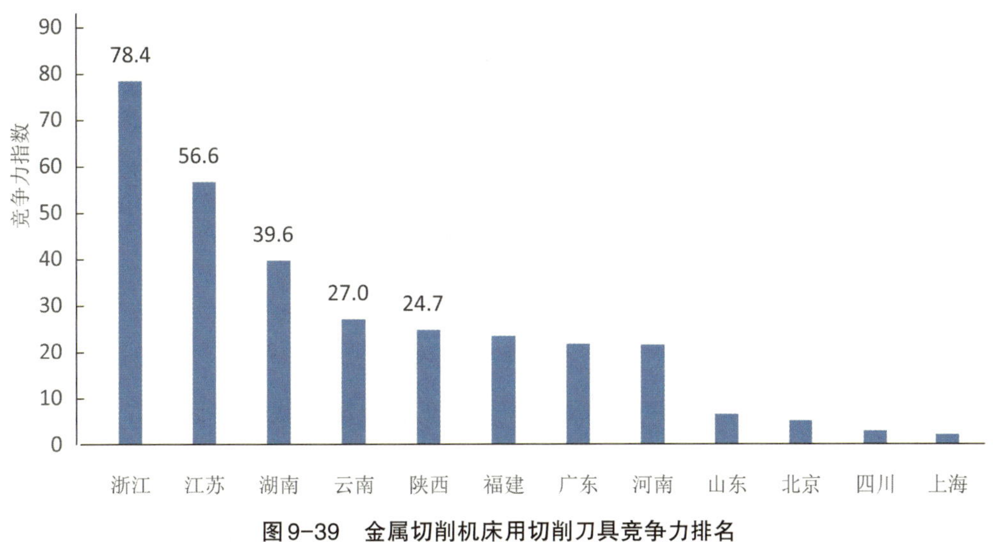

图9-39 金属切削机床用切削刀具竞争力排名

如图9-40所示,在各维度指标对比中,浙江的产业链完备性和充分性排名第一,且均与后面四省有较大差距,江苏的市场竞争力和技术竞争力排名第一,但技术竞争力与浙江差距不大。

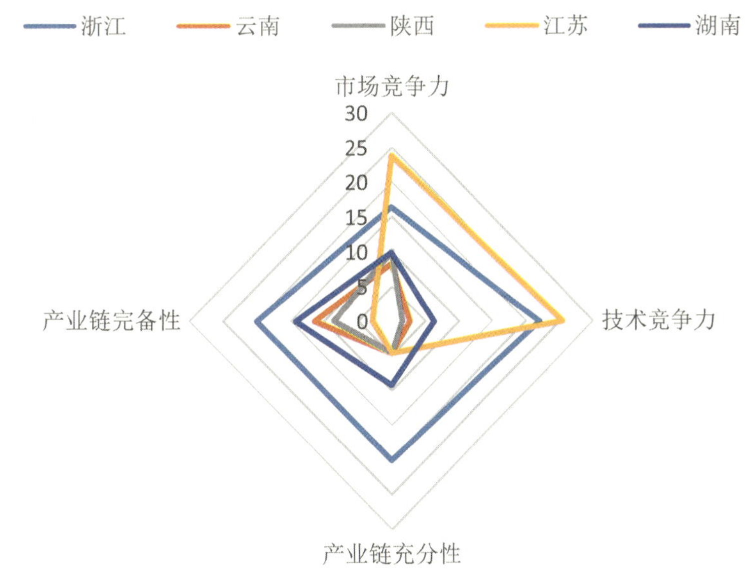

图9-40 金属切削机床用切削刀具TOP5各维度指标对比

12. 敏感元件及传感器制造

如图9-41所示,在敏感元件及传感器制造的竞争力指数评价中,北京排名第一,得分为63.0,广东、上海、江苏和浙江得分分别为43.1、39.7、38.7和27.2。

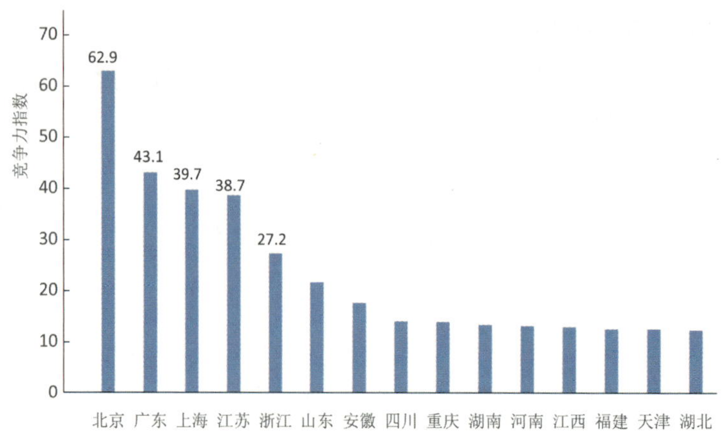

图9-41 敏感元件及传感器制造竞争力排名

如图9-42所示，在各维度指标对比中，浙江各个维度得分排名均靠后，上海的市场竞争力和技术竞争力排名第一，且均与后面四省有较大差距，广东的产业链充分性上排名第一，但与浙江差距较大。

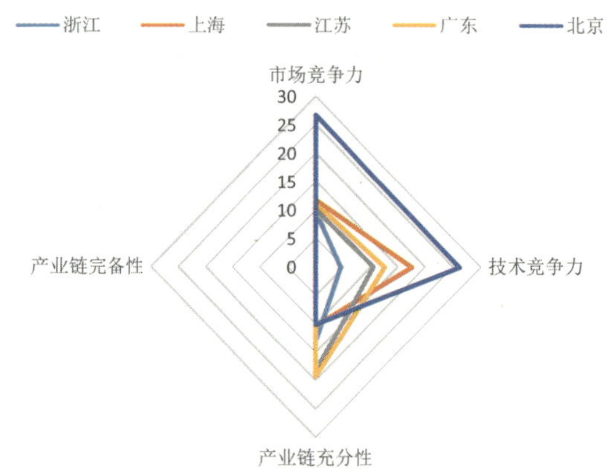

图9-42 敏感元件及传感器制造竞争力TOP5各维度指标对比

13. 伺服控制

如图9-43所示，在伺服控制配套的竞争力指数评价中，北京排名第一，得分为62.9，广东、江苏、浙江和安徽得分分别为54.9、29.7、28.3和16.4。

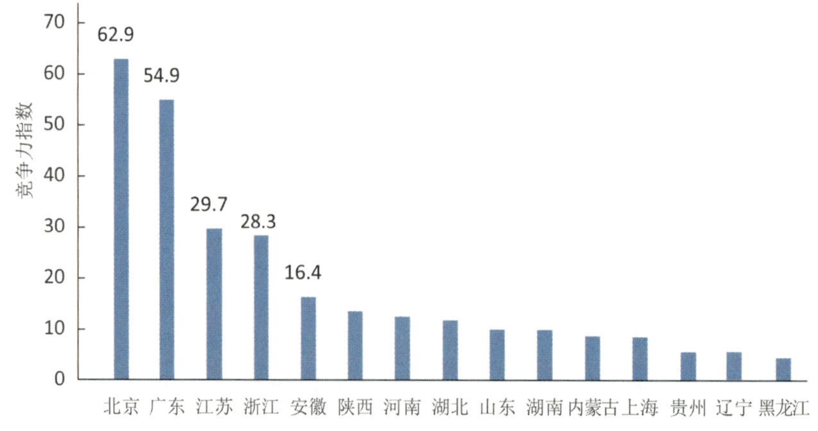

图9-43 伺服控制竞争力排名

如图9-44所示,在各维度指标对比中,北京的技术竞争力和市场竞争力排名第一,且与后面四省有较大差距,广东的产业链充分性排名第一,且与浙江差距较小。

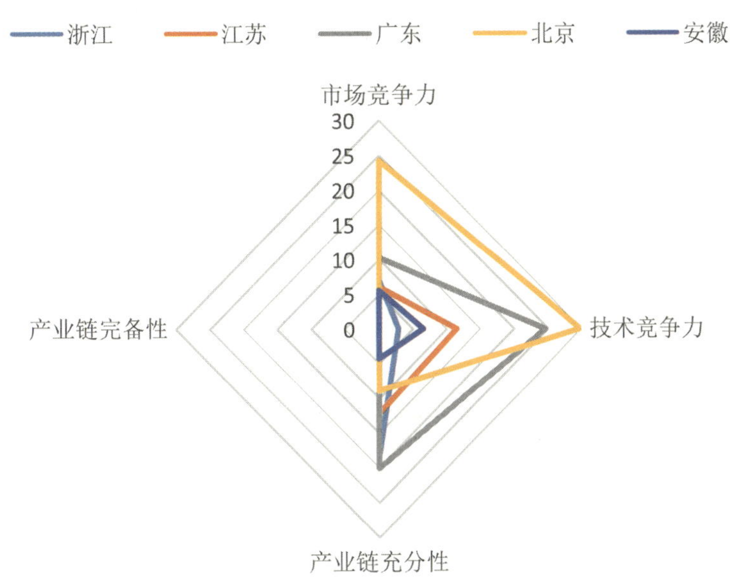

图9-44 伺服控制竞争力TOP5各维度指标对比

14. 编码器

如图9-45所示,在编码器配套的竞争力指数评价中,浙江排名第一,得分为14.6,广东、上海、北京和辽宁得分分别为12.0、6.0、3.0和3.0。

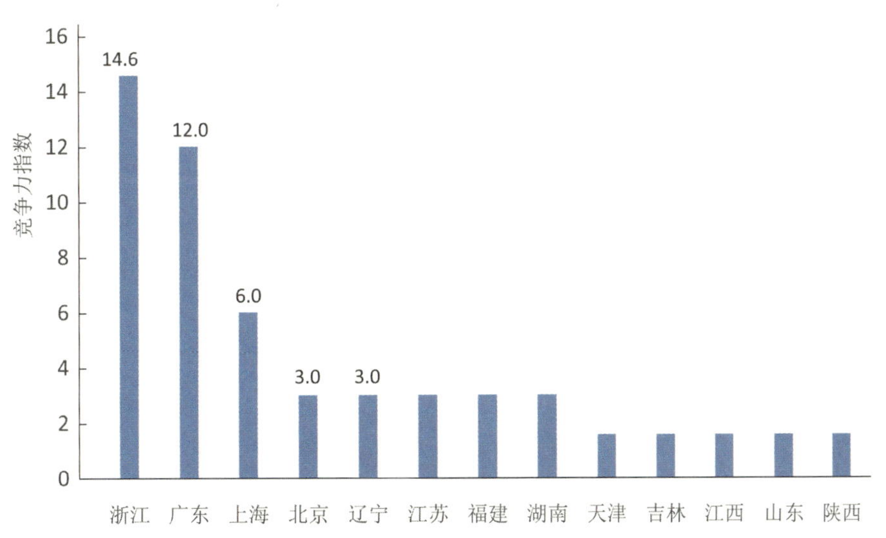

图9-45 编码器竞争力排名

如图9-46所示,在各维度指标对比中,浙江的技术竞争力排名第一,且后四省份差距较大,广东的产业链充分性排名第一,但与浙江差距不大。

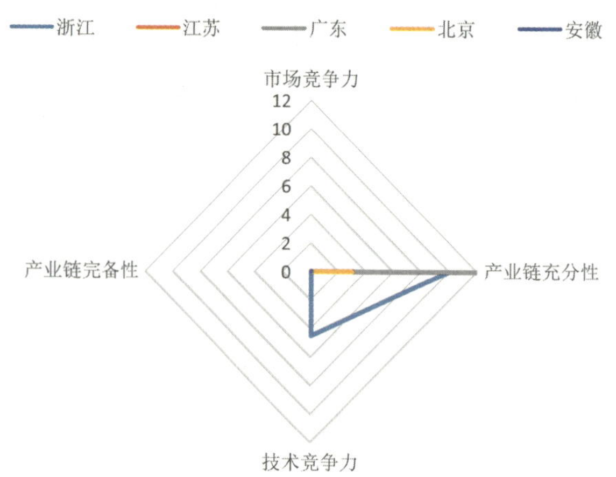

图9-46　编码器竞争力TOP5各维度指标对比

15. 光栅尺

如图9-47所示，在光栅尺配套的竞争力指数评价中，北京排名第一，得分为53.3，广东、江苏、上海和浙江得分分别为47.1、20.0、19.4和14.6。

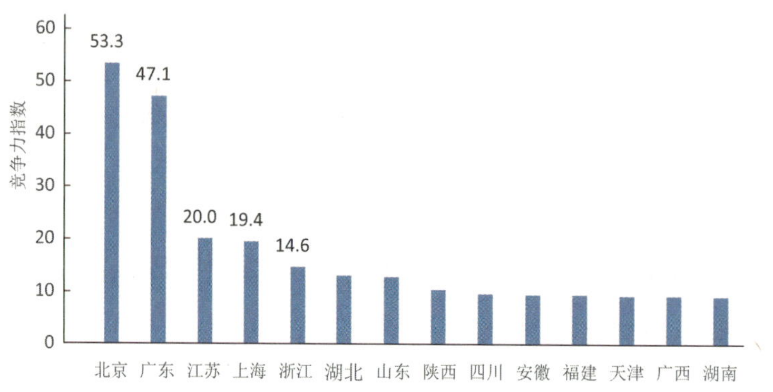

图9-47　光栅尺竞争力排名

如图9-48所示，在各维度指标对比中，北京的技术竞争力和市场竞争力排名第一，且市场竞争力相较后四省有较大差距，广东的产业链充分性排名第一，相较后四省遥遥领先。

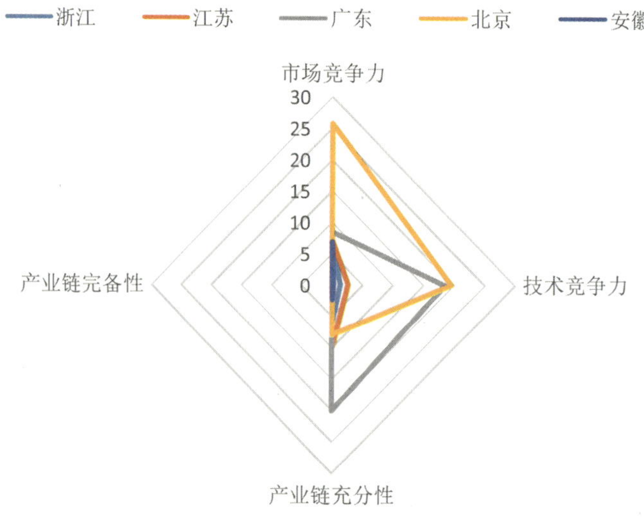

图9-48　光栅尺竞争力TOP5各维度指标对比

16. 数控机床系统

如图9-49所示，在数控机床系统配套的竞争力指数评价中，广东排名第一，得分为78.9，浙江、江苏、北京和湖南得分分别为32.5、26.0、21.2和15.7。

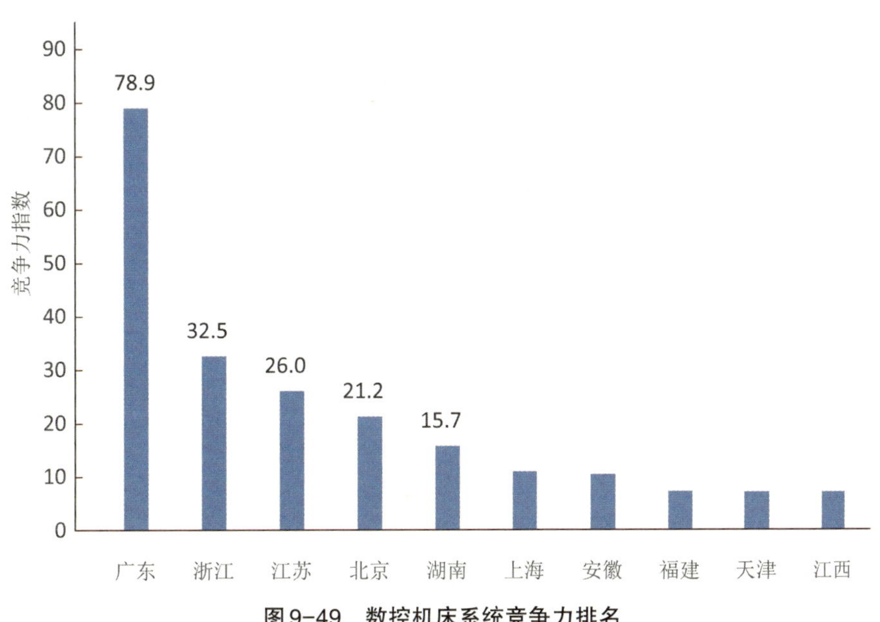

图9-49　数控机床系统竞争力排名

如图9-50所示，在各维度指标对比中，广东的技术竞争力、市场竞争力、产业链完备性和产业链充分性均排名第一，且在市场竞争力和技术竞争力上与后面四省有较大差距。

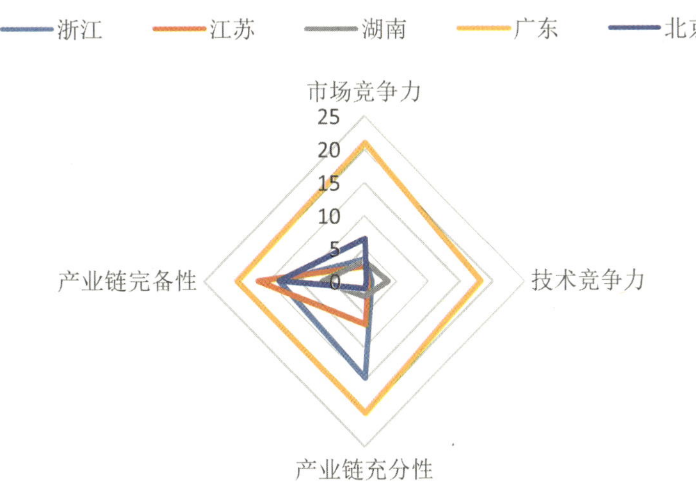

图9-50　数控机床系统竞争力TOP5各维度指标对比

17. 数控机床精密计测系统

如图9-51所示，在数控机床精密计测系统配套的竞争力指数评价中，山东排名第一，得分为74.9，与后四省差距较大；广东、江苏、北京和浙江得分分别为50.9、48.4、36.5和24.5。

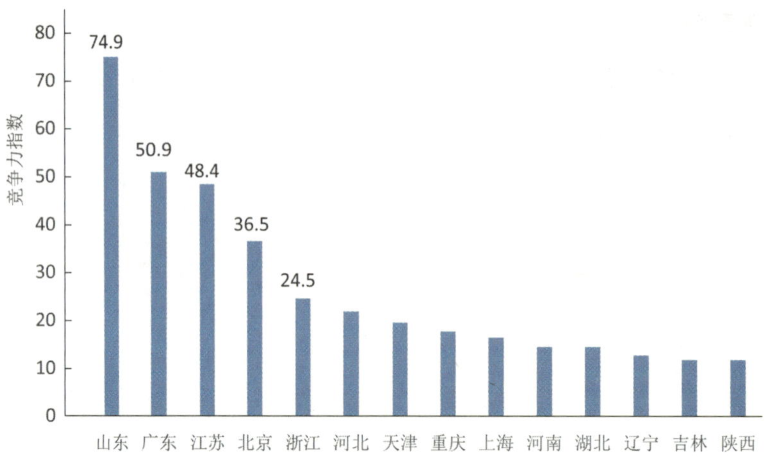

图9-51　数控机床精密计测系统竞争力排名

如图9-52所示，在各维度指标对比中，江苏的产业链充分性排名第一，且在产业链完备性上与浙江和北京并列第一，广东的市场竞争力排名第一，但与江苏差距不大。北京的技术竞争力排名第一。

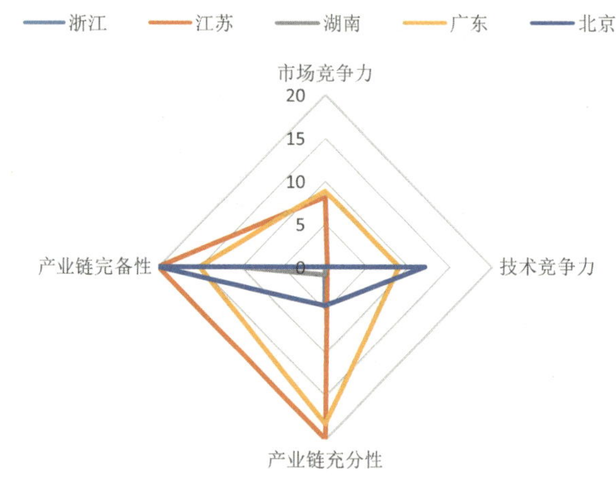

图9-52　数控机床精密计测系统竞争力TOP5各维度指标对比

18. 数控机床工业软件

如图9-53所示，在数控机床工业软件配套的竞争力指数评价中，北京排名第一，得分为90.5，并与其他省份有较大差距；广东、江苏、上海和山东得分分别为62.8、49.7、45.9和45.1。

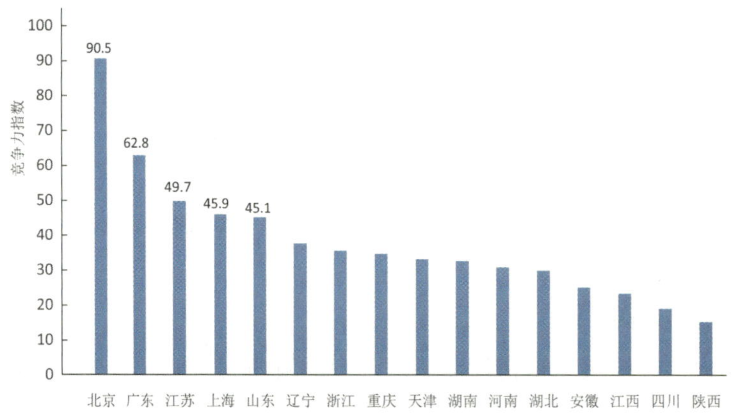

图9-53　数控机床工业软件竞争力排名

如图9-54所示,在各维度指标对比中,浙江的产业链完备性和充分性排名第一,且产业链完备性与后面四省有较大差距,江苏的技术竞争力和市场竞争力排名第一,但与浙江差距不大。

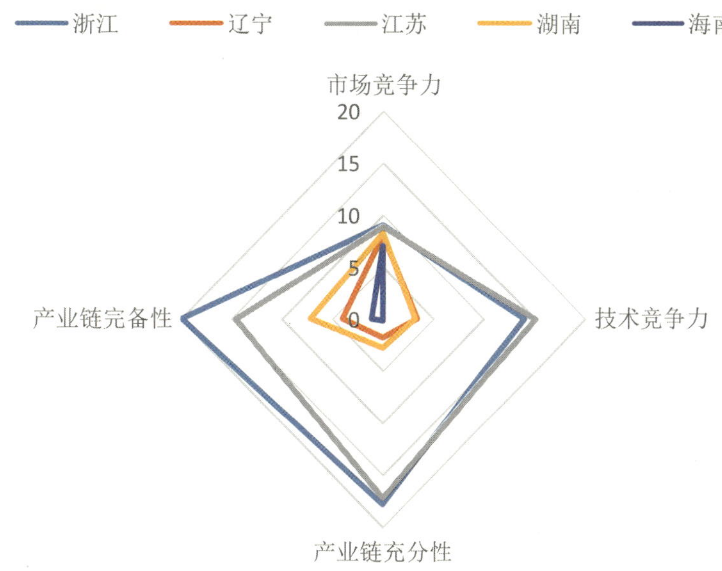

图9-54　数控机床工业软件竞争力TOP5各维度指标对比

19. 智能化工厂数据抓取云计算及管理软件

如图9-55所示,在智能化工厂数据抓取云计算及管理软件的竞争力指数评价中,北京排名第一,得分为70.5,并与其他省份有较大差距;广东、浙江、辽宁和上海得分分别为34.5、22.1、20.3和18.2。

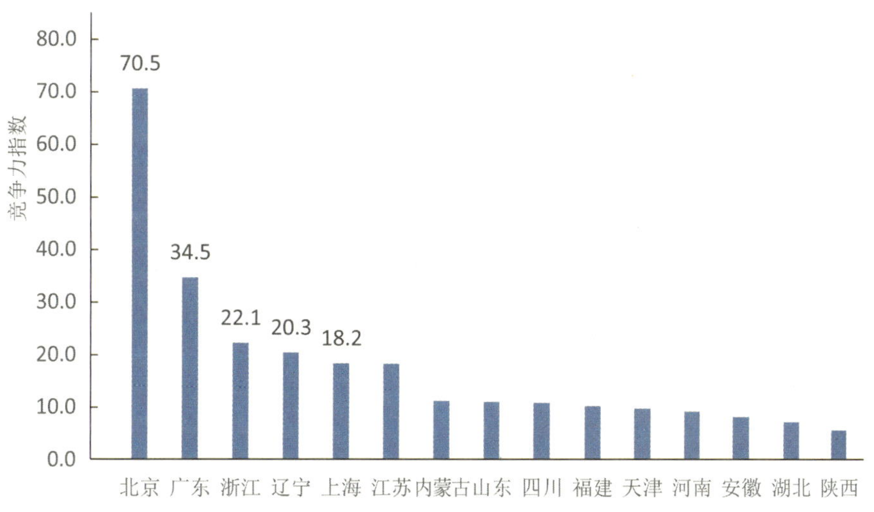

图9-55　智能化工厂数据抓取云计算及管理软件竞争力排名

如图9-56所示,在各维度指标对比中,北京的市场竞争力和技术竞争力排名第一,广东的产业链充分性排名第一,但与北京差距不大。

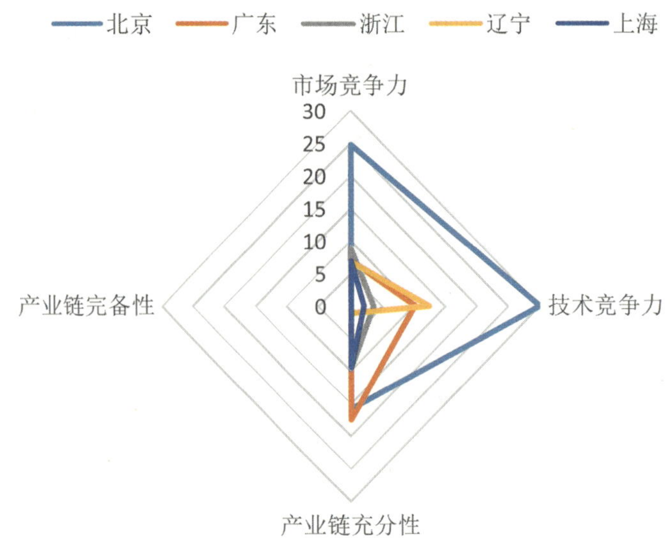

图9-56　智能化工厂数据抓取云计算及管理软件竞争力TOP5各维度指标对比

20. 小结

在上游个节点维度对比中，北京市在数控机床床身结构材料、数控机床功能部件陶瓷材料、敏感元件及传感器制造、伺服控制、光栅尺、数控机床工业软件、智能化工厂数据抓取云计算及管理软件和热表处理及涂层技术七个节点中排名第一，浙江省在数控机床刀具材料、机床附件及辅助系统、气动元件、滚动轴承、阀门和龙头、金属切削机床用切削刀具和编码器七个节点中排名第一，江苏省在新型复合材料节点上排名第一，广东省在钢材铸件上排名第一。北京市的高端数控装备具有良好的基础和特色，具有优质技术资源的企业在不断推进北京高端数控机床行业的发展，促进关键技术的突破、功能部件质量的提高以及数控系统的改进，提升了北京数控机床产业的技术创新能力，为北京数控装备产业技术的发展奠定了坚实的基础。在不断的发展中，北京数控机床产业也涌现了一批具有强大竞争力的企业，如北京第二机床厂、北京京城机电控股有限公司、航空625所、北京机电研究院等。在高端数控机床行业部分产品打破了国外垄断，并通过一系列的科技创新工程给高端数控装备行业注入新的创新活力。而浙江省上游节点综合竞争力仅次于北京市得益于其雄厚的制造业基础，再加上近年来人才引进政策的人才虹吸效应，在目前的数控机床及相关产业发展初期具有爆发性的创新能力，帮助其在产业上游发展中处于领先地位。

（二）中游

中游包括数控机床及加工机械、焊接设备、铸造机械和增材制造装备。

如图9-57所示，在中游的竞争力指数评价中，广东领先优势明显，得分为77.9；排名第二和第三的差距不大，分别是浙江和江苏，得分分别为67.9和67.4，山东排名第四，得分为36.7，而天津排名第五，得分31.8。

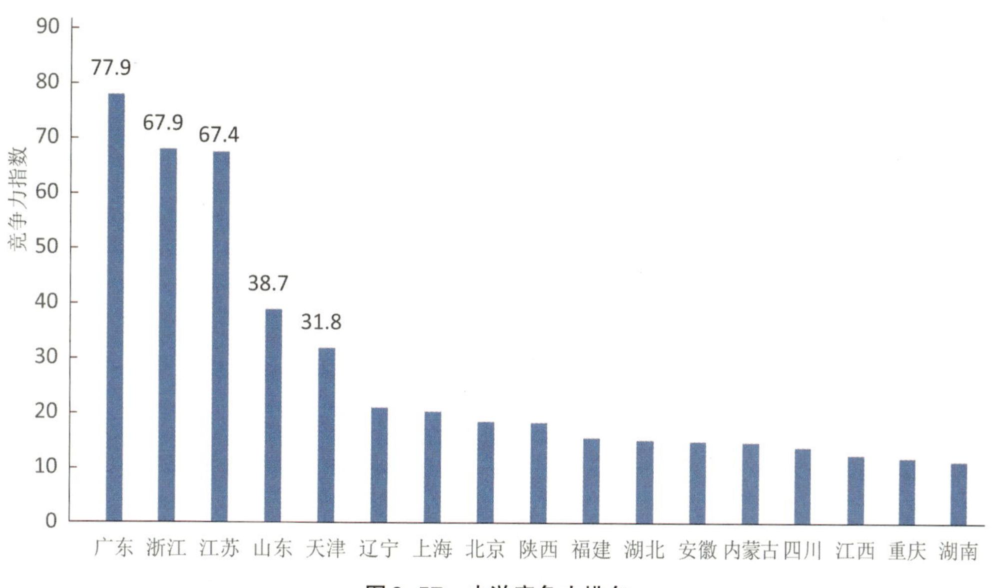

图 9-57　中游竞争力排名

如图 9-58 所示,在各维度指标对比中,浙江有 2 个方面领先,分别是产业链完备性、产业链充分性;广东的市场竞争力和技术竞争力排名第一,与江苏差距不大,但与湖南差距最大。

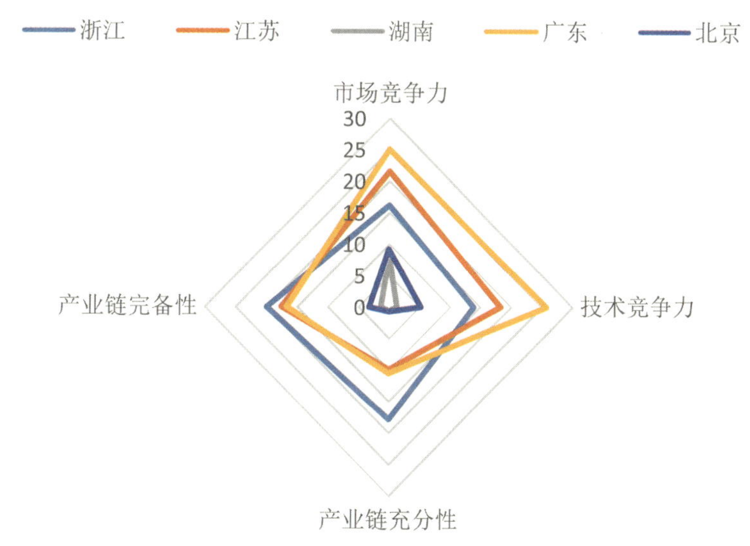

图 9-58　中游竞争力 TOP5 各维度指标对比

1. 数控机床及加工机械

如图 9-59 所示,在数控机床及加工机械配套的竞争力指数评价中,广东排名第一,得分为 75.5,排名第二和第三的差距较小,分别为浙江和江苏,得分为 70.0 和 69.6;山东和辽宁得分分别为 41.9 和 21.0。

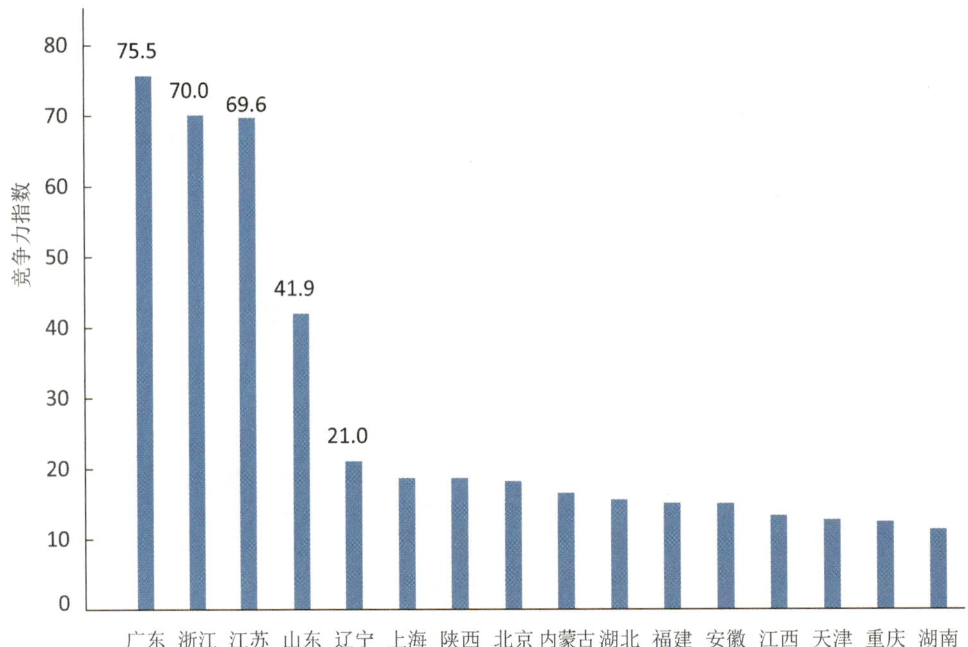

图9-59 数控机床及加工机械竞争力排

如图9-60所示，在各维度指标对比中，浙江的产业链充分性和完备性均排名第一，且远领先于其他省市，广东的技术竞争力和市场竞争力排名第一，且市场竞争力与江苏差距较小。

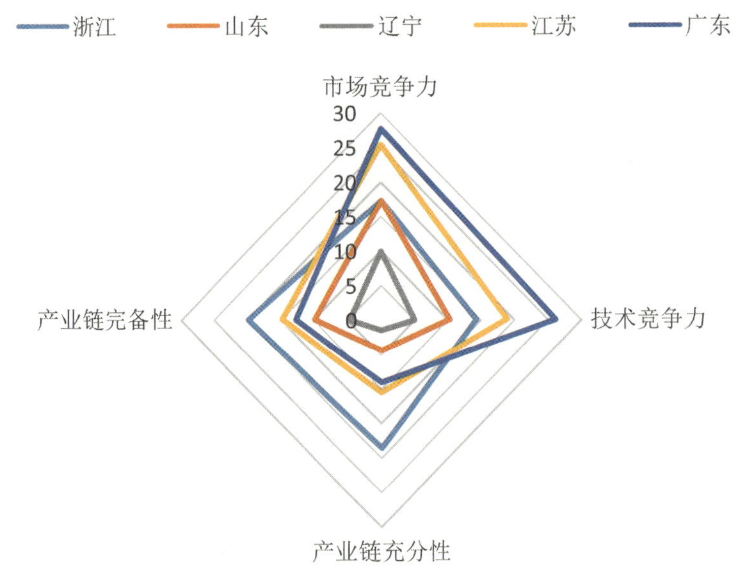

图9-60 数控机床及加工机械竞争力TOP5各维度指标对比

2. 焊接设备

如图9-61所示，在焊接设备的竞争力指数评价中，广东排名第一，得分为74.2，第二到第四省份排名得分相近，分别为天津、江苏和浙江，分数为37.3、36.9和34.3；上海排名第五，得分为25.0。

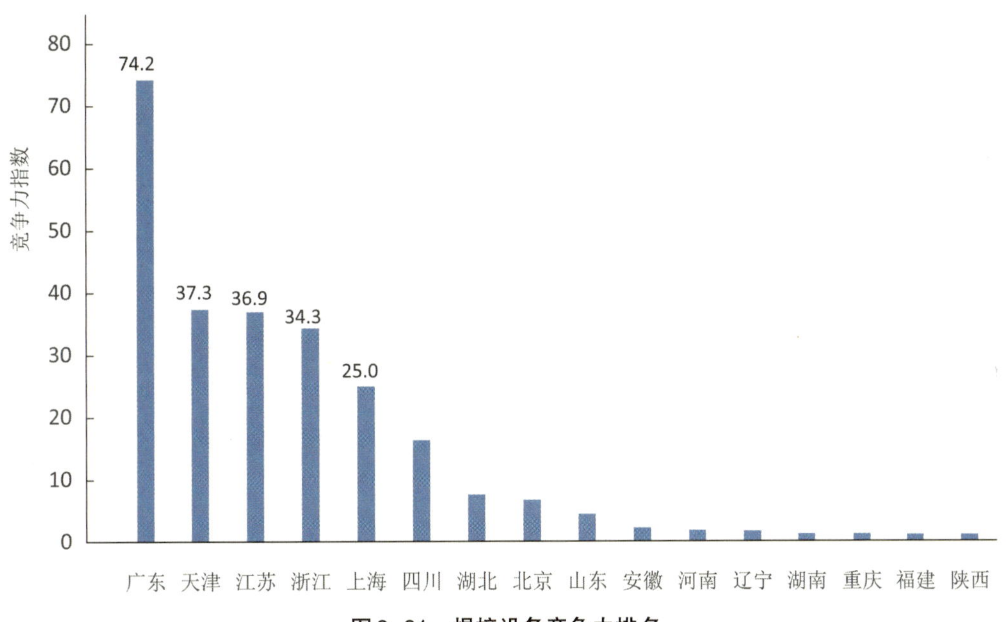

图9-61 焊接设备竞争力排名

如图9-62所示,在各维度指标对比中,广东的产业链完备性、技术竞争力均排名第一,天津的市场竞争力排名第一,并与其他省市拉开很大差距;浙江的产业链充分性排名第一,但与广东差距较小。

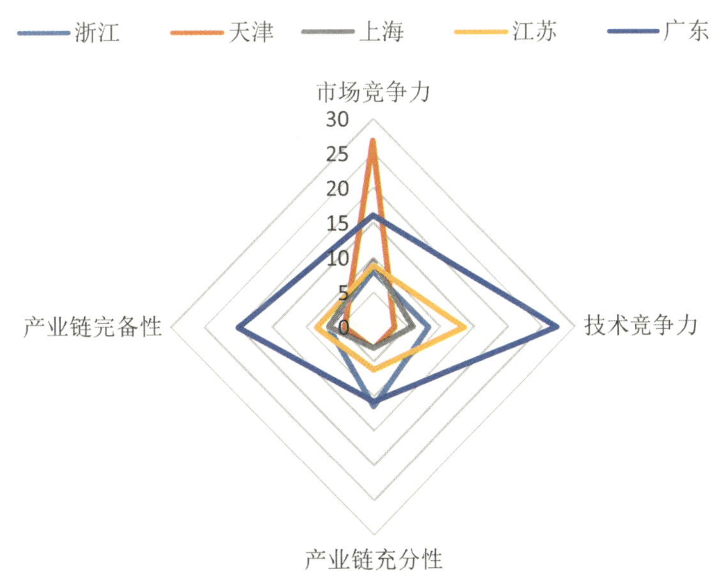

图9-62 焊接设备竞争力TOP5各维度指标对比

3. 铸造机械

如图9-63所示,在铸造机械配套的竞争力指数评价中,山东排名第一,得分为54.7,与第二和第三差距较小,分别为江苏和浙江,分数为53.9和50.7;广东排名第四,得分为35.6,辽宁排名第五,得分为33.8.

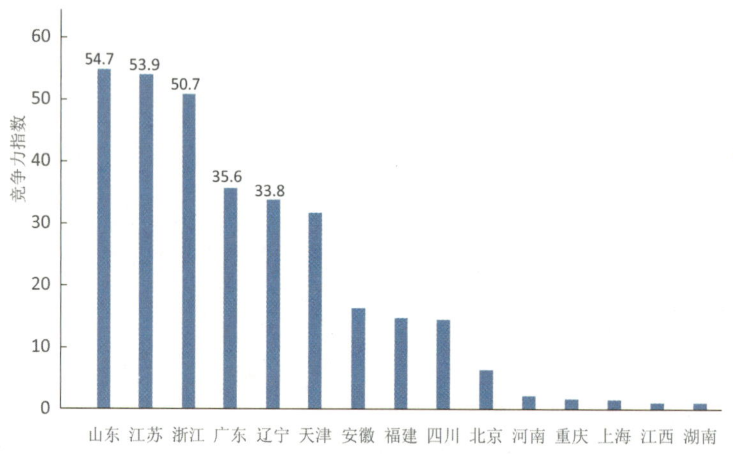

图9-63 铸造机械竞争力排名

如图9-64所示，在各维度指标对比中，山东的市场竞争力和技术竞争力均排名第一；浙江的产业链充分性排名第一，与其他省市差距较大；江苏的产业链完备性上表现第一，远领先于其他省市。

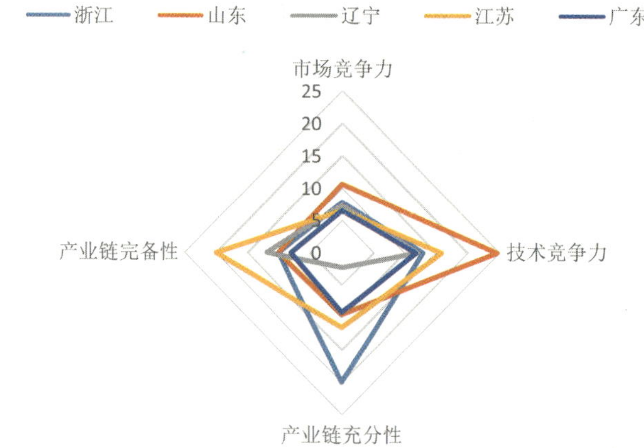

图9-64 铸造机械竞争力TOP5各维度指标对比

4. 增材制造装备

如图9-65所示，在增材制造装备配套的竞争力指数评价中，广东排名第一，得分为53.0，陕西得分为42.8，排名第二；排名第三和第四的北京、浙江得分相近，分别为12.0和10.7，；湖南得分为5.8，排名第五。

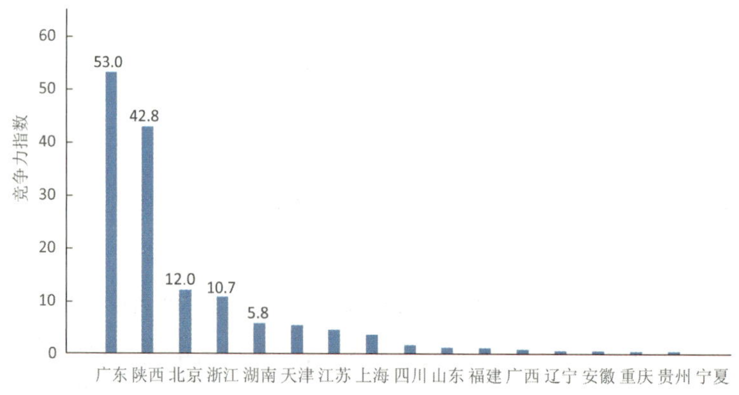

图9-65 增材制造装备竞争力排名

如图9-66所示，在各维度指标对比中，浙江的产业链充分性、产业链完备性、技术竞争力和市场竞争力均排名第一，其中在产业链充分性上领先优势明显；陕西、湖南和北京仅在技术竞争力上有得分，其余维度均为零分。

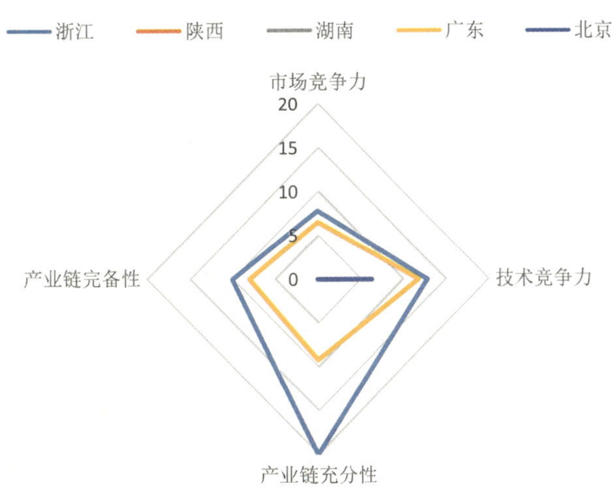

图9-66 增材制造装备竞争力TOP5各维度指标对比

5. 小结

在中游各个节点中，广州市的数控机床及加工机械、焊接设备和增材制造三个节点排名第一，中游综合竞争指数排名第一，这得益于广州市坐拥广阔的粤港澳大湾区应用市场，智能装备产业集群在自主品牌的产业链全链条上蓬勃生长，并且广州3000余家智能装备企业已经形成齐全的产业链条，不乏广州数控等上游数控机床与关键零部件领域龙头，强化了该地区中游企业的产业发展能力，有力提升产业链韧性。

（三）下游

下游包括数控机床加工工艺和数控机床集成技术及热表处理及涂层技术。

如图9-67所示，在下游的竞争力指数评价中，北京得分72.4，领先于其他省市，广东、江苏和浙江得分相近，分数分别为56.5、54.5、49.3。上海得分为43.2，排名第五。

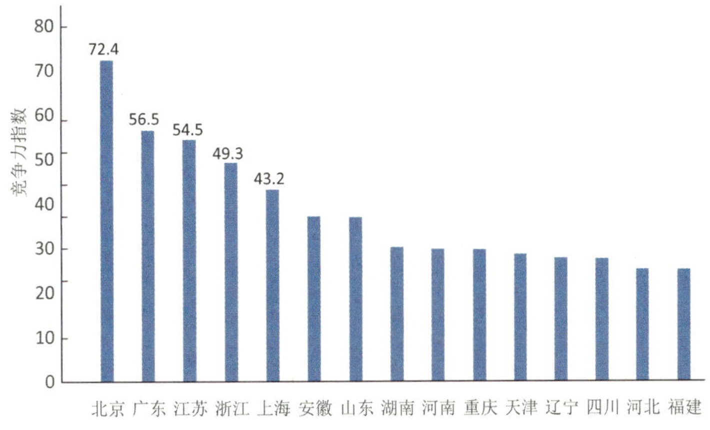

图9-67 下游备竞争力排名

如图9-68所示，在各维度指标对比中，北京市场竞争力和技术竞争力均得分第一，且优势特别明显，与其他省市差距较大。江苏有两个方面排名第一，分别是产业链完备性和产业链充分性，且与浙江差距较小。

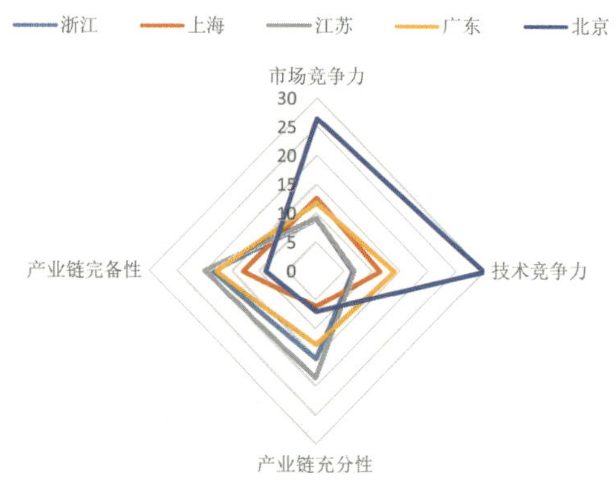

图9-68　下游竞争力TOP5各维度指标对比

1. 数控机床加工工艺

如图9-69所示，在数控机床加工工艺配套的竞争力指数评价中，江苏排名第一，得分为50.2，浙江、湖北、山东和安徽得分分别为46.6、43.9、41.0和39.2。

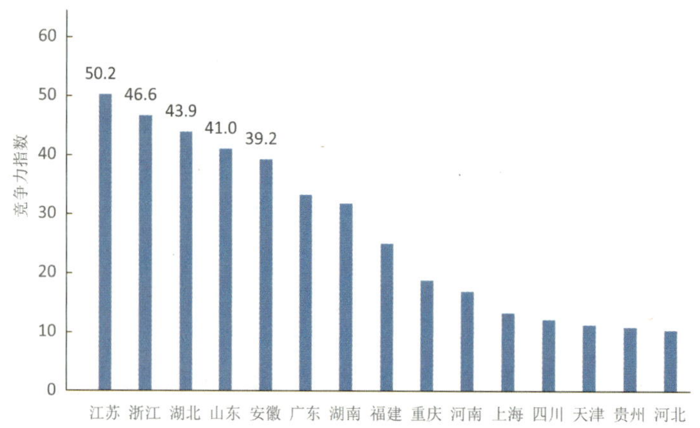

图9-69　数控机床加工工艺竞争力排名

如图9-70所示，在各维度指标对比中，湖北的市场竞争力和技术竞争力均排名第一，且远领先于其他省市，在产业链充分性和完备性方面江苏排名第一，但与浙江差距较小。

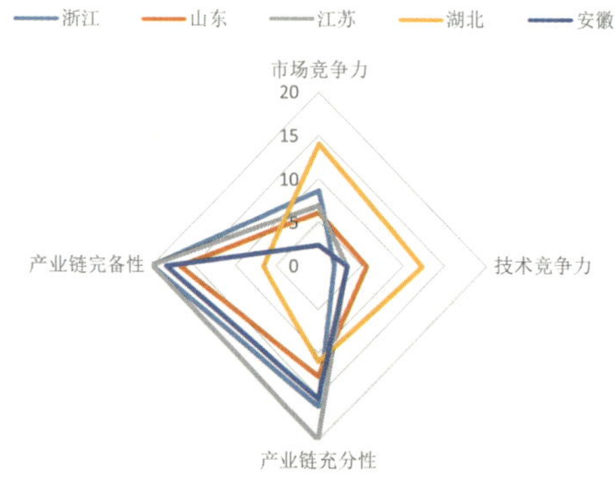

图9-70　数控机床加工工艺竞争力TOP5各维度指标对比

2. 数控机床集成技术

如图 9-71 所示，在数控机床集成技术配套的竞争力指数评价中，广东排名第一，得分为 86.7，排名二至五的得分相近，分别为江苏 37.5，山东 36.6，安徽 31.3 和浙江 30.1，但与前面省市有较大差距。

图 9-71　数控机床集成技术竞争力排名

如图 9-72 所示，在各维度指标对比中，广东的市场竞争力、技术竞争力、产业链完备性和产业链充分性均排名第一，其中在市场竞争力与技术竞争力上远领先于其他省市。

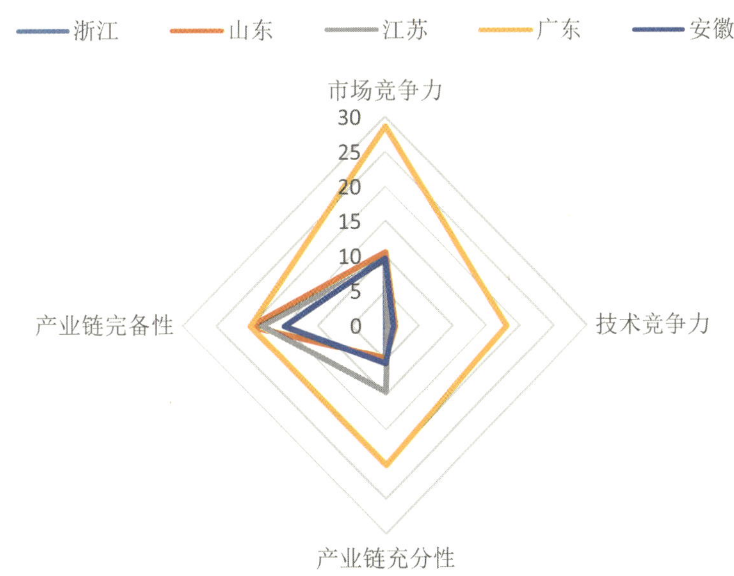

图 9-72　数控机床集成技术竞争力 TOP5 各维度指标对比

3. 热表处理及涂层技术

如图 9-73 所示，在热表处理及涂层技术配套的竞争力指数评价中，北京排名第一，得分为 63.3，与其余省市有较大的差距；江苏、广东、浙江和上海排名在二至五名，得分相近，分别为 34.4、32.6、30.5 和 30.3。

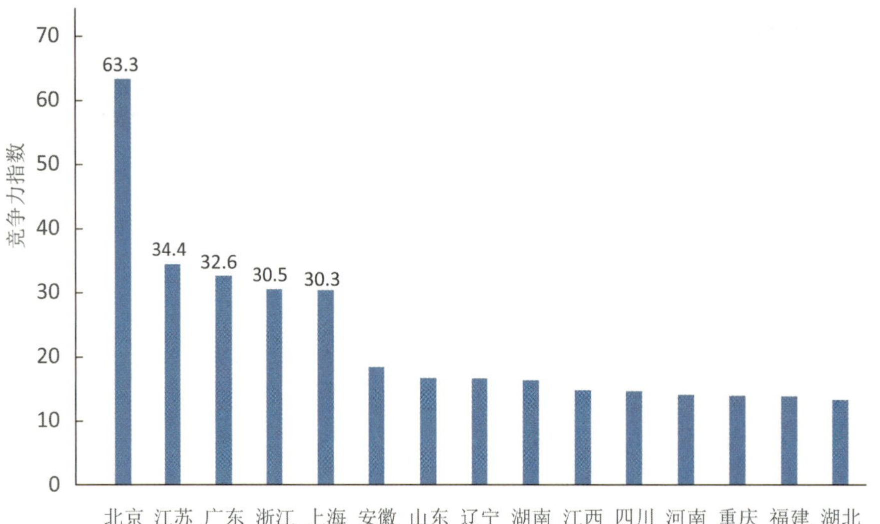

图9-73 热表处理及涂层技术竞争力排名

如图9-74所示，在各维度指标对比中，北京的技术竞争力和市场竞争力均排名第一，远领先于其他省市，在产业链充分性上江苏排名第一，与浙江差距较小。

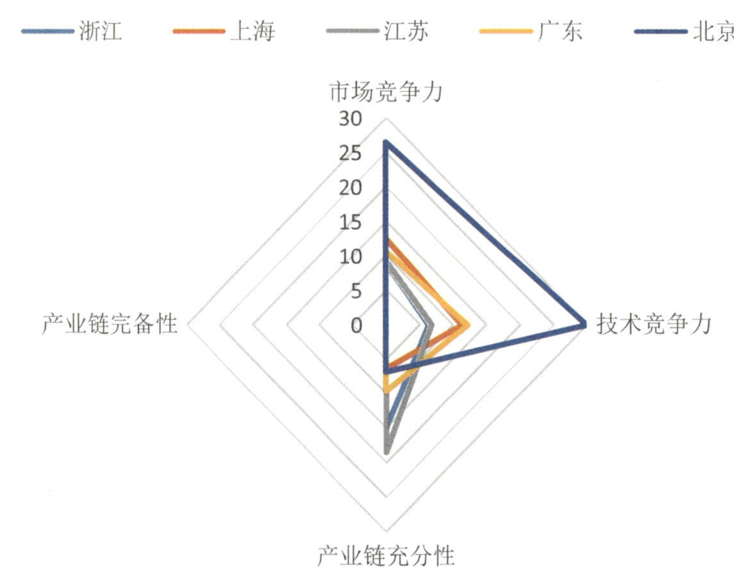

图9-74 热表处理及涂层技术竞争力TOP5各维度指标对比

4. 小结

在下游各个节点中，北京市热表处理机涂层技术竞争力得分第一，江苏省数控机床加工工艺节点竞争力得分第一，广东省数控机床集成技术竞争力得分排名第一。下游产品主要应用于航天航空、造船、汽车、模具制造等行业，而汽车的快速发展带动了数控机床的巨大需求。近年来北京化工技术实现突破性发展，在高分子合成和水性涂料研发上领先国内，自洁海洋防污涂料体系关键技术打破国际垄断，为热表处理机涂层技术发展提供了强有力支持。江苏省数控机床加工工艺的发展得益于其强大的先进制造业，拥有6大先进制造集群，23个全国百强先进制造园区，先进制造集群规模位居全国第一。

四、主要省份智能装备(数控机床)产业链布局分析

从地方产业链布局的视角分析各省在智能装备(数控机床)产业链各个节点上竞争力的分布及其优劣势。

(一)北京

北京市智能装备(数控机床)产业链竞争力指数整体排名居全国首位,得分63.1。如图9-75所示,从智能装备(数控机床)产业链不同节点看,北京市在智能装备(数控机床)产业链的数控机床床身结构材料、数控机床功能部件陶瓷材料、敏感元件及传感器制造、伺服控制、光栅尺、数控机床工业软件、智能化工厂数据抓取云计算及管理软件、热表处理及涂层技术8个节点上已经形成特色优势,这些节点领域的竞争力指数得分均排名全国第一。

北京智能装备(数控机床)产业链的发展依赖于其高端制造的独特定位,科技实力雄厚,数控机床产业发展能力强、应用市场潜力较大,传统与现代工业基础相互融合,并且北京市正着力构建“一区两带多组团”空间布局,在大兴区和顺义区等地深入推进创新产业集群示范区建设,如北京航空产业园、北京经济技术开发区高端装备制造业组团等打造具有全球影响力的技术创新和成果转化示范区(见图9-76)。近几年,北京数控机床产业技术创新能力和产业综合实力显著增强,拥有一批掌握国际前沿核心技术和先进工艺的优秀企业,部分关键技术和装备实现突破,特别是在高档数控机床领域以经济局北京机床所、北一数控、北二机床、精雕科技等众多装备骨干企业为主,推动智能装备(数控机床)不断发展完善,实现制造业的整体转型升级。

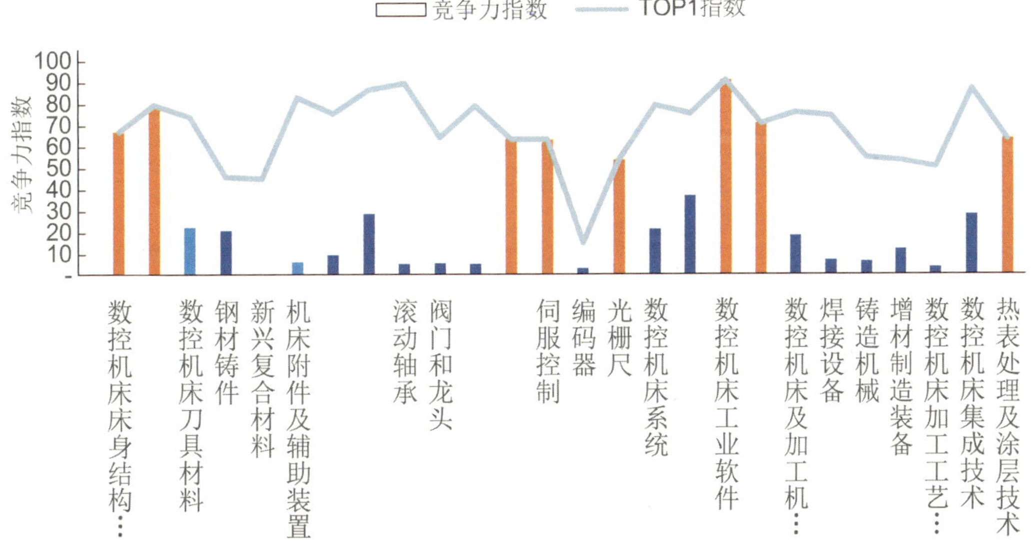

图9-75　北京市智能装备(数控机床)产业链各节点竞争力指数对比

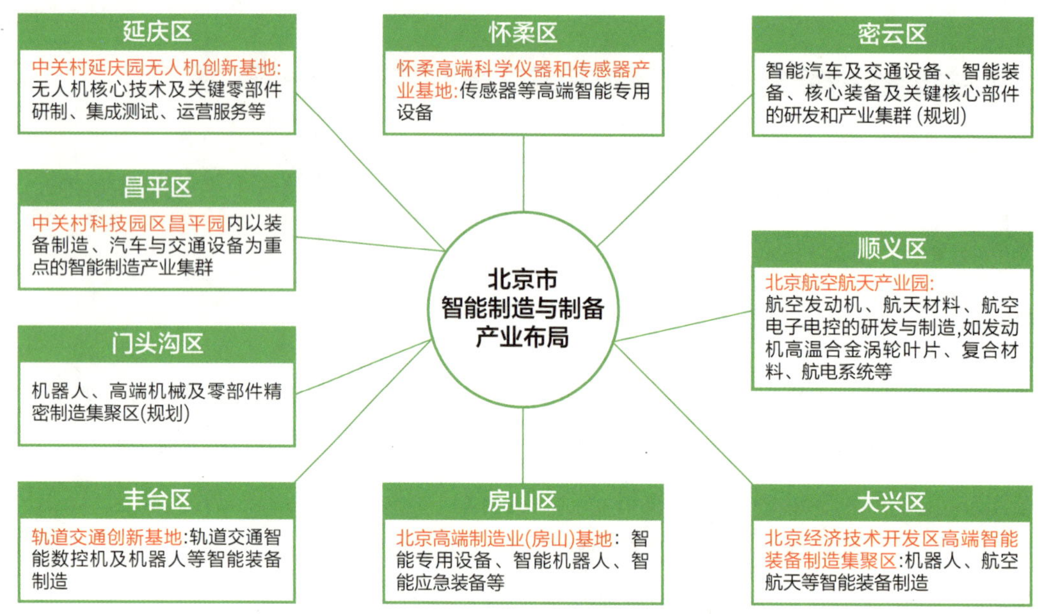

图9-76 北京市智能制造与装备产业主要集聚区及布局领域(含规划)

(二)浙江

如图9-77所示,浙江省智能装备(数控机床)产业链整体竞争力排名第二位,得分为60.46。相比较于北京市,浙江省共有7个节点排名第一,分别是数控机床刀具材料、机床附件及辅助装置、气动元件、滚动轴承、阀门和龙头、金属切削机床大部分节点得分在TOP1指数的70%以上,这也反映出浙江省在数控机床产业链各环节布局完善、整体实力雄厚。

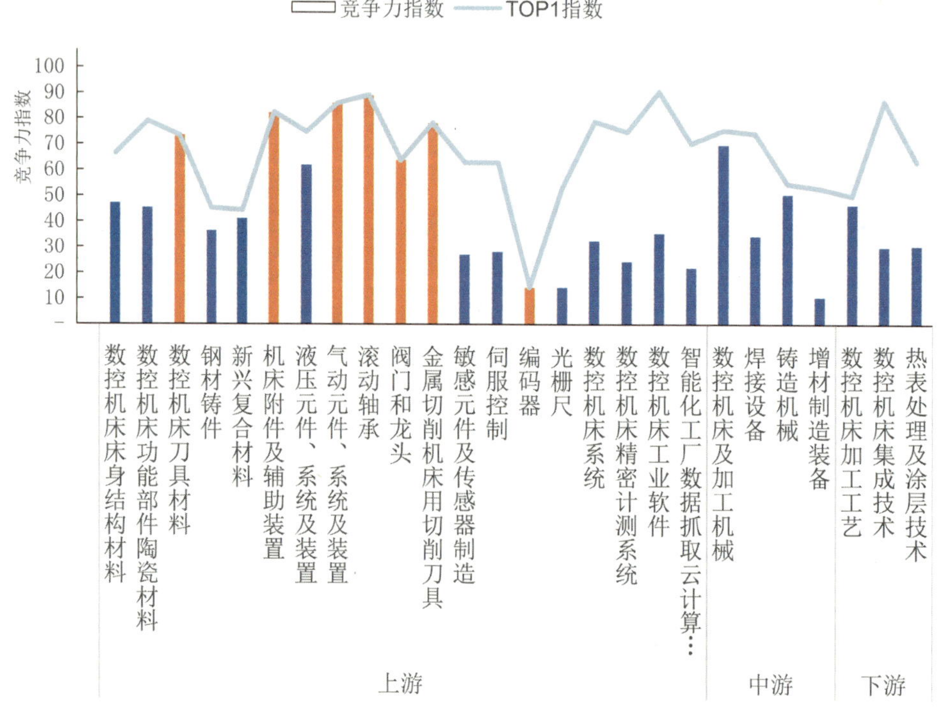

图9-77 浙江省智能装备(数控机床)产业链各节点竞争力指数对比

相对于北京市，浙江省数控机床产业发展优势虽有所欠缺，但在全国各省市金属切削机床行业中，产值和效益排名位居前列。杭州、嘉兴在国内精密数控机床研发与产业化方面优势明显；宁波的高档数控机床及关键精密零部件具有国内一流水平；温岭、玉环的中国数控车床产业集群，是全国重要的中小型数控机床产业集聚区。浙江省将数控机床作为产业基础再造和产业链提升工作的重要内容，明确提出打造全国中高端数控机床产业高地发展目标，努力全国率先形成较为完备的数控机床产业链、产业集群和产品体系，推动浙江数控机床产业技术创新能力向全国领先、世界先进水平迈进。但是浙江省在推进高端数控机床发展过程中，要着重发展数控机床系统、数控机床工业软件、增材制造装备等领域，努力提高技术水平并补齐短板，缩小与国际先进数控机床行业差距，实现“浙江式突破”。

(三) 江苏

如图9–78所示，江苏省智能装备(数控机床)产业链竞争力指数排名第三，得分58.8。江苏省在各个领域中虽没有突出优势，但与北京市、江苏省份不同的是其各个节点领域极差较小，说明江苏省数控机床产业发展较为均衡，整体实力较强，但江苏省气动元件、系统及装置和增材制造装备两个节点距离最高值较大，亟须补齐短板，发挥自身基础优势，提升数控机床产业整体竞争水平。

江苏省依靠自身丰富的高校科研集聚优势，开展数控机床产业核心技术研发、提升机床产业的数控化率、优先发展数控机床产业化集群。

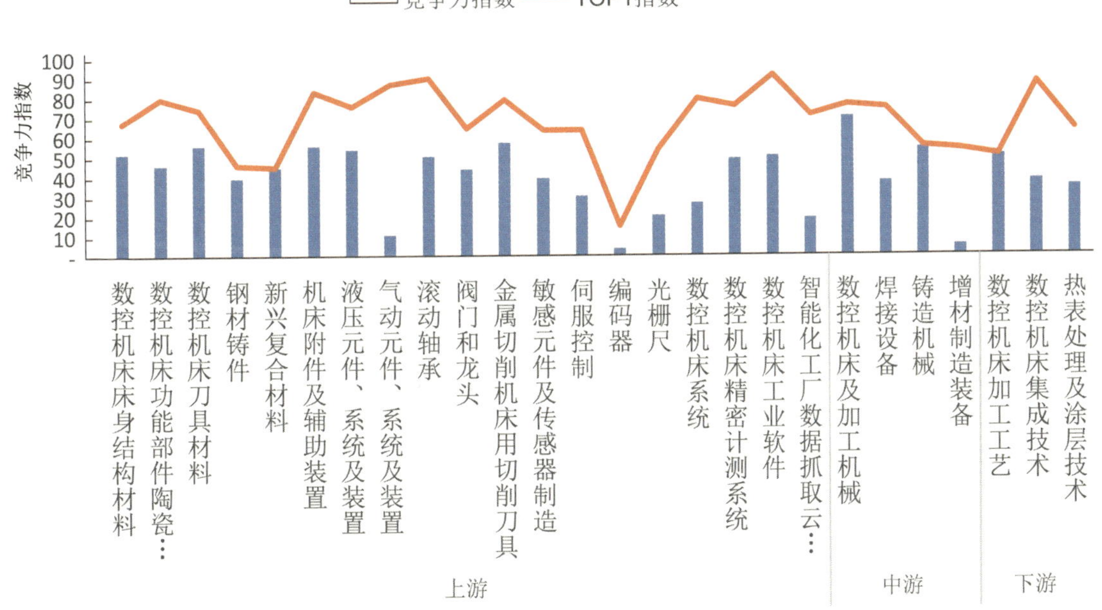

图9–78 江苏省智能装备(数控机床)产业链各节点竞争力指数对比

(四) 广东

如图9–79所示，广东省智能装备(数控机床)产业链竞争力指数排名第四，得分为55.7。广东省在中下游具有一定竞争力，在上游较薄弱。其中，在智能装备（数控机床）产业链中，广东省在钢材铸件、数控机床系统、数控机床及加工机械、焊接设备、增材制造装备和数控机床集成技术6个领域具有较强的核心优势，排名第一。广东省是全国机床消费大省，目前占全国机床市场消费总额的10%左右，但其中约80%来源于省外或进口。经过近些年发展，广东省数控机床行业取得重要进展，涌现出一批具有全国先进水平的创新企业，形成我国数控机床重要产业集聚区。

在区域布局方面，广州、深圳在高档数控机床和数控系统等方面具有优势；佛山形成了金属成型数控机床的产业集聚，顺德陈村集聚了30多家压力机械制造企业，成为全国有名的压力机械专业镇；东莞、中山等珠三角其他城市集聚了模具制造、金属热处理、机床电器、材料等数控机床相关上下游配套供应商。另外，格力、广州数控等制造业龙头企业的高档数控机床研发生产能力快速提升，带动产业链上下游共同发展，成为我国重要的数控机床、数控系统和关键功能部件生产基地。在技术优势方面，广东数控机床产业特专型数控机床、经济型和普及型数控系统，以及光栅尺和数显装置等核心功能部件形成了明显的产品特色。

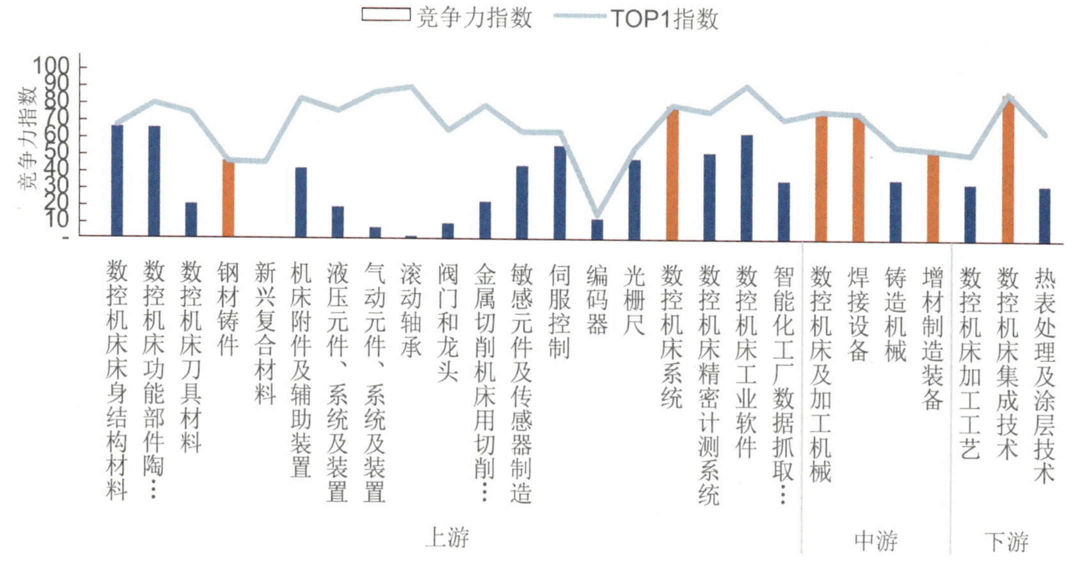

图9-79 广东省智能装备（数控机床）产业链各节点竞争力指数对比

（五）上海

如图9-80所示，上海市智能装备（数控机床）产业链整体的竞争力指数排名第五，得分36.2。数控机床本来是上海的传统优势产业，机床产业格局从前期的以上海机床厂、上海重型机床厂、开通数控、上海工具厂等上海电气下属企业为主的格局，转变为电气、航天、沈机三家企业和若干特色企业的“3+X”格局。目前上海市数控机床及相关产业发展势态平稳，持续向高端化、智能化和专业化发展，沈阳机床上海研究院、沈机智能、智能云科、尤尼斯金融租赁等数控机床及相关企业在上海先后落地，形成了研发、制造、服务等较为完备的体系；新力机器厂也将通过内部整合更名为上海航天智能装备公司，聚焦航天领域高端机床、机器人的研发及产业化。上海机床厂专注于高端磨床，新力机器厂、拓璞数控聚焦航空航天专用加工装备,沈机智能的i5数控系统,突破了高档数控机床数控系统等关键技术,实现机床的智能操作、智能加工、智能维护、智能管理等功能。

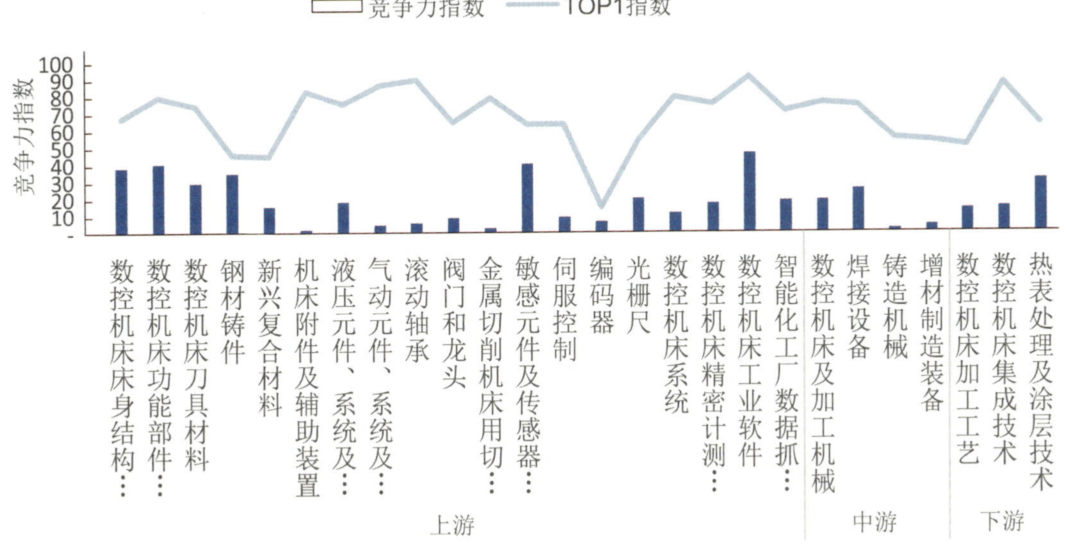

图9-80 上海市智能装备(数控机床)产业链各节点竞争力指数对比

五、对策建议

培育壮大企业梯队。加快推进“五企”共育,构建大中小企业融通发展的企业培育体系。聚力培育一批具有国际竞争力的数控机床骨干企业,将效益高、发展前景好的数控机床企业,优先列入“雄鹰行动”“单项冠军”等企业培育名单并给予政策支持,增强产业引领能力。持续实施“凤凰行动”,支持海天精工、浙海德曼等已上市企业通过多种形式开展再融资,鼓励围绕主业开展高质量并购重组,增强发展能力。积极引导企业专注核心业务,深耕细分领域,培育一批隐形冠军和“专精特新”小巨人企业。

大力提升产业技术创新能力。加快高水平协同创新平台建设,充分发挥浙江省数控机床产业技术联盟牵头作用,探索构建政府、研究机构、企业的铁三角协同创新模式,推进省级数控机床制造业创新中心(技术创新中心)建设。加强关键核心技术攻关及关键零部件配套应用,支持数控机床整零企业聚焦高性能多轴联动数控系统等关键领域,联合实施一批省重点研发计划、首台(套)工程化攻关、产业链协同创新和急用先行项目。

推动机床行业服务化转型。从技术服务节点分析中可以发现,在为用户提供全面服务方面,浙江省机床供应商还处于较低水平。尽管浙江省机床企业生产制造的高档、数控机床产量持续大幅度增长,但企业服务格局停留在向用户提供单纯机床产品的传统服务模式上,还远远不具备向用户提供整套高效加工方案的水平和能力。目前有不少用户已不满足于采购单台设备自行配套,而要求机床制造业以“交钥匙”方式提供成套工程服务,这可说是我国机床制造企业通过服务转型提高竞争能力的大好契机。浙江省应大力推动机床行业“智能一代”服务化转型，支持企业整合拓展研发设计、解决方案、技术培训等服务资源，培育一批“项目工程设计+工程施工+设备选型+设备制造+安装维护+使用服务”的“交钥匙项目”的服务型制造示范企业。培育发展具有在机检测、智能维护功能的可重构数控系统。

大力提升产业链稳定性。实施产业链风险清单化管理，持续开展数控机床产业链核心技术产品摸排，建立省内、长三角、省外可供及进口依赖核心技术清单，迭代更新关键核心技术断链断供风险清单，指导和支持企业积极化解关键核心技术产品断链断供风险。实施关键技术产品备份，重点面向精密数控车铣复合机床、超精密光学曲线磨床等“卡脖子”技术和重大短板装备，协调帮助企业优化国际上游关键技术产品供应体系，引导企业与省内外可供及进口依赖核心技术清单企业开展合作。

加大政策支持力度。深入实施首台(套)提升工程，通过首台(套)认定奖励、工程化攻关、“清单引导、标准认定”、应用奖励、保险补偿等多种方式培育一批数控机床首台(套)产品。强化产业链展示对接，进一步完善白塔首台(套)展示平台，定期举办长三角数控机床产业链现场对接会。

六、附件

附件一　全球十大数控机床制造商

1. 山崎马扎克(MAZAK)

日本山崎马扎克(MAZAK)公司是一家全球知名的机床生产制造商，市场占有率常年稳居第一。公司成立于1919年，主要生产CNC车床、复合车铣加工中心、立式加工中心、卧式加工中心、CNC激光系统、FMS柔性生产系统、CAD/CAM系统、CNC装置和生产支持软件等。产品素以高速度、高精度而在行业内著称，产品遍及机械工业的各个行业。客户主要分布于在汽车、机械、电子、能源、医疗等不同行业。

目前，山崎马扎克公司在全世界共有10个生产公司，分布于日本(日本5家：山崎马扎克大口工厂、山崎马扎克美浓加茂工厂、山崎马扎克美浓加茂第二工厂、山崎马扎克精工工厂和山崎马扎克OPTONICS工厂)、美国(马扎克公司)、英国(山崎马西那里)、新加坡(山崎马扎克新加坡)和中国(宁夏小巨人机床有限公司、辽宁大连工厂)。此外，山崎马扎克公司已经在世界上60多个地方设立了30个技术中心(Technology Center)。连同遍布世界各地的马扎克技术服务中心(TechnicalCenter)在内，山崎马扎克在世界各地已经建立了超过80个客户支援基地。

1998年成立的山崎马扎克科技(上海)有限公司将专攻激光切割机产品在中国国内的销售与服务，而除了激光切割机以外的所有金属切削机床产品的销售与服务将由新公司——山崎马扎克机床(上海)有限公司负责。以上是针对在日本生产的产品，山崎马扎克在中国生产的产品销售仍由小巨人机床有限公司全权打理。

2. 德国通快(TRUMPF)

德国通快(TRUMPF)集团是全球制造技术领域的主导企业之一,1923年成立至今,已具有80多年辉煌历史。通快集团总部位于德国斯图加特市附近的迪琴根(Ditzingen),在工业用激光及激光系统领域是技术及市场的全球领导。

基于中国市场的迅猛发展,TRUMPF集团自2000年起在中国持续投资,先后在江苏太仓与广东东莞投资了四家生产化企业,生产数控钣金加工机床与医疗设备等。通快集团总部在德国迪琴根具有80多年的机床生产历史,是全球制造技术领域的领导企业之一。目前已经拥有7家中国子公司,其中两家生产型企业。

通快(中国)有限公司成立后,将首次TRUMPF集团的主流产品导入中国生产。该公司计划在中国逐步进行研发、生产和销售TRUMPF品牌的各类CNC数控机床,目前的产品为TRUMPF TruLaser3030系列数控平面激光切割机,在市场逐渐稳固后,将逐步进行本地开发和研制,以期更一步地贴合中国市场的需求。从加工金属薄板和材料的机床,到激光技术、电子和医疗技术,通快正以不断的创新引导着技术发展趋势。通快正在建立新的技术标准,同时致力于开辟更新更多的产品给广大用户。

3. 德玛吉森精机(DMG MORI)

DMG MORI是德国的德玛吉公司与日本的森精机公司的合资公司,DMG MORI品牌背后整合了 MORI SEIKI 65年和 DMG 143年的优势。德玛吉森精机机床在中国及全球具有很高知名度,是高端制造业的重要设备制造商。德玛吉森精机生产的立加、卧加、三轴、四轴、五轴以及车铣复合加工中心、超声/激光加工中心机床代表国内外机床行业的发展方向和最高技术水平。

4. 马格(MAG)

MAG作为机床及自动化系统公司,可以为用户提供完善的量身定做的机加工解决方案,主要服务于耐用品行业。旗下拥有众多知名品牌:柏林格尔、辛辛那提、克劳斯惠乐、爱克赛罗、法道、吉丁斯·路易斯、海瑟普、鸿斯伯格、惠乐喜乐及维茨希·弗兰克等。MAG作为杰出的供应商,以完美的工艺技术及在此基础上量身定做的生产解决方案而闻名。广泛服务于航空航天、汽车、重型机械、油田、轨道交通、太阳能、风机生产及通用加工等行业。

MAG在世界范围内设置了众多生产及技术支持机构,拥有丰富的产品线及技术,包括车削、铣削、滚齿、磨削、珩磨、系统集成、复合材料加工、维修、工控系统及软件、刀具及油品、核心零部件等。

作为生产线系统的供应商,MAG公司始终致力于根据用户的需求,为其提供量身定做的完整的加工解决方案,用于大批量生产各种发动机零部件。

MAG为福特汽车成功提供了气缸盖生产线。这条线包括两套敏捷加工系统,年产130万件铝气缸盖(粗加工和精加工)。一套是由54台SPECHT高效率数控加工中心组成,完成包括铣定位面,用于运输、夹紧的钻孔和主油道钻孔等初加工工序。第二套是由172台SPECHT加工中心组成的4套系统,完成精加工。机床和加工单元间连接采用桁架机械手和滚道,装配辅机、清洗机和测量及检查装置集成在柔性生产中。

5. 天田(Amada)

1946年,天田勇(创立者)成立了天田制作所,最初主要从事钣金机械以及切削产品的经营,1955年开发制造了名为contour的带锯盘,并于1956年开始销售,1965年买断美国的Torc-Pac品牌以及法国的Promecam品牌,并以天田名义销售,由此"天田"进入快速发展期,并在钣金事业中成为世界品牌,无论在日本、美国或是欧洲等发达国家都享有极高的知名度。据不完全统计,近年来在国际同类产品市场占有率位居第一,接近70%。2001年,Amada的销售额达到了1900亿日元,从业人数达到4400人。

公司在世界各大洲设有83个分支机构,产品营销全球100多个国家和地区,其生产钣金加工机械的品种之多(达近千品种)、性能之优、技术之先进,居世界钣金加工机械的行业之首。公司在90年代开发制造的21世纪智能化自动钣金加工中心,为世界钣金行业的智能化加工开创了一个先例,获得了日本最高的技术发明奖。

Amada公司的产品之所以能受到世界各国用户的欢迎和青睐,是因为它具有全面合理的机械结构,能给用户提供好的品质保障;它具有高效无公害的运行特征,能给用户创造利益,提供放心使用的保障;它具有仿真自动化的先进技术,能给用户提供完美、简化的加工保障,从而使Amada的产品遍及全球,公司年销售达到2000亿日元。

主要产品有数控冲床、折弯机、剪板机、激光切割机等钣金加工机械,以及相应的模具、备件、切削产品。

6. 大隈(Okuma)

日本第一大机床生产龙门加工中心生产商、百年机床制造经验的日本大隈株式会社是日本数控机床制造厂之一,至今已有100多年历史,生产各种数控车床、车削中心、立式、卧式、龙门式(五面体)加工中心、数控磨床等,年产量超过7000余台(2006年度的销售额为1700亿日元,约15亿美元),其中50%左右出口,其产品以刚性好、切削效率高、精度高、寿命长、操作方便而著称于世,深得世界各地用户好评。

日本大隈公司不仅是世界上有名的数控机床制造厂,而且早在60年代已开始研制大隈自己的数控系统——OSP数控装置。目前年产数控装置7000余台,主轴和伺服电机约3万台,在世界上排名第5位左右。OSP系统不仅系统先进、稳定可靠且功能实用、操作方便,完全与机床融为一体,真正达到了机电一体化。

目前大隈多款机床已经支持该项新发明,如五轴立式加工中心MU-6300V、MU-500V、MU-400V,五轴复合加工中心MU-6300V-L、MU-500V-L以及五轴卧式加工中心MU-10000H。

对于中国制造业厂家来说,日本大隈机床是名气很响的产品。其数控机床、磨床及各种精密加工系统每年在中国的销售额接近4亿元人民币,是对中国有影响的外国机床供应商之一。

7. 牧野(Makino)

Tsunezo Makino先生于1937年成立公司,专业生产I型立式铣床。牧野于1958年研发出日本第一台数控铣床,并于1966年研发成功日本第一台加工中心。牧野国际研发中心投资7500万新元,用来发展和提高不只是牧野,乃至整个新加坡的人力资源和知识资本。它招募来自全球各行业的人才,是新观念、新技术和新产品的温床,能够创造出更有价值的知识产权。

牧野主要设计、生产三轴及三轴以上联动的数控机床、数控系统、伺服装置及零部件、相关产品的研究开发、相关应用软件的开发生产;销售自产产品并提供相关产品的技术和维修服务。

为满足亚洲市场快速增长的加工要求,全球总部牧野铣床公司成立了牧野亚洲,以便更好、更有效地管理亚洲地区客户的业务与服务。基于新加坡在亚洲的地理位置、战略地位和经济情况,牧野东京选择新加坡作为亚洲总部,设立牧野亚洲私人有限公司覆盖中国、印度、泰国、印度尼西亚、越南、菲律宾、马来西亚和新加坡市场。

牧野亚洲主要生产F和E系列加工中心、EDAF和EDGE系列电火花机、DUO系列和新推出的U3线切割机床。

8. 格劳博(GROB)

德国GROB公司成立于1926年,地点在慕尼黑,总部在德国明德海姆(Mindelheim)。GROB公司是全球生产机床种类齐全的一家企业,无论从标准机床到复杂型生产系统或切削线上的装配单元,再到全自动的装配线,GROB的工艺和技术总是处于领先水平。GROB公司擅长发动机零部件的整线“交钥匙”工程,是一个覆盖不同工艺、不同技术、不同资源及各种文化的全球化系统集成供货商。

为了让GROB的技术推广到所有的切削领域,GROB工程师们开发了一款五轴联动加工中心,已经获得了市场广泛的认可,其G模块技术和在汽车工业领域的经验与知识被成功应用在G350和G550的技术布局上,无液压机床和车铣中心等创新成果在竞争激烈的通用机床上迅速取得了成功,G350和G550很快成为了同系列产品中的领头羊。

作为德国格劳博集团旗下的第四家工厂,格劳博机床(大连)有限公司于2012年6月在大连新区正式投产。随着第一台机床成功问世,格劳博集团计划把最前沿的科技投放到中国,在大连工厂生产高精度、高加工速度机床,并实现每周下线一台机床的远景目标。

9. 哈斯(Haas)

哈斯自动化公司是数控机床制造商之一,全球唯一的生产基地坐落于加州奥克斯纳德,厂房面积超过100000平方米。哈斯数控机床年产量在2006年已达12500多台。

当Gene Haas先生首度推出哈斯VF-1立式加工中心时,他便奠定了高品质、高价值数控工艺。今天,无论有何种需求,总有一款哈斯立式加工中心能够满足您。哈斯机床系列贯穿小型办公室铣床至大型VS-3,大约60种机型可供选择。

哈斯立式加工中心配备高性能矢量驱动主轴,各轴均配备高扭矩无刷伺服电机,且铸件结构坚固。机床配置适用范围广,包括用于高扭矩、重切削的40和50锥度齿轮驱动的机型,以及用于要求较高的高速加工的SS机型(配备同轴直驱主轴)。

哈斯TM系列数控工具铣床价格合理,是从手动加工向数控加工过渡的选择。该系列的标准配置包括哈斯专利的直观编程系统,使用该对话式编程系统即可轻松完成设置、加工等操作。

10. 埃马克(Emag)

埃马克的起源要追溯到1867年。当初是一家在萨克森州宝岑市成立的铸铁和机床制造厂。1952年公司重建,选址在斯图加特市和乌尔姆市中间,距今天公司所在地萨拉赫不远。公司重建后开始制造车床。

20世纪80年代,埃马克在制造高度自动化的CNC车床单元领域成果颇丰。该生产系统远销世界各地,被各行各业投放使用。1992年,埃马克作为世界机床厂推出了倒置式车床。该车床的特点是主轴完成上下料,而且主轴行走,而刀架固定。也就是说埃马克将传统车床颠倒了过来。

埃马克公司工艺技术全面而完善,能为客户提供加工盘类件、轴类件和箱体类零件的机床和生产系统。不管是车床,还是磨床、滚齿机、激光焊接机或是加工中心——埃马克集团几乎能为所有的应用提供最佳的生产方案。埃马克在智能自动化技术方面的先进技术可以极大地帮助客户设备简单化,生产高效率,同时也可有效地节约成本,从而推动企业得到快速发展。

埃马克莱比锡机床有限公司制造的机床和生产系统几乎涵盖石油工业、汽车制造及配套工业、机械制造工业和航空航天工业等领域的所有应用。自莱比锡的这家公司成为埃马克集团的一分子以后,它集双方的技术和经验于一体,不断研发并制造以埃马克系列为蓝本,但又面向自己目标用户的机床类型。

逆向思维的创新加工技术创立了埃马克公司的行业地位。1992年埃马克公司匠心独具,首次推出构思巧妙的倒立式车床,大获成功。此后,埃马克公司再接再厉,又研发出了新的倒立式多功能生产中心。如今,埃马克已名副其实成为世界上倒立式机床举足轻重的制造商。

附件二　全球十大数控系统

1. 日本FANUC数控系统

日本发那科公司(FANUC)是当今世界上数控系统科研、设计、制造、销售实力最强大的企业之一,总人数4549人(2005年9月数字),科研设计人员1500人。

(1)高可靠性的PowerMate 0系列:用于控制二轴的小型车床,取代步进电动机的伺服驱动系统;可配画面清晰、操作方便、中文显示的CRT/MDI,也可配性能/价格比高的DPL/MDI。

(2)普及型CNC 0-D系列:0-TD用于车床,0-MD用于铣床及小型加工中心,0-GCD用于圆柱磨床,0-GSD用于平面磨床,0-PD用于冲床。

(3)全功能型的0-C系列:0-TC用于通用车床、自动车床,0-MC用于铣床、钻床、加工中心,0-GCC用于内、外圆磨床,0-GSC用于平面磨床,0-TTC用于双刀架4轴车床。

(4)高性能/价格比的0i系列:含有整体软件功能包,高速、高精度加工,并具有网络功能。0i-MB/MA用于加工中心和铣床,四轴四联动;0i-TB/TA用于车床,四轴二联动;0i-mateMA用于铣床,三轴三联动;0i-mateTA用于车床,二轴二联动。

(5)具有网络功能的超小型、超薄型CNC 16i/18i/21i系列:控制单元与LCD集成于一体,具有网络功能,超高速串行数据通信。其中FSl6i-MB的插补、位置检测和伺服控制以纳米为单位。16i最大可控八轴,六轴联动;18i最大可控六轴,四轴联动;21i最大可控四轴,四轴联动。

除此之外,还有实现机床个性化的CNCl6/18/160/180系列。

2. 德国西门子数控系统

西门子是全球电子电气工程领域的领先企业,主要业务集中在工业、能源、医疗、基础设施与城市四大业务领域。140多年来,西门子以其创新的技术、卓越的解决方案和产品坚持不懈地与中国开展全面合作,并以不断的创新、出众的品质和令人信赖的可靠性得到广泛认可。在2011财年(2010年10月1日到2011年9月30日),西门子在中国的总营收达到63.9亿欧元(不包括欧司朗和西门子IT解决方案和服务集团)。今天,西门子在中国拥有约30000名员工,建立了16个研发中心、65家运营企业和65个地区办事处。

SIEMENS公司的数控装置采用模块化结构设计,经济性好,在一种标准硬件上,配置多种软件,具有多种工艺类型,满足各种机床的需要,并形成系列产品。随着微电子技术的发展,西门子数控系统越来越多地采用大规模集成电路(LSI)、表面安装器件(SMC)以及应用先进加工工艺,所以新的系统结构更为紧凑,性能更强,价格更低。采用SIMATICS系列可编程控制器或集成式可编程控制器,用SYEP编程语言,具有丰富的人机对话功能,能显示多种语言。

3. 日本三菱数控系统

三菱电机自动化(中国)有限公司主要生产配电用机械器具(含低压断路器、电磁开闭器),电加工产品(包括数控电火花成型机、线切割放电加工机、激光加工机),变频调速器,伺服驱动系统,数控装置及其零部件,销售自产产品,提供相关售后服务。

工业中常用的三菱数控系统有M700V系列、M70V系列、M70系列、M60S系列、E68系列、E60系列、C6系列、C64系列、C70系列;其中M700V系列属于高端产品,完全纳米控制系统,高精度高品位加工,支持五轴联动,可加工复杂表面形状的工件。

4. 德国海德汉数控系统

海德汉研制生产光栅尺、角度编码器、旋转编码器、数显装置和数控系统。海德汉公司的产品被广泛应用于机床、自动化机器,尤其是半导体和电子制造业等领域。

Heidenhain的iTNC 530控制系统是适合铣床、加工中心或需要优化刀具轨迹控制之加工过程的通用性控制系统,属于高端数控系统。该系统的数据处理时间比以前的TNC系列产品快8倍,所配备的"快速以太网"通信接口能以100Mb/s的速率传输程序数据,比以前快了10倍,新型程序编辑器具有大型程序编辑能力,可以快速插入和编辑信息程序段。

5. 德国力士乐数控系统

力士乐(Bosch Rexroth)是由原博世自动化技术部与原力士乐公司于2001年合并组成的,属博世集团全资拥有。博世力士乐是世界知名的传动与制控公司,在工业液压、电子动与控制、线性传动与组装技术、气动、液压传动服务以至行走机械液压方面居世界领先地位。公司注册总部位于德国斯图加特,而营运总部及董事局总办事处则设于德国洛尔。2003年公司销售额40亿欧元,员工人数2.5万人。

6. 法国NUM数控系统

世界领先的自动化系统生产商——施耐德自动化是当今世界上最大的自动化设备供应商之一,专门从事CNC数控系统的开发和研究,NUM公司是法国著名的一家国际性公司,专门从事CNC数控系统的开发和研究,是施耐德电气的子公司,欧洲第二大数控系统供货商。主要产品有NUM1020/1040、NUM1020M、NUM1020T、NUM1040M、NUM1040T、NUM1060、NUM1050、NUM驱动型电机。

7. 西班牙FAGOR数控系统

发格自动化(FAGOR AUTOMATION)是世界著名的数控系统(CNC)、数显表(DRO)和光栅测量系统的专业制造商。发格隶属于西班牙蒙德拉贡集团公司,成立于1972年,发格侧重于在机床自动化领域的发展,其产品涵盖了数控系统、伺服驱动/电机/主轴系统、光栅尺、旋转编码器以及高分辨率高精度角度编码器、数显表等产品。

8. 日本MAZAK数控系统

山崎马扎克公司成立于1919年,主要生产CNC车床、复合车铣加工中心、立式加工中心、卧式加工中心、CNC激光系统、FMS柔性生产系统、CAD/CAM系统、CNC装置和生产支持软件等。

Mazatrol Fusion 640数控系统在世界上首次使用了CNC和PC融合技术,实现了数控系统的网络化、智能化功能。数控系统直接接入因特网,即可接收小巨人机床有限公司提供的24小时网上在线维修服务。

9. 华中数控

华中数控是具有自主知识产权的数控装置,形成了高、中、低三个档次的系列产品,研制了华中8型系列高档数控系统新产品,已有数十台套与列入国家重大专项的高档数控机床配套应用;具有自主知识产权的伺服驱动和主轴驱动装置性能指标达到国际先进水平。

HNC-848数控装置是全数字总线式高档数控装置,瞄准国外高档数控系统,采用双CPU模块的上下位机结构,模块化、开放式体系结构,基于具有自主知识产权的NCUC工业现场总线技术。具有多通道控制技术、五轴加工、高速高精度、车铣复合、同步控制等高档数控系统的功能,采用15″液晶显示屏。主要应用于高速、高精、多轴、多通道的立式、卧式加工中心,车铣复合,五轴龙门机床等。

10. 广州数控

广州数控是广东省20家重点装备制造企业之一,国家863重点项目《中档数控系统产业化支撑技术》承担企业。主营业务有数控系统、伺服驱动、伺服电机研发生产,数控机床连锁营销、机床数控化工程,工业机器人、精密数控注塑机研制等。

广州数控拥有车床数控系统、钻、铣床数控系统、加工中心数控系统、磨床数控系统等多领域的数控系统。其中,GSK27系统采用多处理器实现纳米级控制;人性化人机交互界面,菜单可配置,根据人体工程学设计,更符合操作人员的加工习惯;采用开放式软件平台,可以轻松与第三方软件链接;高性能硬件支持最大8通道、64轴控制。

附件三 浙江省数控机床领域大事记(2014—2022年)

年份	大事记
2022	● 2022年4月禾川科技上市 ● 2022年9月华中数控《温岭》研究院项目奠基,基地建成后将形成一批营收超千亿元产业园区和百亿元以上特色产业集群 ● 2022年浙江省湖磨抛磨材料与机械企业研究院被认定为浙江省企业研究院名单 ● 浙江省高档数控机床技术创新中心项目仍在筹建中,中心将引领台州乃至全省数控机床产业向高质量发展
2021	● 2021年2月浙江大学高端装备研究院《余杭》开园,研究院于2022年入围省级工业互联网平台创建名 ● 2021年7月浙江省数控机床产业技术联盟揭牌,联盟旨在解决全产业链"卡脖子"问题 ● 2021年10月创世纪发公告拟投资18亿建造高端数控机床华东制造产业化生产基地 ● 2021年10月,温岭市机床装备产业高质量发展供需平台上线公测,其为全国首个工业和信息化部共建机床装备产业集群高质量发展供需平台 ● 2021年海德曼发布公告披露公司募投项目沙门基地,项目实施达产后将新增年产900台高端数控机床的生产能力 ● 2021年浙江省东部数控智能装备企业研究院被认定为浙江省企业研究院名单
2020	● 2020年8月浙江畅尔推出五轴数控拉床,实现了国内高端榫槽拉床制造核心技术"零"的突破 ● 2020年9月浙海德曼上市 ● 2020年浙江大学谭建荣院士科研团队项目"高性能龙门加工中心整机设计与制造工艺关键技术及应用"获年度国家技术发明奖二等奖 ● 2020年浙江工大学袁巨龙团队项目"高性能滚动轴承加工关键技术与应用"获获国家科技进步二等奖
2019	● 2019年5月中国机械总院集团宁波智能机床研究院成立,助力长三角装备制造业转型升级和新兴产业战略布局
2018	● 2018年8月浙江省装备制造业机床装备产业技术联盟成立 ● 2018年浙江省海德曼智能装备研究院被认定为浙江省级企业研究院名单
2017	● 2017年5月,中国机械工业联合会授予玉环市中国小型"专特精"机床生产基地
2016	● 2016年5月永力达上市 ● 2016年10月五洲新春上市 ● 2016年11月海天精工上市
2015	● 2015年8月畅尔装备上市 ● 2015年浙海德曼与高校合作项目"数控机床动态误差分析关键技术与应用"获教育部科技进步奖一等奖
2014	● 2014年11月宁波精达上市 ● 2014年9月温岭数控车床产业集群被工信部授予产业集群区域品牌建设试点

10

智能装备（机器人）产业链竞争力评价

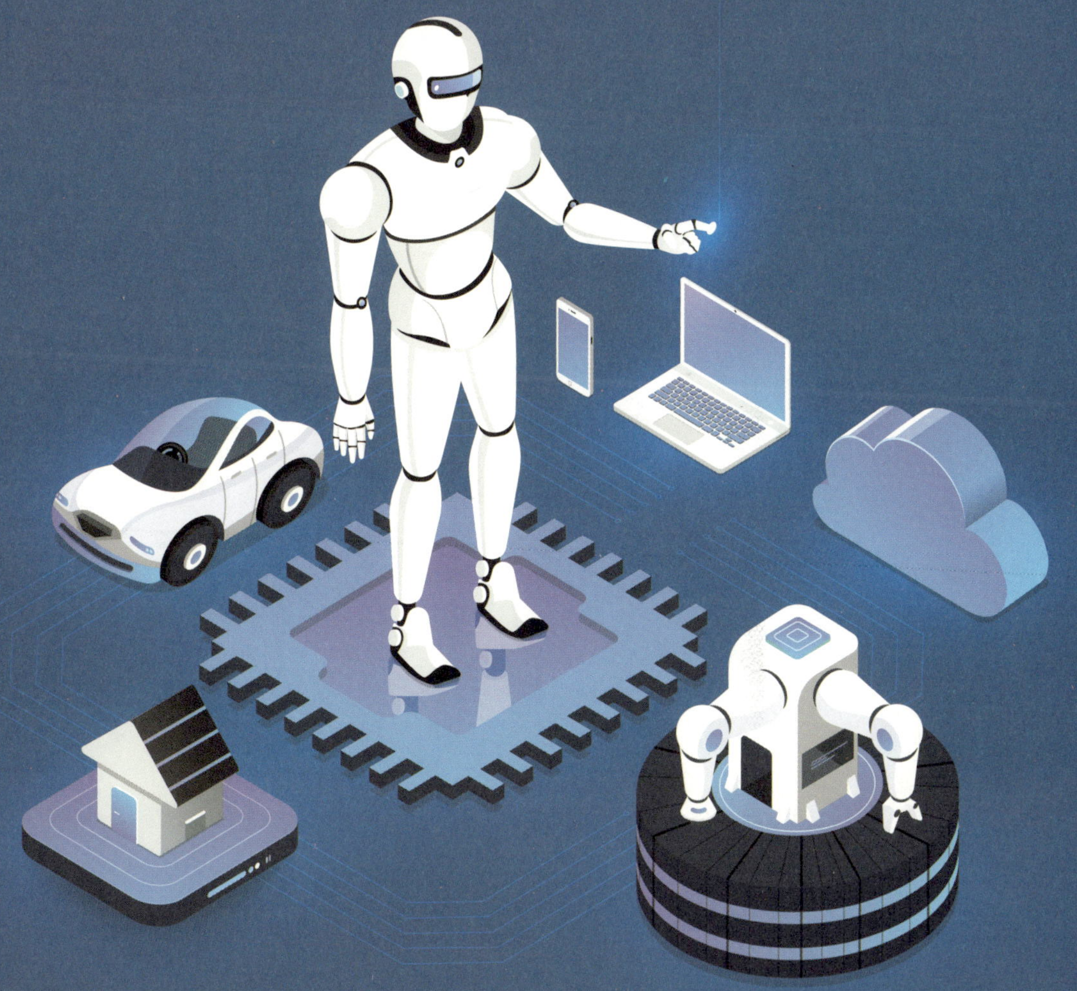

一、智能装备(机器人)产业链全景概览

机器人被誉为“制造业皇冠顶端的明珠”,其研发、制造、应用水平是衡量一个国家和地区科技创新、高端制造水平的重要标志。基于产业链节点体系对智能装备(机器人)产业链全景展开研究,有助于从国内外以及浙江省域维度充分了解产业链发展现状。

(一) 智能装备(机器人)产业链节点体系

本研究使用的智能装备(机器人)全产业链节点体系是依托浙江人工智能省部共建协同创新中心的算法,联合产业专家,基于上市公司公告、官网产品、招投标等信息,利用人工智能算法构建的网状图谱产品体系。在网状图谱产品体系中,以机器人的下游产品为起点,沿着其多种生产关系向上游追溯相关产品节点,以原材料和设备为终止产品,从而形成一套有边界的智能装备(机器人)产品关系图谱,即本研究使用的机器人产业链节点体系,如图10-1所示。

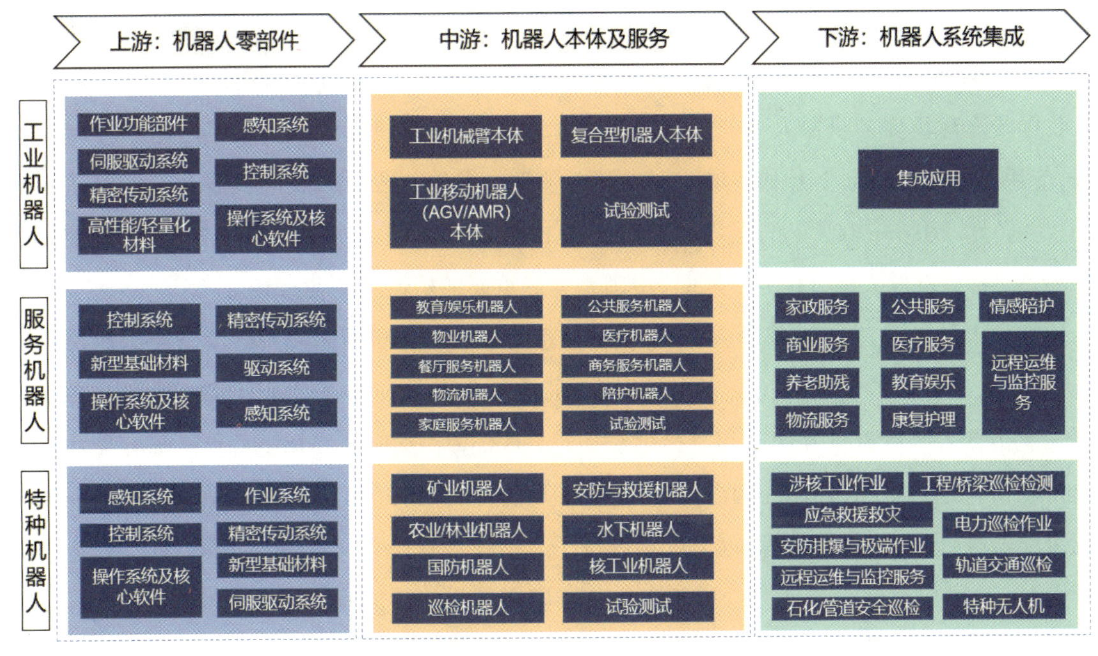

图10-1　智能装备(机器人)产业链节点体系

本研究将智能装备(机器人)按产品特性分为工业机器人、服务机器人和特种机器人三大类。同时,机器人零部件、机器人本体及服务、机器人系统集成构成了智能装备产业链的上中下游关系。工业机器人的上游包括作业功能部件、伺服驱动系统、精密传动系统、高性能轻量化材料、感知系统、控制系统和操作系统及核心软件等7个组成部分;其中游包括工业机械臂本体、工业移动机器人(AGV/AMR)本体、复合型机器人本体和试验测试等4部分;其下游主要是集成应用。服务机器人的上游包括控制系统、新型基础材料、操作系统及核心软件、精密传动系统、驱动系统、感知系统等6部分;其中游有教育娱乐机器人、物业机器人、餐厅服务机器人、物流机器人、家庭服务机器人、

公共服务机器人、医疗机器人、商务服务机器人、陪护机器人和试验测试等10部分；其下游包括家政服务、商业服务、养老助残、物流服务、公共服务、医疗服务、教育娱乐、康复护理、情感陪护和远程运维与监控服务等10部分。特种机器人的上游包括感知系统、控制系统、操作系统及核心软件、作业系统、精密传动系统、新型基础材料、伺服驱动系统等7部分；其中游包括矿业机器人、农业/林业机器人、国防机器人、巡检机器人、安防与救赎机器人、水下机器人、核工业机器人和试验测试等8部分；其下游由涉核工业作业、应急救援救灾、安防排爆与极端作业、远程运维与监控服务、石化管道安全巡检、工程/桥梁巡检检测、电力巡检作业、轨道交通巡检和特种无人机9部分构成。

（二）智能装备（机器人）产业链现状

1. 市场规模

2021年，受疫情影响，全球机器人市场规模增速放缓，整体市场规模仍保持增长。其中，工业机器人行业在复工复产的背景下逐渐回暖，服务和特种机器人由于疫情"非接触"使用场景增加，增速稳定。根据中国电子学会报告，预计2021年全球机器人市场规模达到3651358亿美元，2016—2021年年均复合增速为1211.5%，其中，工业机器人1814449亿美元，服务机器人1314252亿美元，特种机器人523657亿美元。

我国是全球重要的机器人生产国和消费国。近年来，我国机器人产业发展迅速，其产量、市场需求、应用场景都在不断上升和拓展。据中国电子学会报告，2021年，我国机器人市场规模预计将达到839亿元，2016—2023年的平均增长率达到18.3%。其中工业机器人445.7亿元，服务机器人302.6亿元，特种机器人90.7亿元。同时，中国是全球重要的机器人消费市场。

从细分市场来看，在工业机器人领域，全球制造业领域工业机器人使用密度已经达到113台/万人，机器换人趋势日益明显。2020下半年以来，国内工业机器人行业持续回暖。据统计，2021年，国内工业机器人产量36.6万台，5年复合增长率达到38.3%。发那科、ABB、库卡和安川四大家族在国内市场份额超过70%，合计在国内销量超过12万台，预计到2025年实现销量50万台。同时，国产龙头埃斯顿、埃夫特、拓斯达等也于近年进行了大型项目建设。2011—2020年，国产工业机器人销量由800台增加至5万台，年复合增长率58.3%，国产替代持续加速。预计到2023年，我国工业机器人市场规模将进一步扩大，突破589亿元。

在服务机器人领域，随着医疗、教育、公共服务等领域需求上涨，以及计算机视觉、语音识别、自然语言处理、知识图谱等技术进步，我国服务机器人的产品性能和智能化水平显著提高，市场规模不断扩大。2021年，国内服务机器人产量达到921万台，其中家用服务机器人占据48%的市场份额，而医疗服务机器人和公共服务机器人分别占比28%和24%。预计到2023年，随着视觉引导机器人、陪伴服务机器人等新兴场景和产品的快速发展，我国服务机器人市场规模有望突破600亿元。

在特种机器人领域，由于我国地域辽阔、地质情况复杂，特种机器人在抢险救灾、安全巡检、极端作业等方面有广阔的市场需求和应用前景。2016年以来，全球特种机器人产业规模年均增速达

17.8%,2021年,我国特种机器人市场规模预计达到90.7亿元,增速达到36.3%,高于全球水平。预计至2023年,全球特种机器人市场规模将超过99亿美元,国内市场规模有望突破180亿元。

随着国内人口红利的消退,劳动力成本的上升,下游企业自动化需求进一步提升,智能装备(机器人)产业链行业潜力将进一步释放。

2. 产业链情况

(1)上游:核心零部件及系统

工业机器人中技术难度最高的三大核心零部件分别是伺服电机、控制器和精密减速器,三者约占机器人整机成本的70%左右。目前我国85%的减速器市场、90%的伺服电机市场、超过80%的控制系统市场被海外市场占据。国产工业机器人本体公司主要集中在产业链中低端以及长尾行业,以生产小功率器件为主,汽车、3C的头部行业被国外巨头占据。但随着近年来国产化自主进程的加速,"卡脖子"难题不断突破,核心零部件国产化率不断提升。

相较之下,由于面向更加多样化的应用需求(如医疗服务、家用场景、餐饮服务、物流服务等),在服务机器人上游,除了这三大核心零部件外,操作系统及软件这一节点中的机器视觉、语音识别等系统同样存在较高的技术壁垒,尤其是国内的人工智能和语音识别技术发展时间较晚、技术积累较薄弱。不过,随着近年国内人工智能技术研发和成果转化的加速发展,国内企业在服务机器人的人工智能系统技术上已经实现了较大进步,并行于国际领先水平。但在细分方向,尤其是医疗手术服务机器人、情感机器人、教育机器人的系统集成领域与国际龙头仍有较大技术差距。

在特种机器人领域,我国政府高度重视特种机器人技术研究与开发,并通过863计划、特殊服役环境下作业机器人关键技术主题项目及深海关键技术与装备等重点专项予以支持。特种无人机、水下机器人等研制水平全球领先。

伺服驱动系统是工业机器人主要的动力来源,伺服驱动系统以国际厂商为主导,其中日系厂商市场占有率较高,前五名均为日系企业,此外,欧美厂商在高端市场中也占据优势。中国伺服驱动系统起步相对较晚,目前已经具备一定研发实力。国产伺服电机和驱动厂商主要有埃斯顿、广州数控、汇川技术等,但在技术参数上与国外差距比较大,存在输出功率小、体积大的问题。

控制器领域与国外差距相对较小,国产控制器硬件平台在处理性能和长时间稳定性方面已经与国外水平相当,国内有新时达、众为兴、广州数控、固高等厂商。在软件、核心算法方面相较国际一流水准仍有一定差距,具体表现为响应速度、易用性和稳定性方面的不足,但随着产品应用数据和经验的积累,差距相对容易追赶。

减速器产品开发周期长、前期资金投入大、技术复杂度高且生产难度高,因此减速器行业壁垒极高,减速器是中国中冶机器人领域发展最薄弱的环节。目前世界减速器大部分由纳博特斯克和哈莫纳科两家公司制造和销售,四大家族基本上都采购这两家的产品,国产厂商有绿的谐波、秦川机床和中技克美等企业。在减速器中,RV减速器与谐波减速器的数量占比为3:1,但RV减速器的国产化替代仍处于起步阶段,谐波减速器相较于RV减速器技术要求较低,国内已有企业完成技术攻克，如绿的谐波占据20%的谐波减速器市场份额，率先打破国际企业在中国市场的垄断；秦川机床已研制出5种机器人关节减速器核心零部件专用加工装备。

整体上看，国外厂商在机器人产业链占据绝对优势，但是随着技术积累和性价比优势，国产替代比率呈现快速上升趋势。

（2）中游：机器人本体

据国家统计局数据，2016—2020年，中国机器人产业产量从7.2万套增长到21.2万套，年均增长超过30%。2020年，全国规上服务机器人、特种机器人制造企业营业收入达到529亿元，同比增长41%。在工业机器人领域，2020年，我国工业机器人市场销售额达422.5亿元。在服务机器人领域，其市场快速增长，广泛应用于医疗、教育、公共服务等领域，2020年，中国服务机器人市场销售额达222.2亿元。在特种机器人领域，2020年中国特种机器人市场销售额达66.5亿元。当前，我国特种无人机、水下机器人、搜救/排爆机器人等产品具有优势，并逐渐应用于建筑和煤矿领域。

（3）下游：机器人系统集成服务

当前，国内工业机器人的主要应用场景包括汽车及零部件、新能源、3C电子、家电厨卫、工程机械、航空及轨道交通、通用工业、光电、电梯等领域。汽车零部件和3C电子合计占比约50%，其中汽车及零部件是工业机器人应用最广泛、最成熟、数量最多的工艺领域，占比约28%；3C电子因对生产效率和精度要求较高，而工业机器人的特点符合其高精度、高柔性的要求，其下游应用占比达到23.6%，位列第二位。在其他应用领域，国内有一大批企业正开展广泛探索。

3. 发展趋势

从市场发展来看，随着智能制造政策的推进、人口老龄化趋势加快以及国内新能源汽车、养老和医疗服务等产业的发展，三类机器人未来的市场需求还会进一步扩大，应用场景广阔。其中工业机器人受我国制造企业数字化、智能化转型建设影响，市场将不断快速发展，国产工业机器人企业持续发力，机器换人的趋势特征日益明显；服务机器人在医疗、教育、公共服务需求的推动下，需求潜力和发展空间是最大的，并且将不断研发升级适应新兴场景的新产品（如视觉引导机器人、陪伴服务机器人等）；特种机器人的使用场景在未来将继续扩展，在全球地区局势复杂、极端天气频发等问题日益凸显的背景下，救灾、仿生等能够满足安全性、时效性和保质性的特种机器人是未来研发的重点，市场规模将随着技术升级和应用场景的扩展继续增大。

从技术趋势来看，一方面，随着人工智能、大数据、云计算和5G等新一代信息技术的飞速发展，全球先进机器人的技术要求逐渐从本体的灵活性和自动化转向产品的易控、智能与互联，围绕人机协同、人工智能和物联网进行技术创新，整体上向着模块化、标准化、云化的方向发展，功能上向着人机协作、柔性化、智能化方向发展。另一方面，我国机器人技术的发展现状表明，三类机器人在上游核心零部件制造、中游机器人本体环节，与国际先进技术仍有差距，因此我国机器人产业在未来要继续追求关键技术快速突破，并持续优化配套的产业化基础和发展环境。具体而言，第一，工业机器人研发将在政产学研用通力配合的基础上，不断提升减速器、控制器、伺服电机、操作系统等核心技术的国产替代率,加快国产化自主进程,同时,推进工业机器人向柔性化和智能化方向发展,增强其精细化操作能力和自组织协同能力,以推动工业机器人在中小企业、云平台和智能工厂中的深入应用。第二,服务机器人的认知智能程度将随着人工智能技术的进步而加深,仿生机器人技术是研发重点(如波士顿动力公司的Atlas人形机器人,瑞士ANYbotics的四足机器人ANYmal C)。我国服务机器人的智能技术居于世界领先,在人工智能领域技术创新和科研成果转化方面快速发展,城市级公共服务需求驱动大量创新产品和一批代表性机器人创新企业涌现(如优必选公司的仿人服务机器人Walker X),同时,疫情激发了智能接待、无人配送、无人零售、测温消毒等众多新兴场景下的产品创新(如猎户星空公司的重载型递送服务机器人、普渡科技的无接触配送机器人,云迹科技的餐厅服务和酒店递送机器人等)。第三,面对复杂极端的应用环境,得益于深度学习、多传感器感知、仿生模型循行、5G信号传输和GIS卫星遥感技术的融合影响,特种机器人的产品灵活性、可靠性以及环境适应性将进一步提高,替代人类在更多复杂环境中从事作业(如日本松下的番茄采摘机器人,美国VideoRay公司的水下机器人)。我国特种机器人创新企业的自主研发进程加快,未来将进一步面向复杂场景的共性需求加快通用型标准化进程,提供高效且可复制的标准化产品,以加深特种机器人产业的商业化程度。

从产业生态来看,在市场需求和技术升级下,机器人产业仍处于快速发展和激烈竞争的阶段,这意味着具备技术和资金优势的企业能够持续强化研发和并购能力以提升产品壁垒和市场地位。因此,我国机器人产业未来将朝格局分化与头部集聚方向演变,推动机器人创新应用生态走向成熟。当然,三类机器人产业的应用生态发展趋势存在差异。在工业机器人领域,为响应智能制造政策和适应市场变化,国内传统行业龙头将重点布局机器人生态产业链,尤其是本体制造和系统集成环节,如格力自主研发的GR608工业机器人和伺服驱动系统、联想承担的国产大飞机喷涂工作的晨星机器人,有望深刻影响行业格局;头部企业将通过投资或并购方式加快布局海外市场、扩张产业版图、补足产业链薄弱环节,如埃斯顿公司收购德国焊接机器人龙头Cloos、双环传动收购德国精密成型件制造商STP集团81%股权、复星国际收购德国柔性自动化生产线解决方案提供商FFT。在服务机器人领域,随着庞大驳杂的用户群体需求不断细分,服务机器人产品研发和技术创新多聚焦于实用性功能提升,应用场景不断下沉,商业化落地加速,国外厂商在医疗手术机器人、情感机器人等高技术含量服务机器人领域处于领先地位,表明国内企业需要在高端服务机器人方向加强研发布局;另一方面,一些细分方向的市场份额被国内龙头企业牢牢占据,如家用扫地机器人的代表性厂商石头科技和科沃斯,无人送货、养老医疗和公共服务等方向随场景需求不断细分,有望催生出新型机器人乃至新方向的机器人创新企业。在特种机器人领域,由于应用需求的复杂性,行业在新型应用领域处于探索布局的阶段,灾后救援和深海采矿成为新兴热点;目前我国已初步形成了特种无人机、水下机器人、搜救/排爆机器人等系列产品,对特种机器人的需求逐渐从专业密集型领域向劳动密集型领域迁移,如碧桂园在研的建筑机器人和中国矿业大学的掘进工作面机器人。

二、智能装备(机器人)产业链竞争力指数分析

本节对智能装备(机器人)产业链整体的竞争力指数进行分析,主要包括了上游的关键零部件(精密减速器、伺服驱动系统、机器人控制系统),中游的机器人本体、机器人核心软件、机器人作业功能部件和下游的机器人系统集成、机器人可靠性试验平台、工业机器人整机性能测试与优化平台和机器人远程运维服务等。

(一)智能装备(机器人)产业链整体竞争力指数排名

1. 竞争力指数排名

如表10-1所示,截至2021年底,国内智能装备(机器人)产业链竞争力指数排名第一的是北京,指数为78.6;第二名是广东,指数为70.9;第三名是江苏,指数为62.9;第四名是浙江,指数为52.0;第五名是上海,指数为43.7。从整体上看,北京、广东、江苏、浙江和上海(以下简称"TOP 5 省市")这五个省市大幅领先其他省份。

表10-1　2021年国内智能装备(机器人)产业链整体竞争力指数排名

序号	省份	指数	序号	省份	指数
1	北京	78.6	17	河北	19.9
2	广东	70.9	18	黑龙江	19.9
3	江苏	62.9	19	江西	19.8
4	浙江	52.0	20	广西	18.7
5	上海	43.7	21	山西	16.9
6	山东	37.5	22	吉林	16.4
7	安徽	34.7	23	云南	16.0
8	辽宁	29.4	24	贵州	15.9
9	四川	28.9	25	内蒙古	13.6
10	河南	26.2	26	宁夏	13.0
11	天津	25.7	27	新疆	13.0
12	湖南	25.7	28	甘肃	12.9
13	福建	24.6	29	青海	11.7
14	重庆	24.3	30	海南	2.0
15	湖北	24.1	31	西藏	0.5
16	陕西	23.7			

2. 竞争力指数变动趋势

2015—2021年,TOP5省市的智能装备(机器人)产业链竞争力均有一定增长,如表10-2和图10-2所示.其中广东增速最快,年复合增长率为6.5%,从2015年的48.5增长到2021年的70.9,其次为江苏,年复合增长率为6.4%。浙江、北京、上海的年复合增长率分别为5.0%、4.9%和3.3%。

表10-2 2015—2021年智能装备(机器人)产业链TOP5省市竞争力指数

省份	2015年	2016年	2017年	2018年	2019年	2020年	2021年	CAGR
北京	58.9	60.2	63.3	67.8	71.8	75.6	78.6	4.9%
广东	48.5	51.5	57.2	61.0	64.2	68.6	70.9	6.5%
江苏	43.4	47.2	51.1	54.6	57.4	61.6	62.9	6.4%
浙江	38.7	41.2	44.4	46.4	48.6	50.9	52.0	5.0%
上海	35.9	37.1	38.6	39.9	41.1	42.4	43.7	3.3%

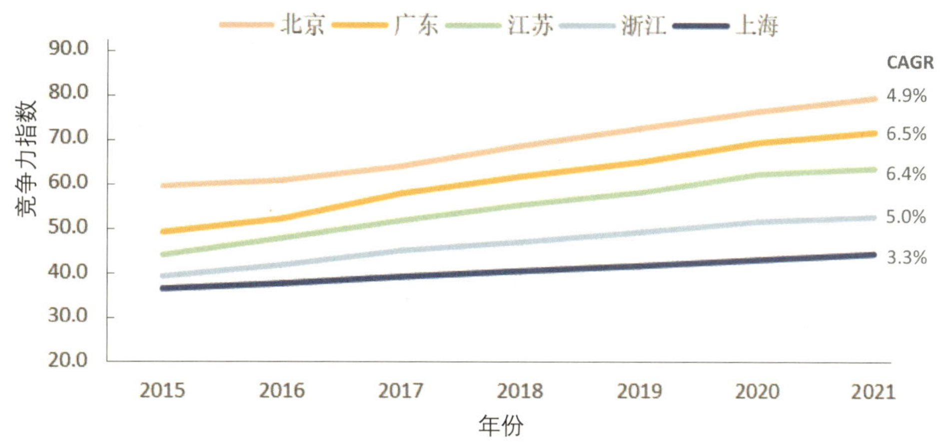

图10-2 智能装备(机器人)产业链竞争力指数TOP5省市增长趋势

如图10-3所示,在对2015—2021年省市TOP5智能装备(机器人)产业链竞争力指数增长来源的分析中发现,技术竞争力贡献最大,其中北京、广东技术竞争力贡献超过10%,说明科技创新对产业链形成较大支撑。此外,市场竞争力、产业链充分性和产业链完备性也有显著的贡献。

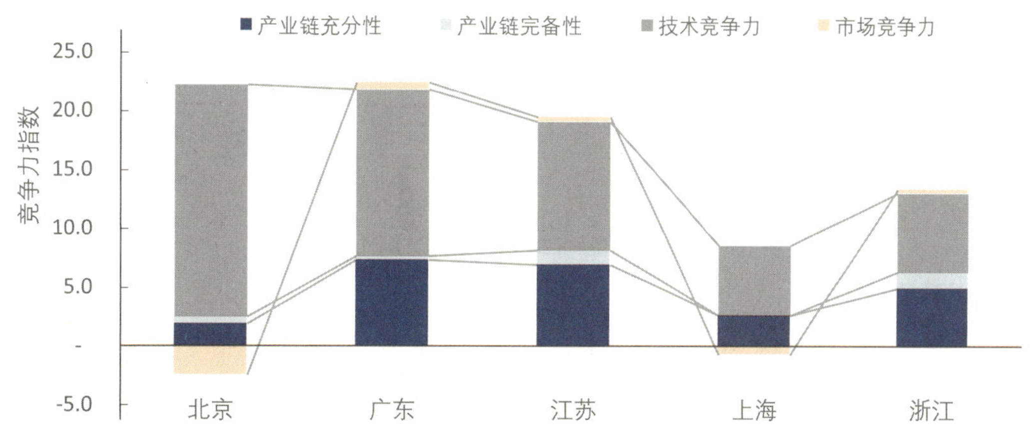

图10-3 智能装备(机器人)产业链竞争力指数TOP5增长来源

(二)各评价指标维度分析

1. TOP5省市各评价指标维度分析

2021年省市TOP5智能装备(机器人)产业链竞争力指数各指标的雷达图,如图10-4所示,北京的市场竞争力、技术竞争力两项指标排名第一,说明产业链在市场和技术上综合发展水平较高;广东的产业链完备性指标排名第一;江苏的产业链充分性指标排名第一;广东、江苏、上海、浙江指标水平整体较为接近,其中上海的产业链充分性和技术竞争力指标偏低。

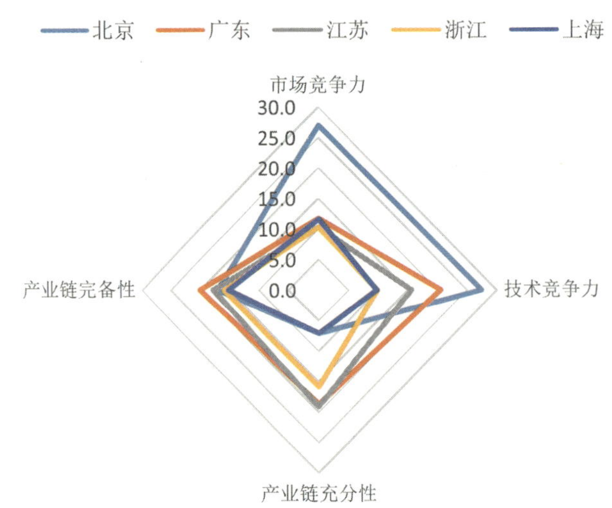

图10-4　智能装备(机器人)产业链竞争力TOP5各维度指标对比

2. 市场竞争力分析

市场竞争力的本质表现就在于获取更多的市场份额和更高的利润率。如图10-5所示,在北京的市场竞争力指数以27.0位居第一,说明北京的机器人市场份额占比高;广东、上海、山东、江苏和浙江竞争力指数分别为11.7、11.6、10.6、10.3和10.3。

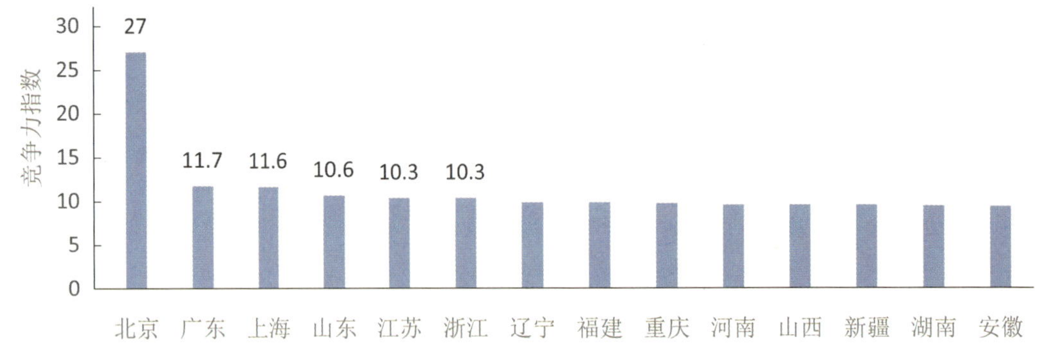

图10-5　智能装备(机器人)产业链市场竞争力排名

3. 技术竞争力分析

技术竞争力是一个反映产业链竞争力来源的间接因素,代表性指标包括专利数量、实验室数量等。在现代经济社会,科学技术能力越强,产业竞争力就越强。如图10-6所示,北京的技术竞争力指数为27.4,排名第一,广东、江苏、浙江、上海竞争力指数分别为20.5、15.7、9.9和9.7。整体来说,北京、广东的技术竞争力优势明显,说明具备较好的科技创新基础,且对产业链带动作用明显。

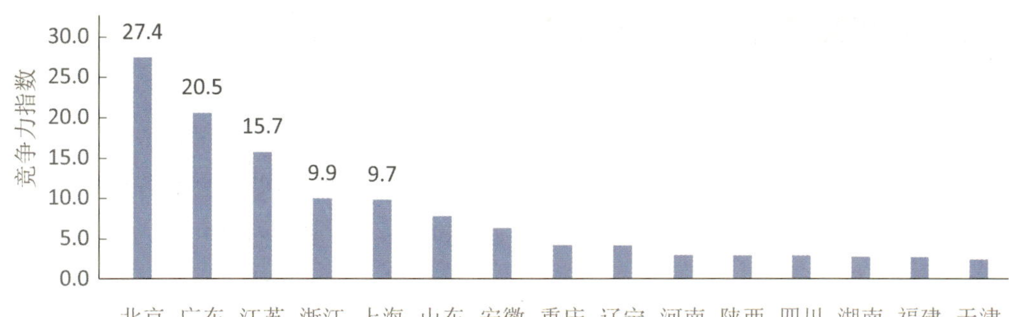

图 10-6 智能装备(机器人)产业链技术竞争力排名

4. 产业链充分性分析

产业链充分性是反映产业链当前拥有的市场竞争行为主体充分程度的指标集合。产业链核心节点拥有的企业数量越多,产业链的充分性越高,产业链的竞争力就越强。如图 10-7 所示,江苏、广东、浙江产业链充分性排名前三,指数为 19.1、18.7、15.8,说明企业数目较多,且广泛分布于产业链各节点;北京、上海竞争力指数均为 7.1。

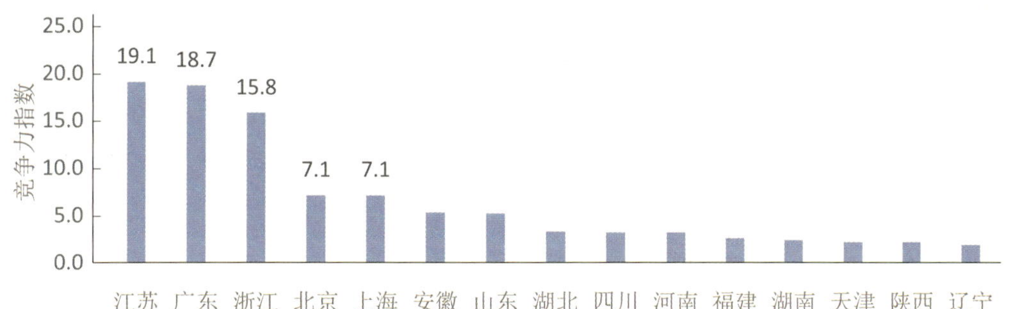

图 10-7 智能装备(机器人)产业链充分性排名

5. 产业链完备性分析

产业链完备性是反映本地产业链的布局、配套完备程度的指标。产业链节点越多,节点的质量越好,本地的产业链竞争力就越强。如图 10-8 所示,在广东产业链完备性排名第一,指数 20.0,说明广东具有较为完整的产业链布局,且配套体系完善;江苏、北京、浙江、上海竞争力指数分别为 17.8、17.1、16.0 和 15.3。

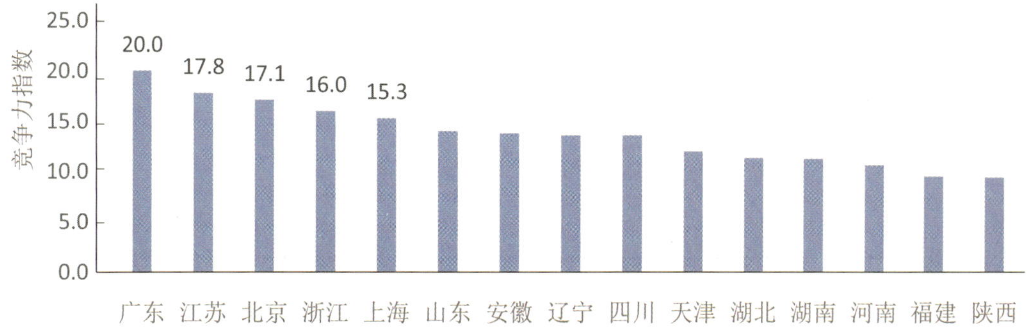

图 10-8 智能装备(机器人)产业链完备性排名

三、智能装备(机器人)产业链节点竞争力分析

智能装备(机器人)产业链作为一个由很多节点构成的链条结构,其竞争力本质上是由各个产业链节点的竞争力共同形成的。每个大的节点下又有各自的配套,这些配套与节点共同构成了一个以该节点为核心的节点产业链。本节对节点产业链的竞争力指数进行分析,从而对智能装备(机器人)产业链进行更加详细的了解。

(一)工业机器人

工业机器人是在工业生产中使用的机器人的总称。2012—2021年,我国工业机器人产量逐年上升,尤其近两年新能源汽车的大力发展带动行业发展,工业机器人增速再次抬头。从综合市场竞争力、技术竞争力、产业链充分性和产业链完备性来看,北京、广东和江苏三个地区的工业机器人发展水平较高,其次分别是浙江、上海和山东等地。整体而言,全国各地的工业机器人发展水平逐渐上升。

对于工业机器人行业,可按产业链分为上游、中游、下游和行业应用。上游为减速器、伺服驱动系统、控制系统等核心零部件生产;中游为工业机器人本体生产;下游是基于终端行业特定需求的工业机器人系统集成,主要用于实现焊接、装配、检测、搬运、喷涂等工艺或功能;行业应用主要是汽车、电子等对自动化、智能化需求高的终端行业对工业机器人的应用。

1. 上游:工业机器人核心零部件

工业机器人核心零部件包括操作系统及核心软件、伺服驱动系统、感知系统、高性能轻量化材料、精密传动系统、控制系统和作业功能部件。

(1)操作系统及核心软件

操作系统及核心软件是专为机器人开发所设计出来的一套操作系统架构。它是一个开源的元级操作系统,提供包括硬件抽象描述、底层驱动程序管理、共用功能的执行、程序间消息传递、程序发行包管理等服务。

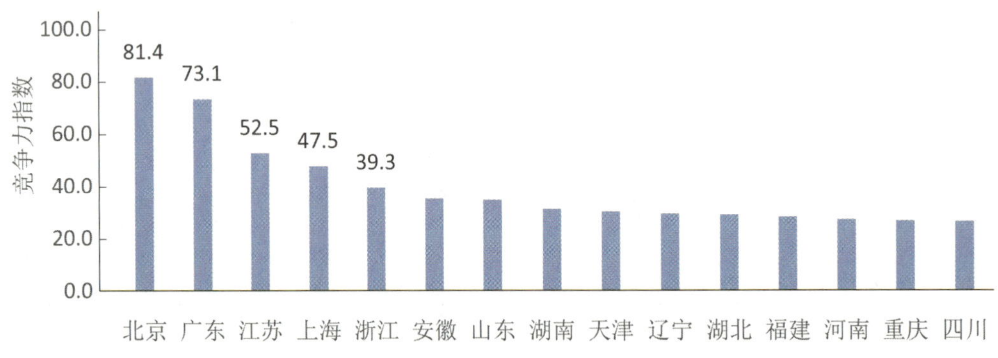

图10-9 操作系统及核心软件竞争力排名

如图10-9所示,在操作系统及核心软件整体的竞争力指数评价中,北京排名第一,得分81.4,广东紧随其后,得分为73.1。这两地领先优势较大,说明操作系统及核心软件主要布局在北京、广东。江苏、上海和浙江分别以52.5、47.5、39.3位列第三、第四、第五,但与前两名差距较大。

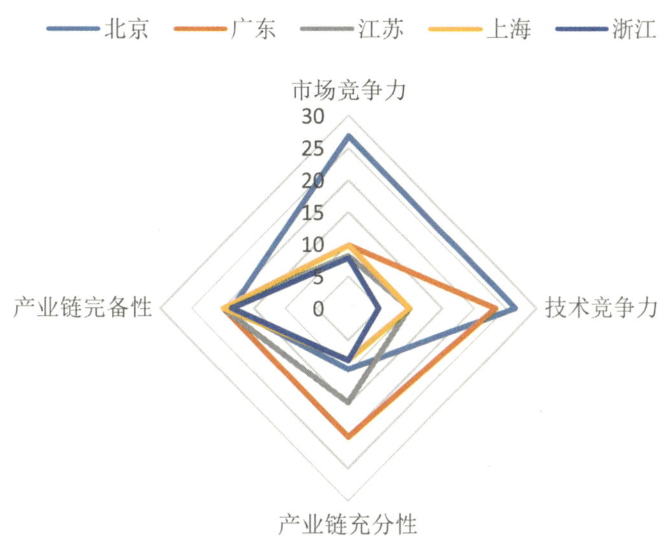

图10-10　操作系统及核心软件竞争力TOP5各维度指标对比

如图10-10所示,在各维度指标对比中,北京各项指标综合排名靠前,其中市场竞争力、技术竞争力均排名第一;广东的产业链充分性排名第一;广东、江苏和上海的产业链完备性并列排名第一,对比北京和浙江,领先优势不明显。

(2)伺服驱动系统

伺服驱动系统是以变频技术为基础发展起来的产品,是一种以机械位置或角度作为控制对象的自动控制系统。伺服驱动系统除了可以进行速度与转矩控制外,还可以进行精确、快速、稳定的位置控制。如图10-11所示,在工业机器人伺服驱动系统整体的竞争力指数评价中,北京排名第一,得分66.3,说明北京在工业机器人伺服驱动系统方面具有明显发展优势;浙江、江苏、广东、上海竞争力指数分别为54.2、51.0、38.8和38.1。

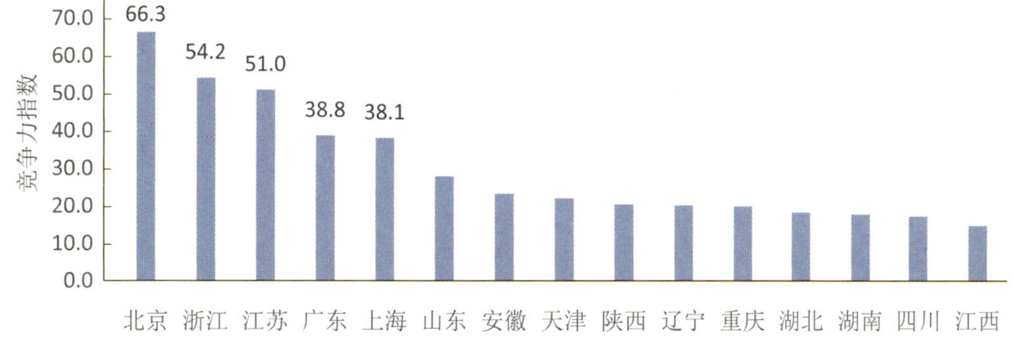

图10-11　伺服驱动系统竞争力排名

如图10-12所示,在各维度指标对比中,北京的市场竞争力、技术竞争力排名第一,产业链充分性指标偏弱;浙江的产业链完备性和产业链充分性排名第一,技术竞争力、市场竞争力这两项指标与先进地区相比存在一定差距。其他地区各项指标发展较为均衡。

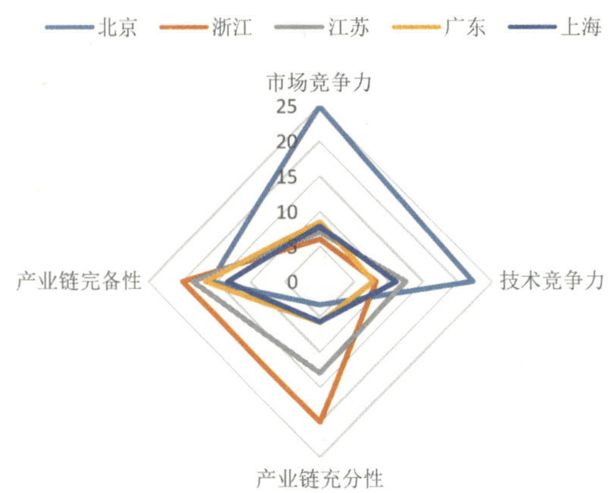

图10-12　伺服系统竞争力TOP5各维度指标对比

(3)感知系统

工业机器人感知系统是建立类似人类的知觉功能和反应能力的重要组件,包括离通用智能视觉传感、三维视觉传感、高精度维度传感、红外传感、超声波传感和激光雷达等。如图10-13所示,在工业机器人感知系统整体的竞争力指数评价中,北京排名第一,得分95.1。其次得分分别为60.2、55.6、55.5和45.9的广东、上海、江苏和浙江,北京发展优势明显。

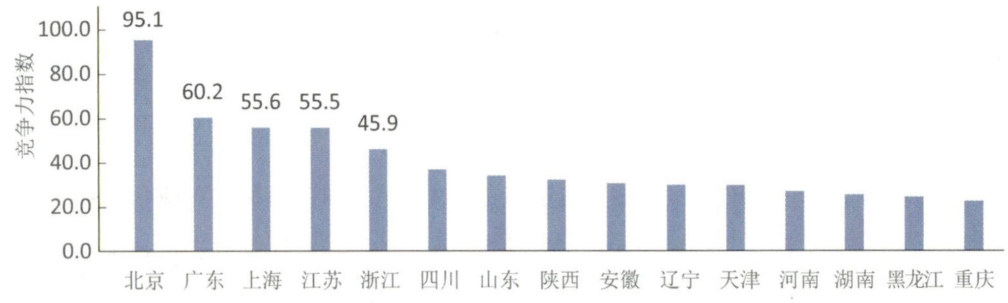

图10-13　感知系统竞争力排名

如图10-14所示,在各维度指标对比中,北京综合实力较强,在市场竞争力、技术竞争力、产业链充分性上均排名第一,在产业链完备性方面排名第二。广东、上海、江苏和浙江在这四个指标方面差距不大,说明这四个地区在工业机器人感知系统方面的发展较为均衡。

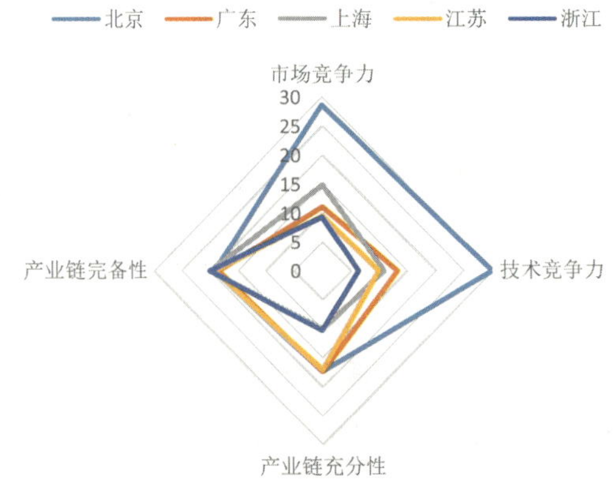

图10-14　感知系统竞争力TOP5各维度指标对比

(4)高性能轻量化材料

高性能轻量化材料,主要包括工程塑料、各种复合材料、轻量化的金属和非金属材料。在机器人行业,材料轻量化已经成为一种趋势,在不影响强度的情况下,使用更多的铝合金、镁合金、工程塑料等有助于降低自重,从而带来更好的性能。如图10-15所示,在高性能轻量化材料整体的竞争力指数评价中,北京排名第一,得分75.5,广东、江苏紧随其后,得分分别为67.9、63.3,说明高性能轻量化材料主要布局在北京、广东、江苏三地;浙江、上海分别以50.0、42.9位列第四、第五,但与前三名差距较大。

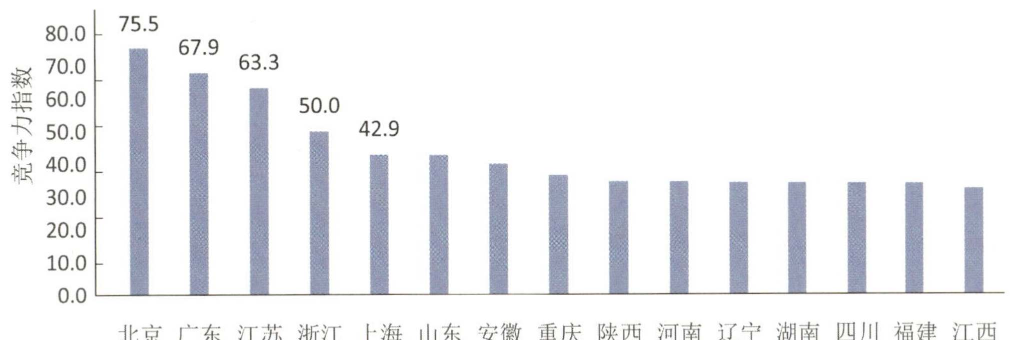

图10-15 高性能轻量化材料竞争力排名

如图10-16所示,在各维度指标对比中,北京在市场竞争力、技术竞争力和产业链完备性方面均排名第一,但产业链充分性却排名第五。这说明北京在高性能轻量化材料的产业链充分性上有所欠缺。江苏的四个指标发展较为平衡,并在产业链充分性上排名第一。而上海的四个指标均落后于其他几个地区,说明上海在材料轻量化方面需要加快发展。

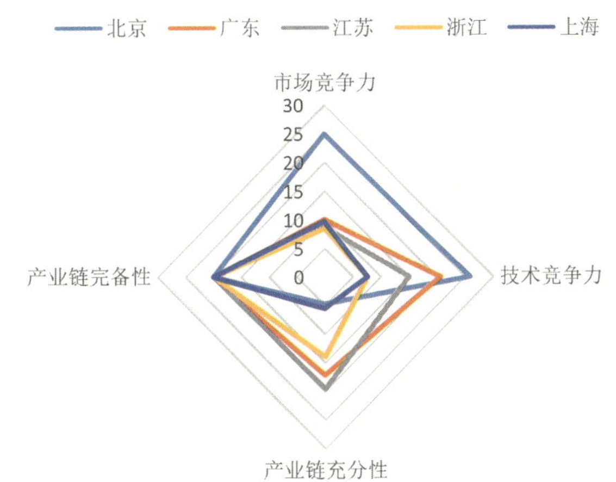

图10-16 高性能轻量化材料竞争力TOP5各维度指标对比

(5)精密传动系统

精密传动系统是机器人控制系统中的核心部分。国内精密传动系统主要是RV减速器、谐波减速器和Spinea减速器。如图10-17所示,在精密传动系统整体的竞争力指数评价中,广东排名第一,得分73.0,北京排名第二,得分68.1。浙江、江苏紧随其后,得分分别为50.8、49.8。上海则是以29.5排名第五。在精密传动系统方面,五个地区的发展呈现三个梯队,广东和北京发展最好,其次是浙江和江苏两地。相较于这四个地区，上海在这方面的发展差距较大，为第三梯队。

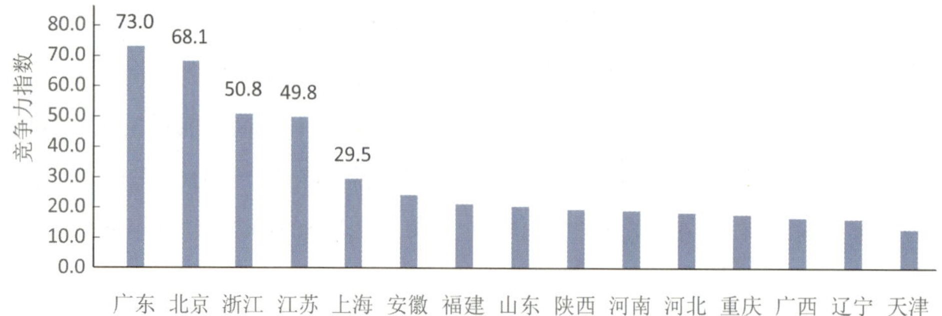

图10-17 精密传动系统竞争力排名

如图10-18所示，在各维度指标对比中，北京的市场竞争力排名第一，具有明显优势；技术竞争力排名第二，但产业链充分性和产业链完备性却排名较后。广东的产业链完备性、技术竞争力排名第一，产业链充分性、市场竞争力排名第二。

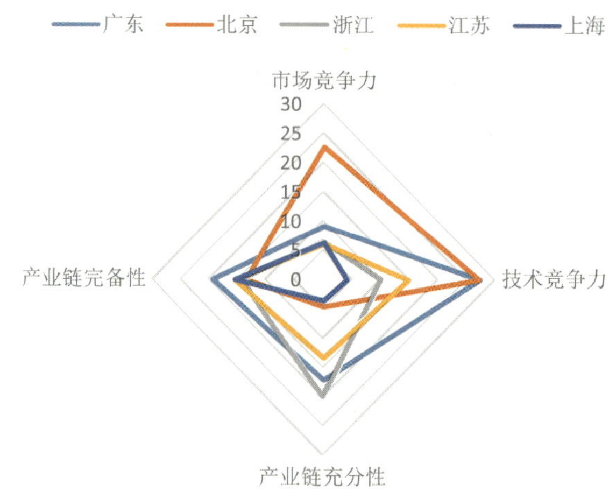

图10-18 精密传动系统竞争力TOP5各维度指标对比

(6)控制系统

控制系统是由机器人和作业对象及环境共同构成的整体，其中包括机械系统、驱动系统、控制系统和感知系统四大部分。如图10-19所示，在工业机器人控制系统整体的竞争力指数评价中，广东排名第一，得分为80.1，北京排名第二，得分为75.8。江苏、浙江、上海分别以45.0、44.7、44.4排名第三、第四、第五，但与前两名差距较大。

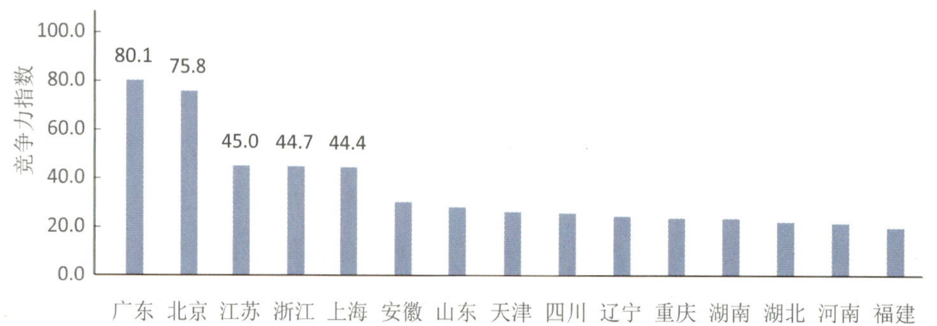

图10-19 控制系统竞争力排名

如图10-20所示,在各维度指标对比中,北京的市场竞争力排名第一,具有明显优势;技术竞争力排名第二。广东的产业链完备性、产业链充分性和技术竞争力排名第一,市场竞争力排名第二。其他三个地区较这两个地区而言,各项指标均差距较大。

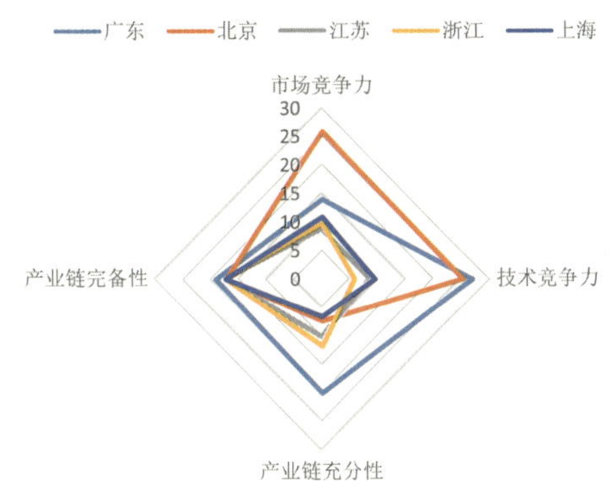

图10-20　控制系统竞争力TOP5各维度指标对比

(7)作业功能部件

作业功能部件是机械部分的重要零部件。如图10-21所示,在作业功能部件的竞争力指数评价中,广东排名第一,得分为71.9,北京排名第二,得分为67.4。江苏、浙江、上海分别以54.3、51.5、50.8排名第三、第四、第五,但与前两名差距较大。

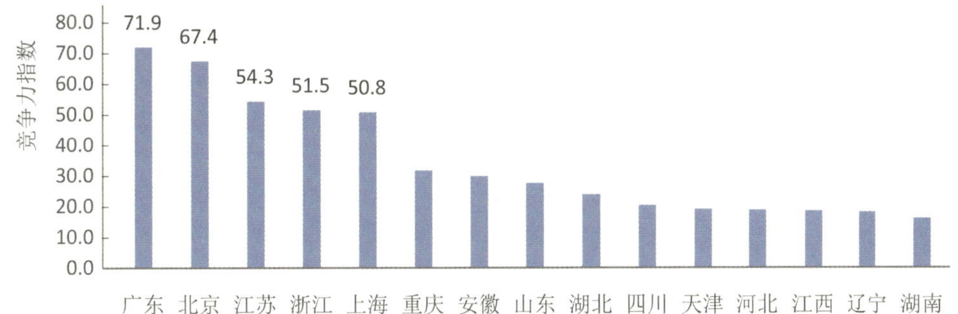

图10-21　作业功能部件竞争力排名

如图10-22所示,在各维度指标对比中,北京的市场竞争力、技术竞争力均排名第一;而在产业链完备性、产业链充分性上排名最后。广东的产业链充分性排名第一,市场竞争力、产业链完备性、技术竞争力排名第二。

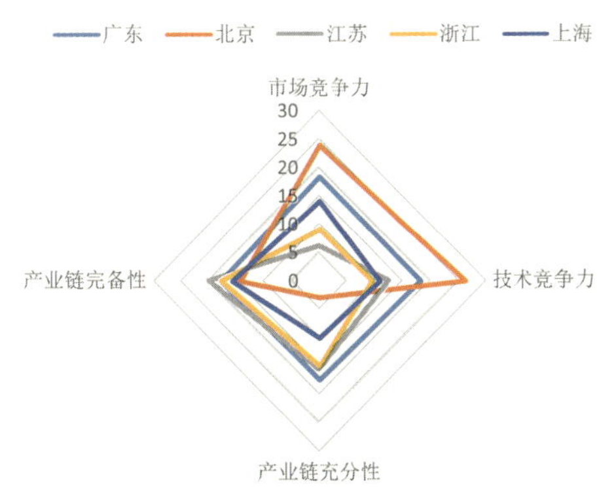

图10-22　作业功能部件竞争力TOP5各维度指标对比

2. 中游:工业机器人本体

工业机器人本体包括机器人本体和验证测试。

(1)工业机器人本体

如图10-23所示,在工业机器人本体整体的竞争力指数评价中,北京排名第一,得分84.1,以较大优势领先于后者。广东排名第二,得分64.5;紧接着是江苏、浙江、上海,分别以50.0、38.8、38.1排名第三、第四和第五。

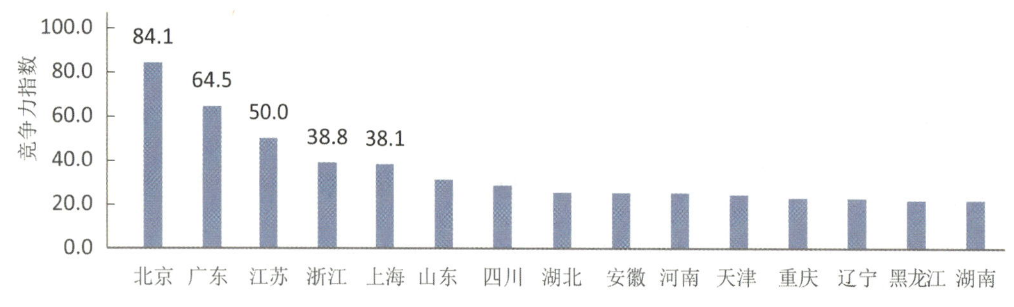

图10-23 工业机器人本体竞争力排名

如图10-24所示,在各维度指标对比中,北京的市场竞争力、技术竞争力排名第一。广东的产业链充分性排名第一,在市场竞争力、技术竞争力以及产业链完备性方面均排名第二。浙江的产业链完备性排名第一。

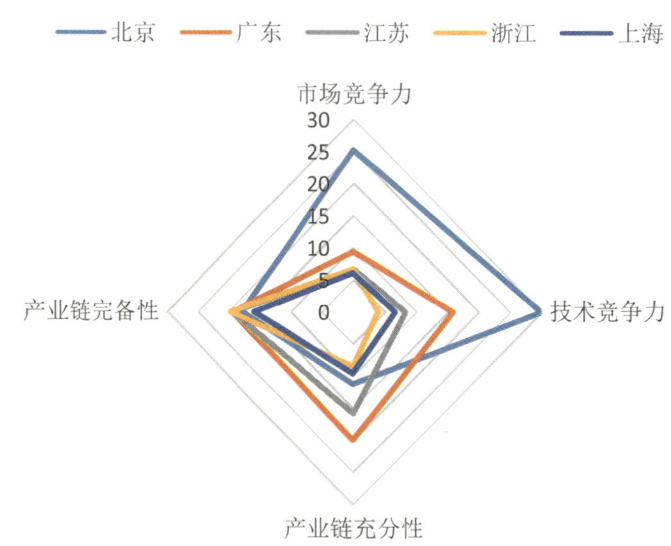

图10-24 工业机器人本体竞争力TOP5各维度指标对比

(2)验证测试

如图10-25所示,在验证测试整体的竞争力指数评价中,北京排名第一,得分83.7,以较大优势领先于后者。广东排名第二,得分62.5,紧接着是江苏、浙江、上海分别以43.8、41.7、38.4排名第三、第四和第五。

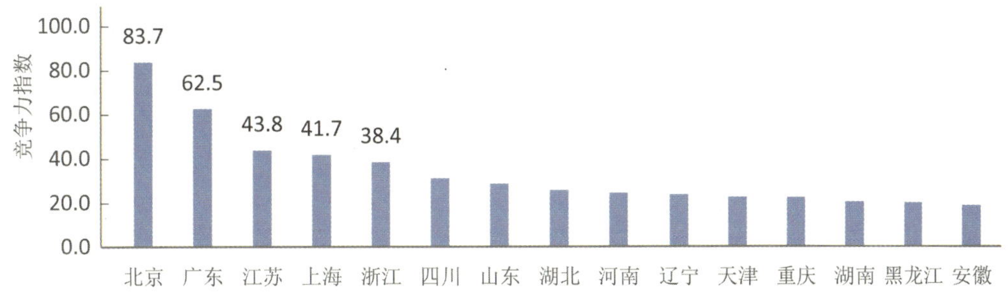

图10-25 验证测试竞争力排名

如图10-26所示，在各维度指标对比中，北京的市场竞争力、技术竞争力排名第一。广东的产业链充分性排名第一，在市场竞争力、技术竞争力以及产业链完备性方面均排名第二。浙江的产业链完备性排名第一。

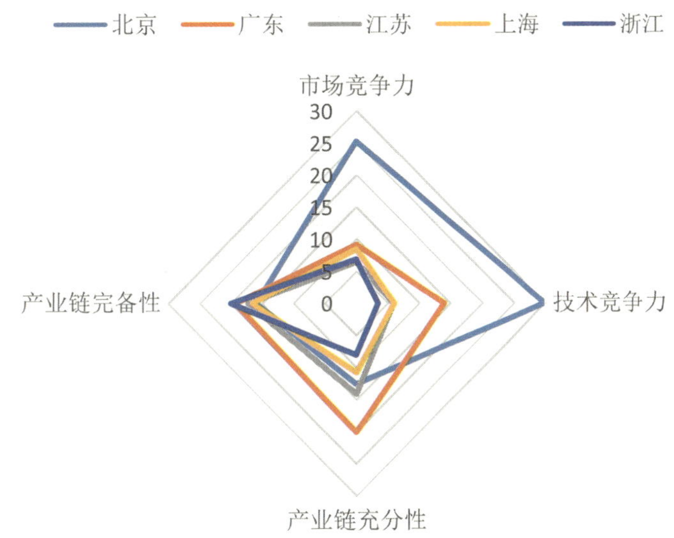

图10-26 验证测试竞争力TOP5各维度指标对比

3. 下游:工业机器人集成运用

工业机器人可分为六类，分别是移动机器人、点焊机器人、弧焊机器人、激光加工机器人、真空机器人、洁净机器人。如图10-27所示，在工业机器人集成运用竞争力指数评价中，陕西排名第一，得分66.8;北京、辽宁、浙江、广东分别为55.1、46.3、44.8和38.1。

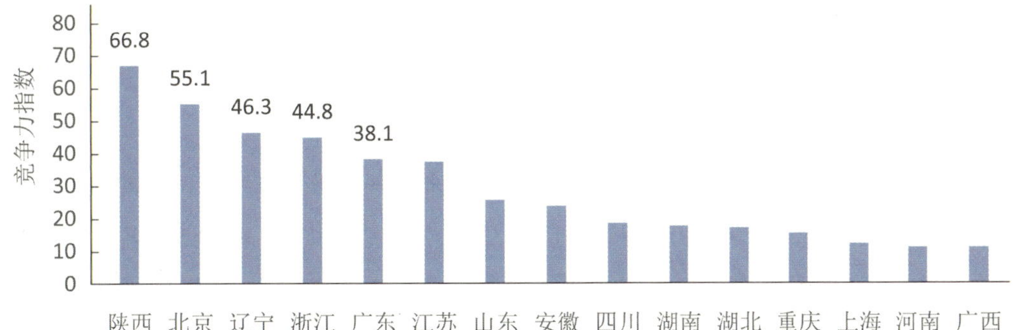

图10-27 工业机器人集成运用竞争力排名

如图10-28所示，在各维度指标对比中，陕西的市场竞争力、技术竞争力排名第一。北京的产业链充分性排名第一。广东的产业链完备性排名第一。

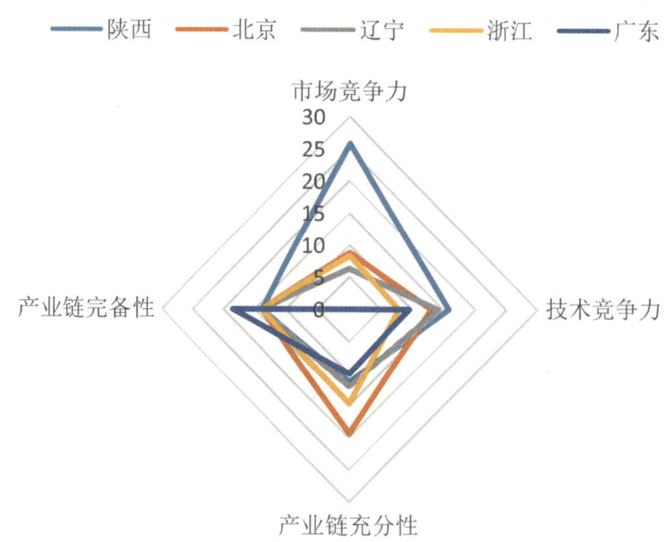

图10-28　工业机器人集成运用竞争力TOP5各维度指标对比

（二）服务机器人

服务机器人是一种半自主或全自主工作的机器人，它能完成有益于人类的服务工作。从综合市场竞争力、技术竞争力、产业链充分性和产业链完备性来看，北京、广东分别以74.4和70.2排名第一、第二，发展水平显著领先于其余地区。江苏、浙江、山东三个地区的服务机器人发展水平分别排名第三、第四和第五。

对于服务机器人行业，可按产业链分为上游、中游、下游和行业应用。上游为操作系统、伺服驱动系统、控制系统等核心零部件生产；中游为服务机器人本体生产；下游是基于终端行业特定需求的服务机器人系统集成。

1. 上游：服务机器人核心零部件

服务机器人核心零部件包括操作系统及核心软件、驱动系统、感知系统、新型基础材料、精密传动系统和控制系统功能部件。

（1）操作系统及核心软件

操作系统及核心软件是专为机器人开发所设计出来的一套操作系统架构。如图10-29所示，在操作系统及核心软件整体的竞争力指数评价中，北京、广东分别以77.9、74.5排名第一、第二。这两地领先优势较大，说明操作系统及核心软件主要布局在北京、广东。江苏、上海和安徽分别以51.8、38.6、33.5位列第三、第四、第五，但与前两名差距较大。

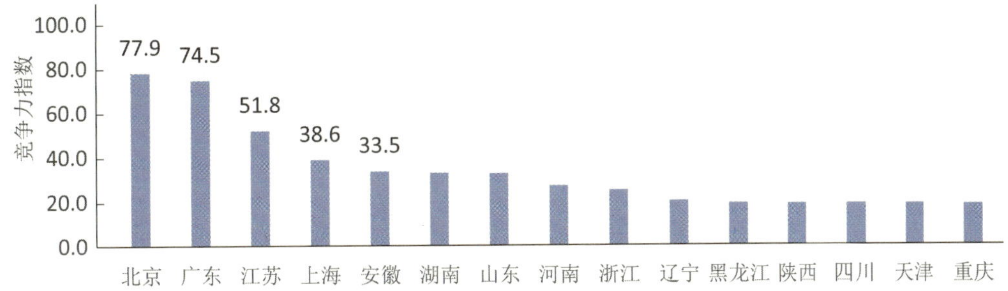

图 10-29 操作系统及核心软件竞争力排名

如图 10-30 所示，在各维度指标对比中，北京的市场竞争力、技术竞争力均排名第一；广东各项指标排名靠前，其产业链充分性排名第一，技术竞争力、市场竞争力及产业链完备性均排名第二；上海的产业链完备性排名第一，但其他指标排名较后。

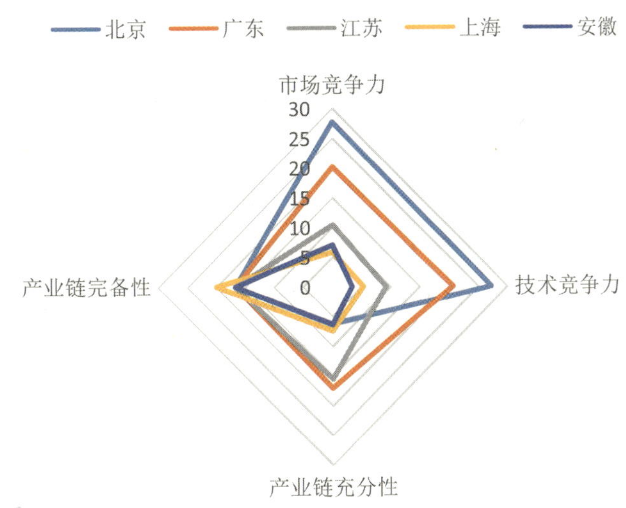

图 10-30 操作系统及核心软件竞争力 TOP5 各维度指标对比

(2)驱动系统

驱动系统是能量存储系统与轮子之间的纽带，其作用是将能量存储系统输出的能量(化学能、电能)转换为机械能，推动机器人克服各种滚动阻力、空气阻力、加速阻力和爬坡阻力，制动时将动能转换为电能回馈给能量存储系统。如图 10-31 所示，在服务机器人驱动系统整体的竞争力指数评价中，上海排名第一，得分 66.2，远远领先于其他地区，这说明上海在服务机器人驱动系统方面具有明显发展优势；江苏、广东、浙江、山东得分分别为 44.6、42.0、30.7 和 21.5。

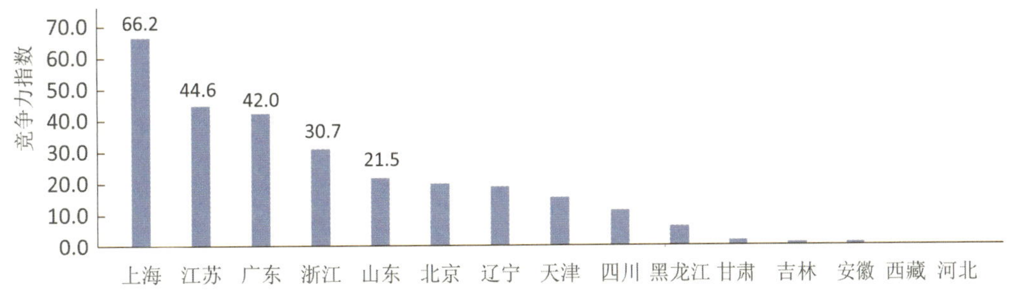

图 10-31 驱动系统竞争力排名

如图10-32所示，在各维度指标对比中，上海的市场竞争力、技术竞争力、产业链充分性均排名第一，产业链完备性指标偏弱，排名第四；在产业链完备性方面，广东发展得最好，排名第一。

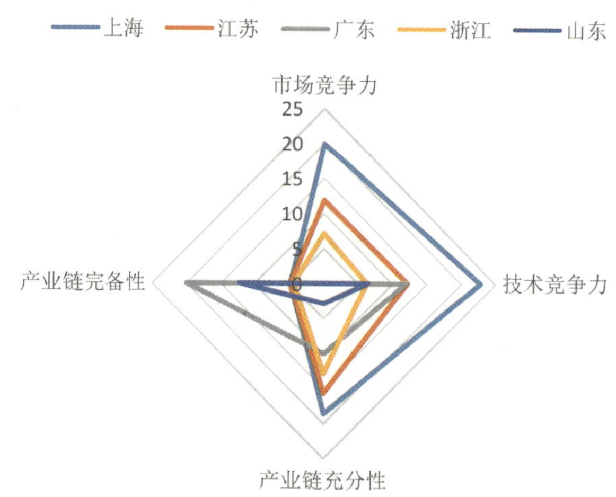

图10-32 驱动系统竞争力TOP5各维度指标对比

（3）感知系统

服务机器人感知系统是建立类似人类的知觉功能和反应能力的重要组件，包括通用智能视觉感知、三维视觉感知、红外感知等。如图10-33所示，在服务机器人感知系统整体的竞争力指数评价中，广东以82.7分的得分远远高于其他地区，说明在这一方面，广东有着较大的领先优势。江苏排名第二，得分55.3，有着较小的领先优势。辽宁、北京、四川则是分别得分38.8、33.0和25.5。

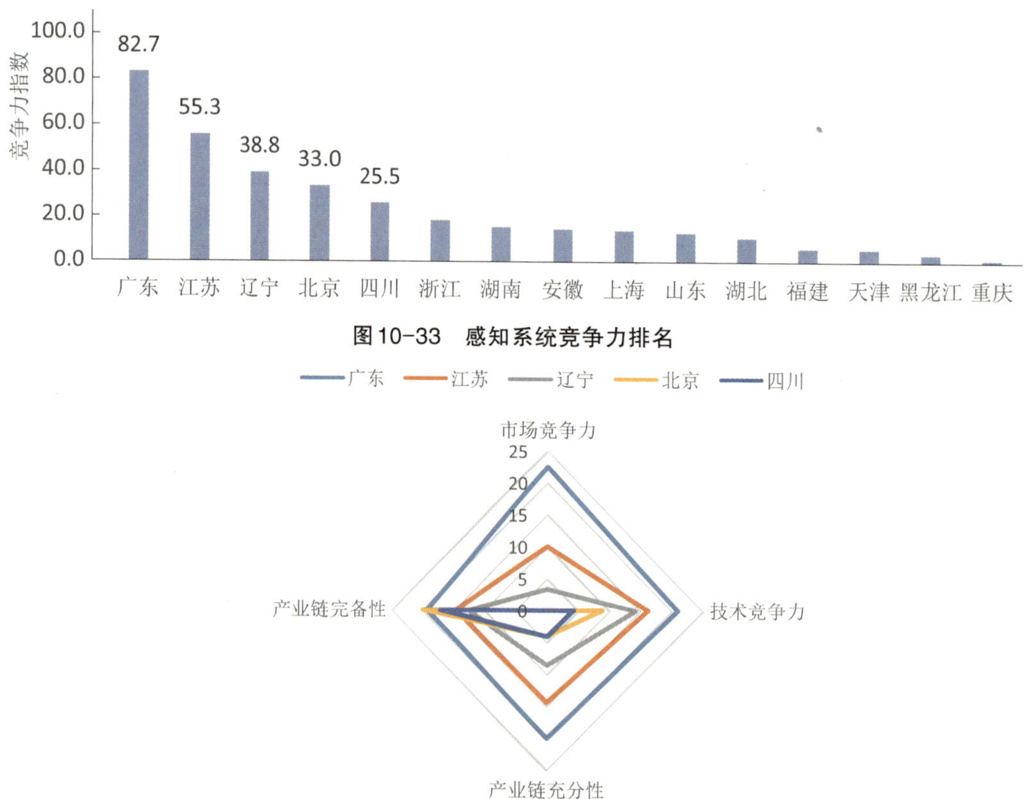

图10-33 感知系统竞争力排名

图10-34 感知系统竞争力TOP5各维度指标对比

如图10-34所示，在各维度指标对比中，广东综合实力较强，其市场竞争力、技术竞争力、产业链充分性均排名第一，产业链完备性排名第二。北京以微弱的优势在产业链完备性方面超过广东，排名第一。

(4)新型基础材料

新型基础材料是新出现的、正在发展中的，具有传统材料所不具备的优异性能和特殊功能的材料；或是在机器人制造中，采用新技术(工艺、装备)，使传统材料性能有明显提高或产生新功能的材料。如图10-35所示，在新型基础材料整体的竞争力指数评价中，浙江排名第一，得分89.0，而山东、上海、安徽、江苏以32.1、24.1、23.1、22.5排名第二、第三、第四、第五。这说明，新型基础材料的主要发展布局在浙江，其他地区的发展还存在较大差距。

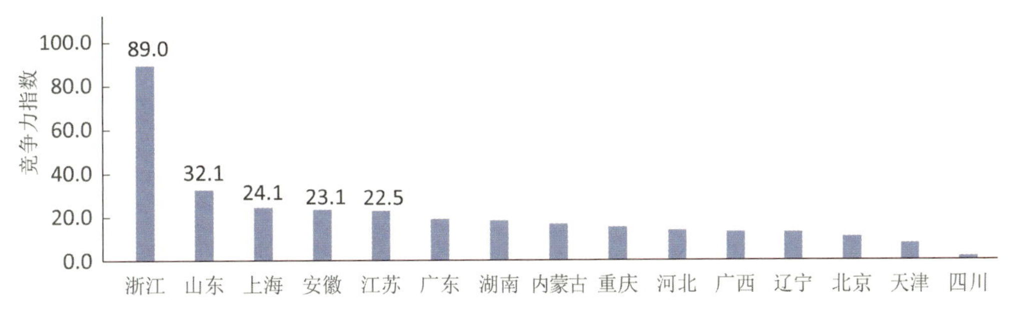

图10-35　新型基础材料竞争力排名

如图10-36所示，在各维度指标对比中，浙江的市场竞争力、技术竞争力和产业链充分性均排名第一，产业链充分性排名第二。其他四个地区在市场竞争力方面发展较差，得分均为0；其他指标虽有一定的发展，但还远不如浙江。

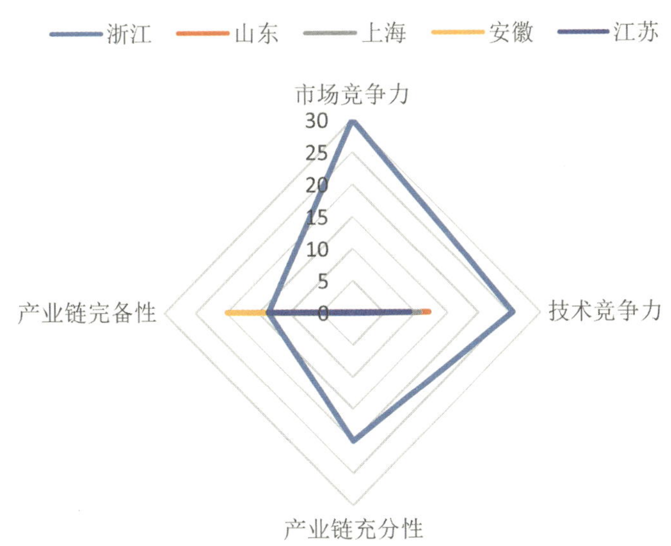

图10-36　新型基础材料竞争力TOP5各维度指标对比

(5)精密传动系统

精密传动系统是机器人控制系统中的核心部分。如图10-37所示，在精密传动系统整体的竞争力指数评价中，广东排名第一，得分77.2，北京紧随其后，排名第二，得分71.4。江苏、浙江、安徽得分分别为47.8、36.6、26.4，与前两个地区存在一定差距。

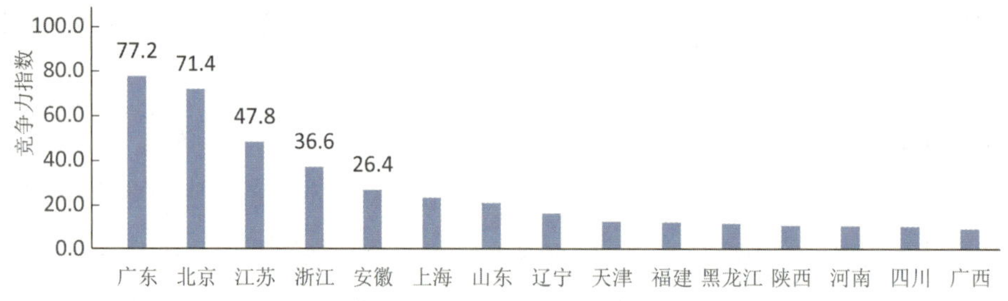

图10-37 精密传动系统竞争力排名

如图10-38所示，在各维度指标对比中，北京的市场竞争力和技术竞争力排名第一，具有优势；但产业链充分性和产业链完备性却排名靠后。相比之下，广东的产业链完备性、产业链充分性排名第一。

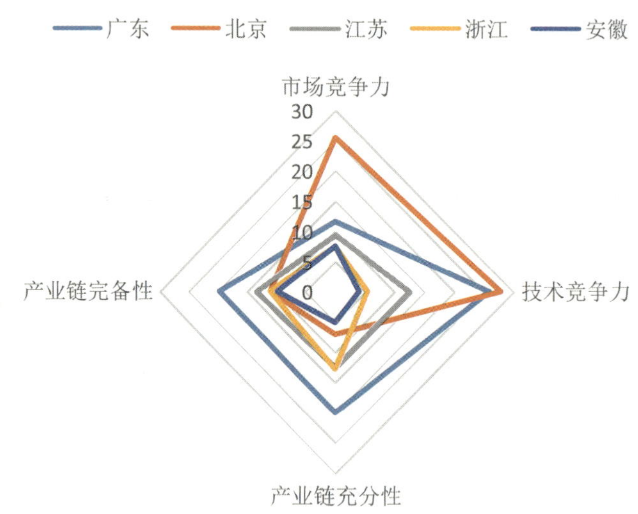

图10-38 精密传动系统竞争力TOP5各维度指标对比

(6)控制系统

控制系统是由机器人和作业对象及环境共同构成的整体，其中包括机械系统、驱动系统、控制系统和感知系统四大部分。如图10-39所示，在服务机器人控制系统整体的竞争力指数评价中，广东排名第一，得分为94.5；北京、浙江、江苏、安徽以25.4、16.6、14.5和13.4排名第二、第三、第四、第五，与广东的发展存在较大的差距。

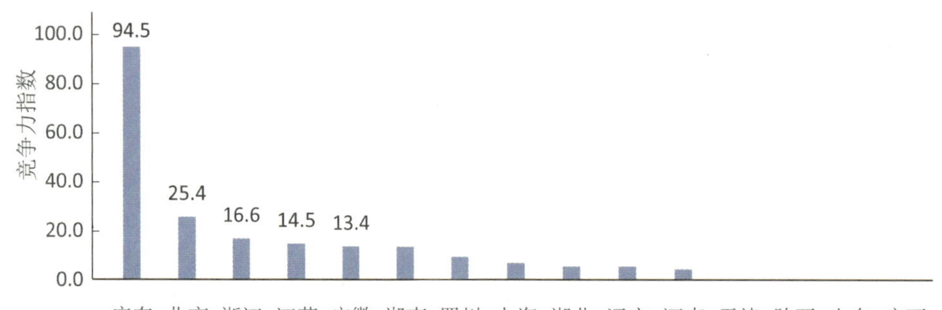

图10-39 控制系统竞争力排名

如图10-40所示,在各维度指标对比中,广东的市场竞争力、技术竞争力和产业链充分性均排名第一。其他四个地区发展相差不大,与广东存在较大差距。

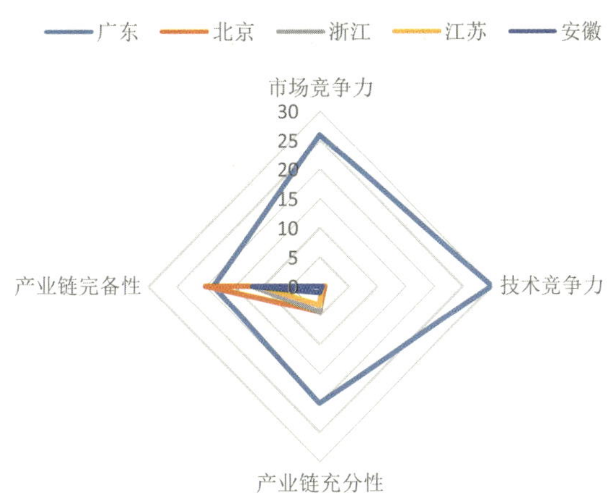

图10-40　控制系统竞争力TOP5各维度指标对比

2. 中游:服务机器人本体

如图10-41所示,在服务机器人本体整体的竞争力指数评价中,广东和北京分别得分87.4和71.3,排名第一、第二。紧接着是江苏、浙江、上海分别以47.1、37.9、34.7排名第三、第四和第五,与前两名存在差距。

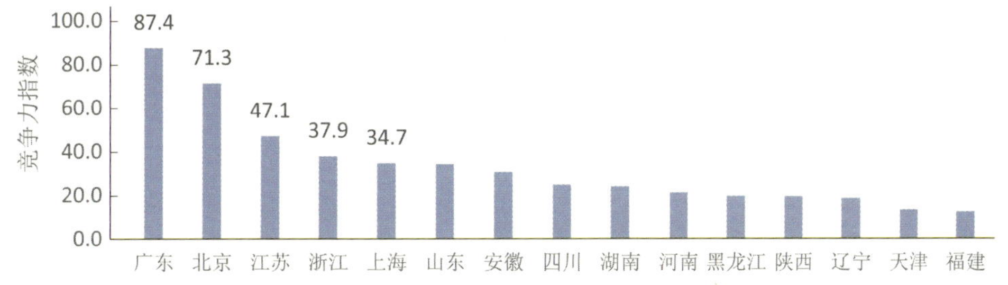

图10-41　服务机器人本体竞争力排名

如图10-42所示,在各维度指标对比中,广东的产业链完备性、产业链充分性和技术竞争力均排名第一,市场竞争力排名第二。北京的市场竞争力排名第一。

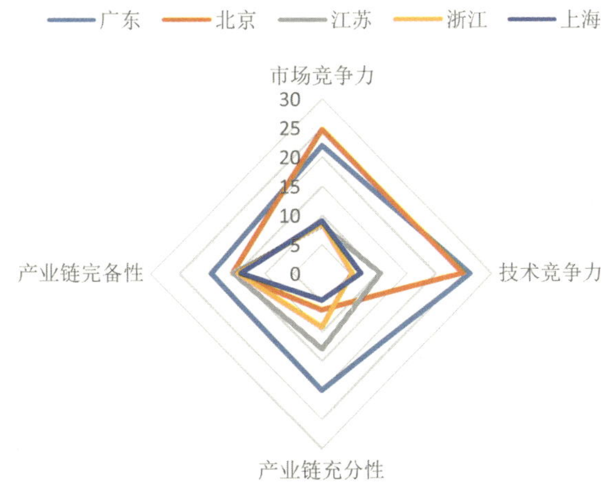

图10-42　服务机器人本体竞争力TOP5各维度指标对比

3. 下游：服务机器人系统集成

服务机器人可分为个人(家庭)服务机器人及商用服务机器人两大种类。

个人(家庭)服务机器人包括扫地机器人、拖地机器人、擦窗机器人、陪伴型机器人、教育机器人及休闲娱乐机器人等；商用机器人则包括送餐机器人、迎宾机器人、酒店机器人、商场导购机器人、银行柜台机器人、巡检机器人等。

如图10-43所示，在服务机器人集成运用竞争力指数评价中，北京排名第一，得分91.8；江苏排名第二，得分60.7。上海、广东、辽宁分别为40.6、35.7、34.9。

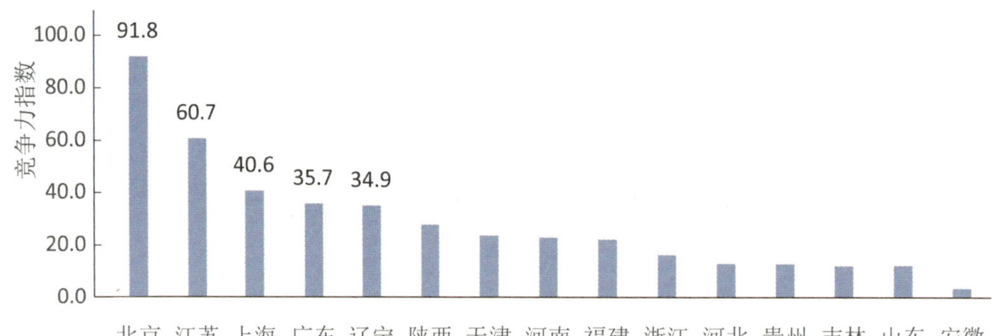

图10-43　服务机器人集成运用竞争力排名

如图10-44所示，在各维度指标对比中，北京的市场竞争力、技术竞争力、产业链完备性均排名第一，产业链充分性排名第二，发展较为均衡。其他地区发展较不均衡，其中江苏的产业链充分性排名第一。

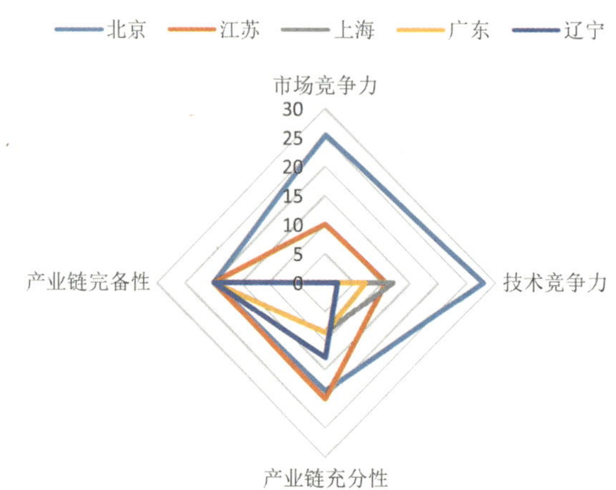

图10-44　服务机器人集成运用竞争力TOP5各维度指标对比

(三)特种机器人

特种机器人是指应用于专业领域，由经过专门培训的人员操作或使用的，辅助或代替人执行任务的机器人。从综合市场竞争力、技术竞争力、产业链充分性和产业链完备性来看，北京、广东和江苏三个地区的特种机器人发展水平较高，其次分别是浙江、上海和山东等地。整体而言，全国各地的特种机器人发展水平逐渐上升。

对于特种机器人行业,可按产业链分为上游、中游、下游行业应用。上游为新型基础材料、操作系统及核心软件、作业系统、伺服驱动系统、控制系统、感知系统和精密传动系统、等核心零部件生产;中游为特种机器人本体生产;下游是基于终端场景特定需求的特种机器人系统集成。

1. 上游:特种机器人核心零部件

特种机器人核心零部件包括新型基础材料、操作系统及核心软件、作业系统、伺服驱动系统、控制系统、感知系统和精密传动系统等。

(1)新型基础材料

新型基础材料是指制作特种机器人所需要的,采用新技术进行生产的,具有传统材料所不具备的优异性能和特殊功能的材料。新型基础材料主要包括高强度钢、铝合金材质、碳纤维、镁合金及其他复合材料。使用新型基础材料制造机器人,有利于机器人实现体积缩小、韧性增强、自重降低等需求。如图10-45所示,在新型基础材料整体的竞争力指数评价中,北京排名第一,得分73.2。而北京的数值远超其他城市,说明北京领先优势较大,在新型基础材料方面具有较好布局。江苏、浙江和广东分别以52.8、50.0、48.4位列第二、第三、第四,并且三者差距较小。安徽则是以39.0排名第五。在新型基础材料方面,地区的发展呈现三个梯队,北京发展最好,其次是江苏、浙江和广东三地。相较于这四个领先地区,安徽这方面的发展差距较大,为第三梯队。

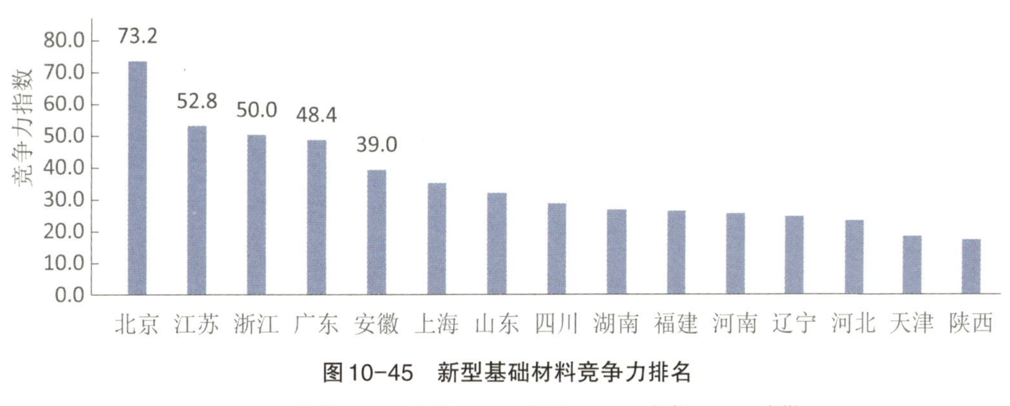

图10-45　新型基础材料竞争力排名

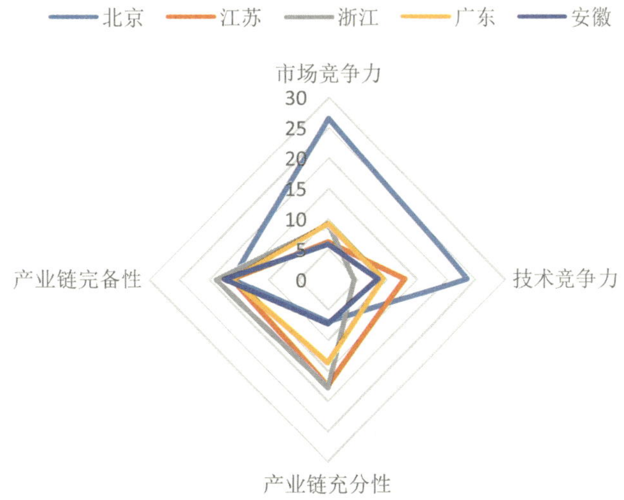

图10-46　新型基础材料竞争力TOP5各维度指标对比

如图10-46所示，在各维度指标对比中，北京各项指标综合排名靠前，其中市场竞争力、技术竞争力均排名第一；广东的产业链充分性和产业链完备性皆排名第一；其他三个地区对比北京和广东，领先优势不明显。

(2)操作系统及核心软件

操作系统及核心软件是指专为机器人开发所设计出来的一套操作系统架构。它是一个开源的元级操作系统，提供包括硬件抽象描述、底层驱动程序管理、共用功能的执行、程序间消息传递、程序发行包管理等服务。如图10-47所示，在操作系统及核心软件的竞争力指数评价中，广东排名第一，得分82.8。北京紧随其后，得分为77.6。这两地具有较大的领先优势，说明操作系统及核心软件主要布局在广东、北京。而江苏、上海和浙江分别以50.4、39.0、31.2位列第三、第四、第五。

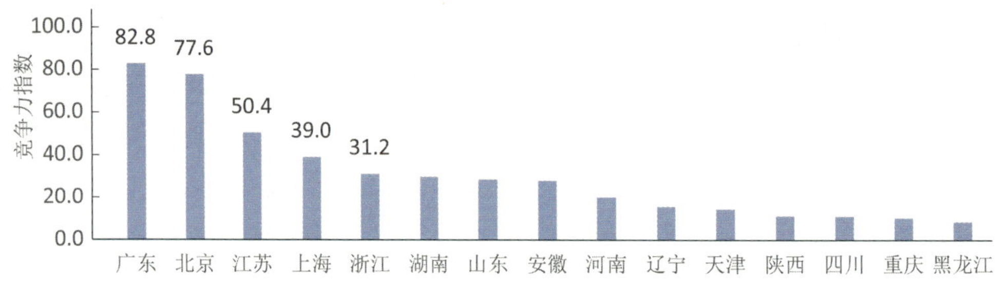

图10-47 操作系统及核心软件竞争力排名

如图10-48所示，在各维度指标对比中，广东各项指标综合排名靠前，分数较高，其中产业链充分性排名第一；北京的市场竞争力和技术竞争力皆排名第一，但是其产业链充分性排名第四，说明北京的操作系统及核心软件产业链充分性有所欠缺；上海则在产业链完备性方面排名第一。其他两个地区对比北京、广东和上海，领先优势不明显。

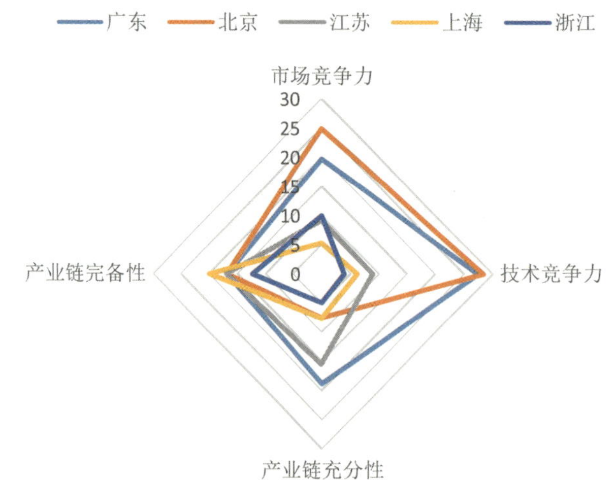

图10-48 操作系统及核心软件竞争力TOP5各维度指标对比

(3)作业系统

如图10-49所示，在作业系统的竞争力指数评价中，北京排名第一，得分75.4。广东紧随其后，得分为66.0。这两地具有较大的领先优势，说明作业系统主要布局在北京、广东。而浙江、上海、湖南以49.1、46.7、36.8的分数位列第三、第四、第五。

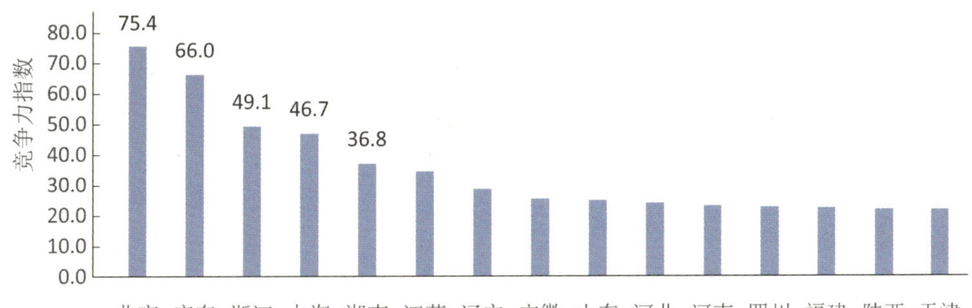

图10-49 作业系统竞争力排名

如图10-50所示，在各维度指标对比中，北京综合分数靠前，其市场竞争力和技术竞争力皆排名第一，但是在产业链充分性方面排名第五，说明北京的产业链充分性仍有提升空间；广东的产业链完备性排名第一；而五个地区在产业链完备性方面都比较均衡。

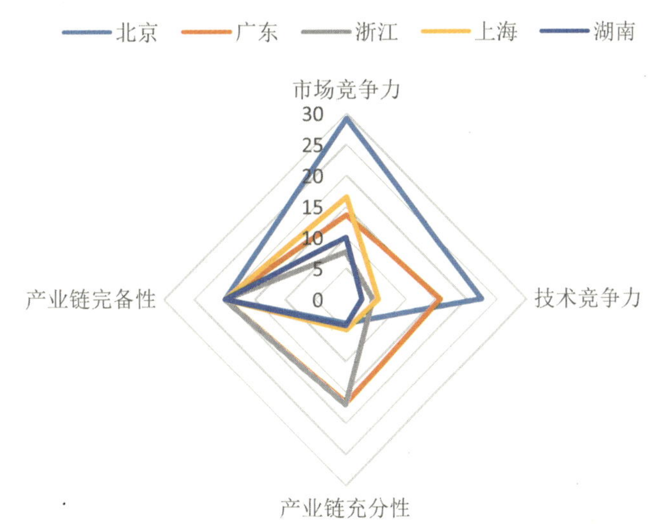

图10-50 作业系统竞争力TOP5各维度指标对比

(4)伺服驱动系统

伺服驱动系统是以变频技术为基础发展起来的产品，是一种以机械位置或角度作为控制对象的自动控制系统。如图10-51所示，在特种机器人伺服驱动系统整体的竞争力指数评价中，广东排名第一，得分87.0，说明广东在特种机器人伺服驱动系统方面具有明显发展优势；江苏、重庆、北京、安徽竞争力指数分别为59.9、40.2、39.2和31.6。

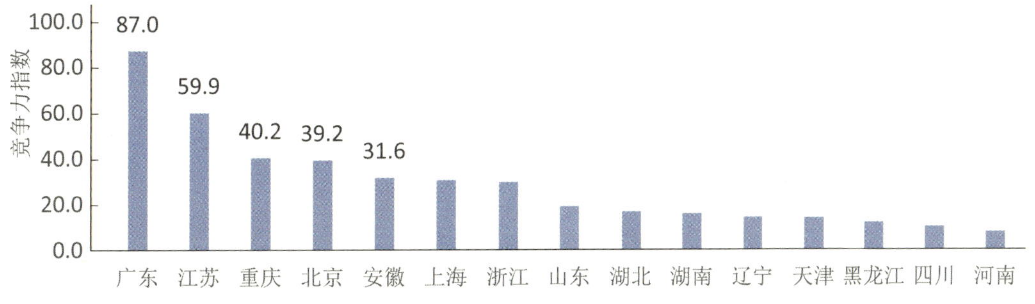

图10-51 伺服驱动系统竞争力排名

如图10-52所示，在各维度指标对比中，广东的市场竞争力、技术竞争力、产业链完备性均排名第一，产业链充分性指标排名第二；江苏的产业链充分性排名第一。

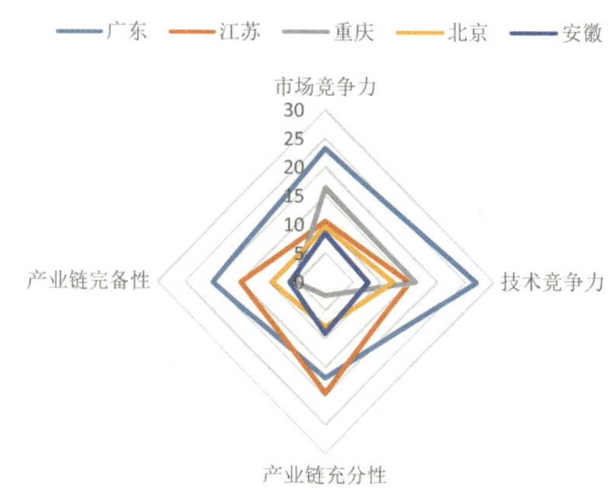

图10-52 伺服驱动系统竞争力TOP5各维度指标对比

（5）感知系统

特种机器人感知系统是机器人感知传感的重要组件。如图10-53所示，在特种机器人感知系统整体的竞争力指数评价中，广东排名第一，得分82.0。较之得分56.6、38.3、32.3和24.9的江苏、辽宁、北京和四川，广东发展优势较为明显。

图10-53 感知系统竞争力排名

如图10-54所示，在各维度指标对比中，广东综合实力较强，其市场竞争力、技术竞争力、产业链充分性、产业链完备性均排名第一。江苏和辽宁在这四个指标上的发展较为均衡，各项指标的排名靠前。北京和四川在市场竞争力、技术竞争力和产业链充分性方面发展较差，但在产业链完备性方面发展较好。

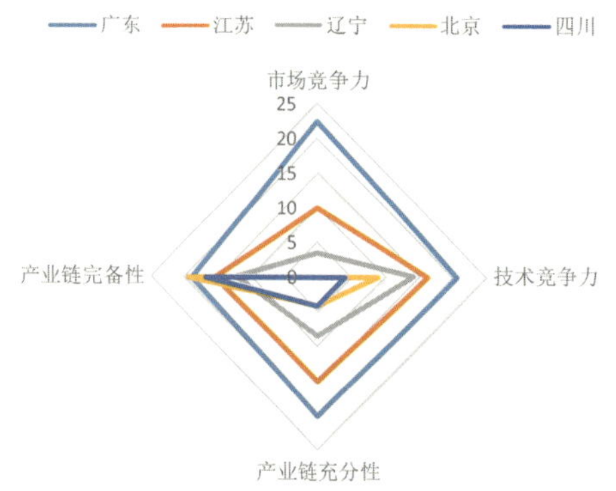

图10-54 感知系统竞争力TOP5各维度指标对比

(6)精密传动系统

精密传动系统是机器人控制系统中的核心部分。如图10-55所示,在精密传动系统整体的竞争力指数评价中,广东排名第一,得分68.8,北京紧随其后,得分为67.9,排名第二。江苏、浙江、安徽则是以41.6、36.5和22.9排名第三、第四、第五,与前两名存在差距。这说明特种机器人精密传动系统的发展布局基本在广东、北京两地。

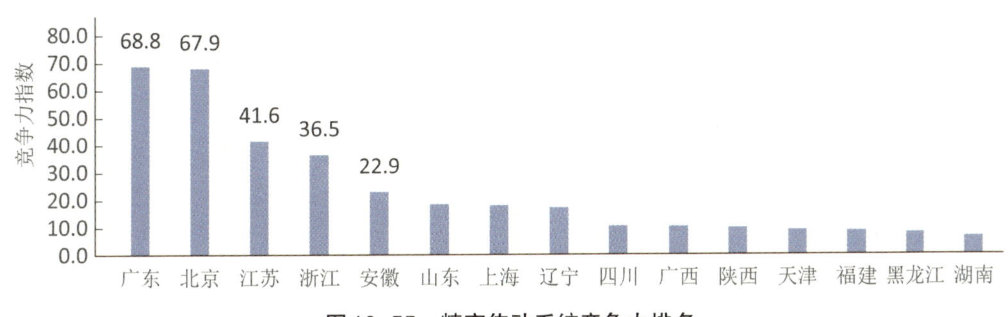

图10-55　精密传动系统竞争力排名

如图10-56所示,在各维度指标对比中,北京的市场竞争力和技术竞争力排名第一,具有较大优势;但产业链充分性和产业链完备性却排名较后。广东在这四个指标上的发展较为均衡,其产业链完备性上排名第一。其他三个地区的发展较这两个地区仍存在差距。

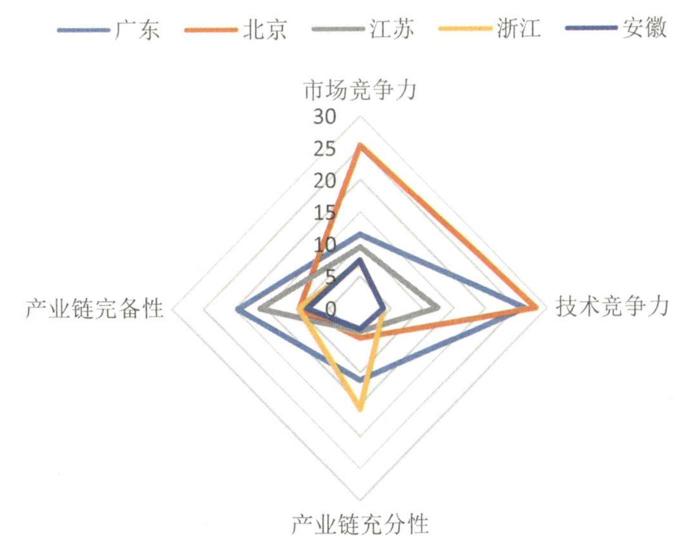

图10-56　精密传动系统竞争力TOP5各维度指标对比

(7)控制系统

控制系统是由机器人和作业对象及环境共同构成的整体,其中包括机械系统、驱动系统、控制系统和感知系统四大部分。如图10-57所示,在特种机器人控制系统整体的竞争力指数评价中,广东以较大优势排名第一,得分为37.6,北京排名第二,得分为26.5。江苏、浙江、安徽分别以20.6、19.4、15.2排名第三、第四、第五。

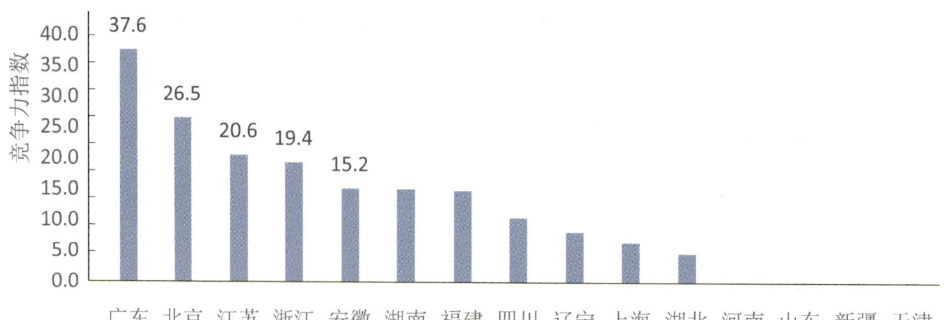

图10-57 控制系统竞争力排名

如图10-58所示，在各维度指标对比中，五个地区在市场竞争力上得分均为零，这说明中国在特种机器人控制系统上的市场还未完全打开。广东的技术竞争力和产业链充分性排名第一，北京的产业链完备性排名第一。五个地区在产业链完备性上均有一定的发展。

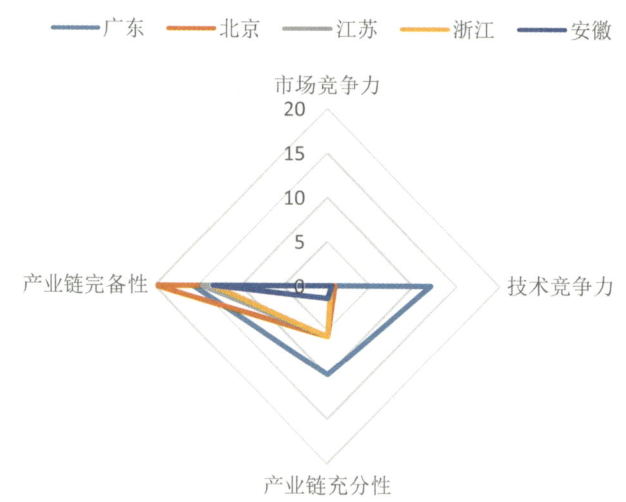

图10-58 控制系统竞争力TOP5各维度指标对比

2. 中游：特种机器人本体

如图10-59所示，在特种机器人本体整体的竞争力指数评价中，北京以84.0排名第一。紧接着广东以70.3排名第二。江苏、浙江和上海分别排名第三、第四、第五，得分为55.5、45.9和38.6。

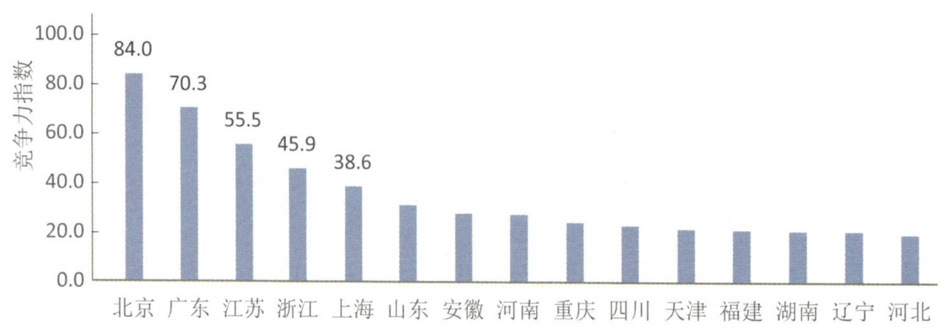

图10-59 特种机器人本体竞争力排名

如图10-60所示，在各维度指标对比中，北京的市场竞争力和技术竞争力领先，排名第一。广东的产业链完备性和产业链充分性排名第一。其余三个地区的发展较为均衡，差距并不大。

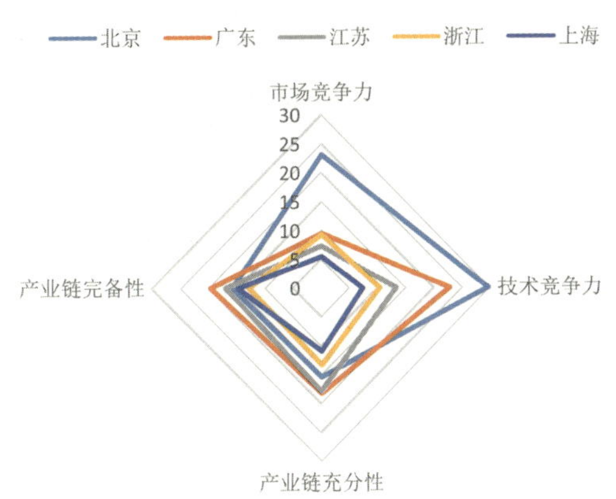

图10-60 特种机器人本体竞争力TOP5各维度指标对比

3. 下游:特种机器人集成运用

特种机器人可以分为轮式机器人、履带式机器人、足腿式机器人、蠕动式机器人、飞行式机器人、潜游式机器人、固定式机器人、喷射式机器人、穿戴式机器人、复合式机器人等。如图10-61所示,在特种机器人集成运用竞争力指数评价中,北京排名第一,得分87.4,远远领先于其他地区;江苏排名第二,得分56.3,虽然和北京存在一定差距,但相比其他三个地区仍存在领先优势。广东、上海、浙江得分分别为30.5、28.8、26.0,排名第三、第四、第五。

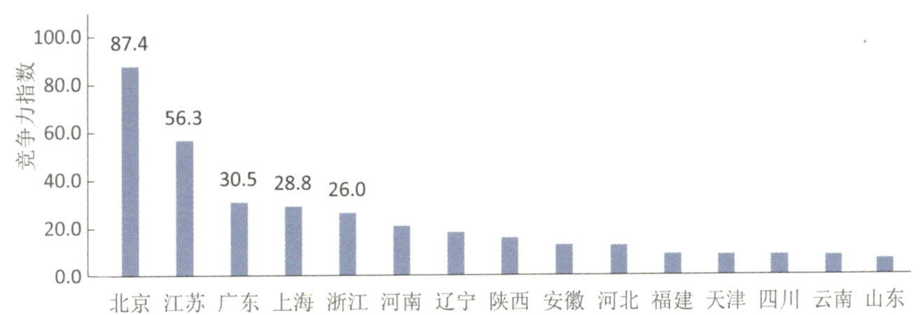

图10-61 特种机器人集成运用竞争力排名

如图10-62所示,在各维度指标对比中,北京的市场竞争力、技术竞争力、产业链完备性均排名第一,产业链充分性排名第二,发展较为均衡。江苏的产业链充分性排名第一。

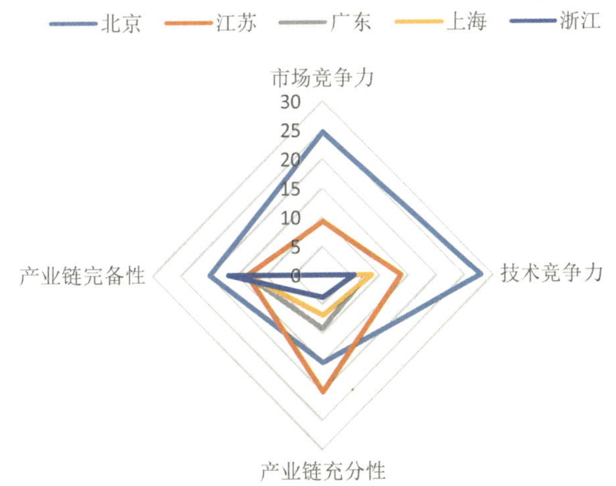

图10-62 特种机器人集成运用竞争力TOP5各维度指标对比

四、主要省份智能装备(机器人)产业链布局分析

从全国来看,长三角经济圈机器人企业数量达到4090家,占机器人企业数量的比重达到37.0%;珠三角经济圈机器人企业数量达到1925家,占机器人企业数量的比重达到17.4%;环渤海经济圈有2129家,占比为19.2%,成渝经济圈仅有421家,占比为3.8%。整体来看,全国机器人产业主要布局在北京、广东、江苏、浙江和上海等省市(TOP5),具体产业链布局分析如下。

(一)北京

北京的产业链竞争力指数整体排名第一,得分78.6;产业链完整性水平较高,说明本地产业链的布局、配套完备程度较好;在企业数量中等的情况下,得益于高产业链完整性和高研发投入,北京的市场竞争力和技术竞争力均为第一名,并在高新节点占有率和利润率表现上发挥出色。

具体到各产业链而言,北京的工业机器人产业最为发达,全产业链实力强劲,上游多个节点和中游节点均排名第一(见图10-63)。在服务机器人产业,尽管北京在上游新型基础材料、驱动系统、控制系统和感知系统方面稍显不足,但在上游先进的精密传动系统与操作系统以及活跃下游的加持下,北京服务机器人产业整体竞争力指数仍为第一、市场广阔(见图10-64)。在特种机器人产业方面,除了上游伺服驱动系统和感知系统无明显优势,北京在其他产业链节点仍保持了优异水准;在特种机器人本体和集成应用方面均排名第一,表明北京特种机器人在商业化和应用场景方面具备较大优势(见图10-65)。

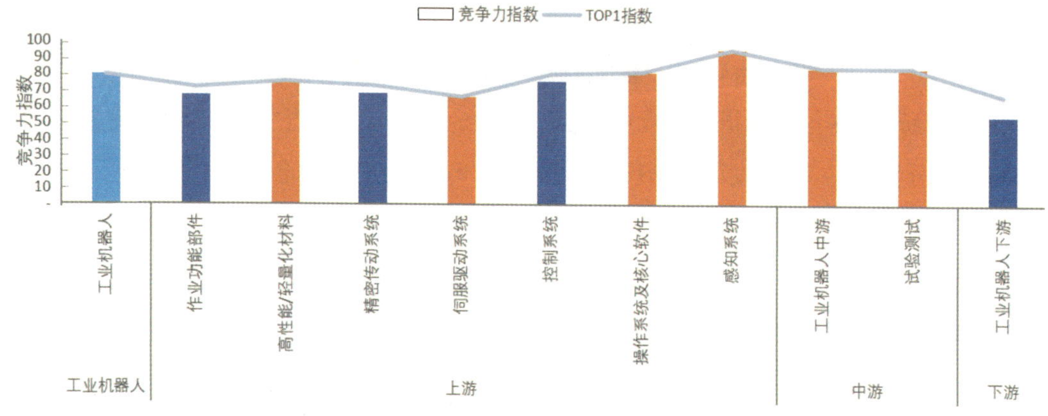

图10-63 北京工业机器人产业链各节点竞争力指数对比

截至2021年7月底,北京关于人工智能领域的专利申请位居全国第二,拥有极智嘉、石头科技、智同科技、北京谐波传动技术研究所、遨博、珞石科技、盈科视控等一批龙头企业,形成以海淀区为机器人技术创新区,以经开区为机器人产业聚集区,以房山区、顺义区等为特色机器人产业发展区的产业集群。此外,北京智能装备(机器人)的科研实力雄厚,拥有清华、北理工、北航、中科院自动化所等国内知名的机器人重点科研院所和中关村机器人产业创新中心,聚集了仿生机器人与系统、

机器人感知与智能、机器人伺服控制系统等重点实验室和工程技术中心等。

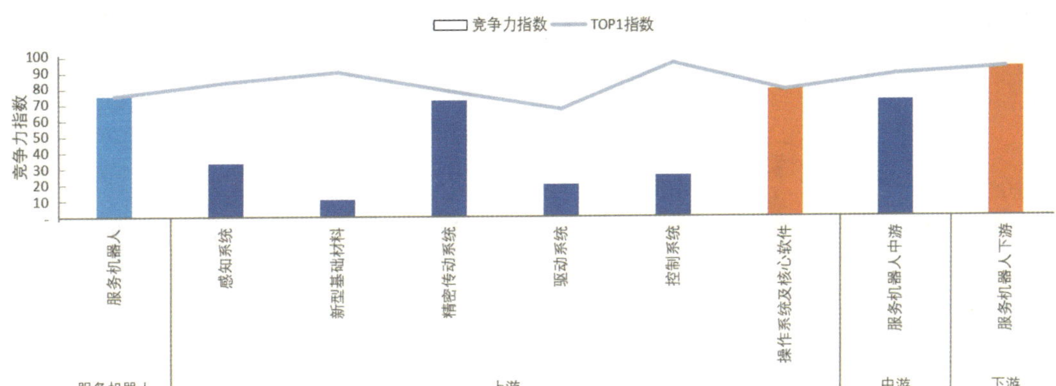

图 10-64　北京服务机器人产业链各节点竞争力指数对比

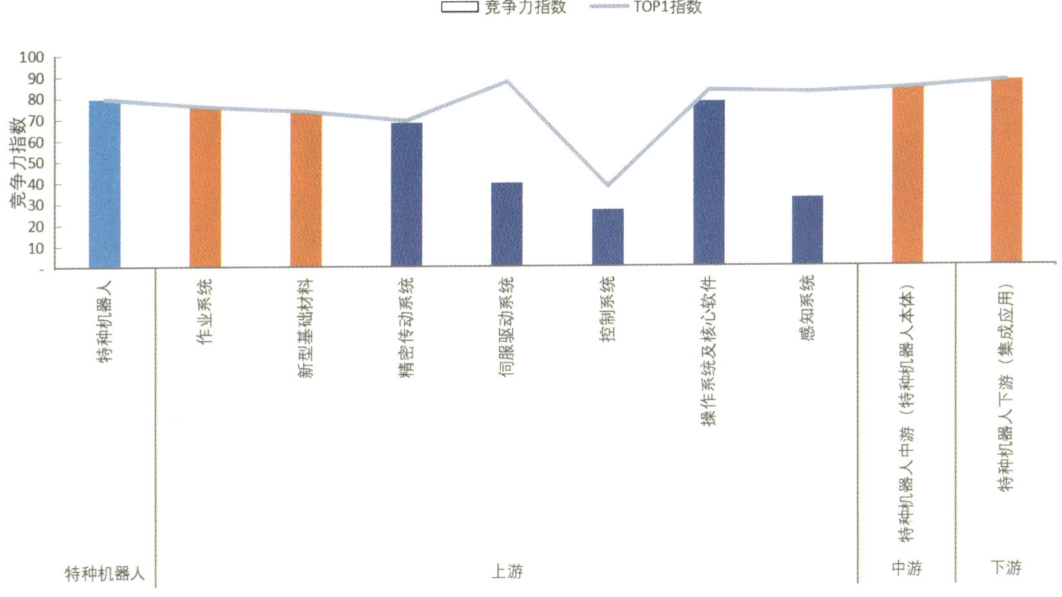

图 10-65　北京特种机器人产业链各节点竞争力指数对比

(二)广东

广东的智能装备(机器人)产业链竞争力指数整体排名第二,得分70.9;在TOP5省市中,产业链完整性水平和高新节点占有率均为最高,说明本地产业链,尤其是关键环节的稳定性和整体布局较好。纵观工业机器人、服务机器人和特种机器人三条产业链,广东在上游的精密传动系统和控制系统领域的竞争力都是行业第一,在操作系统及核心软件领域的实力同样突出,但在三类机器人下游的集成应用领域竞争力均不高。从细分行业来看,在工业机器人领域,广东整体竞争力仅次于北京,除伺服驱动系统和集成应用稍有不足,工业机器人的其他产业链节点表现强势,高性能或轻量化材料、作业功能部件竞争力均属前列(见图10-66)。在服务机器人领域,广东服务机器人上游包括感知系统在内的多个节点和机器人本体竞争力全国第一,但上游新型基础材料环节较薄弱(见图10-

67)。在特种机器人领域,广东发展全面,产业链上中游各项竞争力都较强;不过,同样在上游新型基础材料有待提升(见图10-68)。

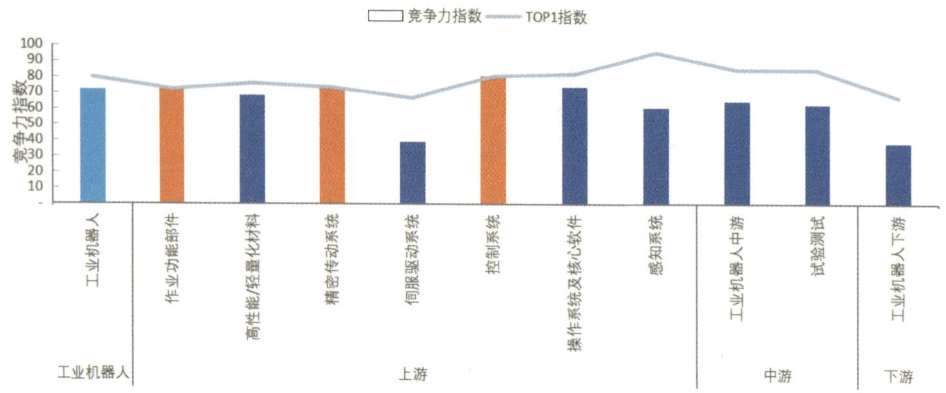

图10-66 广东工业机器人产业链各节点竞争力指数对比

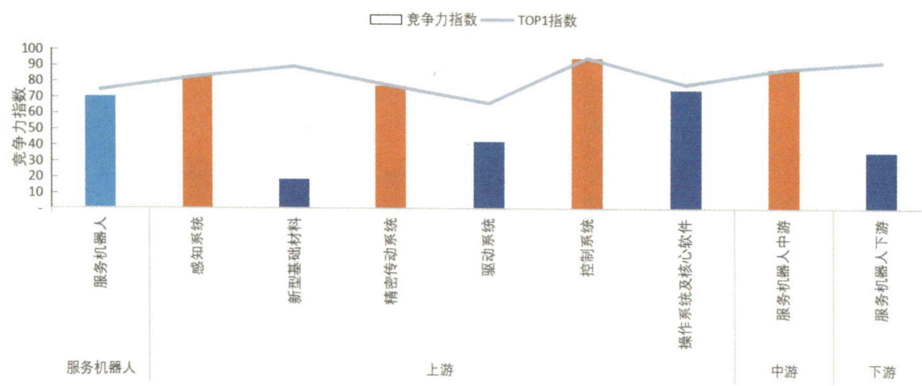

图10-67 广东服务机器人产业链各节点竞争力指数对比

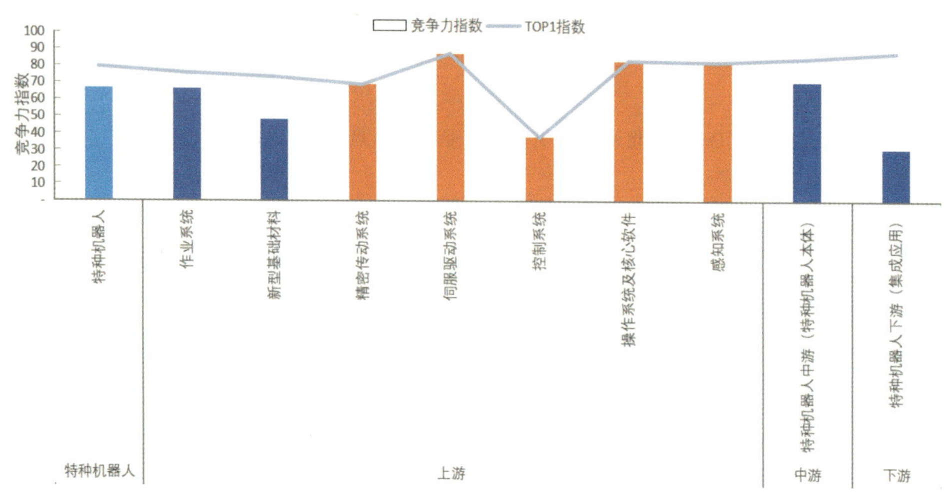

图10-68 广东特种机器人产业链各节点竞争力指数对比

广东是我国最大的机器人生产基地之一,工业机器人和服务机器人产值均居全国第一,广东拥有盛思锐、汇川技术、拓斯达、创世纪智、利元亨等一批龙头企业。此外,广东拥有深圳南山机器人产业园、深圳市智能机器人产业园、松山湖国际机器人产业基地、重点机器人产业集聚区、深圳宝安机器人制造产业园、佛山库卡机器人小镇等一批智能装备(机器人)产业发展平台,以及高水平省建机器人创新中心、国家机器人监测与评定中心和国家工业机器人质量监督检验中心等产业支撑平台。

(三)江苏

如图10-69至图10-71所示,江苏的产业链竞争力整体排名第三,得分62.9,产业链整体发展均衡,产业链充分性最高,机器人相关企业数量庞大,技术和市场竞争力均属于第一梯队。整体来看,得益于发达的新材料产业,江苏在工业机器人领域的高性能/轻量化材料和特种机器人领域的新型基础材料上实力强劲,但对服务机器人上游新型基础材料的布局仍不够充分。在工业和特种机器人产业方面,江苏除了中下游和北京与上海有所差距外,在工业机器人的伺服驱动系统和作业功能部件上表现出色。在服务机器人产业方面,江苏需要在保持其他节点稳步发展的同时,更关注上游控制系统的提升。

江苏拥有埃斯顿机器人、熊猫机器人、安川机器人、川崎机器人、台达、汇川、东芝等一批龙头企业,南京麒麟机器人产业园位居全国第三,拥有南京机器人研究院等研发平台和机构。形成了苏州、南京、常州三大机器人产业集群。

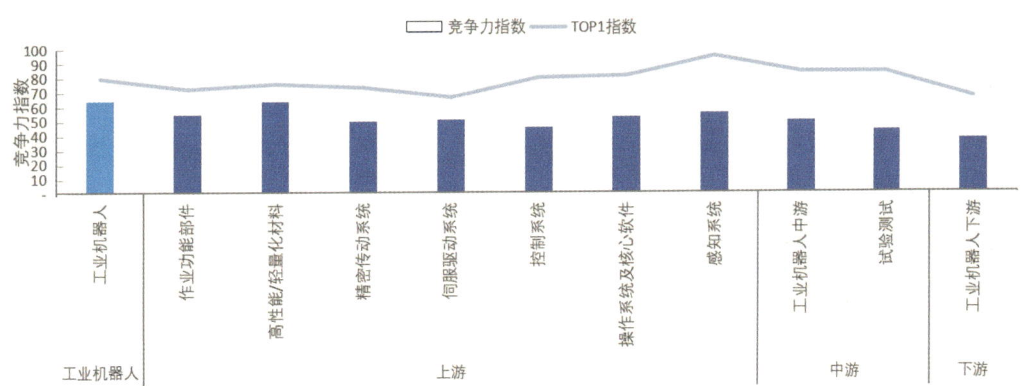

图10-69 江苏工业机器人产业链各节点竞争力指数对比

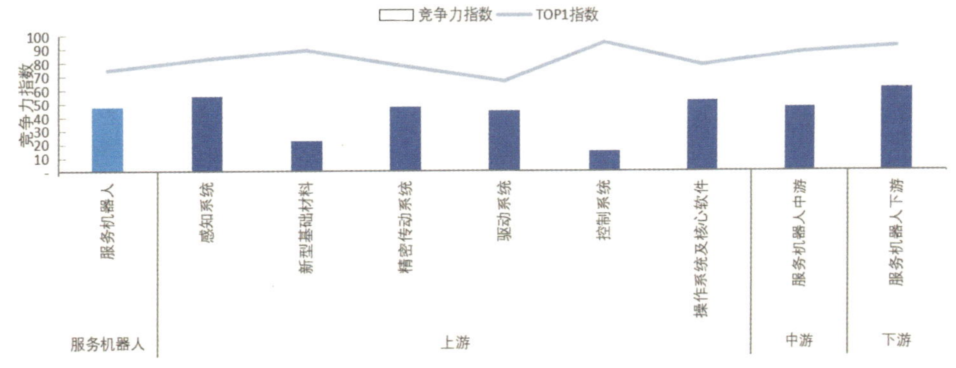

图10-70 江苏服务机器人产业链各节点竞争力指数对比

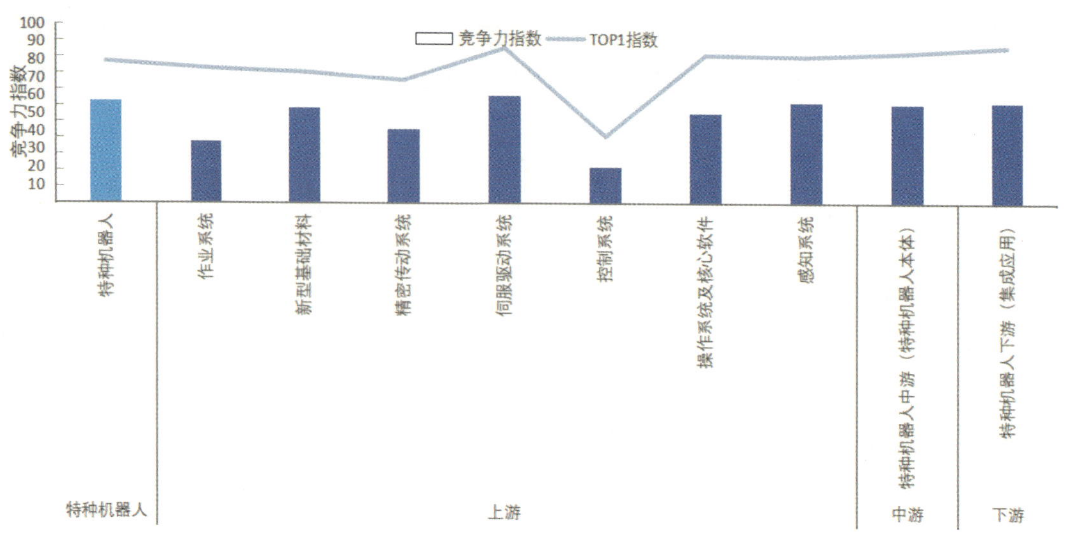

图10-71　江苏特种机器人产业链各节点竞争力指数对比

（四）浙江

如图10-72至图10-74所示，浙江的产业链竞争力指数排名第四位，得分为52.0，市场竞争力较强，但技术竞争力与前三名省市有一定差距。在三类机器人中，浙江的工业机器人发展最好，尤其是工业机器人的伺服驱动系统、作业功能部件以及精密传动系统是优势节点；而服务机器人和特种机器人的关键零部件、整机设计以及人机协同环节还需要持续培育。具体而言，在服务机器人产业，浙江上游的新型基础材料排名全国第一；特种机器人产业的新型基础材料和作业系统领域也较先进。但这两条产业链的其他节点与先进地区相比存在一定差距，尤其在机器人核心软件、机器人感知系统和控制系统、下游集成应用等领域需要重点提升。

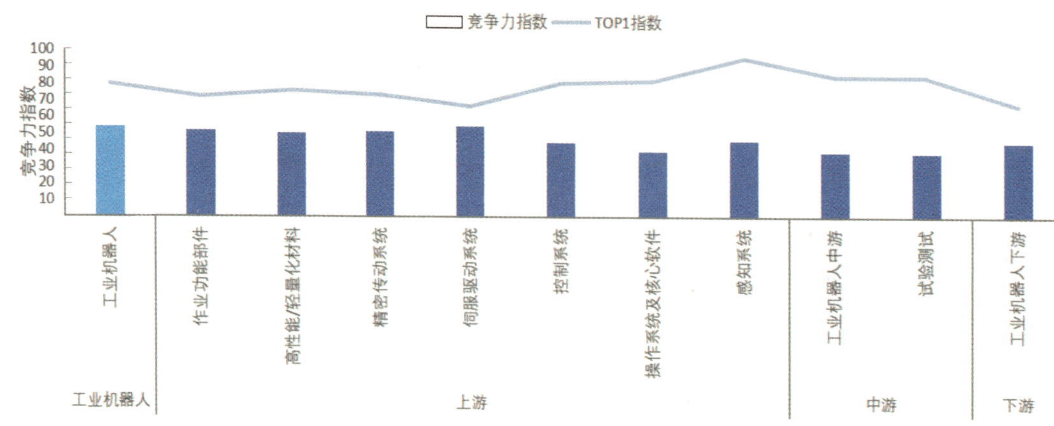

图10-72　浙江工业机器人产业链各节点竞争力指数对比

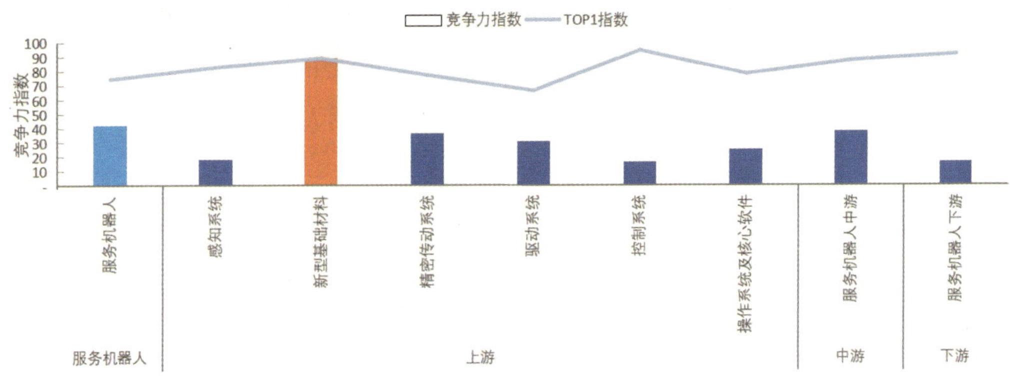

图10-73　浙江服务机器人产业链各节点竞争力指数对比

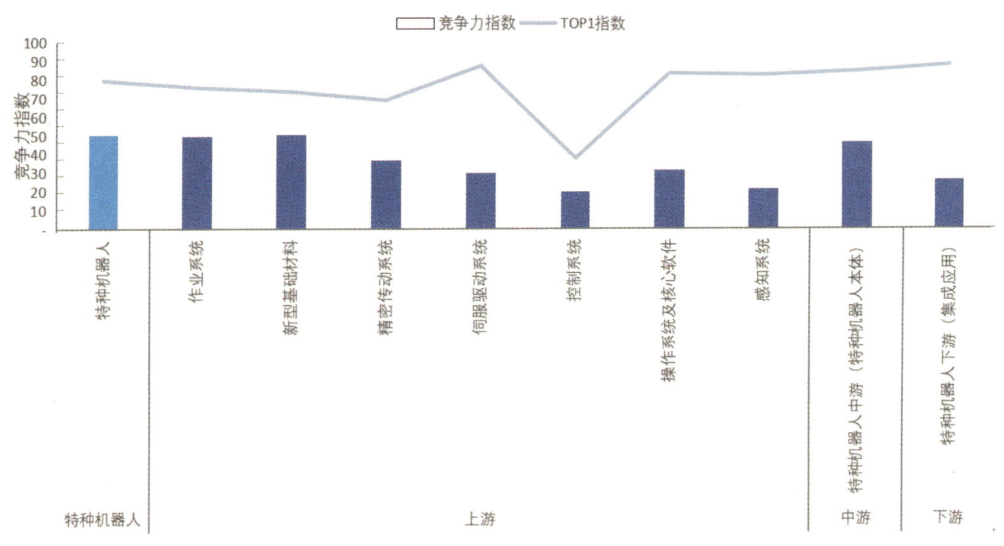

图10-74　浙江特种机器人产业链各节点竞争力指数对比

浙江政府近年发布了一系列包括“机器人+”规划支持机器人产业发展,加快构筑有利于机器人应用和产业发展的政策环境和体制机制。截至2020年底,浙江省机器人专利申请已达2.5万余件,总数位居全国第四。截至2021年底,浙江拥有机器人核心企业337家,上下游及配套企业近千家,包括恒丰泰、双环传动、来福谐波、禾川科技、钱江机器人等国内知名龙头企业。浙江具备丰富的机器人产业创新平台资源,拥有之江实验室、阿里达摩院等高能级创新平台,中国(浙江)机器人及智能装备创新中心、浙江大学机器人研究院、宁波市智能制造产业研究院等高水平产业创新中心,建有国家级技术(研发)中心2个、省级技术(研发)中心5个,基本形成了以宁波余姚机器人小镇和萧山机器人小镇为核心,温州、嘉兴、台州等多地平台特色化发展的产业发展格局。

(五)上海

如图10-75至图10-77所示,上海的产业链竞争力指数排名第五,得分43.7,市场竞争力与广东相近,但技术竞争力同北京、广东和江苏有一定差距。在三类机器人产业中,上海的工业机器人整体发展最好,尤其是作业功能部件这一产业链节点,但缺乏下游系统集成企业。在服务机器人产业中，上海的驱动系统排名第一，操作系统及核心软件的竞争力也较强，但上游的控制系统、精密传动系统和感知系统领域竞争力有待提升。最后，在特种机器人产业中，上海的作业系统是优势产品，但同服务机器人一样，与TOP3省市在上游其他关键零部件和机器人软件方面竞争力有距离。

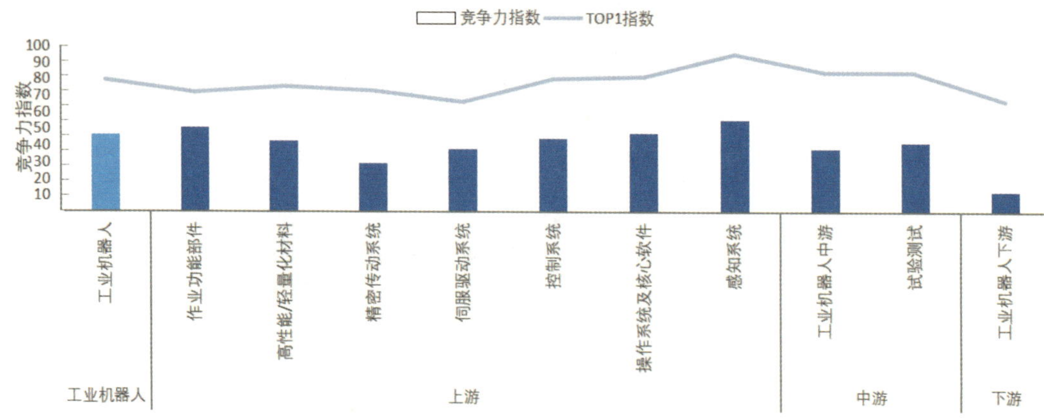

图10-75　上海工业机器人产业链各节点竞争力指数对比

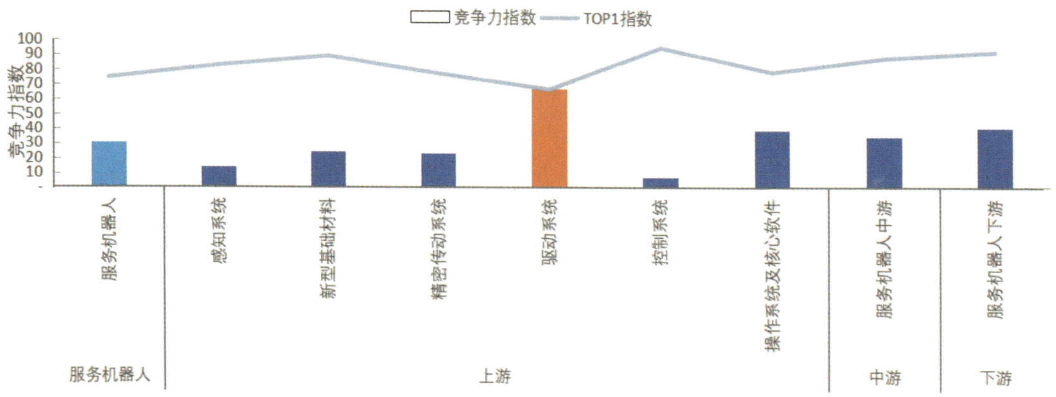

图10-76　上海服务机器人产业链各节点竞争力指数对比

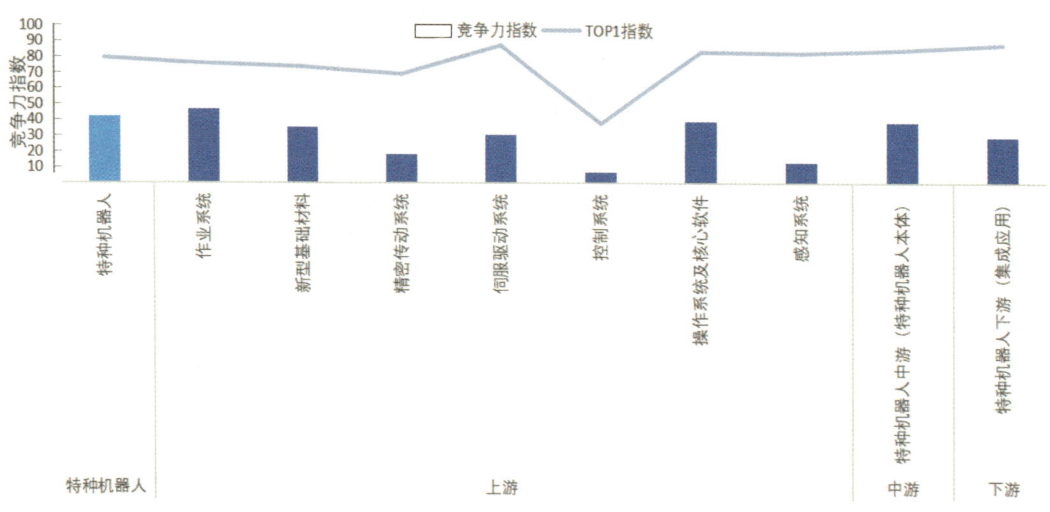

图10-77　上海特种机器人产业链各节点竞争力指数对比

据统计，上海机器人产量占到全国产量的1/3，其中工业机器人产量占全球规模的1/9。机器人“四大家庭”ABB、库卡、发那科、安川均在上海设立了中国总部或者机器人总部。同时，国内机器人领军企业新时达、新松、科大智能等均在上海落户。此外，小i、达闼、高仙、钛米等一批细分领域的头部企业快速成长。全市形成了宝山机器人产业园、张江康桥机器人谷、嘉定北虹桥智能制造产业园等一批产业集群。在研发创新方面，上海拥有复旦大学智能机器人研究院、上海大学机器人研究所、上海电器科学研究院、上海电气研究院、上海科技大学先进机器人实验室、上海交通大学医疗机器人研究院和上海交通大学机器人研究所等创新资源，支持关键核心技术突破。

五、对策建议

浙江应当对标北京、广东、江苏、上海等先进地区，立足现有智能装备（机器人）产业发展基础，从创新能力提升、系统集成、资金支持、人才引培、企业培育、产业平台、精准合作等七个维度探索浙江智能装备（机器人）产业链竞争力提升路径，着力推进产业基础再造和产业链现代化、促进制造业智能转型升级。

（一）提升创新能力，提升国际竞争力

浙江省智能装备（机器人）产业链创新竞争指数在全国排名第四，主要在伺服驱动系统、核心软件、控制系统等与全国领先地区相比还有较大差距。在智能装备（机器人）产业，提升自主创新能力，突破一批“卡脖子”技术，是打破国外技术封锁，推动产业链稳定性和竞争力提升的关键所在。建议浙江实施智能装备（机器人）重大基础研究专项，支持和推动浙江大学、之江实验室等开展前沿基础理论研究，增强智能感知、模式识别、智能分析、智能控制等人工智能技术在机器人领域的交叉融合研究，争取形成一批智能机器人融合创新成果。支持中国（浙江）机器人及智能装备创新中心、浙江大学机器人研究院、宁波智能制造产业研究院等研究机构，开展行业共性技术、基础性技术研究。重点聚焦控制器、减速器、伺服电机等关键领域，支持机器人整零企业联合实施一批产品升级改造、产业链协同创新项目计划，形成一批进口替代的关键技术产品。

（二）推动企业升级，培育标杆企业

加快培育智能装备（机器人）领域链主企业，落实“链长+链主”协同机制，将机器人产业列入“雄鹰行动”重点领域，实施“一企一策”“一事一议”重点培育，形成一批机器人行业标杆企业。支持企业开展机器人产业链并购和战略合作，重点实施一批境外并购项目，提升企业国际化经营能力。实施工业机器人及系统集成企业对标行动，支持企业开展国家《工业机器人行业规范条件》认证，力争走在全国前列。做强“专精特新”企业，统筹实施“凤凰”“雏鹰”“放水养鱼”和“双倍增”行动，聚焦高精密减速器、高性能控制器、高性能伺服电机、末端执行器等细分领域，培育一批机器人“专精特新”

小巨人企业、隐形冠军企业。

(三) 打造平台梯队,提升产业能级

布局建设一批机器人产业基地,支持余姚机器人智谷小镇、萧山机器人小镇建设,支持温州、嘉兴、绍兴、台州等地,依托龙头企业、重大标杆项目,差别化、高水平建设一批机器人特色产业基地。推动在机器人特色小镇、特色产业基地布局建设高水平机器人检测评定平台,建设高层次机器人(智能制造)人才实训基地。支持机器人及关键零部件企业创建省级企业技术中心、高新技术企业研发中心、企业研究院,推动国家机器人制造业创新中心在浙江部署分中心。谋划布局机器人交易平台与市场,提供机器人交易评估、场景展示、工程设计、维修保养等综合服务。

(四) 推广智能制造,加快集成应用

建议采用分类指导、典型引路的工作机制,开展以机器人系统集成应用为重点的分行业智能化改造试点,推广工业机器人"工作站"式集成应用。大力推进智能制造工程和"十百千万"智能化技术改造行动,实施一批机器人系统集成应用示范项目,建设一批工业机器人深度应用的省级标杆数字化车间、智能工厂;开展重点行业(地区)智能化技术改造咨询诊断,将机器人"工作站"诊断评估服务纳入工作重点。推动机器人行业大脑建设,依托数字经济系统建设,加快建设机器人产业大脑,充分发挥数字赋能作用,促进工业机器人制造与应用双联动。

(五) 加强开放合作,优化发展环境

深化长三角地区智能装备(机器人)产业链合作机制,探索建立长三角技术联盟,推动检验检测结果互认。推动余姚、萧山等举办中国机器人峰会、中国(杭州)国际机器人西湖论坛等活动,推动智能装备(机器人)国际交流与合作。加强智能机器人及关键零部件领域重大项目谋划与推介,引导地方机器人产业项目招引。推动企业开展联合实验室、院士专家工作站建设,集聚一批机器人领域院士、首席科学家等顶尖人才,实施一批高层次人才创新创业项目。同时,优化产业园区人才居住条件、生活配套、服务设施、子女入学等人才发展环境。

(六) 强化保障支撑,营造发展氛围

浙江省主要以中小微企业为主,然而中小企业普遍存在对工业机器人"不敢投、投不起"的情况,建议建立财政投融资租赁制度,探索由多家工业机器人制造企业和保险公司共同出资,成立机器人租赁公司,接受财政投资或援助,出租给中小企业,减轻引进机器人的租金负担,同时对中小企业提供租赁贷款和税额扣除,以及知识和技术指导,提升工业机器人覆盖率。推动国有企业、政府机关和学校等优先采购国产设备,提高市场整体国产化率,推动本土企业实现规模效益,加速其核心技术创新。

11

智能家居产业链竞争力评价

一、智能家居产业链全景概览

（一）智能家居产业链节点体系

智能家居是指以住宅为平台，利用物联网等现代网络信息通信技术集成控制各类智能化家居设施用品，为用户居家生活带来舒适、安全、便捷、节能的场景化体验的一个综合性生态系统，涉及门锁、开关、照明、厨卫、家电、家具、窗帘、监控、环境等多个产业细分领域，产业分布领域较广，带动作用强。本研究使用的智能家居全产业链节点体系是依托浙江人工智能省部共建协同创新中心的算法，联合产业专家，基于上市公司公告、官网产品、招投标等信息，利用人工智能算法自动抽取加人工校准的方式构建出的包含6个维度的生产关系（即生产原料、生产配件、辅助原料、辅助设备、生产设备和技术服务）的全产业链的网状图谱产品体系。在智能家居全产业链网状图谱产品体系中，以下游智能家居的产品设备为起点，沿着其多种生产关系向上游追溯相关产品节点，遍历到以技术服务、生产设备为终止产品节点结束，从而形成一套有边界的智能家居产品关系图谱，即本研究使用的智能家居产业链节点体系。

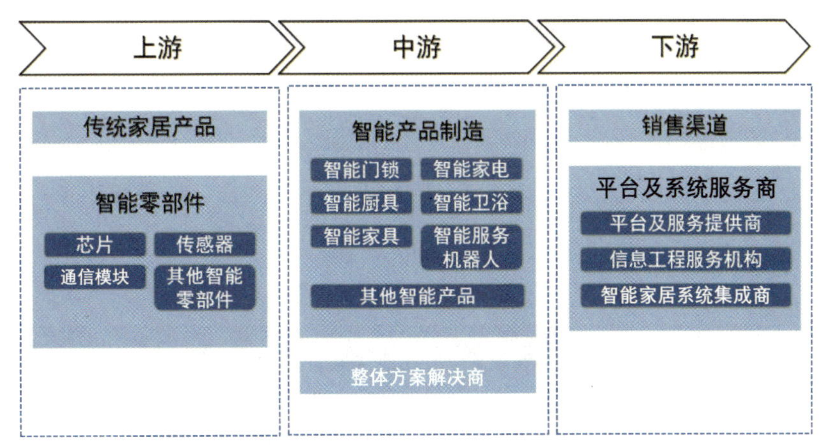

图11-1　智能家居产业链节点体系

如图11-1所示，智能家居产业链包括上游芯片、传感器和通信模块等相关零部件生产以及传统家居制造领域，中游包括整体方案解决商及智能产品制造的硬件厂商，下游包括系统集成商、信息工程服务机构、平台机构及直接触达消费者的线上、线下渠道企业。在智能家居产业链中，节点之间不存在生产关系，是平行的分类关系，以灰蓝色为底色。

（二）国内外智能家居产业链现状

近年来，新一代信息技术革命方兴未艾，信息化、网络化、数字化、智能化渗透融合催生新业务、新应用、新业态，广泛、深刻地影响着全球经济社会、生产生活（家庭作为社会的基本单元，随着宽带、5G、云计算、IoT、AI等技术落地加速，在居民生活水平提升、消费升级以及疫情倒逼导致的需求快速成熟，智能家居产业潜力不断释放，迎来全面爆发之势）。根据GFK市场研究公司对7个国家的研究报告，超过半数人认为在未来几年智能家居会对他们的生活产生影响（据全球第二大市场研究咨询公司Research and Markets报告显示）。预计全球智能家居市场规模将从2021年的845亿美元增长到2025年的1353亿美元，未来五年的复合年增长率将达到11.6%。

1. 上游智能零部件环节

智能零部件是智能家居产业链感知环境与数据采集的基础环节，主要提供智能家居产品生产所需的配件支撑，包括传感器、芯片、显示器等核心零部件。芯片是智能家居零部件最核心的环节，它直接反应了智能家居的技术路线特点和产品性能。目前，全球智能家居芯片多半核心技术主要被美欧日等国外一些国际巨头企业占据和垄断，如Marvell提供了全系列的智能家居芯片方案，包括Wi-Fi微控制器IoT平台、家庭互联G.hn芯片组等，亚马逊研制出终端AI芯片InferenTIa用于提高AI语音连接效率。其他主流芯片商如意法半导体、Silicon Labs、三星、高通等也相继推出了智能家居芯片方案，纷纷抢占布局智能家居芯片市场（见表11-1）。

与国际关键零部件企业相比，我国本土企业的发展重点仍偏向于应用端，在元器件供应方面的基础力量薄弱，尤其是在高端电机驱动芯片、视频编解码芯片、红外芯片、高端传感器等一些核心元器件和测试设备等方面仍依赖进口。但是伴随智能家居快速发展以及国外核心元器件供应不足带来的进口价格上涨，再加上本土企业技术创新日益成熟，未来国产智能家居芯片进口替代是大势所趋。据IC Insights数据显示，2021年我国芯片自给率仅为6%，总体而言，仍有较大国产替代空间。当前我国部分研发实力突出的企业，比如华为、小米，已积极向产业链关键核心配件领域加快布局，研发具有竞争力的芯片产品，还有云威物联、拓邦、和而泰等中间件厂商持续发力，对外依赖程度正在不断降低。

表11-1　国内外智能家居关键零部件领域代表性企业

领域	代表性企业
传感器	NORDIC、水晶光电、freescale、德州仪器、博世、飞利浦等
芯片	Intel、ARM、AMD、Qualcomm、三星、海思、ARDUINO等
材料及屏幕	SHARP、LG、宜安科技、安泰科技、中科三环、韵升集团等

2. 中游智能产品环节

智能家居产品包含种类多样，其参与者分布也相对多元化，聚集了大量互联网企业、家电企业、新兴智能创业企业，以及以安防、照明、中控等为代表的智能家居场景类企业（同时相关的代工厂与供应链平台等），如表11-2所示。在全球市场上，智能家居产品主要集中在北美和欧亚，以家庭自动化、家庭安防、家庭娱乐等需求为主，推动智能家电、智能安防、智能影音等细分领域迅速发展，占据全球较高市场份额。尤其是美国，作为全球智能家居市场规模最大和普及率最高的国家，早在1984年就率先推出全球首幢智能家居住宅，并拥有苹果、谷歌、微软、亚马逊等科技巨头企业。受益于物联网、人工智能等底层技术先发优势，加上以独栋房屋为主的居住环境带来的需求，美国的智能产品相对成熟，目前已逐步向集成化成套化趋势升级。当前在全球范围内具有较强竞争力和影响力的智能家居产品主要有微软面向家用智能集成服务推出的Home－Hub智能家庭中枢，Amazon推出的嵌入语音助手服务Alexa智能蓝牙喇叭Echo，苹果推出的全球最具规模的智能家居生态系统之一Apple HomeKit等。

我国的智能家居行业起步较晚，目前已经完成市场的培育，进入探索推广阶段，市场规模仅次于美国，居全球第二。优势产品主要集中在智能照明、智能监控、智能家电、智能可穿戴等领域，市场渗透率较高。从市场竞争格局看，智能家居产业快速发展所释放的巨大市场潜力，吸引众多传统家电厂商、科技优势企业以及互联网平台公司纷纷切入智能家居行业，企业竞争边界变得模糊，行业竞争焦点从智能化单品延伸至智能家居整体方案层面。其中，传统家电厂商主要基于原有家电产品拓展升级，建立智能家居全产品模式，代表性企业有海尔、美的、方太、老板等；科技优势企业通过硬件打造家庭入口，并基于自身底层物联网协议平台实现硬件互联互通，构建泛终端连接的家庭生态圈，代表性企业有华为、小米、海康（萤石）等；互联网平台公司以智能家居控制终端产品为主，瞄准后续互联网增值服务，代表性企业有阿里、京东、腾讯等。但结合国外现状趋势看，智能家居集合了物联网技术、硬件、软件系统等，实质是各方参与的生态圈，对于行业内的市场参与者而言，引进上下游资源、构建生态圈已成为未来提升智能家居产业链竞争力的重要因素。

表11-2　我国智能家居智能产品生产制造参与者竞争分布

企业类型	参与方式	代表性企业
传统家电厂商	通过在冰箱、空调、洗衣机等传统家电中融入智能化功能，推动传统家电产业向智能家居升级	海尔、美的、方太、老板、格力、康佳等
科技优势企业	在很多科技领域方面已占据平台和技术优势，通过加大投资和并购等涉入智能家居领域	华为、小米、海康（萤石）、博世、浙江大华、宇视科技等
互联网平台公司	借助云计算和大数据技术，将产业链布局延伸至智能家居领域	阿里、京东、腾讯、百度等

3. 下游平台与系统服务环节

平台与系统服务是智能家居产品能够得以快速发展的重要支撑。如表11-3所示，目前，我国智能家居领域平台与系统服务领域提供商的代表性企业是大型科技公司，比如华为、小米、阿里等，竞争的焦点是掌握物联网无线通信的核心技术，使得智能家居随时可控，提高便捷体验。在无线通信领域，技术带来多种交互模式，zigbee、Wi-Fi、蓝牙等多种通信方式各有优劣，厂商各自联盟，未来较为统一的行业通信标准将逐渐形成，以快速推出符合市场需求且性能稳定可靠的智能家居网关、智能家居无线控制模块、系统云平台及合理的智能家居控制系统解决方案，同时保证信息的安全性。

此外，云与大数据技术加快推进了智能家居的落地探索。相较大数据，国内外云技术已在智能家居中得到较广泛应用。当前国外较为成熟的智能家居云平台有Google Home、Amazon Alexa、Apple Homekit、Arrayent、AylaNetworks等，国内也在积极开展业务拓展和布局，而我国能够实现应用级技术支撑的智能家居云平台主要有阿里云、腾讯云、百度云、华为HiLink，其中尤以阿里云表现最佳，能够广泛提供智能家居开发者支持的云平台有涂鸦智能、BroadLink DNA、海尔U+、小米IOT开发者平台、讯飞开放平台等。还有以企业自身需求为主,对外连接的智能家居云平台,比如M-Smart、国美智能云、萤石云等。机器学习、模式识别等人工智能技术的发展也推动了智能家居系统化,使得智能家居人机交互模式由传统的人控制向智能家居产品自动感应、自动反馈方向升级发展。同时,物联网、大数据、云计算、人工智能的快速发展在一定程度上也大大促进了智能家居产品智能化设备的开发进程。

表11-3 国内外智能家居软件及技术服务代表企业

细分领域	代表性企业
通信服务	中国移动、中国联通、中国电信、华为、中兴等
大数据	IBM、谷歌、SAS、Oracle、易观等
操作系统	苹果、微软、安卓、Linux、tizen等
云服务平台	阿里云、腾讯云、百度云、华为HiLink、Google Home、Amazon Alexa、Apple Homekit等
机器学习、模式识别	谷歌、微软、百度、阿里、科大讯飞、思必驰等

二、智能家居产业链竞争力指数分析

基于产业链竞争力评价模型,课题组对浙江智能家居产业链整体的竞争力指数进行立体的、多层级分析,主要包括上游智能零部件、中游智能家居产品制造、下游平台及技术服务等各链条环节、各个节点、不同区域等。

(一)智能家居产业链整体竞争力指数排名

1. 竞争力指数排名①

如图11-2所示,从智能家居产业链竞争力指数整体排名看,全国智能家居产业相对集中在东部沿海地区,不同地区产业链基础实力存在较大差距。

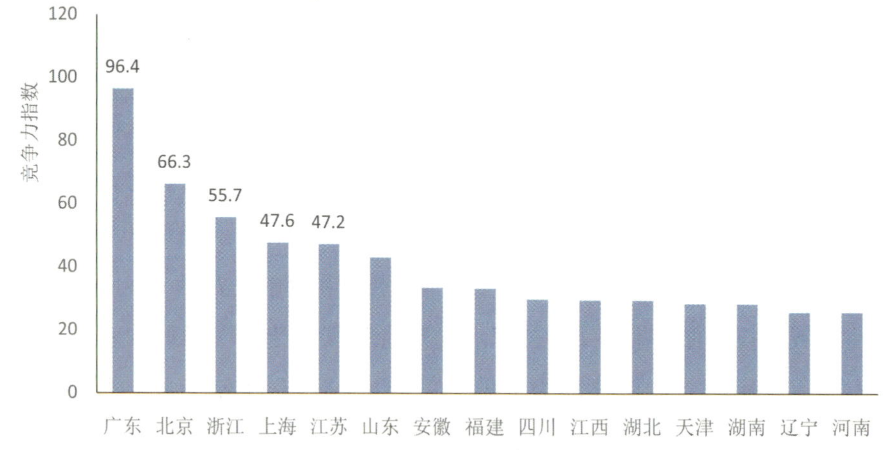

图11-2 智能家居产业链竞争力指数排名

①考虑到数据的可获得性和统一性,本报告竞争力评价企业对象采用口径为各省份与智能家居各节点相关的A股、B股、H股上市公司。

截至2021年底，国内智能家居产业链竞争力指数排名第一的是广东，指数为96.4，第二名是北京，指数为66.3，其次为浙江、上海、江苏，指数分别为55.7、47.6和47.2。从整体上看，广东、北京、浙江三个地区竞争优势明显，实力较强，这些地区作为我国经济较发达省份和地区，凭借多年的家居产业沉淀和技术创新投入，已成为我国智能家居产品的重要生产制造基地，产业链竞争指数远远高于全国其他地区。相比较，上海、江苏还仍处于加快起步追赶阶段，创新资源要素集聚、市场消费需求较大，智能家居产业整体发展势头较好。

我国主要省份的排名如表11-4所示。

表11-4　2021年国内智能家居产业链整体竞争力指数排名

序号	省份	指数	序号	省份	指数
1	广东	96.4	17	河北	24.9
2	北京	66.3	18	重庆	24.5
3	浙江	55.7	19	广西	21.8
4	上海	47.6	20	山西	20.5
5	江苏	47.2	21	云南	20.2
6	山东	43.0	22	贵州	20.0
7	安徽	33.5	23	黑龙江	19.2
8	福建	33.2	24	内蒙古	18.0
9	四川	29.9	25	甘肃	17.0
10	江西	29.6	26	青海	15.4
11	湖北	29.5	27	吉林	9.5
12	天津	28.5	28	宁夏	9.0
13	湖南	28.4	29	新疆	6.3
14	辽宁	25.8	30	海南	5.6
15	河南	25.8	31	西藏	2.7
16	陕西	25.4			

2. 竞争力指数变动趋势

如表11-5和图11-3所示，从智能家居产业链竞争力指数增长趋势，2015—2021年期间，TOP5省份广东、北京、浙江、上海、江苏的智能家居产业链竞争力指数均呈现出不同程度的增长，年复合增长率分别为5.3%、3.1%、4.3%、3.2%和1.9%，尤其是处于第一梯队的广东、浙江，竞争力指数上涨幅度高于江苏、北京、上海等其他地区。这一定程度反映，广东、浙江作为我国智能家居产业集聚主要地区，智能家居产业链在整体实力保持全国领先的同时，又具备较强的市场增长潜力。北京、上海、山东、福建、安徽等省份，2015—2021年智能家居产业链竞争指数的年复合增长率也均达到了2%以上，产业发展呈加快发展态势，也是未来我国智能家居产业发展的中坚力量。

表11-5　2015—20201年TOP5省份智能家居产业链竞争力指数

省份	2015年	2016年	2017年	2018年	2019年	2020年	2021年	CAGR
广东	70.5	74.7	80.1	84.7	88.4	93.2	96.4	5.3%
北京	55.3	55.2	55.8	56.0	58.1	63.3	66.3	3.1%
浙江	43.3	45.7	49.6	51.3	53.1	55.0	55.7	4.3%
上海	39.5	40.3	42.6	43.5	44.5	45.5	47.6	3.2%
江苏	42.2	43.4	45.0	46.7	47.4	48.0	47.2	1.9%
山东	36.5	37.6	39.0	40.0	41.2	42.2	43.0	2.8%
安徽	29.4	30.1	31.2	31.7	31.7	32.7	33.5	2.2%
福建	29.0	29.4	30.3	31.4	32.2	32.7	33.2	2.3%
四川	28.7	29.1	29.5	29.9	29.9	30.1	29.9	0.7%
江西	28.1	28.0	28.3	28.3	28.6	29.0	29.6	0.9%

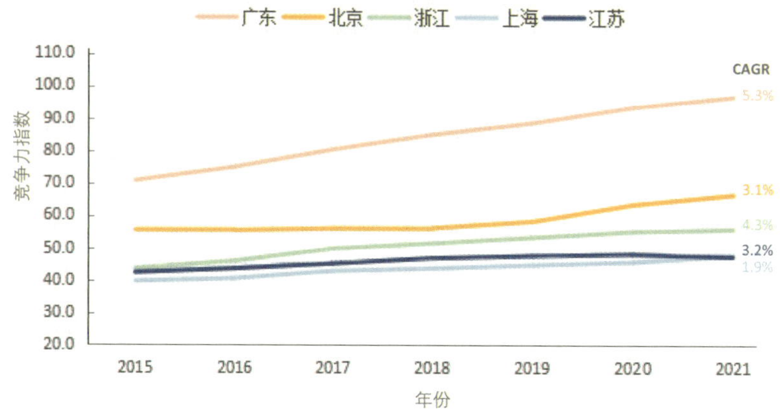

图11-3　TOP5省份智能家居产业链竞争力指数增长趋势

如图11-4所示，进一步从智能家居产业链竞争指数增长的来源看，无论是产业实力雄厚的广东、浙江，还是后发追赶的北京、上海、江苏，2015—2021年产业链竞争指数的增长主要是由产业链技术竞争力这一因素来拉动，TOP5省份广东、浙江、北京、上海、江苏产业链竞争力指数年复合增长率分别达到了18.0%、18.6%、26.0%、21.2%、15.1%，相比较，产业链充分性、产业链完备性以及市场竞争力对整体产业链竞争指数拉动作用较小。

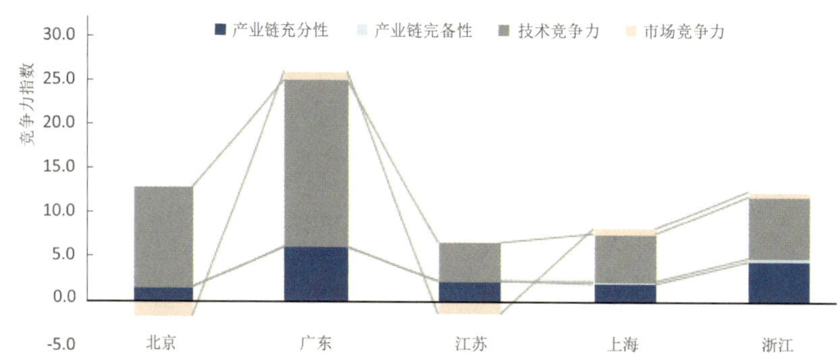

图11-4　智能家居产业链竞争力指数TOP5增长来源

这表明，智能家居作为对传统家居的智能化升级，其产业发展离不开产品创新和关键技术升级，尤其在国内国际“双循环”新发展格局背景下，加快突破智能家居产业链关键核心技术环节，推动新技术与智能家居深度融合，不断丰富智能化场景体验是我国各地区发展智能家居产业、构筑核心竞争优势的必由之路。

（二）各评价指标维度分析

1. TOP5省份各评价指标维度分析

对2021年智能家居产业链竞争力指数的TOP5省份做各指标的雷达图，如图11-5所示。广东省的技术竞争力、产业链充分性和产业链完备性指数得分均排名第一位，反映出广东省产业链特色优势突出，尤其是凭借家居产业集聚和知名品牌企业创新引领带动，企业数量优势凸显，产业创新能力较强。

此外，在TOP5省份中浙江产业链完备性指数排名与广东得分相同，均排名第一位，北京在市场竞争力方面表现突出，指数排名第一位。相比较，TOP5省份中的江苏、上海，由于智能家居产业发展起步晚，产业基础薄弱，在产业链各维度指标上优势实力并不突出，处于相对较弱水平。

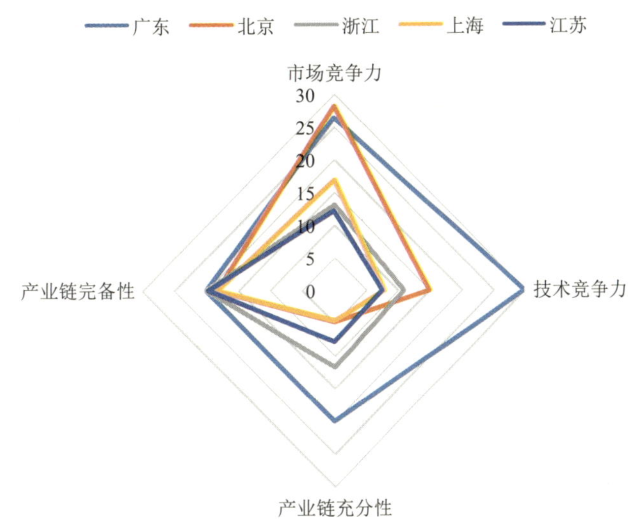

图11-5　智能家居产业链竞争力TOP5各维度指标对比

2. 市场竞争力分析

市场竞争力的本质表现就在于获取更多的市场份额和更高的利润率，一般地，市场占有率越高、企业盈利水平越高，产业链就越具有竞争力。如图11-6所示，从我国各地区市场竞争力指数结果看，排在前5位的省份中，北京和广东的得分最高，分别为28.2、26.4，排在第一位和第二位。究其原因，北京得益于小米、百度等智能家居领域龙头型平台巨头集聚，广东则得益于多年来传统家居产业集群沉淀带来的集群规模效应。上海、山东、浙江市场竞争力分别排名第三位、第四位、第五位，得分分别为16.9、14.8和13.1，与北京、广东得分存在明显差距，这一定程度上反映出，当前我国智能家居市场区域集中度很高，需要紧盯市场需求，扩大市场和提升盈利水平，以求获得更强的市场竞争力。

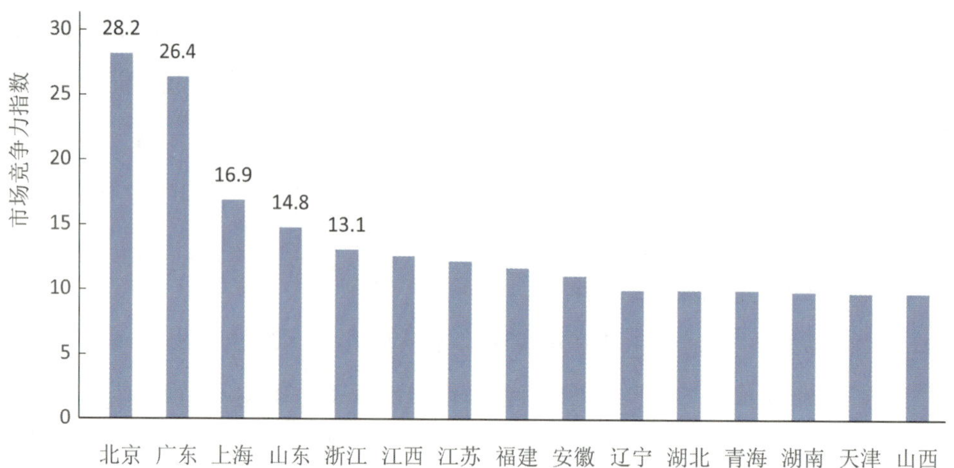

图 11-6 智能家居产业链市场竞争力排名

3. 技术竞争力分析

技术竞争力是一个反映产业链竞争力来源的间接因素。在现代经济社会,科学技术能力越强,产业竞争力就越强。反映技术竞争力的指标包括专利数、研发投入、研发人员数等。如图 11-7 所示,从我国各地区智能家居产业链技术竞争力指数排名看,排名第一位的是广东,得分 30.0,由于广东产业链规模效益带来的辐射带动作用,其在企业专利数、技术创新载体等数量水平在全国仍处于前列,具有较强行业影响力。其次是北京、浙江、山东、上海,指数得分分别为 15.0、10.9、8.0 和 7.8,与广东相比差距显著,也侧面反映出北京、浙江、山东、上海作为智能家居主要集聚区之一,企业创新能力仍有待提高,尤其是具有知名度和影响力的创新品牌产品不多,未来亟须加快关键核心技术攻关与产品创新,提升产业内生发展潜力。

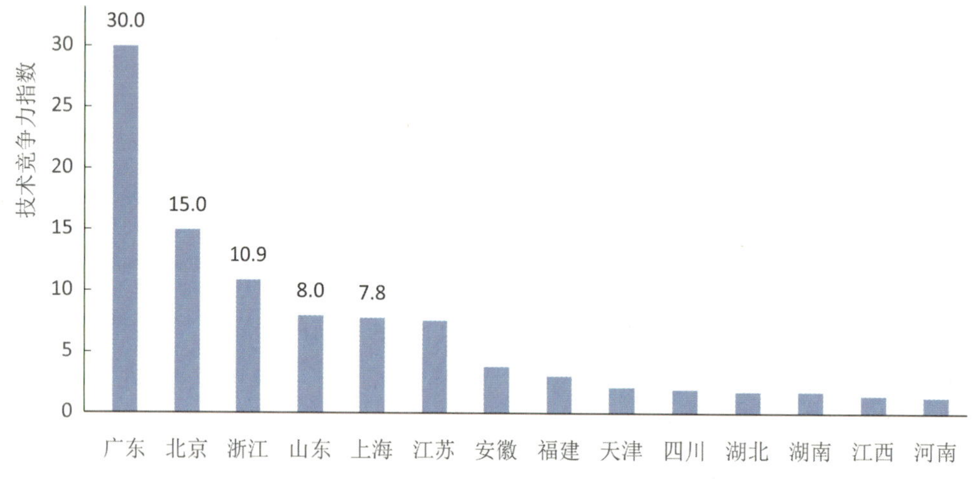

图 11-7 智能家居产业链技术竞争力排名

4. 产业链充分性分析

产业链充分性是反映产业链当前拥有的市场竞争行为主体充分程度的指标集合。产业链拥有的企业数量越多,产业链的充分性越高,产业链的竞争力就越强;产业链拥有的高质量企业(上市企业)数量越多,产业链的充分性越高,产业链的竞争力就越强。从图 11-8 可知,广东指数最高,得分

20.0，产业链充分性相对较强。与广东相比，TOP5省份中的浙江、江苏、北京、上海的指数得分仅有11.7、7.8、4.8和4.6，产业多以单个企业或某个领域发展为主，整体产业链充分性并不高。这一定程度说明，我国大多地区智能家居产业链各环节上下游企业紧密协作不强，产业链供应链稳定性存在一定风险隐患，尤其在当前国际贸易保护主义上升、全球市场萎缩的外部环境下，亟须补齐产业链供应链短板，进一步增强我国智能家居产业链韧性和自主可控水平。

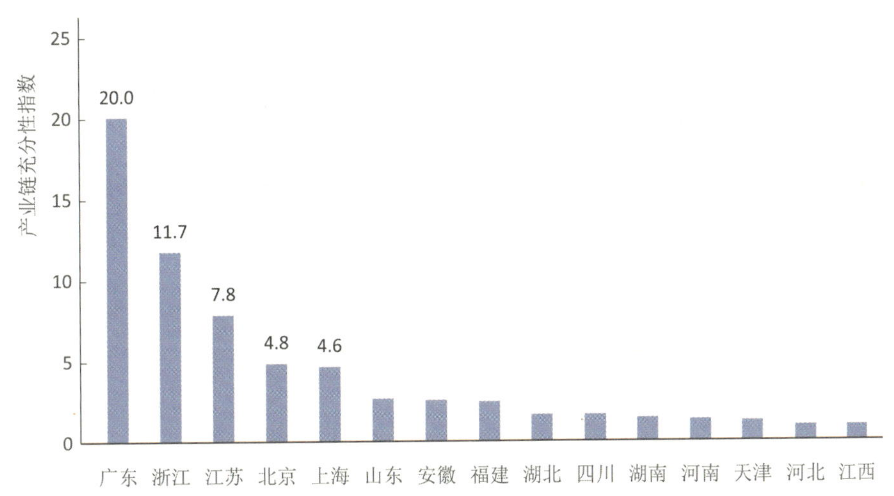

图11-8　智能家居产业链充分性排名

5. 产业链完备性分析

产业链完备性是反映本地产业链的布局、配套完备程度的指标。产业链节点越多，节点的质量越好，本地的产业链竞争力就越强。如图11-9所示，从指数评价结果看，TOP5省份中浙江、广东两个地区的产业链完备性指数最高，均得分20.0分。近年来，浙江已逐步形成了慈溪小家电、鄞州空调、温岭厨卫家电等多个全国知名的智能家居产业集群和主要零配件产地，产业链具有较高完整性。广东得益于地域和产业集聚优势，在多年的发展过程中已经形成了一套底蕴深厚、规模雄厚、完整程度较高的全产业生产体系。紧随其后的是江苏、北京、上海，得分分别为19.6、18.3和18.3，与排名靠前的广东和浙江相比，差距较小，产业追赶态势明显。

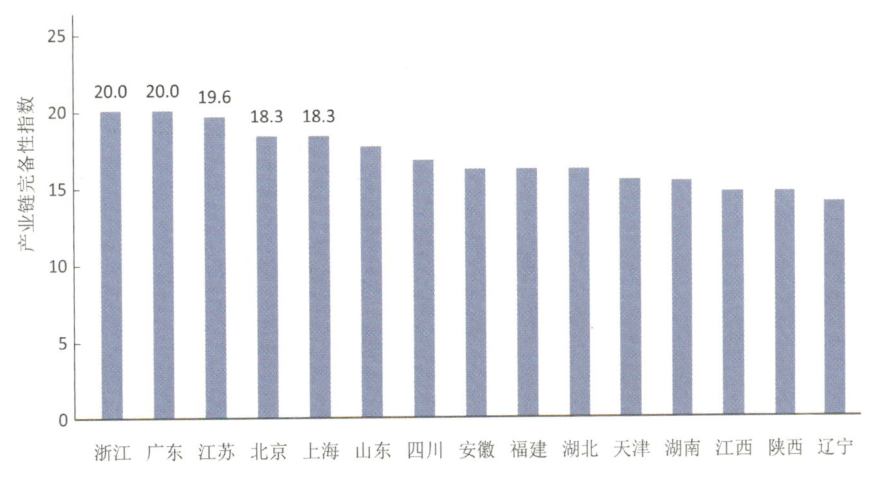

图11-9　智能家居产业链产业完备性排名

三、智能家居产业链节点竞争力分析

智能家居产业链作为一个由很多节点构成的链条结构，其竞争力本质上是由各个产业链节点的竞争力共同形成的。每个大的节点下又有各自的配套，这些配套与节点共同构成了一个以该节点为核心的节点产业链。下面从评价指数来分析，智能家居产业链关键节点竞争力指数。

（一）智能零部件

智能家居的智能零部件环节由芯片、传感器、通信模块以及其他智能零部件组成。如图11-10所示，通过对全国各地智能零部件整体竞争力指数对比发现，广东智能家居智能零部件竞争力水平最高，指数总得分为86.3。其次为北京，以77.1的得分排名全国第二。江苏、上海和浙江分别排名第三、第四和第五名，总得分为46.1、45.0和41.7。

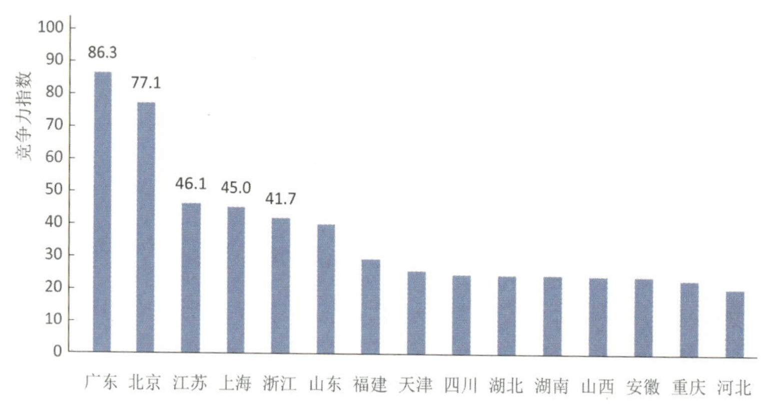

图11-10　智能零部件竞争力排名

如图11-11所示，从智能零部件TOP5企业各维度指标对比中发现，广东的智能零部件技术竞争力、产业链充分性均排名第一。北京的市场竞争力排名第一。广东拥有海芯科技、欧瑞博、海尔和华为等能够为智能家居发展提供万物互联基础的代表性企业。

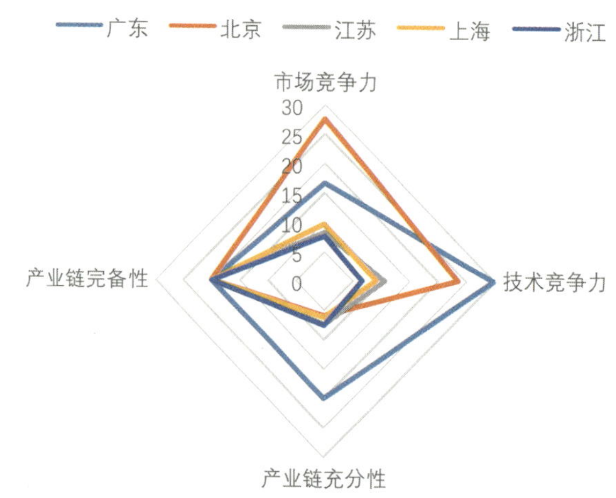

图11-11　智能零部件TOP5各维度指标对比

2021年,广东半导体及集成电路产业领域发明专利申请的企业有7763家,发明专利申请公开4.70万件,全国排名均居首位,这为广东省智能零部件产业发展壮大提供了雄厚的企业和人才基础。而北京则以海淀、丰台等地区为主,集聚了联想控股、京雄云控、烁科精微电子等一批在芯片、传感器等领域掌握着关键技术和先进工艺的优质企业,有力支撑了北京智能零部件领域市场竞争力水平领先其他地区。

(二)智能产品制造

1. 智能家电

智能家电包括智能电视、智能空调、智能摄像头、智能窗帘等。如图11-12所示,从我国各地区竞争力分布看,智能家电产业主要以东部沿海地区为主,竞争程度较高,基本形成了差异化竞争格局。在智能家电的竞争力指数评价中,广东凭借美的、格力等家电头部企业集聚优势,产业链竞争指数排名全国第一,得分63.0。其次为北京,凭借小米和百度等极具竞争力的优势企业,排名第二,得分46.3,此外,TOP5省份中还有浙江、山东、安徽,指数得分分别30.6、29.4和14.9,呈现快速发展势头。

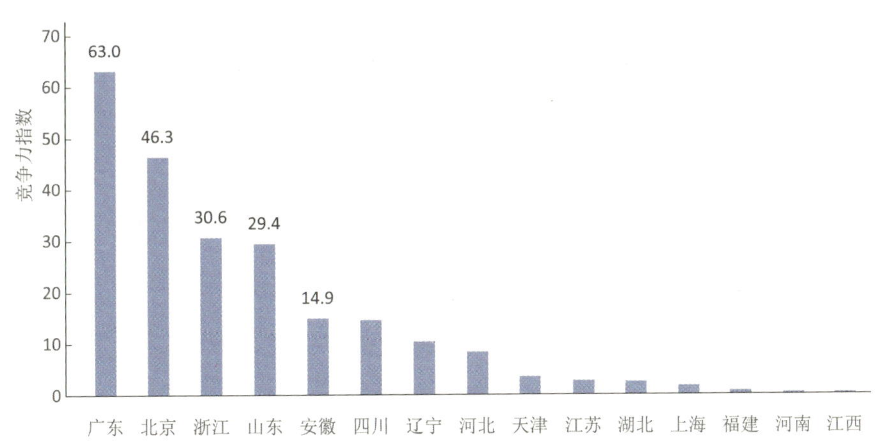

图11-12 智能家电竞争力排名

如图11-13所示,在各维度指标对比中,广东的智能家电技术竞争力排名第一位,浙江的产业链充分性排名第一,北京的市场竞争力排名第一。进一步结合智能家电企业分布看,智能家电大中小企业集聚是广东省智能家电技术竞争力长期占据全国首位的主要因素之一,广东的智能家电集群主要集中在佛山、深圳和珠海,全省共有规模以上智能家电制造企业5000多家,形成了如美的、创维、康佳、TCL、格兰仕、格力等国内外知名智能家电制造企业,大规模的家电企业吸引了更多的人才,集聚了更大了创新优势。相比较,浙江智能家电产业链优势更加体现在产业链的充分性上。浙江家电产业起步较早,发展至今,智能家电产业区域根植性强,已基本形成较完整的智能家电产业链,其中,以慈溪、余姚、黄岩为代表的家电产业零配件产量占全国60%以上,产业链上下游网络化协同紧密、稳定充分性相对较高。

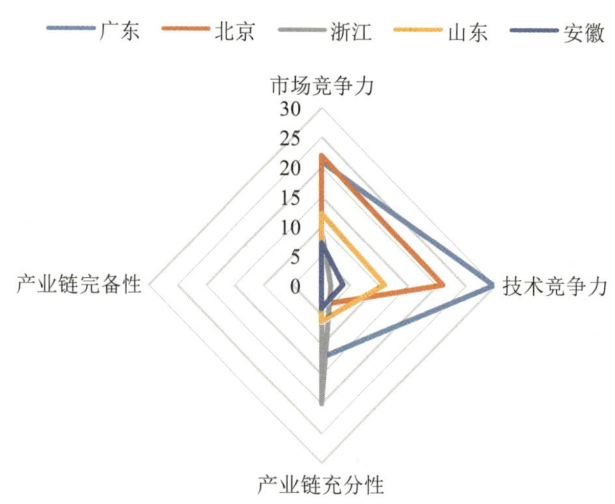

图11-13　智能家电竞争力TOP5各维度指标对比

2. 智能厨具

随着5G和AI技术的发展，厨电行业智能化趋势已成定数。智能厨具通过与终端设备互联互通，协作共享，实现人远程控制或感应控制智能设备。如图11-14所示，从各省份整体竞争力看，智能厨具在全国地域集中度较高，广东和浙江在智能厨具领域优势最为明显，具有较强竞争力，智能厨具指数得分分别为48.00、32.44，分别居全国第一位、第二位。江苏排名第三，指数得分12.50，其次为江西和安徽，指数得分分别仅有1.90、1.80。

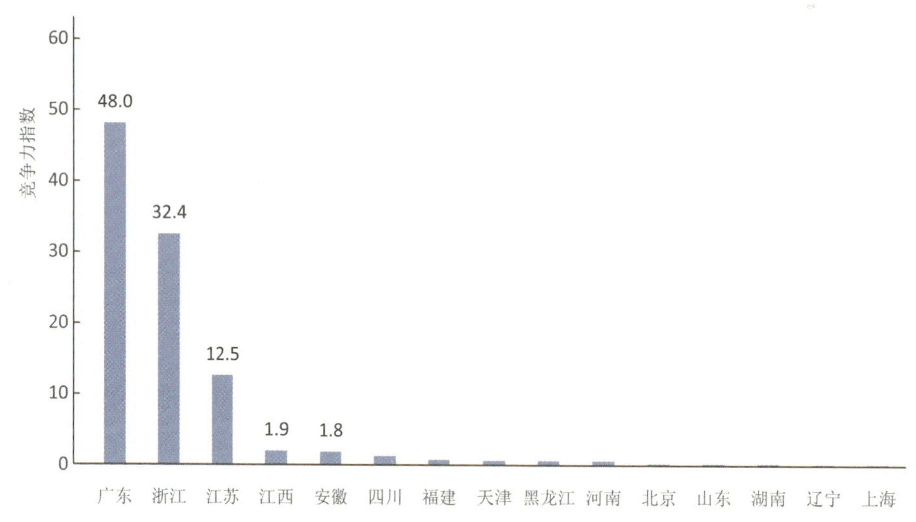

图11-14　智能厨具竞争力排名

如图11-15所示，在各维度指标对比中，浙江的产业链充分性排名第一。广东的市场竞争力、技术竞争力排名第一。具体来看，广东顺德是全国最大的消毒碗柜生产基地，同时也是全球最大的电饭锅、微波炉供应地，拥有美的、万家乐、格兰仕、容声、万和等9个头部智能家电制造企业，为广东智能厨具争取了巨大的市场份额，同时也吸引了大量人才，为智能厨具发展提供了强劲的创新支撑。与广东相比，浙江智能厨电门类丰富，产业链较为成熟，如“中国厨具之都”嵊州，其厨电及配套企业近500家，整机企业约180家，并提出到2025年实现从中国厨具之都向中国集成智能厨房产业基地转变；浙江海宁尖山智能厨电产业园则由位于火星人区块的产业园主体和厨电配套产业园组成，产业聚集度较高，并提出“十四五”目标要打造形成200亿规模集成灶产业集群。

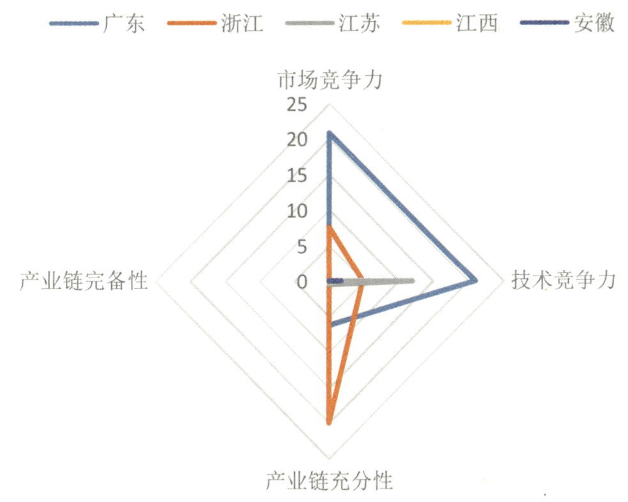

图11-15　智能厨具竞争力TOP5各维度指标对比

3. 智能卫浴

智能卫浴涉及浴缸、淋浴房、浴室柜、浴室镜、坐便器等产品。如图11-16所示，从各省竞争力指数看，智能卫浴产业发展区域分布集中性特征明显，各地区之间存在不小差距，其中，广东排名第一，得分58.8。紧随其后的是北京，得分55.6。而福建、浙江和山东分别为21.1、18.7和17.4，与排名前两位的广东和北京存在明显的差距。

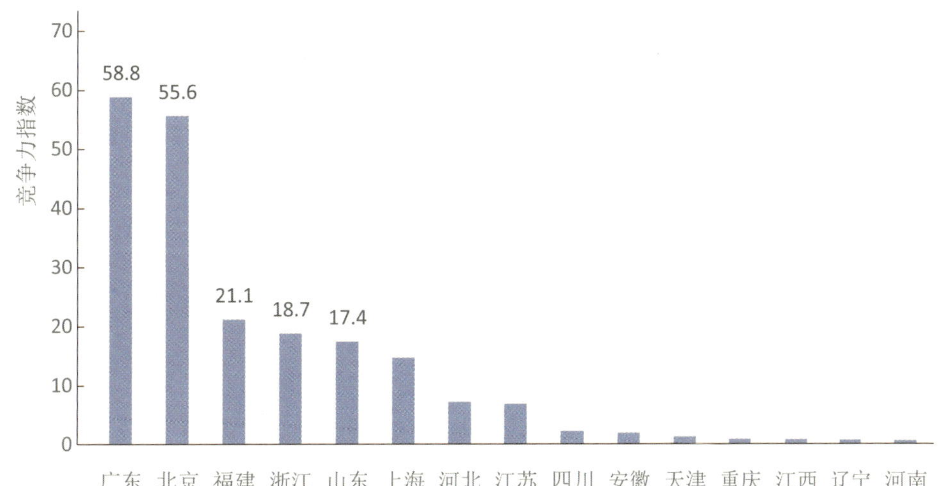

图11-16　智能卫浴竞争力排名

如图11-17所示，在各维度指标对比中，北京的市场竞争力、技术竞争力均排名第一。广东的产业链充分性排名第一，技术竞争力指标评分与北京差距不大。具体看，北京有赖于小米、百度等品牌力和技术实力强劲的企业，再加上北京智能卫浴行业集聚了大量人才，在目前的智能卫浴发展初期具有爆发性的创新能力，帮助其在市场竞争力和技术竞争力方面处于领先地位。广东则以潮州、佛山、东莞、中山为主产区的智能卫浴产业在近年崛起，其聚集了头部企业的佛山，东莞博泰，科勒大型盖板供应商的中山美图，产业链企业数量多，上下游企业衔接紧密，推动其在产业链充分性方面表现突出。与北京、广东相比，浙江台州是国内起步最早、产量最大的智能马桶产业集聚地，但是在关键零部件和配套产品以及产品创新、质量品牌等方面仍存在不小差距，还需精耕细作，加快提升核心竞争优势。

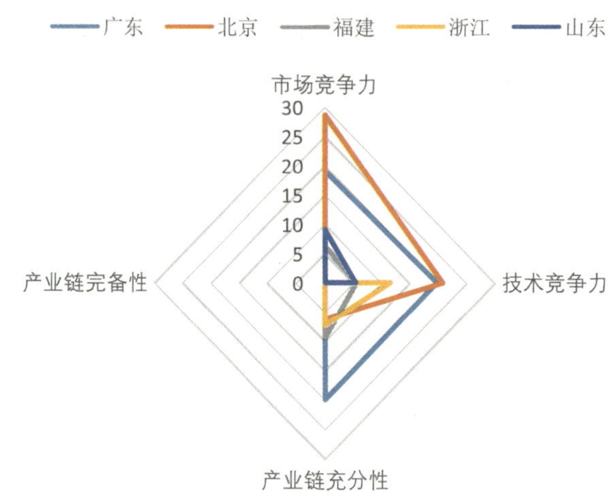

图11-17　智能卫浴竞争力TOP5各维度指标对比

4. 智能门锁

智能门锁是指基于传统机械锁改进的，在用户安全性、识别性、管理性方面均有较大提升，兼具安全、便利、先进技术等复合型锁具，是智能家居的入口级产品以及家庭智能安防产品的核心单品。如图11-18所示，在智能门锁整体的竞争力指数分析中，智能门锁产业区域分布较为集中，主要集中在广东、北京、浙江等地。其中，广东排名第一，得分67.8。其次为北京、浙江，居第二位、第三位，得分分别为44.8和31.0，智能门锁TOP5省份中还有上海、江苏，但指数得分相对偏低，分别为15.8和12.1，与前三名存在较大差距。

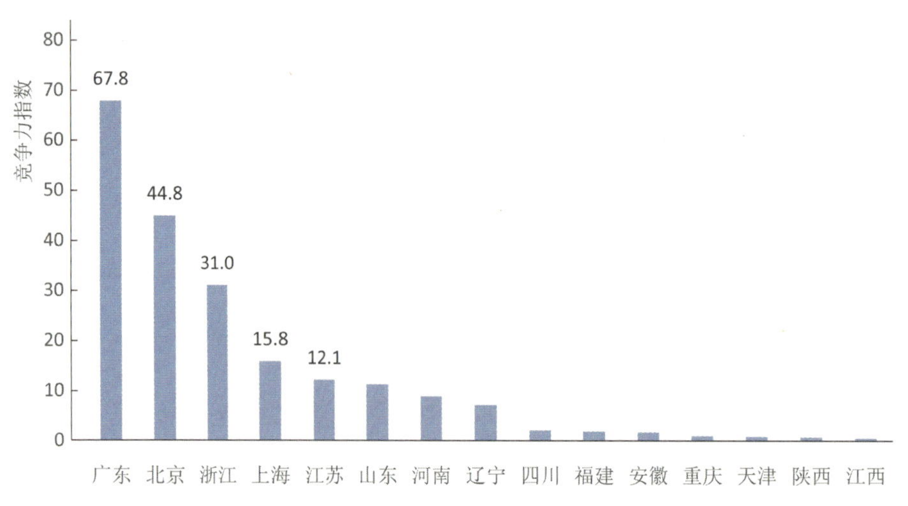

图11-18　智能门锁竞争力排名

进一步，从各维度指标对比中，广东的技术竞争力和产业链充分性排名第一，北京的市场竞争力排名第一，如图11-19所示。究其原因，广东省是全国智能门锁最为集中的地区，以深圳、中山、佛山等地为主，产业集聚优势突出。北京智能门锁的发展得益于小米、京东、云丁等一大批互联网企业，与新技术结合紧密，品牌产品更新迭代较快，推动智能门锁市场竞争力高于全国其他地区。浙江相对于广东、北京，智能门锁产业链处于快速发展阶段，配套服务体系趋于完善，涵盖上游的控制芯片、主电路板、指纹头模组和通信模组等电子元器件的生产环节，中游的模具制造、注塑成型、金属压铸、钣金冲压、锁芯制造和五金抛光等机械加工环节，以及电镀、印刷、包装、物流等下游环节，已形成了瓯海"中国锁都"、永康"中国门都"等具有全国乃至全球影响力的产业基地。

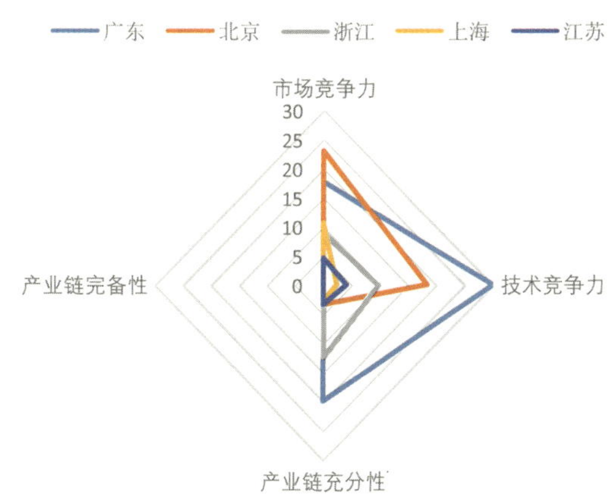

图 11-19　智能门锁竞争力 TOP5 各维度指标对比

5. 智能家具

智能家具是网络技术、控制技术向传统家具产业渗透发展的必然结果。如图 11-20 所示，从整体竞争力指数来看，全国智能家具主要集中在浙江和广东两地，其中，浙江智能家具竞争力水平最高，竞争力指数总得分排名第一，为 62.3，广东排名第二，得分为 39.5，与排名第一的浙江之间存在不小的差距。排名第 3、第 4 的，分别为安徽、江苏，竞争力指数得分为 12.9、6.5，天津和湖南并列第五，得分为 0.2。其余地区指数得分几乎为零，地区间存在显著差异。

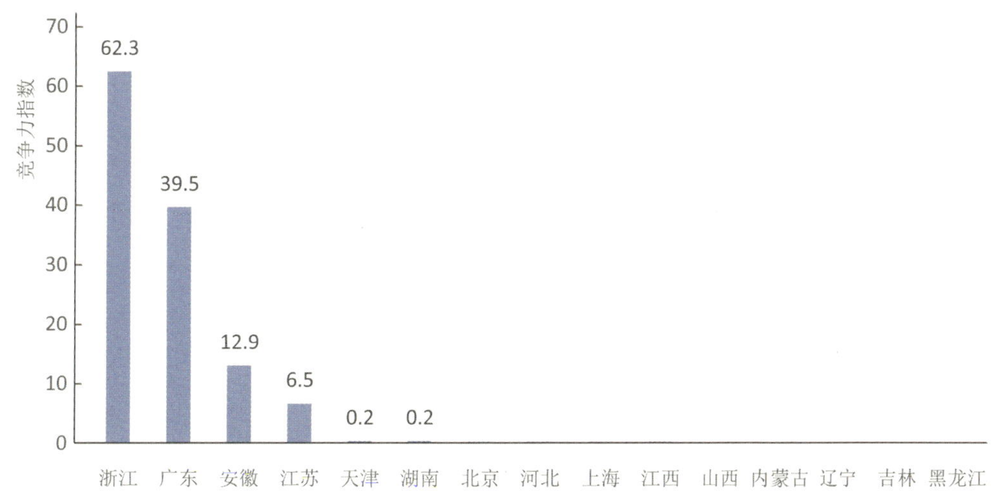

图 11-20　智能家具竞争力排名

如图 11-21 所示，从各维度指标对比看，浙江智能家具的市场竞争力和产业链充分性排名第一位，技术竞争力指数也仅差广东 0.08，优势明显。浙江智能家具产业链中的企业主要分布在嘉兴秀洲、嘉善、海盐、湖州安吉等地区，拥有麒盛科技、顾家家居、喜临门、中源、恩龙沙发、圣奥等一批智能家具行业龙头企业，尤其是近两年伴随浙江加快推动传统家具产业与互联网深度融合，在智能按摩椅、智能床、定制家具等领域形成了产业规模集聚优势。相比较，广东是我国家具强省的龙头，代表性企业有宜华家居、索菲亚、尚品宅配等。凭借产业基础优势，近年来，广东率先推动家具产业向数字化、智能化转变，部分企业在传统家具生产制造中逐步推出智能化家具产品，产业链创新水平相对较高。整体看，目前由于我国智能家具产业研发起步较晚，大多智能家具仍处于传统家具迈向智能化转型阶段，品牌影响力较低，技术创新还处于点状萌发阶段，与我国快速发展的智能家居产业相比，仍需从材料、设计、生产销售以及标准等产业链环节突破和跟进。

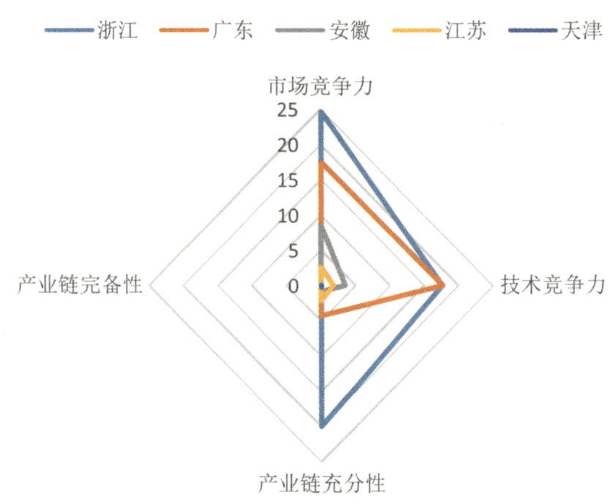

图11-21　智能家具竞争力TOP5各维度指标对比

6. 智能服务机器人

随着技术不断发展，智能服务机器人未来将会是一种AI集合器，成为智慧家居的中控载体。如图11-22所示，从我国各地区竞争力分布来看，智能（家居）服务机器人产业主要分布在东部沿海地区。山东在这一领域优势较为明显，竞争力总指数得分为64.8。其次是广东，以43.6的得分排名全国第二，此外，TOP5省份中还有江苏、浙江和上海，指数得分分别为31.8、23.8和22.2。

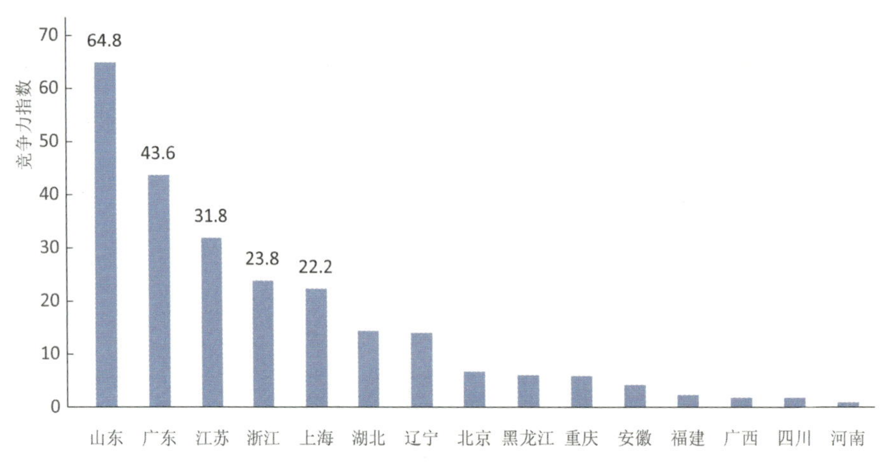

图11-22　智能（家居）服务机器人竞争力排名

如图11-23所示，在各维度指标对比中，山东在智能服务机器人市场竞争力和技术竞争力中排名第一，指数得分分别为28.8、22.2。广东的产业链充分性排名第一。山东省作为北方机器人产业的先行地区，近年来，陆续出台多项政策，支持机器人企业研发创新、产业化、开放合作，并依托济南、青岛打造国际领先的高端智能机器人研制生产基地。根据山东省统计局数据显示，2021年山东工业机器人产量增长38.7%，机器人产业呈现良好发展势头。而广东凭借着佛山、深圳、广州、东莞和珠海等多个城市的共同发力，累计拥有超过100家的省级机器人骨干（培育）企业，推动广东智能（家居）服务机器人产业链竞争力水平相对较高。

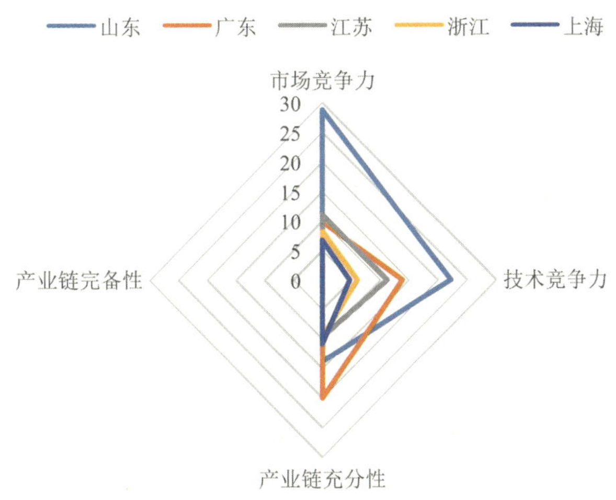

图11-23　智能（家居）服务机器人TOP5各维度指标对比

（三）平台及系统服务

平台及系统服务是实现家居系统集成，并衍生相应服务的产业价值应用环节，包括销售渠道平台服务、服务提供商平台服务、信息工程服务机构和智能家居系统集成等。如图11-24所示，通过全国各地整体竞争力指数对比，广东智能家居平台服务竞争力水平排名第一，总得分为92.7。北京排名第二，得分为69.5。浙江、山东、江苏排名第三、第四、第五，得分分别为47.8、40.8、36.18。

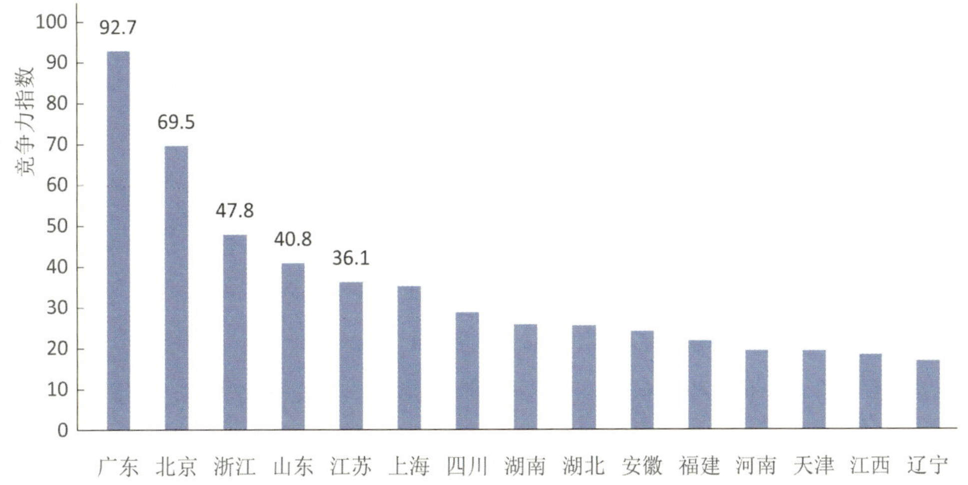

图11-24　平台及系统服务竞争力排名

进一步，从各维度指标对比看，广东的市场竞争力、技术竞争力、产业链充分性和产业链完备性均排名第一，浙江产业链完备性与广东并列排名第一，如图11-25所示。具体看，广东省凭借自身雄厚的家居产业基础和完备的产业链条，智能家居平台服务主要以本地科技龙头企业为发力点，加速AI+家居智慧场景应用创新，目前拥有云智易智慧生活物联云平台、讯飞开放平台、华为HiLink等知名平台，具有极强竞争力。在以数据为核心资源的新竞争生态下，浙江得益于数字经济快速发展，伴随大数据和云计算等技术大力推动，在云服务、通信服务等细分领域培育了一大批以智能家居平台为核心的创业公司、互联网平台，尤其是阿里云、涂鸦智能、海康（萤石）、博联智能（古北电子）等云服务平台企业发展迅猛，企业以用户的场景与生活诉求为目标进行布局，阿里云Link、涂鸦智能、萤石搭建的基于视频模组的EZIoT平台等产品日益成熟并加快推广，在用户数量、用户黏性、定制服务等方面居全国领先地位。

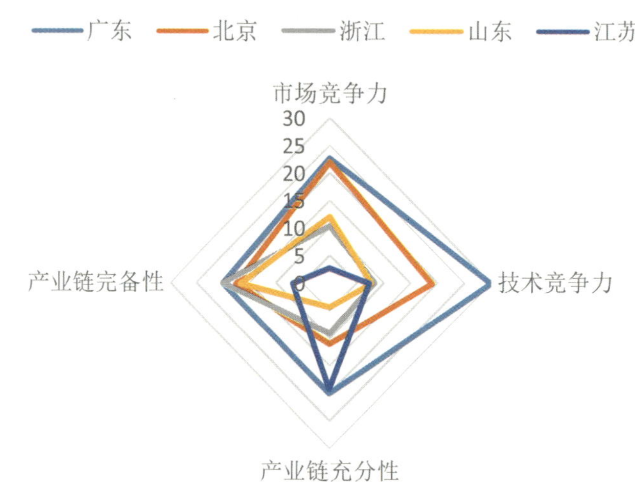

图11-25　平台服务TOP5各维度指标对比

四、主要省份智能家居产业链布局分析

结合我国主要省份智能家居产业链布局，进一步比较和掌握各省智能家居产业链在各个节点上的竞争力分布及其优劣势。

（一）广东

从整体看，广东智能家居产业链竞争力指数最高，得分96.4，排名居全国首位。目前广东是拥有智能家居厂商数量最多的省份，主要以深圳、中山、佛山、珠海、惠州、江门、湛江等地区为主。以中山市为例，不仅有格兰仕、TCL、长虹等行业巨头，还布局着成千上百家家电生产企业，仅黄圃一镇便有1057家家电企业，家电产业带连同相邻的佛山顺德，企业之间抱团联盟，集群优势突出，共同构成了中国最大的小家电产业集群，这为广东省智能家居产业链发展奠定良好基础。

广东实力强大，在智能零部件、智能产品制造商、服务提供商的15个节点排名第一。如图11-26所示，具体从产业链不同节点看，在智能家居产业链上游节点，目前广东在传统家居产品、智能零部件整体水平上处于全国领先地位，智能零部件中的芯片、传感器、通信模块等指数排名全国第一，指数得分分别为71.6、72.3、68.5，产业链中已经形成和拥有海芯科技、奥迪威、安培龙、戴维莱等代表性企业。

在智能家居中游产业链中游智能产品节点，广东在智能门锁（凯迪仕）、智能家电（美的、格力）、智能厨电（格兰仕）、智能卫浴（箭牌卫浴）、智能零部件（海芯科技）等节点已经形成特色优势，这些节点领域的竞争力指数得分均排名全国第一，在智能家具和智能服务机器人领域排名全国第二，也有较强优势。

从智能家居下游产业链不同节点看，得益于华为、云智易联等技术力量强劲的科技公司，广东在操作系统平台、应用平台和智能家居系统集成领域竞争力指数排名第一，指数得分分别61.9、60.9、67.6。但是广东在平台服务领域指数得分普遍不高，开发者服务平台领域指数得分为6，尚需集中发力，尤其是针对开发者端口的平台开发，有较大提升空间。

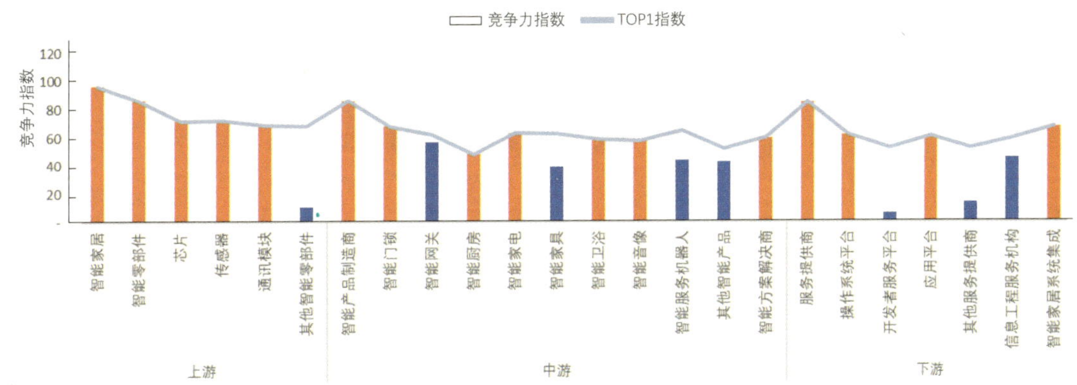

图11-26　广东智能家居产业链各节点竞争力指数对比

（二）北京

从整体看，北京智能家居产业链竞争力排名第二，得分66.3。相对于广东，北京智能家居产业起步相对较晚，但凭借市场消费理念不断更新、政策环境利好驱动等因素，进入了推广探索期，特色化竞争优势日益凸显。比如北京居然之家新零售公司，近几年持续发力智能家居领域，已从最开始的单品智能发展到之后单品和不同设备终端的链接，从最初的某一场景的智能发展成全屋智能，在未来智能家居以"家"为核心的多场景应用中加快进行探索和实践。

北京在智能网关、其他智能产品两个节点排名第一，指数得分分别61.9、52.1。另外，北京在多个领域具有很强的竞争力，如服务提供商、操作系统平台、智能卫浴。如图11-27所示，在智能家居上游产业链中，北京在传统家居产品、智能零部件领域排名靠前，具有一定的领先地位。特别是凭借着人才聚集的优势，北京在传感器以及通信模块有着较强竞争力。在智能家居中游产业链中，北京在智能网关领域排名第一，在智能家电、智能卫浴和智能音像等领域竞争优势突出，比如智能卫浴领域有松下电器、新锐北京富奥星等一批具有较强竞争力企业。在智能家居下游产业链中，北京在服务提供商领域指数全国第二，指数得分为83.94，尤其是操作系统平台和智能家居系统集成领域具有较强竞争力，拥有小米 Vela，百度 DuerOS 等应用于智能家居的操作系统平台。百度在人工智能的算法、计算、数据三大要素上具有优势，DuerOS 对话式人工智能系统，建立在语音识别、图像识别、自然语言处理、用户画像技术能力之上，在智能家居领域，可实现指令控制、状态查询、使用手册、客服电话等功能。相较于操作系统平台而言，北京在开发者服务平台、应用平台、其他服务提供商以及信息工程服务机构领域的竞争力并不突出，仍需加快补齐短板。

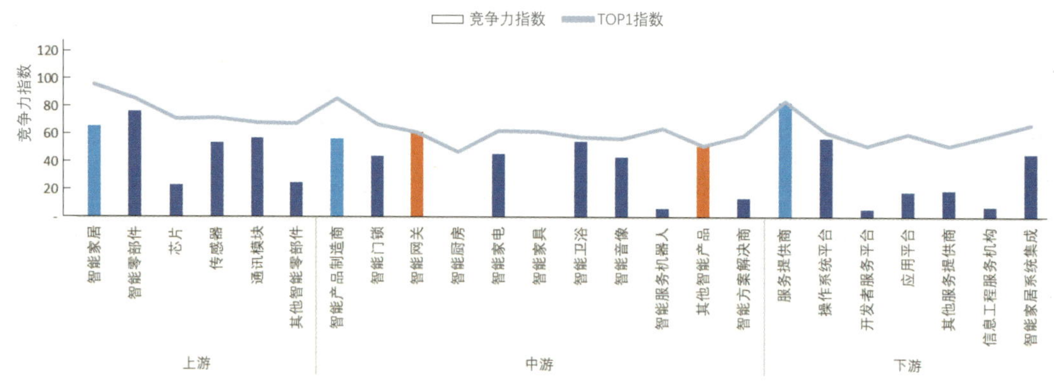

图11-27　北京市智能家居产业链各节点竞争力指数对比

（三）浙江

浙江智能家居产业链竞争力指数排名第三，得分55.7。浙江智能家居产品门类齐全，产业链相关企业总数及产业总规模约占全国的四分之一，整体规模仅次于广东。在2020年浙江省人民政府印发的《浙江省实施制造业产业基础再造和产业链提升工程行动方案（2020-2025年）》中指出，智能家居产业链是浙江省未来五年全力打造十大标志性产业链之一，到2025年，全省智能家居产业链年产值将达到5000亿元，并打造成为国内中高端智能家居产业基地。2022年，在全省重点培育的“415X”先进制造业集群中，现代家具与智能家电产业也是浙江培育打造的十五个千亿级特色产业集群之一。

从细分领域看，浙江在智能产品制造、平台服务等领域优势突出，比如智能家具、信息工程服务机构和其他智能零部件全省排名第一。如图11-28所示，在智能家居上游产业链中，浙江在传统家居产品节点上竞争力排名第三，指数得分为54.3。芯片和其他智能零部件节点竞争优势突出，指数得分别为25.8、68.1，在全国指数排名分别位居第三、第一。究其原因，浙江目前主要集聚了千石科技、士兰微、麦乐克等一批电子元器件、传感器领域具有影响力的龙头企业，并拥有青山湖微纳智造小镇、杭州国际传感谷以及浙江大学微纳电子学院、省智能传感材料与芯片集成技术重点实验室等一批产业集聚园区、科研院所，技术创新优势明显。

在智能家居中游产业链，浙江在智能产品制造节点上整体竞争力排名第二，节点指数得分为61.2，其竞争优势来源于浙江在智能家具领域全国排名第一，在智能厨具和其他智能产品领域全国排名第二，智能家电、智能门锁在全国排名第三，均处于明显领先地位。比如智能家具领域有顾家家居、喜临门、永艺家具、麒盛科技等知名企业，行业品牌影响力较高，比如慈溪、余姚就分别连续举办19届中国慈溪家电博览会和16届中国小家电博览会，成为享誉全国的区域品牌。

在智能家居下游产业链，浙江智能家居平台服务优势突出，其中，在信息工程服务机构领域，指数得分为59.4，全国排名第一；开发者服务平台指数得分为10，全国排名第二，仅次于湖北。尤其是阿里云、涂鸦智能、海康威视等一批云服务平台企业集聚壮大，在全国智能家居平台服务引领态势日益凸显。

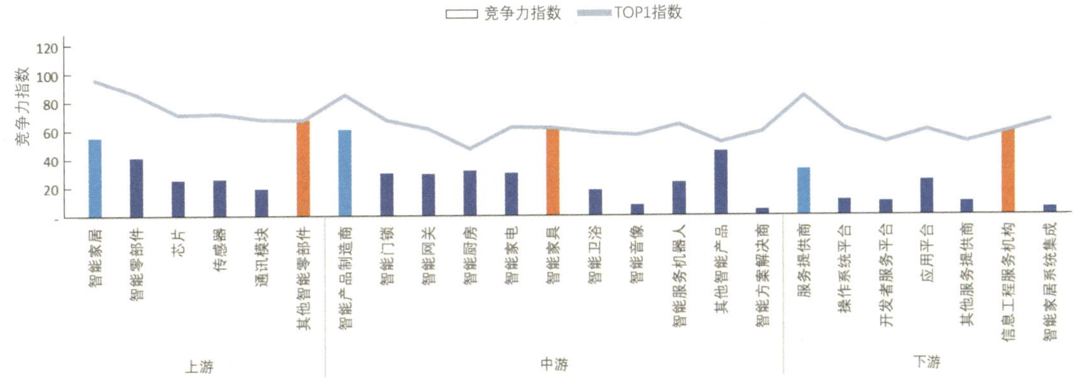

图11-28　浙江省智能家居产业链各节点竞争力指数对比

（四）上海

上海智能家居产业链竞争力指数排名全国第四位，得分为47.6。上海市地方政府对智能家居产业发展非常重视，近年来多次出台政策文件支持智能家居产业发展。比如2016年发布的《上海市推进智慧城市建设“十三五”规划》中提出，要将娱乐、出行等与智能家居结合，发展智能家居控制系统，并结合智能家居打造智慧小区。在2017年发布的《关于本市推动新一代人工智能发展的实施意见》中，对智能家居提出了具体发展领域及发展目标。除此之外，上海设立马桥人工智能创新试验区，明确提出对大力发展智能家居在内的智能制造提供人才、政策等方面支持。

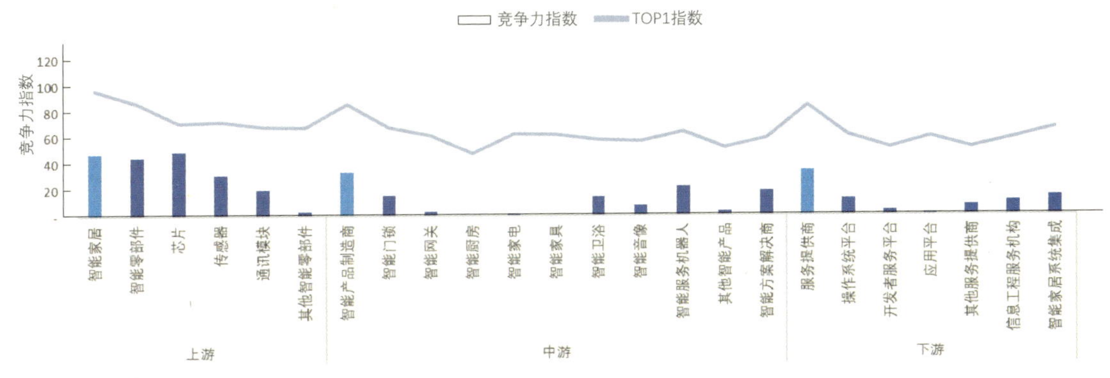

图11-29　上海市智能家居产业链各节点竞争力指数对比

如图11-29所示，上海在上游具有一定竞争力，在中游和下游较薄弱。其中，在智能家居上游产业链中，上海在芯片领域具有较强核心优势，排名第二，得分为49.3。而相对于广东、北京和浙江，上海在传统家居领域以及下游智能家居平台服务等领域竞争优势不明显。

（五）江苏

江苏智能家居产业链竞争力指数排名第五位，得分为47.2。近年来，江苏政府多次出台政策文件支持智能家居产业发展。比如2017年发布的《江苏省“十三五”能源发展规划》提出，要促进智能家居等新业态发展。2019年发布的《江苏省完善促进消费体制机制行动方案（2019年—2021年）》中提出，要开展智能家居等新兴消费品领域标准研制。除此之外，江苏还将扩大智能家居场景化应用，实施智能家居推广计划，组织智能家居终端接入和管理系统研发攻关，加大智能电视、智能音响等新型消费类电子产品供给，制定智能家居行业标准和服务规范。

如图11-30所示，江苏在上游具有一定竞争力，在中游和下游较薄弱。其中，在智能家居上游产业链中，江苏的优势主要集中在传感器、传统家居产品和通信模块三大节点领域，节点竞争力水平排名分别为第三、第四、第四，指数得分分别为37.3、46.4、22.0。在智能家居中游产业链中，江苏在智能产品制造商节点上竞争力排名第五，指数得分32.9，其中竞争力主要集中在智能厨具和智能家具，分别排名全国第三、第四，指数得分为12.5、6.5。比如智能厨具领域，中国橱柜十佳品牌之一的佰丽爱家便坐落于江苏。此外，江苏在智能门锁、智能方案解决商等细分领域优势突出，全国排名第五。在智能家居下游产业链中，江苏服务提供商整体竞争力水平排名第四，指数得分为36.7，其中竞争优势主要来自操作系统平台，竞争力指数得分为16.8，全国排名第四。

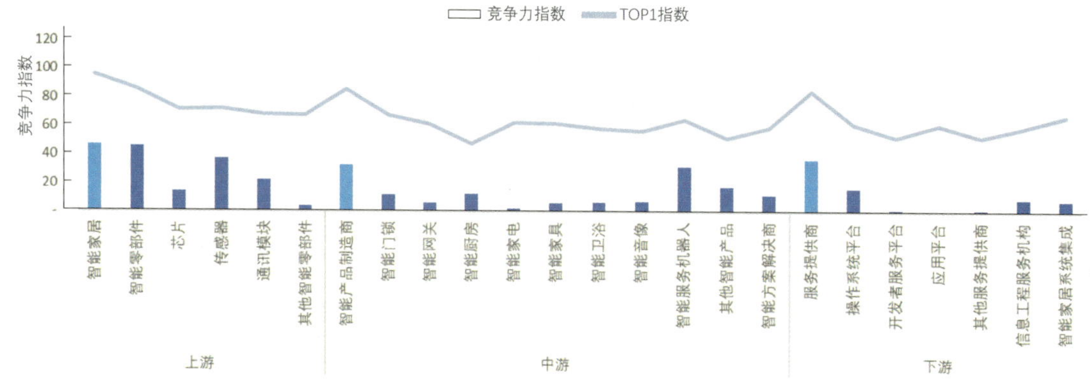

图11-30　江苏省智能家居产业链各节点竞争力指数对比

五、对策建议

（一）推动标准建设，强化智能家居产业链协同

更好发挥标准引领作用，引导企业加强标准布局，塑造竞争新优势。一是引导企业参与或牵头制定标准。鼓励智能家居产业链上下游行业龙头企业参与国际国内标准的制（修）订工作，加快培

养一批复合型的国际标准化人才，提升智能家居产业的国际话语权。二是推动各地智能家居领域标准化建设。对标“全国智能建筑及居住区数字化标准化技术委员会”，引导各地系统梳理智能家居产业链各领域相关环节现有标准规范，查漏补缺，推动相关领域标准化建设。三是先试先行创建智能家居产业链标准体系。支持和引导浙江、广东等发展条件较成熟地区，依托各地智能家居产业链联盟，编制、整合和修订涉及智能家居各领域的相关标准，逐步构建智能家居领域各环节衔接协调一致的统一标准。强化各地部门协同，合力推进智能家居用品标准化生产，逐步淘汰非标产品，引导各地结合实际推进不同层次框架智能家居的普及和发展。

（二）加大科技攻关，打通智能家居产业链堵点

坚持把创新发展放在首要位置，深化协同创新机制，加强关键核心技术攻关，加速推动关键零部件国产替代步伐。一是实施产业链协同创新。在全国范围内，强化产业链关键核心技术断链断供风险防范，遴选一批智能家居供应链关键备用企业，围绕重点核心领域建立产能备份，建立产业链供应链应急协调和管理机制，共建产业链利益共同体。二是加大关键核心技术攻关。聚焦智能家居产业链核心部件和关键技术，“揭榜挂帅”实施一批重大科技攻关项目，重点突破电机控制MCU、数模转换器、传感器、芯片制造、核心算法、操作系统等关键节点基础核心部件和关键共性技术，提升产业自主可控水平。三是不断强化创新能力提升。突出差异化协同创新，引导有条件地区探索组建智能家居领域国家、省实验室以及制造业创新中心等重大创新平台，提升产业原始创新能力。鼓励各地企业创建企业技术中心、企业研究院、博士后工作站等创新载体，推动智能单品、平台服务等关键核心技术产品自主攻关和产业化应用，着力补齐基础性技术和关键共性技术供给短板，优化产业创新生态。

（三）壮大市场主体，提升智能家居产业链层次

坚持问题导向，加快在智能家居产业链领域培育“链主”企业和“专精特新”企业。一是培优扶强产业链龙头企业。推动“链长+链主”协同机制，在突出主业的基础上延伸产业链，引导龙头企业通过参股、兼并、重组和并购等方式参与国内外合作，整合相关先进技术、人才、品牌、渠道等核心资源，做大做强，扩大品牌影响力，形成一批具有全球影响力的智能家居品牌。二是做强“专精特新”企业。围绕智能家电、智能门锁、智能家具等国外竞争激烈、国内成长空间大的产业，加快培育一批专注主业、深耕细分领域且具有核心竞争优势的“专精特新”小巨人企业、隐形冠军企业，着力提升满足各类用户需求的符合国家标准的智能家居市场供给率。支持企业以“工匠精神”做好做精智能单品，支持大众创新，鼓励用户参与研发，众筹开发共享产品，体验创新带来生活质量提升愉悦感。三是强化大中小企业协作力度。以行业龙头企业为核心，鼓励智能家居产业企业开放供应链平台，引导中小微企业围绕大企业配套需求，通过专业分工、服务外包、订单生产等方式，开展专业化协作配套；支持各类平台企业、智能家居产品制造商和相关研究机构转型发展总包商。

（四）强化区域协同，扩大智能家居产业链规模

突出地区产业链不同节点特色优势，合理布局区域生产力，避免同质化竞争，强化协同联动发展，构筑良性发展生态。一是加快建设智能家居产业集聚区。充分发挥浙江、广东等智能家居先发地区产业集聚优势，以智能家电、智能监控、智能厨电等产业链节点为切入点建立示范性产业集群，构建从产品设计到制造、基础材料配套服务为一体的智能家居产业链。以产业链为纽带，统筹推动福建、重庆、山东等基础较好地区创建一批特色鲜明、产业链配套紧密的智能家居产业集聚区，形成以浙江、广东为两大核心、引领多个优势地区为支撑的智能家居产业发展格局。二是强化不同地区产业协作。利用以广东为代表的省份在规模性与科创性上的优势，以浙江为代表的省份在先进性、稳定性、完整性上的优势，加强产业链互补合作，开展跨省域之间园区共建、产业链协同，促进优势互补。三是统筹完善智能家居发展基础设施。积极布局专业化物流中心，完善应急物流基础设施，提升区域制造业物流供应链保障能力。引导各地围绕重点区域重点领域优化卫星通信、5G/4G、窄带Iot、红外信号和可见光通信等多种通信手段和网络布局，构筑快速、通畅、安全、便捷的网络环境，为智能家居的发展提供强有力的基础保障。

（五）拓宽场景应用，延伸智能家居产业链深度

充分发挥我国家居市场规模优势，以普及推广应用引领产业高质量发展。一是推进智能家居“产业大脑”建设。推广浙江“产业大脑”经验模式，探索打造智能家居“产业大脑”，加强与产业链相关工业设计、标准质量提升、知识产权保护、品牌和认证等服务企业，以及高等院校及相关科研机构合作与对接。筹划建设一批专业智能家居产业链公共服务平台，增强产业链上各企业技术交流，探索基于产业大脑的智能家居共享制造、场景应用新模式。二是提升数字化智能家居体验。支持各地智能家居相关领域龙头骨干企业和各类社会资本合作，利用数字孪生等技术打造不同层次模块化智能家居体验馆，可视化展示智能家居场景应用效果，提高社会各界对智能家居的认可度和配置积极性，激发市场应用体验和消费需求。三是强化智能家居场景应用宣传推广。深度挖掘智能家居新应用场景，鼓励推广智能家居相关产品在未来社区建设、楼宇智能化管理、酒店智能化、居家智能化等场景落地运用，提升家居产品的个性化、智能化服务能力，推进智能家居产品应用示范，打造更具科学化和人性化的智能居家生活环境。

12

现代纺织产业链竞争力评价

一、现代纺织产业链全景

（一）现代纺织产业链节点体系

本研究使用的现代纺织全产业链节点体系是依托浙江人工智能省部共建协同创新中心的算法，联合产业专家，基于上市公司公告、官网产品、招投标等信息，利用人工智能算法自动抽取加人工校准的方式构建出的包含6个维度的生产关系（即生产原料、生产配件、生产设备、辅助原料、辅助设备和技术服务）的全产业链的网状图谱产品体系。在全产业链网状图谱产品体系中，以现代纺织的下游产品为起点，沿着其多种生产关系向上游追溯相关的其他产品节点，遍历到以原材料和设备为终止产品节点结束，从而形成一套有边界的现代纺织产品关系图谱，即本研究使用的现代纺织产业链节点体系。

如图12-1所示，现代纺织产业链包括纺织装备制造业、化学纤维制造业、纺织业和纺织服装/服饰业四个大的模块，这四个模块构成了现代纺织产业链的上下游关系。在现代纺织产业链中，节点之间不存在生产关系，是平行的分类关系，以灰蓝色为底色。

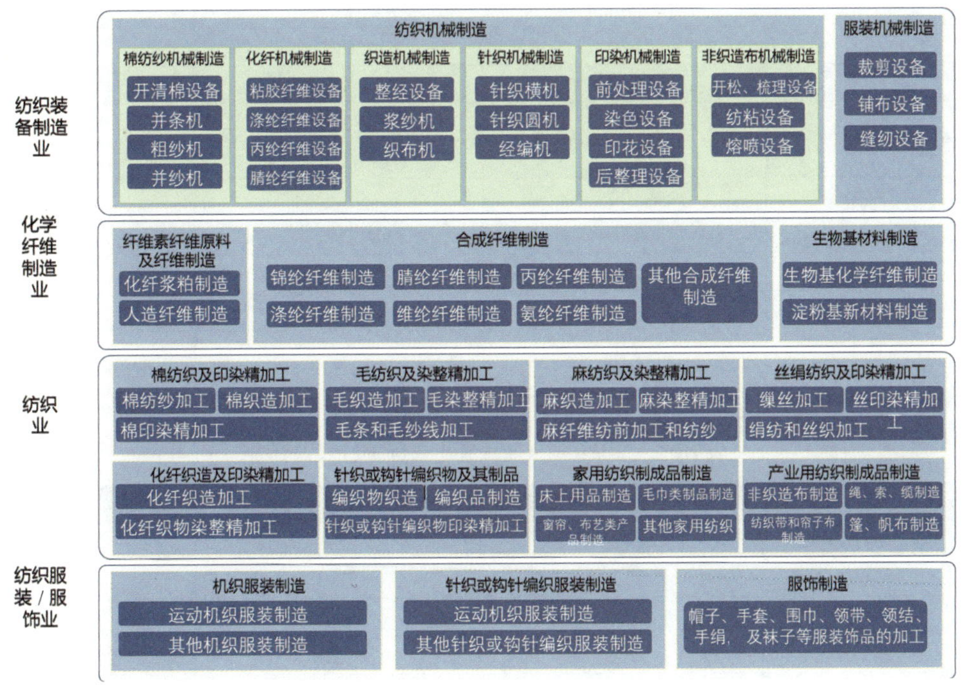

图12-1 现代纺织产业链节点体系

（二）国内外现代纺织产业链现状

1. 全球现代纺织产业链发展现状

自第一次工业革命英国率先实现棉纺织品工业化生产成为世界纺织业中心以来，全球纺织制造中心历经英国、美国、日本、韩国、中国的数次更迭，目前中国已经成为全球纺织品服装第一出口大国。近年来，由于劳动力、原材料等生产要素及关税、贸易壁垒等方面的比较优势，东南亚纺织产业发展进入快车道。伴随全球纺织制造中心的不断转移，纺织产业的分工情况以及贸易格局不断发生改变，全球纺织产业价值链也处于不断重构过程中。

从产业竞争格局来看，中国主导的“中国＋南亚＋东盟”区域、欧盟和北美是世界纺织供应链三大中心。其中，纺织天然原料和化纤生产主要集中在亚洲地区和美国，加工制造环节主要集中在“中国＋南亚＋东盟”区域和欧盟，发达国家仍然掌握核心技术、先进装备、品牌零售等竞争优势，中国、欧盟、美国和日本是四大消费市场，“中国＋南亚＋东盟”区域、欧盟和北美是世界纺织品服装三大贸易中心。

从出口情况来看，在防疫物资消费需求激增背景下，2020年全球纺织品服装出口金额实现微增。根据世界贸易组织《2021年世界贸易统计评论》统计，2020年全球纺织品服装出口金额为8024亿美元，同比微增0.5%。其中，纺织品出口金额为3544亿美元，创历史新高，同比增长16%（见表12-1）；服装受疫情影响呈下降态势，出口金额为4480亿美元，同比减少9.1%（见表12-2）。

表12-1 2020年全球纺织品出口国家（地区）10强

排名	国家（地区）	出口金额 / 亿美元	占全世界份额 / %	份额增减 / %
1	中国	1540	43.5	4.3
2	欧盟	640	18.1	-3.6
3	印度	150	4.2	-1.4
4	土耳其	120	3.3	-0.6
5	美国	110	3.2	-1.2
6	越南	100	2.8	-0.2
7	韩国	80	2.2	-0.8
8	巴基斯坦	70	2.0	-0.5
9	中国台湾	70	2.0	-0.8
10	日本	60	1.6	-0.5

数据来源：世界贸易组织《2021年世界贸易统计评论》。

表12-2 2020年全球服装出口国家（地区）10强

排名	国家（地区）	出口金额 / 亿美元	占全世界份额 / %	份额增减 / %
1	中国	1420	31.6	0.9
2	欧盟	1250	27.9	0.2
3	越南	290	6.4	0.1
4	孟加拉	280	6.3	-0.4
5	土耳其	150	3.4	0.1
6	印度	130	2.9	-0.6
7	马来西亚	100	2.2	-1
8	英国	80	1.9	0.1
9	中国香港	80	1.8	-
10	印度尼西亚	80	1.7	0

数据来源：世界贸易组织《2021年世界贸易统计评论》。

从进口情况来看，在全球消费萎靡背景下，2020年全球纺织品服装进口金额出现下降（见表12-3）。根据世界贸易组织《2021年世界贸易统计评论》统计，2020年全球纺织品服装进口金额为8327亿美元，同比减少4.5%，其中纺织品进口金额为3590亿美元，创历史新高，同比增长7.1%；服装进口金额为4737亿美元，同比减少11.7%（见表12-4）。

表12-3　2020年全球纺织品进口国家（地区）10强

排名	国家（地区）	出口金额 / 亿美元	占全世界份额 / %	份额增减 / %
1	欧盟	870	24.3	4.2
2	美国	450	12.6	3.2
3	越南	160	4.4	-0.8
4	中国	140	3.9	-0.8
5	日本	120	3.3	0.7
6	英国	110	3	0.9
7	孟加拉	90	2.5	-0.7
8	加拿大	60	1.8	0.5
9	韩国	60	1.6	0
10	印度尼西亚	50	13	-0.5

数据来源：世界贸易组织《2021年世界贸易统计评论》。

表12-4　2020年全服装进口国家（地区）10强

排名	国家（地区）	出口金额 / 亿美元	占全世界份额 / %	份额增减 / %
1	欧盟	1680	34.1	0.5
2	美国	820	16.8	-1
3	日本	260	5.3	-0.2
4	英国	260	5.3	0.4
5	加拿大	100	2.1	0
6	韩国	100	2	-0.1
7	中国	90	1.9	0.2
8	瑞士	80	1.6	-0.5
9	中国香港	80	1.6	-
10	俄罗斯	80	1.6	0.1

数据来源：世界贸易组织《2021年世界贸易统计评论》。

2. 国内现代纺织产业链发展现状

整体来看，我国纺织工业处于中高端发展水平，建立起全世界最为完备的现代纺织制造产业体系，生产制造能力与国际贸易规模长期居于世界首位。

从规模效益情况来看，随着市场形势的逐步恢复，2021年我国纺织行业经济恢复基础不断巩固，根据国家统计局数据，2021年全国3.3万余户规模以上纺织企业实现营业收入5.1万亿元，同比增长12.1%;实现利润总额2599.8亿元,同比增长25.1%;营业收入利润率为5.1%,高出上年0.5个百分点。

从出口情况来看,受到世界经济逐步复苏带动市场复苏,出口订单回流带动采购需求等因素影响,2021年我国纺织行业出口实现较快增长,增速明显超过新冠疫情前水平。中国海关月报数据显示,2021年我国纺织品服装出口总额达到3154.6亿美元,同比增长8.3%,两年平均增长7.8%。其中,服装出口额达1702.6亿美元,同比增长24.0%,出口增速达到2015年以来的最高水平。

3. 浙江省现代纺织产业链发展现状

纺织和服装行业是浙江省传统优势产业、民生产业,产业生态完善,集群特色鲜明,已形成由化学纤维、纺织印染和服装家纺等终端产品以及纺织专用装备组成的完整纺织产业链,形成较强优势。2021年,全省纺织和服装行业规模以上工业企业实现工业总产值10003亿元、工业增加值2018亿元,同比分别增长17.5%、8.6%。

一是集群特色鲜明。截至2021年底,浙江省共形成50亿以上纺织和服装产业集群40余个,拥有海宁经编、海曙男装、瓯海休闲服、诸暨袜艺等100亿以上产业集群22个,萧山化纤、柯桥纺织、桐乡化纤等超500亿以上产业集群3个;此外,绍兴现代纺织产业集群入围国家先进制造业集群竞赛初赛,诸暨大唐袜业等5个产业集群创建为国家新型工业化产业示范基地。

二是企业实力突出。截至2021年底,已培育浙江省纺织和服装重点企业30余家,其中雄鹰企业10家、制造业单项冠军示范企业13家、省级隐形冠军企业11家;24家企业入选2021年度中国纺织服装企业竞争力百强,入选企业数居全国首位。此外,恒逸集团、荣盛控股首次上榜《财富》世界500强,万事利丝绸成为中国丝绸文创第一股。

三是设计创新能力领先。截至2021年底,浙江省拥有太平鸟时尚中心、余杭艺尚小镇、桐乡濮院针织产业园等12个国家级纺织服装创意设计试点园区(平台),入选数量居全国首位;建设浙江省先进功能纤维创新中心、浙江省先进印染制造创新中心等2个省级制造业创新中心,余杭家纺与服装产业创新服务综合体、柯桥现代纺织产业创新服务综合体、桐乡毛衫时尚产业创新服务综合体等15家省级产业创新服务综合体。

四是新模式新业态涌现。制造模式和商业模式变革稳步推进,网络协同设计、大规模个性化定制等新模式新业态培育成效明显。2021年,新增省级工业互联网平台6个、“未来工厂”3个、数字化车间/智能工厂24个,新上线服装(童装)、化学纤维、织造印染等产业大脑3个。

二、现代纺织产业链竞争力指数分析

本节节通过构建数据模型对各省市现代纺织产业链竞争力进行分析,主要包括市场竞争力、技术竞争力、产业链充分性和产业链完备性4个维度。其中,市场竞争力指数包括市场占有率和利润率两大指标,技术竞争力包括发明专利数、研发人员数和研发投入三大指标,产业链充分性包括产业链企业数量和上市企业数量两大指标，产业链完备性主要包括产业链完整率和高新节点占有率两大指标。

（一）现代纺织产业链整体竞争力指数排名

1. 竞争力指数排名

如图12-2和表12-5所示，从2021年现代纺织产业链竞争力指数整体排名看，全国纺织产业主要集中在东部和中部地区，尤其是东部地区最为集中，竞争力指数排名前5位的省市均在东部，分别为浙江(85.0)、江苏(78.5)、山东(54.6)、广东(51.5)、上海(40.3)，排名第7位的福建(32.2)也位于东部地区。除此之外，以安徽(35.0)、河南(31.9)为代表的中部地区承接纺织产业转移，发展也较为迅速。

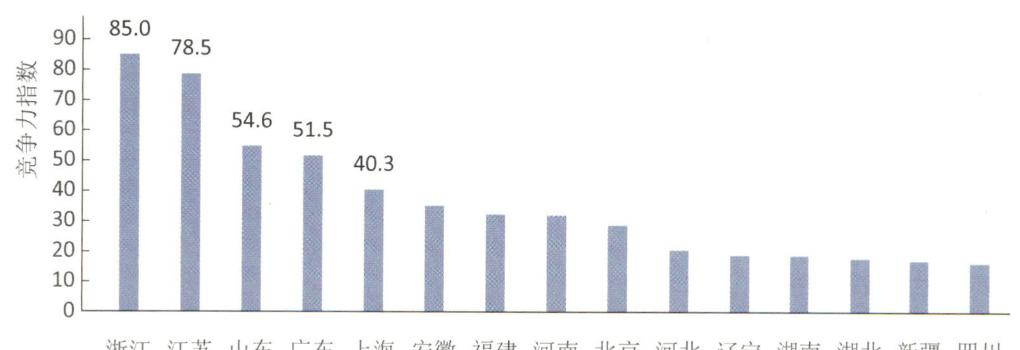

图12-2　现代纺织产业链竞争力指数排名

表12-5　2021年国内现代纺织产业链整体竞争力指数排名

序号	省份	指数	序号	省份	指数	序号	省份	指数
1	浙江	85.0	12	湖南	18.7	23	吉林	4.5
2	江苏	78.5	13	湖北	17.7	24	贵州	4.2
3	山东	54.6	14	新疆	16.9	25	广西	4.0
4	广东	51.5	15	四川	16.2	26	云南	4.0
5	上海	40.3	16	陕西	15.3	27	黑龙江	3.1
6	安徽	35.0	17	宁夏	13.2	28	内蒙古	2.6
7	福建	32.2	18	江西	11.6	29	甘肃	2.6
8	河南	31.9	19	海南	10.1	30	青海	1.7
9	北京	28.6	20	天津	9.1	31	西藏	1.7
10	河北	20.5	21	重庆	8.4			
11	辽宁	18.7	22	山西	7.8			

2. 竞争力指数变动趋势

2015—2021年，TOP10省份的现代纺织产业链竞争力指数总体呈增长态势(见表12-6)。其中，江苏、浙江两省纺织产业链竞争优势明显，产业链供应链经受住了超预期冲击，年复合增长率分别达到6.5%、6.3%，在TOP10省份中分别位列第一位和第二位；安徽积极承接东部产业转移，通过跨区域合作共建、提供产业配套等多种形式，推进现代纺织产业快速发展，年复合增长率达到4.5%，在TOP10省份中位列第3位。广东、河南、山东等省份竞争力提升也较为明显，年复合增长率分别达到3.9%、3.3%和3.2%。

表12-6　2015—2021年现代纺织产业链竞争力指数TOP10

省份	2015年	2016年	2017年	2018年	2019年	2020年	2021年	CAGR
浙江	58.8	61.4	67.5	71.6	77.0	79.5	85.0	6.3%
江苏	53.8	55.0	56.3	64.3	67.6	69.8	78.5	6.5%
山东	45.1	44.6	46.2	47.0	46.9	53.1	54.6	3.2%
广东	40.8	43.3	48.1	49.3	50.8	54.5	51.5	3.9%
上海	37.8	38.3	39.0	40.7	39.9	42.2	40.3	1.1%
安徽	27.0	28.5	30.4	31.6	32.3	32.7	35.04	4.5%
福建	30.9	30.9	32.0	31.7	31.4	32.2	32.2	0.7%
河南	26.2	28.0	28.3	28.7	29.6	29.4	31.88	3.3%
北京	31.9	32.1	31.2	29.8	29.4	28.3	28.62	-1.8%
河北	20.0	20.2	19.5	20.5	20.5	13.4	20.48	0.4%

3. 竞争力指数增长来源

如图12-3所示，从增长原因来看，各省市竞争力指数增长的来源主要为技术竞争力，以TOP5省份为例，浙江、江苏、山东、广东、上海的技术竞争力指数分别增长了16.2、16.2、8.7、7.9和4.5点；相比较而言，作为成熟行业，市场竞争力、产业链充分性和产业链完备性拉动作用较小，尤其是市场竞争力维度，由于纺织产业主要为存量竞争，必然存在此消彼长的现象。分省市来看，浙江竞争力指数增长主要来源于技术竞争力、产业链充分性、市场竞争力等，分别增长16.2、6.3和3.4点；江苏主要受技术竞争力和市场竞争力提升影响，分别增长16.2和6.8点；广东主要受技术竞争力和产业链充分性提升影响，分别增长7.9和2.4点；上海技术竞争力和产业链充分性有所增长，但市场竞争力有所下滑，下降3.2点。

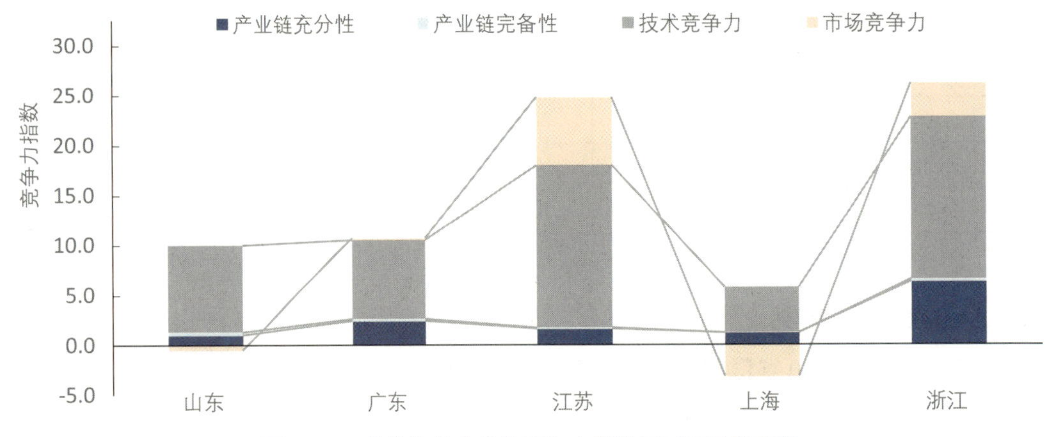

图13-3　现代纺织产业链竞争力指数TOP5增长来源

（二）各评价指标维度分析

1. TOP5省份各评价指标维度分析

从市场竞争力、技术竞争力、产业链充分性、产业链完备性4个维度对2021年现代纺织产业链竞争力指数TOP5省份做雷达图（见图12-4），结果显示，浙江纺织产业链竞争力优势明显且4个维度发展较为均衡，其中产业链充分性、产业链完备性均排名第一，技术竞争力略低于江苏，位列第二位，反映出浙江纺织产业链体系极为完整，关键环节优势突出；排名第二位的江苏纺织产业链四个维度存在一定分化，其中技术竞争力和市场竞争力均排名第一，产业链完备性位列第二位，而产业链充分性虽然位列第三位，但明显低于浙江，反映出江苏纺织产业链体系不够完整。

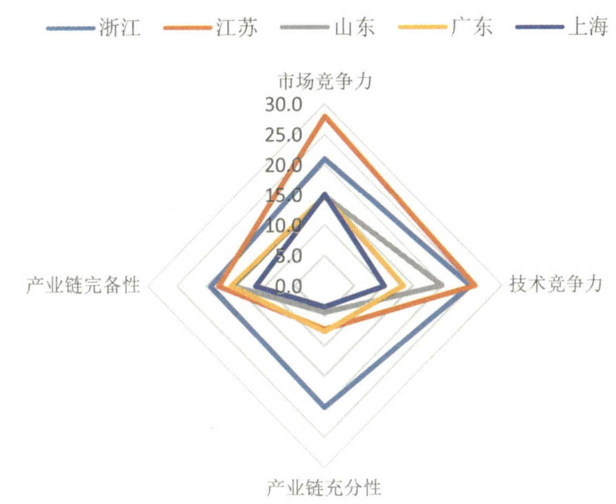

图12-4　现代纺织产业链竞争力TOP5各维度指标对比

2. 市场竞争力分析

市场竞争力的本质表现就在于获取更多的市场份额和更高的利润率，一般而言市场占有率越高、企业盈利水平越高，产业链就越具有竞争力。如图12-5所示，从发展阶段来看，纺织产业已进入成熟期，企业普遍采用市场占有率与利润率平衡战略。运用市场占有率和利润率两大指标对各省市纺织产业市场竞争力进行分析，结果显示，排名前5位的省份依次为江苏(28.0)、浙江(21.0)、上海(15.1)、山东(14.8)、广东(14.8)，其中江苏和浙江两省分别位列第一和第二位，表明两地纺织产业市场占有率和利润率总体位于全国前列。

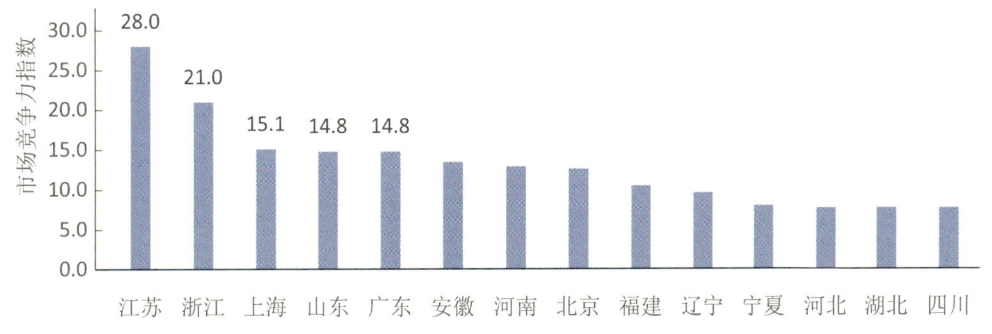

图12-5　现代纺织产业链市场竞争力排名

3. 技术竞争力分析

技术竞争力是一个反映产业链竞争力来源的间接因素。技术创新能力越强,产业竞争力就越强。反映技术竞争力的指标包括专利数、研发投入、研发人员数等。如图12-6所示,江苏的技术竞争力指数得分最高,为25.4。浙江、山东、广东、上海分别为24.7、19.9、13.3和10.1。

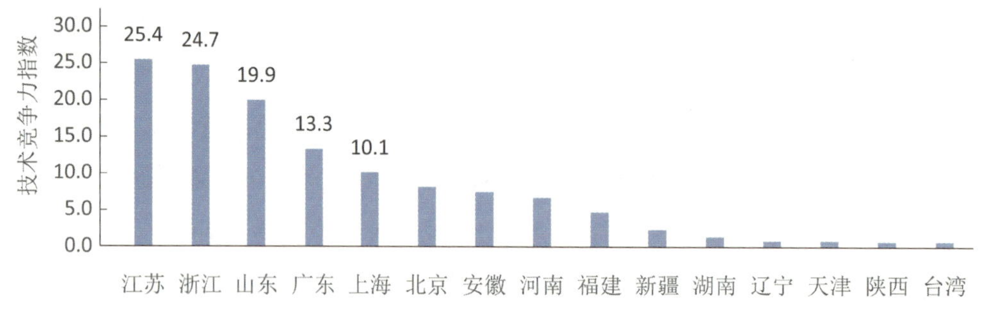

图12-6　现代纺织产业链技术竞争力排名

4. 产业链充分性分析

产业链充分性是反映产业链当前拥有的市场竞争行为主体充分程度的指标集合,产业链拥有的企业数量越多,产业链的稳定性越高,产业链的竞争力就越强;产业链拥有的高质量企业(上市企业)数量越多,产业链的充分性越高,产业链的竞争力就越强。如图12-7所示,浙江的产业链充分性指数得分最高,为20.0。广东、江苏、山东、福建分别为7.5、7.1、4.4和3.6。

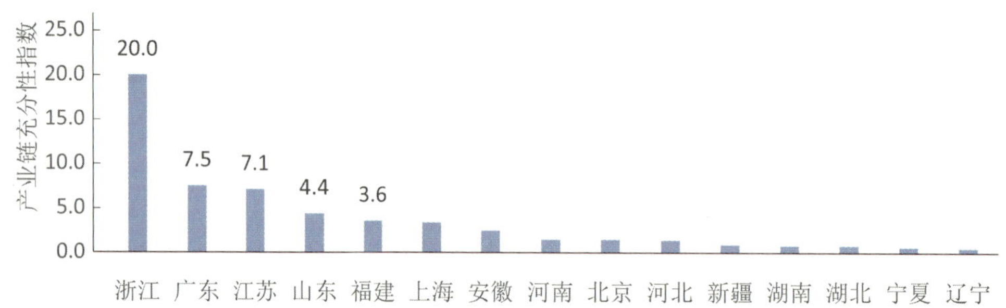

图12-7　现代纺织产业链充分性排名

5. 产业链完备性分析

产业链完备性是反映本地产业链的布局、配套完备程度的指标。产业链节点越多,节点的质量越好,本地的产业链竞争力就越强。如图12-8所示,浙江的产业链完备性指数得分最高,为19.3。江苏、广东、山东、福建分别为18.0、15.9、15.5和13.4。

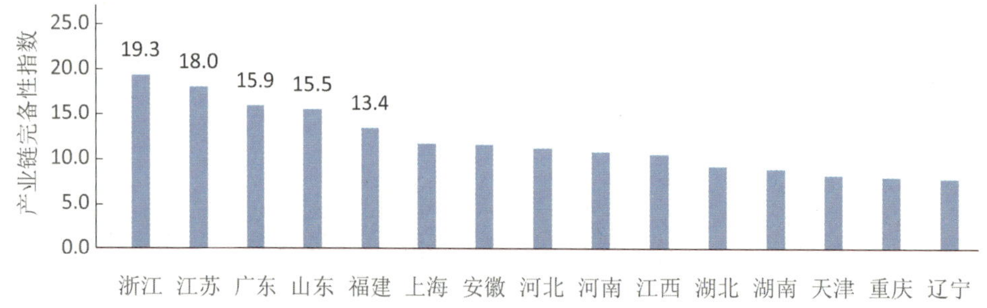

图12-8　现代纺织产业链完备性排名

三、现代纺织产业链节点竞争力分析

现代纺织产业链由纺织装备制造业、化学纤维制造业、纺织业和纺织服装/服饰业等多个节点组成,每个节点下又有各自的配套,产业链整体竞争力的本质是由各个节点尤其是核心节点的竞争力组成。本节针对各个节点的竞争力展开分析。

(一)纺织装备制造业

纺织装备制造业是发展纺织产业的重中之重,也是纺织产业数字化转型的基础支撑。纺织装备制造业包括纺织机械制造和服装机械制造。从纺织装备制造业竞争力指数来看,浙江(60.2)排名第一(见图12-9);分维度来看,浙江产业链充分性和完备性均排名第一,技术竞争力指数接近上海(排名第二),但市场竞争力总体偏弱,市场占有率和利润率处于较低水平(见图12-10)。近年来,浙江纺织装备产业发展较为迅速,涌现出诸暨、新昌、椒江、萧山等纺织装备产业集群,但企业规模普遍偏小,市场竞争力整体偏弱。上海(48.9)排名第二,市场竞争力和技术竞争力均排名第一。除此以外,广东(44.6)、江苏(37.5)和北京(27.1)表现也较为优异。

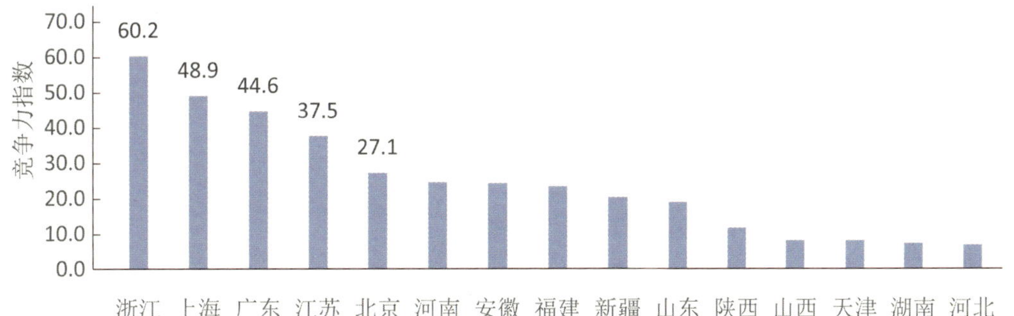

图12-9 纺织装备制造业竞争力排名

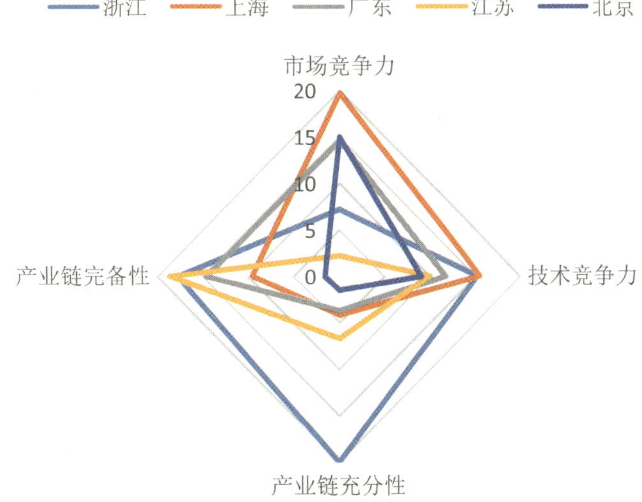

图12-10 纺织装备制造业竞争力TOP5各维度指标对比

1. 纺织机械制造

如图12-11所示，在纺织机械制造整体的竞争力中，浙江排名第一，得分56.8，广东、江苏、北京、河南分别为49.3、41.2、33.4和27.9。如图12-12所示，在各维度指标对比中，浙江的产业链充分性排名第一，技术竞争力排名第二。广东技术竞争力排名第一，市场竞争力排名第二，接近第一的北京。北京市场竞争力排名第一，技术竞争力与前三基本持平。

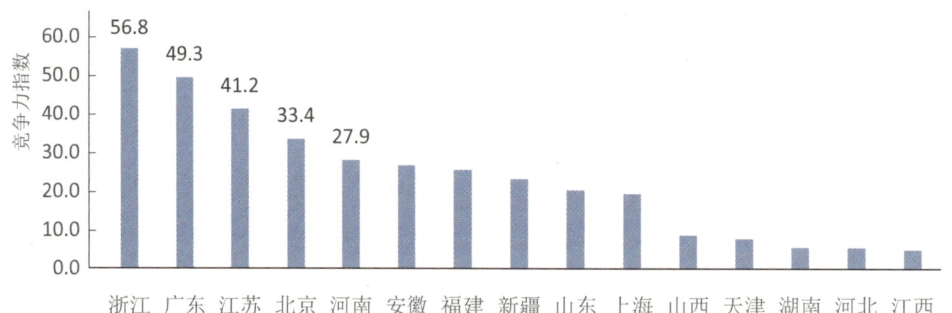

图12-11　纺织机械制造竞争力排名

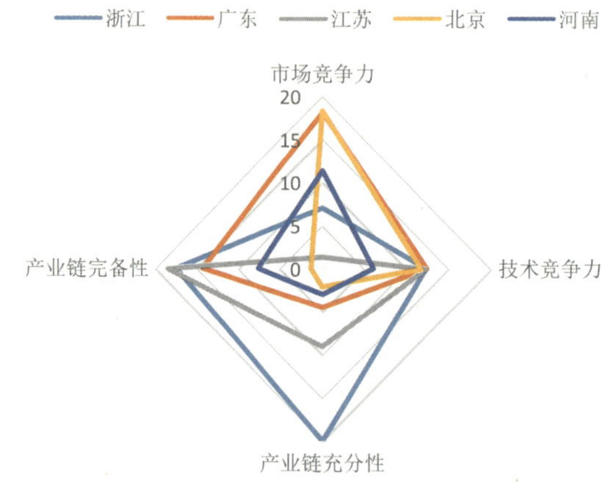

图12-12　纺织机械制造竞争力TOP5各维度指标对比

2. 服装机械制造

如图12-13所示，在服装机械制造整体的竞争力中，上海排名第一，得分61.8。浙江排名第二，得分60.5。江苏、陕西、广东分别为27.5、25.5和22.2。如图12-14所示，在各维度指标对比中，上海的市场竞争力、技术竞争力均排名第一。浙江的产业链充分性排名第一，技术竞争力排名第二，接近第一的上海。

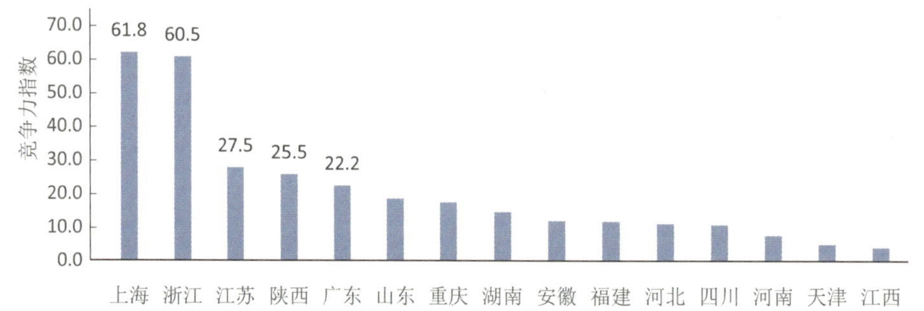

图12-13　服装机械制造竞争力排名

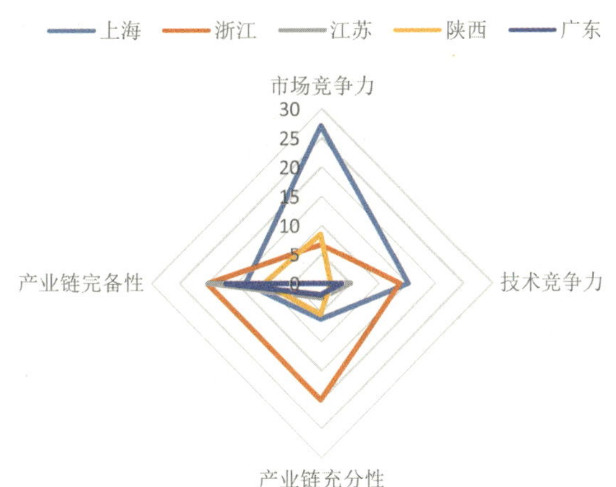

图12-14　服装机械制造竞争力TOP5各维度指标对比

（二）化学纤维制造业

化学纤维制造业包括纤维素纤维原料及纤维制造、合成纤维制造和生物基材料制造。其中，合成纤维制造包括锦纶、涤纶、晴纶、维纶、丙纶、氨纶和其他合成纤维制造等。在化学纤维制造业整体的竞争力中，浙江和江苏分别位列第一位和第二位，得分分别为81.2和79.6，遥遥领先于其他省市，反映出我国化纤行业区域集中度非常高（见图12-15）。从化纤产量来看，浙江和江苏两省化学纤维产量占全国比重的四分之三左右。除此之外，山东、河南、广东分别为42.8、40.2和29.1。如图12-16所示，在各维度指标对比中，浙江的产业链充分性、产业链完备性排名第一。江苏市场竞争力和技术竞争力排名第一。

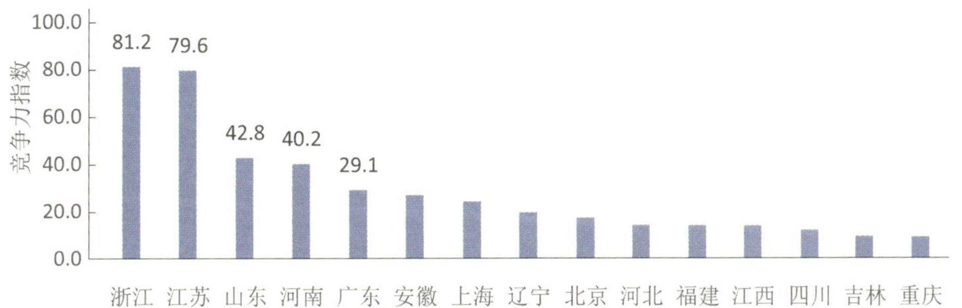

图12-15　化学纤维制造业竞争力排名

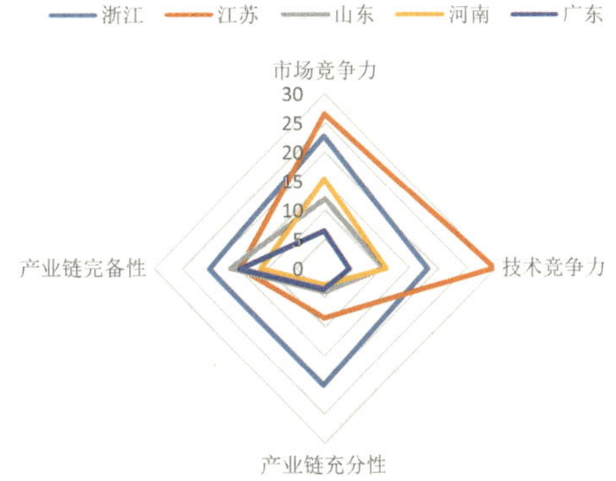

图12-16　化学纤维制造业竞争力TOP5各维度指标对比

（三）纺织业

纺织业包括家用纺织制成品制造、产业用纺织制成品制造、针织或钩针编织物及其制品制造、化纤织造及印染精加工、丝绢纺织及印染精加工、麻纺织及印染精加工、毛纺织及印染精加工、棉纺织及印染精加工。如图12-17和图12-18所示，纺织业整体竞争力指数江苏排名第一，得分78.6，主要得益于技术竞争力和市场竞争力，两项指标均排名第一。浙江第二，得分75.5，与江苏构成第一梯队，产业链充分性和产业链完备性均排名第一。安徽、广东、山东分别为57.4、56.4和53.0。

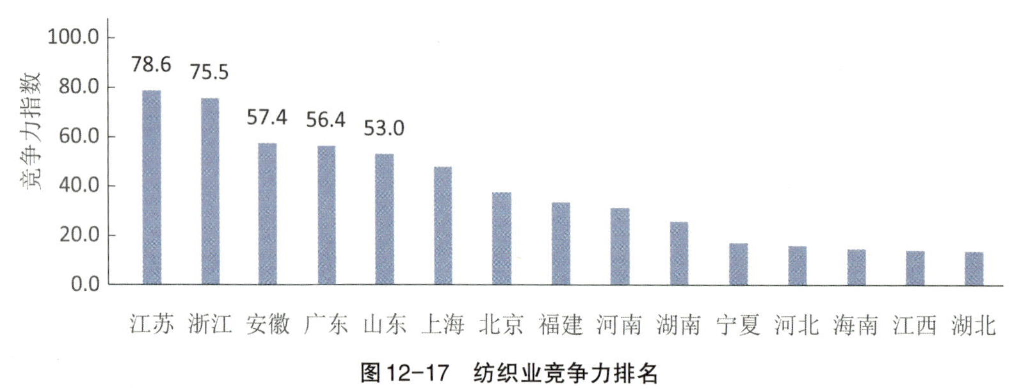

图12-17 纺织业竞争力排名

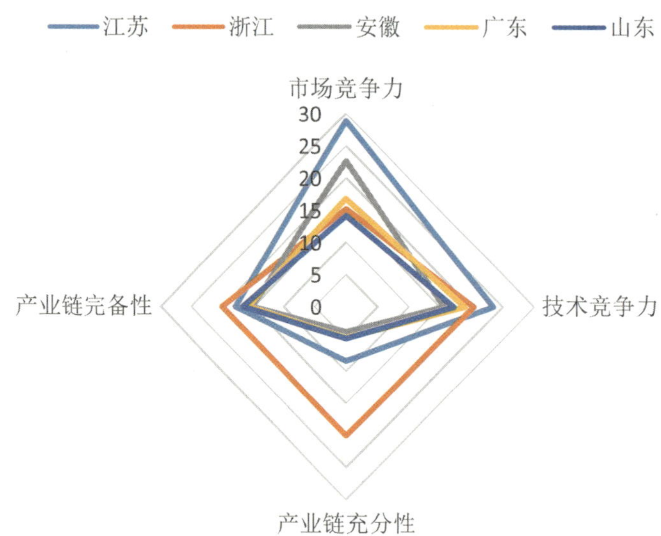

图12-18 纺织业竞争力TOP5各维度指标对比

1. 棉纺织及印染精加工

如图12-19所示，在棉纺织及印染精加工整体的竞争力中，浙江排名第一，得分64.7。江苏、北京、山东、安徽分别为54.6、47.7、26.2和21.8。如图12-20所示，在各维度指标对比中，浙江产业链充分性、产业链完备性排名第一；江苏产业链完备性排名第一，技术竞争力排名第二，接近第一的北京；北京市场竞争力、技术竞争力均排名第一。

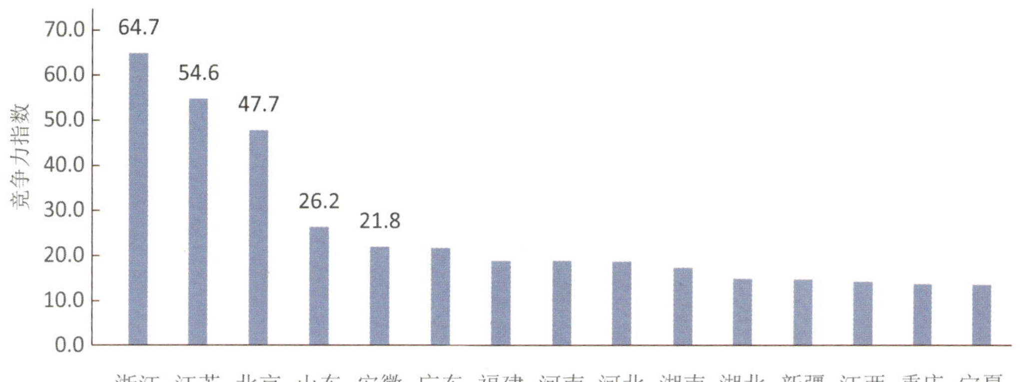

图 12-19 棉纺织及印染精加工竞争力排名

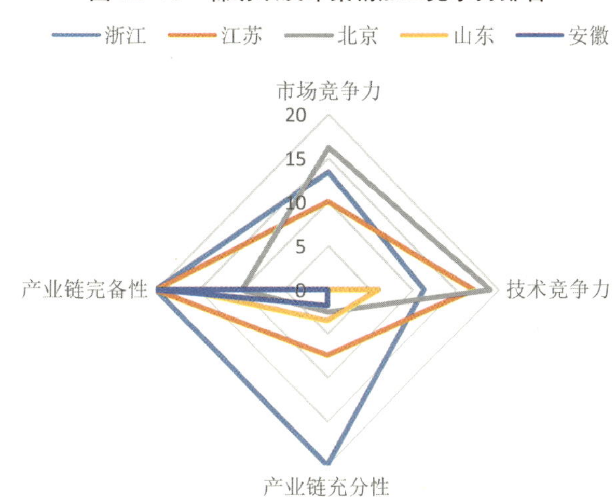

图 12-20 棉纺织及印染精加工竞争力 TOP5 各维度指标对比

2. 毛纺织及染整精加工

如图 12-21 所示，在毛纺织及染整精加工整体的竞争力中，浙江排名第一，得分 59.7。安徽、江苏、山东、上海分别为 57.8、52.7、42.9 和 41.8。如图 12-22 所示，在各维度指标对比中，浙江的产业链充分性、产业链完备性排名第一；安徽的市场竞争力、技术竞争力均排名第一；江苏的技术竞争力排名第二，接近第一的安徽。

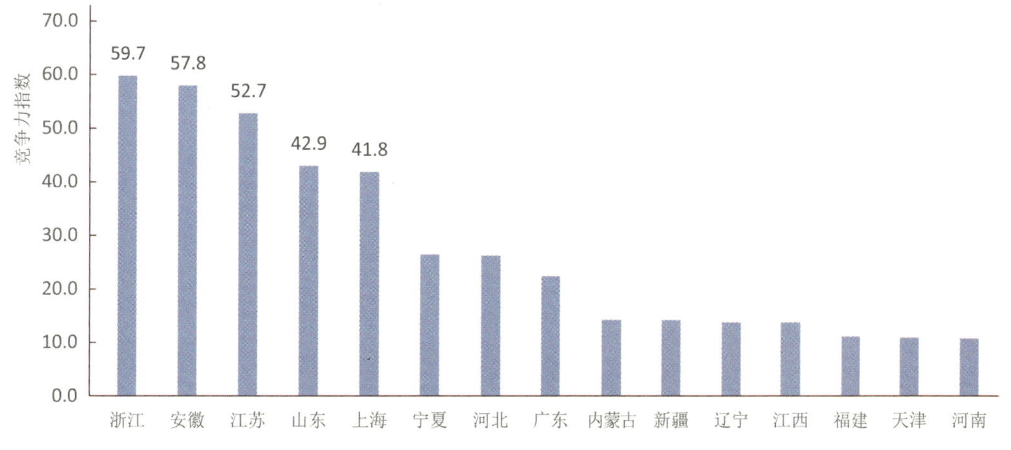

图 12-21 毛纺织及染整精加工竞争力排名

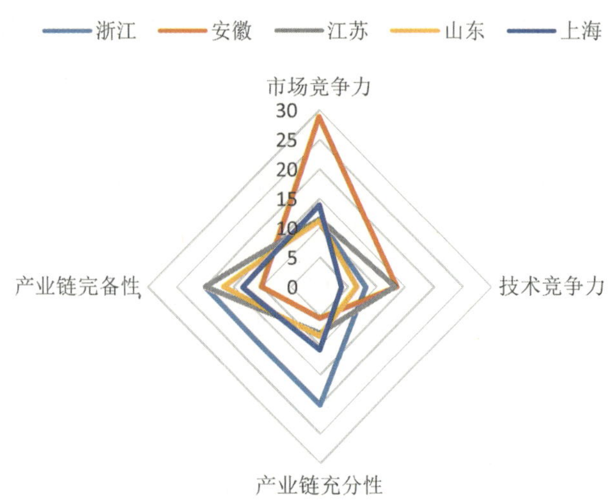

图12-22　毛纺织及染整精加工竞争力TOP5各维度指标对比

3. 麻纺织及染整精加工

如图12-23所示，在麻纺织及染整精加工整体的竞争力中，湖南排名第一，得分58.1。浙江、江苏、安徽、山东分别为36.5、26.7、19.2和18.7。如图12-24所示，在各维度指标对比中，湖南的市场竞争力、技术竞争力、产业链充分性均排名第一。

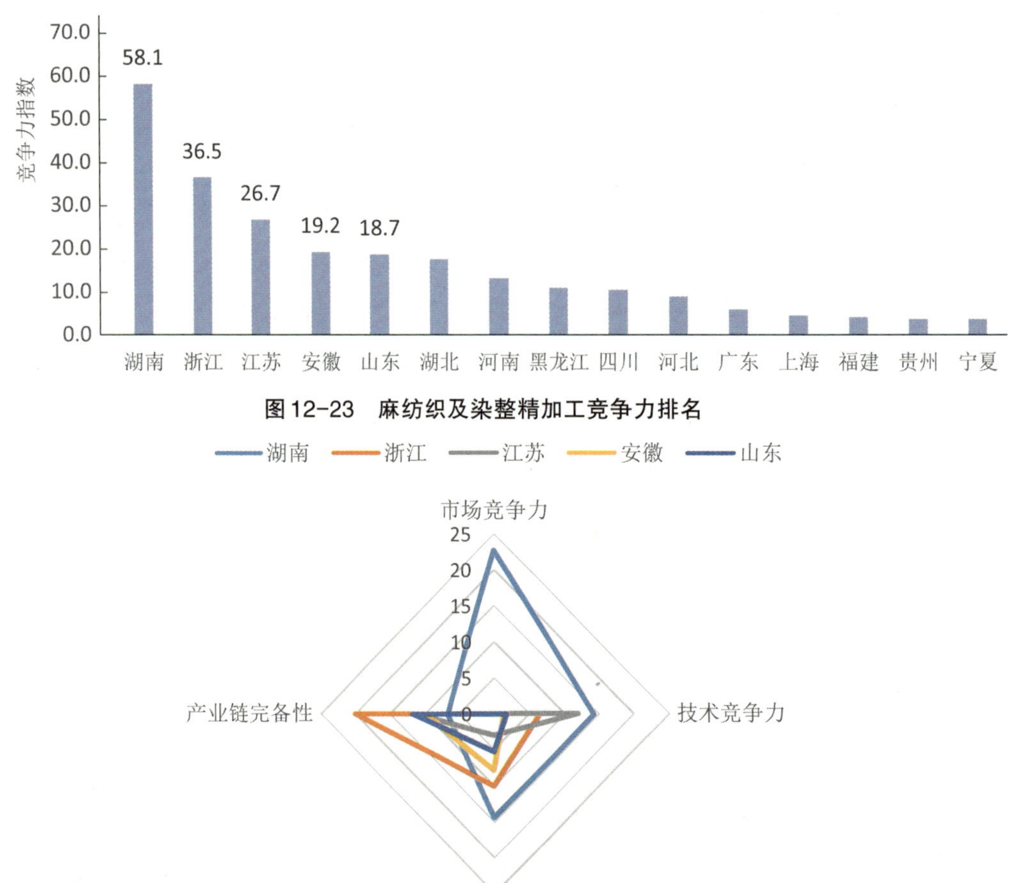

图12-23　麻纺织及染整精加工竞争力排名

图12-24　麻纺织及染整精加工竞争力TOP5各维度指标对比

4. 丝绢纺织及染整精加工

如图12-25和图12-26所示，在丝绢纺织及染整精加工整体的竞争力中，浙江排名第一，得分91.2，四个维度指标均位列第一，得益于浙江从桑蚕养殖、织造、印染到丝绸服装完整的产业链条以及厚实的丝绸文化，涌现出杭州、嘉兴、湖州等丝绸胜地，培育出万事利、嘉欣丝绸等龙头企业，其中万事利是丝绸上市第一股，开创了一条“传统丝绸+现代文化创意+高新科技=丝绸新兴产业”的发展之路。江苏、四川、安徽、广西分别为28.1、17.2、16.8和15.1。

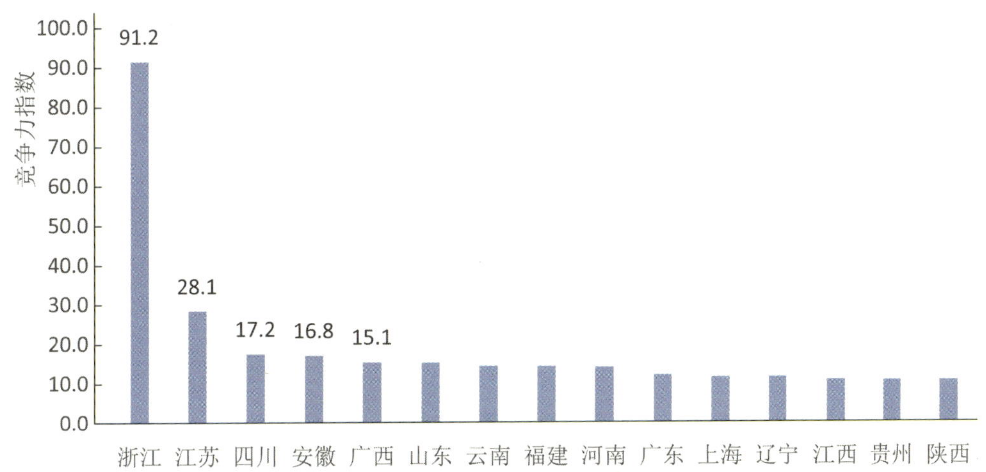

图12-25　丝绢纺织及染整精加工竞争力排名

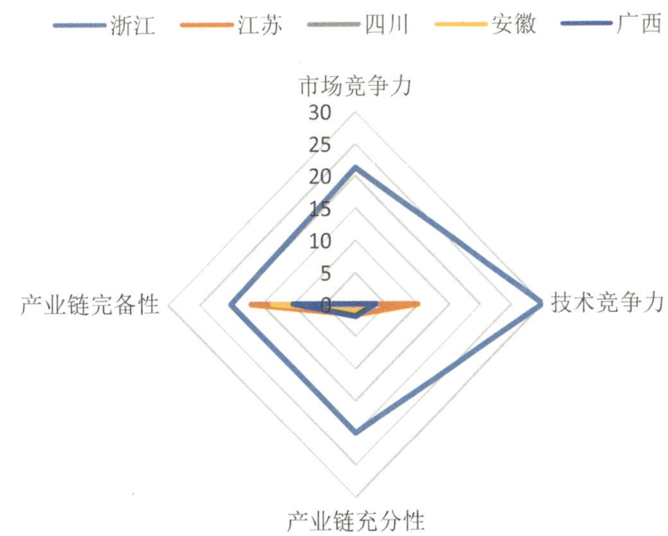

图12-26　丝绢纺织及染整精加工竞争力TOP5各维度指标对比

5. 化纤织造及印染精加工

如图12-27和图12-28所示，在化纤织造及印染精加工整体的竞争力中，浙江排名第一，得分92.5，四个维度指标均位列第一。江苏、河南、广东、上海分别为31.5、16.5、16.4和16.3。

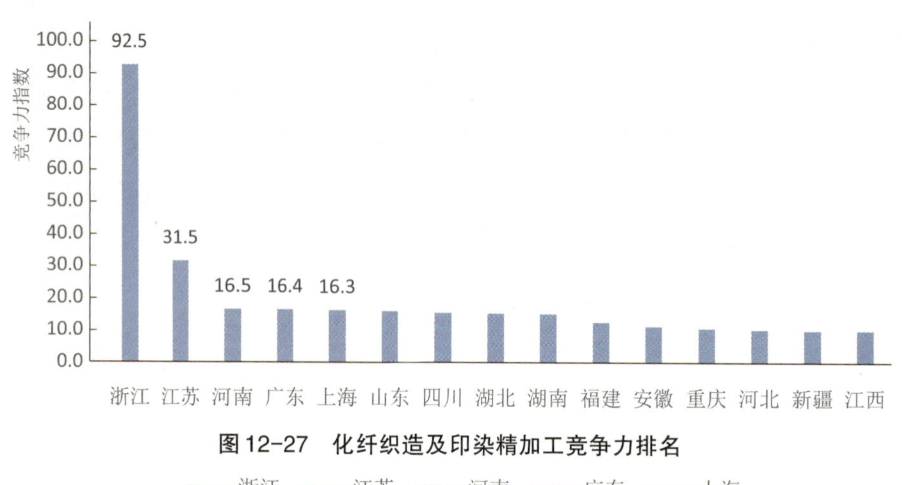

图 12-27 化纤织造及印染精加工竞争力排名

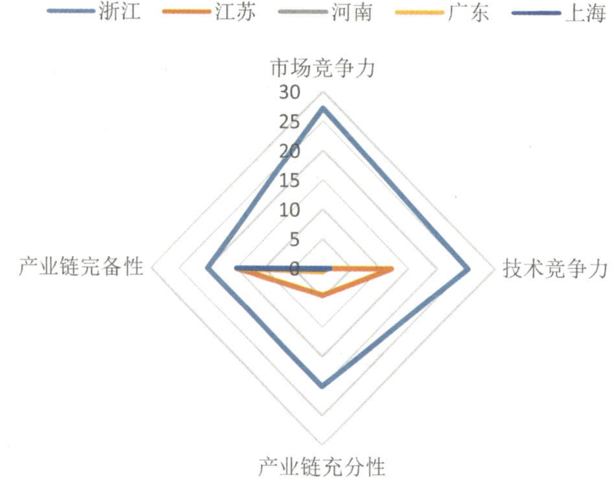

图 12-28 化纤织造及印染精加工竞争力TOP5各维度指标对比

6. 针织或钩针编织物及其制品制造

如图12-29和图12-30所示，在针织或钩针编织物及其制品制造整体的竞争力中，浙江排名第一，得分87.3，在各维度指标对比中，浙江四个维度指标也均排名第一。江苏、山东、广东、上海分别为30.3、23.7、21.8和20.2。

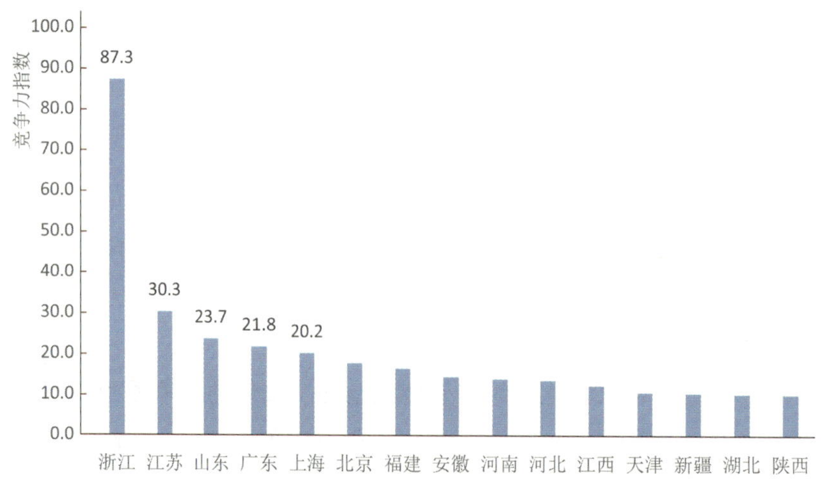

图 12-29 针织或钩针编织物及其制品制造竞争力排名

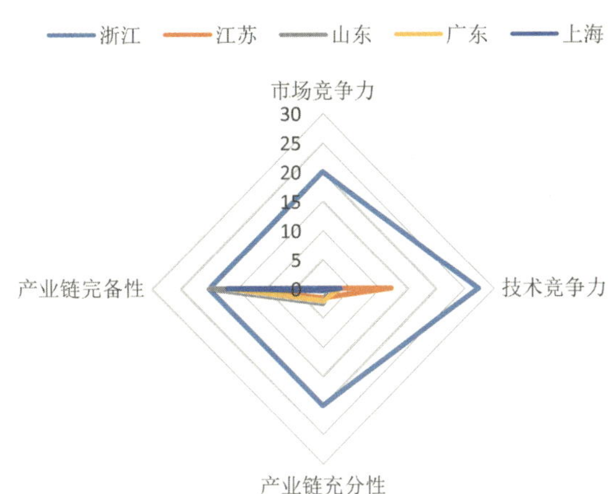

图 12-30　针织或钩针编织物及其制品制造竞争力 TOP5 各维度指标对比

7. 家用纺织制成品制造

家用纺织制成品制造包括床上用品制造、毛巾类制品制造、窗帘、布艺类产品制造和其他家用纺织制成品制造。如图 12-31 和图 12-32 所示，在家用纺织制成品制造整体的竞争力中，山东排名第一，得分 72.8，其市场竞争力、技术竞争力、产业链充分性均排名第一。江苏得分 67.7，与山东同列第一梯队，其市场竞争力、技术竞争力、产业链充分性均排名第二。除此之外，广东、浙江、上海分别为 53.8、42.0 和 39.3。

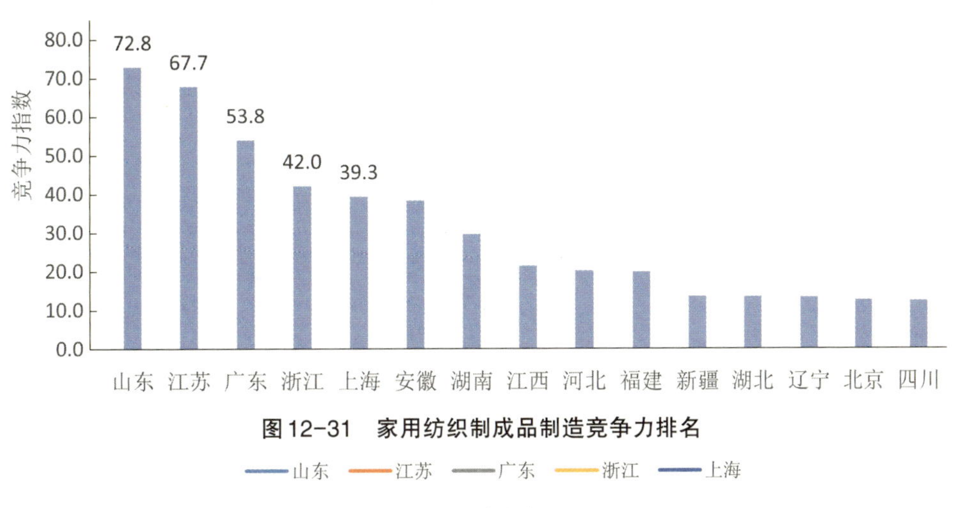

图 12-31　家用纺织制成品制造竞争力排名

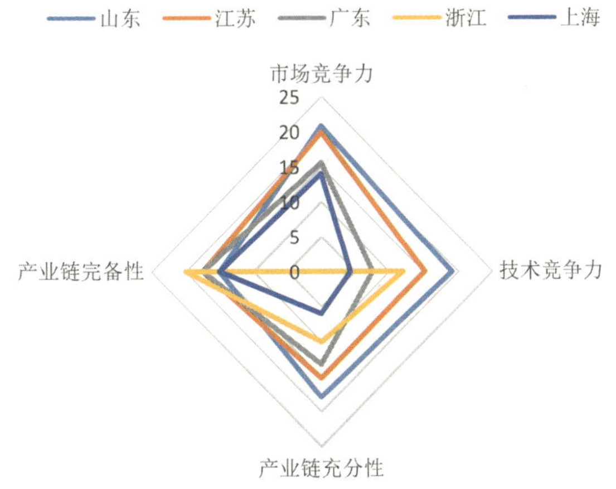

图 12-32　家用纺织制成品制造竞争力 TOP5 各维度指标对比

8. 产业用纺织制成品制造

产业用纺织制成品制造包括非织造布制造、绳/索/缆制造、纺织带和帘子布制造、蓬/帆制造和其他产业用纺织制成品制造。如图12-33和图12-34所示，在产业用纺织制成品制造整体的竞争力中，广东排名第一，得分75.2，其市场竞争力、技术竞争力均排名第一。浙江以59.6的得分位列第二，其产业链充分性和产业链完备性两个维度指标均排名第一，近年来长兴、天台、海宁等地产业用纺织发展迅速，取得突出成效。除此之外，福建、江苏、安徽产业用纺织发展也较为迅速，得分分别为40.4、33.4和30.6。

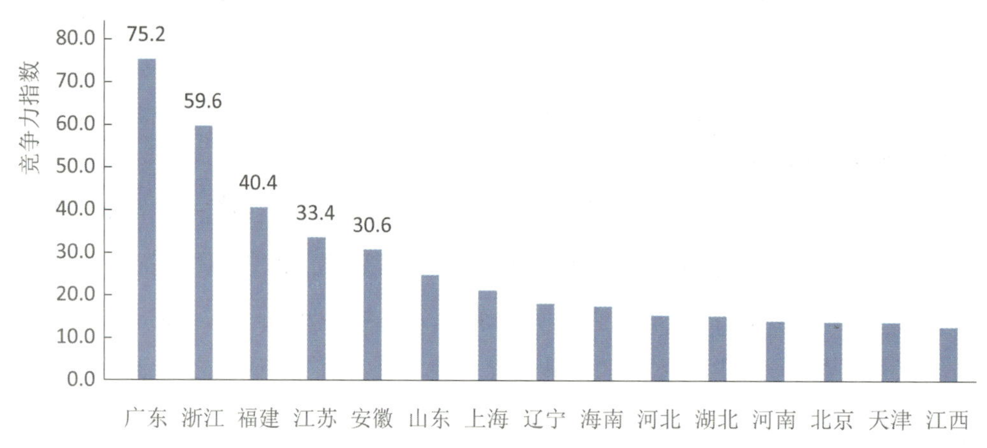

图12-33 产业用纺织制成品制造竞争力排名

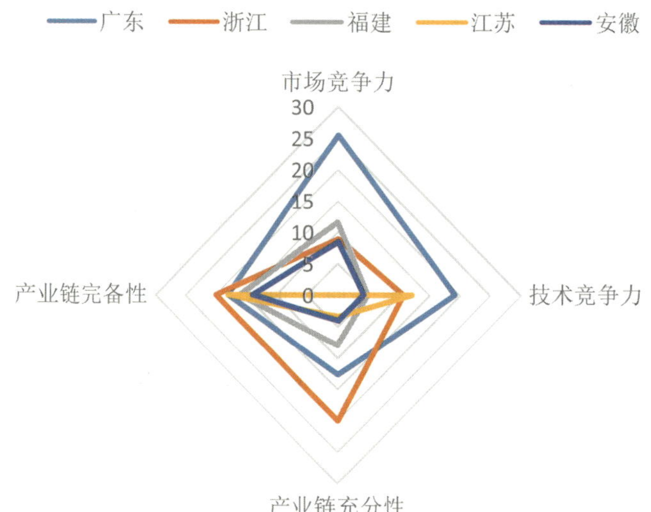

图12-34 产业用纺织制成品制造竞争力TOP5各维度指标对比

（四）纺织服装、服饰业

纺织服装、服饰业包括机织服装制造、针织或钩针编织服装制造和服饰制造（帽子、手套、围巾、领带、领结、手绢，以及袜子等服装饰品的加工）。如图12-35所示，纺织服装、服饰业整体竞争力指数浙江排名第一，得分75.4，广东、江苏、山东、北京分别为64.2、58.6、58.5和43.7。如图12-36所示，在各维度指标对比中，各省市场竞争力接近，浙江的产业链充分性、产业链完备性排名第一；广东的产业链充分性、产业链完备性均排名第二；江苏的市场竞争力排名第一，技术竞争力排名第二；山东的技术竞争力排名第一，市场竞争力排名第二。

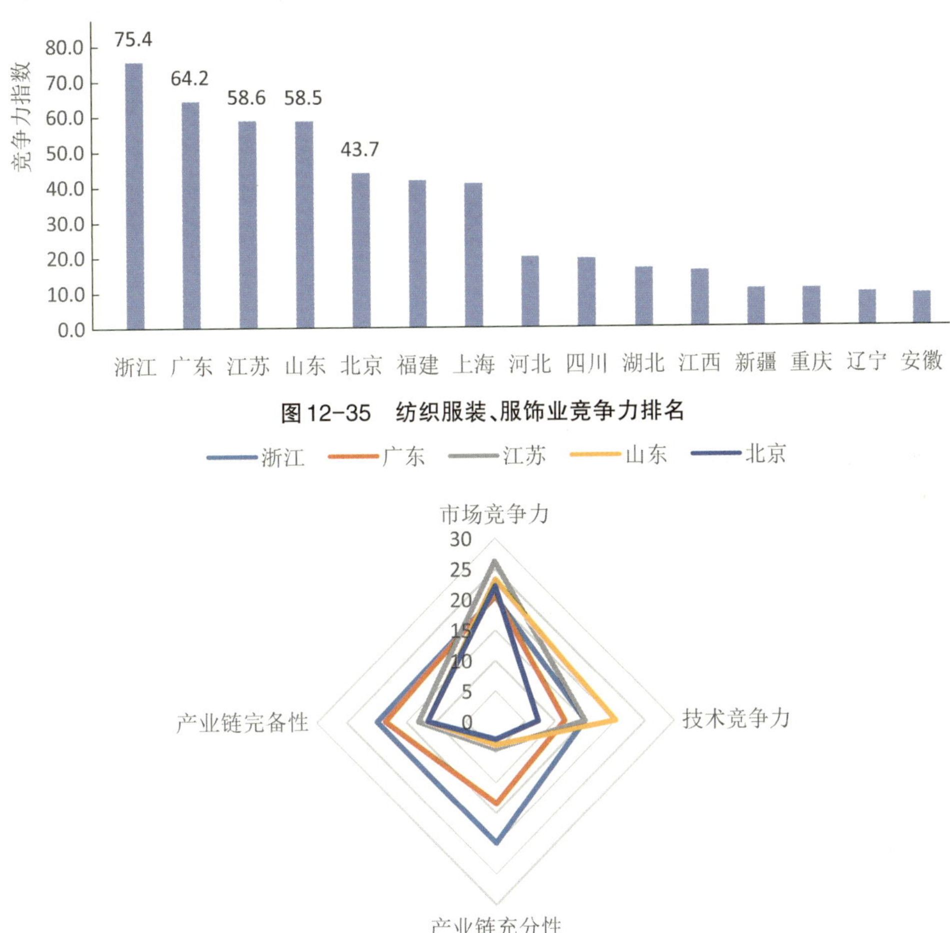

图 12-35 纺织服装、服饰业竞争力排名

图 12-36 纺织服装、服饰业竞争力TOP5各维度指标对比

1. 机织服装制造

如图12-37所示，在机织服装制造整体的竞争力中，山东排名第一，得分68.3。浙江、江苏、广东、福建分别为67.6、63.9、50.4和41.3。如图12-38所示，在各维度指标对比中，山东的市场竞争力、技术竞争力均排名第一；浙江的产业链充分性和产业链完备性排名第一；江苏的市场竞争力、技术竞争力排名第二，其市场竞争力接近排名第一的山东。

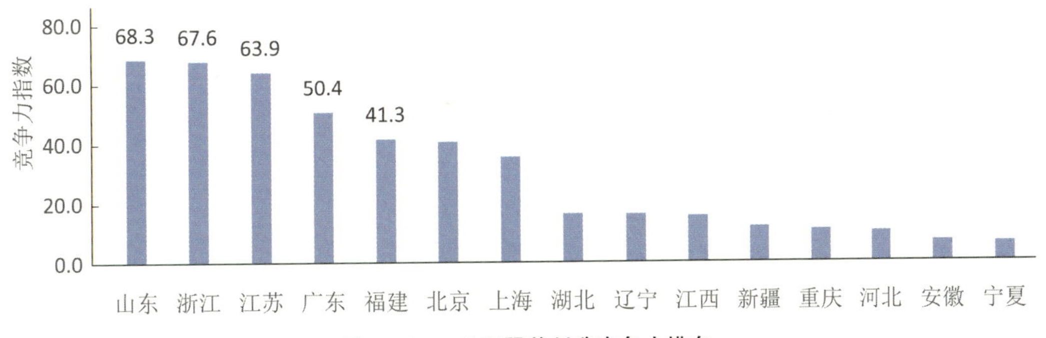

图 12-37 机织服装制造竞争力排名

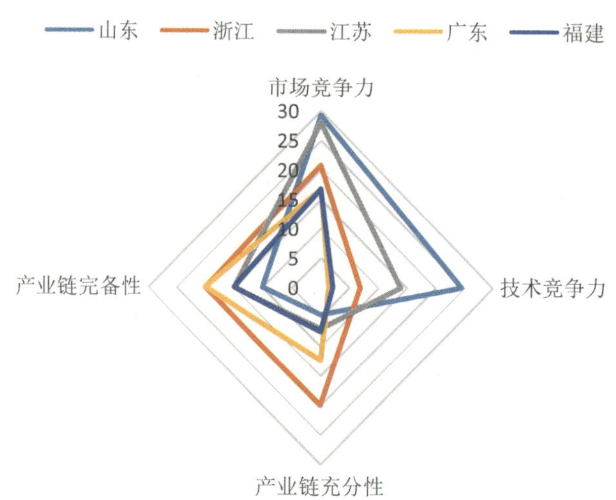

图12-38　机织服装制造竞争力TOP5各维度指标对比

2. 针织或钩针编织服装制造

如图12-39和图12-40所示，在针织或钩针编织服装制造整体的竞争力中，浙江排名第一，得分83.3，其市场竞争力、产业链充分性、产业链完备性均排名第一。广东、上海、江苏、福建分别为59.1、40.9、38.0和28.1，其中，广东的技术竞争力排名第一。

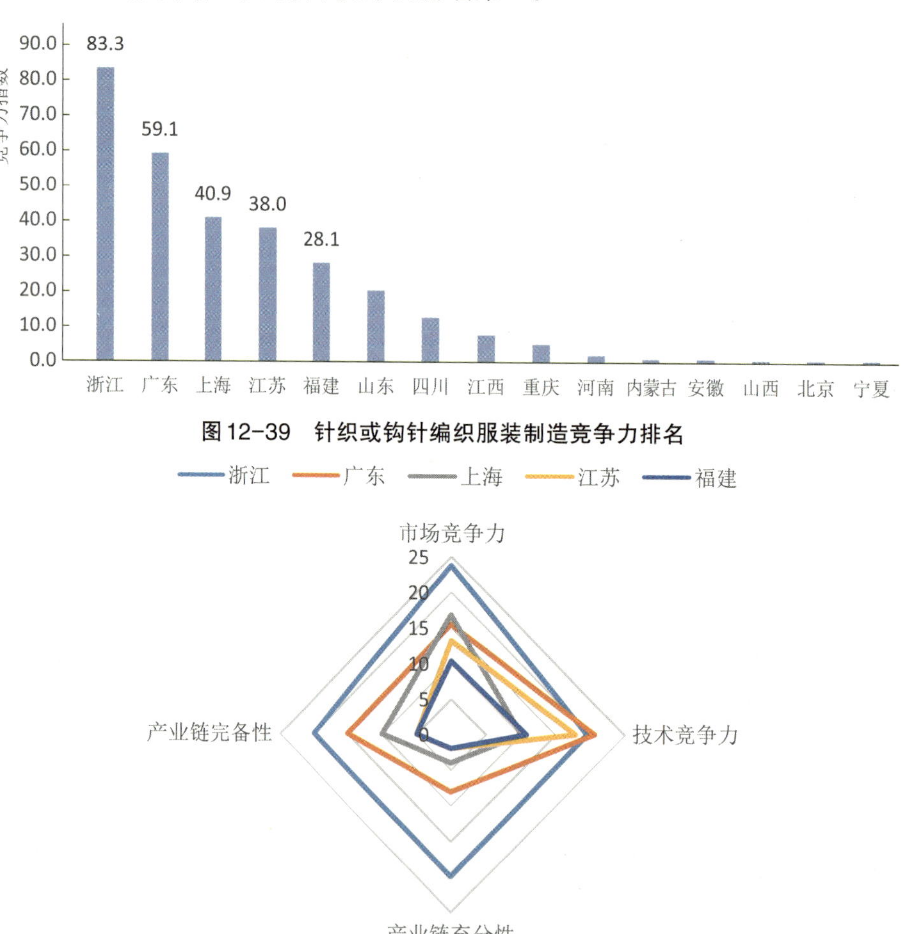

图12-39　针织或钩针编织服装制造竞争力排名

图12-40　针织或钩针编织服装制造竞争力TOP5各维度指标对比

3. 服饰制造

服饰制造包括帽子、手套、围巾、领带、领结、手绢，以及袜子等服装饰品的加工。如图12-41和图12-42所示，在服饰制造产业链整体的竞争力指数中，广东排名第一，得分67.4，其市场竞争力、技术竞争力均排名第一，产业链充分性排名第二。浙江以52.1的得分排名第二，其产业链充分性排名第一，技术竞争力排名第二。河北、江苏、福建分别为29.1、13.8和8.8。

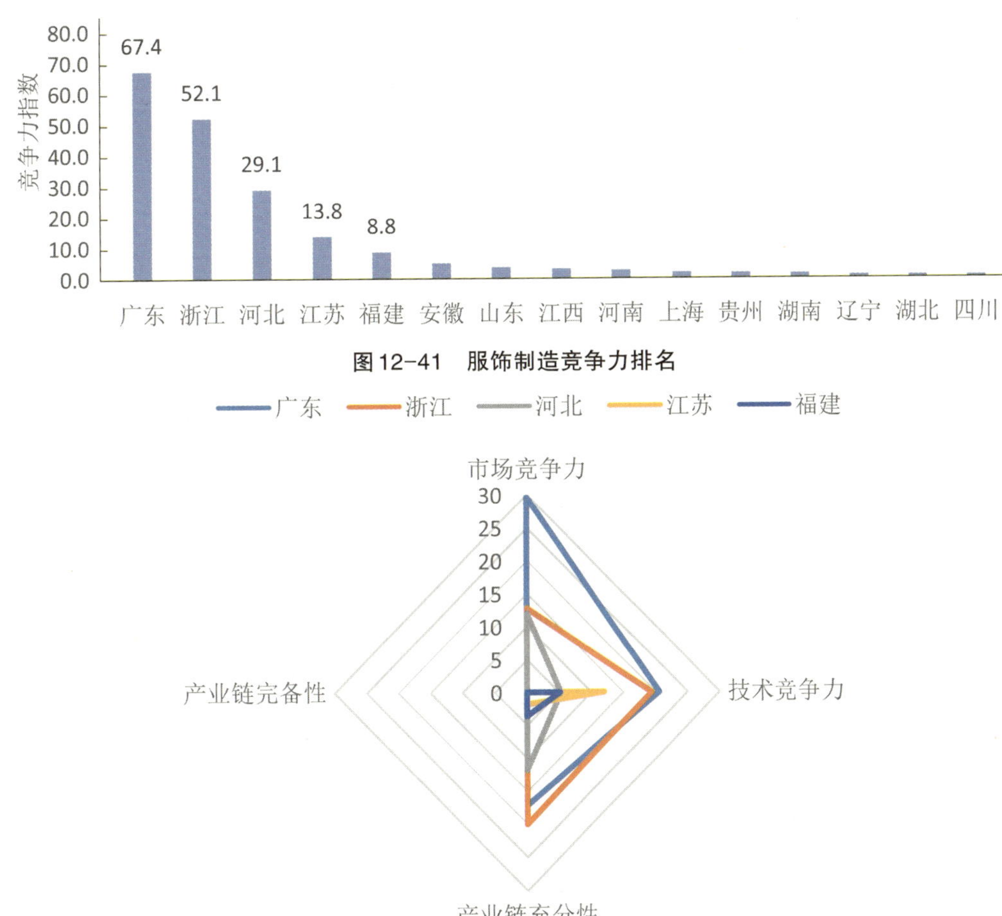

图12-41 服饰制造竞争力排名

图12-42 服饰制造竞争力TOP5各维度指标对比

四、主要省份现代纺织产业链布局分析

从地方产业链布局的视角分析各省在现代纺织产业链各个节点上竞争力的分布及其优劣势。

（一）浙江

浙江的现代纺织产业链竞争力指数排名第一，得分85.0。整体上，浙江省在产业链各环节布局完善、实力雄厚，纺织装备制造业、化学纤维制造业、纺织服装服饰业均排名第一（见图12-43）。在纺织业的棉、毛、丝绢、化纤纺织及印染精加工排名第一，在针织或钩针编织物及其制品制造、针织或钩针编织服装制造领域排名第一。从主要产品产量来看,2021年浙江省合成纤维、印染布、非织造布、服装产量分别达到3158.9万吨、335.18亿米、118.3万吨、31.0万件,占全国比重分别达到51.4%、57.1%、21.1%、12.8%。

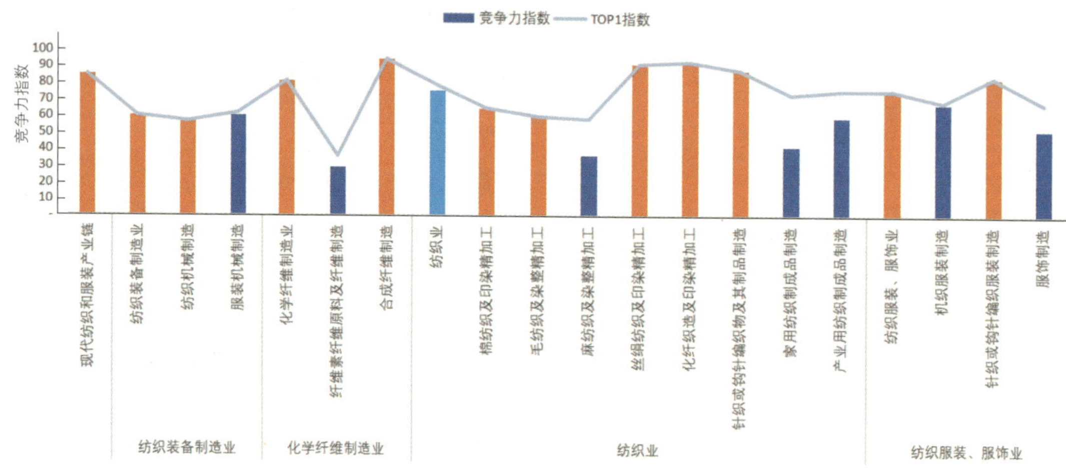

图12-43　浙江省现代纺织产业链各节点竞争力指数对比

(二)江苏

江苏省整体的产业链竞争力指数排名第二,得分78.5,纺织业和纤维素纤维原料及纤维制造等领域均排名第一,家用纺织制成品制造、机织服装制造都在各自TOP1的90%以上(见图12-44)。整体上,江苏省综合实力强大,布局均衡。从主要产品产量来看,2021年江苏省蚕丝被、帘子布、纤维素纤维产量分别达到267.5万条、24.4万吨、109.8万吨,占全国比重分别达23.9%、31.1%、19.4%。

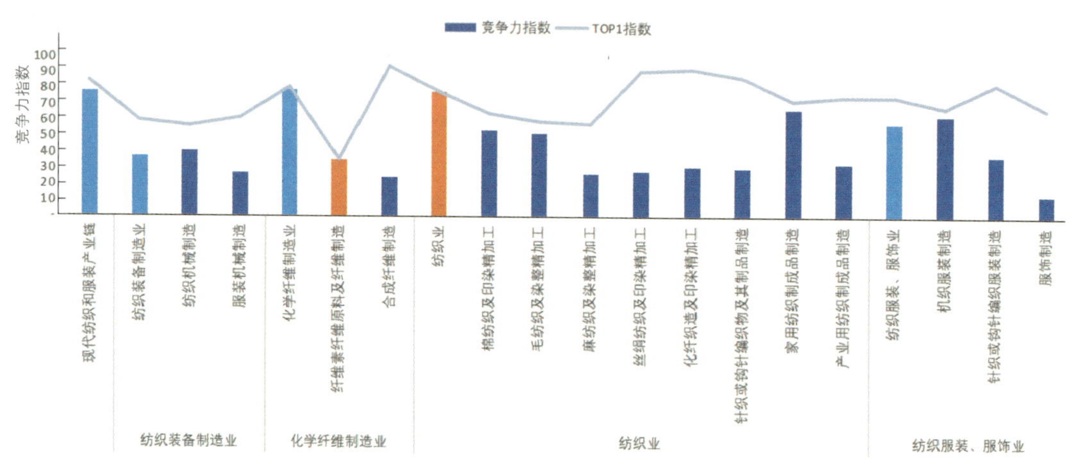

图12-44　江苏省现代纺织产业链各节点竞争力指数对比

(三)山东

山东现代纺织产业链竞争力指数整体排名第三,得分54.6。山东在家用纺织制成品制造、机织服装制造均排名第一,在纤维素纤维原料及纤维制造等其他环节也有较强的竞争力(见图12-45)。

从主要产品的产量来看，2021年山东棉布、纱、非织造布分别达到36.2万吨、366.3万吨、70.0万吨，占全国比重分别达18.3%、12.7%、12.5%。

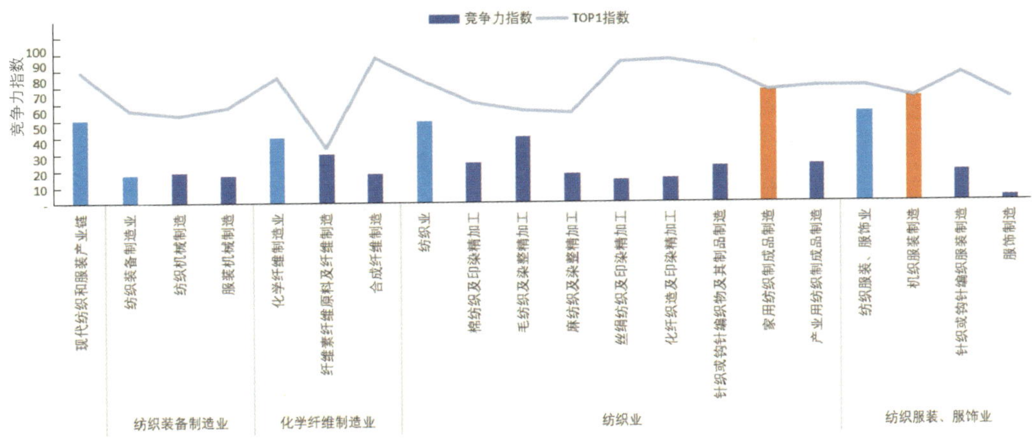

图12-45　山东省现代纺织产业链各节点竞争力指数对比

(四) 广东

广东现代纺织产业链竞争力整体排名第四，得分51.5。广东在产业用纺织制成品制造、服饰制造领域排名第一。整体上，广东在纺织服装、服饰业实力强大，在化学纤维制造业相对薄弱，在纺织装备制造业具有较强竞争力，在纺织业除了产业用纺织制成品制造，其他环节相对薄弱(见图12-46)。从主要产品的产量来看，2021年广东服装、氨纶产量分别达到40.0亿件、14.1万吨，占全国比重分别达16.3%、14.5%。

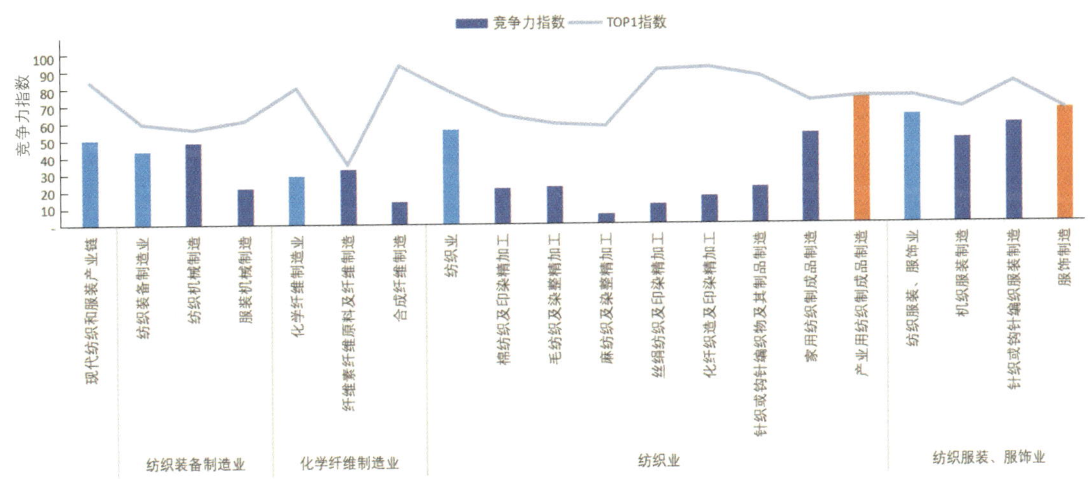

图12-46　广东省现代纺织产业链各节点竞争力指数对比

(五) 上海

上海现代纺织产业链竞争力指数排名第五位，得分为40.3。上海在服装机械制造领域排名第一。整体上，上海在纺织装备制造业具有较强竞争力，在纺织服装、服饰业具有一定竞争力，在纺织业相对薄弱(见图12-47)。从主要产品的产量来看,2021年上海腈纶产量达到7.1万吨,占全国比重达13.7%。

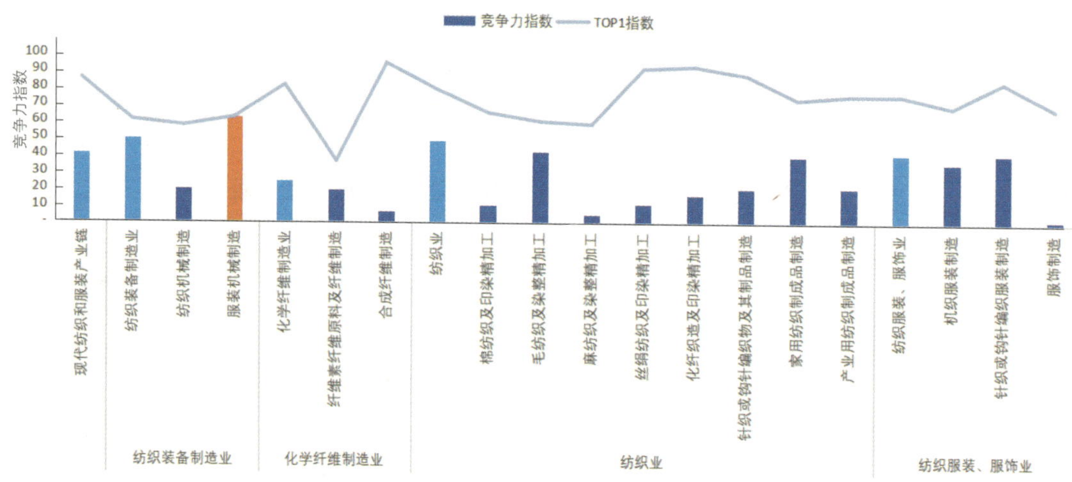

图12-47　上海市现代纺织产业链各节点竞争力指数对比

五、对策建议

(一)以创新设计能力为牵引提升产业链稳定性和竞争力

一是提升产业链协同创新能力,支持建设现代纺织领域的省级(重点)实验室、省级技术创新中心、省级产业创新服务综合体,支持先进印染等制造业创新中心建设,组织实施一批重大科技攻关、产业链协同创新和生产制造方式转型等项目。二是提升创意设计能力,加强国家级纺织服装创意设计试点园区(平台)等各类设计平台建设,集聚高端设计资源。三是深化"五企"培育,培育提升雄鹰企业、隐形冠军、省级"专精特新"中小企业,支持企业创建国家"专精特新"小巨人、单项冠军,构建大中小企业融通发展格局。

(二)以数字化改革为牵引推进产业数字化加快转型

一是积极推动建设服装产业大脑、织造印染产业大脑等现代纺织领域产业大脑,鼓励地方挖掘纺织服装领域数字化改革场景应用。二是推动建设以"未来工厂"为引领,以"5G+工业互联网"试点为支撑,以数字化车间、智能工厂为主体的新智造群体标杆,大力支持纺织服装领域"未来工厂"、数字化车间/智能工厂建设。三是面向中小企业数字化改造需求,推广兰溪纺织业数字化改造"4+X"模式。

(三)以"双碳"目标为牵引推进行业绿色化发展

一是制定实施纺织(印染)、化纤碳达峰方案,以及印染、化纤行业产能置换办法,完善纺织服装行业绿色发展政策体系。二是推进纺织服装绿色产品认证工作，推动企业、园区实施绿色改造项目，加快完善纺织服装绿色制造体系。三是落实浙江省新一轮制造业“腾笼换鸟、凤凰涅槃”攻坚行动要求，严格控制新上高耗能项目，加强高耗低效企业整治，加强印染、再生化学纤维等行业规范条件管理，依法依规有序淘汰落后和过剩产能。

（四）以模式创新为牵引推进新模式新业态加快发展

一是开展模式研究。深入开展走访调研，对全省纺织和服装优质企业的模式创新进行提炼总结。二是开展试点建设。以临平为试点，在全省探索推动纺织和服装行业柔性快速反应供应链建设。三是开展典型推广。支持以阿里迅犀科技为代表的C2M模式，以报喜鸟、宏华数码为代表的个性化定制、柔性化生产等新业态新模式。四是鼓励新型电商。鼓励传统零售和渠道电商整合资源，充分利用直播电商、跨境电商等渠道，创新线上线下融合发展新模式。

（五）以融入双循环为牵引大力开拓国内外市场

一是积极开拓多元化国际国内市场。组织企业参加广交会等贸易展和对接会，在稳固传统欧美市场的基础上，引导企业开拓“一带一路”沿线国家等新兴市场。二是支持举办时尚活动。支持举办世界布商大会、宁波时尚节、杭州国际时尚周等一系列时尚活动，营造纺织服装行业发展良好氛围。三是用好浙江省“订单+清单”系统和省级对外贸易预警点，加强外贸形势研判，帮助企业化解贸易风险。继续组织企业参加出口转内销专题展览和推介活动。